─ 2024 경찰승진시험 완벽대비

장정훈 & 오현웅
경찰실무종합
경찰승진 2024

최근 개정 법률 반영
공제회 실무종합 전부반영 · 완벽대비
출제유형에 최적화된 핵심 내용 정리

CONTENTS

총론 PART 01

제1장 경찰학 총설_4
제1절 경찰의 개념과 임무 · 4
제2절 경찰의 임무 및 관할 · 8

제2장 한국경찰의 역사와 제도_19
제1절 갑오개혁부터 일제강점기 이전의 경찰 · 19
제2절 일제강점기 경찰 · 22
제3절 임시정부와 경찰 · 23
제4절 미군정시기 경찰 · 26
제5절 정부수립 후 경찰(1948년 8월 15일~1991년 「경찰법」 제정) · 27
제6절 「경찰법」 제정(1991년)과 「국가경찰과 자치경찰의 조직 및 운영에 관한 법률」 시행(2021년 1월 1일) · 30
제7절 한국경찰사에 길이 빛날 경찰의 표상 · 31

제3장 경찰법학_33
제1절 경찰조직법 · 33
제2절 경찰공무원법 · 49
제3절 경찰작용법 · 98
제4절 「경찰관 직무집행법」 등 · 121
제5절 범죄 피해자 보호 · 138

제4장 경찰행정학_145

제5장 경찰통제_174

제6장 경찰윤리_196

제1절 바람직한 경찰의 역할모델과 전문직업화 …………………………………………… 196
제2절 경찰의 일탈 …………………………………………………………………………… 199
제3절 「부정청탁 및 금품 등 수수의 금지에 관한 법률」 ……………………………… 203
제4절 경찰의 문화 …………………………………………………………………………… 210
제5절 경찰인의 윤리표준과 경찰윤리강령 ……………………………………………… 212
제6절 경찰의 적극행정 ……………………………………………………………………… 221
제7절 「공직자의 이해충돌방지법」 ……………………………………………………… 230

CONTENTS

각론 PART 02

제1장 생활안전경찰_238

제1절 범죄의 원인과 예방 ··· 238
제2절 112 신고처리 ··· 246
제3절 지역경찰활동 ··· 248
제4절 경비업법 ··· 253
제5절 생활질서업무 ··· 255
제6절 청소년 및 여성보호 ··· 264

제2장 수사경찰_278

제1절 수사의 기본개념 ··· 278
제2절 수사 주체로서의 경찰 ··· 280
제3절 수사절차 ··· 283
제4절 현장수사활동 ··· 305
제5절 수사면담(조사)과 수사서류 작성 ··· 313
제6절 피의자 유치 및 호송 규칙 (경찰청 훈령) ·· 323
제7절 범죄 감식 ··· 326
제8절 각 사범별 수사 ·· 331

제3장 경비경찰_342

제1절 경비경찰일반 ··· 342
제2절 경비경찰활동 ··· 345

제4장 교통경찰_376

- 제1절 교통지도단속 ········ 376
- 제2절 운전면허 및 면허행정처분 ········ 391
- 제3절 주취운전 및 난폭운전 ········ 398
- 제4절 교통사고의 처리 ········ 402

제5장 정보경찰_413

- 제1절 정보일반 ········ 413
- 제2절 정보경찰활동 ········ 422

제6장 안보경찰(보안경찰)_437

- 제1절 안보경찰의 의의 ········ 437
- 제2절 공산주의 ········ 439
- 제3절 북한의 대남 전략전술과 국내 안보위해세력 ········ 440
- 제4절 방첩활동 ········ 443
- 제5절 안보수사활동 ········ 449
- 제6절 보안관찰 ········ 458
- 제7절 「남북교류협력에 관한 법률」 ········ 463
- 제8절 북한이탈주민의 처리 – 「북한이탈주민의 보호 및 정착지원에 관한 법률」 ········ 465

제7장 외사경찰_467

- 제1절 외사일반 ········ 467
- 제2절 외사경찰활동 ········ 484
- 제3절 주한미군지위협정(한미행정협정, SOFA : Status of Forces Agreement) ········ 487
- 제4절 국제경찰공조 ········ 489

PART

01

장정훈&오현웅 **경찰실무종합**

총론

CHAPTER 01 경찰학 총설

제1절 경찰의 개념과 임무

1 경찰개념

1. 의의

형식적 의미 경찰	실정법(실무)상 보통경찰기관에 분배되어 있는 임무 달성 위하여 행해지는 모든 경찰활동
실질적 의미 경찰	사회공공의 안녕·질서 유지 위하여 **일반통치권에 기초** 국민에게 **명령·강제하는 권력작용** (행정법학계) – **형식적 경찰조직과 무관**

2. 형식적 의미 경찰

① **조직 중심** – 보통경찰기관에서 하는 일체의 작용
② **실정법적 개념** – 실무상 개념, 제도상 개념
③ 형식적 의미 경찰개념 입각한 경찰활동 범위는 국가마다 차이가 있을 수 있다.
④ 경찰이 아닌 다른 행정기관은 형식적 의미 경찰 활동 할 수 없다.
⑤ 사법경찰, 정보경찰 – 형식적 의미 경찰에는 포함되지만, 실질적 의미 경찰에는 포함되지 않는다.

3. 실질적 의미 경찰

① 독일의 행정법학에서 유래
② **명령·강제라는 작용중심의** 개념
③ **이론·학문상 개념**이지 실무상 개념이 아니다.
④ 사회공공의 안녕과 질서유지라는 소극목적 작용만 실질적 의미 경찰이고, 적극적 복지증진을 위한 **적극목적 작용은 실질적 의미 경찰에 포함되지 않음(질서경찰)**
⑤ 경찰 아닌 다른 행정기관 작용도 실질적 의미 경찰에 포함시킬 수 있는 것이 있다. – 위생경찰 등

참고 ▶ 크로이쯔베르크 판결 (1882)

① 내용 – 1882년 독일의 프로이센 고등행정법원이 베를린의 Kreuzberg 언덕에 있는 전승기념비조망을 확보하기 위해 주변 토지에 대한 건축물의 높이를 제한한 베를린 경찰청장의 명령에 대하여 그러한 명령은 심미적 이유로 내려진 것으로 복지 증진을 목적으로 하는 것이므로 무효라고 함으로써 경찰의 임무는 위험방지에 한정된다고 하는 사상이 법해석상 확정되는 계기를 만든 판결
② 의미 – 경찰임무는 **소극적 위험방지분야에 한정**된다는 법해석상 확정되는 계기 마련

4. 형식적 의미 경찰과 실질적 의미 경찰

① 형식적 의미의 경찰이면서 실질적 의미의 경찰에 포함되는 것도 있지만, **형식적 의미의 경찰과 실질적 의미의 경찰이 반드시 일치하는 것은 아니다.** 따라서, 형식적 의미의 경찰이 언제나 실질적 의미의 경찰이 되는 것도 아니고, 실질적 의미의 경찰이 모두 형식적 의미의 경찰이 되는 것도 아니다.
② 「경찰관 직무집행법」 제5조에 근거하여 **경찰관이 극도의 혼잡 그 밖의 위험한 사태가 발생하여 매우 긴급한 경우에는 위해를 입을 우려가 있는 사람을 필요한 한도에서 억류시키는 것** – 형식적 의미 경찰에도 해당하고, 즉시강제이므로 실질적 의미경찰에도 해당한다.
③ 「경찰관 직무집행법」 제5조에 근거하여 **경찰관이 극도의 혼잡 그 밖의 위험한 사태가 발생한 경우 그 장소에 모인 사람, 사물(事物)의 관리자, 그 밖의 관계인에게 필요한 경고하는 것** – 형식적 의미 경찰에는 해당하지만, 임의적 통지행위로서 강제가 아니므로 실질적 의미의 경찰에는 해당하지 않는다.

2 경찰의 분류

1. 행정경찰과 사법경찰 – 3권분립에 따른 구분

행정경찰	사법경찰
① 공공질서유지·범죄예방 목적 – **현재 또는 장래 사태**에 대한 작용 ② **각종 경찰행정법규**에 근거 ③ 해당 주무부서의 장의 지휘 ④ 실질적 의미 경찰에 해당	① 범죄수사목적 – **과거사태**에 대한 작용 ② 「**형사소송법**」에 근거 ③ 수사부서의 장의 지휘 ④ 형식적 의미 경찰에 해당 　(실질적 의미 경찰 X)
• 행정경찰과 사법경찰 최초 구분 – 3권분립사상이 투철했던 프랑스에서 확립. 프랑스의 「죄와형벌법전」 • 우리나라의 국가수사본부는 경찰청과 별개의 독립된 기관이 아니라 경찰청 아래 있는 조직 – 보통경찰기관이 행정경찰과 사법경찰 양 사무 모두 담당	

≫ 실질적 의미의 경찰은 업무의 독자성을 기준으로 '협의의 행정경찰'과 '보안경찰'로 구분

2. 보안경찰과 협의의 행정경찰 – 업무의 독자성에 따른 구분

보안경찰	의의	사회공공 안녕·질서 유지 위하여 다른 행정작용 부수되지 않고 그 자체로서 독립하여 행해지는 경찰작용
	예	**풍속경찰, 교통경찰** 등
협의의 행정경찰	의의	• 다른 행정작용과 결합하여 특별한 사회적 이익 보호 목적으로 하면서 부수적 작용으로서 사회공공 안녕과 질서유지하기 위한 경찰작용 • 조직상 경찰이 아닌 다른 행정기관이 담당
	예	산업경찰, 산림경찰, 건축경찰, 철도경찰, 경제경찰, 위생경찰, 보건경찰 등

≫ 「풍속영업의 규제에 관한 법률」제9조(출입) ① 경찰서장은 특별히 필요한 경우 경찰공무원에게 풍속영업소에 출입하여 풍속영업자와 대통령령으로 정하는 종사자가 제3조의 준수 사항을 지키고 있는지를 검사하게 할 수 있다. – 여기서 출입 및 검사는 대가택적 즉시강제가 아니라 행정조사(임의조사). 따라서, 명령·강제가 아니므로 실질적 의미 경찰에 해당하지 않으며, 보안경찰에도 해당하지 않는다. 다만, 경찰서장이 담당하므로 형식적 의미 경찰에는 해당한다.

≫ 「식품위생법」은 풍속영업에 해당하는 유흥주점에 대하여 일반행정기관의 명령·강제 (제11장 시정명령과 허가취소 등 행정 제재)를 인정. – 이는 일반행정기관이 행하므로 협의의 행정경찰에 해당

≫ 「농수산물의 원산지 표시 등에 관한 법률(약칭: 원산지표시법)」에 근거하여 농수산물 원산지를 거짓 표시 하였는지 여부를 조사하는 것 – 원산지 표시여부 조사하는 것은 행정조사로서 명령·강제가 아니므로 실질적 의미의 경찰에 해당하지 않는다. 따라서 협의의 행정경찰에도 해당하지 아니한다.

≫ 「농수산물의 원산지 표시 등에 관한 법률」에 근거하여 농수산물 원산지 거짓 표시 한 사람에게 과징금 부과하는 것 – 명령·강제이므로 실질적 의미의 경찰에 해당하고, 일반행정기관이 행하므로 협의의 행정경찰에 해당한다.

≫ 「원산지 표시의무위반에 대하여 일반행정기관의 특별사법경찰관리가 벌칙(형벌)규정에 근거하여 수사상 입건하는 것 – (특별)사법경찰작용이므로 실질적 의미의 경찰과 형식적의미의 경찰 모두에 포함되지 아니한다.

➕ 비경찰화

> 2차 대전 이후 행정경찰영역에서 보안경찰 이외의 협의의 행정경찰사무를 다른 행정관청 사무로 이관하는 현상 – 비경찰화의 대상은 협의의 행정경찰

3. 예방경찰과 진압경찰 – 경찰권 발동시점에 따른 구분

예방경찰	① 위해의 발생을 예방하기 위한 경찰작용 ② 타인에게 해를 끼칠 우려가 있는 정신착란자의 보호조치, 총포·화약류의 취급제한 등
진압경찰	이미 발생한 위해를 제거하거나, 이미 발생한 범죄에 대한 수사를 위한 경찰작용

4. 국가경찰과 자치경찰 – 권한과 책임의 소재에 따른 구분

구분	국가경찰	자치경찰
의의	국가가 설립하고 관리하는 경찰	지방자치단체가 설립하고 관리하는 경찰
장점	① **조직의 통일적 운영과 경찰활동의 능률성확보** ② **다른 행정부분과의 긴밀한 협조·조정 원활** ③ 전국적으로 정확·유용한 통계자료 확보	① **지방에 적합한 경찰행정이 가능**하다. ② 민주성이 보장되어 주민들의 지지를 받기 쉽다.
단점	① 지역적 특수성과 창의성이 저해될 수 있다. ② **관료주의화되어 국민에 대한 봉사저해 우려** ③ 정부의 특정 정책수행에 이용되어 본연의 임무에서 벗어날 우려가 있다.	① 전국적, 광역적 활동에 부적합 ② 다른 경찰기관, 국가행정기관과의 협조, 응원체제 곤란

≫ 「국가경찰과 자치경찰의 조직 및 운영에 관한 법률」 제2조 – 자치경찰 도입
국가와 지방자치단체는 국민의 생명·신체 및 재산을 보호하고 공공의 안녕과 질서유지에 필요한 시책을 수립·시행하여야 한다.

5. 평시경찰과 비상경찰 – 위해성 정도와 적용법규에 따른 구분

평시경찰	평온한 상태에서 일반경찰법규에 의하여 보통경찰 기관이 행하는 경찰작용
비상경찰	국가비상사태발생시 계엄령이 선포되어 군(軍)이 일반 치안을 담당하는 경우

6. 질서경찰과 봉사경찰 – 경찰활동의 질과 내용에 따른 구분

질서경찰	명령·강제라는 권력적 수단을 사용하는 경찰
봉사경찰	서비스 등 비권력적 수단을 사용하는 경찰

제2절 경찰의 임무 및 관할

1 실정법상 경찰 임무

경찰의 임무(「국자법」 제3조)	직무의 범위(「경찰관 직무집행법」 제2조)
1. 국민의 생명·신체 및 재산의 보호	1. 국민의 생명·신체 및 재산의 보호
2. 범죄의 예방·진압 및 수사	2. 범죄의 예방·진압 및 수사
3. **범죄피해자(피의자 X) 보호**	2의2. **범죄피해자 보호**(2018년 직무범위에 규정 - 현대 사회적 법치국가 이념에 부합)
4. 경비·요인경호 및 대간첩·대테러 작전 수행	3. 경비, 주요 인사 경호 및 대간첩·대테러 작전 수행
5. 공공안녕에 대한 위험의 예방과 대응을 위한 정보(치안정보 X)의 수집·작성 및 배포	4. 공공안녕에 대한 위험의 예방과 대응을 위한 정보의 수집·작성 및 배포
6. 교통의 단속과 위해의 방지	5. 교통 단속과 교통 위해의 방지
7. 외국 정부기관 및 국제기구와의 국제협력	6. 외국 정부기관 및 국제기구와의 국제협력
8. **그 밖의 공공의 안녕과 질서유지**	7. **그 밖에 공공의 안녕과 질서유지**

1. 작용법인 「경찰관 직무집행법」 제2조에서는 '경찰관의 직무'를 조직법인 「국가경찰과 자치경찰의 조직 및 운영에 관한 법률」 제3조의 '경찰의 임무'와 실질적으로 동일하게 규율
2. 「경찰관 직무집행법」 제2조의 직무행위의 구체적 내용이나 방법 등은 경찰관의 전문적 판단에 기한 합리적인 재량에 위임되어 있다.
3. **국자법 제5조(권한남용의 금지)** 경찰은 그 직무를 수행할 때 헌법과 법률에 따라 국민의 자유와 권리 및 모든 **개인이 가지는 불가침의 기본적 인권을 보호**하고, 국민 전체에 대한 봉사자로서 공정·중립을 지켜야 하며, 부여된 권한을 남용하여서는 아니 된다.
4. **「경찰관 직무집행법」 제1조(목적)** ① 이 법은 국민의 자유와 권리 및 모든 **개인이 가지는 불가침의 기본적 인권을 보호**하고 사회공공의 질서를 유지하기 위한 경찰관(경찰공무원만 해당한다. 이하 같다)의 직무수행에 필요한 사항을 규정함을 목적으로 한다.

2 「국가경찰과 자치경찰의 조직 및 운영에 관한 법률」 제4조에 규정된 경찰의 사무

1. 국가경찰의 사무

법 제3조에서 정한 경찰의 임무를 수행하기 위한 사무. 다만, 자치경찰사무는 제외한다.

2. 자치경찰의 사무

법 제3조에서 정한 경찰의 임무 범위 내에서 관할 지역의 생활안전·교통·경비·수사 등에 관한 다음의 사무

지역 내 주민의 **생활안전 활동**에 관한 사무	
지역 내 **교통 활동**에 관한 사무	
지역 내 **다중운집 행사 관련** 혼잡 교통 및 안전 관리	
다음에 해당하는 **수사사무**	① 학교폭력 등 소년범죄 ② 가정폭력, 아동학대 범죄 ③ 교통사고 및 교통 관련 범죄 ④ 「형법」상 공연음란 및 「성폭력범죄의 처벌 등에 관한 특례법」상 성적 목적을 위한 다중이용장소 침입행위에 관한 범죄(통신매체이용 음란행위 X) ⑤ 경범죄 및 기초질서 관련 범죄 ⑥ 가출인 및 실종아동등 관련 수색 및 범죄

> **주의**
> 1. 자치경찰사무 중 ① 지역 내 주민의 생활안전 활동에 관한 사무, ② 지역 내 교통활동에 관한 사무, ③ 지역 내 다중운집 행사 관련 혼잡 교통 및 안전 관리사무에 관한 구체적인 사항 및 범위 등은 대통령령으로 정하는 기준에 따라 시·도조례로 정한다.
> 2. 자치경찰사무 중 수사사무에 관한 구체적인 사항 및 범위 등은 대통령령으로 정한다.

> **참고** 「자치경찰사무와 시·도자치경찰위원회의 조직 및 운영 등에 관한 규정」(대통령령)

제3조(수사 관련 자치경찰사무의 범위 등) 법 제4조 제1항 제2호 라목에 따른 자치경찰사무에 관한 구체적인 사항 및 범위는 다음 각 호와 같다.
1. 학교폭력 등 소년범죄: 소년(19세 미만인 사람)이 한 다음 각 목의 범죄. **다만, 그 소년이 해당 사건에서 19세 이상인 사람과 「형법」 제30조부터 제32조까지의 규정에 따른 공범관계에 있는 경우는 제외**한다.
   가. 「형법」 **제225조(공문서등의 위조·변조)**, 제229조(제225조의 죄에 의하여 만들어진 문서 또는 도화의 행사죄로 한정한다), 제230조 및 제235조(제225조, 제229조 또는 제230조의 미수범으로 한정한다)의 범죄
   ≫ 제207조(통화의 위조 등)와 제250조(살인, 존속살해)의 범죄 – 자치경찰의 수사범위에 포함 X
   나. 「형법」 제257조, 제258조, 제258조의2 및 **제260조(폭행)**부터 제264조까지(제262조는 같은 조의 죄를 범하여 사람을 상해에 이르게 한 경우로 한정한다)의 범죄
2. 가정폭력 및 아동학대 범죄: 다음 각 목의 범죄
   가. 「가정폭력범죄의 처벌 등에 관한 특례법」 제2조 제3호에 따른 **가정폭력범죄**
   나. 「아동학대범죄의 처벌 등에 관한 특례법」 제2조 제4호에 따른 **아동학대범죄**
3. 교통사고 및 교통 관련 범죄: 다음 각 목의 범죄. 다만, 「**도로교통법**」 제2조 제3호의 고속도로에서 **발생한 교통사고 및 교통 관련 범죄는 제외**한다.
   가. 「교통사고처리 특례법」 제3조 제1항의 범죄. 다만, 차의 운전자가 같은 항의 죄를 범하고도 피해자를 구호하는 등 「도로교통법」 제54조 제1항에 따른 조치를 하지 않고 도주하거나 피해자를 사고 장소로부터 옮겨 유기하고 도주한 경우는 제외한다.
   나. 「도로교통법」 제148조(「**특정범죄 가중처벌 등에 관한 법률**」 제5조의3이 **적용되는 죄를 범한 경우는 제외**한다), 제148조의2, 제151조, 제151조의2 제2호, 제152조 제1호, 제153조 제2항 제2호 및 제154조부터 제157조까지의 범죄
6. 가출인 및 「실종아동등의 보호 및 지원에 관한 법률」 제2조 제2호에 따른 **실종아동등 관련 수색 및 범죄**: 가목의 수색 및 나목의 범죄
   가. 가출인 또는 실종아동등의 조속한 발견을 위한 수색. 다만, 제1호부터 제5호까지 또는 나목의 범죄가 아닌 범죄로 인해 실종된 경우는 제외한다.
   나. 「실종아동등의 보호 및 지원에 관한 법률」 제17조(**정당한 사유없이 신고없이 실종아동등을 보호한자, 개인위치정보등을 실종아동등을 찾기 위한 목적 외의 용도로 이용 – 5년 이하의 징역 또는 5천만원 이하의 벌금**) 및 제18조(**실종아동등의 위치 확인에 필요한 개인위치정보등을 실종아동등의 동의가 없음을 이유로 경찰관서의 장의 요청을 거부 – 2년 이하의 징역 또는 2천만원 이하의 벌금**)의 범죄

3 경찰의 임무

> ▶ 경찰임무는 행정조직법상 **경찰기관에 부여된 임무를 전제로 한 개념**
> ▶ 경찰의 임무 – '공공의 안녕과 질서에 대한 위험의 방지', '범죄수사', '그 밖에 서비스 등 적극적 보호활동'
> ▶ '공공의 안녕과 질서에 대한 위험의 방지'는 대륙법계 경찰의 전통적인 임무에서 유래, 범죄수사는 영미법계 국가에서 경찰의 임무로 당연히 인정, '그 밖에 서비스 등 적극적 보호활동'은 현대 사회적 법치국가에서 경찰의 임무로 강조

1. 사회공공의 안녕과 질서에 대한 위험방지(기본적 임무)

(1) 공공의 안녕

1) 의의

> ① 전통적으로 위험방지에 관한 직무를 '공공의 안녕과 질서유지'라고도 표현함
> ② 공공의 안녕은 위험방지의 대상으로 법질서, 개인의 권리와 법익, 국가 등 공권력 주체의 기관과 집행의 불가침성을 의미
> ③ 공공의 안녕과 질서는 위험으로부터 보호되어야 할 법익이다. 이러한 보호법익은 위험한 행위나 위험한 물적 상태의 대상(객체)과는 구별

2) 공공의 안녕의 요소

① 법질서의 불가침성

법질서의 불가침성은 공공의 안녕의 제1요소로서, 민주적 정당성을 부여받은 입법자가 창조하고 형성한 법질서는 그 전체로서 보호되어야 한다.	
공법규범에 대한 위반	**공법규범 위반은 일반적으로 공공 안녕에 대한 위험**에 해당(대표적 공법 : 「형법」, 경찰행정법인 「질서위반행위규제법」 등) → 경찰의 개입 허용
사법규범에 대한 위반	사법(私法)규범 위반은 일반적으로 공공의 안녕에 대한 위험이 아니다. 따라서, 사적자치의 원칙(민사관계불간섭원칙)에 따라 법적 근거가 없으면 경찰은 개입할 수 없다.

② 국가의 존립과 기능성의 불가침성

> ㉠ 공공의 안녕이라는 보호법익 범위에는 국가의 존립과 국가기관(국회, 정부, 법원, 자치단체 등)의 기능을 보호하는 것이 포함
> ㉡ 국가의 존립과 국가기관의 기능을 보호하기 위한 **수사·정보·안보경찰의 첩보수집활동은 형법적 가벌성의 범위(수사의 개시단계)에 이르지 않았더라도 국민의 자유와 권리를 침해하지 않는 범위 내에서 가능**함

③ 개인의 권리와 법익의 보호

> ㉠ 위험으로부터 개인의 생명·신체·재산을 보호하는 활동은 경찰의 임무에 포함된다.
> ㉡ 공공의 안녕에는 개인의 권리와 법익보호가 포함되며, 개인적 법익의 보호범위는 기본권에 의해서 정해진다. 특히 개인적 법익인 생명과 건강을 보호하는 것은 국가의 중요한 임무이다.
> ㉢ 「경찰관 직무집행법」상 보호조치(제4조), 위험발생방지(제5조) 등에서 '개인의 생명·신체·재산에 위해방지'를 위한 즉시강제를 인정한다.
> ㉣ 공공의 안녕은 전체 법질서의 불가침을 보호하는 것이므로 공법에서 인정하는 개인적 법익은 여기에 당연히 포함한다.
> ㉤ 개인의 권리에는 재산권이 포함되어 사유재산적 가치 또는 지적재산권과 같은 무형의 권리도 보호되어야 한다.
> ㉥ 사법(私法)에서 인정되는 사적권리는 사적인 권리확보수단이 존재하는 경우에는 경찰이 개입하지 않으면 사권의 실현이 불가능하거나 현저히 곤란할 때에만 경찰의 임무가 인정되어 개입할 수 있다(보충성). 민법상 권리의 보호는 가구제라는 수단을 고려할 때 민사법원에 제소하는 것이 가장 효율적이기 때문이다. 이것은 이른바 '민사관계불간섭의 원칙'과도 관련된다.
> ㉦ 위험한 스포츠 활동 중 발생한 건강에 대한 위해처럼 개인의 자율성을 근거로 한 자초위해는 존중하지만, 자살에 대해서는 개인은 자신의 생명에 대하여 처분권이 없으므로 국가는 자살행위를 방지하기 위하여 개입할 수 있다고 보는 것이 일반적 견해이다.

(2) 공공질서

> ① 공공질서란 그것을 준수하는 것이 인간의 원만한 공동체 생활 위한 불가결적 전제조건으로서 공공사회에서 각 **개인행동에 대한 불문규범의 총체를 말한다.**
> ② 공공질서개념은 절대적인 것이 아니라 시대에 따라 변하는 **상대적·유동적 개념이다.**
> ③ 법적 안정성 확보를 위해 불문규범이 성문화되어가는 현상으로 인하여 공공질서의 적용영역이 축소되고 있다.
> ④ 성문법원칙 아래서 경찰권 발동의 근거로 사용될 수 있는 공공질서 개념은 엄격한 합헌성이 요구되고 제한적 사용이 필요하다.
> ⑤ 공공의 질서에 위험발생하여 경찰권을 발동할 경우, 그 발동여부에 대한 판단은 경찰의 재량적 결정에 맡겨지나, 이 경우에도 **경찰관청의 의무에 합당한 재량행사**에 따라야 한다(「행정기본법」 제21조에 재량행사의 기준이 명문화).
> ⑥ 예측불가능한 위험상황에 대응할 필요성 때문에 공공의 질서를 독자적 보호법익으로 인정하나, 오늘날 지엽적인 생활영역에까지 성문법적 규율이 행하여 지고 있고, 풍속이나 도덕에 관한 불문규범에 대한 침해는 예외적으로 고려되기 때문에 공공질서의 적용범위는 축소되고 있다. 따라서 공공질서는 예비적 기능을 가질 뿐이다.

(3) 위험

위험의 의의		① 위험이란 경찰상 보호법익에 **손해가 나타날 가능성이 충분히 존재하는 상태**를 말한다(위험이 사람에 의해서인지, 자연력에 의해서인지는 불문) ② 현대사회는 다양한 형태의 위험이 발생하고 있는데, 사회법치국가 아래서 국가는 이를 해결하기 위하여 적극 개입하므로 경찰의 위험방지 활동영역이 확장되어 가고 있다.
손해		① 손해는 보호받는 **개인 및 공동법익에 관한 정상적 상태 객관적 감소**, 보호법익의 현저한 침해를 말한다. 따라서, 주관적인 단순한 성가심이나 불편함은 경찰개입대상이 아니다. ② 경찰상 보호법익이 이미 침해된 경우를 장해(障害)라 하며, 장해가 지속되는 경우에는 장해의 제거가 위험방지의 일환으로서 경찰개입이 인정된다.
위험의 분류	구체적 위험	① 구체적 개개사안에서 가까운 장래에 보호법익에 대한 손해발생할 충분한 가능성이 존재 - 개개의 경우에 손해 가능성이 현실적으로 존재 ② 구체적 위험 방지 수단에는 특정한 위험상황에서 행하여지는 경찰관(청)의 구체적인 조치들이 있다.
	추상적 위험	① 추상적 위험은 경찰상 법규명령으로 위험을 방지해야 할 필요성이 있는 전형적 사례이다. 즉, 개개의 경우 위험 유무를 판단하는 것이 아니라, 경찰상 법령위반 자체가 위험하다고 인정되는 경우를 말한다. ② 추상적 위험은 구체적 위험의 예상가능성이 존재. 개개의 구체적인 경우와 관련된 것이 아니라 전형적인 사실관계를 전제로 한다. 이는 일반적인 경우에 있어서 법익의 손상과 관련된다. 따라서, 추상적 위험을 방지하기 위한 수단은 경찰법상 법규명령이다. 경찰법상 법규명령은 경험칙상 법익침해를 가져올 수 있는 상황의 발생을 방지하는 일반적 규정들이다. ③ 추상적 위험의 경우에도 사실적 관점에서 위험에 대한 예측이 필요하다. 단순히 안전하지 못하다는 정도의 인식만으로는 충분하지 않다.
	≫ 경찰개입은 구체적 위험 내지 적어도 추상적 위험 있을 때 가능 ≫ 경찰개입을 위해서는 구체적 위험이 존재해야 함이 원칙이지만, 범죄예방 및 위험방지 행위의 준비는 범죄예방 및 위험방지 임무에 포함되기 때문에 추상적 위험 상황에서도 가능 ≫ 범죄예방을 위한 준비행위는 무작위적인 신원확인과 비디오 감시등이 문제되고, 위험방지를 위한 준비행위는 정보의 수집 및 보유와 관련되어 논의된다.	
위험의 예측 (인식)		① 장래의 발생할 위험을 방지하는 경찰활동에는 가정적인 사건경과에 대한 예측이 필요하다. ② 행위를 하는 경찰공무원은 그가 입수할 수 있는 사실에 근거하여 위험의 존재를 인정할 수 있는 자료와 위험의 존재를 부정할 수 있는 자료를 비교형량하여야 한다. ③ **손해발생의 충분한 가능성(개연성)에 대한 판단은 사전적 관점에서 행해져야 한다**, 따라서 법원이 경찰작용을 통제할 경우에도 사후에 사건이 실제로 진행된 경과에 근거하여 사후적 관점에서 판단하여서는 안된다. 사전적 관점은 구체적인 상황하에서 경찰공무원이 현재의 인식상황에 따라서 판단하는 것이다. ④ 위험의 예측과 관련하여 비례의 원칙은 '손해의 정도와 손해발생의 개연성이 반비례한다는 원칙'이 적용될 수 있다.

	외관적 위험·오상위험·위험혐의는 위험에 대한 인식과 사실이 불일치하거나 불확실한 경우	
위험에 대한 인식에 따른 위험의 분류	외관적 위험	① **경찰이 행위시점에 위험상황이 확실하다고 합리적 사려깊은 판단하여 개입하였으나, 실제로는 위험이 없는 경우** (예) 경찰관이 사람 살려달라는 소리를 듣고 의무에 합당한 사려깊은 판단을 하여 출입문을 부수고 들어갔는데, 실제로는 TV범죄드라마 소리였던 경우) ② 외관적 위험은 경찰상 위험에 해당하며, 이에 대한 경찰의 개입은 **적법한 경찰개입에 해당** ③ 외관적 위험의 경우 **경찰관에게 민·형사책임을 물을 수 없고**, 국가의 손해배상문제도 발생하지 않는다. 단, 국가의 손실보상문제는 발생할 수 있다.
	오상위험	① 오상위험은 **추정적 위험 또는 상상위험**이라고도 한다. ② 오상위험이란 **이성적·객관적 판단할 때 위험의 외관이나 혐의가 정당화되지 아니함에도 경찰이 위험 존재 잘못 추정한 경우**를 말한다. ③ 이에 대한 경찰의 개입은 위법한 경찰개입이다. 따라서, 손해배상문제가 발생하고, 경찰관 개인은 민사상 책임(고의·중과실의 경우)과 형사책임문제가 발생한다.
	위험혐의	① 경찰이 **의무에 합당한 사려깊은 판단할 때 실제로 위험의 가능성은 예측되나 위험의 실제발생여부가 불확실한 경우**를 말한다. ② 위험혐의의 경우에는 위험의 존재여부가 명확해질 때까지 예비적으로 행하는 위험조사차원에서 경찰이 개입하는 것이 정당화된다. 따라서, 이 경우 경찰개입은 적법하므로 책임문제는 외관적 위험과 동일하다.

> 참고

- **현재의 위험** – 손해를 발생시키는 위험상황이 시작되었거나 바로 직전인 경우. 경찰상 비책임자인 제3자에게 경찰권을 발동하기 위한 전제조건
- **직접적 위험** – 집회에 대한 조치와 관련하여 사용되는 개념으로서, 위험상황이 그대로 진행되면 보호법익에 대한 손해가 발생할 고도의 개연성이 있는 상태(판례 – 직접적이고 명백한 위험이라고 표현)
- **중대한 위험** – 중대한 법익(국가의 존속·생명·중대한 재산적 가치등)에 대한 위험
- **임박한 위험** – 다른 국가기관 임무인 경우로서, 경찰이 즉시 개입하지 않으면 손해가 발생할 수 있는 위험

> **참고** 명백하고 현존하는 위험의 원칙(rule of clear and present danger)
>
> ① **미국에서 언론·출판 등의 자유를 제한하는 기준과 관련된 원칙**
> 미국의 솅크 판결(Schenck v. United States, 1919)에서 홈즈 대법관은 존 스튜어트 밀의 위해원칙(Harm principle)을 기초로 하여 명백하고 현존하는 위험의 원칙을 만들었다. 명백·현존 위험의 원칙(rule of clear and present danger)은 연혁적으로 언론과 출판이 국가기밀을 누설하거나 타인의 명예 또는 사생활의 비밀을 침해하려고 하는 경우에 법원이나 관계기관이 정지명령 등으로 이를 제지하고 할 때 사용하는 기준에서 출발
>
> ② **헌법재판소 판례**
> ㉠ 다수의견 – 현존성을 판단하지 아니하고 명백성만 요하는 "명백성(clear)의 원칙"을 채택
> 우리 헌법재판소는 「국가보안법」 제7조 제1항 및 제5항의 규정은 각 그 소정의 행위가 국가의 존립·안전을 위태롭게 하거나 자유민주적 기본질서에 위해를 줄 **명백한 위험(명백하고 현존하는 위험 X)이 있을 경우에만 축소적용**되는 것으로 해석한다면 헌법에 위반되지 아니한다고 한정합헌 결정을 하였다.
> ㉡ 반대의견 – **명백하고 현존하는 위험을 요구**
>
> ③ **대법원 판례** – 미신고 집회에 대한 해산명령의 적법요건
> ㉠ 다수의견 – '**공공의 안녕질서에 대한 직접적인 위험이 명백하게 초래된 경우**'일 것을 요구
>
> ④ **대법원 판례** – 위해성 경찰장비인 살수차와 물포의 직사살수의 사용요건 – 명백하고 현존하는 위험
> 위해성 경찰장비인 살수차와 물포는 필요한 최소한의 범위에서만 사용되어야 하고, 특히 인명 또는 신체에 위해를 가할 가능성이 더욱 커지는 직사살수는 타인의 법익이나 공공의 안녕질서에 **직접적이고 명백한 위험이 현존하는 경우에 한해서만 사용이 가능**하다고 보아야 한다.

2. 범죄의 수사

> ① 전통적으로 영미법계 국가에서는 범죄수사를 당연히 경찰의 임무로 인정하였으나, 대륙법계 국가에서는 3권 분립사상에 기초하여 수사와 재판은 사법작용으로 보아 사법부(법원)의 고유 권한이었다(단, 오늘날 수사·기소·재판의 담당기관은 분리됨).
> ② 수사는 사법경찰으로서, 「국가경찰과 자치경찰의 조직 및 운영에 관한 법률」 제3조에서는 범죄수사를 경찰의 임무로 규정하고 있다.
> ③ 간통제 폐지 등 **비범죄화에 의하면 경찰의 수사범위는 축소**되나, 종래 가정이나 사회의 자율영역이었던 분야에 국가가 적극적으로 개입하여 처벌하는 **과범죄화(경범죄처벌법 위반 등)**, 사회 변화에 따라 새로운 범죄로 규정되는 **신범죄화(환경범죄, 경제범죄, 보이스피싱, 스토킹범죄 등)**에 따라 처벌되는 범죄유형이 **증가**하고 있고 이에 의하면 경찰의 수사활동 분야가 증가하게 된다.
> ④ 오늘날 사회적 법치국가 아래서 적극적인 입법을 통해 적극적 수사권발동을 인정하는 입법례가 증가하고 있다. 예를 들어, 가정폭력, 아동학대, 스토킹 범죄 등과 관련하여 이미 발생한 범죄의 수사는 전통적인 사법경찰활동에 따라 수행하나, 이와 병행하여 피해자 보호를 위한 적극적인 활동인 응급조치 등 사회적 약자인 범죄피해자 보호를 위한 사법경찰권의 적극적인 개입을 인정하는 입법 예가 점점 증가하고 있다.

3. 그 밖에 서비스 등 적극적 보호활동 - 현대 사회적 법치국가에서 경찰의 임무로 강조

① 현대사회는 다양한 형태의 위험이 발생하고 있는데, 사회법치국가 아래서 국가는 위험의 문제를 해결하기 위해 적극 개입하므로 경찰의 위험방지 활동영역이 확장되어 가고 있다.
② 현대 사회적 법치국가에서는 국민의 자유와 권리를 보호하고, 사회문제해결을 위해 국가의 적극적 개입이 인정된다. 이에 따라 경찰은 위험방지나 범죄수사와 직접 관련없는 영역에서도 국민의 생명과 재산을 보호하기 위한 다양한 비권력적 작용을 통한 적극적인 경찰개입이 증가하고 있다.
③ 비권력 작용(또는 수단)에 의한 적극적인 보호활동은 강제력을 수반하지 아니하므로 법적근거 없이 광범위하게 행하여 질 수 있으므로 위험방지 임무와 구별되고, 그 발동여부에 경찰기관(또는 경찰관)의 적극적인 재량이 인정되므로 엄격한 절차적 규제를 받는 범죄수사와 달리 탄력적으로 경찰행정을 운영할 수 있다.
④ 「경찰관 직무집행법」 '손실보상규정(동법 제11조의2)'과 '소송지원규정(동법 제11조의4)'은 적극적인 경찰활동을 뒷받침하는 규정이다.

4 경찰권과 관할

1. 사물관할

① **경찰이 처리할 수 있고 또 처리해야 하는 사무내용 범위**를 말한다.
② 사물관할은 경찰권 발동범위를 설정하는 기능이 있다.
③ 「국가경찰과 자치경찰의 조직 및 운영에 관한 법률」 제3조에 규정된 경찰의 임무가 경찰의 사물관할에 해당한다.

2. 인적관할

① **광의의 경찰권(협의의 경찰권 + 수사권)**이 어떤 사람에게 적용되는가의 문제
② 광의의 경찰권은 모든 사람에게 적용되는 것이 원칙이나, 국내법적으로 **대통령과 국회의원**, **국제법적으로 외교사절, 주한미군은 일정한 제한** 있음

3. 지역관할

의의		지역관할이란 경찰권이 발동될 수 있는 지역적 범위를 말하며, 경찰권은 대한민국 영역내 모두 적용되는 것이이 원칙이다.
한계	해양	해양에서의 경찰 및 오염방제에 관한 사무를 관장하기 위하여 해양수산부장관 소속으로 해양경찰청을 둔다(「정부조직법」 제43조 제2항).
	국회	① 국회의원이 본회의 또는 위원회 회의장에서 국회법 또는 국회규칙에 위배하여 회의장 질서 문란하게 한 때에는 의장 또는 위원장은 이를 경고 또는 제지할 수 있다. ② 국회의장은 회기중 국회 질서유지 위하여 국회 안에서 경호권 행사 ③ 국회의장은 국회경호 필요시 **국회운영위원회의 동의를 얻어** 정부에 경찰공무원 파견요구가능 ④ 국회경위와 ③에 의해 국회경호를 위해 파견된 경찰은 국회의장의 지휘를 받아 **국회경위는 회의장건물 안에서, 경찰공무원은 회의장건물 밖에서 경호**한다. ⑤ 국회 안에 현행범 있을 때는 국회경위 또는 경찰은 체포한 후 의장의 지시**를 받아야** 한다. 다만, 의원은 회의장 안에 있어서는 의장의 명령없이 체포할 수 없다.
	법정내부	① 법정의 질서유지는 재판장이 담당하며, 재판장은 법정의 질서유지 위하여 **개정전후 불문** 관할경찰서장에게 경찰공무원 파견 요구가능 ② 파견된 경찰공무원은 **법정내외** 질서유지에 관하여 **재판장(경찰서장 X)의 지휘**를 받는다.
	치외법권 지역	① 외교공관이나 외교관 개인주택, 승용차·보트·비행기 등 교통수단도 불가침 ② 화재나 감염병 발생처럼 긴급시 동의 없이도 출입가능하다. ③ 「외교관계에 관한 비엔나협약」 **제22조** 1. 공관지역은 불가침이다. 접수국의 관헌은, 공관장의 동의없이는 공관지역에 들어가지 못한다. 2. 접수국은, 어떠한 침입이나 손해에 대하여도 공관지역을 보호하며, 공관의 안녕을 교란시키거나 품위의 손상을 방지하기 위하여 모든 적절한 조치를 취할 특별한 의무를 가진다. **제27조 제5호** : 외교신서사는 그의 신분 및 외교행낭을 구성하는 포장물의 수를 표시하는 공문서를 소지하여야 하며, 그의 직무를 수행함에 있어서 접수국의 보호를 받는다. **외교신서사는 신체의 불가침을 향유하며 어떠한 형태의 체포나 구금도 당하지 아니한다.** **제29조** : 외교관의 신체는 불가침이다. 외교관은 어떠한 형태의 체포 또는 구금도 당하지 아니**한다.** 접수국은 상당한 경의로서 외교관을 대우하여야 하며 또한 그의 신체, 자유 또는 품위에 대한 여하한 침해에 대하여도 이를 방지하기 위하여 모든 적절한 조치를 취하여야 한다. ④ 「영사관계에 관한 비엔나협약」 **제31조 영사관사의 불가침** 1. 영사관사는 본조에 규정된 범위내에서 불가침이나. 2. 접수국의 당국은, 영사기관장 또는 그가 지정한 자 또는 파견국의 외교공관장의 동의를 받는 경우를 제외하고, 전적으로 영사기관의 활동을 위하여 사용되는 영사관사의 부분에 들어가서는 아니된다. 다만, 화재 또는 신속한 보호조치를 필요로 하는 기타 재난의 경우에는 영사기관장의 동의가 있은 것으로 추정될 수 있다. **제41조 제1호** : 영사관원은, **중대한 범죄의 경우에** 권한있는 사법당국에 의한 결정에 따르는 것을 제외하고, 재판에 회부되기 전에 체포되거나 또는 구속되지 아니한다. ※ "영사관원"이라 함은 영사기관장을 포함하여 그러한 자격으로 영사직무의 수행을 위임받은 자를 의미한다.

| | | 제35조 제5호 : 영사신서사는 그 신분 및 영사행낭을 구성하는 포장용기의 수를 표시하는 공문서를 지참하여야 한다. 영사신서사는 접수국의 동의를 받는 경우를 제외하고, 접수국의 국민이어서는 아니 되고 또한 그가 파견국의 국민이 아닌 경우에는 접수국의 영주자이어서는 아니된다. 영사신서사는 그 직무를 수행함에 있어서 접수국에 의하여 보호를 받는다. **영사신서사는 신체의 불가침을 향유하며 또한 어떠한 형태로도 체포 또는 구속되지 아니한다.** |

CHAPTER 02 한국경찰의 역사와 제도

제1절 갑오개혁부터 일제강점기 이전의 경찰

1 갑오개혁과 근대경찰

1. 전개과정

① 1894년 일본각의에서 **조선에 대한 내정개혁 요구의 하나로 한국경찰 창설을 결정**하고 이 결정에 따라 '각아문관제'에서 처음으로 경찰이라는 용어를 사용하였다.
② 김홍집내각은 '각아문관제'에서 **법무아문 소속으로 경찰 설치결정 → 곧 내무아문 소속으로 변경하였다.**
③ 1894년 7월 14일(음력)에는 최초의 경찰조직법인 「경무청관제직장」(警務廳官制職掌)과 최초의 경찰작용법인 「행정경찰장정」(行政警察章程)이 제정되어 경찰의 조직법적·작용법적 근거가 마련됨으로써 외형상 근대국가적 경찰체제가 갖추어졌다고 볼 수 있음

2. 「경무청관제직장」(警務廳官制職掌)

① 한국 경찰 최초의 조직법
② 「경무청관제직장」에 의해 한성부에 경찰 창설(**전국관할 X**)
③ **좌우포도청 합쳐 경무청을 신설하고**, 내무아문에 예속시켜 한성부 내 일체 경찰사무 총괄하게 하였다.
④ **경무청의 장 – 경무사**
⑤ 동 관제에 의해 최초로 한성부 안에 경찰지서를 설치하고, **경무관을 서장으로 임명하였다.**
⑥ 한성부에 경무청(警務廳)이 설치되면서 포도청은 폐지되고, 각부(各府)·각아문(各衙門)·각군문(各軍門)의 체포·구금에 관한 권한도 폐지(**직수아문 폐지**)되었으며, 사법관의 재판 없이 죄벌을 가하는 것도 금지되었다.

3. 「행정경찰장정」(行政警察章程)

① 한국 경찰 최초의 작용법 – **일본의 1875년 '행정경찰규칙'과 1885년 '위경죄즉결례'를 혼합하여 제정**
② 경무청은 영업·시장·회사 및 소방·위생·집회결사·신문잡지·도서에 관한 사무에 이르기까지 광범위한 영역을 담당하였다.
③ 경찰업무와 일반행정과의 분화가 제대로 이루어지지는 못했다.

4. 경찰체제의 정비

① 1895년 「내부관제」 제정 통해 내부대신의 경찰에 대한 지휘·감독권을 정비하였다.
② 동년 4월에 반포된 '경무청관제(칙령제85호)' 제2조에서는 '경무사는 내부 대신의 지휘 감독을 받아 전적으로 한성부 5부(部)의 경찰, 소방 및 감옥에 관한 일을 총할한다'고 규정하여 내부관제 제1조의 내용을 구체적으로 규정함

2 광무개혁에 따른 경부경찰체제

출범	① 광무개혁에 따라 1900년 「경부관제」에 의해 내부 아래 있던 경무청이 '내부'에서 독립하여 중앙관청인 '경부'로 변경 ② 궁내경찰서와 한성부내 5개 경찰서, 3개 분서를 두고, 이를 지휘·감독하는 경무감독소를 두며, 한성부 이외의 각 관찰부에 총순(관청 X, 보조기관 O)을 두어 관찰사를 보좌하도록 하였다.
이원적 체제	한성 및 개항시장 — 경부는 한성 및 각 개항시장의 경찰업무와 감옥사무 통할 수행
	그 외 관찰부 — 총순을 두어 관찰사 보좌하여 치안업무 수행(총순은 관찰사의 지휘 받음)
좌절	① 경부 신설 후 1년여 만에 잦은 대신교체(12회) 등 문제가 많아 1902년 경무청 관제에 의하여 경무청을 신설하여 경무청이 경부의 업무를 관장하게 되었다. ② 이때 경무청은 전국관할 – 오늘날 경찰청의 원형(1894년 경무청은 한성부만 관할)

참고 ◦ 일본헌병의 주둔

① 1896년 일본헌병대가 명목상 한성과 부산간 군용전신선 보호 위해 주둔
② 일본은 1881년 프랑스의 헌병군 제도를 모방하여 헌병조례를 제정하였으며, 이에 의하면 헌병은 **군사경찰 이외에도 행정경찰·사법경찰을 겸하였다.**
③ 1906년 '한국주차군사령부조례'에 따라 한국주차군사령관을 육군 대장 또는 중장으로 하여 통감의 명을 받아 용산·평양 등 치안유지상 필요한 주요 지역에 배치하였다.
④ 1906년 7월 발령된 칙령 '한국주차군사령부조례'에서는 문관인 한국통감에게 예외적으로 주차군 지휘권을 인정하였고, 1910년 한국병합 후 총독이 조선주둔군의 군대 지휘권을 장악하였다.
⑤ 반란 등의 시찰이나 정탐 등을 주임무로 하였으나, 사회단체의 단속, 항일인사의 체포, 일본관민의 보호 등 고등경찰업무도 수행.

3 한국 경찰권의 상실

통감부 경무부 경찰체제	① 1905년 2월 '경무청관제개정건'을 반포함으로써 **경무청을 한성부내의 경찰로 축소**하였고, 이는 통감부가 설치된 다음해(1906년)에도 그대로 유지되었다. 1907년에는 통감부 소속으로 별도의 경찰조직인 경무부를 설치하여 일본인 경무고문을 통해 한국의 경찰권을 장악해 나갔다. ② 1907년 7월 통감부는 보안법을 제정하여 한국민의 행동까지 통제하였다. 보안법은 결사의 해산, 정치적으로 불온하다고 인정되는 자의 주거지로부터의 퇴거 등을 규정하고 있는 악법으로 미군정기에 폐지 ③ **1907년 7월에 '경시청관제'를 통해 한성의 경무청이 경시청(장은 경시총독)으로 개칭**되었고, 경시총독은 내부대신의 지휘·감독을 받아 경찰업무를 수행하였다. ④ 1910년 '통감부 경찰서 관제'에 따라 통감부 직속으로 경찰통감부가 설치되었고, 각 도에 경찰부가 설치됨으로써 비로소 지방행정기관과 경찰기관이 분리되었다.
한국 경찰권상실	① 순서 : 경찰사무에 관한 취극서(1908) → 재한국 외국인민에 대한 경찰에 관한 한일협정(1909) → 한국 사법 및 감옥사무 위탁에 관한 각서(1909) → 한국 경찰사무 위탁에 관한 각서(1910) ② 1910년 '한국의 경찰사무 위탁에 관한 각서'를 체결하였고, '통감부경찰서관제'를 공포하여 **한국 경찰권을 완전히 장악**했다.

제2절 일제강점기 경찰

1 헌병경찰시대

시행	① 1910년 10월 통감부는 폐지되고 조선총독부(장은 총독)가 설치되었고, 총독부에 경무총감부 (장은 경무총장)를, 각 도에는 경무부(장은 경무부장)를 두어 경찰사무를 관장하게 하였다. ② 1910년 9월 10일 '조선주차헌병조례'를 통해 **헌병이 일반치안 담당할 법적 근거 마련** – 헌병의 신분을 유지한 채 경찰직무를 수행하는 것이 가능해졌다. ③ 총독에게 주어진 제령권과 경무총장·경무부장에게 주어진 **명령권을 통해** 각종 전제주의적 경찰권을 행사하게 되었다.
임무	헌병경찰은 의병토벌과 첩보수집이 주임무, 민사소송조정·집달관업무·국경세관업무·일본어보급·부업장려 등 광범위한 업무 수행
배치	① **헌병경찰은 농촌이나 국경지대 및 의병출몰지역이나 군사경찰상 중요한 지역에 배치** ② **일반경찰은 개항장이나 도시에 배치**

2 보통경찰시대

① 1919년 3·1운동 계기로 헌병경찰제도가 보통경찰제도로 전환. 총독부직속 경무총감부 폐지하고 총독부에 경무국을 두어 전국 경찰사무와 위생사무 관장하였다.
② 헌병이 담당하던 임무를 보통경찰이 그대로 담당 – 경찰직무와 권한에는 큰 변화 없었다.
③ 3·1운동을 기화로 「정치범처벌법」을 제정하여 단속강화하고, 일본에서 제정된 「치안유지법」을 국내에 **도입하여 탄압의 지배체제를 강화하였다.**

제3절 임시정부와 경찰

1 개요

① 1919년 3·1운동 계기로 대한민국임시정부 탄생하였으며, 임시정부는 임시헌장(헌법)에서 최초의 '민주공화제' 선포하였다.
② 임시정부경찰은 최초의 민주공화제 경찰이며, **임시정부경찰은 민주경찰의 시초**
③ 헌법은 "대한국민은 3·1운동으로 건립된 대한민국임시정부의 법통......계승한다."라고 규정
  - 임시정부경찰은 한국경찰의 뿌리

2 임시정부경찰 역할 - 임시정부수호(제1과제), 교민보호, 밀정차단 등

임시정부경찰은 임시정부를 수호하고 일제의 밀정을 방지하는 임무를 통해서, 임시정부의 항일투쟁을 수행하는데 핵심적 역할을 수행하였다.

3 임시정부경찰 조직

1. 상해임시정부 시기(1919~1932)

내무부 아래 경무국, 연통제, 교민단의 의경대가 경찰기구로서 운영

(1) 경무국

① 1919년 4월 25일 '**대한민국 임시정부 장정**'의 공포로 임시정부 경찰조직인 **경무국의 직제와 사무를 규정하였으며,** 1919년 8월 **초대 경무국장으로 김구 선생이 임명되어 경무국의 활동이 본격적으로 시작**되었다. - 임시정부경찰은 임시정부의 법령에 의하여 설치된 정식 치안조직
② 경무국 소관 사무 - 행정경찰에 관한 사항, 고등경찰에 관한 사항, 도서출판 및 저작권에 관한 사항, 일체 위생에 관한 사항 등
③ **임시정부경찰 운영을 위해** 정식으로 예산이 편성되고, 계급별 소정 월급이 지급**되었다.**

(2) 연통제(경무사) 경찰

① **연통제의 목적** - 실질적 목적은 점령된 본국의 국민들에게 독립의식을 잊지 않게 하고, 또한 **기밀탐지활동과 독립운동자금 모집활동을 하며 최종 목적으로는 일제 저항운동을 일으키려는데 있었다.**
② 상해임시정부는 상해라는 지역적 한계를 극복하고 국내와 연락·정보수집, 정부 재정확보 등을 수행하기 위해 연통제를 실시하였다.
③ 국내 각 도 단위로 지방행정기관인 독판부를 설치하였으며, 독판부 산하 경찰기구로 경무사를 두었다.
④ 부·군단위 지방행정기관으로서 부서·군청이 있었고, 그 산하 경찰기구로 경무과를 두었다.
⑤ 각 독판부·부서·군청 및 경무사·경무과 소속의 경감과 경호원이 경찰업무를 수행하였다.
⑥ 연통기관이 일제 경찰에 발각되는 등 일제의 감시와 탄압이 심해지면서 1921년 이후 점차 와해

(3) 의경대(義警隊)

① 1923년 12월 17일 대한교민단 산하에 별도의 경찰 조직인 의경대를 창설하였고, 1932년에는 김구선생님이 직접 의경대장을 맡기도 하였으며, 1932년 윤봉길 의사 의거로 일제의 탄압이 심해진 후 수난의 이동시기를 겪던 1936년에 사실상 와해되었다.
② 임시정부는 '임시거류민단제'를 통해 교민들의 자치제도 인정, 교민단체는 '의경대조례'를 통해 자치경찰조직인 의경대를 조직하였다.
③ **의경대는 일제 밀정 색출하고 친일파 처단, 교민사회의 안녕과 질서유지, 호구조사, 민단세 징수, 풍기단속 등 업무를 수행**하였다. 이러한 의경대의 활동은 결국 임시정부 수호에도 기여하였다.

2. 이동 시기

1932년 윤봉길의사 의거 후 탄압이 극심해져 고난의 이동시기(1932~1940년 9월)를 겪었다. 이동시기에는 여러 도시를 전전하는 상황 속에서 제대로 된 경찰 조직을 유지할 수 없었다.

3. 충칭(중경) 시기(1940~1945)

경무과	① 충칭 시기인 1943년 제정된 「대한민국 잠행관제」에 따라 내무부 하부조직인 경무과가 중앙 경찰기구로 만들어졌다. ② 경무과는 일반 경찰사무, 인구조사, 징병 및 징발, 국내 정보 및 적 정보 수집 등의 업무를 수행하였다.
경위대	① 충칭시기 임시정부는 임시정부를 수호할 수 있도록 1941년 내무부 직속으로 **경찰조직인 경위대를 설치**하였으며, 그 규칙으로 경위대 규정을 따로 두었다. ② 경무과장이 경위대장을 겸임하는게 일반적이었다. ③ 경위대의 주요임무는 임시정부의 청사를 경비하고, 임시정부의 요인을 보호하는 것이었다. ④ 경위대는 광복 후 임시정부 요인들이 안전하게 귀국할 수 있도록 경호 업무를 수행하였다.

4 임시정부경찰의 주요인물

김구 선생	① 경무국장 김구 선생은 경찰 지휘하며 임시정부 수호책임 → 임시정부 성공적 정착에 이바지 ② 백범 김구 선생을 측근에서 보좌한 것은 임시정부경찰의 **경위대**
나석주 의사	임시정부 경무국 경호원 및 의경대원으로 활동, 1926년 12월 식민수탈의 심장인 **식산은행과 동양척식회사에 폭탄을 투척**
김석 선생	의경대원으로 활동하면서 **윤봉길 의사 배후 지원**, 윤봉길 의사는 1932년 상해 홍구 공원에서 열린 일왕의 생일축하장에 폭탄투척
김용원 열사	1921년 김구 선생에 이어 **제2대 경무국장 역임**. 1924년 7월 지병으로 귀국 후, 군자금 모금, 병보석과 체포 반복하다 옥고 후유증으로 1934년 7월 순국
김철 선생	1932년 상하이 프랑스조계에 잠입하였다가 일제경찰에 체포되어 감금당하였고, 이후 석방되었으나 1934년 고문 후유증으로 생애 마감

5 임시정부경찰의 특징

① 임시정부 경찰은 **임시정부의 법령에 의하여 설치된 정식 치안조직**
② 대한민국 임시정부 수호·국민 보호의 최일선 담당

제4절 미군정시기 경찰

1 개요

① '태평양미군총사령부포고 제1호'를 통해 **미군정실시와 구관리 현직유지 선포 – 일제시대 경찰 그대로 유지(인력개혁 X)**
② 경찰 이념 및 제도에 **영미법적인 민주적 요소 도입**
③ 한국경찰의 표어인 '**봉사와 질서**'를 흉장으로 패용하고, 이를 기본 이념으로 하는 개혁 추진
④ 1945년 광복 이후 신규 경찰 채용 과정에서 전체의 20% 가량은 일제경찰 출신들이 재임용되기도 하였지만, **상당히 많은 독립운동가 출신들이 경찰에 채용되었다.** – 이는 당시 한국경찰이 일제 강점기 경찰과는 분명히 단절된 새로운 경찰이었다는 점을 보여주는 것이다.

2 미군정시기 경찰조직

① 1945년 10월 21일 미군정청 국방사령부하에 경무국 창설. 일본인 경찰들 추방하고 한국인들만으로 구성된 경찰을 출범하였다. – 경찰창설기념일
② 1945년 12월 27일에는 '국립경찰 조직에 관한 건'이 공포되어 각 도 경찰기구를 시·도지사에서 분리하였고, 1946년 '경무국 경무부에 관한 건'에 의해 경무국을 국방사령부와 같은 직급인 '경무부'로 승격·개편하였다.

3 경찰제도정비

비경찰화	경찰업무 축소 – 경찰이 담당하던 위생사무를 위생국으로 이관하고, 경제경찰과 고등경찰이 폐지되는 등 비경찰화 작업이 진행되었다. » 미군정시기에 정보업무를 담당할 사찰과(정보과) 신설 – 정보경찰은 비경찰화 대상 X
치안입법 정비	「정치범처벌법」, 「치안유지법」, 「예비검속법」 등이 1945년 폐지되고, 1948년에 「보안법」이 폐지되었다.
여자경찰 제도 신설 (1946)	① 1946년 7월 1일 신설. 여자경찰은 **노약자나 부녀자를 보호**하고, **14세미만 소년범죄를 취급**하는 등 주로 풍속, 소년, 여성보호 업무를 담당하였다. ② 서울, 인천, 대구, 부산 4곳에 여자경찰서 설치
중앙경찰 위원회 (1947)	① **1947년 6명의 위원으로 구성된 중앙경찰위원회를 설치하였다.** ② 중앙경찰위원회는 주요 경무정책의 수립 및 경무부 장관이 회부한 경무정책, 경찰관리의 소환과 임면, 기타 군정장관이 회부한 사항을 심의함으로써 경찰민주화를 위한 조치를 시행하게 되었다. 따라서 조직 면에서 '중앙경찰위원회'를 통한 경찰통제 제도를 도입함으로써 민주적 요소가 강화됨
수사권	영미식 형사제도 도입 – '**수사는 경찰, 기소는 검사**' 체제 도입되어 경찰의 독자적 수사권 인정

제5절 정부수립 후 경찰(1948년 8월 15일 ~ 1991년 「경찰법」 제정)

1 서설

① 독립국가로서 한국 역사상 최초로 자주적 입장에서 경찰을 운용하게 되었다.
② 경찰이 비로소 주권국가 대한민국의 존립과 안녕, 대한민국 국민의 생명과 신체 및 재산의 보호라는 경찰 본연의 임무 수행
③ 경찰의 부정선거 개입 등으로 정치적 중립이 경찰에 대한 국민의 요청이었으며, 그 연장선상에서 경찰 기구독립이 경찰조직 숙원과제로 부각되었다.
④ 해양경찰업무, 전투경찰업무가 경찰업무범위에 추가, 소방업무가 경찰업무에서 배제

2 1948년 정부수립과 경찰(제1공화국)

1. 경찰조직

중앙경찰조직	① 1948년 법률 제1호인 「정부조직법」에서 미군정 경무부를 내무부 일국인 치안국에서 인수하여 경찰조직은 부에서 국으로 격하되었다. ② 내무부 '치안국'으로 경찰조직 축소한 이유 : 「정부조직법」 제정과정에 참여한 사람들이 일제시대 관리출신이어서 일본정부 과거 행정조직을 모방하였기 때문 ③ 치안국장은 내무부장관의 보조기관
지방경찰조직	① 시·도경찰국장은 관청이 아니라 시·도지사의 보조기관 ② 경찰서장은 1991년 「경찰법」이 제정되기 이전에도 관청의 지위를 가지고 있었다.

2. 6·25전쟁과 구국경찰

(1) 6·25전쟁 중 경찰의 전황

춘천지구전투	① 1950년 6월 25일 양구경찰서 내평지서장 **노종해 경감** 등은 10여명 인력으로 춘천으로 가는 길목을 지키고 북한군 1만 명의 진격을 1시간 이상 지연시킨 후 전사하였다. ② 6·25전쟁 최초 승전인 춘천지구 전투 승리의 결정적 역할을 하였다.
함안지구전투	① 전남·북 및 경남 3개도 경찰관 6,800명과 미군 25사단 일부는 북한군 4개 사단 격퇴하고 끝내 방어선 지켜냈다. ② 당시 경남경찰국장은 독립운동가 출신인 최천 경무관이었다.
다부동전투	① 55일간 치열한 전투 끝에 경북 칠곡군 다부동에서 낙동강 방어선을 사수하였다. ② 전황이 불리해지면서 정부와 군 지휘부가 부산으로 이동하였지만, 경찰은 끝까지 대구 사수를 결의하고 대구에 남아 대구 시민을 보호했다.
장진호전투	미 해병 1사단에 배속되어 있던 한국경찰 '화랑부대(미군으로부터 별도 정예훈련 받고 부대단위로 편제된 경찰관 부대의 통칭)' 1개 소대 기관총 부대가 장진호 유담리 전투에서 뛰어난 전공을 거두었다.

(2) 전투상황 관련 인물

김해수	1948년 간부후보생 3기로 입직, 1950년 7월 8일 영월화력발전소 탈환작전 도중 47명 결사대와 함께 73명의 적 사살하고 전사
라희봉	1949년 순경으로 입직, 1951년 순창서 쌍치지서장으로 재직하면서 다수의 공비 토벌. 1952년 11월 700명에 달하는 공비와 전투하던 중 24세 나이로 전사
권영도	1951년 순경으로 입직, 산청군·함양군 일대에서 공비 소탕작전에 선봉으로 나서 공비 23명 사살, 1952년 7월 26세의 나이로 전사

> **참고** 보도연맹사건

사건 개요	1949년 4월 좌익사범 중 사상전향자들로 '국민보도연맹'이라는 관변단체조직. 6·25 발발하자 정부는 보도연맹원들을 북한에 동조위험있는 인물로 보고 즉결처분 방식으로 사살
안종삼 서장	**구례경찰서 안종삼 서장**은 보도연맹원들에 대한 총살명령 내려오자 480명의 예비검속자 앞에서 "내가 죽더라도 방면하겠으니 국가 위해 충성해 달라."라는 연설 후 전원 방면

3 6.25 전쟁 이후 1991년 경찰법 제정까지

1. 「경찰관 직무집행법」

① 1953년 12월 「경찰관 직무집행법」 제정으로 **경찰작용에 관한 기본법** 마련하였고, 동법에 '국민의 생명, 신체, 재산의 보호'라는 영미법적 사고가 반영되었다.

② 1981년 「경찰관 직무집행법」의 개정으로 '**경찰의 직무(제2조)**' 규정을 신설하여 경찰관의 직무의 범위를 구체적으로 정하였다.

2. 제2공화국 「헌법」

1960년 6월 15일에 개정된 「헌법」 제75조 제2항에는 "… 법률에는 경찰의 중립을 보장하기에 필요한 기구에 관하여 규정을 두어야 한다."는 규정이 신설되었다. – **헌법에 경찰의 중립화를 규정한 시기 (제2공화국 헌법)**

3. 「경찰공무원법」 제정

① 1969년 「경찰공무원법」이 공포·시행되어 경찰공무원을 일반 공무원과 구별하여 '별정직(현 특정직)' 공무원이 되었으며, 이때 처음으로 **치안국장에게 '치안총감'**이라는 경찰 계급부여하였다. 또한, '경정', '경장' 계급이 신설되고, 2급지 서장을 경감에서 경정으로 격상하였으며, 치안감 이하 **경감 이상에 계급정년제가 도입**되었다.

② 1979년 동법 개정시 치안정감 계급이 신설되었고, 1983년 시행된 동법에서는 경위계급의 계급정년이 도입되었다가, 1998년 경정이상 계급정년으로 개정되어 현재까지 시행됨

4. 치안본부

1974년 12월 24일 「정부조직법」 개정으로 치안국이 치안본부로 격상되었다.

5. 소방업무 이관

1975년 8월 치안본부 소방과를 내무부 소방국으로 이전하여 경찰 소관이던 **소방업무가 경찰업무에서 배제**되었다.

제6절 「경찰법」 제정(1991년)과 「국가경찰과 자치경찰의 조직 및 운영에 관한 법률」 시행(2021년 1월 1일)

1 「경찰법」 제정(1991년)

① 1991년 「경찰법」 제정으로 치안본부장이 경찰청장으로 변경되었고, 경찰청장은 행정관청으로 승격되어, 경찰청장이 경찰사무를 총괄하게 되었다.
② **1991년 「경찰법」제정으로 경찰청장과 지방경찰청장의 독립관청화**
③ 내무부에 경찰위원회를 두어 민주적 통제시스템 구축, 시·도지사 밑에 치안행정협의회 두어 치안협력체제 마련

2 「국가경찰과 자치경찰의 조직 및 운영에 관한 법률」 제정(2021년)

① 경찰의 사무를 **국가경찰사무와 자치경찰사무로 구분**하여 규정하였다(법 제4조).
② 경찰청에 국가수사본부를 두고, **국가수사본부장은 치안정감**으로 보하며, 국가수사본부장을 경찰청 외부를 대상으로 모집하여 임용할 때에는 일정한 자격을 갖춘 사람 중에서 임용할 수 있도록 하였다(법 제16조).
③ 자치경찰사무를 관장하게 하기 위해 **시·도지사(시·도경찰청장 X) 소속으로 시·도자치경찰위원회를 두며**, 시·도자치경찰 위원회는 합의제 행정기관으로서 그 권한에 속하는 업무를 독립적으로 수행하도록 하였다(법 제18조).
④ 시·도경찰청장을 임용하기 위한 절차를 규정하고, **시·도경찰청장은 국가경찰사무는 경찰청장, 자치경찰사무는 시·도자치경찰위원회, 수사사무는 국가수사본부장의 지휘·감독**을 받도록 하였다(법 제28조).

| 제7절 | 한국경찰사에 길이 빛날 경찰의 표상 |

김구 선생	① 1919년 중국 상하이에서 수립한 **대한민국 임시정부의 초대 경무국장**이며, 임시정부경찰을 지휘하며 임시정부의 성공적 정착에 크게 기여하였다. ② 1932년에는 직접 대한교민단 의경대장 취임하여 일제의 밀정 색출, 친일파 처단 및 상해 교민사회의 질서유지 등의 임무를 수행하였다. ③ 윤봉길 의사 의거 이후 김구 선생과 임시정부 요인들은 일제의 탄압을 피해 중국 전역을 이동하는 고난의 시기를 겪었으며 1940년에는 대한민국 임시정부 주석으로 선출되었다. ④ 광복 후 귀국하였으며, 1947년 경무부 교육국에서 출간한「민주경찰」창간호에 '자주독립과 민주경찰'이라는 축사를 기고하였고 국립경찰 창설기념 특호에서는 "국민의 경종이 되소서"라는 휘호를 선물하는 등 경찰에 대한 남다른 애정을 보였다.
안맥결 총경	① 안창호 선생의 조카딸로서, **독립운동가 출신의 여성경찰관**이다. ② 1919년 10월 평양 숭의여학교 재학 중 만세 시위에 참여하다 체포되었고, 1936년 임시정부 군자금 조달 혐의로 5개월간 구금되었으며, 1937년 일제가 조작한 수양동우회 사건으로 수배된 후 만삭의 몸으로 서대문형무소에 수감되었다가 가석방되었다. ③ **1946년 미군정하 여자경찰간부로 임용되며 국립경찰에 투신**하였고, 1952년부터 2년간 서울여자경찰서장을 역임하며 풍속·소년·여성보호 업무를 담당하였다. 당시 여자경찰제도는 권위적인 사회 속에서 선진적이고 민주적인 제도였음 ④ 1957년 국립경찰전문학교 교수로 발령 받아 후배 경찰교육에 힘쓰다 1961년 **5·16군사정변이 일어나자 군사정권에 협력할 수 없다며 사표를 제출**하였다. ⑤ 2018년 독립유공자로 등록되었다(건국포장 수훈).
문형순 경감	① 신흥무관학교를 졸업한 독립군 출신으로 광복 이후 경찰간부(경위)로 경력채용되어 경찰에 입직하였다. ② 제주 4.3사건 당시인 1948년 12월 10일 대정읍 하모리에서 검거된 좌익총책의 명단에서 발견된 100여 명의 주민들이 처형위기에 처하자 문형순 모슬포서장은 이들에게 자수하도록 하고, 1949년 초에 전원 훈방 ③ **1950년 8월 30일 성산포경찰서장 재직 시 계엄군의 예비검속자 총살명령 거부하고 278명을 방면**하였다. ④ 민주·인권경찰의 표상 - 2018년 경찰영웅으로 선정
차일혁 경무관	① **호국경찰·인권경찰·문화경찰의 표상** ② 전북 18전투경찰대대장(경감)으로 경찰 투신하였으며, **남부군 사령관 이현상을 사살하는 등 빨치산 토벌 주역**이었으며, 이현상을 '적장의 예'로써 화장해주고, 생포한 공비들에 대하여 관용과 포용으로 귀순을 유도한 인본경찰·인권경찰의 표상이다. ③ **빨치산 소탕시 구례 화엄사 등 문화재 수호 인물로 '보관문화훈장'을 수여받은 호국경찰 영웅이자 인본경찰의 표상**이었으며, 충주경찰서장 재직 당시 '충주직업소년학원'을 설립하여 불우아동들에게 배움의 기회를 제공하는 등 문화경찰의 표본이 된다. ④ 화엄사 공적비 건립(1998), 보관문화훈장 수훈(2008), '문화재를 지켜낸 인물' 선정(2008, 문화재청), 드라마 '여명의 눈동자' 주인공 장하림(박상원 역) 실제모델(1991, MBC) 등으로 업적을 인정받았다. ⑤ 2011년 경무관으로 승진 추서, 2012년 국가보훈처가 한국전쟁 영웅으로 선정, 2019년 경찰영웅으로 선정됨

최규식 경무관, 정종수 경사	① 1968년 무장공비 침투사건(1.21 사태) 당시 종로경찰서 자하문검문소에서 무장공비를 온몸으로 막아내고 순국함으로써 청와대 사수하고 대한민국을 위기에서 건져 올린 **호국경찰 표상** ② 군 방어선이 뚫린 상황에서 최규식 경무관과 정종수 경사는 대한민국을 지켜내고 순국하였다.
안병하 치안감	① 민주·인권경찰의 표상 ② 육군사관학교 출신으로 1962년 경찰에 투신하였으며, 1979년 2월 전라남도 경찰국장으로 임명 ③ **5.18 광주 민주화운동 당시 전남도경국장**으로서 전남경찰들에게 '분산되는 자는 너무 추적하지 말 것, 부상자가 발생하지 않도록 할 것' 등을 지시하고, '연행과정에서 학생의 피해가 없도록 유의하라'고 지시하여 비례의 원칙에 입각한 경찰권 행사 및 시위대 인권보호를 강조하였다. ④ 신군부의 명령을 어긴 죄로 직무유기 혐의로 직위해제를 당하고 보안사 동빙고 분실로 끌려가 10여일간 혹독한 고문을 받은 후, 후유증으로 투병하다 사망하였다. ⑤ 2006년 순직경찰로 인정받아 서울 국립현충원에 영면하였다. ⑥ 2009년 문을 연 충남 아산 경찰교육원(경찰인재개발원)에는 안병하 치안감의 이름을 딴 안병하 홀이 생겼다. ⑦ 2017년 경찰영웅으로 선정되었다.
이준규 총경	① 민주·인권경찰의 표상 ② **1980년 5·18 당시 목포경찰서장으로 재임**. 안병하 국장 방침에 따라 경찰 총기 대부분을 군부대 등으로 사전에 이동시켰으며, 자체 방호 위해 가지고 있던 소량의 총기마저 격발할 수 없도록 방아쇠 뭉치 모두 제거해 원천적으로 시민들과 유혈충돌을 피하도록 조치하여 광주와 달리 목포에서는 사상자가 거의 나오지 않았다. ③ 신군부에 의해 직무유기 혐의로 구속되어 1980년 직위해제된 후 파면되었으며, 강경 진압 지시 거부 및 자위권 소홀 혐의로 군법회의에서 징역 1년의 선고유예를 받았다. ④ 2018년에 5·18민주유공자로 등록되었고, 2019년에는 형사판결 재심 무죄 선고 및 파면처분 직권 취소 등 명예 회복이 이루어졌다.
최중락 총경	① 대한민국 수사경찰의 표상으로서, 1950년 경찰에 입직(순경 공채), 63년과 68년 및 69년에 치안국 포도왕(검거왕)으로 선정되었고, 재직 중 1,300여 명의 범인을 검거하는 등 **수사경찰의 상징적인 존재**였다. ② 1970~80년대 MBC드라마 '수사반장'의 실제모델로 20년간 각종 자료 제공 및 자문, 1990년 퇴직 후에는 '촉탁수사연구관'으로 선임되어 후배 수사경찰관들을 지도하였다. ③ 녹조근정훈장·근정포장·대통령표창을 비롯해 120여개 훈·포장과 표창을 받았다. ④ 2019년 경찰영웅으로 선정되었다.
김학재 경사	① 부천남부서 형사였던 김학재 경사(당시 경장)는 1998년 5월 강도강간 신고출동 현장에서 피의자로부터 좌측 흉부를 칼로 피습당한 가운데에서도 끝까지 격투를 벌여 범인 검거 후 순직함 ② 2018년 문형순 서장과 함께 경찰영웅으로 선정됨

CHAPTER 03 경찰법학

제1절 경찰조직법

1 경찰조직법 일반

> **행정조직법정주의 – 「정부조직법」 제34조(행정안전부)**
> ⑤ 치안에 관한 사무를 관장하기 위하여 **행정안전부장관 소속으로 경찰청을 둔다.**
> ⑥ 경찰청의 조직·직무범위 그 밖에 필요한 사항은 **따로 법률로 정한다.**
> ≫ 제6항에서 말하는 법률 – 「국가경찰과 자치경찰의 조직 및 운영에 관한 법률」
>
> **「국가경찰과 자치경찰의 조직 및 운영에 관한 법률」(약칭 : 경찰법) 제1조**
> 이 법은 국가경찰의 **민주적인 관리·운영과 효율적인 임무수행**을 위하여 경찰의 기본조직 및 직무 범위와 그 밖에 필요한 사항을 규정함을 목적으로 한다.
>
> **「국가경찰과 자치경찰의 조직 및 운영에 관한 법률」**은 경찰사무를 국가경찰사무와 자치경찰사무로 구분하고, **자치경찰사무는 시·도자치경찰위원회가 관장**하도록 하고 있다.

참고
1. 국가행정조직의 기본을 정하는 것은 「정부조직법」
2. 지방행정조직의 기본을 정하는 것은 「지방자치법」

2 경찰행정기관

1. 국가경찰위원회

(1) 설치 근거 – 「국가경찰과 자치경찰의 조직 및 운영에 관한 법률」

> 국가경찰행정에 관하여 제10조 제1항 각 호의 사항을 심의·의결하기 위하여 **행정안전부에 국가경찰위원회** 둔다.
> ≫ 경찰위원회는 1991년 「경찰법」 제정 당시에 설치되었고, 2020년 「경찰법」이 「국가경찰과 자치경찰의 조직 및 운영에 관한 법률」 개칭되면서, 국가경찰위원회로 명칭이 변경되었다.

(2) 심의·의결사항

> ① 국가경찰사무에 관한 인사, 예산, 장비, 통신 등에 관한 주요정책 및 경찰 업무 발전에 관한 사항
> ② 국가경찰사무에 관한 인권보호와 관련되는 경찰의 운영·개선 사항
> ③ 국가경찰사무 담당 공무원의 부패 방지와 청렴도 향상에 관한 주요 정책사항
> ④ 국가경찰사무 외에 다른 국가기관으로부터의 업무협조 요청에 관한 사항
> ⑤ 제주특별자치도의 **자치경찰**에 대한 경찰의 **지원·협조** 및 협약체결의 조정 등에 관한 주요 정책사항
> ⑥ 시·도자치경찰위원회 위원 추천, 자치경찰사무에 대한 주요 법령·정책 등에 관한 사항, 시·도자치경찰위원회 의결에 대한 재의 요구에 관한 사항
> ⑦ 제2조(국가와 지방자치단체는 국민의 생명·신체 및 재산을 보호하고 공공의 안녕과 질서유지에 필요한 시책을 수립·시행하여야 한다)에 따른 시책 수립에 관한 사항
> ⑧ **비상사태 등 전국적 치안유지를 위한 경찰청장의 지휘·명령**에 관한 사항
> ⑨ 그 밖에 행정안전부장관 및 경찰청장이 중요하다고 인정하여 국가경찰위원회에 부의한 사항

(3) 구성 및 위원의 예우

> ① 위원장 1명 포함 7명의 위원으로 구성, 위원장 및 5명의 위원은 비상임, 1명의 위원은 상임으로 한다.
> ② 위원장은 위원회를 대표하며, 위원회의 사무를 총괄한다.
> ③ **위원장은 비상임위원 중에서 호선**
> ④ 위원장이 사고가 있을 때에는 **상임위원, 위원중 연장자순으로 위원장의 직무를 대리**
> ⑤ **상임위원은 정무직**

(4) 임명 및 결격사유

임명	① 위원은 **행정안전부장관의 제청으로 국무총리를 거쳐 대통령이 임명**한다. ② **행정안전부장관**은 위원임명을 제청할 때 **경찰의 정치적 중립이 보장**되도록 하여야 한다. ③ **위원 중 2명은 법관 자격이 있는 사람**이어야 한다.
결격 사유	다음 사람은 위원이 될 수 없으며, 위원이 다음에 해당하는 경우에는 당연퇴직한다. ① **정당의 당원**이거나 당적 이탈한 날부터 **3년**이 지나지 아니한 사람 ② **선거에 의하여 취임하는 공직**에 있거나 그 공직에서 퇴직한 날부터 **3년**이 지나지 아니한 사람 ③ **경찰, 검찰, 국가정보원직원 또는 군인의 직**에 있거나 그 직에서 **퇴직한 날부터 3년**이 지나지 아니한 사람 ④ 「국가공무원법」 제33조 각 호의 어느 하나(공무원결격사유)에 해당하는 사람

(5) 위원의 임기 등 신분보장

임기	3년, 연임금지. 보궐위원 임기는 전임자 임기의 남은 기간
면직	① 위원은 **중대한 신체상 또는 정신상 장애로 직무수행 할 수 없게 된 경우를 제외하고는 의사에 반하여 면직 X** ② 위원이 중대한 심신상 장애로 직무수행 할 수 없게 되어 면직하는 경우에는 **위원장** 또는 **행정안전부장관의 의결요구**에 의해 **국가경찰위원회 의결** 있어야 함

(6) 회의

정기회	특별한 사유 있는 경우 제외하고는 **매월 2회 위원장이 소집**
임시회	위원장은 필요한 경우 임시회의 소집가능, **위원 3명 이상과 행정안전부장관 또는 경찰청장은 위원장에게 임시회 소집 요구가능** → 위원장은 **특별한 사유가 없는 한 회의 소집**

① 위원회 회의는 재적위원 과반수의 출석과 출석위원 과반수의 찬성으로 의결
② 국가경찰위원회의 사무는 **경찰청에서 수행**한다.

(7) 의견청취(「국가경찰위원회 규정」 제9조)

> 위원장은 위원회의 심의를 위하여 필요한 경우에는 관계 경찰공무원에게 필요한 사항의 보고를 요구할 수 있으며, 그 관계 경찰공무원은 성실히 이에 응하여야 한다.

(8) 재의요구

> ① **행정안전부장관**은 위원회 의결사항이 부적정하다고 판단되면 재의 요구가능
> ② **행정안전부장관이 재의요구하는 경우**는 의결한 날(다음날 X)부터 10일 이내에 재의요구서 위원회에 제출
> ③ 위원장은 재의요구 있는 경우 **요구받은 날부터 7일 이내**에 회의소집하여 **다시 의결**

참고

> 「국가경찰위원회 규정」(대통령령) 제11조(운영세칙) 이 영에 규정된 사항 외에 위원회의 운영을 위하여 필요한 사항은 **위원회의 의결을 거쳐 위원장이 정한다.**

2. 경찰청

경찰청 설치근거	「국가경찰과 자치경찰의 조직 및 운영에 관한 법률」 제12조 - 치안에 관한 사무 관장 위하여 **행정안전부장관 소속으로 경찰청을 둔다.**

경찰청장	① 경찰청에 경찰청장을 두며, **경찰청장은 치안총감**으로 보한다.
	② 경찰청장
	   ㉠ 경찰청장은 국가경찰위원회의 동의를 받아 행정안전부장관의 제청으로 국무총리를 거쳐 대통령이 임명. 이 경우 국회의 인사청문을 거쳐야 한다.
	   ㉡ 경찰청장은 국가경찰사무를 총괄하고 경찰청 업무를 관장하며 소속공무원 및 각급 경찰기관장을 지휘·감독
	   ㉢ 경찰청장의 임기는 2년으로 하고, 중임(重任)할 수 없다.
	   ㉣ 경찰청장이 직무를 집행하면서 헌법이나 법률(법령 X)을 위배한 때에는 **국회는 탄핵소추를 의결할 수 있다.**
	③ 경찰청장의 수사지휘
	   ㉠ **경찰청장은** 경찰의 수사사무의 경우에는 개별 사건의 수사에 대하여 구체적으로 지휘·감독할 수 없다. 다만, 국민의 생명·신체·재산 또는 공공의 안전 등에 **중대한 위험을 초래하는 긴급하고 중요한 사건의 수사**에 있어서 경찰의 자원을 대규모로 동원하는 등 통합적으로 현장 대응할 필요가 있다고 판단할 만한 상당한 이유가 있는 때에는 **국가수사본부장을 통하여 개별 사건의 수사에 대하여 구체적으로 지휘·감독할 수 있다.**
	   ㉡ 경찰청장은 **개별 사건의 수사에 대한 구체적 지휘·감독을 개시한 때**에는 이를 국가경찰위원회에 보고하여야 한다.
	   ㉢ 경찰청장은 ㉠에 따른 '긴급하고 중요한 사건'의 사유가 해소된 경우에는 개별 사건의 수사에 대한 구체적 지휘·감독을 중단하여야 한다.
	   ㉣ 긴급하고 중요한 사건의 범위 등 필요한 사항은 **대통령령**으로 정한다.
	
	   * 대통령령에 규정된 긴급하고 중요한 사건의 범위(국가경찰과 자치경찰의 조직 및 운영에 관한 법률 제14조 제10항에 따른 긴급하고 중요한 사건의 범위 등에 관한 규정 제2조)
	   ① 「국가경찰과 자치경찰의 조직 및 운영에 관한 법률」(이하 "법"이라 한다) 제14조 제6항 단서에 따른 긴급하고 중요한 사건은 다음 각 호의 어느 하나에 해당하는 사건 및 이와 직접적인 관련이 있는 사건으로 한다.
	   4. 전국 또는 일부 지역에서 연쇄적·동시다발적으로 발생하거나 광역화된 범죄에 대하여 경찰력의 집중적인 배치, 경찰 각 기능의 종합적 대응 또는 국가기관·지방자치단체·공공기관과의 공조가 필요한 사건

차장	① 경찰청에 차장을 두며, **차장은 치안정감**으로 보한다. ② 차장은 경찰청장 보좌하며, **경찰청장이 부득이한 사유로 직무를 수행 할 수 없을 때 직무를 대행**한다.

국가수사 본부	① 경찰청에 국가수사본부를 두며, 국가수사본부장은 **치안정감**으로 보한다. ② 국가수사본부장은 「형사소송법」에 따른 경찰의 수사에 관하여 각 시·도경찰청장과 경찰서장 및 수사부서 소속 공무원을 지휘·감독한다. ③ 국가수사본부장의 임기는 2년으로 하며, 중임할 수 없다. ④ 국가수사본부장은 **임기가 끝나면 당연히 퇴직**한다. ⑤ 국가수사본부장이 직무를 집행하면서 **헌법이나 법률을 위배**하였을 때에는 **국회는 탄핵 소추를 의결**할 수 있다. ⑥ 국가수사본부장을 경찰청 외부를 대상으로 모집하여 임용시 자격요건 　㉠ **10년 이상 수사업무에 종사한 사람** 중에서 「국가공무원법」에 따른 고위공무원단에 속하는 공무원, 3급 이상 공무원 또는 총경 이상 경찰공무원으로 재직한 경력이 있는 사람 　㉡ **판사·검사 또는 변호사의 직에 10년 이상** 있었던 사람 　㉢ **변호사 자격이 있는 사람**으로서 **국가기관등에서 법률에 관한 사무에 10년 이상 종사**한 경력이 있는 사람 　㉣ 대학이나 공인된 연구기관에서 **법률학·경찰학 분야**에서 **조교수 이상**의 직이나 이에 상당하는 직에 **10년 이상** 있었던 사람 　㉤ ㉠부터 ㉣까지의 경력 기간의 합산이 **15년 이상**인 사람

3. 시·도자치경찰위원회

(1) 설치 (「국가경찰과 자치경찰의 조직 및 운영에 관한 법률」 제18조)

> ① 자치경찰사무를 관장하게 하기 위하여 **특별시장·광역시장·특별자치시장·도지사·특별자치도지사**(이하 "시·도지사"라 한다.) 소속으로 시·도자치경찰위원회를 둔다. 다만, 제13조 후단에 따라 시·도에 2개의 시·도경찰청을 두는 경우 시·도지사 소속으로 2개의 시·도자치경찰위원회를 둘 수 있다.
> ② 시·도자치경찰위원회는 **합의제 행정기관**으로서 그 권한에 속하는 **업무를 독립적으로 수행**한다.
> ※ 시·도자치경찰원회의 설치근거는 「국가경찰과 자치경찰의 조직 및 운영에 관한 법률」이지만, 「지방자치법」에서도 시·도자치경찰원회의 설치근거를 마련하고 그 세부사항을 조례로 정하고 있다 (지방자치법 제116조).

(2) 법적 성격

> ① 「국가경찰과 자치경찰의 조직 및 운영에 관한 법률」에서는 시·도자치경찰위원회가 자치경찰사무를 지휘·감독하도록 하여 자치경찰제도의 핵심적 지위를 갖게 되었다.
> ② 독립적 행정기관으로서 그 소관사무에 대하여 행정관청의 지위를 갖게되었다.

(3) 구성

> ① 위원장 1명을 포함한 7명의 위원으로 구성하되, 위원장과 1명의 위원은 **상임**으로 하고, **5명의 위원은 비상임**으로 한다.
> ② 위원은 특정 성(性)이 10분의 6을 초과하지 아니하도록 노력하여야 한다.
> ③ **위원 중 1명은 인권문제에 관하여 전문적 지식과 경험이 있는 사람이 임명될 수 있도록 노력**하여야 한다(위원 중 1명은 법관의 자격이 있는 사람이 임명될 수 있도록 노력하여야 한다. X).

(4) 위원의 임명 및 결격사유

임명	① 위원은 다음 사람을 **시·도지사가 임명**한다. 　㉠ 시·도의회가 추천하는 2명 　㉡ 국가경찰위원회가 추천하는 1명 　㉢ 해당 시·도 교육감이 추천하는 1명 　㉣ 시·도자치경찰위원회 위원추천위원회가 추천하는 2명 　㉤ 시·도지사가 지명하는 1명 ② 시·도자치경찰위원회 위원은 다음 자격을 갖추어야 한다. 　㉠ 판사·검사·변호사 또는 경찰의 직에 5년 이상 있었던 사람 　㉡ 변호사 자격이 있는 사람으로서 국가기관등에서 법률에 관한 사무에 5년 이상 종사한 경력이 있는 사람 　㉢ 대학이나 공인된 연구기관에서 **법률학·행정학 또는 경찰학** 분야의 조교수 이상의 직이나 이에 상당하는 직에 **5년 이상** 있었던 사람 ③ 위원장은 위원 중에서 시·도지사가 임명하고, **상임위원은 시·도자치경찰위원회의 의결을 거쳐 위원 중에서 위원장의 제청으로 시·도지사가 임명**한다. 이 경우 **위원장과 상임위원은 지방자치단체의 공무원**으로 한다. ④ 위원은 정치적 중립을 지켜야 하며, 권한을 남용하여서는 아니 된다. ⑤ 공무원이 아닌 위원에 대해서는 「지방공무원법」 제52조(비밀 엄수의무) 및 제57조(정치운동 금지)를 준용한다. ⑥ 공무원이 아닌 위원은 그 소관 사무와 관련하여 형법이나 그 밖의 법률에 따른 벌칙을 적용할 때에는 공무원으로 본다.
결격사유	다음에 해당하는 사람은 위원이 될 수 없다. 위원이 다음에 해당한 경우에는 당연퇴직 ① **정당의 당원**이거나 당적을 이탈한 날부터 **3년**이 지나지 아니한 사람 ② 선거에 의하여 취임하는 공직에 있거나 그 공직에서 퇴직한 날부터 **3년**이 지나지 아니한 사람 ③ **경찰, 검찰, 국가정보원 직원 또는 군인**의 직에 있거나 그 직에서 퇴직한 날부터 **3년**이 지나지 아니한 사람 ④ 국가 및 지방자치단체의 **공무원**(국립 또는 공립대학의 조교수 이상의 직에 있는 사람은 제외)이거나 **공무원이었던 사람으로서 퇴직한 날부터 3년이 지나지 아니한 사람**. 다만, 위원장과 상임위원이 지방자치단체의 공무원이 된 경우에는 당연퇴직하지 아니한다.

(5) 위원장의 직무

> ① 시·도자치경찰위원회 위원장은 시·도자치경찰위원회 대표하고 회의 주재하며 시·도자치경찰위원회 의결을 거쳐 업무 수행
> ② 시·도자치경찰위원회 위원장이 부득이한 사유로 직무를 수행 할 수 없을 때에는 **상임위원, 시·도자치경찰위원회 위원 중 연장자순**으로 그 직무대행

(6) 위원의 임기 및 신분보장

> ① 위원장과 위원의 임기는 3년으로 하며, 연임(連任)할 수 없다.
> ② 보궐위원의 임기는 전임자 임기의 남은 기간으로 하되, 전임자의 남은 임기가 1년 미만인 경우 그 보궐위원은 1회에 한하여 연임할 수 있다.
> ③ 위원은 **중대한 신체상 또는 정신상의 장애로 직무를 수행 할 수 없게 된 경우를 제외하고는 그 의사에 반하여 면직되지 아니한다.**

(7) 시·도자치경찰위원회의 소관사무(「국자법」 제24조)

> 시·도자치경찰위원회의 소관 사무는 다음 각 호로 한다.
> 1. 자치경찰사무에 관한 목표의 수립 및 평가
> 2. 자치경찰사무에 관한 인사, 예산, 장비, 통신 등에 관한 주요정책 및 그 운영지원
> 3. **자치경찰사무 담당 공무원의 임용, 평가 및 인사위원회 운영**
> 4. 자치경찰사무 담당 공무원의 부패 방지와 청렴도 향상에 관한 주요 정책 및 인권침해 또는 권한남용 소지가 있는 규칙, 제도, 정책, 관행 등의 개선
> 5. 제2조에 따른 시책 수립
> 6. 제28조 제2항에 따른 시·도경찰청장의 임용과 관련한 경찰청장과의 협의, 제30조 제4항에 따른 평가 및 결과 통보
> 7. 자치경찰사무 감사 및 감사의뢰
> 8. 자치경찰사무 담당 공무원의 주요 비위사건에 대한 감찰요구
> 9. 자치경찰사무 담당 공무원에 대한 징계요구
> 10. 자치경찰사무 담당 공무원의 고충심사 및 사기진작
> 11. 자치경찰사무와 관련된 중요사건·사고 및 현안의 점검
> 12. 자치경찰사무에 관한 규칙의 제정·개정 또는 폐지
> 13. 지방행정과 치안행정의 업무조정과 그 밖에 필요한 협의·조정
> 14. 제32조에 따른 비상사태 등 전국적 치안유지를 위한 경찰청장의 지휘·명령에 관한 사무
> 15. 국가경찰사무·자치경찰사무의 협력·조정과 관련하여 경찰청장과 협의
> 16. 국가경찰위원회에 대한 심의·조정 요청
> 17. 그 밖에 **시·도지사, 시·도경찰청장**이 중요하다고 인정하여 시·도자치경찰위원회의 회의에 부친 사항에 대한 심의·의결

(8) 시·도자치경찰위원회의 심의·의결

> ① 시·도자치경찰위원회는 법 제24조의 사무에 대하여 심의·의결한다.
> ② 회의는 **재적위원 과반수의 출석과 출석위원 과반수의 찬성으로 의결**한다.
> ③ **시·도지사**는 시·도자치경찰위원회의 의결이 적정하지 아니하다고 판단할 때에는 재의를 요구할 수 있다.
> ④ 시·도자치경찰위원회의 위원장은 재의요구를 받은 날부터 7일 이내에 회의를 소집하여 **재의결**하여야 한다. 이 경우 **재적위원 과반수의 출석과 출석위원 3분의 2 이상의 찬성**으로 전과 같은 의결을 하면 그 **의결사항은 확정**된다.

(9) 시·도자치경찰위원회의 운영

시·도자치경찰위원회의 회의는 정기적으로 개최하여야 한다. 다만 위원장이 필요하다고 인정하는 경우, 위원 2명 이상이 요구하는 경우 및 시·도지사가 필요하다고 인정하는 경우에는 임시회의를 개최할 수 있다.

(10) 사무기구

① 시·도자치경찰위원회의 사무를 처리하기 위하여 시·도자치경찰위원회에 필요한 사무기구를 둔다.
② 사무기구에는 「지방자치단체에 두는 국가공무원의 정원에 관한 법률」에도 불구하고 대통령령으로 정하는 바에 따라 경찰공무원을 두어야 한다.

> **참고** 「국가경찰과 자치경찰의 조직 및 운영에 관한 법률」
>
> **제1조(목적)** 이 법은 경찰의 민주적인 관리·운영과 효율적인 임무수행을 위하여 경찰의 기본조직 및 직무범위와 그 밖에 필요한 사항을 규정함을 목적으로 한다.
> **제2조(국가와 지방자치단체의 책무)** 국가와 지방자치단체는 국민의 생명·신체 및 재산을 보호하고 공공의 안녕과 질서유지에 필요한 시책을 수립·시행하여야 한다.
> **제5조(권한남용의 금지)** 경찰은 그 직무를 수행할 때 헌법과 법률에 따라 국민의 자유와 권리 및 모든 개인이 가지는 불가침의 기본적 인권을 보호하고, 국민 전체에 대한 봉사자로서 공정·중립을 지켜야 하며, 부여된 권한을 남용하여서는 아니 된다.
> **제34조(자치경찰사무에 대한 재정적 지원) 국가는** 지방자치단체가 이관받은 사무를 원활히 수행할 수 있도록 인력, 장비 등에 소요되는 비용에 대하여 **재정적 지원을 하여야 한다.**
> **제35조(예산)** ② 시·도지사는 자치경찰사무 담당 공무원에게 조례에서 정하는 예산의 범위에서 **재정적 지원** 등을 할 수 있다.

4. 시·도경찰청 및 경찰서

설치	경찰청 사무 지역적 분담 수행 위하여 **시·도**에 **시·도경찰청**을 두고, **시·도경찰청장 소속으로 경찰서를 둔다**. 이 경우 인구, 행정구역, 면적, 지리적 특성, 교통 및 그 밖의 조건을 고려하여 **시·도에 2개의 시·도경찰청을 둘 수 있다**.
시·도 경찰청장 (「국자법」 제28조)	① 시·도경찰청에 시·도경찰청장을 두며, 시·도경찰청장은 **치안정감, 치안감, 경무관으로** 보한다. ② 「경찰공무원법」 제7조에도 불구하고 **시·도경찰청장은 경찰청장이 시·도자치경찰위원회와 협의하여 추천한 사람 중에서 행정안전부장관의 제청으로 국무총리를 거쳐 대통령**이 임용한다. ③ 시·도경찰청장은 **국가경찰사무에 대해서는 경찰청장의 지휘·감독**을, 자치경찰사무에 대해서는 **시·도자치경찰위원회의 지휘·감독**을 받아 관할구역의 소관사무를 관장하고 소속 공무원 및 소속 경찰기관의 장을 지휘·감독한다. 다만, **수사에 관한 사무에 대해서는 국가수사본부장의 지휘·감독**을 받아 관할구역의 소관 사무 관장하고 소속 공무원 및 소속 경찰기관장을 지휘·감독한다. ④ 시·도자치경찰위원회는 자치경찰사무에 대해 **심의·의결을 통하여 시·도경찰청장을 지휘·감독**한다. 다만, 시·도자치경찰위원회가 심의·의결할 시간적 여유가 없거나 심의·의결이 곤란한 경우 대통령령으로 정하는 바에 따라 **시·도자치경찰위원회의 지휘·감독권을 시·도경찰청장(경찰청장 X)에게 위임**한 것으로 본다.
경찰서장 (「국자법」 제30조)	① 경찰서에 경찰서장을 두며, 경찰서장은 **경무관, 총경 또는 경정**으로 보한다. ② 경찰서장은 **시·도경찰청장의 지휘·감독**을 받아 관할구역의 소관 사무를 관장하고 소속 공무원을 지휘·감독한다. ③ **경찰서장 소속으로 지구대 또는 파출소**를 두고, 그 설치기준은 치안수요·교통·지리 등 관할구역의 특성을 고려하여 **행정안전부령**으로 정한다. 다만, **필요한 경우에는 출장소**를 둘 수 있다. ④ 시·도자치경찰위원회는 **정기적으로 경찰서장의 자치경찰사무 수행에 관한 평가결과를 경찰청장(시·도경찰청장 X)에게 통보**하여야 하며 경찰청장(시·도경찰청장 X)은 이를 반영하여야 한다.

참고 ▶ 지구대, 파출소, 출장소

경찰청과 그 소속기관 직제 (대통령령)	**제2조(소속기관)** ① 경찰청장의 관장사무 지원 위하여 **경찰청장 소속하에 경찰대학·경찰인재개발원·중앙경찰 학교 및 경찰수사연수원**을 둔다. ② 경찰청장의 관장사무 지원 위하여 「책임운영기관의 설치·운영에 관한 법률」 제4조 제1항, 같은 법 시행령 제2조 제1항 및 별표 1에 따라**경찰청장 소속하에 책임운영기관으로 경찰병원**을 둔다. ③ 「국가경찰과 자치경찰의 조직 및 운영에 관한 법률」 제13조에 따라 시·도경찰청과 경찰서를 둔다. **제39조(시·도경찰청장)** ② 시·도경찰청장은 국가경찰사무에 대해서는 경찰청장의 지휘·감독을, 자치경찰사무에 대해서는 시·도자치경찰위원회의 지휘·감독을 받아 소관사무를 총괄하고, 소속 공무원을 지휘·감독한다. 다만, **수사에 관한 사무에 대해서는 국가수사본부장의 지휘·감독**을 받는다. **제41조(직할대)** ① 시·도경찰청장은 행정안전부령으로 정하는 범위에서 차장(차장을 두지 않는 경우에는 시·도경찰청장) 밑에 직할대를 둘 수 있다. **제42조(경찰서)** ② 경찰서의 하부조직, 위치 및 관할구역과 그 밖에 필요한 사항은 **행정안전부령**으로 정한다. **제43조(지구대 등)** ① 시·도경찰청장은 경찰서장 소관사무 분장 위하여 **행정안전부령**이 정하는 바에 따라 **경찰청장의 승인** 얻어 **지구대 또는 파출소 둘 수 있다.** ② **시·도경찰청장**은 제1항에 따른 사무분장이 임시로 필요한 때에는 출장소 둘 수 있다. ③ 지구대·파출소 및 출장소 명칭·위치 및 관할구역과 기타 필요한 사항은 **시·도경찰청장**이 정한다.
경찰청과 그 소속기관 조직 및 정원관리규칙 (경찰청 훈령)	제1절 시·도경찰청 **제6조(직할대)** 시·도경찰청장은 특정한 경찰사무에 관하여 시·도경찰청장 또는 시·도경찰청 차장을 보좌하기 위하여 경찰청장의 승인을 얻어 직할대를 둘 수 있다. **제7조(과의 하부조직)** ② 제1항의 각호에 해당되는 경우에는 특별한 경우를 제외하고는 적어도 **4인이상의 정원을 필요로 하는 업무량**이 있어야 한다. 제2절 경찰서 **제9조(과의 하부조직)** ③ 경찰서의 계(대·팀)장은 경감, 경위 또는 일반직 6급으로 한다. **제10조(지구대, 파출소 및 출장소)** ① **시·도경찰청장이 지구대 또는 파출소 설치**하고자 할 때에는 별표1 제4호에 준한 서류를 첨부하여 **경찰청장에게 승인을 요청 (경찰청장에게 보고 X)** ② **지구대장은 경정 또는 경감, 파출소장은 경정·경감 또는 경위** ③ 시·도경찰청장은 임시로 필요한 때는 출장소 둘 수 있으며, **출장소 설치한 때에는 경찰청장에게 보고** ④ 출장소장은 경위 또는 경사로 한다. ⑤ **시·도경찰청장**이 **지구대 또는 파출소 폐지**하거나 명칭·위치 및 관할구역 변경하였을 때에는 **경찰청장에게 보고** **제10조의2(치안센터)** ① **시·도경찰청장**은 지역치안을 효율적으로 수행하기 위하여 **치안센터를 둘 수 있다.** ② 치안센터의 운영에 관한 사항은 「지역경찰 조직 및 운영에 관한 규칙」이 정하는 바에 따른다.

> 참고 ▶ 책임운영기관

책임운영기관의 설치·운영에 관한 법률 제4조(책임운영기관의 설치 및 해제) ① 책임운영기관은 그 사무가 다음 각 호의 기준 중 어느 하나에 맞는 경우에 대통령령으로 설치한다.
1. 기관의 주된 사무가 사업적·집행적 성질의 행정 서비스를 제공하는 업무로서 성과 측정기준을 개발하여 성과를 측정할 수 있는 사무
2. 기관 운영에 필요한 재정수입의 전부 또는 일부를 자체적으로 확보할 수 있는 사무

※ **책임운영기관의 분류(책임운영기관의 설치운영에 관한 법률시행령 별표 1)**
 1. 국립과학수사연구원 - 조사연구형 기관 중 연구형 기관
 2. 경찰병원 - 의료형 기관

> 참고 ▶ 「행정안전부와 그 소속기관 직제」(대통령령)

제13조의2(경찰국) ① 국장은 치안감으로 보한다.
② 국장은 다음 사항을 분장한다.
1. 「정부조직법」 제7조 제4항에 따른 행정안전부장관의 경찰청장에 대한 지휘·감독에 관한 사항
2. 「국가경찰과 자치경찰의 조직 및 운영에 관한 법률」 제8조 제1항에 따른 **국가경찰위원회 위원의 임명 제청** 및 같은 법 제14조 제2항 전단에 따른 **경찰청장의 임명 제청**에 관한 사항
3. 「국가경찰과 자치경찰의 조직 및 운영에 관한 법률」 제10조 제1항 제9호에 따른 **국가경찰위원회 안건 부의(附議)** 및 같은 조 제2항에 따른 **국가경찰위원회의 심의·의결 사항에 대한 재의 요구**
4. 「경찰공무원법」 제7조 제1항에 따른 **총경 이상 경찰공무원의 임용 제청**, 같은 법 제30조 제4항 후단에 따른 계급정년 연장 승인을 위한 경유 및 같은 법 제33조 단서에 따른 징계를 위한 경유에 관한 사항
5. 「국가경찰과 자치경찰의 조직 및 운영에 관한 법률」 제25조 제4항에 따른 **시·도자치경찰위원회의 의결에 대한 재의 요구** 및 같은 법 제28조 제2항에 따른 **시·도경찰청장의 임용 제청**에 관한 사항
6. 그 밖에 다른 법령에 따른 경찰행정 및 자치경찰사무 지원에 관한 사항

> **참고** 「행정안전부장관의 소속청장 지휘에 관한 규칙」(행정안전부령)
>
> **제2조(중요 정책사항 등의 승인 및 보고)** ① 경찰청장 및 소방청장(이하 "청장"이라 한다)은 다음 각 호의 사항에 관하여 **미리 행정안전부장관(이하 "장관"이라 한다)의 승인**을 받아야 한다.
> 1. **법령 제정·개정이 필요한 경찰·소방 분야 기본계획의 수립과 그 변경에 관한 사항**
> 2. 국제협력에 관한 중요 계획의 수립과 그 변경에 관한 사항
> 3. 국제기구의 가입과 국제협정의 체결에 관한 사항
> ② 청장은 다음 각 호의 사항에 관하여 **미리 장관에게 보고**해야 한다.
> 1. 국무회의에 상정할 사항
> 2. 청장의 국제회의 참석 및 국외출장에 관한 사항
> ③ 청장은 다음 각 호의 사항에 관하여 **장관에게 보고**해야 한다.
> 1. 대통령·국무총리 및 장관의 지시사항에 대한 추진계획과 그 실적
> 2. 중요 정책 및 계획의 추진실적
> 3. 대통령·국무총리 및 그 직속기관과 국회 및 감사원 등에 보고하거나 제출하는 자료 중 중요한 사항
> 4. 감사원의 감사 결과 및 처분 요구사항 중 중요 정책과 관련된 사항
> 5. 그 밖에 법령에 규정된 권한 행사 및 책무 수행에 필요하다고 인정하여 장관이 요청하는 사항
>
> **제3조(예산에 관한 사항)** 청장은 기획재정부에 제출하는 예산 관련 자료 중 중요 사항을 장관에게 보고해야 한다.

3 경찰관청 상호간의 관계

1. 훈령권

(1) 의의

> 훈령이란 **상급경찰관청이 하급경찰기관의 권한행사 지휘하기 위하여 발하는 행정명령**을 말한다.
> ≫ **주의** 상급공무원이 하급공무원에게 발하는 명령 – 훈령 X, 직무명령 O

(2) 성질

> 훈령은 **대외적 구속력 X → 국민의 권리의무에 영향 X**
> 훈령, 예규, 통첩, 지시, 고시, 각서 등 그 사용명칭 여하에 불구하고 공법상의 법률관계 내부에 관한 준칙 등을 정하는데 그치고 대외적으로는 구속력을 갖지 않음이 원칙이다.

(3) 법적 근거 : 훈령 제정시 특별한 법적 근거는 필요하지 않다.

(4) 종류 : 협의의 훈령, 지시, 예규, 일일명령

> » 훈령은 원칙적으로 일반적·추상적 사항에 대해서 발해져야 하지만, 개별적·구체적 사항에 대해서도 발해질 수 있다.
> » 강학상 훈령이라는 명칭을 사용하는 행정규칙을 협의의 훈령이라 분류하여 예규, 지시 등과 구별하기도 하지만, 모두 행정규칙으로서 효력에서 차이가 없으며 규정하는 내용에 다소 차이가 있음에 불과함

(5) 요건

형식적 요건	① 훈령권 있는 상급관청이 발할 것 ② 하급관청의 권한 내에 속하는 것일 것 ③ 하급관청의 권한행사의 독립성이 보장되어 있는 사항에 관한 것이 아닐 것
실질적 요건	① 내용이 적법하고 타당할 것 ② 내용이 공익에 반하지 않을 것 ③ 내용이 실현 가능하고 명백할 것

➕ 직무명령의 요건

형식적 요건	① 권한있는 상관이 발한 것 ② 부하공무원의 직무상 독립의 범위에 속하는 사항이 아닐 것 ③ 부하공무원의 직무(권한)상 범위 내에 속하는 사항일 것 ④ 법정의 형식과 절차가 있으면 그를 구비할 것
실질적 요건	① 내용이 법령에 저촉되지 않아야 할 것 ② 내용이 공익에 적합할 것 ③ 내용이 가능하고 명확할 것

(6) 훈령위반행위의 효과

훈령위반 행위의 효력	하급관청의 법적 행위가 훈령에 위반하여 행해진 경우에도 위법은 아니다. 따라서, 훈령에 위반된 하급관청의 행위는 무효도 아니고 취소사유도 아니다.
징계사유	훈령에 위반되는 행위는 징계사유가 된다.

(7) 경합

① 모순되는 두 개 이상 상급관청의 훈령이 경합할 때 **주관상급관청의 훈령**에 따라야 한다.
② 만일, **주관상급관청이 상하관계의 경우에는 직근상급관청의 훈령에 따라야 한다.**
③ 주관상급행정청이 불분명할 때에는 주관쟁의 방법에 의해 해결한다.

➕ 훈령과 직무명령의 차이 및 관계

구분	훈령	직무명령
의의	상급경찰관청이 하급경찰기관의 권한행사 지휘하기 위하여 발하는 명령	상관이 직무에 관하여 부하공무원에게 발하는 명령 (행정규칙의 성질을 갖지 못함)
위반시 징계사유	O	O
효력	기관을 구성하는 자연인이 변경되더라도 훈령의 효력에는 영향이 없다	수명 경찰공무원이 변동되면 직무명령의 효력은 당연히 상실
양자의 관계	훈령은 직무명령 겸할 수 있다.	직무명령은 훈령 겸할 수 없다.

관련판례

공무원의 요정출입 금지를 명한 국무총리의 훈령은 캬바레, 빠, 요정등 유흥영업장소에서의 유흥에는 일반적으로 과대한 비용이 소요되므로 그러한 요정에 출입하는 공무원은 대개 직무상의 부정한 청탁과 관련되어 향응을 받는 것이라는 국민의 의혹을 살 우려가 있다 하여 이를 금지하는 것이므로 이와 같은 훈령을 어기고 요정을 출입하는 행위는 공무원의 품위를 손상하는 행위에 해당된다(서울고법 1967. 1. 12, 66구329).

2. 경찰관청 권한의 위임과 직무대리

(1) 권한의 위임

1) 「정부조직법」 제6조(권한의 위임 또는 위탁)

> ① 행정기관은 법령으로 정하는 바에 따라 그 소관사무의 일부를 보조기관 또는 하급행정기관에 위임하거나 다른 행정기관·지방자치단체 또는 그 기관에 위탁 또는 위임할 수 있다. 이 경우 위임 또는 위탁을 받은 기관은 특히 필요한 경우에는 법령으로 정하는 바에 따라 위임 또는 위탁을 받은 사무의 일부(전부 X)를 보조기관 또는 하급행정기관에 재위임할 수 있다.
> ② 보조기관은 제1항에 따라 위임받은 사항에 대하여는 그 범위에서 행정기관으로서 그 사무를 수행한다.
> ③ 행정기관은 법령으로 정하는 바에 따라 그 소관사무 중 조사·검사·검정·관리 업무 등 국민의 권리·의무와 직접 관계되지 아니하는 사무를 지방자치단체가 아닌 법인·단체 또는 그 기관이나 개인에게 위탁할 수 있다

2) 「행정권한의 위임 및 위탁에 관한 규정」

> 제2조(정의) 이 영에서 사용하는 용어의 뜻은 다음과 같다.
> 1. "위임"이란 법률에 규정된 행정기관의 장의 **권한 중 일부**를 그 **보조기관 또는 하급행정기관의 장**이나 **지방자치단체의 장에게 맡겨** 그의 권한과 책임 아래 행사하도록 하는 것을 말한다.
> 2. "위탁"이란 법률에 규정된 행정기관의 장의 **권한 중 일부**를 **다른 행정기관의 장에게 맡겨** 그의 권한과 책임 아래 행사하도록 하는 것을 말한다.
> 4. "**위임기관**"이란 자기의 권한을 위임한 해당 행정기관의 장을 말하고, "**수임기관**"이란 행정기관의 장의 권한을 위임받은 하급행정기관의 장 및 지방자치단체의 장을 말한다.

5. **"위탁기관"**이란 자기의 권한을 위탁한 해당 행정기관의 장을 말하고, **"수탁기관"**이란 행정기관의 권한을 위탁받은 다른 행정기관의 장과 사무를 위탁받은 지방자치단체가 아닌 법인·단체 또는 그 기관이나 개인을 말한다.

제3조(위임 및 위탁의 기준 등) ① 행정기관의 장은 허가·인가·등록 등 민원에 관한 사무, 정책의 구체화에 따른 집행사무 및 일상적으로 반복되는 사무로서 그가 직접 시행하여야 할 사무를 제외한 일부 권한(이하 "행정권한"이라 한다)을 그 보조기관 또는 하급행정기관의 장, 다른 행정기관의 장, 지방자치단체의 장에게 위임 및 위탁한다.

② 행정기관장은 권한 위임·위탁할 때는 위임·위탁 전에 수임기관의 수임능력 여부 점검하고, **필요한 인력 및 예산 이관하여야 한다.**

③ 행정기관의 장은 행정권한을 위임 및 위탁할 때에는 위임 및 위탁하기 전에 단순한 사무인 경우를 제외하고는 수임 및 수탁기관에 대하여 수임 및 수탁사무 처리에 필요한 교육을 하여야 하며, 수임 및 수탁사무의 처리지침을 통보하여야 한다.

제6조(지휘·감독) 위임·위탁기관은 수임·수탁기관의 수임·수탁사무 처리에 대하여 **지휘·감독 하고**, 그 처리가 위법하거나 부당하다고 인정될 때는 이를 취소하거나 정지시킬 수 있다.

제7조(사전승인 등의 제한) 수임·수탁사무 처리에 관하여 위임·위탁기관은 수임·수탁기관에 대하여 **사전승인 받거나 협의할 것 요구할 수 없다.**

제8조(책임의 소재 및 명의 표시) ① 수임·수탁사무 처리에 관한 책임은 수임·수탁기관에 있으며, **위임·위탁기관 장은 그에 대한 감독책임 진다.**

② 수임·수탁사무에 관한 권한행사할 때에는 수임·수탁기관 명의로 하여야 한다.

제9조(권한의 위임 및 위탁에 따른 감사) 위임 및 위탁기관은 위임 및 위탁사무 처리의 적정성을 확보하기 위하여 필요한 경우에는 **수임 및 수탁기관의 수임 및 수탁사무 처리 상황을 수시로 감사할 수 있다.**

제28조(경찰청 소관) ② 경찰청장은 시·도경찰청장, 경찰대학장, 경찰인재개발원장, 중앙경찰학교장 및 경찰수사연수원장에게 해당 소속기관의 4급 및 5급 공무원의 전보권과 6급 이하 공무원의 임용권을 각각 위임한다.

> **관련판례**
>
> 1. 행정권한의 위임은 행정관청이 법률에 따라 특정한 권한을 다른 행정관청에 이전하여 수임관청의 권한으로 행사하도록 하는 것이어서 권한의 법적인 귀속을 변경하는 것이므로 법률이 위임을 허용하고 있는 경우에 한하여 인정된다 할 것이고, 이에 반하여 행정권한의 내부위임은 법률이 위임을 허용하고 있지 아니한 경우에도 행정관청의 내부적인 사무처리의 편의를 도모하기 위하여 그의 보조기관 또는 하급행정관청으로 하여금 그의 권한을 사실상 행사하게 하는 것이므로, 권한위임의 경우에는 수임관청이 자기의 이름으로 그 권한행사를 할 수 있지만 내부위임의 경우에는 수임관청은 위임관청의 이름으로만 그 권한을 행사할 수 있을 뿐 자기의 이름으로는 그 권한을 행사할 수 없다(대판 1995. 11. 28, 94누6475).
>
> 2. 전결과 같은 행정권한의 내부위임은 법령상 처분권자인 행정관청이 내부적인 사무처리의 편의를 도모하기 위하여 그의 보조기관 또는 하급 행정관청으로 하여금 그의 권한을 사실상 행사하게 하는 것으로서 법률이 위임을 허용하지 않는 경우에도 인정되는 것이므로, 설사 **행정관청 내부의 사무처리규정에 불과한 전결규정에 위반하여 원래의 전결권자 아닌 보조기관 등이 처분권자인 행정관청의 이름으로 행정처분을 하였다고 하더라도 그 처분이 권한 없는 자에 의하여 행하여진 무효의 처분이라고는 할 수 없다**(대판 1998. 2. 27, 97누1105).

(2) 권한의 직무대리

1) 「직무대리규정」(대통령령)

> 제1조(목적) 이 영은 기관장, 부기관장이나 그 밖의 공무원에게 사고가 발생한 경우에 직무상 공백이 생기지 아니하도록 하고 직무대리자의 책임을 명확하게 하기 위하여 직무대리자 결정 방식 및 직무대리 운영 원칙 등을 규정함을 목적으로 한다.
> 제2조(정의) 이 영에서 사용하는 용어의 뜻은 다음과 같다.
>   1. "직무대리"란 기관장, 부기관장이나 그 밖의 공무원에게 사고가 발생한 경우에 직무상 공백이 생기지 아니하도록 해당 공무원의 직무를 대신 수행하는 것을 말한다.
>   4. "사고"란 다음 각 목의 어느 하나에 해당하는 경우를 말한다.
>   가. 전보, 퇴직, 해임 또는 임기 만료 등으로 후임자가 임명될 때까지 해당 직위가 공석인 경우
>   나. 휴가, 출장 또는 결원 보충이 없는 휴직 등으로 일시적으로 직무를 수행 할 수 없는 경우
> 제8조(위임규정) 기관장은 이 영의 범위에서 조직과 인사 운영의 특성을 고려하여 해당 중앙행정기관등 및 그 소속기관에서의 직무대리에 관한 규칙을 정하여 운영할 수 있다.

2) 「경찰청 직무대리 운영규칙」(경찰청훈령)

> 제3조(정의) 이 규칙에서 사용하는 용어의 뜻은 다음과 같다.
>   1. "소속기관"이란 부속기관(경찰대학, 경찰인재개발원, 중앙경찰학교, 경찰수사연수원, 경찰병원) 및 시·도경찰청을 말한다.
>   2. "직무대리지정권자"란 사고가 발생한 공무원의 직근 상위 계급자를 말한다.
> 제4조(소속기관장 등의 직무대리) ① 차장을 두지 않은 시·도경찰청장에게 사고가 있을 경우에는 「경찰청과 그 소속기관 직제」(이하 "직제"라 한다)에 규정된 순서에 따른 부장이 대리한다.
> 제6조(경찰서장의 직무대리) 경찰서장에게 사고가 있을 때에는 직제 시행규칙에서 정한 순서에 따른 직근 하위 계급의 과장이 대리한다.
> 제7조(직할대장의 직무대리) 직할대장에게 사고가 있을 때에는 소속기관의 하부조직을 설치하는 규정에서 정한 순서에 따른 직근 하위 계급자가 대리한다.
> 제8조(직무대리의 지정) 제4조부터 제7조까지에 규정한 사항 외의 공무원에게 사고가 발생하였거나 규정된 직무대리가 적절치 않다고 인정되는 경우에는 직무대리지정권자가 **해당 공무원의 직근 하위 계급자 중에서 직무의 비중, 능력, 경력 또는 책임도 등을 고려하여 직무대리자를 지정**한다.
> 제9조(직무대리의 특례) 제8조에도 불구하고 직무대리지정권자는 **대리하게 할 업무가 특수하거나 그 밖의 부득이한 사유가 있는 경우, 사고가 발생한 공무원과 동일한 계급자를 직무대리자로 지정**할 수 있다.
> 제10조(직무대리의 운영) ① 직무를 대리하는 경우 **한 사람은 하나의 직위에 대해서만 직무대리**를 할 수 있다.
>   ② 제8조에 따라 직무대리를 지정할 때에는 별지 서식에 따른 직무대리 명령서를 직무대리자에게 발급하여야 한다.
>   ③ 제2항에도 불구하고 사고 기간이 **15일 이하인 경우**에는 직무대리 명령서의 발급을 생략할 수 있다. 이 경우 직무대리지정권자는 직무대리자로 지정된 사실을 전자인사관리시스템이나 내부통신망 등을 통하여 직무대리자에게 명확하게 통지하여야 한다.

④ 직무대리자는 본래 담당한 직위의 업무를 수행하면서 직무대리 업무를 수행하는 것을 원칙으로 하되, 사고가 발생한 공무원의 직위에 보할 수 있는 승진후보자에게 그 사고가 발생한 공무원의 직무대리를 하게 하는 경우에는 본래 담당한 직위의 업무를 수행하지 아니하고 직무대리 업무만을 수행하게 할 수 있다.
⑤ **직무대리자는 직무대리하여야 할 업무를 다른 공무원에게 다시 직무대리하게 할 수 없다.**

제11조(직무대리권의 범위) 직무대리자는 사고가 발생한 공무원의 모든 권한을 가지며, 그 권한에 상응하는 책임을 진다.

제2절 경찰공무원법

1 개설

① 「경찰공무원법」은 경찰공무원의 책임 및 직무의 중요성과 신분 및 근무조건의 특수성에 비추어 그 임용, 교육훈련, 복무(服務), 신분보장 등에 관하여 「국가공무원법」에 대한 특례를 규정함을 목적으로 한다.
② 「경찰공무원법」은 「국가공무원법」의 많은 규정을 준용
③ 「국가공무원법」에 따른 공무원의 구분 - **경찰공무원은 경력직 중 특정직**으로 분류

참고 「국가공무원법」 제2조(공무원의 분류)

제2조(공무원의 구분) ② "경력직공무원"이란 실적과 자격에 따라 임용되고 그 신분이 보장되며 평생 동안(근무기간을 정하여 임용하는 공무원의 경우에는 그 기간 동안을 말한다) 공무원으로 근무할 것이 예정되는 공무원을 말하며, 그 종류는 다음 각 호와 같다.
1. 일반직공무원: 기술·연구 또는 행정 일반에 대한 업무를 담당하는 공무원
2. **특정직공무원**: 법관, 검사, 외무공무원, **경찰공무원**, 소방공무원, 교육공무원, 군인, 군무원, 헌법재판소 헌법연구관, 국가정보원의 직원, 경호공무원과 특수 분야의 업무를 담당하는 공무원으로서 다른 법률에서 특정직공무원으로 지정하는 공무원

③ "특수경력직공무원"이란 경력직공무원 외의 공무원을 말하며, 그 종류는 다음 각 호와 같다.
1. 정무직공무원
   가. 선거로 취임하거나 임명할 때 국회의 동의가 필요한 공무원
   나. 고도의 정책결정 업무를 담당하거나 이러한 업무를 보조하는 공무원으로서 법률이나 대통령령(대통령비서실 및 국가안보실의 조직에 관한 대통령령만 해당한다)에서 정무직으로 지정하는 공무원
2. 별정직공무원: 비서관·비서 등 보좌업무 등을 수행하거나 특정한 업무 수행을 위하여 법령에서 별정직으로 지정하는 공무원

> 관련판례
>
> 1. 국가공무원은 그 임용주체가 궁극에는 주권자인 국민이기 때문에 국민전체에 대하여 봉사하고 책임을 져야 하는 특별한 지위에 있고, 그가 담당한 업무가 국가 또는 공공단체의 공공적인 일이어서 특히 그 직무를 수행함에 있어서 공공성·공정성·성실성 및 중립성 등이 요구되기 때문에 일반 근로자와는 달리 특별한 근무관계에 있는 사람이다(헌재결 2007. 8. 30, 2003헌바51).
> 2. 국가나 국가기관 또는 국가조직의 일부는 기본권의 수범자로서 국민의 기본권을 보호하고 실현해야 할 책임과 의무를 지니고 있는 점, 공무원도 임금을 목적으로 근로를 제공하는 근로기준법상의 근로자인 점 등을 고려하면, 공무원 관련 법률에 특별한 규정이 없는 한, 고용관계에서 양성평등을 규정한 남녀고용평등과 일·가정 양립 지원에 관한 법률 제11조 제1항과 근로기준법 제6조는 국가기관과 공무원 간의 공법상 근무관계에도 적용된다(대판 2019. 10. 31, 2013두20011).

2 경과 구분

경찰공무원법 제4조	① 경찰공무원은 그 직무의 종류에 따라 경과(警科)에 의하여 구분할 수 있다. ② 경과의 구분에 필요한 사항은 **대통령령**으로 정한다.

경찰공무원 임용령 제3조	① **총경** 이하 경찰공무원에게 부여하는 경과는 다음 각 호와 같다. 다만, **제2호와 제3호의 경과는 경정 이하 경찰공무원에게만 부여**한다.
	   1. 일반경과 2. 수사경과 3. 보안경과 4. 특수경과
	      다. 항공경과 라. 정보통신경과
	② 임용권자(임용권의 위임을 받은 자를 포함) 또는 임용제청권자(「경찰공무원법」 제7조 제1항에 따른 추천이 필요한 경우에는 경찰청장을 포함)는 경찰공무원을 **신규채용 할 때 경과를 부여해야 한다.**
	④ **경찰청장**은 전시·사변 또는 이에 준하는 비상사태가 발생한 경우에는 **경과의 일부를 폐지 또는 병합하거나 신설할 수 있다.**
	⑤ 경과별 직무의 종류 및 전과 등에 관하여 필요한 사항은 **행정안전부령**으로 정한다.

경찰공무원 임용령 시행규칙	제22조(경과부여) 신규채용된 경찰공무원에게는 **일반경과**를 부여한다. 다만, **수사, 보안, 항공, 정보통신분야**로 채용된 경찰공무원에게는 임용예정 직위의 업무와 관련된 경과를 부여한다.
	제27조(전과의 유형) ① 전과는 **일반경과에서 수사경과·보안경과 또는 특수경과로의 전과만 인정**한다. 다만, 정원감축 등 경찰청장이 정하는 사유가 있는 경우 보안경과·수사경과 또는 정보통신경과에서 일반경과로의 전과를 인정할 수 있다.
	제28조(전과의 대상자 및 제한) ② 제1항에도 불구하고 **다음 각 호의 어느 하나에 해당하는 사람은 전과를 할 수 없다.**
	   1. 현재 경과를 부여받고 1년이 지나지 아니한 사람
	   2. 특정한 직무분야에 근무할 것을 조건으로 채용된 경찰공무원으로서 **채용 후 5년이 지나지 아니한 사람**

수사경찰
인사운영
규칙
	제14조(수사경과의 유효기간 및 갱신) ① **수사경과 유효기간은 수사경과 발령일 또는 갱신일로부터 5년으로 한다.**
	제15조(해제사유 등) ① 다음 각 호의 어느 하나에 해당하는 경우에는 **수사경과를 해제하여야 한다.**
	  1. 직무와 관련한 청렴의무위반·인권침해 또는 부정청탁에 따른 직무수행으로 징계처분을 받은 경우
	  2. **5년간 연속으로 제3조 제1항 외의 부서에서 근무하는 경우**
	  3. 제14조에 따른 유효기간 내에 갱신이 되지 않은 경우
	② 다음 각 호의 어느 하나에 해당하는 경우에는 **수사경과를 해제할 수 있다.**
	  1. 제1항 제1호 외의 사유로 징계처분을 받은 경우
	  2. 인권침해, 편파수사를 이유로 다수의 진정을 받는 등 공정한 수사업무 수행을 기대하기 곤란한 경우
	  3. 수사업무 능력·의욕이 현저하게 부족한 경우
	  4. 수사경과 해제를 희망하는 경우
	④ 제2항 제3호의 '수사업무 능력·의욕이 현저하게 부족한 경우'에는 다음 각 호의 어느 하나에 해당하는 사유를 포함한다.
	  1. **2년간 연속으로 정당한 사유없이 제3조 제1항 외의 부서에서 근무하는 경우**
	    (「국가공무원법」 제32조의4 및 「경찰공무원임용령」 제30조에 따른 파견기간 및 같은 법 71조에 따른 휴직의 기간은 위 기간에 산입하지 아니한다)
	  2. 제6조 제1항 본문에 따라 수사부서 근무자로 선발되었음에도 정당한 사유없이 수사부서 전입을 기피하는 경우
	  3. 제6조 제2항에 따른 인사내신서를 제출하지 않거나 부실기재하여 제출한 경우

3 경찰공무원의 임용권자

1. 「경찰공무원법」(제7조)

> ① **총경 이상**은 경찰청장의 추천을 받아 행정안전부장관의 제청으로 국무총리를 거쳐 대통령이 임용한다. 다만, 총경의 전보, 휴직, 직위해제, 강등, 정직 및 복직은 경찰청장이 한다.
> ② 경정 이하는 경찰청장이 임용. 다만, 경정으로의 신규채용, 승진임용 및 면직은 경찰청장의 제청으로 국무총리를 거쳐 대통령이 한다.
> ③ 경찰청장은 대통령령으로 정하는 바에 따라 **경찰공무원의 임용에 관한 권한의 일부**를 특별시장·광역시장·도지사·특별자치시장 또는 특별자치도지사(이하 "시·도지사"라 한다), 국가수사본부장, 소속기관의 장, 시·도경찰청장에게 위임할 수 있다. 이 경우 시·도지사는 위임받은 권한의 일부를 대통령령으로 정하는 바에 따라 「국가경찰과 자치경찰의 조직 및 운영에 관한 법률」 제18조에 따른 **시·도자치경찰위원회, 시·도경찰청장에게 다시 위임**할 수 있다.

2. 「경찰공무원 임용령」(제4조)

> ① 경찰청장은 시·도지사에게 해당 **시·도의 자치경찰사무를 담당하는 경찰공무원**[시·도자치경찰위원회, 시·도경찰청 및 경찰서(지구대 및 파출소는 제외한다)에서 근무하는 경찰공무원을 말한다] 중 **경정의 전보·파견·휴직·직위해제 및 복직에 관한 권한과 경감 이하의 임용권**(신규채용 및 면직에 관한 권한은 제외한다)을 위임한다.
> ② 경찰청장은 국가수사본부장에게 **국가수사본부 안에서의 경정 이하에 대한 전보권**을 위임한다.
> ③ 경찰청장은 경찰대학·경찰인재개발원·중앙경찰학교·경찰수사연수원·경찰병원 및 시·도경찰청(이하 "소속기관등"이라 한다)의 장에게 그 소속 경찰공무원 중 **경정의 전보·파견·휴직·직위해제 및 복직에 관한 권한과 경감 이하의 임용권**을 위임한다.
> ④ ①에 따라 임용권을 위임받은 시·도지사는 **경감 또는 경위로의 승진임용에 관한 권한을 제외한 임용권**을 시·도자치경찰위원회에 다시 위임한다.
> ⑤ ④에 따라 임용권을 위임받은 **시·도자치경찰위원회**는 시·도지사와 시·도경찰청장의 의견을 들어 그 권한의 일부를 시·도경찰청장에게 다시 위임할 수 있다.
> ⑥ ③ 및 ⑤에 따라 임용권을 위임받은 **시·도경찰청장**은 소속 경감 이하 경찰공무원에 대한 해당 경찰서 안에서의 전보권을 경찰서장에게 다시 위임할 수 있다.
> ⑦ 경찰청장은 수사부서에서 **총경을 보직**하는 경우에는 국가수사본부장의 추천을 받아야 한다.
> ⑧ **시·도자치경찰위원회는 임용권을 행사**하는 경우에는 시·도경찰청장의 추천을 받아야 한다.
> ⑨ 시·도경찰청장 및 경찰서장은 **지구대장 및 파출소장을 보직**하는 경우에는 **시·도자치경찰위원회의 의견을 사전**에 들어야 한다.
> ⑩ 소속기관등의 장은 **경감 또는 경위를 신규채용**하거나 **경위 또는 경사를 승진**시키려면 **미리 경찰청장의 승인**을 받아야 한다.
> ⑪ ①부터 ⑥까지의 규정에도 불구하고 **경찰청장은 경찰공무원의 정원 조정, 승진임용, 인사교류 또는 파견을 위하여 필요한 경우에는 임용권을 행사**할 수 있다.

4 경찰공무원관계의 변동(발생·변경·소멸)

> **참고** 「경찰공무원법」 제2조(정의)

- 임용 – 신규채용·승진·전보·파견·휴직·직위해제·정직·강등·복직·면직·해임 및 파면(**강임 X, 감봉과 견책 X**)
- 복직 – 휴직·직위해제 또는 정직(**강등에 따른 정직 포함**) 중에 있는 경찰공무원을 직위에 복귀시키는 것

>> 특별권력관계에 있는 공법상의 근무관계에 있어서 그 주체가 내부질서유지 및 명령권을 행사하는 처분은 주로 자유재량행위에 해당하는 것이므로 공무원에 대한 임용처분 역시 대부분 임용권자의 자유재량행위에 속한다고 할 것이나, 그 행사에 일탈과 남용금지의무가 있다.

1. 경찰공무원관계의 발생(=신규채용)

(1) 임용시기(경찰공무원 임용령 제5조)

① 경찰공무원은 **임용장이나 임용통지서에 적힌 날짜에 임용된 것**으로 보며, **임용일자를 소급해서는 아니 된다.**
② 사망으로 인한 면직은 **사망한 다음 날에 면직**된 것으로 본다.

(2) 신규채용 결격사유(「경찰공무원법」 제8조 제2항)

① 대한민국 국적 가지지 아니한 사람
② 「국적법」 제11조의2 제1항에 따른 **복수국적자**
③ 피성년후견인 또는 피한정후견인
④ 파산선고 받고 복권되지 아니한 사람
⑤ **자격정지 이상**의 형 선고받은 사람
⑥ **자격정지 이상**의 형 선고유예 받고 그 선고유예기간 중에 있는 자
⑦ 공무원으로 재직기간 중 직무관련 **횡령, 배임, 업무상 횡령과 배임을 범한 사람**으로서 **300만원 이상 벌금형 선고받고 형이 확정된 후 2년 지나지 아니한 사람**
⑧ 「**성폭력범죄의 처벌 등에 관한 특례법**」 제2조에 규정된 죄(성폭력범죄)를 범한 사람으로서 **100만원 이상 벌금형 선고받고 형이 확정된 후 3년 지나지 아니한 사람**
⑨ 미성년자에 대한 다음 죄를 저질러 형 또는 치료감호가 확정된 사람(집행유예 선고받은 후 그 집행유예기간이 경과한 사람을 포함)
  가. 「성폭력범죄의 처벌 등에 관한 특례법」 제2조에 따른 성폭력범죄
  나. 「아동·청소년의 성보호에 관한 법률」 제2조 제2호에 따른 아동·청소년대상 성범죄
⑩ **징계에 의하여 파면 또는 해임 처분 받은 자**

> **주의**
> 1. 징계로 파면처분을 받은 때부터 5년이 지나지 아니한 사람과 징계로 해임처분을 받은 때부터 3년이 지나지 아니한 사람 - 「국가공무원법」상 임용결격사유에 해당. 따라서, 파면처분을 받고 5년이 지난 사람과 해임처분 받고 3년이 지난 사람은 「경찰공무원법」상 경찰공무원 임용결격사유에는 해당하지만, 「국가공무원법」상 일반공무원의 임용결격사유에는 해당하지 않는다.
> 2. 복수국적자 - 「경찰공무원법」상 경찰공무원 임용결격사유 O, 「국가공무원법」상 일반공무원의 임용결격사유 X

> **관련판례**
> 당연무효인 임용결격자에 대한 임용행위에 의하여 공무원의 신분을 취득할 수는 없으므로, 임용결격자가 공무원으로 임용되어 사실상 근무하여 왔다고 하더라도 적법한 공무원으로서의 신분을 취득하지 못한 자로서는 공무원연금법 소정의 퇴직급여 등을 청구할 수 없으며, 나아가 임용결격사유가 소멸된 후에 계속 근무하여 왔다고 하더라도 그때부터 무효인 임용행위가 유효로 되어 적법한 공무원의 신분을 회복하고 퇴직급여 등을 청구할 수 있다고 볼 수는 없다(대판 1996. 2. 27. 95누9617).

(3) 공개경쟁채용과 경력경쟁채용

> 「경찰공무원법」 제10조(신규채용) ① 경정 및 순경의 신규채용은 공개경쟁시험으로 한다.
> ③ 다음에 해당하는 경우에는 경력 등 응시요건을 정하여 같은 사유에 해당하는 다수인을 대상으로 경쟁의 방법으로 채용하는 시험(이하 "**경력경쟁채용시험**"이라 한다)으로 경찰공무원을 신규채용할 수 있다. 다만, 다수인을 대상으로 시험을 실시하는 것이 적당하지 아니하여 대통령령으로 정하는 경우에는 다수인을 대상으로 하지 아니한 시험으로 경찰공무원을 채용할 수 있다.
> ㉠ 「국가공무원법」 제70조 제1항 제3호의 사유로 퇴직하거나 같은 법 제71조 제1항 제1호의 휴직 기간 만료로 퇴직한 경찰을 **퇴직한 날부터 3년(공무상 질병 또는 부상으로 인한 휴직의 경우는 5년)** 이내에 퇴직 시에 재직한 계급의 경찰로 재임용
> ㉡ 공개경쟁시험으로 임용하는 것이 부적당한 경우에 임용예정 직무에 관련된 자격증 소지자 임용
> ㉢ 임용예정직에 상응하는 근무실적 또는 연구실적이 있거나 전문지식 가진 사람을 임용
> ㉣ 5급 공무원의 공개경쟁채용시험이나 사법시험에 합격한 사람을 경정 이하로 임용
> ㉤ 섬, 외딴곳 등 특수지역에서 근무할 사람 임용
> ㉥ 외국어에 능통한 사람 임용
> ㉦ 제주도 자치경찰을 그 계급에 상응하는 경찰공무원으로 임용
> ㉧ 경찰청 외부를 대상으로 모집하여 국가수사본부장을 임용하는 경우
>
> 「경찰공무원 임용령」 제8조(계급정년 연한의 계산) 법 제10조 제3항 제1호에 따라 재임용된 경찰공무원의 계급정년 연한은 재임용 전에 해당 계급의 경찰공무원으로 근무한 연수를 합하여 계산한다.
>
> 「경찰공무원 임용령」 제16조(경력경쟁채용등의 요건) ① 다음에 해당하는 사람은 경력경쟁채용등의 대상이 될 수 없다.
> 1. **종전의 재직기관에서 감봉 이상의 징계처분을 받은 사람**
> 2. 법 제30조 제1항 제2호에 따라 정년퇴직한 사람

(4) 부정행위자에 대한 제재(「경찰공무원법」 제11조)

> 경찰청장은 경찰공무원의 채용시험 또는 경찰간부후보생 공개경쟁선발시험에서 부정행위 한 응시자에 대하여는 해당 시험 정지 또는 무효로 하고, 그 **처분이 있은 날(다음날 X) 부터 5년간 시험응시자격 정지**한다.

(5) 채용후보자

채용후보자 명부	① 경찰청장(임용권 위임 받은 자 포함)은 신규채용시험에 합격한 사람(경찰대학을 졸업한 사람과 경찰간부후보생 포함)을 대통령령으로 정하는 바에 따라 성적순위에 따라 채용후보자 명부에 등재하여야 한다. ② 신규채용은 채용후보자 명부 등재 순위에 따른다. 다만, **경찰교육기관에서 신임교육받은 경우는 교육성적 순위**에 따른다. ③ 채용후보자 명부 **유효기간은 2년** 범위에서 대통령령으로 정한다. 다만, 경찰청장은 필요에 따라 **1년 범위 연장가능** ④ 경찰청장은 채용후보자 명부의 유효기간을 연장하기로 결정한 경우에는 그 사실을 공고하여야 한다.
자격상실	채용후보자가 다음에 해당하는 경우에는 채용후보자로서의 자격을 상실한다. ① 임용 또는 임용제청 불응 ② 교육훈련에 불응 ③ 교육훈련성적이 수료점수 미달 ④ 교육훈련 받는 중에 퇴학처분 받은 경우. 다만, **질병 등 교육훈련 계속할 수 없는 불가피한 사정으로 퇴학처분 받은 경우는 제외**
시보임용 예정자	임용권자 또는 임용제청권자는 시보임용예정자에 대하여 일정기간 교육훈련을 시킬 수 있으며, 시보임용예정자에게 교육훈련기간 동안 예산범위에서 **임용예정계급 1호봉에 해당하는 봉급의 80%에 해당하는 금액 지급가능**

(6) 시보임용

기간	① 경정 이하 경찰공무원을 **신규채용할 때 1년간 시보**로 임용하고, 그 기간이 만료된 다음 날에 **정규임용**한다. ② 휴직기간·직위해제기간 및 징계에 의한 정직처분 또는 감봉처분 기간은 **시보 기간에 산입하지 아니한다.**
예외	다음은 **시보임용 거치지 아니한다.** ① 경찰대학 졸업한 사람 또는 경간부후보생으로 정하여진 교육마친 사람 경위로 임용 ② 경찰로서 대통령령으로 정하는 상위계급으로 승진에 필요한 자격요건 갖추고 임용예정 계급에 상응하는 공채시험에 합격한 사람을 해당 계급 경찰로 임용하는 경우 ③ 퇴직한 경찰로서 퇴직시 재직하였던 계급 채용시험에 합격한 사람 재임용 ④ 자치경찰을 그 계급에 상응하는 경찰로 임용하는 경우
지도·감독	임용권자는 또는 임용제청권자는 시보임용경찰공무원에 대하여 근무사항을 **항상 지도·감독 하여야** 한다.
신분보장	시보임용 경찰공무원이 근무성적 또는 교육훈련성적 불량할 때는 **면직시키거나 면직제청할 수 있다.**
면직	시보임용 경찰공무원이 다음에 해당하여 정규경찰로 임용함이 부적당한 경우에는 **정규임용심사위원회의 심사를 거쳐 면직시키거나 면직 제청할 수 있다.** ㉠ 징계사유에 해당 ㉡ **교육훈련성적이 만점의 60% 미만**이거나 **생활기록 극히 불량** ㉢ 제2평정요소에 대한 근무성적평정점이 만점의 50% 미만일 때

참고 ▶ 정규임용심사위원회(「경찰공무원 임용령」및 「경찰공무원 임용령 시행규칙」)

경찰공무원 임용령	시보경찰을 정규경찰로 임용하는 경우 적부 심사 위하여 임용권자 또는 임용제청권자 소속으로 정규임용심사위원회 둔다.
경찰공무원 임용령 시행규칙	① **위원장 1명 포함 위원 5명 이상 7명 이하로 구성** ② 위원장 – 계급이 가장 높은 경찰. 다만, 가장 계급이 높은 경찰공무원이 둘 이상인 경우 그 중 해당 계급에 승진임용된 날이 가장 **빠른** 경찰공무원이 된다. ③ 의결 – 재적위원 3분의2 이상 출석과 출석위원 과반수 찬성 ④ 시보임용경찰공무원의 면직 또는 면직제청에 따른 동의의 절차는 해당 징계위원회의 **파면(해임 X) 의결**에 관한 절차를 준용한다.

2. 경찰공무원관계의 변경

(강임(하위직급에의 임용)과 전직(직렬을 달리하는 임용)은 경찰공무원에게는 적용 없음)

(1) 승진

승진원칙	「**경찰공무원법**」 **제15조(승진)** ① 경찰공무원은 바로 아래 하위계급에 있는 경찰공무원 중에서 근무성적평정, 경력평정, 그 밖의 능력을 실증(實證)하여 승진임용한다. ② **경무관 이하** 계급으로의 승진은 승진심사가 원칙. 다만, **경정 이하** 계급으로의 승진은 대통령령으로 정하는 비율에 따라 **승진시험과 승진심사 병행가능** ③ 총경 이하 경찰에 대해서는 **대통령령으로 정하는 바에 따라** 계급별로 '승진대상자명부' 작성 **하여야 한다.**
특별승진	「**경찰공무원법**」 **제19조(특별유공자 등의 특별승진)** ① 다음 경찰은 **1계급 특진가능**. 다만, **경위 이하**로서 모든 경찰의 귀감되는 공 세우고 전사하거나 순직한 사람에 대하여는 **2계급 특진가능** 1. 「국가공무원법」 제40조의4 제1항 제1호부터 제4호까지의 규정 중 어느 하나에 해당되는 사람 2. 전사하거나 순직한 사람 3. 직무 수행 중 현저한 공적을 세운 사람

승진소요
최저근무
연수
	「**경찰공무원 승진임용 규정**」
	제5조(승진소요 최저근무연수) ① 경찰공무원이 승진하려면 다음 각 호의 구분에 따른 기간 동안 해당 계급에 재직하여야 한다.
	1. **총경: 3년 이상**
	2. **경정 및 경감: 2년 이상**
	3. **경위, 경사, 경장 및 순경: 1년 이상**
	② 휴직 기간, 직위해제 기간, 징계처분 기간 및 제6조 제1항 제2호에 따른 승진임용 제한기간은 승진소요 최저근무연수에 포함하지 않는다. 다만, 다음 각 호의 기간은 제1항의 기간에 포함한다.
	1. 「국가공무원법」 제71조에 따른 휴직 기간 중 다음 각 목의 기간
	   가. 「공무원 재해보상법」에 따른 **공무상 질병 또는 부상으로 인하여** 「국가공무원법」 제71조 제1항 제1호(신체·정신상 장애로 인한 장기요양)에 따라 휴직한 경우에 그 휴직 기간
	   나. 「국가공무원법」 제71조 제1항 제3호(병역복무)·제5호(법률규정에 따른 의무수행 위하여 직무 이탈) 또는 같은 조 제2항 제1호(국제기구 등에 임시채용될 때)에 따라 휴직한 경우에 그 휴직 기간
	   다. 「국가공무원법」 제71조 제2항 제2호(국외 유학을 하게 된 때)에 따라 휴직한 경우에 그 휴직 기간의 50퍼센트에 해당하는 기간
	   라. 「국가공무원법」 제71조 제2항 제4호(**자녀양육, 임신, 출산**)에 따라 휴직한 경우에 그 휴직 기간. 다만, **자녀 1명에 대하여 총 휴직 기간이 1년을 넘는 경우에는 최초의 1년으로 하되, 다음의 어느 하나에 해당하는 경우에는 그 휴직 기간 전부로 한다.**
	     1) 첫째 자녀에 대하여 부모가 모두 휴직을 하는 경우로서 각 휴직 기간이 「공무원임용령」 제31조 제2항 제1호다목1)에 따라 인사혁신처장이 정하는 기간 이상인 경우
	     2) 둘째 자녀 이후에 대하여 휴직을 하는 경우
	※ 주의) 「국가공무원법」 제71조 제2항 제7호(자기개발)에 따라 휴직한 경우에 그 휴직 기간 – 승진소요 최저근무연수에 포함되지 않는다.

	2. 다음 각 목의 어느 하나에 해당하는 경우에 그 직위해제 기간 　가.「국가공무원법」제73조의3 제1항 제3호에 따라 직위해제처분을 받은 사람에 대한 징계의결 요구에 대하여 관할 징계위원회가 징계하지 아니하기로 의결한 경우와 해당 직위해제처분의 사유가 된 징계처분이 소청심사위원회의 결정 또는 법원의 판결에 따라 무효 또는 취소로 확정된 경우 ⑦ 강등되었던 사람이 강등되기 직전의 계급으로 승진한 경우 강등되기 직전의 계급에서 재직한 기간은 제1항의 기간에 포함한다. ⑧ 강등된 경우 강등되기 직전의 계급에서 재직한 기간은 제1항의 기간에 포함한다.
승진제한	「경찰공무원 승진임용 규정」제6조(승진임용의 제한) ① 다음 각 호의 어느 하나에 해당하는 경찰공무원은 승진임용될 수 없다. 1. 징계의결 요구, 징계처분, 직위해제, 휴직(「공무원 재해보상법」에 따른 공무상 질병 또는 부상으로 인하여「국가공무원법」제71조 제1항 제1호에 따라 휴직한 사람을 제37조 제1항 제4호 또는 같은 조 제2항에 따라 특별승진임용하는 경우는 제외한다) 또는 시보임용 기간 중에 있는 사람 2. 징계처분의 집행이 끝난 날부터 다음 각 목의 구분에 따른 기간[「**국가공무원법**」**제78조의2 제1항 각 호**(금품 또는 향응 수수 등)의 어느 하나에 해당하는 사유로 인한 징계처분과 소극행정, 음주운전(측정거부 포함), 성폭력, 성희롱 및 성매매에 따른 징계처분의 경우에는 각각 6개월을 더한 기간]이 지나지 않은 사람 　가. **강등·정직 : 18개월**　　나. **감봉 : 12개월**　　다. **견책 : 6개월**

(2) 전보

의의	경찰공무원의 동일 직위 및 자격 내에서의 근무기관이나 부서를 달리하는 임용
전보의 제한	① 임용권자 또는 임용제청권자는 소속 경찰공무원이 해당 직위에 **임용된 날부터 1년 이내(감사업무를 담당하는 경찰공무원의 경우에는 2년 이내)**에 **다른 직위에 전보할 수 없다**. 다만, 다음 각 호의 어느 하나에 해당하는 경우에는 그러하지 아니하다. 1. 직제상 최저단위인 보조기관 또는 보좌기관 내에서 전보 13. **감사담당 경찰공무원** 가운데 부적격자로 인정되는 경우 14. **경정 이하** 경찰을 배우자 또는 직계존속이 거주하는 시·군·자치구 지역의 경찰기관으로 전보하는 경우 15. 임신 중인 경찰 또는 **출산 후 1년이 지나지 않은 경찰**의 모성보호, 육아 등 위하여 필요한 경우 ② 교육훈련기관의 교수요원으로 임용된 사람은 그 임용일부터 **1년 이상 3년 이하의 범위**에서 경찰청장이 정하는 기간 안에는 다른 직위에 전보할 수 없다. 다만, 기구의 개편, 직제·정원의 변경이나 교육과정의 개편 또는 폐지가 있거나 교수요원으로서 부적당 하다고 인정될 때에는 그렇지 않다.

(3) 휴직(「국가공무원법」 제71조)

유형	직권
	휴직
		본인의 의사에도 불구하고 휴직을 명하여야 한다.
		㉠ 신체·정신상 장애로 장기요양 필요 – 1년 이내, 부득이한 경우 1년 범위 연장가능, 다만, 다음에 해당하는 공무상 질병 또는 부상으로 인한 휴직기간은 3년 이내로 하되, 의학적 소견 등을 고려하여 대통령령등으로 정하는 바에 따라 2년의 범위에서 연장가능
		  ⓐ 「공무원 재해보상법」 제22조 제1항에 따른 요양급여 지급 대상 부상 또는 질병
		  ⓑ 「산업재해보상보험법」 제40조에 따른 요양급여 결정 대상 질병 또는 부상
		㉡ 병역복무 마치기 위하여 징집 또는 소집된 때 – 복무기간 끝나는 날까지
		㉢ 천재지변이나 전시·사변, 그 밖의 사유로 생사·소재 불명 – 3개월 이내
		㉣ 그 밖에 법률 규정에 따른 의무 수행 위하여 직무 이탈 – 복무기간 끝나는 날까지
		㉤ 공무원노동조합 전임자로 종사하게 된 때 – 전임기간

	의원 휴직	휴직 원하면 휴직을 명할 수 있다. 다만, ㉣의 경우는 대통령령으로 정하는 특별한 사정이 없으면 휴직을 명하여야 한다. ㉠ 국제기구, 외국기관, 국내외 대학·연구기관, 다른 국가기관 또는 대통령령이 정하는 민간기업 그 밖의 기관에 임시로 채용 – 채용기간, 민간기업이나 그 밖의 기관에 채용되면 3년 이내 ㉡ 국외 유학 – 3년 이내, 부득이한 경우 2년 범위 연장가능 ㉢ 중앙인사관장기관장이 지정하는 연구·교육기관 등 연수 – 2년 이내 　» 「경찰공무원법」 제36조 제2항 제4호 – 「국가공무원법」 제71조 제2항 제3호 중 "중앙인사관장기관의 장"은 "경찰청장 또는 해양경찰청장"으로 본다. ㉣ 만 8세 이하 또는 초등학교 2학년 이하 자녀 양육, 여성공무원의 임신·출산 – 자녀 1명당 3년 이내 ㉤ 조부모, 부모(배우자의 부모 포함), 배우자, 자녀 또는 손자녀 부양하거나 돌보기 위하여 필요한 경우. 다만, 조부모나 손자녀의 돌봄을 위하여 휴직할 수 있는 경우는 본인 외에 돌볼 사람이 없는 등 대통령령등으로 정하는 요건을 갖춘 경우로 한정 – 1년 이내, 재직기간 중 총 3년 초과금지 ㉥ 외국 근무·유학 또는 연수하게 되는 배우자 동반 – 3년 이내, 부득이한 경우 2년 내 연장가능 ㉦ 대통령령등으로 정하는 기간 재직 공무원이 직무관련 연구과제 수행 또는 자기개발 위하여 학습·연구 등 하게 된 때 – 1년 이내
휴직기간 중 봉급		「공무원보수규정」 제28조(휴직기간 중의 봉급 감액) ① 신체·정신상의 장애로 장기 요양이 필요하여 휴직한 공무원에게는 다음 각 호의 구분에 따라 봉급(외무공무원의 경우에는 휴직 직전의 봉급을 말한다)의 일부를 지급한다. 다만, **공무상 질병 또는 부상으로 휴직한 경우에는 그 기간 중 봉급 전액을 지급**한다. 　1. 휴직 기간이 1년 이하인 경우 : 봉급의 70퍼센트 　2. 휴직 기간이 1년 초과 2년 이하인 경우 : 봉급의 50퍼센트 ② 외국유학 또는 1년 이상의 국외연수를 위하여 휴직한 공무원에게는 그 기간 중 **봉급의 50퍼센트를 지급할 수 있다**. 이 경우 교육공무원을 제외한 공무원에 대한 지급기간은 2년을 초과할 수 없다.

효력	① 휴직 중인 **공무원은 신분은 보유**하나 **직무에 종사하지 못한다.** ② 휴직 기간 중 그 **사유가 없어지면 30일 이내**에 임용권자 또는 임용제청권자에게 **신고**하여야 하며, **임용권자는 지체 없이 복직을 명하여야 한다.** ③ 휴직 기간이 끝난 공무원이 **30일 이내**에 복귀 신고를 하면 **당연히 복직**된다.

➕ 자기개발휴직

「공무원임용령」 제57조의10(자기개발휴직) ① 법 제71조 제2항 제7호에서 **"대통령령 등으로 정한 기간"**이란 **5년 이상**을 말한다.
  ② 법 제71조 제2항 제7호에 따른 휴직(이하 "자기개발휴직"이라 한다) 후 복직한 공무원은 **복직 후 10년 이상 근무**하여야 다시 자기개발휴직을 할 수 있다.

「공무원 임용규칙」 제91조의4(자기개발휴직 사유) 법 제71조 제2항 제7호의 자기개발휴직을 위한 사유는 다음 각호와 같다.
  1. 소속 기관의 직무와 관련된 연구과제 또는 자기개발을 위한 연구과제를 수행하는 경우(임용권자 또는 임용제청권자가 기관 차원에서 필요한 연구주제를 미리 선정하여 대상자를 선정하는 경우를 포함한다). 다만, 연구과제 수행과 관련하여 직접적인 금전적 대가가 수반되거나 특정 기관에 채용되는 경우는 제외한다.
  2. 국내외 교육기관 등에서 교육과정을 수강하는 경우. 다만, **학위를 취득할 목적으로 수강하는 경우는 제외**한다.
  3. 자격증 취득 등을 위한 개인주도학습을 하거나 교육과정을 수강하는 경우

「공무원 임용규칙」
제91조의5(자기개발휴직 절차 등) ① 자기개발휴직을 신청하려는 자는 별지 제32호의 자기개발휴직 신청서 및 휴직 사유를 증빙할 수 있는 자료를 임용권자 또는 임용제청권자에게 제출하여야 한다.
제91조의6(자기개발휴직결과보고서 제출) **복직한 공무원은 복직일로부터 30일 이내**에 연구·학습결과에 대한 **휴직결과 보고서를 작성하여 제출**하여야 한다.

(4) 직위해제(「국가공무원법」제73조의3)

사유	「국가공무원법」 제73조의3(직위해제) ① 임용권자는 다음 사유 있는 자에게는 **직위 부여하지 아니 할 수 있다.** 삭제 2. **직무수행능력이 부족하거나 근무성적이 극히 나쁜 자** 3. **파면·해임·강등 또는 정직에 해당하는 징계의결이 요구 중인 자** 4. **형사사건으로 기소된 자(약식명령이 청구된 자는 제외)** 5. 고위공무원단에 속하는 일반직공무원으로서 제70조의2 제1항 제2호 및 제3호의 사유로 적격심사 요구받은 자 6. 금품비위, 성범죄 등 대통령령으로 정하는 비위로 인하여 감사원 및 수사기관에서 조사나 수사 중인 자로서 비위 정도가 중대하고 정상적 업무수행 기대 현저히 어려운 자 » 공무원에 대하여 ①과 ②·③ 또는 ⑤의 직위해제 사유가 경합하면 ②·③ 또는 ⑤의 직위해제 처분을 하여야 한다.

특징	① **직위해제와 징계처분 병과 가능**
	② 직위해제는 휴직과 달리 제재적 성격 가지는 보직 해제이며 **복직 보장 안됨**
	③ **직무종사 X, 출근의무 X**
	④ 직무수행능력 부족, 근무성적 극히 나빠 직위해제된 자 - **3개월 범위에서 대기명령**
	⑤ 대기명령 받은 자에게 능력 회복이나 근무성적의 향상을 위한 **교육훈련 또는 특별한 연구과제부여** 등 필요한 조치하여야 한다.
	⑥ 「경찰공무원법」 제28조에 의하면 직무수행능력이 부족하여 직위해제를 한 경우 대기명령 기간 중 능력 또는 근무성적의 향상을 기대하기 어렵다고 인정될 때에는 **징계위원회의 동의를 얻어 임용권자가 직권면직시킬 수 있다.**
	⑦ 직위부여하지 아니한 경우 **직위해제사유 소멸하면 지체없이 직위를 부여하여야 한다.**
	⑧ 공무원보수규정 제29조(직위해제기간 중의 봉급감액)
	   ⊙ 직무수행능력부족 근무성적 극히 나빠 직위해제 - **봉급의 80%만 지급**
	   ⓛ 고위공무원단에 속하는 일반직공무원으로서 제70조의2 제1항 제2호 및 제3호의 사유로 적격심사 요구받은 자 - **봉급의 70%만 지급(3개월 지나도 직위 부여받지 못하면 40%)**
	   ⓒ ⊙, ⓛ이외 사유로 직위해제 - **봉급의 50%만 지급(3개월 지나도 직위 부여받지 못하면 30%)**
	⑨ 경찰공무원 승진임용 규정 제5조(승진소요 최저근무연수)
	   ⊙ 원칙 - 직위해제기간은 **승진소요최저근무연수에 산입하지 아니한다.**
	   ⓛ 예외 - 다음의 경우에는 **승진소요최저근무연수에 산입한다.**
	      ⓐ 중징계로 의결요구되어 직위해제처분 받은 사람에 대한 징계 의결요구에 대하여 **징계위원회가 징계 아니하기로 의결한 경우**, 직위해제처분 사유가 된 징계처분이 소청심사위원회 결정 또는 법원판결에 따라 무효 또는 취소로 확정된 경우
	      ⓑ 형사사건으로 기소되어 직위해제처분 받은 사람의 처분사유가 된 형사사건이 법원 판결에 따라 무죄 확정된 경우
	      ⓒ 금품비위, 성범죄 등 대통령령으로 정하는 비위행위로 인하여 감사원 및 검찰·경찰 등 수사기관에서 조사나 수사 중인 자로서 비위의 정도가 중대하고 이로 인하여 정상적인 업무수행을 기대하기 현저히 어려운 자에 해당하여 직위해제처분을 받은 사람의 처분사유가 된 비위행위가 1))과 2)에 모두 해당하는 경우

1) 비위행위에 대한 징계절차와 관련하여 다음의 어느 하나에 해당하는 경우
　가) 경찰기관의 장이 「경찰공무원 징계령」 제9조에 따른 징계의결 요구를 하지 않기로 한 경우
　나) 해당 경찰공무원에 대한 징계의결 요구에 대하여 관할 징계위원회가 징계하지 않기로 의결한 경우
　다) 징계처분이 소청심사위원회의 결정이나 법원의 판결에 따라 무효 또는 취소로 확정된 경우
2) 비위행위에 대한 조사 또는 수사 결과가 다음의 어느 하나에 해당하는 경우
　가) 형사사건에 해당하지 않는 경우
　나) 사법경찰관이 불송치를 하거나 검사가 불기소를 한 경우. 다만, 「형사소송법」 제247조에 따라 공소를 제기하지 않는 경우와 불송치 또는 불기소를 했으나 해당 사건이 다시 수사 및 기소되어 법원의 판결에 따라 유죄가 확정된 경우는 제외한다.
　다) 형사사건으로 기소되거나 약식명령이 청구된 사람이 법원의 판결에 따라 무죄로 확정된 경우

3. 경찰공무원관계의 소멸

(1) 당연퇴직(법정사유 발생되면 당연히 경찰공무원 신분 상실)

> ① 경찰공무원이 **신규채용 결격사유에 해당하게 된 경우는 당연퇴직**
> ② 다만, **파산선고를 받은 사람**으로서 「채무자 회생 및 파산에 관한 법률」에 따라 **신청 기한 내에 면책신청을 하지 아니하였거나 면책 불허가 결정 또는 면책 취소가 확정된 경우만** 당연 퇴직되고, 「형법」상 **뇌물죄**, 「성폭력범죄처벌등에 관한 특례법」상 **성폭력 범죄**, 「아동·청소년의 성보호에 관한 법률」상 **아동·청소년 대상 성범죄**, 「형법」상 **횡령·배임**의 죄를 범한 사람으로서 **자격정지이상의 형의 선고유예를 받은 경우만** 당연 퇴직

관련판례

경찰공무원이 재직 중 자격정지 이상의 형의 선고유예를 받음으로써 「경찰공무원법」 제8조 제2항 제6호에 정하는 임용결격사유에 해당하게 되면, 같은 법 제27조의 규정에 의하여 임용권자의 별도의 행위(공무원의 신분을 상실시키는 행위)를 기다리지 아니하고 그 선고유예 판결의 확정일에 당연히 경찰공무원의 신분을 상실(당연퇴직)하게 되는 것이고, 나중에 선고유예기간(2년)이 경과하였다고 하더라도 이미 발생한 당연퇴직의 효력이 소멸되어 경찰공무원의 신분이 회복되는 것은 아니다. 한편 직위해제처분은 형사사건으로 기소되는 등 「국가공무원법」 제73조의3 제1항 각 호에 정하는 귀책사유가 있을 때 당해 공무원에게 직위를 부여하지 아니하는 처분이고, 복직처분은 직위해제사유가 소멸되었을 때 직위해제된 공무원에게 「국가공무원법」 제73조의3 제2항의 규정에 의하여 다시 직위를 부여하는 처분일 뿐, 이들 처분들이 공무원의 신분을 박탈하거나 설정하는 처분은 아닌 것이므로, 임용권자가 임용결격사유의 발생 사실을 알지 못하고 직위해제되어 있던 중 임용결격사유가 발생하여 당연퇴직된 자에게 복직처분을 하였다고 하더라도 이 때문에 그 자가 공무원의 신분을 회복하는 것은 아니다(대판 1997. 7. 8. 96누4275).

(2) 직권면직

임용권자는 경찰공무원이 다음 어느 하나에 해당될 때에는 직권으로 면직시킬 수 있다.

징계 위원회 동의 필요	① 직위해제되어 대기명령 받은 자가 그 기간중 능력 또는 근무성적 향상 기대하기 곤란 ② 경찰로는 부적합할 정도로 직무수행능력이나 성실성 현저 결여된 사람으로서 대통령령으로 정하는 사유에 해당 　• 지능저하 또는 판단력부족으로 경찰업무 감당할 수 없는 경우 　• 책임감 결여로 직무수행에 성의 없고 위험한 직무에 당하여 고의로 직무수행 기피 또는 포기하는 경우 ③ 직무수행하는 데에 위험 일으킬 우려 있을 정도의 성격적·도덕적 결함 있는 사람으로서 대통령령으로 정하는 사유에 해당 　• 인격장애, 알코올·약물중독 그 밖의 정신장애로 인하여 경찰업무 감당할 수 없는 경우 　• 사행행위 또는 재산낭비로 인한 채무과다, 부정한 이성관계 등 도덕적 결함 현저하여 타인의 비난 받는 경우
징계 위원회 동의 불요	① 직제와 정원 개폐 또는 예산감소 등에 의하여 **폐직 또는 과원** 되었을 때 ② 휴직기간만료 또는 휴직사유 소멸된 후에도 **직무 복귀하지 아니하거나 직무 감당할 수 없을 때** ③ 해당 경과에서 직무수행하는데 필요한 **자격증 효력상실되거나 면허취소**되어 담당직무 수행 할 수 없게 되었을 때

(3) 정년

연령정년	계급정년
60세	① 치안감 - 4년　② 경무관 - 6년　③ 총경 - 11년　④ 경정 - 14년

① 강등(경감으로 강등된 경우 포함)된 계급의 계급정년은 강등되기 전 계급 중 **가장 높은 계급의 계급정년**으로 하며, 계급정년 산정시 **강등되기 전 계급 근무연수와 강등 이후 근무연수 합산**
② **수사, 정보, 보안, 외사, 자치경찰사무 등 특수부문 근무하는 경찰공무원**으로서 대통령령으로 정하는 바에 따라 지정받은 사람은 **총경 및 경정**의 경우에는 대통령령으로 정하는 바에 따라 4년 범위 안에서 계급정년 연장가능
③ **경찰청장은 비상사태하에서 2년 범위 안에서 계급정년 연장가능**(경무관 이상은 행안부장관과 국무총리 거쳐 대통령 승인, 총경·경정은 국무총리 거쳐 대통령 승인필요)
④ 정년된 날이 1월에서 6월 사이면 6월 30일에 당연퇴직, 7월에서 12월 사이면 12월 31일에 당연퇴직

5 경찰공무원의 권리와 의무

1. 개관

권리	신분상 권리	일반적 권리	직무집행권, 신분 및 직위보유권, 쟁송제기권
		특수한 권리	제복착용권, 무기휴대 및 사용권, 장구사용권 ※제복착용과 무기휴대는 「경찰공무원법」, 무기사용과 장구사용은 「경찰관 직무집행법」에서 규정
	재산상 권리		보수청구권, 연금청구권, 실비변상청구권, 보급품수령권, 보상청구권
의무	국가공무원법	기본적 의무	선서의무, 성실의무
		직무상 의무	법령준수의무 복종의무 친절공정의무 종교중립의무 직무전념의무(직장이탈금지의무, 영리업무금지의무, 겸직금지의무)
		신분상 의무	비밀엄수의무 정치운동금지의무 집단행동금지의무 청렴의무 품위유지의무 외국정부의 영예 등의 제한
	경찰공무원법	직무상 의무	제복착용의무 거짓보고 및 직무유기금지의무 지휘권남용 등의 금지의무
		신분상 의무	정치관여금지의무
	경찰공무원 복무규정	직무상 의무	지정장소 외에서 직무수행금지 근무시간 중 음주금지 민사분쟁에의 부당개입금지

2. 경찰공무원의 권리

(1) 신분상의 권리

1) 일반공무원과 공통되는 권리

직무집행권	경찰공무원은 자기에게 맡겨진 직무 수행 할 권리 있음. 방해시 공무집행방해죄
신분 및 직위보유권	**치안총감과 치안정감**에 대해서는 「국가공무원법」 제68조 본문(의사에 반한 신분조치)을 적용하지 아니한다. - **치안총감, 치안정감 - 신분 및 직위보유권 인정 X** ≫ 「국가공무원법」 제68조(의사에 반한 신분 조치) 　공무원은 형의 선고, 징계처분 또는 이 법에서 정하는 사유에 따르지 아니하고는 본인의 의사에 반하여 휴직·강임 또는 면직을 당하지 아니한다. 다만, 1급 공무원과 제23조에 따라 배정된 직무등급이 가장 높은 등급의 직위에 임용된 고위공무원단에 속하는 공무원은 그러하지 아니하다.
쟁송제기권	위법·부당하게 권리가 침해된 경찰공무원은 소청을 제기할 수 있고, 행정소송을 제기할 수 있다.

2) 경찰공무원의 특수한 권리

무기휴대 및 사용권	무기휴대 법적 근거 - 「경찰공무원법」, 무기사용 법적 근거 - 「경찰관 직무집행법」
제복착용권	제복착용 - **권리임과 동시에 의무**

> **관련판례**
> 「경찰공무원법」의 규정 취지는 경찰공무원이 직무수행을 위하여 필요하다고 인정되는 경우에 한하여 무기를 휴대할 수 있다는 것뿐이지, 경찰관이라 하여 허가 없이 개인적으로 총포 등을 구입하여 소지하는 것을 허용하는 것은 아니다(대판 1996. 7. 30, 95도2408).

(2) 재산상의 권리

1) 보수청구권

보수	보수는 봉급과 기타 각종 수당을 합산한 금액

근거	「국가공무원법」 제47조 제1항 – 공무원의 보수에 관한 사항은 **대통령령**으로 정한다.
	「공무원보수규정」 제4조(정의) 이 영에서 사용하는 용어의 뜻은 다음과 같다.
	  1. **"보수"란 봉급과 그 밖의 각종 수당을 합산한 금액**을 말한다. 다만, 연봉제 적용대상 공무원은 연봉과 그 밖의 각종 수당을 합산한 금액을 말한다.
	  2. "봉급"이란 직무의 곤란성과 책임의 정도에 따라 직책별로 지급되는 기본급여 또는 직무의 곤란성과 책임의 정도 및 재직기간 등에 따라 계급(직무등급이나 직위를 포함한다. 이하 같다)별, 호봉별로 지급되는 기본급여를 말한다.
	  3. "수당"이란 직무여건 및 생활여건 등에 따라 지급되는 부가급여를 말한다.
	「공무원수당 등에 관한 규정」 제7조의2(성과상여금 등) ① 소속 장관은 별표 2의2에 따른 공무원(경감이하) 중 근무성적, 업무실적 등이 우수한 사람에게는 예산의 범위에서 성과상여금을 지급한다.
	⑩ 「국가공무원법」 제47조 제3항(보수를 거짓이나 그 밖의 부정한 방법으로 수령한 경우에는 수령한 금액의 5배의 범위에서 가산하여 징수할 수 있다)에 따라 각급 행정기관의 장은 소속 공무원이 제1항에 따른 성과상여금을 거짓이나 그 밖의 부정한 방법으로 지급(지급받은 성과상여금을 다시 배분하는 행위를 포함한다)받은 때에는 그 **지급받은 성과상여금에 해당하는 금액을 징수**하고, **1년의 범위에서 성과상여금을 지급하지 아니한다.**

2) 실비변상 등 청구권

① 「국가공무원법」 제48조 제1항 – 공무원은 보수 외에 대통령령등으로 정하는 바에 따라 직무 수행에 필요한 실비(實費) 변상을 받을 수 있다.
② 실비변상 등의 항목 : 정액급식비·명절휴가비·연가보상비 및 직급보조비(공무원수당 등에 관한 규정 제6장의2 실비변상 등)

3) 연금청구권 – 「공무원연금법」

제1조(목적) 이 법은 공무원의 퇴직, 장해 또는 사망에 대하여 적절한 급여를 지급하고 후생복지를 지원함으로써 공무원 또는 그 유족의 생활안정과 복지 향상에 이바지함을 목적으로 한다.

제29조(급여사유의 확인 및 급여의 결정) ① 각종 급여는 그 급여를 받을 권리를 가진 사람의 신청에 따라 인사혁신처장의 결정으로 **공단이 지급**한다.
② 제1항에 따른 급여의 결정에 관한 **인사혁신처장의 권한은 대통령령으로 정하는 바에 따라 공단에 위탁할 수 있다.**

≫ 비교 「공무원연금법 시행령」 제25조(급여결정권한의 위탁) 인사혁신처장은 법 제29조 제2항에 따라 같은 조 제1항에 따른 급여의 결정에 관한 권한을 공단에 위탁한다.

제87조(심사의 청구) ① 급여에 관한 결정, 기여금의 징수, 그 밖에 이 법에 따른 급여에 관하여 이의가 있는 사람은 대통령령으로 정하는 바에 따라 「공무원 재해보상법」 제52조에 따른 공무원재해보상연금위원회에 심사를 청구할 수 있다.
② 제1항의 심사 청구는 **급여에 관한 결정 등이 있었던 날부터 180일, 그 사실을 안 날부터 90일 이내**에 하여야 한다. 다만, 정당한 사유가 있어 그 기간에 심사 청구를 할 수 없었던 것을 증명한 경우는 예외로 한다.

제88조(시효) ① 이 법에 따른 급여를 받을 권리는 **급여의 사유가 발생한 날부터 5년간 행사하지 아니하면 시효로 인하여 소멸**한다.
② 잘못 납부한 기여금을 반환받을 권리는 퇴직급여 또는 퇴직유족급여의 **지급 결정일부터 5년간 행사하지 아니하면 시효로 인하여 소멸**한다.

≫ 주의 「국가공무원법」에서는 '공무원이 질병·부상·폐질(廢疾)·퇴직·사망 또는 재해를 입으면 본인이나 유족에게 법률로 정하는 바에 따라 적절한 급여를 지급한다.'고 규정하고 있는데, 이와 관련된 법률이 「공무원연금법」과 「공무원재해보상법」이다.

4) 보상청구권 – 「공무원 재해보상법」

제1조(목적) 이 법은 공무원의 공무로 인한 부상·질병·장해·사망에 대하여 적합한 보상을 하고, 공무상 재해를 입은 공무원의 재활 및 직무복귀 지원하며, 재해예방 위한 사업 시행함으로써 공무원이 직무에 전념할 수 있는 여건을 조성하고, 공무원 및 그 유족의 복지 향상에 이바지함을 목적으로 한다.

제9조(급여의 청구 및 결정) ① 제8조에 따른 **급여를 받으려는 사람은 인사혁신처장에게 급여를 청구**하여야 한다.
③ 인사혁신처장은 제1항에 따른 급여의 청구를 받으면 급여의 요건을 확인한 후 급여를 결정하고 지급한다.

제54조(시효) ① 이 법에 따른 **급여를 받을 권리**는 그 급여의 **사유가 발생한 날부터 요양급여·재활급여·간병급여·부조급여는 3년간, 그 밖의 급여는 5년간** 행사하지 아니하면 시효로 인하여 소멸한다.

3. 경찰공무원의 의무

(1) 일반적 의무

선서의무 (「국공법」제55조)	공무원은 취임시 **소속기관장 앞에서 대통령령 등으로 정하는 바에 따라 선서.** 다만, 불가피한 사유 있을 때는 취임 후에 선서가능
성실의무 (「국공법」제56조)	**공무원의 기본적 의무로서 다른 의무의 원천**

관련판례

싸이카에 승무하고 교통단속을 하던 경찰공무원이 정류장에서 앞차를 앞지르려고 하는 것을 목격하고 손짓을 하여 앞지르지 못하게 한 뒤 그 뻐스를 정차시켜 놓고 운전사에게 대하여 정류장에서는 앞지르기를 하지 못한다고 주의를 한데 그친 것은 교통경찰관으로서는 바람직한 근무자세라 할 것이고 경찰공무원으로서 성실의무에 위반하는 등 직무를 태만히 한 것이라고는 볼 수 없다(대판 1976. 9. 14, 76누179).

(2) 신분상의 의무

1) 비밀엄수의 의무

근거	경찰은 **재직 중은 물론 퇴직 후에도** 직무상 지득한 비밀 엄수
위반의 효과	재직 중 비밀엄수의무 위반 – 2년 이하 징역이나 금고 또는 5년 이하의 자격정지(형법 제127조)와 징계처분 가능 퇴직 후 비밀엄수의무 위반 – 2년 이하 징역이나 금고 또는 5년 이하의 자격정지(형법 제127조), 징계처분은 불가능 * 공무상비밀누설죄 공소시효는 5년
관련법령	**「국가공무원 복무규정」제4조의2(비밀엄수)** – 공무원이거나 공무원이었던 사람은 직무상 알게 된 개인의 신상이나 재산에 관한 사항으로서 외부에 공개될 경우 특정인의 권리나 이익을 침해할 수 있는 사항을 타인에게 누설하거나 부당한 목적을 위하여 사용해서는 아니 된다. 다만, 법령에 따라 공개하는 경우는 제외한다. **「형사소송법」제147조(공무상 비밀과 증인자격)** – 공무원 또는 공무원이었던 자가 직무에 관하여 알게 된 사실에 관하여 본인 또는 당해 공무소가 직무상 비밀에 속한 사항임을 신고한 때는 그 소속공무소 또는 감독관공서 승낙없이 증인으로 신문하지 못한다.

2) 청렴의 의무

대외적	공무원은 직무와 관련하여 직접적이든 간접적이든 **사례·증여 또는 향응 수수금지**
대내적	공무원은 직무와 관계가 있든 없든 소속 상관에게 증여하거나 소속 공무원으로부터 증여 받으면 아니 됨

3) 영예 등의 제한

공무원은 **외국정부로부터 영예 또는 증여 받는 경우**는 대통령의 허가를 얻어야 함

4) 품위유지의무

공무원은 **직무 내외 불문하고** 그 품위 손상하는 행위 금지

> **관련판례**
>
> 「지방공무원법」상 품위유지의 의무는 공직의 체면, 위신, 신용을 유지하고 주권자인 국민의 수임자로서 국민전체의 봉사자로서의 직책을 다함에 손색이 없는 몸 가짐을 뜻하고 직무 내외를 불문한다(대판 1982. 9. 14. 82누46).

5) 정치운동의 금지(「국가공무원법」 제65조)

① 공무원은 **정당이나 그 밖의 정치단체의 결성에 관여**하거나 이에 가입할 수 없다.
② 공무원은 **선거에서 특정 정당 또는 특정인을 지지 또는 반대하기 위한 다음의 행위**를 하여서는 아니 된다.
  ㉠ **투표를 하거나 하지 아니하도록** 권유운동 하는 것
  ㉡ 서명운동 기획·주재하거나 권유하는 것
  ㉢ 문서 또는 도서를 공공시설 등에 게시하거나 게시하게 하는 것
  ㉣ **기부금 모집 또는 모집하게 하거나 공공자금 이용 또는 이용하게 하는 것**
  ㉤ 타인으로 하여금 정당 기타 정치단체에 **가입하게 하거나 가입하지 아니하도록** 권유운동 하는 것

≫ **주의** 특정 정당이나 특정 정치인을 위하여 기부금 모집을 방해하는 행위 – 「국가공무원법」이나라 「경찰공무원법」에 규정
≫ **주의** 정당이나 정치단체의 결성 또는 가입을 지원하거나 방해하는 행위 – 「국가공무원법」이나라 「경찰공무원법」에 규정
≫ 「국가공무원법」 제65조의 정치운동의 금지의무는 「헌법」 제7조 제2항의 '공무원의 정치적 중립'을 규정한 일반법으로서의 성격을 가진다. 「국가공무원법」의 특별법인 「경찰공무원법」은 '정치운동금지'를 구체화한 '정치관여금지의무'를 규정하고 있다.
≫ 공무원이 「국가공무원법」 제65조(정치운동금지)를 위반 – 3년 이하의 징역과 3년 이하의 자격정지, 공소시효기간은 10년

6) 집단행동 금지의무

공무원은 노동운동 기타 공무 이외 일 위한 집단행위 금지. 다만, **사실상 노무에 종사하는 공무원은 예외**

≫ 경찰공무원이 '집단행위금지' 위반하면 2년 이하 징역 또는 200만원 이하 벌금

7) 정치관여 금지의무(「경찰공무원법」 제23조)

① 경찰공무원은 정당이나 정치단체에 가입하거나 정치활동에 관여하는 행위를 하여서는 아니 된다.
② 제1항에서 **정치활동에 관여하는 행위**란 다음 각 호의 어느 하나에 해당하는 행위를 말한다.
  1. 정당이나 정치단체의 결성 또는 가입을 지원하거나 방해하는 행위
  2. 그 직위를 이용하여 특정 정당이나 특정 정치인에 대하여 지지 또는 반대 의견을 유포하거나, 그러한 여론을 조성할 목적으로 특정 정당이나 특정 정치인에 대하여 찬양하거나 비방하는 내용의 의견 또는 사실을 유포하는 행위
  3. **특정 정당이나 특정 정치인을 위하여 기부금 모집을 지원하거나 방해하는 행위** 또는 국가·지방자치단체 및 「공공기관의 운영에 관한 법률」에 따른 공공기관의 자금을 이용하거나 이용하게 하는 행위
  4. 특정 정당이나 특정인의 선거운동을 하거나 선거 관련 대책회의에 관여하는 행위
  5. 「정보통신망 이용촉진 및 정보보호 등에 관한 법률」에 따른 정보통신망을 이용한 제1호부터 제4호까지의 규정에 해당하는 행위
  6. 소속 직원이나 다른 공무원에 대하여 제1호부터 제5호까지의 행위를 하도록 요구하거나 그 행위와 관련한 보상 또는 보복으로서 이익 또는 불이익을 주거나 이를 약속 또는 고지(告知)하는 행위

≫ '**특정 정당·정치단체나 특정 정치인을 위하여 집회를 주최·참석·지원하도록 다른 사람을 사주·유도·권유·회유 또는 협박하는 행위**' – 「국가정보원법」상 정치활동관여행위(「국가정보원법」 제11조 제2항 제5호)이지 「경찰공무원법」상 정치활동관여행위가 아니다.
≫ 경찰공무원으로서 정당이나 정치단체에 가입하거나 정치활동에 관여하는 행위를 한 사람 – 5년 이하 징역과 5년 이하 자격정지, 그 공소시효는 10년

> **참고**
>
> 「국가공무원법」 제44조(시험 또는 임용의 방해행위 금지) 누구든지 시험 또는 임용에 관하여 고의로 방해하거나 부당한 영향을 주는 행위를 하여서는 아니 된다.
>
> 「국가공무원법」 제45조(인사에 관한 부정행위 금지) 누구든지 채용시험·승진·임용, 그 밖에 인사기록에 관하여 거짓이나 부정하게 진술·기재·증명·채점 또는 보고하여서는 아니 된다.
>
> 「경찰공무원법」 제37조 경찰공무원으로서 **「국가공무원법」 제44조 또는 제45조를 위반**한 사람은 **1년 이하의 징역 또는 100만원 이하의 벌금**에 처하고, **같은 법 제66조(집단행위 금지)를 위반**한 사람은 **2년 이하의 징역 또는 200만원 이하의 벌금**에 처한다.

8) 재산등록의무 및 공개의무

① 재산등록의무

의무자	㉠「공직자윤리법」 - 총경 이상 경찰공무원 ㉡「공직자윤리법 시행령」 - 경정, 경감, 경위, 경사
등록 대상 재산	「공직자윤리법」제4조((등록대상재산) ① 등록의무자가 등록할 재산은 다음에 해당하는 사람의 재산(소유명의와 관계없이 사실상 소유하는 재산, 비영리법인에 출연한 재산과 외국에 있는 재산을 포함)으로 한다. 1. 본인 2. 배우자(사실상의 혼인관계에 있는 사람을 포함) 3. 본인의 직계존속·직계비속. 다만, 혼인한 직계비속인 여성과 외증조부모, 외조부모, 외손자녀 및 외증손자녀는 제외한다. ② 등록의무자가 등록할 재산은 다음 각 호와 같다. 1. **부동산에 관한 소유권·지상권 및 전세권** 2. 광업권·어업권·양식업권, 그 밖에 부동산에 관한 규정이 준용되는 권리 3. 다음 각 목의 동산·증권·채권·채무 및 지식재산권(知識財産權) 　가. 소유자별 합계액 1천만원 이상의 현금(수표를 포함한다) 　나. 소유자별 합계액 1천만원 이상의 예금 　다. **소유자별 합계액 1천만원 이상의 주식·국채·공채·회사채 등 증권** 　라. 소유자별 합계액 1천만원 이상의 채권 　마. 소유자별 합계액 1천만원 이상의 채무 　바. 소유자별 합계액 500만원 이상의 금 및 백금(금제품 및 백금제품을 포함한다) 　사. 품목당 500만원 이상의 보석류 　아. **품목당(소유자별 합계액 X) 500만원 이상의 골동품 및 예술품** 　자. 권당 500만원 이상의 회원권 　차. **소유자별 연간 1천만원 이상의 소득이 있는 지식재산권** 　카. 자동차·건설기계·선박 및 항공기 4. 합명회사·합자회사 및 유한회사의 출자지분 5. 주식매수선택권 6.「특정 금융거래정보의 보고 및 이용 등에 관한 법률」제2조제3호에 따른 가상자산
등록 시기	「공직자윤리법」제5조(재산의 등록기관과 등록시기 등) 공직자는 **등록의무자가 된 날부터 2개월이 되는 날이 속하는 달의 말일까지 등록의무자가 된 날 현재의 재산을 등록기관에 등록하여야 한다.** 다만, 등록의무자가 된 날부터 2개월이 되는 날이 속하는 달이 말일까지 등록의무를 면제받은 경우에는 그러하지 아니하며, 전보·강임·강등 또는 퇴직 등으로 인하여 등록의무를 면제받은 사람이 3년(퇴직한 경우에는 1년) 이내에 다시 등록의무자가 된 경우에는 전보·강임·강등 또는 퇴직 등을 한 날 이후 또는 제11조 제1항에 따른 재산변동사항 신고 이후의 변동사항을 신고함으로써 등록을 갈음할 수 있다.
변동사항 신고	「공직자윤리법」제6조(변동사항 신고) 등록의무자는 매년 1월 1일부터 12월 31일까지의 재산 변동사항을 **다음 해 2월 말일까지 등록기관에 신고**하여야 한다. 다만, 최초의 등록 후 또는 제5조제1항 단서에 따른 신고 후 최초의 변동사항 신고의 경우에는 등록의무자가 된 날부터 그 해 12월 31일까지의 재산 변동사항을 등록기관에 신고하여야 한다.

② 재산공개의무

대상자 (법 제10조 제1항)	공직자윤리위원회는 관할 등록의무자중 **치안감 이상의 경찰공무원** 및 특별시·광역시·특별자치시·도·특별자치도 시·도경찰청장 본인과 배우자 및 직계존속·직계비속의 재산에 관한 등록사항과 변동사항 신고내용을 등록 또는 신고기간 만료후 **1개월 이내**에 관보 또는 공보에 게재하여 공개하여야 한다(공직자윤리법 제10조 제1항 8호).
열람 복사 금지	「공직자윤리법」상 공개대상자인 등록의무자가 등록기관에 등록한 재산이 아니면 누구든지 **공직자윤리위원회 또는 등록기관의 장의 허가를 받지 아니하고는 등록의무자의 재산에 관한 등록사항을 열람·복사하거나 이를 하게 하여서는 아니 된다.** 다만, 등록의무자가 본인의 등록사항에 대하여 열람·복사하는 경우에는 그러하지 아니하다(공직자윤리법 제10조 제3항).

> **참고** 「공직자윤리법」 및 「공직자윤리법시행령」

「**공직자윤리법**」 제15조(외국 정부 등으로부터 받은 선물의 신고) ① 공무원(지방의회의원을 포함한다. 이하 제22조에서 같다) 또는 공직유관단체의 임직원은 외국으로부터 선물(대가 없이 제공되는 물품 및 그 밖에 이에 준하는 것을 말하되, 현금은 제외한다. 이하 같다)을 받거나 그 직무와 관련하여 외국인(외국단체를 포함한다. 이하 같다)에게 선물을 받으면 지체 없이 소속 기관·단체의 장에게 신고하고 그 선물을 인도하여야 한다. 이들의 가족이 외국으로부터 선물을 받거나 그 공무원이나 공직유관단체 임직원의 직무와 관련하여 외국인에게 선물을 받은 경우에도 또한 같다.
② 제1항에 따라 신고할 선물의 가액은 대통령령으로 정한다.

≫ 신고해야할 선물 - 증정한 국가 또는 외국인이 속한 국가 시가로 **미국화폐 100달러 이상**이거나 **국내 시가로 10만원 이상**인 선물(「공직자윤리법 시행령」 제28조)

「**공직자윤리법 시행령**」 제29조(선물의 관리·유지) ① 법 제15조 제1항에 따라 선물 신고를 받은 소속기관 또는 공직유관단체의 장은 **분기별로** 총리령으로 정하는 바에 따라 선물신고 관리상황을 법 제5조 제1항에 따른 등록기관의 장에게 통보하여야 하고, 해당 선물은 다음 각 호의 구분에 따른 기간에 등록기관의 장에게 이관하여야 한다.
 1. 상반기에 신고된 선물의 경우: 해당 연도 7월 1일부터 7월 31일까지
 2. 하반기에 신고된 선물의 경우: 다음 연도 1월 1일부터 1월 31일까지

「**공직자윤리법 시행령**」 제30조(선물의 처분) ① 제29조에 따라 선물을 이관받은 기관의 장은 그 중 국유재산으로 계속 관리·유지할 필요가 없다고 인정되는 선물은 **외교부장관(기획재정부장관 X)과의 협의를 거쳐 조달청장에게 이관**하여 처분하게 할 수 있다.
② 조달청장은 선물을 처분할 때 그 선물의 수령을 신고한 사람이 그 선물의 매수를 원하는 경우에는 그 사람에게 조달청장이 전문기관에 의뢰하여 감정한 가액으로 우선하여 매도하여야 한다.

「**공직자윤리법**」 제17조(퇴직공직자 취업제한) ① 취업심사대상자(경사 이상)는 **퇴직일부터 3년간 "취업심사대상기관"에 취업금지.** 다만, **관할 공직자윤리위원회로부터 취업심사대상자가 퇴직 전 5년 동안 소속하였던 부서 또는 기관 업무와 취업심사대상기관 간에 밀접 관련성이 없다는 확인받거나 취업승인 받은 때에는 취업가능**

※ 「공직자윤리법 시행령」상 자본금이 10억원 이상이고 연간 외형거래액(부가가치세가 면세되는 경우에는 그 면세되는 수입금액을 포함한다)이 100억원 이상인 영리를 목적으로 하는 사기업체 - 취업심사대상기관에 해당한다.

(3) 직무상의 의무

1) 법령준수의무(「국가공무원법」 제56조)

2) 복종의 의무(「국가공무원법」 제57조)

> ① 공무원은 직무를 수행 할 때 소속 상관의 직무상 명령에 복종하여야 한다.
> ② 「국가공무원법」 제57조(복종의무) 위반시 「국가공무원법」은 처벌규정이 없다.
> ③ 경찰공무원으로서 전시·사변, 그 밖에 이에 준하는 비상사태이거나 작전 수행 중인 경우에 「국가공무원법」 57조(복종의무) 위반시 - 7년이하의 징역이나 금고(경찰공무원법 제37조 제1항)
> ④ 평시 복종의무 위반시 - 경찰공무원법에도 처벌규정 없음

관련판례

> 공무원의 계층구조이다. 공무원의 의무로 직무상의 것과 신분상의 것을 들 수 있고 직무상 의무에 법령준수의무, 직무전념의무, 친절, 공정의무 외에 복종의무가 있는데 이는 상사의 직무상의 명령에 복종하여야 할 의무인 것이다. 특히 행정부공무원은 대통령을 정점으로 소위 피라밋트식 계층구조가 될 수 밖에 없기 때문에 명령복종의 관계는 공무원 관계의 필수적인 내용이라고 할 수 있다(헌재 1993. 9. 27, 92헌바21).

참고 「국가경찰과 자치경찰의 조직 및 운영에 관한 법률」 제6조(직무수행)

> ① 국가경찰공무원은 상관의 지휘·감독받아 직무수행하고, 그 직무수행에 관하여 서로 협력하여야 한다.
> ② 국가경찰공무원은 **구체적 사건수사와 관련된 제1항의 지휘·감독의 적법성 또는 정당성에 대하여 이견있을 때는 이의 제기할 수 있다.**

3) 종교중립의무(「국가공무원법」 제59조의2)

> ① 공무원은 종교에 따른 차별 없이 직무를 수행하여야 한다.
> ② 공무원은 소속 상관이 종교중립의무 위배되는 직무상 명령을 한 경우에는 이에 **따르지 아니할 수 있다.**

4) 직무전념의 의무(「국가공무원법」 제58조, 제64조)

직장이탈금지	① 공무원은 **소속상관의 허가** 또는 정당한 사유 없으면 직장 이탈금지 ② 수사기관이 공무원 구속하려면 **소속기관장에게 미리 통보**. 다만, **현행범인은 그러하지 아니하다.**
영리업무 및 겸직금지	공무원은 **공무 외에 영리를 목적으로 하는 업무에 종사하지 못하며 소속기관장의 허가** 없이 다른 직무를 겸할 수 없다.

5) 「경찰공무원법」상 직무상 의무(「경찰공무원법」 제24조 ~ 제26조)

거짓보고 등의 금지	① 경찰공무원은 직무에 관하여 거짓 보고나 통보 하여서는 아니 된다. ② 경찰공무원은 직무 게을리하거나 유기해서는 아니 된다.
지휘권남용등의 금지	전시·사변, 그 밖에 비상사태이거나 작전수행 중인 경우 또는 많은 인명 손상이나 국가재산 손실 우려 있는 위급한 사태 발생한 경우, 경찰을 지휘·감독하는 사람은 정당한 사유 없이 직무수행 거부 또는 유기하거나 경찰을 지정된 근무지에서 진출·퇴각 또는 이탈하게 하여서는 아니 된다.
제복착용의 의무	① 경찰공무원은 **제복 착용하여야 한다.** ② 경찰공무원의 복제(服制)에 관한 사항은 **행정안전부령**으로 정한다.

≫ **주의** 「경찰공무원법」 제37조 제1항
경찰공무원으로서 전시·사변, 그 밖에 이에 준하는 비상사태이거나 작전 수행 중인 경우에 제24조 제2항(직무유기금지) 또는 제25조(지휘권남용등의 금지), 「국가공무원법」 제58조 제1항(직장 이탈금지)을 위반한 사람은 3년 이상의 징역이나 금고에 처하고, 제24조 제1항(거짓보고금지), 「국가공무원법」 제57조(복종의무)를 위반한 사람은 7년 이하의 징역이나 금고에 처한다

참고 ▶ 「경찰공무원 복무규정」

제3조(기본강령) 경찰공무원은 다음 기본강령에 따라 복무하여야 한다.
1. **경찰사명** : 경찰공무원은 국가와 민족을 위하여 충성과 봉사를 다하며, 국민의 생명·신체 및 재산을 보호하고, 공공의 안녕과 질서를 유지함을 그 사명으로 한다.
2. **경찰정신** : 경찰공무원은 국민의 수임자로서 일상의 직무수행에 있어서 국민의 자유와 권리를 존중하는 **호국·봉사·정의**의 정신을 그 바탕으로 삼는다.
3. **규율** : 경찰공무원은 법령을 준수하고 직무상의 명령에 복종하며, 상사에 대한 존경과 부하에 대한 신애로써 규율을 지켜야 한다.
4. **단결** : 경찰공무원은 주어진 사명을 다하기 위하여 긍지를 가지고 한마음 한뜻으로 굳게 뭉쳐 임무수행에 모든 역량을 기울여야 한다.
5. **책임** : 경찰공무원은 창의와 노력으로써 소임을 완수하여야 하며, 직무수행의 결과에 대하여 책임을 진다.
6. **성실·청렴** : 경찰공무원은 성실하고 청렴한 생활태도로써 국민의 모범이 되어야 한다.

제4조(예절) ① 경찰공무원은 고운말을 사용하도록 노력하여야 하며, 국민에게 겸손하고 친절하여야 한다.
② 경찰공무원은 상·하급자 및 동료간에 서로 예절을 지켜야 한다.

제7조(일상행동) 경찰공무원은 공·사생활을 막론하고 국민의 모범이 되어야 하며, 다음과 같이 행동하여야 한다.
1. 상·하급자 및 동료를 비난·악평하거나 서로 다투는 행위를 하여서는 아니되며, 항상 협동심과 상부상조의 동료애를 발휘하여야 한다.
2. 경솔하거나 난폭한 행동을 하여서는 아니되며, 항상 명랑·활달하여야 한다.
3. 건전하지 못한 오락행위를 하여서는 아니된

제8조(지정장소외에서의 **직무수행금지**) 경찰은 **상사의 허가**받거나 그 명령에 의한 경우를 제외하고는 직무와 관계없는 장소에서 직무수행을 하여서는 아니 된다.

제9조(근무시간중 음주금지) 경찰은 근무시간중 음주금지. 다만, 특별한 사정이 있는 경우에는 예외, 이 경우 주기가 있는 상태에서 직무 수행하여서는 아니된다.

> 제10조(민사분쟁에의 부당개입금지) 경찰은 직위 또는 직권 이용하여 부당하게 타인의 민사분쟁에 개입금지
> 제11조(상관에 대한 신고) 경찰은 신규채용·승진·전보·파견·출장·연가·교육훈련기관에의 입교 기타 신분관계 또는 근무관계 또는 근무관계 변동이 있는 때는 **소속 상관에게 신고** 하여야 한다.
> 제13조(여행의 제한) 경찰공무원은 휴무일 또는 근무시간외에 **2시간 이내** 직무에 복귀 어려운 지역으로 여행하고자 할 때는 **소속 경찰기관장에게 신고**하여야 한다. 다만, 치안상 특별한 사정이 있어 경찰청장 또는 경찰기관의 장이 지정하는 기간중에는 **소속경찰기관의 장의 허가** 받아야 한다.
> 제18조(포상휴가) 경찰기관의 장은 근무성적이 탁월하거나 다른 경찰공무원의 모범이 될 공적이 있는 경찰공무원에 대하여 **1회 10일 이내** 포상휴가 허가할 수 있다. 이 경우의 포상휴가기간은 연가일수에 산입하지 아니한다.
> 제19조(연일근무자 등의 휴무) 경찰기관의 장은 특별한 사정이 없는 한 다음과 같이 **휴무를 허가하여야 한다**.
>   1. 연일근무자 및 공휴일근무자에 대하여는 그 다음날 1일의 휴무
>   2. 당직 또는 철야근무자에 대하여는 **다음 날 오후 2시를 기준으로 하여 오전 또는 오후의 휴무**

6 경찰공무원의 책임

1. 징계책임

(1) 징계의 의의

징계란 특별행정법관계에 기하여 내부질서유지를 위하여 과하는 제재

(2) 징계벌과 형사벌

1) 징계벌과 형사벌의 관계

> ① 징계벌은 **특별행정법관계(공무원내부관계)**이고, 형사벌은 **일반통치권**을 기초로 한다.
> ② 징계벌은 **공무원 내부 질서유지**가 목적이고, 형사벌은 **국가사회의 일반적 법질서유지**가 목적이다.
> ③ 징계벌은 **공무원법상 의무위반**을 대상으로 하고, 형사벌은 **형사법상의 의무위반**을 대상으로 한다.
> ④ **징계벌과 형사벌은 양자 병과 가능**

2)「국가공무원법」제83조(감사원의 조사와의 관계 등)

> ① 감사원에서 조사 중인 사건에 대하여는 제3항에 따른 조사개시 통보를 받은 날부터 **징계 의결의 요구나 그 밖의 징계 절차를 진행하지 못한다.**
> ② 검찰·경찰, 그 밖의 수사기관에서 수사 중인 사건에 대하여는 제3항에 따른 수사개시 통보를 받은 날부터 **징계 의결의 요구나 그 밖의 징계 절차를 진행하지 아니할 수 있다.**
> ③ 감사원과 검찰·경찰, 그 밖의 수사기관은 조사나 수사를 시작한 때와 이를 마친 때에는 **10일 내에 소속 기관의 장에게 그 사실을 통보하여야 한다.**

관련판례

공무원인 甲이 그 직무에 관하여 뇌물을 받았음을 징계사유로 하여 파면처분을 받은 후 그에 대한 형사사건이 항소심까지 유죄로 인정되었고 그 형사사건에서 甲이 수사기관과 법정에서 금품수수사실을 자인하였으나 그 후 대법원의 파기환송판결에 따라 무죄의 확정판결이 있었다면 위 징계처분은 근거없는 사실을 징계사유로 삼은 것이 되어 위법하다고 할 수는 있을지언정 그것이 객관적으로 명백하다고는 할 수 없으므로 위 징계처분이 당연무효인 것은 아니다(대판 1989. 9. 26, 89누4963).

(3) 징계권자

경찰공무원의 징계는 징계위원회의 의결을 거쳐 징계위원회가 설치된 소속 기관의 장이 하되, 「국가공무원법」에 따라 국무총리 소속으로 설치된 징계위원회에서 의결한 징계는 경찰청장 또는 해양경찰청장이 한다. 다만, 파면·해임·강등 및 정직은 징계위원회의 의결을 거쳐 해당 경찰공무원의 임용권자가 하되, **경무관 이상 강등·정직과 경정 이상 파면·해임은 경찰청장의 제청으로 행정안전부장관과 국무총리를 거쳐 대통령이 하고, 총경 및 경정 강등 및 정직은 경찰청장이 한다.**

(4) 징계의 사유(「국가공무원법」 제78조)

제78조(징계 사유) ① 공무원이 다음 각 호의 어느 하나에 해당하면 **징계 의결을 요구하여야 하고 그 징계 의결의 결과에 따라 징계처분을 하여야 한다.**
  1. 이 법 및 이 법에 따른 명령을 위반한 경우
  2. 직무상의 의무(다른 법령에서 공무원의 신분으로 인하여 부과된 의무를 포함한다)를 위반하거나 직무를 태만히 한 때
  3. 직무의 내외를 불문하고 그 체면 또는 위신을 손상하는 행위를 한 때

(5) 징계의 종류와 내용

1) 중징계

파면	① 퇴직급여제한 　㉠ 재직기간 5년 미만- 4분의 1 감액지급 　㉡ 재직기간 5년 이상- 2분의 1 감액지급 ② 퇴직수당제한 - 재직기간과 상관없이 2분의 1 감액지급
해임	① 원칙 - **퇴직급여 제한 없음, 퇴직수당 제한없음** ② 금품·향응수수, 공금횡령·유용는 퇴직급여제한 　㉠ 5년 미만 근무자 : 8분의 1 감액지급 　㉡ 5년 이상 근무자 : 4분의 1 감액지급 ③ 금품·향응수수·공금횡령·유용 등으로 해임된 경우는 퇴직수당 제한 받음 : 재직기간 상관없이 4분의 1 감액지급
강등	① 1계급 아래로 직급 내리고 공무원신분 보유, 3개월간 직무에 종사 X, 그 기간 중 보수는 전액 감액 ② 기간종료일로부터 18개월간 승진·승급 제한 ③ **금품수수, 공금횡령·유용, 소극행정, 음주운전(측정거부포함), 성폭력·성희롱·성매매는 24개월간 승진·승급 제한**
정직	① 1월 이상 3월 이하의 기간 직무정지 ② 정직기간 중 보수 전액 감액 ③ 정직기간 종료일로부터 18개월간 승진·승급 제한 ④ **금품수수, 공금횡령·유용, 소극행정, 음주운전(측정거부포함), 성폭력·성희롱·성매매는 24개월간 승진·승급 제한**

2) 경징계

감봉	① 1월 이상 3월 이하의 기간 ② 보수의 3분의 1 감액 ③ 감봉기간 종료일로부터 12개월간 승진·승급 제한 ④ **금품수수, 공금횡령·유용, 소극행정, 음주운전(측정거부포함), 성폭력·성희롱·성매매는 18개월간 승진·승급 제한**
견책	① 과실에 대하여 훈계하고 회개하게 하는 처분 ② **보수는 전액 지급** ③ 집행일로부터 6개월간 승진·승급 제한 ④ **금품수수, 공금횡령·유용, 소극행정, 음주운전(측정거부포함), 성폭력·성희롱·성매매는 12개월간 승진·승급 제한**

참고 「공무원연금법」 및 「공무원연금법 시행령」상 퇴직급여 및 퇴직수당의 감액

「공무원연금법」 제65조(형벌 등에 따른 급여의 제한) ① 공무원이거나 공무원이었던 사람이 다음 각 호의 어느 하나에 해당하는 경우에는 **대통령령으로 정하는 바에 따라 퇴직급여 및 퇴직수당의 일부를 줄여 지급한다.** 이 경우 퇴직급여액은 이미 낸 기여금의 총액에 「민법」 제379조에 따른 이자를 가산한 금액 이하로 줄일 수 없다.
  1. 재직 중의 사유(직무와 관련이 없는 과실로 인한 경우 및 소속 상관의 정당한 직무상의 명령에 따르다가 과실로 인한 경우는 제외한다. 이하 제3항에서 같다)로 금고 이상의 형이 확정된 경우
  2. **탄핵 또는 징계에 의하여 파면된 경우**
  3. **금품 및 향응 수수, 공금의 횡령·유용으로 징계에 의하여 해임된 경우**
  ③ 재직 중의 사유로 금고 이상의 형에 처할 범죄행위로 인하여 수사가 진행 중이거나 형사재판이 계속 중일 때에는 퇴직급여(연금인 급여를 제외한다) 및 퇴직수당의 일부를 대통령령으로 정하는 바에 따라 지급 정지할 수 있다.

「공무원연금법 시행령」 제61조(형벌 등에 따른 퇴직급여 및 퇴직수당의 감액) ① 공무원 또는 공무원이었던 사람이 법 제65조 제1항 각 호의 어느 하나에 해당하게 되었을 때에는 다음 각 호의 구분에 따라 퇴직급여 및 퇴직수당을 감액한 후 지급한다.
  1. 법 제65조 제1항 제2호(탄핵, 징계파면)에 해당하는 사람
     가. 재직기간이 5년 미만인 사람의 퇴직급여: 4분의 1
     나. 재직기간이 5년 이상인 사람의 퇴직급여: 2분의 1
     다. 퇴직수당: 2분의 1
  2. 법 제65조 제1항 제3호(금품 및 향응 수수, 공금의 횡령·유용으로 징계에 의하여 해임된 경우)에 해당하는 사람
     가. 재직기간이 5년 미만인 사람의 퇴직급여: 8분의 1
     나. 재직기간이 5년 이상인 사람의 퇴직급여: 4분의 1
     다. 퇴직수당: 4분의 1

참고 경고와 주의

1. 「경찰공무원 징계령 세부시행규칙(경찰청예규)」상 "경고"와 "주의"는 징계처분에 해당하지 아니 한다.
2. 「경고·주의 및 장려제도 운영 규칙(경찰청예규)」 제7조 – 1년 이내에 2회의 경고를 받은 자가 같은 기간 내에 다시 경고에 해당하는 사유가 있는 경우에는 징계위원회에 회부하여야 한다.

➕ 징계관련문제(「경찰공무원 승진임용 규정」 제24조)

③ 임용권자는 심사승진후보자 명부에 기록된 사람이 승진되기 전에 **정직 이상 징계처분받은 경우**에는 **심사승진후보자명부에서 제외하여야 한다.**

> **관련판례**
>
> 1. 징계에 관한 일반사면이 있었다고 할지라도 사면의 효과는 소급하지 아니하므로 파면처분으로 이미 상실된 원고의 공무원지위가 회복될 수 없는 것이니 원고로서는 동 파면처분의 위법을 주장하여 그 취소를 구할 소송상 이익이 있다고 할 것이다(대법원 1981. 7. 14, 80누536 전합).
> 2. 경찰공무원시험승진후보자명부에 등재된 자가 승진임용되기 전에 감봉(현행법은 정직) 이상의 징계처분을 받은 경우, 임용권자가 당해인을 시험승진후보자명부에서 삭제한 삭제행위는 결국 그 명부에 등재된 자에 대한 승진 여부를 결정하기 위한 행정청 내부의 준비과정에 불과하고, 그 자체가 어떠한 권리나 의무를 설정하거나 법률상 이익에 직접적인 변동을 초래하는 별도의 행정처분이 된다고 할 수 없다(대판 1997. 11. 14, 97누7325).

(6) 징계절차

1) 경찰기관장의 요구

① 경찰기관장은 소속 경찰이 「국가공무원법」상 징계사유 있다고 인정한 때와 하급기관으로부터 징계의결요구 신청 받은 때는 **지체없이** 관할 징계위원회 구성하여 징계의결 요구하여야 한다.

※ 징계부가금

「국가공무원법」제78조의2(징계부가금) ① 제78조에 따라 공무원의 징계 의결을 요구하는 경우 그 징계 사유가 다음 각 호의 어느 하나에 해당하는 경우에는 해당 징계 외에 다음 각 호의 행위로 취득하거나 제공한 금전 또는 **재산상 이득**(금전이 아닌 재산상 이득의 경우에는 금전으로 환산한 금액을 말한다)의 5배 내의 징계부가금 부과 의결을 징계위원회에 요구하여야 한다.
1. 금전, 물품, 부동산, 향응 또는 그 밖에 대통령령으로 정하는 재산상 이익을 취득하거나 제공한 경우
2. 다음 각 목에 해당하는 것을 **횡령, 배임, 절도, 사기 또는 유용(流用)**한 경우
   가. 「국가재정법」에 따른 예산 및 기금
   사. 그 밖에 가목부터 바목까지에 준하는 것으로서 대통령령으로 정하는 것

「공무원 징계령」제17조의2(징계부가금) ① 법 제78조의2 제1항 제1호에서 "대통령령으로 정하는 재산상 이익"이란 다음 각 호의 어느 하나에 해당하는 것을 말한다.
1. 유가증권, 숙박권, 회원권, 입장권, 할인권, 초대권, 관람권, 부동산 등의 사용권 등 일체의 재산상 이익
2. 골프 등의 접대 또는 교통·숙박 등의 편의 제공
3. 채무면제, 취업제공, 이권(利權)부여 등 유형·무형의 경제적 이익

---

② 경찰기관의 장은 징계등 의결을 요구할 때에는 경찰공무원 징계 의결 또는 징계부가금 부과 의결 요구서 사본을 징계등 심의 대상자에게 보내야 한다. 다만, 징계등 심의 대상자가 그 수령을 거부하는 경우에는 그러하지 아니하다.

> **관련판례**
>
> 징계권자가 경찰관에 대하여 징계요구를 하였다가 이를 철회하고 다시 징계요구를 하여 파면결의를 한 경우 「경찰공무원 징계령」에 이를 금지한 조문이 없으므로 그 징계절차는 적법하다(대판 1980. 5. 13, 79누388).

③ 경찰기관의 장은 그 소속이 아닌 경찰공무원에게 징계 사유가 있다고 인정될 때에는 해당 경찰기관의 장에게 그 사실을 증명할 만한 충분한 사유를 명확히 밝혀 통지하여야 하며, 통지받은 경찰기관의 장은 타당한 이유가 없으면 통지를 받은 날부터 **30일 이내**에 관할 징계위원회에 징계등 의결을 요구하거나 그 상급 경찰기관의 장에게 징계등 의결의 요구를 신청하여야 한다.

④ **징계시효** : 징계의결등의 요구는 징계 등 사유가 발생한 날부터 다음 각 호의 구분에 따른 기간이 지나면 하지 못한다.

1. 징계 등 사유가 다음 각 목의 어느 하나에 해당하는 경우: 10년
   가. 「성매매알선 등 행위의 처벌에 관한 법률」 제4조에 따른 금지행위
   나. 「성폭력범죄의 처벌 등에 관한 특례법」 제2조에 따른 성폭력범죄
   다. 「아동·청소년의 성보호에 관한 법률」 제2조 제2호에 따른 아동·청소년대상 성범죄
   라. 「양성평등기본법」 제3조 제2호에 따른 성희롱
2. 징계 등 사유가 제78조의2 제1항 각 호의 어느 하나(금전, 물품, 부동산, 향응 또는 그 밖에 대통령령으로 정하는 재산상 이익을 취득하거나 제공한 경우 등)에 해당하는 경우: 5년
3. 그 밖의 징계 등 사유에 해당하는 경우: 3년

2) 징계위원회의 의결

① 징계위원회가 대상자 출석 요구할 때는 출석통지서로 하되, **징계위원회 개최일 5일 전까지 징계등 심의대상자에게 도달되도록 하여야 한다.**

> **관련판례**
>
> 「경찰공무원 징계령」 제12조 제1항 소정의 출석통지는 소정의 서면에 의하지 아니하더라도 구두, 전화 또는 전언등 방법에 의하여 징계심의 대상자에게 전달되었으면 출석통지로서 족하고, 이러한 출석통지는 징계심의대상자로 하여금 징계심의가 언제 개최되는가를 알게 함과 동시에 자기에게 이익되는 사실을 진술하거나 증거자료를 제출할 기회를 부여하기 위한 조치에서 나온 강행규정이므로 위 출석통지없이 한 징계심의 절차는 위법하다(대판 1985. 10. 8, 84누251).

② 징계위원회는 출석 통지를 하였음에도 불구하고 징계등 심의 대상자가 정당한 사유 없이 출석하지 아니하였을 때에는 그 사실을 기록에 분명히 적고 서면심사로 징계등 의결을 할 수 있다. 다만, **징계등 심의 대상자의 소재가 분명하지 아니할 때에는 출석 통지를 관보에 게재**하고, 그 게재일부터 10일이 지나면 출석 통지가 송달된 것으로 보며, 징계등 의결을 할 때에는 관보 게재의 사유와 그 사실을 기록에 분명히 적어야 한다.

③ 심문권과 진술권(「경찰공무원 징계령」 제13조)

「**경찰공무원 징계령**」 **제13조(심문권과 진술권)** ① 징계위원회는 제12조제1항에 따라 출석한 징계등 심의 대상자에게 징계 사유에 해당하는 사실에 관한 심문을 하고 심사를 위하여 필요하다고 인정될 때에는 관계인을 출석하게 하여 심문할 수 있다.
② 징계위원회는 징계등 심의 대상자에게 진술할 수 있는 기회를 충분히 주어야 하며, 징계등 심의 대상자는 별지 제2호의2서식의 의견서 또는 말로 자기에게 이익이 되는 사실을 진술하거나 증거를 제출할 수 있다.
③ **징계등 심의 대상자는 증인의 심문을 신청**할 수 있다. 이 경우 **징계위원회는 의결로써 그 채택 여부를 결정**하여야 한다.
④ 징계등 의결을 요구한 자 또는 징계등 의결의 요구를 신청한 자는 징계위원회에 출석하여 의견을 진술하거나 서면으로 의견을 진술할 수 있다. 다만, 중징계나 중징계 관련 징계부가금 요구사건의 경우에는 특별한 사유가 없는 한 징계위원회에 출석하여 의견을 진술해야 한다.
⑤ 징계위원회는 필요하다고 인정할 때에는 사실 조사를 하거나 특별한 학식·경험이 있는 사람에게 검증 또는 감정을 의뢰할 수 있다.

참고 「경찰공무원 징계령 세부시행규칙」(경찰청예규)

제11조(변호인 등의 선임) ① 징계등 심의 대상자는 변호사를 변호인으로 선임하여 징계등 사건에 대한 보충진술과 증거제출을 하게 할 수 있다. 다만, 징계위원회의 허가를 받은 경우에는 변호사가 아닌 사람을 특별변호인으로 선임할 수 있다.

주의 변호사 선임은 「경찰공무원 징계령」이 아니라 경찰청 예규인 「경찰공무원 징계령 세부시행규칙」에 규정되어 있다.

제12조(징계등 심의 대상자의 진술거부권) ① 징계등 심의 대상자는 진술하지 아니하거나 개개의 질문에 대하여 진술을 거부할 수 있다.
② 징계위원회의 위원장은 징계등 심의 대상자에게 제1항과 같이 진술을 거부할 수 있음을 고지하여야 한다.

주의 진술거부권고지의무는 「경찰공무원 징계령」이 아니라 경찰청 예규인 「경찰공무원 징계령 세부시행규칙」에 규정되어 있다.

④ 의결기한(「경찰공무원 징계령」 제11조)

징계위원회는 **징계의결요구서 받은 날로부터 30일 이내 징계의결** 하여야 한다. 다만, 부득이하면 해당 **징계등 의결을 요구한 경찰기관의 장의 승인**을 받아 **30일 범위에서 연기 가능**

⑤ 의결(「경찰공무원 징계령」 제14조)

① 징계위원회의 의결은 **위원장 포함한 위원 과반수 출석과 출석위원 과반수 찬성으로 의결하되**, 의견 나뉘어 출석위원 과반수 찬성얻지 못한 경우 출석위원 과반수 될 때까지 대상자에게 가장 불리한 의견 제시한 위원 수를 그 다음 불리한 의견 제시한 위원 수에 차례로 더하여 그 의견을 합의된 의견으로 본다.
③ 징계위원회는 제1항에도 불구하고 다음 각 호의 사항에 대해서는 **서면으로 의결할 수 있다.**
   1. 제5조 제4항에 따른 **징계등 사건의 관할 이송에 관한 사항**
   2. 제11조 제1항에 따른 **징계등 의결의 기한 연기에 관한 사항**
⑤ 징계위원회의 의결 내용은 공개하지 아니한다.

⑥ 원격영상회의 방식의 활용(「경찰공무원 징계령」 제14조의2)

① 징계위원회는 위원과 징계등 심의 대상자, 징계등 의결을 요구하거나 요구를 신청한 자, 증인, 관계인 등 이 영에 따라 회의에 출석하는 사람(이하 이 항에서 "출석자"라 한다)이 동영상과 음성이 동시에 송수신되는 장치가 갖추어진 서로 다른 장소에 출석하여 진행하는 원격영상회의 방식으로 심의·의결할 수 있다. 이 경우 징계위원회의 위원 및 출석자가 같은 회의장에 출석한 것으로 본다.

⑦ 징계위원회는 징계등 사건을 의결할 때에는 **징계등 심의 대상자의 비위행위 당시 계급 및 직위, 비위행위가 공직 내외에 미치는 영향, 평소 행실, 공적(功績), 뉘우치는 정도나 그 밖의 정상과 징계등 의결을 요구한 자의 의견을** 고려해야 한다.
⑧ 징계위원회는 징계의결하였을 때는 지체 없이 징계의결요구한 자에게 의결서 정본 보내어 통지

참고 ● 재심사청구

「국가공무원법」 제82조(징계 등 절차) ② 징계의결등을 요구한 기관의 장은 징계위원회의 의결이 가볍다고 인정하면 그 처분을 하기 전에 다음 각 호의 구분에 따라 심사나 재심사를 청구할 수 있다. 이 경우 소속 공무원을 대리인으로 지정할 수 있다.
  1. 국무총리 소속으로 설치된 징계위원회의 의결: 해당 징계위원회에 재심사를 청구
  2. **중앙행정기관에 설치된 징계위원회(중앙행정기관의 소속기관에 설치된 징계위원회는 제외한다)의 의결: 국무총리 소속으로 설치된 징계위원회에 심사를 청구**
  3. 제1호 및 제2호 외의 징계위원회의 의결: 직근 상급기관에 설치된 징계위원회에 심사를 청구

> **참고** 징계양정(「경찰공무원 징계령 세부시행규칙」 제4조~제5조)

행위자의 징계양정기준	다음 사유 있을 때는 징계책임 감경하여 징계의결요구 또는 징계의결하거나 **징계책임 묻지 아니할 수 있다.** ① 과실로 인하여 발생한 의무위반행위가 **다른 법령에 의해 처벌사유 되지 않고** 비난가능성 없는 때 ② 국가 또는 공공 이익 증진 위해 성실하고 능동적으로 업무처리하는 과정에서 부분적 절차상 하자 또는 비효율, 손실 등 잘못이 발생한 때 ③ 업무매뉴얼에 규정된 직무상 절차 충실히 이행한 때 ④ 의무위반행위 발생 방지위해 최선 다하였으나 부득이 사유로 결과가 발생 ⑤ 발생한 의무위반행위에 대하여 자진신고하거나 사후조치에 최선 다하여 원상회복에 크게 기여한 때 ⑥ 간첩 또는 사회이목 집중시킨 중요사건 범인 검거한 공로 있을 때
감독자문책 기준	감독자에게 다음 사유가 있을 때에는 징계책임 감경하여 징계의결 요구 또는 징계의결하거나 **징계책임 묻지 아니할 수 있다.** ① 부하직원 의무위반행위를 사전에 발견하여 적법 타당하게 조치한 때 ② 부하직원 의무위반행위가 감독자 또는 행위자의 비번일, 휴가기간, 교육기간 등에 발생 하거나, 소관업무와 직접 관련 없는 등 감독자의 실질적 감독범위 벗어났다고 인정된 때 ③ **부임기간이 1개월 미만으로 부하직원에 대한 실질적인 감독 곤란** ④ 교정 불가능하다고 판단된 부하직원의 사유 명시하여 인사상 조치를 상신하는 등 성실히 관리한 이후에 같은 부하직원이 의무위반행위 야기 ⑤ 기타 부하직원에 대하여 평소 철저한 교양감독 등 감독자로서의 임무 성실수행

3) 징계의 집행(「경찰공무원 징계령」 제18조, 제19조)

경징계	① 징계의결 요구한 자는 경징계 의결 통지받으면 **통지받은 날부터 15일 이내에 집행** ② 징계등 의결을 요구한 자는 징계등 의결을 집행할 때에는 의결서 사본에 징계등 처분사유 설명서를 첨부하여 징계등 처분 대상자에게 보내야 한다. ③ 징계등 의결을 요구한 경찰기관의 장은 경징계의 징계등 의결을 집행하였을 때에는 지체 없이 그 결과에 의결서의 사본을 첨부하여 해당 임용권자에게 보고하고, 징계등 처분을 받은 사람의 소속 경찰기관의 장에게 통지하여야 한다.
중징계	징계의결 요구한 자는 중징계 의결 통지받으면 **지체없이** 대상자의 임용권자에게 의결서 정본을 보내어 징계처분을 제청. 다만, 경무관 이상의 강등 및 정직, 경정 이상의 파면 및 해임 처분의 제청, 총경 및 경정의 강등 및 정직의 집행은 경찰청장이 한다. → 제청 받은 임용권자는 **15일 이내** 의결서 사본에 처분사유설명서 첨부하여 징계등 처분 대상자에게 보내야 한다.

> **관련판례**
>
> 1. 공무원에 대한 징계처분의 사유설명서의 교부는 '법원조직법 및 민사소송법의 정하는 바에 의한다' 라는 규정에 따라 민사소송법의 송달방법에 의하여야 한다고는 할 수 없다 할 것이고 일반적으로 징계처분의 설명서가 이를 받을 자의 볼 수 있는 상태에 놓여질 때에는 이를 교부한 것이 된다고 할 수 있을 것이며, 그것이 우편(등기)에 의하여 배달된 경우 그 우편물의 교부로서 징계처분의 설명서가 원고에게 교부된 것이다(대판 1969. 7. 29, 68누148).
> 2. 징계권자로서는 징계의결대로 징계처분을 집행한 다음에는 특단의 사정이 없는 한 그 스스로 이를 취소하거나, 변경할 수 없다. 이는 징계위원회의 의결내용에 하자가 있는 경우에도 마찬가지이다. (대구고법 1979. 6. 5, 78구92).

(7) 징계위원회

1) 징계위원회 관련법령

「경찰공무원법」 제32조(징계위원회) ① 경무관 이상의 경찰공무원에 대한 징계의결은 「국가공무원법」에 따라 국무총리 소속으로 설치된 징계위원회에서 한다.

② 총경 이하의 경찰공무원에 대한 징계의결을 하기 위하여 대통령령으로 정하는 경찰기관 및 해양경찰관서에 **경찰공무원 징계위원회**를 둔다.

「경찰공무원 징계령」 제3조(징계위원회의 종류 및 설치) ① 경찰공무원 징계위원회는 **경찰공무원 중앙징계위원회**(이하 "중앙징계위원회"라 한다)와 **경찰공무원 보통징계위원회**(이하 "보통징계위원회"라 한다)로 구분한다.

「경찰공무원 징계령」 제4조(징계위원회의 관할) ① **중앙징계위원회**는 총경 및 경정에 대한 징계 또는 「국가공무원법」 제78조의2에 따른 징계부가금 부과(이하 "징계등"이라 한다) 사건을 심의·의결한다.

② **보통징계위원회**는 해당 징계위원회가 설치된 경찰기관 소속 **경감 이하** 경찰공무원에 대한 징계등 사건을 심의·의결한다. 다만, 다음 각 호의 기관에 설치된 보통징계위원회는 각 호의 구분에 따른 경찰공무원에 대한 징계등 사건을 심의·의결한다.

1. 경정 이상의 경찰공무원을 장으로 하는 **경찰서**, 경찰기동대·해양경찰서 등 총경 이상의 경찰공무원을 장으로 하는 경찰기관 및 정비창: **소속 경위 이하의 경찰공무원**
2. 의무경찰대 및 경비함정 등 경찰청장 또는 해양경찰청장이 지정하는 경감 이상의 경찰공무원을 장으로 하는 경찰기관: 소속 경사 이하의 경찰공무원

③ 경찰청 및 해양경찰청에 설치된 보통징계위원회는 제2항에도 불구하고 경찰청장 또는 해양경찰청장이 징계등 의결을 요구하는 경찰공무원에 대한 징계등 사건을 심의·의결한다.

④ 제2항 단서 또는 제6조 제2항 단서에 따라 해당 보통징계위원회의 징계 관할에서 제외되는 경찰공무원의 징계등 사건은 바로 위 상급 경찰기관에 설치된 보통징계위원회에서 심의·의결한다.

2) 징계위원회 관할

국무총리 소속 징계위원회	경무관 이상에 대한 징계등 의결
경찰공무원 중앙징계위원회	총경 및 경정에 대한 징계등 의결
경찰공무원 보통징계위원회	징계위원회 설치된 기관 소속 경감 이하에 대한 징계 심의·의결. 다만, 다음 각 호의 기관에 설치된 보통징계위원회는 각 호의 구분에 따른 경찰공무원에 대한 징계등 사건을 심의·의결한다. 1. 경정 이상의 경찰공무원을 장으로 하는 **경찰서**, 경찰기동대·해양경찰서 등 총경 이상의 경찰공무원을 장으로 하는 경찰기관 및 정비창: **소속 경위 이하의 경찰공무원** 2. 의무경찰대 및 경비함정 등 경찰청장 또는 해양경찰청장이 지정하는 경감 이상의 경찰공무원을 장으로 하는 경찰기관: 소속 경사 이하의 경찰공무원

3) 관련사건의 관할(「경찰공무원 징계령」제5조)

① 상위 계급과 하위 계급의 경찰공무원이 관련된 징계등 사건은 제4조에도 불구하고 상위 **계급의 경찰공무원을 관할하는 징계위원회에서 심의·의결**하고, **상급 경찰기관과 하급 경찰기관에 소속된 경찰공무원이 관련된 징계등 사건은 상급 경찰기관에 설치된 징계위원회에서 심의·의결**한다. 다만, 상위 계급의 경찰공무원이 감독상 과실책임만으로 관련된 경우에는 제4조에 따른 관할 징계위원회에서 각각 심의·의결할 수 있다.

② 소속이 다른 2명 이상의 경찰공무원이 관련된 징계등 사건으로서 관할 징계위원회가 서로 다른 경우에는 **모두를 관할하는** 바로 위 **상급경찰기관에 설치된 징계위원회에서 심의·의결**한다.

4) 징계위원회의 구성(「경찰공무원 징계령」 제6조)

> 제6조(징계위원회의 구성 등) ① 각 징계위원회는 위원장 1명을 포함하여 11명 이상 51명 이하의 공무원위원과 민간위원으로 구성한다.
> ② 징계위원회가 설치된 경찰기관의 장은 **징계등 심의 대상자보다 상위 계급인 경위 이상의 소속 경찰공무원 또는 상위 직급에 있는 6급 이상의 소속 공무원 중에서 징계위원회의 공무원위원을 임명한다**. 다만, 보통징계위원회의 경우 징계등 심의 대상자보다 상위 계급인 경위 이상의 소속 경찰공무원 또는 상위 직급에 있는 6급 이상의 소속 공무원의 수가 제3항에 따른 민간위원을 제외한 위원 수에 미달되는 등의 사유로 보통징계위원회를 구성하는 것이 곤란한 경우에는 징계등 심의 대상자보다 상위 계급인 경사 이하의 소속 경찰공무원 또는 상위 직급에 있는 7급 이하의 소속 공무원 중에서 임명할 수 있으며, 이 경우에는 제4조제2항에도 불구하고 3개월 이하의 감봉 또는 견책에 해당하는 징계등 사건만을 심의·의결한다.
> ③ 징계위원회가 설치된 경찰기관의 장은 제1항에 따른 위원 수의 2분의 1 이상을 다음 각 호의 구분에 따라 해당 호 각 목의 사람 중에서 **민간위원으로 위촉**한다. 이 경우 특정 성별의 위원이 민간위원 수의 10분의 6을 초과하지 않도록 해야 한다.
> 1. 중앙징계위원회
>   가. 법관·검사 또는 변호사로 10년 이상 근무한 사람
>   나. 「고등교육법」 제2조에 따른 학교 또는 이에 준하는 교육기관(이하 "대학"이라 한다)에서 경찰 관련 학문을 담당하는 정교수 이상으로 재직 중인 사람
>   다. 총경 또는 4급 이상의 공무원으로 근무하고 퇴직한 사람[퇴직 전 5년부터 퇴직할 때까지 근무했던 적이 있는 경찰기관(해당 경찰기관이 소속된 중앙행정기관 및 그 중앙행정기관의 다른 소속기관에서 근무했던 경우를 포함한다)의 경우에는 퇴직일부터 3년이 경과한 사람을 말한다]
>   라. 민간부문에서 인사·감사 업무를 담당하는 임원급 또는 이에 상응하는 직위에 근무한 경력이 있는 사람
> 2. 보통징계위원회
>   가. 법관·검사 또는 변호사로 5년 이상 근무한 사람
>   나. 대학에서 경찰 관련 학문을 담당하는 부교수 이상으로 재직 중인 사람
>   다. 공무원으로 20년 이상 근속하고 퇴직한 사람[퇴직 전 5년부터 퇴직할 때까지 근무했던 적이 있는 경찰기관(해당 경찰기관이 소속된 중앙행정기관 및 그 중앙행정기관의 다른 소속기관에서 근무했던 경우를 포함한다)의 경우에는 퇴직일부터 3년이 경과한 사람을 말한다]
>   라. 민간부문에서 인사·감사 업무를 담당하는 임원급 또는 이에 상응하는 직위에 근무한 경력이 있는 사람

※ 「공무원 징계령」

> 제4조(중앙징계위원회의 구성 등) ① 중앙징계위원회는 위원장 1명을 포함하여 17명 이상 33명 이하의 공무원위원과 민간위원으로 구성한다. 이 경우 민간위원의 수는 위원장을 제외한 위원 수의 2분의 1 이상이어야 한다.

5) 위원의 임기(「경찰공무원 징계령」 제6조의2)

제6조제3항에 따라 위촉되는 민간위원의 임기는 2년으로 하며, 한 차례만 연임할 수 있다.

6) 징계위원회의 회의(「경찰공무원 징계령」 제7조)

① 징계위원회의 회의는 위원장과 징계위원회가 설치된 경찰기관의 장이 회의마다 지정하는 4명이상 6명 이하의 위원으로 성별을 고려하여 구성하되, 민간위원의 수는 위원장을 포함한 위원 수의 2분의 1이상이어야 한다.
② 징계사유가 다음 각 호의 어느 하나에 해당하는 징계 사건이 속한 징계위원회의 회의를 구성하는 경우에는 **피해자와 같은 성별의 위원이 위원장을 제외한 위원 수의 3분의 1 이상 포함**되어야 한다.
  1. 「성폭력범죄의 처벌 등에 관한 특례법」에 따른 **성폭력범죄**
  2. 「양성평등기본법」에 따른 **성희롱**
③ 징계위원회의 위원장은 위원회의 사무를 총괄하며 위원회를 대표한다.
④ 징계위원회의 회의는 위원장이 소집한다.
⑤ **위원장은 표결권을 가진다.**
⑥ 위원장이 부득이한 사유로 직무를 수행할 수 없거나 위원장이 필요하다고 인정하는 경우에는 출석한 위원 중 최상위 계급 또는 이에 상응하는 직급에 있거나 최상위 계급 또는 이에 상응하는 직급에 먼저 승진임용된 공무원이 위원장이 된다.

관련판례

징계처분의 취소를 구하는 소에서 징계사유가 될 수 없다고 판결한 사유와 동일한 사유를 내세워 행정청이 다시 징계처분을 한 것은 확정판결에 저촉되는 행정처분을 한 것으로서, 위 취소판결의 기속력이나 확정판결의 기판력에 저촉되어 허용될 수 없다(대판 1992. 7. 14, 92누2912).

7 경찰공무원의 권익보장

1. 사회보장과 보훈

사회보장	「국가공무원법」 제77조(사회보장) ① 공무원이 질병·부상·폐질(廢疾)·퇴직·사망 또는 재해를 입으면 본인이나 유족에게 법률로 정하는 바에 따라 적절한 급여를 지급한다. - 이와 관련된 법률이 「경찰공무원 보건안전 및 복지 기본법」
보훈	「경찰공무원법」 제21조(보훈) 경찰공무원으로서 전투나 그 밖의 직무 수행 또는 교육훈련 중 사망한 사람(공무상 질병으로 사망한 사람을 포함한다) 및 부상(공무상의 질병을 포함한다)을 입고 퇴직한 사람과 그 유족 또는 가족은 **「국가유공자 등 예우 및 지원에 관한 법률」** 또는 **「보훈보상대상자 지원에 관한 법률」**에 따라 예우 또는 지원을 받는다.

2. 처분사유설명서 교부(「국가공무원법」 제75조) - 사전적 권익보장제도

① 공무원에 대하여 징계처분등을 할 때나 강임·휴직·직위해제 또는 면직처분을 할 때에는 그 처분권자 또는 처분제청권자는 처분사유를 적은 설명서를 교부하여야 한다. 다만, 본인의 원(願)에 따른 강임·휴직 또는 면직처분은 그러하지 아니하다(**강임은 경찰에게는 적용 X**).
② 처분권자는 **피해자가 요청하는 경우** 다음에 해당하는 사유로 처분사유 설명서를 교부할 때에는 그 징계처분결과를 피해자에게 함께 통보하여야 한다.
  1. 「성폭력범죄의 처벌 등에 관한 특례법」 제2조에 따른 성폭력범죄
  2. 「양성평등기본법」 제3조제2호에 따른 성희롱
  3. 직장에서의 지위나 관계 등의 우위를 이용하여 업무상 적정범위를 넘어 다른 공무원 등에게 부당한 행위를 하거나 신체적·정신적 고통을 주는 등의 행위로서 대통령등으로 정하는 행위

3. 고충심사

국가 공무원법 제76조의 2	① 공무원은 인사·조직·처우 등 각종 직무 조건과 그 밖에 신상 문제와 관련한 고충에 대하여 상담을 신청하거나 심사를 청구할 수 있으며, 누구나 기관 내 성폭력 범죄 또는 성희롱 발생 사실을 알게 된 경우 이를 신고할 수 있다. 이 경우 상담 신청이나 심사 청구 또는 신고를 이유로 불이익한 처분이나 대우를 받지 아니한다. ② 중앙인사관장기관의 장, 임용권자 또는 임용제청권자는 제1항에 따른 상담을 신청받은 경우에는 소속 공무원을 지정하여 상담하게 하고, 심사를 청구받은 경우에는 제4항에 따른 관할 고충심사위원회에 부쳐 심사하도록 하여야 하며, 그 결과에 따라 고충의 해소 등 공정한 처리를 위하여 노력하여야 한다. ③ 중앙인사관장기관의 장, 임용권자 또는 임용제청권자는 기관 내 **성폭력 범죄 또는 성희롱 발생 사실의 신고**를 받은 경우에는 **지체 없이** 사실 확인을 위한 조사를 하고 그에 따라 **필요한 조치를 하여야 한다(필요한 조치를 위하여 노력하여야 한다 X).** ④ 공무원의 고충을 심사하기 위하여 중앙인사관장기관에 중앙고충심사위원회를, 임용권자 또는 임용제청권자 단위로 보통고충심사위원회를 두되, 중앙고충심사위원회의 기능은 소청심사위원회에서 관장한다. ⑧ 고충상담 신청, 성폭력 범죄 또는 성희롱 발생 사실의 신고에 대한 처리절차, 고충심사위원회의 구성·권한·심사절차, 그 밖에 필요한 사항은 **대통령등으로** 정한다.

경찰 공무원법	① 경찰공무원의 인사상담 및 고충을 심사하기 위하여 경찰청, 시·도자치경찰위원회, 시·도경찰청, 대통령령으로 정하는 경찰기관에 경찰공무원 고충심사위원회를 둔다. ② 경찰공무원 고충심사위원회의 심사를 거친 재심청구와 **경정 이상의 경찰공무원의 인사상담 및 고충심사**는 「국가공무원법」에 따라 설치된 중앙고충심사위원회에서 한다.
공무원 고충처리 규정	**제3조의2(경찰공무원 고충심사위원회)** ① 「경찰공무원법」 제31조 제1항에서 "대통령령이 정하는 경찰기관"이라 함은 경찰대학·경찰인재개발원·중앙경찰학교·경찰수사연수원·경찰서·경찰기동대·경비함정 기타 **경감 이상의 경찰공무원을 장으로 하는 기관중 행정안전부장관 또는 해양수산부장관이 지정하는 경찰기관**을 말한다. ② 경찰공무원 고충심사위원회는 **위원장 1명을 포함하여 7명 이상 15명 이내의 공무원위원과 민간위원으로 구성**한다. 이 경우 **민간위원의 수는 위원장을 제외한 위원 수의 2분의 1 이상**이어야 한다. ③ 경찰공무원고충심사위원회의 위원장은 설치기관 **소속 공무원 중에서 인사 또는 감사 업무를 담당하는 과장 또는 이에 상당하는 직위를 가진 사람**이 된다. ④ 경찰공무원고충심사위원회의 공무원위원은 청구인보다 상위 계급 또는 이에 상당하는 소속 공무원 중에서 설치기관의 장이 임명한다. ⑥ 경찰공무원고충심사위원회 민간위원의 임기는 2년으로 하며, 한 번만 연임할 수 있다. ⑦ 경찰공무원고충심사위원회의 회의는 **위원장과 위원장이 회의마다 지정하는 5명 이상 7명 이내의 위원으로 성별을 고려하여 구성**한다. 이 경우 **민간위원이 3분의 1 이상 포함**되어야 한다. **제7조(고충심사절차)** ① 고충심사위원회가 청구서를 **접수한 때는 30일 이내에 고충심사에 대한 결정을 해야 한다.** 다만, 부득이하다고 인정되는 경우에는 고충심사위원회의 의결로 30일의 범위에서 그 기한을 연기할 수 있다. **제8조(심사일의 통지 등)** ① 고충심사위원회는 **심사일 5일 전까지** 청구인 및 처분청에 심사일시 및 장소를 알려야 한다. ② 고충심사위원회는 제1항에 따른 통지를 하는 경우 청구인 및 처분청에 심사에 출석하여 의견을 진술하거나 서면으로 의견을 제출할 기회를 주어야 한다.

4. 소청

(1) 의의

소청심사란 징계처분 그 밖의 그의 의사에 반하는 불이익처분을 받은 자가 관할 소청심사위원회에 심사를 청구하는 「국가공무원법」에 규정된 행정심판

(2) 인사혁신처에 두는 소청심사위원회

국가 공무원법	행정기관 소속 공무원의 징계처분, 그 밖에 그 의사에 반하는 불리한 처분이나 부작위에 대한 소청을 심사·결정하게 하기 위하여 인사혁신처에 소청심사위원회를 둔다.
법적 성질	합의제 행정관청
구성	① 위원장 1명을 포함한 5명 이상 7명 이하의 상임위원과 상임위원 수의 2분의 1 이상인 비상임위원으로 구성 ② 위원장은 정무직

자격과
임명
	① 위원(위원장 포함)은 다음에 해당하고 인사행정에 관한 식견이 풍부한 자 중에서 **인사혁신처장의 제청으로 대통령이 임명**한다. 이 경우 **인사혁신처장이 위원을 임명제청하는 때에는 국무총리를 거쳐야** 하고, 인사혁신처에 설치된 소청심사위원회의 위원 중 **비상임위원은 제1호 및 제2호의 어느 하나에 해당하는 자 중에서 임명**하여야 한다.
	  1. 법관·검사 또는 변호사의 직에 5년 이상 근무한 자
	  2. 대학에서 행정학·정치학 또는 법률학을 담당한 부교수 이상의 직에 5년 이상 근무한 자
	  3. 3급 이상 공무원 또는 고위공무원단에 속하는 공무원으로 3년 이상 근무한 자
	※ 총경은 직급상 4급에 해당 – 3급이상 공무원으로 3년 이상 근무한 자에 해당하지 않아 위원이 될 수 없다.
	② **상임위원** 임기는 3년, 한번만 연임가능
	③ **상임위원은 겸직 금지**

신분보장	위원은 금고 이상 형벌 또는 장기 심신쇠약으로 직무수행 할 수 없게 된 때 제외하고는 의사에 반하여 면직되지 아니함

(3) 소청의 절차

1) 심사청구

> ① **징계처분·강임·휴직·직위해제·면직처분의 경우**는 **처분사유설명서를 받은 날부터 30일 이내, 기타 불리한 처분**은 그 처분이 있은 것을 안날로부터 30일 이내 소청심사 청구가능. 이 경우 변호사를 대리인으로 선임가능.
> ② 공무원은 ①의 심사청구를 이유로 불이익한 처분이나 대우를 받지 아니한다.

2) 소청심사

① 소청심사위원회는 소청 접수하면 **지체없이 심사하여야 한다.**
② 소청심사위원회는 심사를 할 때 필요하면 검증·감정, 그 밖의 사실조사를 하거나 증인을 소환하여 질문하거나 관계 서류를 제출하도록 명할 수 있다.
③ 소청심사위원회가 소청 사건 심사 위하여 징계 요구 기관이나 관계 기관 소속 공무원을 증인으로 소환하면 **해당 기관장은 이에 따라야 한다.**
④ 소청심사위원회는 필요 인정하면 소속 직원에게 사실조사 하게 하거나 특별한 학식·경험이 있는 자에게 검증이나 감정을 의뢰할 수 있다.

3) 소청인의 진술권

소청사건 심사할 때 **소청인 또는 대리인에게 반드시 진술 기회부여 → 진술기회 주지 않은 결정은 무효**(취소사유 X)

4) 소청심사위원회 결정

결정 정족수	① 소청사건 결정은 재적위원 3분의 2 이상의 출석과 출석위원(재적위원 X) 과반수의 합의**에 따르되**, 의견이 나뉘어 출석위원 과반수의 합의에 이르지 못하였을 때에는 과반수에 이를 때까지 소청인에게 가장 불리한 의견에 차례로 유리한 의견 더하여 그 중 가장 유리한 의견을 합의된 의견으로 본다. ② ①에도 불구하고 **파면·해임·강등 또는 정직에 해당하는 징계처분을 취소 또는 변경하려는 경우**와 효력 유무 또는 존재 여부에 대한 확인을 하려는 경우에는 재적 위원 3분의 2 이상의 출석과 출석 위원 3분의 2 이상의 합의가 있어야 한다. 이 경우 구체적인 결정의 내용은 출석 위원 과반수의 합의에 따르되, 의견이 나뉘어 출석 위원 과반수의 합의에 이르지 못하였을 때에는 과반수에 이를 때까지 소청인에게 가장 불리한 의견에 차례로 유리한 의견을 더하여 그 중 가장 유리한 의견을 합의된 의견으로 본다.
결정기한	소청심사위원회는 제3항(후임자 보충발령 유예)에 따른 임시결정을 한 경우 외에는 **소청심사청구를 접수한 날부터 60일 이내에 이에 대한 결정**을 하여야 한다. 다만, **불가피하다고 인정되면 소청심사위원회의 의결로 30일을 연장**할 수 있다.

불이익변경 금지원칙	소청심사위원회가 징계처분 또는 징계부가금 부과처분(이하 "징계처분등"이라 한다)을 받은 자의 청구에 따라 소청을 심사할 경우에는 **원징계처분보다 무거운 징계 또는 원징계부가금 부과처분보다 무거운 징계부가금을 부과하는 결정을 하지 못한다.** 관련판례 「국가공무원법」 제14조 제6항은 소청심사결정에서 당초의 원처분청의 징계처분보다 청구인에게 불리한 결정을 할 수 없다는 의미인데, 의원면직처분에 대하여 소청심사청구를 한 결과 소청심사위원회가 의원면직처분의 전제가 된 사의표시에 절차상 하자가 있다는 이유로 의원면직처분을 취소하는 결정을 하였다고 하더라도, 그 효력은 의원면직처분을 취소하여 당해 공무원으로 하여금 공무원으로서의 신분을 유지하게 하는 것에 그치고, 이때 당해 공무원이 「국가공무원법」 제78조 제1항 각 호에 정한 징계사유에 해당하는 이상 같은 항에 따라 징계권자로서는 반드시 징계절차를 열어 징계처분을 하여야 하므로, 이러한 징계절차는 소청심사위원회의 의원면직처분취소 결정과는 별개의 절차로서 여기에 「국가공무원법」 제14조 제6항에 정한 불이익변경금지의 원칙이 적용될 여지는 없다(대판 2008. 10. 9. 선고 2008두11853,11860 판결).
	① 소청심사위원회의 취소명령 또는 변경명령결정은 **그에 따른 징계나 그 밖의 처분 있을 때까지는 종전에 행한 징계처분 또는 징계부가금 부과처분에 영향을 미치지 아니한다.** ② 소청심사위원회의 결정은 **그 이유를 구체적으로 밝힌 결정서로 하여야 한다.** ④ 소청심사위원회의 결정은 **처분 행정청을 기속한다.**

(4) 소청심사위원회의 결정에 따른 불복

행정 소송 제기	행정심판전치	징계처분등, 그 밖에 본인의 의사에 반하는 불리한 처분이나 부작위에 관한 행정소송은 소청심사위 심사·결정 거치지 아니하고 제기할 수 없다. – 소청심사청구와 행정소송 제기는 선택 X
	행정소송 피고	**피고는 경찰청장**, 임용권 **위임한 경우는 수임기관이 피고**(「경찰공무원법」 제34조) » 행정소송을 제기할 때에는 대통령의 처분 또는 부작위의 경우에는 소속 장관(대통령령으로 정하는 기관의 장을 포함한다)을 피고로 한다(「국공법」 제16조 제2항).

5. 휴가(「국가공무원 복무규정」(대통령령))

> **제14조(휴가의 종류)** 공무원의 휴가는 연가(年暇), 병가, 공가(公暇) 및 특별휴가로 구분한다.
>
> **제18조(병가)** ① 행정기관의 장은 소속 공무원이 다음 각 호의 어느 하나에 해당할 경우에는 연 60일의 범위에서 병가를 승인할 수 있다. 이 경우 질병이나 부상으로 인한 지각·조퇴 및 외출은 누계 8시간을 병가 1일로 계산하고, 제17조 제5항에 따라 연가 일수에서 빼는 병가는 병가 일수에 산입하지 아니한다.
> 1. 질병 또는 부상으로 인하여 직무를 수행할 수 없을 때
> 2. 감염병에 걸려 그 공무원의 출근이 다른 공무원의 건강에 영향을 미칠 우려가 있을 때
>
> **제19조(공가)** 행정기관의 장은 소속 공무원이 다음 각 호의 어느 하나에 해당하는 경우에는 이에 직접 필요한 기간 또는 시간을 **공가로 승인해야 한다.**
> 6. 「산업안전보건법」 제129조부터 제131조까지의 규정에 따른 건강진단, 「국민건강보험법」 제52조에 따른 건강검진 또는 「결핵예방법」 제11조제1항에 따른 결핵검진등을 받을 때
>
> **제20조(특별휴가)** ① 행정기관의 장은 소속 공무원이 결혼하거나 그 밖의 경조사가 있는 경우에는 해당 공무원의 신청에 따라 별표 2의 기준에 따른 경조사휴가를 주어야 한다.

참고 국가공무원 복무규정 〔별표 2〕 - 경조사별 휴가 일수표(제20조 제1항 관련)

구분	대상	일수
결혼	본인	5
	자녀	1
출산	배우자	10
입양	본인	20
사망	배우자, 본인 및 배우자의 부모	5
	본인 및 배우자의 조부모·외조부모	3
	자녀와 그 자녀의 배우자	3
	본인 및 배우자의 형제자매	1

6. 실질적 양성 평등 실현제도

(1) 「양성평등기본법」

> 제3조(정의) 이 법에서 사용하는 용어의 뜻은 다음과 같다.
> 1. "양성평등"이란 성별에 따른 차별, 편견, 비하 및 폭력 없이 인권을 동등하게 보장받고 모든 영역에 동등하게 참여하고 대우받는 것을 말한다.
> 2. "성희롱"이란 업무, 고용, 그 밖의 관계에서 국가기관·지방자치단체 또는 대통령령으로 정하는 공공단체(이하 "국가기관등"이라 한다)의 종사자, 사용자 또는 근로자가 다음 각 목의 어느 하나에 해당하는 행위를 하는 경우를 말한다.
>   가. 지위를 이용하거나 업무 등과 관련하여 성적 언동 또는 성적 요구 등으로 상대방에게 성적 굴욕감이나 혐오감을 느끼게 하는 행위
>   나. 상대방이 성적 언동 또는 성적 요구에 따르지 아니한다는 이유로 불이익을 주거나 그에 따르는 것을 조건으로 이익 공여의 의사표시를 하는 행위
>
> 제14조(성 주류화 조치) ① 국가와 지방자치단체는 법령의 제정·개정 및 적용·해석, 정책의 기획, 예산 편성 및 집행, 그 밖에 법령에 따라 직무를 수행하는 과정에서 성평등 관점을 통합하는 성 주류화 조치를 취하여야 한다.
>
> 제18조(성인지 교육) ① 국가와 지방자치단체는 사회 모든 영역에서 법령, 정책, 관습 및 각종 제도 등이 여성과 남성에게 미치는 영향을 인식하는 능력을 증진시키는 교육(이하 "성인지 교육"이라 한다)을 전체 소속 공무원 등에게 실시하여야 한다.
>
> 제31조의2(성희롱 사건 발생시 조치) ① 국가기관등의 장은 해당 기관에서 성희롱 사건이 발생한 사실을 알게 된 경우(국가기관등의 장이 해당 성희롱 사건의 행위자인 경우를 포함한다) 피해자의 명시적인 반대의견이 없으면 지체 없이 그 사실을 여성가족부장관에게 통보하고, **해당 사실을 안 날부터 3개월 이내**에 제31조 제1항에 따른 재발방지대책을 **여성가족부장관에게 제출**하여야 한다.
> ② 여성가족부장관은 제1항에 따라 통보받은 사건이 중대하다고 판단되거나 재발방지대책의 점검 등을 위하여 필요한 경우 해당 기관에 대한 현장점검을 실시할 수 있으며, 점검 결과 시정이나 보완이 필요하다고 인정하는 경우에는 국가기관등의 장에게 시정이나 보완을 요구할 수 있다.

(2) 「성희롱·성폭력 근절을 위한 공무원 인사관리규정」(대통령령)

> 제3조(성희롱·성폭력 발생 사실의 신고) 행정부 소속 국가공무원(이하 "공무원"이라 한다)은 누구나 공직 내 성희롱 또는 성폭력 발생 사실을 알게 된 경우 그 사실을 임용권자 또는 임용제청권자(이하 "임용권자등"이라 한다)에게 **신고할 수 있다.**
>
> 제4조(사실 확인을 위한 조사) ① 임용권자등은 제3조에 따른 신고를 받거나 공직 내 성희롱 또는 성폭력 발생 사실을 알게 된 경우에는 지체 없이 그 사실 확인을 위한 **조사를 하여야 하며,** 수사의 필요성이 있다고 인정하는 경우 **수사기관에 통보하여야 한다.**
> ③ 임용권자등은 제1항에 따른 조사 기간 동안 **피해자등이 요청한 경우**로서 피해자등을 보호하기 위하여 필요하다고 인정하는 경우 그 피해자등이나 성희롱 또는 성폭력과 관련하여 가해 행위를 했다고 신고된 사람에 대하여 근무 장소의 변경, 휴가 사용 권고 등 **적절한 조치를 하여야 한다.**
>
> 제5조(피해자 또는 신고자의 보호) ① 임용권자등은 제4조제1항에 따른 조사 결과 공직 내 **성희롱 또는 성폭력 발생 사실이 확인되면 피해자에게 다음 각 호의 어느 하나에 해당하는 조치를 할 수 있다.** 다만, **임용권자등은 피해자의 의사에 반(反)하여 조치를 하여서는 아니 된다.**
> 1. 「공무원임용령」 제41조에 따른 **교육훈련 등 파견근무**
> 2. 「공무원임용령」 제45조에도 불구하고 **다른 직위에의 전보**
> 3. 근무 장소의 변경, 휴가 사용 권고 및 그 밖에 임용권자등이 필요하다고 인정하는 적절한 조치

(3) 「공무원고충처리규정」(대통령령)

> 제15조(성폭력범죄·성희롱 신고 및 조사) ① 「국가공무원법」 제76조의2제1항에 따라 누구나 기관 내 성폭력범죄 또는 성희롱 발생 사실을 알게 된 경우 이를 인사혁신처장 및 임용권자등에게 신고할 수 있다.
> ② 인사혁신처장은 제1항에 따른 신고를 받은 경우 지체 없이 신고 내용을 확인하고 해당 임용권자등이 「성희롱·성폭력 근절을 위한 공무원 인사관리규정」 제4조에 따른 조사를 실시했는지 여부를 확인하여 조사를 실시하지 않은 경우에는 조사 실시 및 그 결과 제출을 요구할 수 있다.
> ③ 인사혁신처장은 제2항에 따라 **조사 실시 요구를 했음에도 임용권자등이 조사를 실시하지 않거나 조사가 미흡하다고 판단될 경우에는 다음 각 호의 방법으로 제1항에 따른 신고에 대하여 직접 조사해야 한다.**
> 1. 성폭력범죄·성희롱과 관련하여 피해자나 피해를 입었다고 주장하는 사람(이하 "피해자등"이라 한다), 성폭력범죄·성희롱과 관련하여 가해행위를 했다고 신고된 사람(이하 "피신고자"라 한다) 또는 관계인에 대한 출석 요구, 진술 청취 또는 진술서 제출 요구
> 2. 피해자등, 피신고자, 관계인 또는 관계기관 등에 대하여 조사 사항과 관련이 있다고 인정되는 자료의 제출 요구
> 3. 전문가의 자문
> ④ 제2항 및 제3항에 따른 조사를 위해 출석 또는 자료의 제출을 요구받은 사람이나 관계기관은 정당한 사유가 없는 한 이에 따라야 한다.
> ⑤ 인사혁신처장은 제2항 및 제3항에 따른 조사 실시 확인 과정 또는 조사 과정에서 피해자등이 성적 불쾌감을 느끼지 않도록 하고, 사건 내용이나 인적사항의 누설 등으로 인한 피해가 발생하지 않도록 해야 한다.
> ⑥ 인사혁신처장은 조사 기간 동안 피해자등이 요청하는 경우로서 피해자등을 보호하기 위해 필요하다고 인정하는 경우 그 피해자등이나 피신고자에 대하여 다음 각 호의 조치를 하도록 임용권자등에게 요청할 수 있다.

1. 근무 장소의 변경
2. 휴가 사용 권고
3. 그 밖에 인사혁신처장이 필요하다고 판단하는 적절한 조치

⑦ 인사혁신처장은 신고의 원인이 된 사실이 범죄행위에 해당한다고 믿을만한 상당한 이유가 있는 경우 검찰 또는 수사기관에 수사를 의뢰할 수 있다.

(4) 「경찰청 성희롱·성폭력 예방 및 2차 피해 방지와 그 처리에 관한 규칙」(경찰청훈령)

제2조(정의) 이 규칙에서 사용하는 용어의 뜻은 다음과 같다.
1. "성희롱"이란 「양성평등기본법」 제3조 제2호 각 목의 행위를 하는 경우를 말한다.
2. "성폭력"이란 「성폭력범죄의 처벌 등에 관한 특례법」 제2조 제1항에 규정된 죄에 해당하는 행위를 말한다.
3. "2차 피해"란 성희롱·성폭력 피해자가 「여성폭력방지기본법」 제3조 제3호 각 목의 어느 하나에 해당하는 피해를 입거나, 성희롱·성폭력 사건 내용 유포 및 축소·은폐, 그 밖에 피해자의 의사에 반하는 불리한 처우 등으로 피해를 입는 것을 말한다.

제3조(적용범위) ① 이 규칙은 경찰청 및 그 소속기관(이하 "경찰기관"이라 한다) 소속 직원(공무원 및 고용관계에 있는 사람을 포함한다. 이하 같다)과 교육생(경찰대학, 중앙경찰학교 교육생을 말한다. 이하 같다)에게 적용된다.
② 이 규칙의 피해자 보호는 피해자(**피해를 입었다고 주장하는 사람을 포함한다**)뿐 아니라 신고자·조력자·대리인(이하 "피해자등"이라고 한다)에게도 적용된다.

제5조(신고센터) ① 경찰청장은 소속 구성원 및 교육생의 성희롱·성폭력 및 2차 피해 관련 상담·조사 등 처리를 위해 경찰청 인권보호담당관실에 경찰청 성희롱·성폭력 신고센터(이하 "신고센터"라 한다)를 둔다.

제5조의2(온라인신고센터) 경찰청장은 성희롱·성폭력 및 2차 피해 신고의 편의를 위해 온라인신고센터를 설치·운영한다.

제9조(조사 신청) ① 성희롱·성폭력 및 2차 피해 조사를 원하는 피해자등은 별지 제2호 서식의 성희롱·성폭력 및 2차 피해 조사 신청서를 상담원 또는 조사관에게 제출해야 하며, 상담원 또는 조사관은 지체 없이 이를 접수해야 한다.

제10조(조사) ① 조사관은 제9조의 신청을 **접수한 날로부터 20일 이내에 조사를 완료**해야 한다. 다만, 특별한 사정이 있는 경우 신고센터장에게 보고 후 20일 범위 내에서 조사 기간을 연장할 수 있다.
② 조사관은 조사과정 중에 2차 피해를 접수한 경우 성희롱·성폭력과 2차 피해 조사를 병합하여 실시할 수 있다.
③ 신고센터장은 조사과정에서 관련 부서의 장에게 협조를 요청할 수 있으며 해당 부서의 장은 정당한 사유가 없는 한 이에 따라야 한다.
④ 조사관은 조사과정에서 피해자의 인격 또는 명예가 손상되거나 사적인 비밀이 침해되지 않도록 해야 하고, 다음 각 호의 2차 피해 행위를 해서는 안 된다.
1. 피해자를 비난하거나 피해자에게 책임을 전가하려는 행위
2. 피해자의 조사 신청의 의도를 의심하는 행위
3. 피해 사실을 인정하지 않으려는 예단을 가지거나 사소한 것으로 취급하는 행위
4. 피해자의 과거 언행을 부적절하게 질문하는 행위
5. 성희롱·성폭력 및 2차 피해 행위자를 옹호하거나 두둔하는 행위

6. 피해자의 의사에 반하여 성희롱·성폭력 및 2차 피해 행위자를 동석시키는 행위
7. 목격자를 회유하거나 피해자 입장에서의 진술을 방해하는 행위
8. 그 밖에 제1호부터 제7호까지에 준하는 행위

⑤ 조사관은 공정하고 전문적인 조사를 위해 외부전문가를 참여시키거나 외부전문가에게 자문할 수 있다.
⑥ 조사관은 법령에 따라 다른 기관에서 조사·수사 중이거나, 피해자가 조사 신청을 취소 또는 조사에 협조하지 않는 경우에는 조사를 중지할 수 있다.
⑦ 조사관은 별지 제3호서식의 사건처리 중간(결과)통지에 따라 서면, 팩스, 전자우편, 전화, 문자메시지 등의 방법을 통해 조사 진행 상황을 피해자에게 통지해야 한다.
⑧ 조사관은 조사처리 과정 중에 2차 피해 발생 여부를 지속적으로 확인하여 2차 피해 방지 조치를 해야 한다.
⑨ 조사관은 조사에 지장을 줄 우려가 있는 등의 부득이한 경우를 제외하고는 피해자의 신청이 있으면 피해자가 원하는 사람을 동석하게 할 수 있다.

제11조(피해자 등 보호 및 비밀유지) ① 경찰기관의 장은 조사기간 동안 피해자의 의사를 고려해 성희롱·성폭력 및 2차 피해 행위자와의 업무·공간 분리, 휴가 부여 등 적절한 조치를 취해야 한다.
④ 경찰기관의 장은 특별한 사유가 없는 한 행위자가 견책 이상의 징계처분을 받은 때에는 2차 피해 방지를 위해 **징계 처분일로부터 10년 동안 피해자와 동일한 관서에 근무하지 않도록 해야 하며**, 피해자와 직무상 연관된 보직에 배치해서는 안 된다.
⑤ 경찰기관의 장은 피해자등에게 상담, 조사 신청, 협력 등을 이유로 다음 각 호의 어느 하나에 해당하는 불리한 처우를 해서는 안 된다.
1. 파면, 해임, 그 밖에 신분 상실에 해당하는 불이익 조치
2. 징계, 승진 제한 등 부당한 인사조치
3. 직무 미부여, 직무 재배치, 그 밖에 본인의 의사에 반하는 인사조치
4. 성과평가 또는 동료평가 등에서 차별이나 그에 따른 임금 또는 상여금 등의 차별 지급
5. **직업능력 개발 및 향상을 위한 교육훈련 기회의 제한**
6. **집단 따돌림, 폭행 또는 폭언 등 정신적·신체적 손상을 가져오는 행위를 하거나 이를 방치하는 행위**
7. 그 밖에 피해자등 의사에 반하는 불리한 처우

제13조(성희롱·성폭력 심의위원회 설치 및 구성) ① 성희롱·성폭력 및 2차 피해 사안을 심의하기 위해 경찰청에 성희롱·성폭력 심의위원회(이하 "위원회"라 한다)를 둔다.
③ 위원장은 **경찰청 경무인사기획관으로 한다.**

제15조(사건의 종결) 신고센터장은 성희롱·성폭력 및 2차 피해 사안에 대한 조사가 완료된 후 지체 없이 그 조사 결과를 피해자 및 행위자에게 서면 등으로 통지하고 사건을 종결한다.

제16조(징계) ① 경찰기관의 장은 성희롱·성폭력 및 2차 피해에 대한 조사 또는 심의 결과, 성희롱·성폭력 및 2차 피해 행위가 징계사유에 해당한다고 판단하는 경우 엄중한 징계 등 제재절차가 이루어지도록 해야 한다.
② 경찰기관의 장은 조사 중인 성희롱·성폭력 및 2차 피해 행위가 **중징계(징계 X)에 해당된다고 판단되는 경우에는 해당 행위자에게 의원면직을 허용해서는 안 된다.**
③ 상급자가 성희롱·성폭력 관련 사안을 인지하고도 사건을 방조·은폐·비호하거나 2차 피해에 대하여 아무런 조치를 취하지 않은 경우 상급 경찰기관의 장 또는 소속 경찰기관의 장은 사안의 경중을 고려하여 징계 요구를 하거나 직무 관련 범죄의 고발 등을 할 수 있다.
④ 제1항에 따라 징계 등 제재 절차를 진행하는 경우에는 피해자에게 의견 진술 기회를 주어야 한다.

제3절 경찰작용법

1 경찰작용법 일반론

1. 경찰과 법치행정

(1) 법치행정의 원칙

> 「행정기본법」 제8조(법치행정의 원칙) – 행정작용은 법률에 위반되어서는 아니 되며(법률우위원칙), 국민의 권리를 제한하거나 의무를 부과하는 경우와 그 밖에 국민생활에 중요한 영향을 미치는 경우에는 법률에 근거하여야 한다(법률유보원칙). : **법치행정의 원칙을 직접 선언하여 명시함**

(2) 법치행정(법치주의)의 내용

법률의 법규창조력	국회가 제정한 법률 또는 법률의 위임에 의한 명령(법규명령)만이 국민의 권리·의무에 관한 사항인 법규를 규정할 수 있다.	
법률의 우위	① 「행정기본법」 제8조는 '행정작용은 법률에 위반되어서는 아니되며'라고 하여 **법률우위원칙을 명문화**하고 있다. ② **법률우위원칙에서 의미하는 '법률'** – 국회에서 제정한 법률뿐만 아니라 법규명령 등 성문법과 **불문법 모두 포함**	
법률의 유보	의의	경찰권발동에는 국회에서 제정한 법률의 근거 필요
	적용영역	「행정기본법」 제8조는 **국민의 권리를 제한하거나 의무를 부과하는 경우와 그 밖에 국민생활에 중요한 영향을 미치는 경우에는 법률에 근거를 요구**하고 있다.

(3) 「행정기본법」

1) 행정법의 일반원칙

평등의 원칙 (제9조)	행정청은 합리적 이유 없이 국민을 차별하여서는 아니 된다.
비례의 원칙 (제10조)	행정작용은 다음 각 호의 원칙에 따라야 한다. 1. 행정목적을 달성하는 데 유효하고 적절할 것 2. 행정목적을 달성하는 데 필요한 최소한도에 그칠 것 3. 행정작용으로 인한 국민의 이익 침해가 그 행정작용이 의도하는 공익보다 크지 아니할 것
성실의무 및 권한남용금지의 원칙 (제11조)	① 행정청은 법령등에 따른 의무를 성실히 수행하여야 한다. ② 행정청은 행정권한을 남용하거나 그 권한의 범위를 넘어서는 아니 된다.

신뢰보호원칙 (제12조)	① 행정청은 공익 또는 제3자의 이익을 현저히 해칠 우려가 있는 경우를 제외하고는 행정에 대한 국민의 정당하고 합리적인 신뢰를 보호하여야 한다. ② **행정청은 권한 행사의 기회가 있음에도 불구하고 장기간 권한을 행사하지 아니하여 국민이 그 권한이 행사되지 아니할 것으로 믿을 만한 정당한 사유가 있는 경우에는 그 권한을 행사해서는 아니 된다. 다만, 공익 또는 제3자의 이익을 현저히 해칠 우려가 있는 경우는 예외로 한다.** **관련판례** 운전면허 취소사유에 해당하는 음주운전을 적발한 경찰관의 소속 경찰서장이 사무착오로 위반자에게 운전면허정지처분을 한 상태에서 위반자의 주소지 관할 지방경찰청장이 위반자에게 운전면허취소처분을 한 것은 선행처분에 대한 당사자의 신뢰 및 법적 안정성을 저해하는 것으로서 허용될 수 없다(대판 2000. 2. 25. 선고 99두10520). – **신뢰보호원칙(비례원칙 X) 위반**
부당결부금지 원칙 (제13조)	행정청은 행정작용을 할 때 상대방에게 해당 행정작용과 실질적인 관련이 없는 의무를 부과해서는 아니 된다.

2) 법적용의 기준(「행정기본법」 제14조)

① **새로운 법령등은** 법령등에 특별한 규정이 있는 경우를 제외하고는 **그 법령등의 효력 발생 전에 완성되거나 종결된 사실관계 또는 법률관계에 대해서는 적용되지 아니한다.**
② 당사자의 신청에 따른 처분은 법령등에 특별한 규정이 있거나 처분 당시의 법령등을 적용하기 곤란한 특별한 사정이 있는 경우를 제외하고는 처분 당시(신청 당시 X)의 법령등에 따른다.
③ **법령등을 위반한 행위의 성립과 이에 대한 제재처분**은 법령등에 특별한 규정이 있는 경우를 제외하고는 **법령등을 위반한 행위 당시의 법령등에 따른다.** 다만, **법령등을 위반한 행위 후 법령등의 변경에 의하여 그 행위가 법령등을 위반한 행위에 해당하지 아니하거나 제재처분 기준이 가벼워진 경우로서** 해당 법령등에 특별한 규정이 없는 경우에는 **변경된 법령등을 적용**한다.

≫ 법령등 – 법령(법률 및 대통령령·총리령·부령, 국회규칙 등)과 자치법규(행정기본법)

2. 경찰법의 법원(法源)

① 법원(法源)은 법의 존재형식 내지는 인식근거를 말한다.
② 경찰관련 법은 성문법원과 불문법원으로 구분된다.

(1) 성문법원(원칙)

1) 헌법

국가의 기본적인 통치구조와 국가작용의 기본원칙을 정한 기본법으로서, 경찰을 포함한 모든 국법질서의 법원이며, 행정의 조직이나 작용의 기본원칙을 정한 부분은 그 한도 내에서 경찰행정법원이 된다.

2) 법률 – 경찰행정상 가장 가장 중심적인 법원

3) 조약 및 국제법규

「헌법」에 의해 체결·공포된 조약과 일반적으로 승인된 국제법규는 국내법과 같은 효력

4) 법규명령(=명령)

의의	① 국회 의결거치지 않고 **행정기관에 의하여 제정된 일반적·추상적 규정**인 성문법규를 **법규명령**이라 한다. ② 법규명령에는 **대통령령, 총리령, 부령**이 있다(대통령령을 시행령, 총리령과 부령을 시행규칙이라 함).
특징	법규명령은 국민과 행정청을 동시에 구속하는 양면적 구속력을 가짐으로써 재판규범이 됨
종류	위임명령	상위법령에 의하여 개별적·구체적으로 위임된 사항에 관하여 발하는 명령으로서, 위임된 범위 내에서 새로운 법규사항을 규정할 수 있다.
	집행명령	법률의 집행에 필요한 절차나 형식을 정하는 명령으로서, 집행명령은 상위법령의 위임은 없어도 만들 수 있으나, 새로운 법규사항을 규정할 수는 없다.
법규 명령의 한계	위임명령	위임명령은 상위법령의 위임이 있어야 하는데, 그때 위임은 다음과 같은 한계가 있다. ① **국회 전속적 법률사항은 원칙적으로 위임금지** ② **일반적·포괄적 위임금지** 　㉠ 「헌법」 제75조의 '구체적으로 범위를 정하여'라 함은 법률에 대통령령 등 하위법령에 규정될 내용 및 범위의 기본사항이 가능한 한 구체적이고도 명확하게 규정되어 있어서 누구라도 당해 법률 그 자체로부터 대통령령 등에 규정될 내용의 대강을 예측할 수 있어야 함을 의미한다(헌재 2012. 2. 23. 2011헌가13). 　㉡ 처벌법규나 조세법규와 같이 **국민의 기본권을 직접적으로 제한하거나 침해할 소지가 있는 법규에서는 구체성·명확성의 요구가 강화**되어 그 위임의 요건과 범위가 일반적인 급부행정법규의 경우보다 더 엄격하게 제한적으로 규정되어야 하는 반면에, **규율대상이 지극히 다양하거나 수시로 변화하는 성질의 것일 때에는 위임의 구체성·명확성의 요건이 완화**된다(헌재 2012. 2. 23. 2011헌가13). 　㉢ 자동차등을 이용한 범죄행위의 태양이 날로 다양해지고 변화의 속도도 빨라지고 있으므로, 현실의 변화에 대응하여 유연하게 규율하도록 하기 위해서는 자동차등을 이용한 범죄행위의 세부적인 유형을 탄력성이 있는 행정입법에 위임할 필요성이 인정되고, 그 위임의 구체성과 명확성의 요구는 완화된다 할 것이다(헌재 2015. 5. 28. 2013헌가6). ③ **전면적 재위임 금지** – 법률에 의하여 위임된 사항을 전부 하위명령에 다시 위임하는 것은 금지된다. 법규명령 간의 '재위임'에 있어서는 법률로써 명시적 규정이 없다 하더라도 하위명령에 위임할 수 있으나 수임권한을 전부 다시 위임하는 것은 실질적으로 수권법의 내용을 바꾸는 것으로서 허용되지 않는다.
	집행명령	새로운 국민의 권리·의무에 관한 법규사항 규율불가

참고 「헌법」

제53조 ① 국회에서 의결된 법률안은 정부에 이송되어 15일 이내에 대통령이 공포한다.
⑦ 법률은 **특별한 규정이 없는 한 공포한 날로부터 20일을 경과함으로써 효력을 발생**한다.
제75조 대통령은 **법률에서 구체적으로 범위를 정하여 위임받은 사항**과 **법률을 집행하기 위하여 필요한 사항**에 관하여 대통령령을 발할 수 있다.
제95조 국무총리 또는 행정각부의 장은 소관사무에 관하여 **법률이나 대통령령의 위임 또는 직권으로 총리령 또는 부령을 발할 수 있다.**

참고 「법령 등 공포에 관한 법률」

제13조(시행일) 대통령령, 총리령 및 부령은 **특별 규정 없으면 공포한 날부터 20일 경과함으로써 효력을 발생**한다.
제13조의2(법령의 시행유예기간) 국민의 권리제한 또는 의무부과와 직접 관련되는 법률, 대통령령, 총리령 및 부령은 긴급 시행하여야 할 특별 사유가 있는 경우 제외하고는 **공포일부터 적어도 30일 경과한 날부터 시행되도록 하여야 한다.**

5) 자치법규(조례와 규칙)

조례	「**지방자치법**」 **제28조(조례)** ① 지방자치단체는 **법령의 범위에서** 그 사무에 관하여 조례를 제정할 수 있다. 다만, 주민의 권리 제한 또는 의무 부과에 관한 사항이나 벌칙을 정할 때에는 법률의 위임이 있어야 한다. ② 법령에서 조례로 정하도록 위임한 사항은 그 법령의 하위 법령에서 그 위임의 내용과 범위를 제한하거나 직접 규정할 수 없다. 「**지방자치법**」 **제34조(조례 위반에 대한 과태료)** ① 지방자치단체는 조례를 위반한 행위에 대하여 조례로써 **1천만원 이하의 과태료**를 정할 수 있다. ② 제1항에 따른 과태료는 해당 지방자치단체의 장이나 그 관할 구역의 지방자치단체의 장이 부과·징수한다.
규칙	지방자치단체의 장은 **법령이나 조례의 범위에서** 그 권한에 속하는 사무에 관하여 규칙을 제정할 수 있다(「지방자치법」 제29조).
>> 조례와 규칙은 특별한 규정이 없으면 공포한 날부터 20일이 지나면 효력을 발생한다(「지방자치법」 제32조 제8항).	

참고 ▶ 행정규칙

의의	행정기관이 법률의 근거없이 권한범위 내에서 조직 내부의 사무처리기준등을 정하기 위하여 만들 일반적·추상적 규정을 말한다.

법적 성격	① 원칙 - **행정규칙은 법규가 아니다.** 따라서, **국민을 구속하는 대외적 효력이 없는** 단순한 경찰조직 내부규범에 불과하다.
	② 예외 - **자기구속 법리가 적용되어 외부적 효력이 인정되는 경우**가 있다.
	    ㉠ 재량준칙이 정한 바에 따라 되풀이 시행되어 행정관행이 이루어지게 되면 평등의 원칙이나 신뢰보호의 원칙에 따라 행정기관은 상대방에 대한 관계에서 그 규칙에 따라야 할 자기구속을 받게 되므로, 이러한 경우에는 특별한 사정이 없는 한 그에 반하는 처분은 평등의 원칙이나 신뢰보호의 원칙에 어긋나 재량권을 일탈·남용한 위법한 처분이 된다(대판 2013. 11. 14. 2011두28783).
	    » **주의** 위 판례는 행정규칙 자체를 법규로 본 판례는 아니며, 행정규칙을 위반한 것이 평등원칙이나 신뢰보호원칙 등 법의 일반원칙에도 위반된 경우 법의 일반원칙에 위반이라서 위법이라고 본 판례이다.
	    ㉡ 상위법령의 구체적 위임에 따라 제정되는 행정규칙은 대외적 효력이 있다.
	    「경찰관 직무집행법 시행령」제22조는 '범인검거 등 공로자 보상금의 지급 등에 필요한 사항은 경찰청장이 정하여 고시한다'고 규정하고 있는 바, 이에 따라 제정된 **「범인검거 등 공로자 보상에 관한 규정(경찰청고시)」은 경찰청장이 제정한 행정규칙이지만, 이 고시 규정들은 경찰관 직무집행법과 시행령의 위임에 따라서 보상금의 내용을 보충하는 이른바 법률보충적 행정규칙으로서 법규명령으로서의 효력**을 가진다(대판 2020. 5. 28. 2017두66541).
	    ㉢ 법령의 규정이 특정 행정기관에 그 법령 내용의 구체적 사항을 정할 수 있는 권한을 부여하면서 그 권한 행사의 절차나 방법을 특정하고 있지 아니하여 수임행정기관이 행정규칙의 형식으로 그 법령의 내용이 될 사항을 구체적으로 정하고 있는 경우에는 그 행정규칙은 그것이 당해 법령의 위임한계를 벗어나지 아니하는 한 **당해 법령과 결합하여 대외적으로 구속력이 있는 법규명령으로서 효력**을 가진다(대판 2019. 10. 17. 2014두3020, 3037).

관련판례

행정기관이 소속 공무원이나 하급행정기관에 대하여 세부적인 업무처리절차나 법령의 해석·적용 기준을 정해 주는 '행정규칙'은 상위법령의 구체적 위임이 있지 않는 한 조직 내부에서만 효력을 가질 뿐 대외적으로 국민이나 법원을 구속하는 효력이 없다. **행정규칙이 이를 정한 행정기관의 재량에 속하는 사항에 관한 것인 때에는 그 규정 내용이 객관적 합리성을 결여하였다는 등의 특별한 사정이 없는 한 법원은 이를 존중하는 것이 바람직**하다. 그러나 행정규칙의 내용이 상위법령이나 법의 일반원칙에 반하는 것이라면 법치국가원리에서 파생되는 법질서의 통일성과 모순금지 원칙에 따라 그것은 법질서상 당연무효이고, 행정내부적 효력도 인정될 수 없다. 이러한 경우 법원은 해당 행정규칙이 법질서상 부존재하는 것으로 취급하여 행정기관이 한 조치의 당부를 상위법령의 규정과 입법 목적 등에 따라서 판단하여야 한다(대판 2020. 5. 28. 2017두66541).

> **참고** 법규명령과 행정규칙의 비교

구분	법규명령	행정규칙
상위법의 근거	필요	불요
구속력	양면적 구속력 (내부적 구속력 O, 대외적 구속력 O)	편면적 구속력 (내부적 구속력 O, 대외적 구속력 ×)
재판규범	인정	부정
공포	필요	불요
위반행위의 효력	위법(무효 또는 취소 사유)	위법 아님
종류	대통령령(시행령), 총리령·부령(시행규칙)	훈령, 고시, 예규, 일일명령 등

≫ **법규명령의 형식(부령)을 취하고 있지만, 그 내용이 행정규칙의 실질을 가지는 경우 판례는 당해 규범을 행정규칙으로 보고 있다.** 자동차운수사업법 제31조등의 규정에 의한 사업면허의 취소등의 처분에 관한 규칙(1982.7.31 교통부령 제724호)은 **부령의 형식으로 되어 있으나 그 규정의 성질과 내용이 자동차운수사업면허의 취소처분 등에 관한 사무처리기준과 처분절차 등 행정청내의 사무처리준칙을 규정한 것에 불과**하므로 이는 교통부장관이 관계행정기관 및 직원에 대하여 그 직무권한행사의 지침으로 발한 **행정조직내부에 있어서의 행정명령의 성질을 갖는 것이고, 법규명령이라고는 볼 수 없다**(대판 1984. 4. 10, 83누676).

(2) 불문법원(성문법원에 대한 보충적 효력)

1) 관습법

2) 판례법

3) 조리(행정법의 일반원칙)

의의	일반사회의 보편적 원리로서, 사회의 정의감에 비추어 반드시 그러할 것이라고 인정되는 사물의 본질적 법칙을 말한다.
특징	점차 성문화되어 가는 추세(비례원칙 – 「행정기본법」 제10조, 「경찰관 직무집행법」 제1조 제2항), 신뢰보호원칙 – 「행정기본법」 제12조, 「행정절차법」 제4조 제2항)
위반의 효과	경찰관청의 행위가 법령에 적합하더라도 조리(법의 일반원칙)에 위반하면 위헌 또는 위법한 행위가 된다(법률우위의 원칙 적용).

참고 ▸ 법의 일반원칙

1. 과잉금지원칙(비례원칙)

의의	경찰작용에 있어서는 수단과 목적 사이에 합리적인 비례관계가 있어야 한다.	
법적 근거	① 「헌법」 제37조 제2항 ② 「행정기본법」 제10조, 「경찰관 직무집행법」 제1조 제2항 　(불문법 원칙이면서 동시에 성문법 상 원칙)	
내용	적합성	경찰권발동수단은 달성하고자 하는 목적에 적합한 것이어야 함
	필요성	목적달성을 위한 행정작용은 여러 적합한 수단 중에서도 가장 적은 침해를 가져오는 것이어야 함(**최소침해의 원칙**)
	상당성	경찰권발동에 의한 공익과 침해되는 사익간에 상당한 비례관계가 유지(**협의의 비례원칙**)
	"경찰은 참새를 잡기 위해 대포를 쏘아서는 안 된다" – 상당성 원칙	
	» 주의 적합성, 필요성, 상당성 세가지 내용이 모두 충족되어야 적법한 경찰작용 » 비례원칙은 일반조항에 근거하여 경찰권 발동하는 경우뿐만 아니라 개별적 수권조항에 근거하여 경찰권 발동하는 경우에도 적용	
효력	비례원칙을 위반하는 행위는 위헌·위법 → 행정소송이나 **국가배상 가능**	

2. 자기구속의 법리
행정규칙에 따른 **종래의 관행이 위법한 경우에는 자기구속을 당하지 않는다**(주의 – 신뢰보호원칙은 행정청의 선행조치가 위법한 경우에도 적용될 수 있다.)

3. 현대 사회적 법치국가와 경찰(행정)개입청구권

① 제2차 세계대전 이후 제정된 독일연방공화국기본법은 사회적 법치국가를 추구한다.
② 사회국가(사회적 법치국가)란 경제·사회·문화의 모든 영역에서 정의로운 사회질서의 형성을 위하여 사회현상에 관여하고 간섭하고 분배하고 조정하는 국가이다(헌재결 2002헌마52, 2003헌가12 등).
③ 경찰개입청구권은 행정청의 위법한 부작위 등으로 권익 침해당한 자가 해당 행정청에 대하여 제3자에 대하여 일정한 법에 규정된 행정권 발동을 청구하는 권리
④ 18세기 근대적 법치국가의 이념인 형식적 법치주의는 국민의 자유와 권리를 보호하기 위하여 국가권력의 발동 범위를 제한하는데 초점을 두어 경찰개념을 소극적 질서유지로 한정하였다. 그러나 현대 사회적 법치국가의 실질적 법치주의는 국민의 자유와 권리를 실질적으로 보호하기 위한 국가권력의 적극적인 개입을 인정하므로, 이에 따라 개인이 자신의 법익보호를 위해 경찰에 적극적으로 개입을 요구하는 권리인 '경찰개입청구권'이 인정된다.
⑤ **재량권이 0으로 수축되는 경우를 전제** – 재량행위의 기속행위화 : 경찰개입 여부는 원칙적으로 경찰의 재량이지만, 국민의 생명·재산 등 중대한 법익에 위험이 발생하면 경찰의 **재량권이 영으로 수축**되고, 개인은 경찰에 대해 일정한 조치를 취해 줄 것을 청구할 수 있는 권리를 가진다.
⑥ **경찰권 행사로 제3자가 받는 이익이 반사적 이익인 경우에는 경찰개입청구권이 인정되지 않지만**, 경찰권의 근거가 되는 경찰관련 법률의 목적이 공익의 보호뿐만 아니라 국민 개개인의 사익도 보호하는 것으로 명문상 또는 해석상 인정될 경우, 이는 법에서 보호하는 이익(권리)이 되므로 경찰개입청구권이 인정된다.
⑦ 오늘날 사회적 법치국가에서는 **경찰개입청구권 인정범위는 점점 확대되고 있다.**
⑧ 경찰개입청구권을 최초로 인정한 것은 1960년 **독일의 띠톱판결**이다.

2 경찰처분(행정행위)

1. 처분의 의의

① "처분"이란 행정청이 구체적 사실에 관하여 행하는 법 집행으로서 공권력의 행사 또는 그 거부와 그 밖에 이에 준하는 행정작용을 말한다(「행정기본법」 제2조 제4호).

② "제재처분"이란 법령등에 따른 의무를 위반하거나 이행하지 아니하였음을 이유로 당사자에게 의무를 부과하거나 권익을 제한하는 처분을 말한다. 다만, **제30조 제1항 각 호에 따른 행정상 강제는 제외**한다(「행정기본법」 제2조 제5호).

⊕ 제재처분의 제척기간(「행정기본법」 제23조)

> ① 행정청은 법령등의 **위반행위가 종료된 날부터 5년**이 지나면 해당 위반행위에 대하여 제재처분(인허가의 정지·취소·철회, 등록 말소, 영업소 폐쇄와 정지를 갈음하는 과징금 부과를 말한다. 이하 이 조에서 같다)을 할 수 없다.
> ② 다음 각 호의 어느 하나에 해당하는 경우에는 제1항을 적용하지 아니한다
> 1. 거짓이나 그 밖의 부정한 방법으로 인허가를 받거나 신고를 한 경우
> 2. 당사자가 인허가나 신고의 위법성을 알고 있었거나 **중대한** 과실로 알지 못한 경우
> 3. 정당한 사유 없이 행정청의 조사·출입·검사를 기피·방해·거부하여 제척기간이 지난 경우
> 4. 제재처분을 하지 아니하면 국민의 안전·생명 또는 환경을 심각하게 해치거나 해칠 우려가 있는 경우
> ③ 행정청은 제1항에도 불구하고 행정심판의 재결이나 법원의 판결에 따라 제재처분이 취소·철회된 경우에는 **재결이나 판결이 확정된 날부터 1년(합의제행정기관은 2년)**이 지나기 전까지는 그 취지에 따른 새로운 제재처분을 할 수 있다.
> ④ 다른 법률에서 제1항 및 제3항의 기간보다 짧거나 긴 기간을 규정하고 있으면 그 법률에서 정하는 바에 따른다.

2. 재량행위

> 「행정기본법」 제21조(재량행사의 기준) 행정청은 재량이 있는 처분을 할 때에는 관련 이익을 정당하게 형량하여야 하며, 그 재량권의 범위를 넘어서는 아니 된다.

3. 행정행위의 내용

(1) 경찰하명(상대방에게 특정한 의무를 부과하는 명령적 행정행위)

1) 의의

> 일반통치권에 기인하여 목적달성 위해 국민에 대하여 **작위·부작위·급부·수인 등 의무를 명하는 행정행위**

2) 유형

작위하명	적극적으로 어떠한 행위를 하도록 의무를 명하는 경찰하명
부작위하명	어떤 행위를 하지 아니할 의무를 명하는 경찰하명(부작위하명 = 경찰금지) – 가장 보편적인 하명 「도로교통법」 제43조(무면허운전 등의 금지) 누구든지 제80조에 따라 시·도경찰청장으로부터 운전면허를 받지 아니하거나 운전면허의 효력이 정지된 경우에는 자동차등을 운전하여서는 아니 된다. 「도로교통법」 제152조(벌칙) 다음에 해당하는 사람은 1년 이하의 징역이나 300만원 이하의 벌금에 처한다. 1. 제43조를 위반하여 제80조에 따른 운전면허(원동기장치자전거면허는 제외한다. 이하 이 조에서 같다)를 받지 아니하거나(운전면허의 효력이 정지된 경우를 포함한다) 또는 제96조에 따른 국제운전면허증 또는 상호인정외국면허증을 받지 아니하고(운전이 금지된 경우와 유효기간이 지난 경우를 포함한다) 자동차를 운전한 사람 「도로교통법」 제154조(벌칙) 다음에 해당하는 사람은 30만원 이하의 벌금이나 구류에 처한다. 2. 제43조를 위반하여 제80조에 따른 원동기장치자전거를 운전할 수 있는 운전면허를 받지 아니하거나(원동기장치자전거를 운전할 수 있는 운전면허의 효력이 정지된 경우를 포함한다) 국제운전면허증 또는 상호인정외국면허증 중 원동기장치자전거를 운전할 수 있는 것으로 기재된 국제운전면허증 또는 상호인정외국면허증을 발급받지 아니하고 (운전이 금지된 경우와 유효기간이 지난 경우를 포함한다) 원동기장치자전거를 운전한 사람(다만, 개인형 이동장치를 운전하는 경우는 제외한다)
수인하명	경찰권 발동으로 인하여 자신의 신체·재산에 가하여지는 사실상의 침해를 받아들여할 의무
급부하명	금전 또는 물품의 급부 의무를 과하는 하명

≫ 부작위하명에 따른 절대적 금지는 법규하명의 형식으로 행하여지며, 상대적 금지는 허가를 유보한 금지로서 허가라는 별도의 행정행위에 의해 비로소 금지가 해제된다.

3) 경찰하명의 효과

① 경찰하명을 받은 상대방은 일정한 공법상 의무를 지게 된다.
② 경찰하명이 있는 경우, **상대방은 행정주체에 대하여만 의무를 이행할 책임이 있고 그 이외의 제3자에 대하여 법상 의무를 부담하는 것은 아니다.**

4) 경찰하명 위반의 효과

경찰강제와 경찰벌 부과	① 경찰의무 불이행 → 경찰상 강제집행 ② 경찰의무 위반 → 경찰벌
사법(私法)상 법률행위의 효력	**경찰하명에 위반하여 이루어진 행위는** 원칙적으로 그 법적 효력에는 아무런 영향을 받지 않는다(**무효 ×**).

5) 구제

적법한 하명	예외적으로 경찰상 적법한 행위로 수명자 또는 책임 없는 제3자에게 '특별한 희생'을 가한 경우에 사유재산권 보장과 공평이념에 배치될 때에는 그에 대한 **손실보상청구**가 인정될 수 있다.
위법한 하명	**손해배상, 행정심판, 행정소송** 등에 의해 구제받을 수 있다.

(2) 경찰허가

1) 의의

① 법령에 의하여 **일반적·상대적으로 금지되어 있는 행위를 특정한 경우 해제**하여 **일정한 행위를 적법하게 할 수 있도록 하는 행정행위**
② 실정법에서는 허가, 면허, 특허, 승인 등의 용어로 사용됨

2) 성질

① **원칙적으로 상대방의 출원(신청)이 필요하지만, 예외적으로 신청(출원)없이 직권에 의하여 행하는 허가도 존재**한다.
② 「경찰관 직무집행법」상 경찰관서의 장은 대간첩 작전의 수행이나 소요(騷擾) 사태의 진압을 위하여 필요하다고 인정되는 상당한 이유가 있을 때에는 대간첩 작전지역이나 경찰관서·무기고 등 국가중요시설에 대한 접근 또는 통행을 제한하거나 금지할 수 있으며(제5조 제2항), 이러한 금지(부작위의무)를 해제(허가)할 경우 통행금지를 당한 상대방의 신청이 없더라도 경찰관서의 장의 판단에 따라 금지를 해제할 수 있다.

3) 허가의 대상 : 상대적 금지 O, 절대적 금지 X

4) 허가의 효력

① 경찰허가는 상대적인 것으로서 **당해 허가가 정하고 있는 경찰금지만을 해제하여 줄 뿐 다른 모든 경찰금지를 해제하는 것은 아님**

② 무허가 행위의 효과

> **허가는 행위의 적법요건일 뿐 유효요건이 아니므로**, 허가를 받고 해야 하는 행위를 허가 받지 않고 한 행위는 위법으로 강제집행이나 행정벌의 대상은 되지만, 허가받지 않고 한 행위는 원칙적으로 유효이다. 다만, 허가요건을 규정한 법령 자체에서 무허가 행위를 직접 명문으로 무효로 하는 경우에는 그 법 규정 따라 무효가 되지만, 이러한 법령은 극히 예외적이므로 그 사례를 찾아 보기 힘들다.

(3) 경찰면제

> ① 법령에 의하여 과하여진 경찰상 **작위·급부·수인 의무**를 특정한 경우 해제하여 주는 행정행위
> ② 경찰면제는 의무를 해제한다는 점에서 허가와 유사하나, **작위·급부·수인 의무**를 해제한다는 점에서 **부작위의무**를 해제하는 허가와 다르다.

4. 행정행위(처분)의 부관

부관의 의의	부관은 주된 처분에 부가되는 종된 규율로서, 주된 처분의 효과를 제한하거나 새로운 의무를 부과하는 것이다. 부관은 국민의 권리·의무에 영향을 미치게 된다.
부관의 가능성 (「행정기본법」 제17조 제1항, 제2항)	① 행정청은 처분에 재량이 있는 경우에는 부관(조건, 기한, 부담, 철회권의 유보 등을 말한다)을 붙일 수 있다. - **재량행위에는 법률의 근거가 없어도 부관 부가가능** ② 행정청은 처분에 재량이 없는 경우에는 법률에 근거가 있는 경우에 부관을 붙일 수 있다. - **기속행위에는 법률의 근거가 있어야 부관 부가가능**
사후부관 (「행정기본법」 제17조 제3항)	**법률에 근거가 있는 경우 외에, 당사자의 동의가 있는 경우, 사정이 변경되어 부관을 새로 붙이거나 종전의 부관을 변경하지 아니하면 해당 처분의 목적을 달성할 수 없다고 인정되는 경우**에 사후부관이 가능하다.
부관의 요건 (「행정기본법」 제17조 제4항)	부관은 다음 각 호의 요건에 적합하여야 한다. 1. 해당 처분의 목적에 위배되지 아니할 것 2. 해당 처분과 실질적인 관련이 있을 것 3. 해당 처분의 목적을 달성하기 위하여 필요한 최소한의 범위일 것

5. 처분의 효력(「행정기본법」 제15조)

처분은 권한이 있는 기관이 취소 또는 철회하거나 기간의 경과 등으로 **소멸되기 전까지는 유효**한 것으로 **통용**된다. 다만, **무효인 처분은 처음부터 그 효력이 발생하지 아니한다.**

6. 위법 또는 부당한 처분의 취소(「행정기본법」 제18조)

> ① 행정청은 위법 또는 부당한 처분의 전부나 일부를 소급하여 취소할 수 있다. 다만, 당사자의 신뢰를 보호할 가치가 있는 등 정당한 사유가 있는 경우에는 장래를 향하여 취소할 수 있다.
> ② 행정청은 제1항에 따라 당사자에게 **권리나 이익을 부여하는 처분을 취소**하려는 경우에는 취소로 인하여 당사자가 입게 될 불이익을 취소로 달성되는 공익과 **비교·형량**하여야 한다. 다만, 다음 각 호의 어느 하나에 해당하는 경우에는 그러하지 아니하다.
> 　1. 거짓이나 그 밖의 부정한 방법으로 처분을 받은 경우
> 　2. 당사자가 처분의 위법성을 알고 있었거나 중대한 과실로 알지 못한 경우

7. 적법한 처분의 철회(「행정기본법」 제19조)

> ① 행정청은 적법한 처분이 다음 각 호의 어느 하나에 해당하는 경우에는 그 처분의 전부 또는 일부를 장래를 향하여 철회할 수 있다.
> 　1. 법률에서 정한 철회 사유에 해당하게 된 경우
> 　2. 법령등의 변경이나 사정변경으로 처분을 더 이상 존속시킬 필요가 없게 된 경우
> 　3. 중대한 공익을 위하여 필요한 경우
> ② 행정청은 제1항에 따라 처분을 철회하려는 경우에는 철회로 인하여 당사자가 입게 될 불이익을 철회로 달성되는 공익과 비교·형량하여야 한다.

참고 ◉ 「행정기본법」상 이의신청(법 제36조)과 재심사(법 제37조)

제36조(처분에 대한 이의신청) ① 행정청의 처분(「행정심판법」 제3조에 따라 같은 법에 따른 행정심판의 대상이 되는 처분을 말한다. 이하 이 조에서 같다)에 이의가 있는 당사자는 **처분을 받은 날부터 30일 이내에 해당 행정청에 이의신청**을 할 수 있다.
② 행정청은 제1항에 따른 **이의신청을 받으면 그 신청을 받은 날부터 14일 이내에 그 이의신청에 대한 결과를 신청인에게 통지**하여야 한다. 다만, 부득이한 사유로 14일 이내에 통지할 수 없는 경우에는 그 **기간을 만료일 다음 날부터 기산하여 10일의 범위에서 한 차례 연장**할 수 있으며, 연장 사유를 신청인에게 통지하여야 한다.
③ 제1항에 따라 이의신청을 한 경우에도 그 이의신청과 관계없이 「행정심판법」에 따른 행정심판 또는 「행정소송법」에 따른 행정소송을 제기할 수 있다.
④ 이의신청에 대한 결과를 통지받은 후 행정심판 또는 행정소송을 제기하려는 자는 그 **결과를 통지받은 날**(제2항에 따른 통지기간 내에 결과를 통지받지 못한 경우에는 같은 항에 따른 통지기간이 만료되는 날의 다음 날을 말한다)**부터 90일 이내에 행정심판 또는 행정소송을 제기**할 수 있다.
⑤ 다른 법률에서 이의신청과 이에 준하는 절차에 대하여 정하고 있는 경우에도 그 법률에서 규정하지 아니한 사항에 관하여는 이 조에서 정하는 바에 따른다.

제37조(처분의 재심사) ① 당사자는 처분(제재처분 및 행정상 강제는 제외한다. 이하 이 조에서 같다)이 행정심판, 행정소송 및 그 밖의 쟁송을 통하여 다툴 수 없게 된 경우(법원의 확정판결이 있는 경우는 제외한다)라도 다음 각 호의 어느 하나에 해당하는 경우에는 **해당 처분을 한 행정청에 처분을 취소·철회하거나 변경하여 줄 것을 신청**할 수 있다.
1. **처분의 근거가 된 사실관계 또는 법률관계가 추후에 당사자에게 유리하게 바뀐 경우**
2. 당사자에게 유리한 결정을 가져다주었을 새로운 증거가 있는 경우
3. 「민사소송법」 제451조에 따른 재심사유에 준하는 사유가 발생한 경우 등 대통령령으로 정하는 경우
② 제1항에 따른 신청은 해당 처분의 절차, 행정심판, 행정소송 및 그 밖의 쟁송에서 당사자가 **중대한 과실 없이** 제1항 각 호의 사유를 주장하지 못한 경우에만 할 수 있다.
③ 제1항에 따른 신청은 당사자가 제1항 각 호의 **사유를 안 날부터 60일 이내**에 하여야 한다. 다만, **처분이 있은 날부터 5년이 지나면 신청할 수 없다.**

3 행정지도(「행정절차법」)

의의	행정목적을 달성하기 위해 상대방인 국민에게 임의적인 협력을 요청하는 비권력적 사실행위
원칙	① 행정지도는 목적달성에 필요한 최소한도에 그쳐야 하며(비례원칙(과잉금지원칙)), 의사에 반하여 부당하게 강요금지(임의성원칙) ② 상대방이 행정지도에 따르지 아니하였다는 것을 이유로 불이익 조치금지
방식	① 행정지도를 행하는 자는 그 상대방에게 당해 행정지도의 취지·내용 및 신분을 밝혀야 한다. ② **행정지도는 문서, 구두 모두 가능** - 행정지도가 구술로 이루어지는 경우에 상대방이 행정지도의 취지 등 사항을 적은 서면교부 요구하는 때는 직무수행에 특별 지장 없는 한 이를 교부
의견제출	상대방은 당해 행정지도의 방식·내용 등에 관하여 행정기관에 의견제출 가능

4 의무이행확보수단

1. 개관

전통적 수단	행정강제	강제집행	대집행, 집행벌(이행강제금), 직접강제, 강제징수
		즉시강제	대인적 즉시강제, 대물적 즉시강제, 대가택적 즉시강제
	행정벌	행정형벌	형벌부과
		행정질서벌	과태료 부과
새로운 수단	① 과징금 　㉠ 행정법상 의무위반행위로 인한 불법적 이익을 박탈하기 위해 그 이익금에 과해지는 행정제재금 또는 사업의 취소·정지에 갈음하여 부과하는 금전적 제재. 　㉡ 1980년 도입된 이후 여러 개별법률에서 규정 ② 가산금, 공급거부, 명단공개, 관허사업의 제한(인허가의 정지·취소·철회, 등록 말소 등), 수익적 행정행위의 취소·철회, 국외여행 제한, 취업제한 등			

➕ 의무이행 확보수단의 분류

직접적 의무이행확보수단	행정강제 중 **대집행·직접강제·강제징수**, 즉시강제
간접적 의무이행확보수단	행정강제 중 이행강제금(집행벌), 행정벌, 새로운 의무이행확보수단

참고 ◐ 과징금의 납부기한 연기 및 분할납부(행정기본법 제29조)

행정기본법 제29조(과징금의 납부기한 연기 및 분할 납부) 과징금은 **한꺼번에 납부하는 것을 원칙**으로 한다. 다만, 행정청은 과징금을 부과받은 자가 다음 각 호의 어느 하나에 해당하는 사유로 과징금 전액을 한꺼번에 내기 어렵다고 인정될 때에는 그 납부기한을 연기하거나 분할 납부하게 할 수 있으며, 이 경우 필요하다고 인정하면 담보를 제공하게 할 수 있다.
1. 재해 등으로 재산에 현저한 손실을 입은 경우
2. 사업 여건의 악화로 사업이 중대한 위기에 처한 경우
3. 과징금을 한꺼번에 내면 자금 사정에 현저한 어려움이 예상되는 경우
4. 그 밖에 제1호부터 제3호까지에 준하는 경우로서 대통령령으로 정하는 사유가 있는 경우

2. 행정강제

(1) 의의

> ① 행정목적달성을 위하여 개인의 신체·재산·가택에 실력을 가하여 행정상 필요한 상태를 실현 시키는 작용
> ② 강제집행과 즉시강제(**양자는 국민의 신체·재산 등에 대한 실력행사 내지는 권력적 사실 행위라는 점에서 공통, 의무존재 및 불이행을 전제로 하느냐에 차이 - 강제집행은 의무존재 및 그 불이행을 전제로 한다는 점에서 이를 전제로 하지 않는 즉시강제와 구별**)

(2) 행정상 강제집행

1) 의의

> 행정상 **의무 불이행**이 있는 경우에 상대방의 신체 또는 재산이나 주거 등에 실력을 행사하여 행정상 필요한 상태를 실현하는 의무이행확보 수단

2) 경찰상 강제집행의 수단

① 대집행

> 의무자가 행정상 의무(**법령등에서 직접 부과하거나 행정청이 법령등에 따라 부과한 의무**)로서 타인이 대신하여 행할 수 있는 의무를 이행하지 아니하는 경우 법률로 정하는 다른 수단으로는 그 이행을 확보하기 곤란하고 그 불이행을 방치하면 공익을 크게 해칠 것으로 인정될 때에 행정청이 의무자가 하여야 할 행위를 **스스로** 하거나 제3자에게 하게 하고 그 비용을 의무자로부터 징수하는 것(「행정기본법」 제30조 제1항 제1호)

관련판례

> 행정청이 행정대집행의 방법으로 건물철거의무의 이행을 실현할 수 있는 경우에는 건물철거 대집행 과정에서 부수적으로 건물의 점유자들에 대한 퇴거 조치를 할 수 있고, 점유자들이 적법한 행정대집행을 위력을 행사하여 방해하는 경우 형법상 공무집행방해죄가 성립하므로, 필요한 경우에는 '경찰관 직무집행법'에 근거한 위험발생 방지조치 또는 형법상 공무집행방해죄의 범행방지 내지 현행범체포의 차원에서 경찰의 도움을 받을 수도 있다(대판 2017. 4. 28, 2016다213916).

② 이행강제금(집행벌)

의의	㉠ 의무자가 행정상 의무를 이행하지 아니하는 경우 행정청이 적절한 이행기간을 부여하고, 그 기한까지 행정상 의무를 이행하지 아니하면 금전급부의무를 부과하는 것(「행정기본법」 제30조 제1항 제3호) ㉡ 「건축법」상 이행강제금은 시정명령의 불이행이라는 과거의 위반행위에 대한 제재가 아니라, 시정명령을 이행하지 않고 있는 건축주등에 대하여 다시 상당한 이행기한을 부여하고 기한 안에 시정명령을 이행하지 않으면 이행강제금이 부과된다는 사실을 고지함으로써 **의무자에게 심리적 압박을 주어 시정명령에 따른 의무의 이행을 간접적으로 강제하는 행정상의 간접강제 수단**에 해당한다(대판 2016. 7. 14, 2015두46598).
부과(「행정기본법」 제31조)	「행정기본법」 제31조(이행강제금의 부과) ② 행정청은 다음 각 호의 사항을 고려하여 이행강제금의 부과 금액을 가중하거나 감경할 수 있다. 1. 의무 불이행의 동기, 목적 및 결과 2. 의무 불이행의 정도 및 상습성 3. 그 밖에 행정목적을 달성하는 데 필요하다고 인정되는 사유 ③ 행정청은 이행강제금을 부과하기 전에 미리 의무자에게 적절한 이행기간을 정하여 그 기한까지 행정상 의무를 이행하지 아니하면 이행강제금을 부과한다는 뜻을 문서로 **계고(戒告)**하여야 한다. ④ 행정청은 의무자가 제3항에 따른 계고에서 정한 기한까지 행정상 의무를 이행하지 아니한 경우 이행강제금의 부과 금액·사유·시기를 문서로 명확하게 적어 의무자에게 **통지**하여야 한다. ⑤ 행정청은 의무자가 행정상 의무를 이행할 때까지 이행강제금을 반복하여 부과할 수 있다. 다만, **의무자가 의무를 이행하면 새로운 이행강제금의 부과를 즉시 중지하되, 이미 부과한 이행강제금은 징수**하여야 한다. ⑥ 행정청은 이행강제금을 부과받은 자가 납부기한까지 이행강제금을 내지 아니하면 국세강제징수의 예 또는 「지방행정제재·부과금의 징수 등에 관한 법률」에 따라 징수한다.

③ 직접강제

개념	㉠ 의무자가 행정상 의무를 이행하지 아니하는 경우 행정청이 의무자의 신체나 재산에 실력을 행사하여 그 행정상 의무의 이행이 있었던 것과 같은 상태를 실현하는 것(「행정기본법」 제30조 제1항 제3호) ㉡ 「출입국관리법」상 외국인의 강제퇴거, 「식품위생법」상 무허가 영업소에 대한 폐쇄, 「집시법 시행령」상 직접해산이 직접강제에 해당
「행정기본법」	제32조(직접강제) ① 직접강제는 **행정대집행이나 이행강제금(과징금 X) 부과의 방법으로는 행정상 의무 이행을 확보할 수 없거나 그 실현이 불가능한 경우**에 실시하여야 한다. ② 직접강제를 실시하기 위하여 현장에 파견되는 집행책임자는 그가 집행책임자임을 표시하는 증표를 보여 주어야 한다. ③ 직접강제의 계고 및 통지에 관하여는 제31조 제3항 및 제4항을 준용한다.

④ 경찰상 강제징수

> 의무자가 행정상 의무 중 **금전급부의무를 이행하지 아니하는 경우** 행정청이 의무자의 재산에 실력을 행사하여 그 행정상 의무가 실현된 것과 같은 상태를 실현하는 것

(3) 경찰상 즉시강제

1) 의의

개념	① **현재의 급박한 행정상의 장해를 제거하기 위한 경우로서 다음 각 목의 어느 하나에 해당하는 경우에 행정청이 곧바로 국민의 신체 또는 재산에 실력을 행사하여 행정목적을 달성하는 것** 　가. 행정청이 미리 행정상 의무 이행을 명할 시간적 여유가 없는 경우 　나. 그 성질상 행정상 의무의 이행을 명하는 것만으로는 행정목적 달성이 곤란한 경우 ② 법령 또는 행정처분에 의한 **선행의 구체적 의무의 존재와 그 불이행을 전제로 하는 행정상 강제집행과 구별**된다.
근거	① 즉시강제는 법치국가에서는 극히 예외적으로 인정되는 권력작용이므로, 그 발동에는 엄격한 법규의 근거 필요 ② 「감염병의 예방 및 관리에 관한 법률」상 강제격리(제42조 제7항)는 즉시강제에 해당한다.
행정기본법	제33조(즉시강제) ① 즉시강제는 **다른 수단으로는 행정목적을 달성할 수 없는 경우에만 허용**되며, 이 경우에도 **최소한으로만 실시**하여야 한다. ② 즉시강제를 실시하기 위하여 현장에 파견되는 집행책임자는 그가 집행책임자임을 표시하는 증표를 보여 주어야 하며, 즉시강제의 이유와 내용을 고지하여야 한다.
판례	행정강제는 **행정상 강제집행을 원칙**으로 하며, 법치국가적 요청인 예측가능성과 법적 안정성에 반하고, 기본권 침해의 소지가 큰 권력작용인 **행정상 즉시강제는 어디까지나 예외적인 강제수단**이라고 할 것이다(헌재 2002.10.31. 2000헌가12).

2) 구제

적법한 즉시강제에 대한 구제	적법한 즉시강제로 인한 피해가 특별한 희생에 해당 – **손실보상** 가능	
위법한 즉시강제에 대한 구제	행정쟁송	① **즉시강제는 권력적 사실행위 – 처분성 인정 : 행정쟁송 제기가능** ② 다만, **즉시강제 성질상 단시간 내 종료되는 것이 대부분 → 이미 종료된 상태라면 소의 이익 ×, 행정쟁송제기 불가**(행정쟁송에 의한 구제는 즉시강제의 성질상 부적합)
	기타	① 행정상 손해배상 가능 ② 정당방위 가능

> 참고 「행정기본법」 제30조(행정상 강제)
>
> ① 행정청은 행정목적을 달성하기 위하여 필요한 경우에는 법률로 정하는 바에 따라 필요한 최소한의 범위에서 다음 각 호의 어느 하나에 해당하는 조치를 할 수 있다.
>   1. **행정대집행** : 의무자가 행정상 의무(법령등에서 직접 부과하거나 행정청이 법령등에 따라 부과한 의무를 말한다. 이하 이 절에서 같다)로서 타인이 대신하여 행할 수 있는 의무를 이행하지 아니하는 경우 법률로 정하는 다른 수단으로는 그 이행을 확보하기 곤란하고 그 불이행을 방치하면 공익을 크게 해칠 것으로 인정될 때에 행정청이 의무자가 하여야 할 행위를 스스로 하거나 제3자에게 하게 하고 그 비용을 의무자로부터 징수하는 것
>   2. **이행강제금의 부과** : 의무자가 행정상 의무를 이행하지 아니하는 경우 행정청이 적절한 이행기간을 부여하고, 그 기한까지 행정상 의무를 이행하지 아니하면 금전급부의무를 부과하는 것
>   3. **직접강제** : 의무자가 행정상 의무를 이행하지 아니하는 경우 행정청이 의무자의 신체나 재산에 실력을 행사하여 그 행정상 의무의 이행이 있었던 것과 같은 상태를 실현하는 것
>   4. **강제징수** : 의무자가 행정상 의무 중 금전급부의무를 이행하지 아니하는 경우 행정청이 의무자의 재산에 실력을 행사하여 그 행정상 의무가 실현된 것과 같은 상태를 실현하는 것
>   5. **즉시강제** : 현재의 급박한 행정상의 장해를 제거하기 위한 경우로서 다음 각 목의 어느 하나에 해당하는 경우에 **행정청이 곧바로 국민의 신체 또는 재산에 실력을 행사하여 행정목적을 달성하는 것**
>   가. 행정청이 미리 행정상 의무 이행을 명할 시간적 여유가 없는 경우
>   나. 그 성질상 행정상 의무의 이행을 명하는 것만으로는 행정목적 달성이 곤란한 경우
> ② 행정상 강제 조치에 관하여 이 법에서 정한 사항 외에 필요한 사항은 따로 법률로 정한다.
> ③ 형사(刑事), 행형(行刑) 및 보안처분 관계 법령에 따라 행하는 사항이나 외국인의 출입국·난민인정·귀화·국적회복에 관한 사항에 관하여는 이 절을 적용하지 아니한다.

3. 행정벌(경찰벌)

(1) 의의

개념	행정벌은 행정법규를 위반한 사람에 대하여 과해지는 제재로 **일반통치권에 의한 사후적으로 처벌**하는 것을 말한다.	
종류	행정형벌	행정법에 규정된 의무를 위반한 사람에게 형법상 형벌을 부과하는 것
	행정질서벌	행정법에 규정된 의무를 위반한 사람에게 **과태료(과료 X)를 부과**하는 것

(2) 행정벌의 적용법령

행정형벌	① 행정형벌의 부과대상과 형벌은 개별법령에서 정한다. 다만, 개별법에서 특별한 규정을 두고 형법총칙의 적용을 배제하는 경우를 제외하고는 **형법총칙을 적용**한다. ② **행정형벌은 형사소송법에서 정한 절차에 따라 형사법원이 부과하는 것**이 원칙이다.
행정질서벌	**질서위반행위와 과태료의 금액은 각각의 개별법령에서 정하고, 과태료의 부과 및 징수절차는 「질서위반행위규제법」에서 규정**하고 있다.

(3) 경찰질서벌의 부과 - 「질서위반행위규제법」

> 제3조(법 적용의 시간적 범위) ① 질서위반행위 성립과 과태료 처분은 **행위 시 법률**에 따른다.
> ② 질서위반행위 후 법률이 변경되어 그 행위가 질서위반행위에 해당하지 아니하게 되거나 과태료가 변경되기 전의 법률보다 가볍게 된 때에는 법률에 **특별한 규정이 없는 한 변경된 법률을 적용**한다.
> ③ 행정청의 과태료 처분이나 법원의 과태료 재판이 확정된 후 법률이 변경되어 그 행위가 질서위반행위에 해당하지 아니하게 된 때에는 **변경된 법률에 특별한 규정이 없는 한 과태료의 징수 또는 집행을 면제**한다.
> 제6조(질서위반행위 법정주의) 법률에 따르지 아니하고는 어떤 행위도 질서위반행위로 과태료 부과하지 아니한다.
> 제7조(고의 또는 과실) 고의 또는 과실 없는 질서위반행위는 과태료 부과하지 아니한다.
> 제8조(위법성의 착오) 자신의 행위가 위법하지 아니한 것으로 오인하고 행한 질서위반행위는 그 **오인에 정당한 이유가 있는 때에 한하여 과태료를 부과하지 아니한다.**
> 제9조(책임연령) **14세가 되지 아니한 자의 질서위반행위는 과태료 부과하지 아니한다.** 다만, 다른 법률에 특별규정 있는 경우는 그러하지 아니하다.
> 제10조(심신장애) ① 심신장애로 행위의 옳고 그름 판단 능력 없거나 판단에 따른 행위할 능력 없는 자의 질서위반행위는 과태료 부과하지 아니한다.
> ② 심신장애로 인하여 제1항에 따른 능력 미약한 자의 질서위반행위는 과태료 감경한다.
> 제12조(다수인의 질서위반행위 가담) ① 2인 이상이 질서위반행위에 가담한 때에는 각자가 질서위반행위를 한 것으로 본다.
> ② 신분에 의하여 성립하는 질서위반행위에 신분이 없는 자가 가담한 때에는 신분이 없는 자에 대하여도 질서위반행위가 성립한다.
> ③ 신분에 의하여 과태료를 감경 또는 가중하거나 과태료를 부과하지 아니하는 때에는 그 신분의 효과는 신분이 없는 자에게는 미치지 아니한다.
> 제15조(과태료의 시효) ① 과태료는 행정청의 과태료 부과처분이나 법원의 과태료 **재판이 확정된 후 5년간 징수 아니하거나 집행 아니하면 시효로 인하여 소멸**한다.
> ② 제1항에 따른 소멸시효의 중단·정지 등에 관하여는 「국세기본법」 제28조를 준용한다.
> 제16조(사전통지 및 의견 제출 등) ① 행정청이 질서위반행위에 과태료 부과하고자 하는 때는 미리 당사자에게 대통령령으로 정하는 사항 통지하고, **10일 이상 기간 정하여 의견제출 기회를 주어야 한다.** 이 경우 지정된 기일까지 의견제출 없는 경우는 의견 없는 것으로 본다.
> ② 당사자는 의견 제출 기한 이내에 대통령령으로 정하는 방법에 따라 행정청에 의견을 진술하거나 필요한 자료를 제출할 수 있다.
> 제17조(과태료의 부과) ① 행정청은 **의견 제출 절차 마친 후에 서면**(당사자가 동의하는 경우에는 전자문서 포함)으로 과태료 부과하여야 한다.
> 제17조의2(신용카드 등에 의한 과태료의 납부) ① 당사자는 과태료, 가산금, 중가산금 및 체납처분비를 대통령령으로 정하는 과태료 납부대행기관 통하여 신용카드, 직불카드 등으로 낼 수 있다.
> 제18조(자진납부자에 대한 과태료 감경) ① 행정청은 당사자가 제16조에 따른 의견 제출 기한 이내에 과태료를 자진하여 납부하고자 하는 경우에는 대통령령으로 정하는 바에 따라 **과태료를 감경할 수 있다.**

② 당사자가 제1항에 따라 감경된 과태료를 납부한 경우에는 해당 질서위반행위에 대한 과태료 부과 및 징수절차는 종료한다.

제19조(과태료 부과의 제척기간) ① 행정청은 질서위반행위 종료된 날(다수인이 질서위반 행위에 가담한 경우는 최종행위가 종료된 날)부터 **5년이 경과한 경우는 과태료 부과할 수 없다.**

제20조(이의제기) ① 행정청의 과태료 부과에 불복 당사자는 과태료 부과 **통지 받은 날부터 60일 이내에 해당 행정청에 서면으로 이의제기 할 수 있다.**

② 이의제기 있는 경우는 **행정청의 과태료 부과처분은 그 효력을 상실한다.**

③ 당사자는 행정청으로부터 제21조 제3항에 따른 통지를 받기 전까지는 행정청에 대하여 서면으로 이의제기를 철회할 수 있다.

제21조(법원에의 통보) ① 제20조 제1항에 따른 이의제기를 받은 행정청은 이의제기를 받은 날부터 14일 이내에 이에 대한 의견 및 증빙서류를 첨부하여 관할 법원에 통보하여야 한다. 다만, 다음 각 호의 어느 하나에 해당하는 경우에는 그러하지 아니하다.

1. 당사자가 이의제기를 철회한 경우
2. 당사자의 이의제기에 이유가 있어 과태료를 부과할 필요가 없는 것으로 인정되는 경우

제24조(가산금 징수 및 체납처분 등) ① 행정청은 당사자가 납부기한까지 과태료를 납부하지 아니한 때에는 납부기한을 경과한 날부터 체납된 과태료에 대하여 **100분의 3에 상당하는 가산금**을 징수한다.

제24조의3(과태료의 징수유예 등) ① 행정청은 당사자가 다음에 해당하여 과태료 납부 곤란하다고 인정되면 **1년의 범위**에서 대통령령으로 정하는 바에 따라 분할납부나 납부기일 연기(징수유예등) 결정할 수 있다.

1. 「국민기초생활 보장법」에 따른 수급권자
2. 「국민기초생활 보장법」에 따른 차상위계층 중 다음 대상자
   가. 「의료급여법」에 따른 수급권자
   나. 「한부모가족지원법」에 따른 지원대상자
   다. 자활사업 참여자
3. 「장애인복지법」 제2조 제2항에 따른 장애인
4. 본인 외에는 가족 부양할 사람 없는 사람
5. 불의의 재난 피해 당한 사람
6. 납부의무자 또는 동거가족이 질병이나 중상해로 **1개월 이상** 장기 치료 받아야 하는 경우
7. 「채무자 회생 및 파산에 관한 법률」에 따른 개인회생절차개시결정자
8. 「고용보험법」에 따른 실업급여수급자
9. 대통령령으로 정하는 부득이한 사유가 있는 경우

제30조(행정청 통보사실의 통지) 법원은 제21조 제1항 및 제2항에 따른 행정청의 통보가 있는 경우 이를 즉시 검사에게 통지하여야 한다.

제31조(심문 등) ① 법원은 심문기일을 열어 당사자의 진술을 들어야 한다. (단, 제44조에서는 '법원은 상당하다고 인정하는 때에는 제31조 제1항에 따른 심문 없이 과태료 재판을 할 수 있다'고 규정하여 심문기일을 열지 아니하는 약식재판이 가능함)

② 법원은 검사의 의견을 구하여야 하고, 검사는 심문에 참여하여 의견을 진술하거나 서면으로 의견을 제출하여야 한다.

제42조(과태료 재판의 집행) ① 과태료 재판은 검사의 명령으로써 집행한다. 이 경우 그 명령은 집행력 있는 집행권원과 동일한 효력이 있다.

제43조(과태료 재판 집행의 위탁) ① 검사는 과태료를 최초 부과한 행정청에 대하여 과태료 재판의 집행을 위탁할 수 있고, 위탁을 받은 행정청은 국세 또는 지방세 체납처분의 예에 따라 집행한다.

참고 「질서위반행위규제법 시행령」

제7조의2(과태료의 징수유예등) ① 행정청은 과태료 분할납부나 납부기일 연기 결정하는 경우 그 기간을 그 징수유예등을 결정한 날의 다음 날부터 **9개월 이내**로 하여야 한다. 다만, 그 기간 만료될 때까지 징수유예등 사유가 해소되지 아니하는 경우에는 **1회 한정하여 3개월 범위에서 연장**할 수 있다.
② 법 제24조의3 제1항 제9호에서 "대통령령으로 정하는 부득이한 사유가 있는 경우"란 다음 각 호의 어느 하나에 해당하는 경우를 말한다.
1. 도난 등으로 재산에 현저한 손실을 입은 경우
2. **사업이 중대한 위기에 처한 경우**
3. 과태료를 일시에 내면 생계유지가 곤란하거나 자금사정에 현저한 어려움이 예상되는 경우

참고 행정조사(「행정조사기본법」)

의의	제2조(정의) 이 법에서 사용하는 용어의 정의는 다음과 같다. 1. "행정조사"란 행정기관이 정책을 결정하거나 직무를 수행하는 데 필요한 정보나 자료를 수집하기 위하여 현장조사·문서열람·시료채취 등을 하거나 조사대상자에게 보고요구·자료제출요구 및 출석·진술요구를 행하는 활동을 말한다. ※ 행정조사는 행정기관이 향후 행정작용에 필요한 자료 및 정보를 얻기 위한 준비적·보조적 작용
행정조사기본법의 적용범위	제3조(적용범위) ① 행정조사에 관하여 다른 법률에 특별한 규정이 있는 경우를 제외하고는 행정조사기본법으로 정하는 바에 따른다(제3조). – **행정조사의 일반법** ② 다음 각 호의 어느 하나에 해당하는 사항에 대하여는 이 법을 적용하지 아니한다. 1. 행정조사를 한다는 사실이나 조사내용이 공개될 경우 국가의 존립을 위태롭게 하거나 국가의 중대한 이익을 현저히 해칠 우려가 있는 국가안전보장·통일 및 외교에 관한 사항 – 「**보안업무규정**」상 신원조사 5. 조세·형사·행형 및 보안처분에 관한 사항 – 「경찰수사규칙」상 입건전 조사
행정조사의 기본원칙	제4조(행정조사의 기본원칙) ① 행정조사는 조사목적을 달성하는데 필요한 최소한의 범위 안에서 실시하여야 하며, 다른 목적 등을 위하여 조사권을 남용하여서는 아니 된다. – 비례원칙, 과잉금지원칙 명시 ⑥ 행정기관은 행정조사를 통하여 알게 된 정보를 **다른 법률에 따라 내부에서 이용**하거나 **다른 기관에 제공하는 경우**를 제외하고는 원래의 조사목적 이외의 용도로 이용하거나 타인에게 제공하여서는 아니 된다.
행정조사의 근거	제5조(행정조사의 근거) 행정기관은 **법령등에서 행정조사를 규정하고 있는 경우에 한하여 행정조사를 실시할 수 있다.** 다만, 조사대상자의 자발적인 협조를 얻어 실시하는

	행정조사의 경우에는 그러하지 아니하다. ※ 법령등에서 행정조사를 규정하고 있는 경우 – 「총포·도검·화약류 등의 안전관리에 관한 법률」 제42조의 총포·분사기·전자충격기·석궁의 검사 ※ 「도로교통법」 제54조(사고발생 시의 조치) ⑥ 경찰공무원(자치경찰공무원은 제외한다)은 교통사고가 발생한 경우에는 대통령령으로 정하는 바에 따라 필요한 조사를 하여야 한다. ※ 「도로교통법 시행령」 제32조(교통사고의 조사) 경찰공무원(자치경찰공무원은 제외한다)은 교통사고가 발생하였을 때에는 법 제54조 제6항에 따라 다음 각 호의 사항을 **조사하여야 한다.** 4. 운전면허의 유효 여부, **술에 취하거나 약물을 투여한 상태에서의 운전 여부** 및 부상자에 대한 구호조치 등 필요한 조치의 이행 여부
강제력 행사	① 법령에 근거한 행정조사를 대상자가 거부하였을 경우 강제력에 대한 법률의 근거규정이 없는 한 직접 강제력을 행사할 수 없음이 원칙이다. ② 행정조사를 거부할 경우 그에 대한 제재 수단으로 허가를 취소하거나(식품위생법 제75조) 과태료 등 행정벌을 부과하여 간접적으로 강제하는 경우가 있다. ※「국세기본법」 제88조 – 관할 세무서장은 세법의 질문·조사권 규정에 따른 세무공무원의 질문에 대하여 거짓으로 진술하거나 그 직무집행을 거부 또는 기피한 자에게 2천만원 이하의 과태료를 부과·징수한다. ※「총포·도검·화약류 등의 안전관리에 관한 법률」 제44조(출입·검사 등) ① 허가관청(경찰청장·도경찰청장 또는 경찰서장)은 재해 예방 또는 공공의 안전유지를 위하여 필요하다고 인정되면 관계 공무원으로 하여금 총포·도검·화약류·분사기·전자충격기·석궁의 제조소·판매소 또는 임대소, 화약류저장소, 화약류의 사용장소, 그 밖에 필요한 장소에 출입하여 장부·서류나 그 밖에 필요한 물건을 검사하게 하거나 관계자에 대하여 질문을 하도록 할 수 있다. 제72조(벌칙) 다음 각 호의 어느 하나에 해당하는 자는 3년 이하의 징역 또는 700만원 이하의 벌금에 처한다 6. 제44조 제1항에 따른 출입 또는 검사를 거부·기피 또는 방해하거나 거짓 진술을 한 자

관련판례

1. 「풍속영업의 규제에 관한 법률」 제9조의 출입과 검사는 경찰관이 수사기관으로서 강제수사를 하기 위하여 풍속영업소에 출입하는 경우에 적용되는 것이 아니라 경찰행정조사자로서 행정처분 등에 필요한 자료를 수집하는 행정조사를 하기 위하여 풍속영업소에 출입하는 경우에 적용되는 규정에 해당한다(제주지법 2018. 5. 3. 2017노112).

   > **참고** 경찰서장은 특별히 필요한 경우 경찰공무원에게 풍속영업소에 출입하여 풍속영업자와 대통령령으로 정하는 종사자가 제3조의 준수 사항을 지키고 있는지를 검사하게 할 수 있다(「풍속영업의 규제에 관한 법률」 제9조 제1항). - 출입 및 검사 거부에 대한 벌칙규정은 없음

2. 경찰공무원이 도로교통법 규정에 따라 **호흡측정 또는 혈액 검사 등의 방법으로 운전자가 술에 취한 상태에서 운전하였는지를 조사**하는 것은, 수사기관과 경찰행정조사자의 지위를 겸하는 주체가 형사소송에서 사용될 **증거를 수집하기 위한 수사로서의 성격을 가짐과 아울러 교통상 위험의 방지를 목적으로 하는 운전면허 정지·취소의 행정처분을 위한 자료를 수집하는 행정조사의 성격을 동시에 가지고 있다**고 볼 수 있다.

   수사기관이 범죄 증거를 수집할 목적으로 운전자의 동의 없이 그 혈액을 취득·보관하는 행위는 형사소송법상 '감정에 필요한 처분' 또는 '압수'로서 법원의 감정처분허가장이나 압수영장이 있어야 가능하고, 다만 음주운전 중 교통사고를 야기한 후 운전자가 의식불명 상태에 빠져 있는 등으로 호흡조사에 의한 음주측정이 불가능하고 채혈에 대한 동의를 받을 수도 없으며 법원으로부터 감정처분허가장이나 사전 압수영장을 발부받을 시간적 여유도 없는 긴급한 상황이 발생한 경우에는 수사기관은 예외적인 요건하에 음주운전 범죄의 증거 수집을 위하여 운전자의 동의나 사전 영장 없이 혈액을 채취하여 압수할 수 있으나 이 경우에도 형사소송법에 따라 사후에 지체 없이 법원으로부터 압수영장을 받아야 한다.

   따라서 음주운전 여부에 대한 조사 과정에서 운전자 **본인의 동의를 받지 아니하고 또한 법원의 영장도 없이 채혈조사를 한 결과를 근거로 한 운전면허 정지·취소 처분은 「도로교통법」 제44조 제3항을 위반한 것으로서 특별한 사정이 없는 한 위법**한 처분으로 볼 수밖에 없다(대판 2016. 12. 27. 2014두46850).

3. 고용보험법상 '실업인정대상기간 중의 취업 사실'에 대한 행정조사 절차에는 수사 절차에서의 진술거부권 고지의무에 관한 형사소송법 규정이 준용되지 않는다고 판단하였다(대판 2020. 5. 14. 2020두31323).

제4절 「경찰관 직무집행법」 등

1 경찰작용법 제·개정과정

① 우리나라 최초의 경찰작용법이라고 할 수 있는 것은 일본의 행정경찰규칙을 모방한 1894년 제정된 「행정경찰장정」이다.
② 1953년 12월 14일 제정된 「경찰관 직무집행법」은 일본의 「경찰관 직무집행법」을 모방한 것이며, 1981년 1차 개정을 시작으로 현재 우리나라의 실정에 맞도록 개정되었다.
③ 개정과정
  ㉠ 1981년 개정 시 '직무의 범위(제2조)' 규정을 신설
  ㉡ 임의동행시 동행을 거부할 권리와 언제든지 경찰관서로부터 퇴거할 권리가 있음을 고지'해야 하는 규정은 1988년 개정시 신설되었다가, 이후 1991년 개정시에 삭제되었다.
  ㉢ 2013년 개정시 '재산상 손실에 대한 손실보상' 규정을 신설하였다.
  ㉣ 2018년 개정(시행 2019.6.25.)시에는 '재산상 손실 외에 생명 또는 신체상 손실에 대하여도 손실보상'을 하는 규정이 신설되었다.
  ㉤ 2020년 개정 시 '경찰관의 인권보호 의무(제1조)'가 처음으로 명시되었다.

2 「경찰관 직무집행법」

제1조(목적) ① 이 법은 국민의 자유와 권리 및 모든 **개인이 가지는 불가침의 기본적 인권을 보호**하고 사회공공의 질서를 유지하기 위한 경찰관(경찰공무원만 해당한다)의 직무 수행에 필요한 사항을 규정함을 목적으로 한다.
② 이 법에 규정된 경찰관의 직권은 직무수행에 필요한 최소한도에서 행사되어야 하며 남용되어서는 아니 된다. - **비례원칙 명문화**

제2조(직무의 범위) 경찰관은 다음 각 호의 직무를 수행한다.
 1. 국민의 생명·신체 및 재산의 보호
 2. 범죄의 예방·진압 및 수사
 2의2. **범죄피해자(피의자 X) 보호**
 3. 경비, 주요 인사(人士) 경호 및 대간첩·대테러 작전 수행
 4. **공공안녕에 대한 위험의 예방과 대응을 위한 정보의 수집·작성 및 배포**(개정전 : 치안정보의 수집·작성 및 배포)
 5. 교통 단속과 교통 위해(危害)의 방지
 6. 외국 정부기관 및 국제기구와의 국제협력
 7. **그 밖에 공공의 안녕과 질서 유지**

≫ 출입국관리공무원 외의 수사기관이 출입국사범에 관한 사건을 입건(立件)하였을 때에는 지체 없이 관할 지방출입국·외국인관서의 장에게 인계하여야 하지만(「출입국관리법」제101조 제2항), 동 규정이 일반사법경찰관리의 출입국사범에 대한 수사권한을 배제하는 것은 아니다(대판 2011. 3. 10, 2008도7724).

제3조(불심검문) ① 경찰관은 다음에 해당하는 사람을 **정지시켜 질문할 수 있다.**
  1. 수상한 행동이나 그 밖의 주위 사정 **합리적**으로 판단하여 볼 때 **어떠한 죄(경찰상 위험 X)를** 범하였거나 범하려 하고 있다고 의심할 만한 **상당한** 이유가 있는 사람
  2. 이미 행하여진 범죄나 행하여지려고 하는 범죄행위에 관한 사실을 안다고 인정되는 사람
  ≫ 경찰관이 '불심검문 대상자' 해당 여부를 판단할 때에는 불심검문 당시의 구체적 상황은 물론 사전에 얻은 정보나 전문적 지식 등에 기초하여 불심검문 대상자인지를 객관적·합리적인 기준에 따라 판단하여야 하나, 반드시 불심검문 대상자에게 형사소송법상 체포나 구속에 이를 정도의 혐의가 있을 것을 요한다고 할 수는 없다(대판 2014. 2. 27, 2011도13999).
  ② 경찰관은 제1항 사람 정지시킨 장소에서 질문이 **그 사람에게 불리 하거나 교통에 방해(신원확인 불가능 X, 질문을 보다 능률적으로 하기 위하여 X)가** 된다고 인정될 때는 질문 위하여 가까운 **경찰서·지구대·파출소 또는 출장소(지방해양경찰서 포함)로 동행 요구할 수 있다. 동행 요구받은 사람은 거절할 수 있다.**
  ≫ 임의동행하기 전, '동행을 거부하거나 동행 중이라도 언제든 떠날 수 있음'을 고지할 의무 없음
  ≫ 「경찰관 직무집행법」 제3조 제2항의 임의동행은 불심검문의 수단으로서 '현장 질문이 그 사람에게 불리하거나 교통에 방해가 된다'고 인정될 때에 질문을 하기 위하여 경찰서로 동행할 것을 요구하는 것을 말하며, 「형사소송법」상 임의수사의 수단 중 하나인 임의동행은 영장에 의하지 아니하고 피의자를 수사기관에 동행하는 것을 말한다. – 양자는 구별되며 경직법 제3조의 불심검문은 수사의 단서에 해당한다.
  ③ 경찰관은 제1항 사람에게 질문할 때에 그 사람이 **흉기를 가지고 있는지를 조사할 수 있다.**
  ④ 경찰관은 질문하거나 동행 요구할 경우 신분 표시하는 증표 제시하면서 소속과 성명 밝히고 질문이나 동행목적과 이유 설명하여야 하며, 동행요구하는 경우에는 동행장소 밝혀야 한다.
  ≫ 신분을 표시하는 증표(경직법 시행령) – 경찰공무원증 O, 흉장 X
  ⑤ 경찰관은 동행한 사람 가족이나 친지 등에게 동행한 경찰관 신분, 동행 장소, 동행 목적과 이유 알리거나 본인으로 하여금 즉시 연락 기회 주어야 하며, **변호인의 도움을 받을 권리가 있음을 알려야** 한다.
  ≫ 변호인 도움 받을 권리가 있음을 고지하는 시점은 질문이나 임의동행요구할 때가 아니라 임의동행 후이다.
  ≫ 진술거부권 고지의무 – 명시 X
  ⑥ 경찰관은 동행한 사람을 **6시간을 초과하여 경찰관서에 머물게 할 수 없다.**
  ≫ 임의동행은 상대방의 동의 또는 승낙을 그 요건으로 하는 것이므로 경찰관으로부터 임의동행 요구를 받은 경우 상대방은 이를 거절할 수 있을 뿐만 아니라 임의동행 후 언제든지 경찰관서에서 퇴거할 자유가 있다 할 것이고, 「경찰관 직무집행법」 제3조 제6항이 임의동행한 경우 당해인을 6시간을 초과하여 경찰관서에 머물게 할 수 없다고 규정하고 있다고 하여 그 규정이 임의동행한 자를 6시간 동안 경찰관서에 구금하는 것을 허용하는 것은 아니다(대법원 1997. 8. 22, 97도1240).
  ⑦ 질문 받거나 동행 요구받은 사람은 **형사소송에 관한 법률에 따르지 아니하고는 신체 구속당하지 아니하며, 의사에 반하여 답변 강요당하지 아니한다.**

※ 불심검문의 법적 성격 – 행정작용, 사법작용, 절충설 등 다양한 견해대립 있음

> **관련판례**
>
> 1. 수사관이 동행에 앞서 피의자에게 동행 거부할 수 있음을 알려 주었거나 동행한 피의자가 언제든지 자유로이 동행과정에서 이탈 또는 동행장소로부터 퇴거할 수 있었음이 인정되는 등 오로지 피의자의 자발적인 의사에 의하여 수사관서 등에의 동행이 이루어졌음이 객관적인 사정에 의하여 명백하게 입증된 경우에 한하여, 그 적법성이 인정되는 것으로 봄이 상당하다. 「형사소송법」 제200조 제1항에 의하여 검사 또는 사법경찰관이 피의자에 대하여 임의적 출석을 요구할 수는 있겠으나, 그 경우에도 수사관이 단순히 출석을 요구함에 그치지 않고 일정 장소로의 동행을 요구하여 실행한다면 위에서 본 법리가 적용되어야 하고, 한편 행정경찰 목적의 경찰활동으로 행하여지는 「경찰관 직무집행법」 제3조 제2항 소정의 질문을 위한 동행요구도 형사소송법의 규율을 받는 수사로 이어지는 경우에는 역시 위에서 본 법리가 적용되어야

한다(대판 2006.7.6, 2005도6810).
2. 검문 중이던 경찰관들이, 자전거 이용 날치기 사건 범인과 흡사한 인상착의 피고인이 자전거 타고 다가오는 것 발견하고 정지 요구하였으나 멈추지 않아, 앞을 가로막고 소속과 성명 고지한 후 검문에 협조해 달라는 취지로 말하였음에도 불응하고 그대로 전진하자, 따라가서 재차 앞을 막고 검문에 응하라고 요구한 것은 경찰관들이 목적 달성에 필요한 최소한의 범위 내에서 사회통념상 용인될 수 있는 상당한 방법을 통하여 「경찰관 직무집행법」 제3조 제1항에 규정된 자에 대해 의심되는 사항을 질문하기 위하여 정지시킨 것으로 보아야 한다(대판 2012.9.13, 2010도6203).
3. 「경찰관 직무집행법」 제3조 제4항은 경찰관이 불심검문을 하고자 할 때에는 자신의 신분을 표시하는 증표를 제시하여야 한다고 규정하고, 「경찰관 직무집행법 시행령」 제5조는 위 법에서 규정한 신분을 표시하는 증표는 경찰관의 공무원증이라고 규정하고 있는데, 불심검문을 하게 된 경우, 불심검문 당시의 현장상황과 검문을 하는 경찰관들의 복장, 피고인이 공무원증 제시나 신분 확인을 요구하였는지 여부 등을 종합적으로 고려하여, **검문하는 사람이 경찰관이고 검문하는 이유가 범죄행위에 관한 것임을 피고인이 충분히 알고 있었다고 보이는 경우에는 신분증 제시하지 않았다고 하여 불심검문이 위법한 공무집행이라고 할 수 없다**(대판 2014. 12. 11, 2014도7976).
4. 경찰관은 수상한 거동 기타 주위의 사정을 합리적으로 판단하여 어떠한 죄를 범하였거나 범하려 하고 있다고 의심할 만한 상당한 이유가 있는 자 또는 이미 행하여진 범죄나 행하여지려고 하는 범죄행위에 관하여 그 사실을 안다고 인정되는 자를 정지시켜 질문할 수 있고, 또 범죄를 실행중이거나 실행 직후인 자는 현행범인으로, 누구임을 물음에 대하여 도망하려 하는 자는 준현행범인으로 각 체포할 수 있으며, 이와 같은 정지 조치나 질문 또는 체포 직무의 수행을 위하여 필요한 경우에는 대상자를 추적할 수도 있으므로, 경찰관이 교통법규 등을 위반하고 도주하는 차량을 순찰차로 추적하는 직무를 집행하는 중에 그 도주차량의 주행에 의하여 제3자가 손해를 입었다고 하더라도 그 추적이 당해 직무 목적을 수행하는 데에 불필요하다거나 또는 도주차량의 도주의 태양 및 도로교통상황 등으로부터 예측되는 피해발생의 구체적 위험성의 유무 및 내용에 비추어 추적의 개시·계속 혹은 추적의 방법이 상당하지 않다는 등의 특별한 사정이 없는 한 그 추적행위를 위법하다고 할 수는 없다(대판 2000. 11. 10, 2000다26807,26814).

> **참고** 「주민등록법」

제26조(주민등록증의 제시요구) ① 사법경찰관리가 범인을 체포하는 등 그 직무를 수행 할 때에 17세 이상인 주민의 신원이나 거주 관계를 확인할 필요가 있으면 주민등록증의 제시를 요구할 수 있다.
② 사법경찰관리는 제1항에 따라 신원 등을 확인할 때 친절과 예의를 지켜야 하며, 정복근무 중인 경우 외에는 미리 신원을 표시하는 증표를 지니고 이를 관계인에게 내보여야 한다.

제38조(벌칙) 제26조 제2항에 따른 사법경찰관리가 그 직무를 수행하면서 직권을 남용하면 「경찰관 직무집행법」 제12조에 따라 처벌한다.

제4조(보호조치 등) ① 경찰관은 수상한 행동이나 주위 사정 합리적으로 판단해 볼 때 다음에 해당하는 것이 명백하고 **응급구호 필요하다고 믿을 만한 상당한 이유가 있는 사람** 발견하였을 때에는 **보건의료기관이나 공공구호기관에 긴급구호 요청하거나 경찰관서에 보호하는 등 적절한 조치를 할 수 있다**. - 보호조치에 대한 판단은 경찰관의 재량적 판단
1. **정신착란**을 일으키거나 **술에 취하여** 자신 또는 다른 사람 생명·신체·재산에 위해 끼칠 우려 있는 사람
2. **자살 시도**하는 사람
3. **미아, 병자, 부상자** 등으로서 적당한 보호자 없으며 응급구호 필요하다고 인정되는 사람. 다만, 본인이 구호 거절하는 경우는 제외

≫ 「경찰관 직무집행법」 제4조 제1항 제1호에서 규정하는 술에 취한 상태로 인하여 자기 또는 타인의 생명·신체와 재산에 위해를 미칠 우려가 있는 피구호자에 대한 보호조치는 경찰 행정상 즉시강제에 해당하므로, 그 조치가 불가피한 최소한도 내에서만 행사되도록 발동·행사 요건을 신중하고 엄격하게 해석하여야 한다. 따라서 '술에 취한

상태'란 피구호자가 술에 만취하여 정상적인 판단능력이나 의사능력을 상실할 정도에 이른 것을 말한다(대판 1994. 3. 11, 93도958).
② 긴급구호 요청받은 보건의료기관이나 공공구호기관은 **정당한 이유 없이 긴급구호 거절할 수 없다.**
– 정당한 이유없이 거절한 경우 경직법에는 처벌규정 없음

≫ 응급환자의 경우 정당한 이유없이 보건의료기관이 거절하면 「응급의료에 관한 법률」에 의해 처벌가능 – 3년 이하의 징역 또는 3천만원 이하의 벌금(「응급의료에 관한 법률」 제60조 제2항, 제3항 제1호)

③ 경찰관은 보호조치 하는 경우에 구호대상자가 휴대하고 있는 **무기·흉기 등 위험을 일으킬 수 있는 것으로 인정되는 물건을 경찰관서에 임시로 영치하여 놓을 수 있다.**
④ 경찰관은 보호조치 하였을 때는 **지체없이(24시간 이내 X) 구호대상자 가족, 친지 또는 연고자에게 사실을 알려야** 하며, 연고자가 발견되지 아니할 때에는 구호대상자를 **적당한 공공보건의료기관이나 공공구호기관에 즉시 인계하여야 한다.**

≫ 구호대상자의 가족, 친지 기타의 연고자에게 구호대상자를 인계할 수 있다면 특별한 사정이 없는 한 경찰관서에서 구호대상자를 보호하는 것은 허용되지 않는다(대판 1994. 3. 11, 93도958).

⑤ **경찰관은** 구호대상자를 공공보건의료기관이나 공공구호기관에 인계하였을 때에는 즉시 그 사실을 소속 **경찰서장이나 해양경찰서장에게 보고하여야 한다.**
⑥ **보고받은 소속 경찰서장이나 해양경찰서장은** 대통령령으로 정하는 바에 따라 구호대상자 인계한 사실을 **지체 없이 해당 공공보건의료기관 또는 공공구호기관의 장 및 그 감독행정청에 통보**하여야 한다.
⑦ 구호대상자를 **경찰관서에 보호 기간은 24시간 초과할 수 없고, 물건을 경찰관서에 임시영치하는 기간은 10일 초과할 수 없다.**

> **관련판례**
>
> 1. 긴급구호권한과 같은 경찰의 조치권한은 일반적으로 경찰관의 전문적 판단에 기한 합리적인 재량에 위임되어 있는 것이나, 그렇다고 하더라도 구체적 상황하에서 경찰관에게 그러한 조치권한을 부여한 취지와 목적에 비추어 볼 때 그 불행사가 현저하게 불합리하다고 인정되는 경우에는, 그러한 불행사는 법령에 위반하는 행위에 해당하게 되어 「국가배상법」상의 다른 요건이 충족되는 한, 국가는 그로 인하여 피해를 입은 자에 대하여 국가배상책임을 부담한다. 정신질환자의 평소 행동에 포함된 범죄 내용이 경미하거나 범죄라고 볼 수 없는 비정상적 행동에 그치고 그 거동 기타 주위의 사정을 합리적으로 판단하여 보더라도 정신질환자에 의한 집주인 살인범행에 앞서 그 구체적 위험이 객관적으로 존재하고 있었다고 보기 어려운 경우, 경찰관이 그때그때의 상황에 따라 그 정신질환자를 훈방하거나 일시 정신병원에 입원시키는 등 「경찰관 직무집행법」의 규정에 의한 긴급구호조치를 취하였고, 정신질환자가 퇴원하자 정신병원에서의 장기 입원치료를 받는 데 도움이 되도록 생활보호대상자 지정의뢰를 하는 등 그 나름대로의 조치를 취한 이상, 더 나아가 경찰관들이 정신질환자의 살인범행 가능성을 막을 수 있을 만한 다른 조치를 취하지 아니하였거나 입건·수사하지 아니하였다고 하여 이를 법령에 위반하는 행위에 해당한다고 볼 수 없다는 이유로, 사법경찰관리의 수사 미개시 및 긴급구호권 불행사를 이유로 제기한 국가배상청구를 배척한 사례(대판 1996. 10. 25, 95다45927).
> 2. 경찰관이 응급구호 요하는 자를 보건의료기관에게 긴급구호요청 하고, 보건의료기관이 이에 따라 치료행위를 하였다고 하더라도 국가와 보건의료기관 사이에 국가가 치료행위를 보건의료기관에 위탁하고 보건의료기관이 이를 승낙하는 내용의 치료위임계약이 체결된 것으로는 볼 수 없다(대판 1994. 2. 22, 93다4472).
> 3. 보호조치를 필요로 하는 피구호자에 해당하는지는 구체적인 상황을 고려하여 경찰관 평균인을 기준으로 판단하되, 그 판단은 보호조치의 취지와 목적에 비추어 현저하게 불합리하여서는 아니 되며, 피구호자의 가족 등에게 피구호자를 인계할 수 있다면 특별한 사정이 없는 한 경찰관서에서 피구호자를 보호하는 것은 허용되지 않는다(대판 1994. 3. 11, 93도958).

제5조(위험 발생의 방지 등) ① 경찰관은 사람 생명 또는 신체에 위해 끼치거나 재산에 중대한 손해 끼칠 우려있는 **천재, 사변, 인공구조물 파손이나 붕괴, 교통사고, 위험물 폭발, 위험한 동물 등 출현, 극도의 혼잡, 그 밖의 위험한 사태**가 있을 때에는 **다음 조치**를 할 수 있다.
1. 그 장소에 모인 사람, 사물의 관리자, 그 밖의 관계인에게 **필요한 경고**를 하는 것
2. **매우 긴급한 경우**에는 위해를 입을 우려가 있는 사람을 필요한 한도에서 억류하거나 피난시키는 것
3. 그 장소에 있는 사람, 사물 관리자, 그 밖의 관계인에게 위해를 방지하기 위하여 필요하다고 인정되는 조치를 하게 하거나 직접 그 조치 하는 것

② **경찰관서의 장(경찰관 X)**은 대간첩작전 수행이나 소요사태 진압 위하여 필요 인정되는 상당한 이유 있을 때는 대간첩 작전지역이나 경찰관서·무기고 등 **국가중요시설**에 대한 **접근 또는 통행 제한**하거나 **금지**할 수 있다.

③ 경찰관은 제1항 조치하였을 때는 **지체없이** 그 사실을 **소속 경찰관서장에게 보고**하여야 한다.

> **관련판례**
> 경찰관이 농민들의 시위 진압하고 시위과정에 도로상에 방치된 트랙터 1대에 대하여 도로 밖으로 옮기거나 후방에 안전표지판을 설치하는 것과 같은 위험발생방지조치를 취하지 아니한 채 그대로 방치하고 철수하여 버린 결과, 야간에 그 도로 진행하던 운전자가 트랙터를 피하려다가 다른 트랙터에 부딪혀 상해를 입은 사안에서 국가배상 인정하였다(대판 1998. 8. 25. 98다16890).

제6조(범죄의 예방과 제지) 경찰관은 범죄행위가 목전(目前)에 행하여지려고 하고 있다고 인정될 때는 이를 예방 위하여 관계인에게 **필요한 경고를 하고**, 그 행위로 인하여 사람의 생명·신체에 위해 끼치거나 재산에 중대한 손해 끼칠 우려가 있는 **긴급한 경우 그 행위를 제지**할 수 있다.

> **관련판례**
> 1. 경찰관의 '제지'에 관한 부분은 범죄 예방을 위한 경찰 행정상 즉시강제, 즉 눈앞의 급박한 경찰상 장해를 제거할 필요가 있고 의무를 명할 시간적 여유가 없거나 의무를 명하는 방법으로는 그 목적을 달성하기 어려운 상황에서 의무불이행을 전제로 하지 않고 경찰이 직접 실력을 행사하여 경찰상 필요한 상태를 실현하는 권력적 사실행위에 관한 근거조항이다(대판 2018. 12. 13. 2016도19417).
> 2. 위법한 집회·시위가 장차 특정지역에서 개최될 것 예상된다고 하더라도, 이와 시간적·장소적으로 근접하지 않은 다른 지역에서 그 집회·시위에 참가하기 위하여 출발하는 행위를 제지 – 위법(대판 2008. 11. 13. 2007도9794)
> 3. 제6조에 규정된 경찰관의 '경고'나 '제지'는 그 문언과 같이 범죄의 예방을 위하여 범죄행위에 관한 실행의 착수 전에 행하여질 수 있을 뿐만 아니라, 이후 범죄행위가 계속되는 중에 그 진압을 위하여도 당연히 행하여질 수 있다고 보아야 한다(대판 2013. 9. 26. 2013도643).
> 4. 「경찰관 직무집행법」 제6조에 따른 경찰관의 제지 조치가 적법한 직무집행으로 평가되기 위해서는, 형사처벌의 대상이 되는 행위가 눈앞에서 막 이루어지려고 하는 것이 객관적으로 인정될 수 있는 상황이고, 그 행위를 당장 제지하지 않으면 곧 인명·신체에 위해를 미치거나 재산에 중대한 손해를 끼칠 우려가 있는 상황이어서, 직접 제지하는 방법 외에는 위와 같은 결과를 막을 수 없는 절박한 사태이어야 한다. 다만 경찰관의 제지 조치가 적법한지는 제지 조치 당시의 구체적 상황을 기초로 판단하여야 하고 사후적으로 순수한 객관적 기준에서 판단할 것은 아니다(대판 2018. 12. 13. 2016도19417).
> 5. 주거지에서 음악 소리를 크게 내거나 큰 소리로 떠들어 이웃을 시끄럽게 하는 행위는 「경범죄 처벌법」 제3조 제1항 제21호에서 경범죄로 정한 '인근소란 등'에 해당한다. 경찰관은 「경찰관 직무집행법」에 따라 경범죄에 해당하는 행위를 예방·진압·수사하고, 필요한 경우 제지할 수 있다. 경찰관이 112신고를 받고 출동하여 눈앞에서 벌어지고 있는 범죄행위를 막고 주민들의 피해를 예방하기 위해 피고인을 만나려 하였으나 피고인은 문조차 열어주지 않고 소란행위를 멈추지 않았던 상황이라면 피고인의 행위를

제지하고 수사하는 것은 경찰관의 직무상 권한이자 의무라고 볼 수 있으므로, 위와 같은 상황에서 경찰관이 피고인의 집으로 통하는 전기를 일시적으로 차단한 것은 피고인을 집 밖으로 나오도록 유도한 것으로서, 피고인의 범죄행위를 진압·예방하고 수사하기 위해 필요하고도 적절한 조치로 보이고, 「경찰관 직무집행법」 제1조의 목적에 맞게 제2조의 직무 범위 내에서 제6조에서 정한 즉시강제의 요건을 충족한 적법한 직무집행으로 볼 여지가 있다(대판 2018. 12. 13, 2016도19417).
6. 전경대원들이 방패를 이용하여 사람을 둘러싸고 이동을 제한한 조치(이른바 고착관리)는 노사간의 충돌을 막기 위한 예방조치 차원에서 이루어진 행위로서 사실상 체포가 아니라 체포에 이르기 전 단계에서 취해진 「경찰관 직무집행법」 제6조 제1항에 근거한 즉시강제조치에 불과하다(수원지법 2013. 1. 25, 2011노5044).

제7조(위험 방지를 위한 출입) ① **경찰관**은 위험한 사태 발생하여 사람의 생명·신체 또는 재산에 대한 위해가 임박한 때에 **위해 방지하거나 피해자 구조 위하여**(범죄수사 위하여 X) 부득이하다고 인정하면 합리적으로 판단하여 필요한 한도에서 **다른 사람의 토지·건물·배 또는 차**(항공기 X)**에 출입할 수 있다.**
② **흥행장, 여관, 음식점, 역, 그 밖에 많은 사람**이 출입하는 장소 관리자 등은 경찰관이 범죄나 사람의 생명·신체·재산에 대한 위해 예방 위하여 **해당 장소 영업시간이나 해당 장소가 일반인에게 공개된 시간**에 출입하겠다고 요구하면 **정당한 이유 없이 그 요구를 거절할 수 없다.**
③ 경찰관은 대간첩 작전 수행에 필요할 때는 작전지역에서 제2항에 따른 장소를 검색할 수 있다.
④ **경찰관은 필요한 장소 출입할 때 증표 제시**하여야 하며, 함부로 관계인이 하는 정당한 업무 방해해서는 아니 된다.

≫ 위험방지를 위한 출입 - 대가택적 즉시강제 O, 행정조사 X

제8조(사실의 확인 등) ① **경찰관서의 장**(경찰관 X)은 직무 수행에 필요 인정되는 상당한 이유 있을 때는 국가기관이나 공사 단체 등에 **직무 수행에 관련된 사실 조회할 수 있다.** 다만, 긴급한 경우는 **소속 경찰관**으로 하여금 현장에 나가 해당 기관 또는 단체 장 협조 받아 사실을 확인하게 할 수 있다.
② **경찰관**은 다음 직무 수행 위하여 필요하면 관계인에게 출석하여야 하는 사유·일시 및 장소 명확히 적은 **출석요구서 보내 경찰관서에 출석할 것을 요구할 수 있다.**
1. **미아를 인수할 보호자** 확인
2. **유실물을 인수할 권리자** 확인
3. **사고로 인한 사상자** 확인
4. **행정처분 위한 교통사고 조사에 필요한 사실** 확인

제8조의2(정보의 수집 등) ① 경찰관은 **범죄·재난·공공갈등 등 공공안녕에 대한 위험의 예방과 대응을 위한 정보**의 수집·작성·배포와 이에 수반되는 사실의 확인을 할 수 있다.

➕ 「경찰관의 정보수집 및 처리 등에 관한 규정(대통령령)」

제2조(정보활동의 기본원칙 등) ① 공공안녕에 대한 위험의 예방과 대응을 위한 정보의 수집·작성·배포와 이에 수반되는 사실의 확인을 위해 경찰관이 수행하는 활동(이하 "정보활동"이라 한다)은 국민의 자유와 권리를 보호하는 것을 목적으로 해야 하며, 필요 최소한의 범위에 그쳐야 한다.
② 경찰관은 정보활동과 관련하여 다음 각 호의 행위를 해서는 안 된다.
1. 정치에 관여하기 위해 정보를 수집·작성·배포하는 행위
2. 법령의 직무 범위를 벗어나 개인의 동향 등을 파악하기 위해 사생활에 관한 정보를 수집·작성·배포하는 행위
3. 상대방의 명시적 의사에 반해 자료 제출이나 의견 표명을 강요하는 행위
4. 부당한 민원이나 청탁을 직무 관련자에게 전달하는 행위

5. 직무상 알게 된 정보를 누설하거나 개인의 이익을 위해 사용하는 행위
6. 직무와 무관한 비공식적 직함을 사용하는 행위

제3조(수집 등 대상 정보의 구체적인 범위) 경찰관이 「경찰관 직무집행법」(이하 "법"이라 한다) 제8조의2 제1항에 따라 수집·작성·배포할 수 있는 정보의 구체적인 범위는 다음 각 호와 같다.
1. 범죄의 예방과 대응에 필요한 정보(범죄수사에 필요한 정보 X)
2. 「형의 집행 및 수용자의 처우에 관한 법률」 제126조의2 또는 「보호관찰 등에 관한 법률」 제55조의3에 따라 통보되는 정보의 대상자인 수형자·가석방자의 재범방지 및 피해자의 보호에 필요한 정보
3. 국가중요시설의 안전 및 주요 인사(人士)의 보호에 필요한 정보
4. 방첩·대테러활동 등 국가안전을 위한 활동에 필요한 정보
5. 재난·안전사고 등으로부터 국민안전을 확보하기 위한 정보
6. 집회·시위 등으로 인한 공공갈등과 다중운집에 따른 질서 및 안전 유지에 필요한 정보
7. 국민의 생명·신체·재산의 보호와 공공안녕에 대한 위험의 예방과 대응을 위한 정책에 관한 정보[해당 정책의 입안·집행·평가를 위해 객관적이고 필요한 사항에 관한 정보로 한정하며, 이와 직접적·구체적으로 관련이 없는 사생활·신조(信條) 등에 관한 정보는 제외한다]
8. 도로 교통의 위해(危害) 방지·제거 및 원활한 소통 확보를 위한 정보
9. 「보안업무규정」 제45조 제1항에 따라 경찰청장이 위탁받은 신원조사 또는 「공공기관의 정보공개에 관한 법률」 제2조 제3호에 따른 공공기관의 장이 법령에 근거하여 요청한 사실의 확인을 위한 정보
10. 그 밖에 제1호부터 제9호까지에서 규정한 사항에 준하는 정보

제4조(정보의 수집 및 사실의 확인 절차) ① 경찰관은 법 제8조의2 제1항에 따라 정보를 수집하거나 정보의 수집·작성·배포에 수반되는 사실을 확인하려는 경우에는 상대방에게 자신의 신분을 밝히고 정보수집 또는 사실 확인의 목적을 설명해야 한다. 이 경우 **강제적인 방법을 사용해서는 안 된다.**
② 제1항 전단에도 불구하고 다음 각 호의 어느 하나에 해당하는 경우에는 같은 항 전단에서 규정한 절차를 생략할 수 있다.
1. 국민의 생명·신체의 안전이나 국가안보에 긴박한 위험이 발생할 우려가 있는 경우
2. 범죄의 대응을 위한 정보활동에 현저한 지장을 초래할 우려가 있는 경우

제5조(정보 수집 등을 위한 출입의 한계) 경찰관은 다음 장소에 상시적으로 출입해서는 안 되며, 정보활동을 위해 필요한 경우에 한정하여 일시적으로만 출입해야 한다.
1. 언론·교육·종교·시민사회 단체 등 민간단체
2. 민간기업
3. 정당의 사무소

제6조(위법한 지시의 금지 및 거부) ① 누구든지 정보활동과 관련하여 경찰관에게 이 영과 그 밖의 법령에 반하여 지시해서는 안 된다.
② 경찰관은 명백히 위법한 지시라고 판단되는 경우에는 그 집행을 거부할 수 있다.

제8조의3(국제협력) **경찰청장 또는 해양경찰청장은** 이 법에 따른 경찰관 직무수행 위하여 **외국 정부기관, 국제기구 등과 자료 교환, 국제협력 활동 등을 할 수 있다.**

제9조(유치장) 법률에서 정한 절차에 따라 체포·구속된 사람 또는 신체의 자유를 제한하는 판결이나 처분 받은 사람 수용 위하여 **경찰서와 해양경찰서에 유치장을 둔다.**

제10조(경찰장비의 사용 등) ① 경찰관은 직무수행 중 **경찰장비 사용할 수 있다.** 다만, 사람 생명·신체에 위해 끼칠 수 있는 경찰장비(위해성 경찰장비)를 사용할 때는 **필요한 안전교육과 안전검사 받은 후 사용하여야 한다.**

② **"경찰장비"란** 무기, 경찰장구, 최루제와 그 발사장치, 살수차, 감식기구, 해안 감시기구, 통신기기, 차량·선박·항공기 등 경찰이 직무수행 할 때 필요한 장치와 기구를 말한다.

③ 경찰관은 경찰장비를 함부로 개조하거나 경찰장비에 임의의 장비를 부착하여 일반적인 사용법과 달리 사용함으로써 다른 사람의 생명·신체에 위해를 끼쳐서는 아니 된다.

④ 위해성 경찰장비(모든 경찰장비 X)는 필요한 최소한도에서 **사용**하여야 한다.

⑤ **경찰청장**은 위해성 경찰장비를 새로 도입하려는 경우에는 **대통령령으로 정하는 바에 따라 안전성 검사 실시**하여 그 안전성 검사 결과보고서를 국회소관상임위원회에 제출하여야 한다. 이 경우 안전성 검사에는 **외부 전문가를 참여시켜야** 한다.

제10조의2(경찰장구의 사용) ① 경찰관은 다음 각 호의 직무를 수행하기 위하여 필요하다고 인정되는 상당한 이유 있을 때에는 그 사태를 합리적으로 판단하여 필요한 한도에서 **경찰장구를 사용할 수 있다.**

1. 현행범이나 사형·무기 또는 장기 3년 이상 징역이나 금고에 해당하는 죄를 범한 범인 체포 또는 도주 방지
2. 자신이나 다른 사람 생명·신체(재산 X) 방어 및 보호
3. 공무집행에 대한 항거 제지

② **"경찰장구"란** 경찰관이 휴대하여 **범인검거와 범죄 진압 등 직무 수행에 사용하는 수갑, 포승, 경찰봉, 방패 등**을 말한다.

제10조의3(분사기 등의 사용) 경찰관은 다음 직무 수행 위하여 부득이한 경우 **현장책임자가 판단**하여 필요한 최소한 범위에서 분사기(「총포·도검·화약류 등 안전관리에 관한 법률」에 따른 분사기 말하며, 그에 사용하는 **최루 등의 작용제 포함**) 또는 **최루탄을 사용할 수 있다.**

1. 범인 체포 또는 범인 도주 방지
2. 불법집회·시위로 인한 자신이나 다른 사람 생명·신체와 재산 및 공공시설 안전에 대한 현저한 위해 발생 억제

제10조의4(무기의 사용) ① 경찰관은 범인 체포, 범인 도주 방지, 자신이나 다른 사람 생명·신체(재산 X) 방어 및 보호, 공무집행에 대한 항거 제지 위하여 필요 인정되는 상당한 이유 있을 때는 합리적 판단하여 필요한 한도에서 **무기를 사용할 수 있다.** 다만, 다음에 해당할 때 제외하고는 사람에게 위해 끼쳐서는 아니 된다.

1. 「형법」에 규정된 **정당방위와 긴급피난**(정당행위 X)에 해당할 때
2. 다음에 해당하는 때에 그 행위 방지하거나 행위자 체포 위하여 무기 사용하지 아니하고는 다른 수단이 없다고 인정되는 상당한 이유 있을 때
   가. 사형·무기 또는 장기 3년 이상 징역이나 금고에 해당하는 죄 범하거나 범하였다고 의심할 만한 충분한 이유 있는 사람이 경찰관의 직무집행에 항거하거나 도주하려고 할 때
   나. 체포·구속영장과 압수·수색영장 집행과정에서 경찰관의 직무집행에 항거나 도주 하려고 할 때
   다. 제3자가 가목 또는 나목에 해당하는 사람 도주시키려고 경찰관에게 항거할 때
   라. 범인이나 소요 일으킨 사람이 무기·흉기 등 위험한 물건 지니고 경찰관으로부터 **3회 이상 물건 버리라는 명령**이나 항복하라는 명령 받고도 따르지 아니하면서 계속 항거할 때
3. 대간첩 작전 수행 과정에서 **무장간첩**이 항복하라는 경찰관 명령을 받고도 따르지 아니할 때

② **"무기"란** 사람 생명이나 신체에 위해 끼칠 수 있도록 제작된 **권총·소총·도검 등**을 말한다.

③ 대간첩·대테러 작전 등 국가안전에 관련되는 작전을 수행할 때에는 개인화기(個人火器) 외에 공용화기(共用火器)를 사용할 수 있다.

> **관련판례**
>
> 1. 경찰관이 범인을 제압하는 과정에서 총기를 사용하여 범인을 사망에 이르게 한 사안에서, 경찰관이 총기사용에 이르게 된 동기나 목적, 경위 등을 고려하여 형사사건에서 무죄판결이 확정되었더라도 당해 경찰관의 과실의 내용과 그로 인하여 발생한 결과의 중대함에 비추어 민사상 불법행위책임을 인정한 사례(대판 2008. 2. 1, 2006다6713)
> 2. 타인의 집대문 앞에 은신하고 있다가 경찰관의 명령에 따라 순순히 손을 들고 나오면서 그대로 도주하는 범인을 경찰관이 뒤따라 추격하면서 등부위에 권총을 발사하여 사망케한 경우, 위와 같은 총기사용은 현재의 부당한 침해를 방지하거나 현재의 위난을 피하기 위한 상당성있는 행위라고 볼 수 없는 것으로서 범인의 체포를 위하여 필요한 한도를 넘어 무기를 사용한 것이라고 하여 국가의 손해배상책임을 인정한 사례(대판 1991. 5. 28, 91다10084)
> 3. 50cc 소형 오토바이 1대를 절취하여 운전중인 15~16세의 절도 혐의자 3인이 경찰관의 검문에 불응하며 도주하자, 경찰관이 체포 목적으로 오토바이의 바퀴를 조준하여 실탄을 발사하였으나 오토바이에 타고 있던 1인이 총상을 입게 된 경우, 제반 사정에 비추어 경찰관의 총기 사용이 사회통념상 허용범위를 벗어나 위법하다(대판 2004. 5. 13, 2003다57956).

제11조의2(손실보상) ① **국가**는 경찰관의 **적법한 직무집행**으로 인하여 다음 손실 입은 자에 대하여 **정당한 보상을 하여야 한다.**
1. 손실발생 원인에 대하여 **책임없는 자**가 **생명·신체 또는 재산상 손실 입은 경우**(손실발생 원인에 대하여 책임 없는 자가 경찰관의 직무집행에 자발적으로 협조하거나 물건 제공하여 **생명·신체 또는 재산상 손실** 입은 경우 **포함**)
2. 손실발생 원인에 대하여 **책임있는 자**가 **자신 책임에 상응하는 정도 초과하는 생명·신체 또는 재산상 손실** 입은 경우

② 보상청구할 수 있는 권리는 **손실 있음 안 날부터 3년, 손실 발생한 날부터 5년간** 행사하지 아니하면 시효의 완성으로 소멸한다.

➕ 「경찰관 직무집행법 시행령」

> 제9조(손실보상의 기준 및 보상금액) ① 손실보상 할 때 물건을 멸실·훼손한 경우는 다음 각 기준에 따라 보상한다.
> 1. 손실 입은 물건 수리할 수 있는 경우 : **수리비에 상당하는 금액**
> 2. 손실 입은 물건 수리할 수 없는 경우 : **손실을 입을 당시의 해당 물건의 교환가액**
> 3. 영업자가 손실입은 물건 수리나 교환으로 인하여 **영업 계속할 수 없는 경우 : 영업 계속할 수 없는 기간 중 영업상 이익에 상당하는 금액**
>
> ② 물건 멸실·훼손으로 인한 손실 외의 재산상 손실에 대해서는 직무집행과 상당한 인과관계가 있는 범위에서 보상한다.
>
> 제10조(손실보상의 지급절차 및 방법) ① 경찰관의 적법한 직무집행으로 인하여 발생한 손실을 보상받으려는 사람은 보상금 지급 청구서에 손실내용과 손실금액을 증명할 수 있는 서류 첨부하여 **손실보상청구 사건 발생지를 관할하는 국가경찰관서의 장에게 제출**하여야 한다.
>
> ② 보상금 지급 청구서 받은 국가경찰관서장은 해당 청구서를 손실보상청구 사건 심의할 손실보상심의위원회가 설치된 **경찰청, 해양경찰청, 시·도경찰청 및 지방해양경찰청의 장**에게 보내야 한다.

③ 제2항에 따라 보상금 지급 청구서를 받은 경찰청장등은 손실보상심의위원회의 심의·의결에 따라 보상 여부 및 보상금액을 결정하되, 다음 각 호의 어느 하나에 해당하는 경우에는 그 **청구를 각하(却下)하는 결정**을 하여야 한다.
1. 청구인이 같은 청구 원인으로 보상신청을 하여 보상금 지급 여부에 대하여 결정을 받은 경우. 다만, 기각 결정을 받은 청구인이 손실을 증명할 수 있는 새로운 증거가 발견되었음을 소명(疎明)하는 경우는 제외한다.
2. 손실보상 청구가 요건과 절차를 갖추지 못한 경우. 다만, 그 잘못된 부분을 시정할 수 있는 경우는 제외한다.

④ 경찰청장등은 제3항에 따른 결정일부터 10일 이내에 다음 각 호의 구분에 따른 통지서에 결정 내용을 적어서 청구인에게 통지하여야 한다.
1. 보상금을 지급하기로 결정한 경우: 별지 제5호서식의 보상금 지급 청구 승인 통지서
2. 보상금 지급 청구를 각하하거나 보상금을 지급하지 아니하기로 결정한 경우: 별지 제6호서식의 보상금 지급 청구 기각·각하 통지서

⑤ 보상금은 다른 법률에 특별 규정이 있는 경우 제외하고는 **현금으로 지급**하여야 한다.
⑥ 보상금은 **일시불로 지급**하되, 예산 부족 등 사유로 일시금으로 지급할 수 없는 특별 사정이 있는 경우에는 **청구인의 동의를 받아 분할하여 지급할 수 있다.**
⑦ 보상금을 지급받은 사람은 보상금을 지급받은 원인과 동일한 원인으로 인한 부상이 악화되거나 새로 발견되어 다음 각 호의 어느 하나에 해당하는 경우에는 보상금의 추가 지급을 청구할 수 있다. 이 경우 보상금 지급 청구, 보상금액 결정, 보상금 지급 결정에 대한 통지, 보상금 지급 방법 등에 관하여는 제1항부터 제6항까지의 규정을 준용한다.
1. 별표 제2호에 따른 부상등급이 변경된 경우(부상등급 외의 부상에서 제1급부터 제8급까지의 등급으로 변경된 경우를 포함한다)
2. 별표 제2호에 따른 부상등급 외의 부상에 대해 부상등급의 변경은 없으나 보상금의 추가 지급이 필요한 경우

제11조(손실보상심의위원회의 설치 및 구성) ① 소속 경찰공무원의 직무집행으로 인하여 발생한 손실보상청구 사건 심의 위하여 경찰청, 해양경찰청, 시·도경찰청 및 지방해양경찰청(경찰서 X)에 손실보상심의위원회 설치한다.
② 위원회는 위원장 **1명 포함한 5인 이상 7인 이하의 위원**으로 구성
④ **위촉위원의 임기는 2년**으로 한다.

제12조(위원장) ① 위원장은 **위원 중에서 호선**한다.
③ 위원장이 부득이한 사유로 직무를 수행할 수 없는 때에는 **위원장이 미리 지명한 위원이 그 직무를 대행**한다.

제13조(손실보상심의위원회의 운영) ② 위원회의 회의는 **재적위원 과반수의 출석으로 개의(開議)하고, 출석위원 과반수의 찬성으로 의결**한다.

제11조의3(범인검거 등 공로자 보상) ① **경찰청장, 시·도경찰청장 또는 경찰서장**은 다음 사람에게 **보상금 지급할 수 있다.**
1. 범인 또는 범인소재 신고하여 검거하게 한 사람
2. 범인검거하여 경찰에게 인도한 사람
3. 테러범죄 예방활동에 현저한 공로 있는 사람

② **경찰청장, 시·도경찰청장 및 경찰서장은** 보상금 지급 심사 위하여 대통령령으로 정하는 바에 따라 각각 **보상금심사위원회 설치·운영하여야 한다.**
③ 보상금심사위원회는 **위원장 1명 포함 5명 이내 위원으로 구성**
④ 보상금심사위원회 위원은 **소속 경찰공무원 중에서 경찰청장, 시·도경찰청장 또는 경찰서장이 임명**
⑤ 경찰청장, 시·도경찰청장 또는 경찰서장은 보상금심사위원회 심사·의결에 따라 보상금 지급하고, 거짓 또는 부정한 방법으로 보상금 받은 사람에 대하여는 **해당 보상금 환수한다.**

➕ 「경찰관 직무집행법 시행령」

제18조(범인검거 등 공로자 보상금 지급 대상자) 법 제11조의3 제1항 제4호에서 "대통령령으로 정하는 사람"이란 다음 각 호의 어느 하나에 해당하는 사람을 말한다.
  1. **범인의 신원을 특정할 수 있는 정보를 제공한 사람**
  2. **범죄사실을 입증하는 증거물을 제출한 사람**

제19조(보상금심사위원회의 구성 및 심사사항 등) ① 법 제11조의3 제2항에 따라 경찰청에 두는 보상금심사위원회의 위원장은 **경찰청 소속 과장급 이상의 경찰공무원 중에서 경찰청장이 임명**하는 사람으로 한다.
  ④ 보상금심사위원회의 회의는 **재적위원 과반수의 찬성으로 의결**한다.

제20조(범인검거 등 공로자 보상금의 지급 기준) 법 제11조의3 제1항에 따른 **보상금의 최고액은 5억원**으로 하며, 구체적인 보상금 지급 기준은 경찰청장이 정하여 고시한다.

➕ 「범인검거 등 공로자 보상에 관한 규정」(경찰청고시)

제6조(보상금의 지급 기준) ① 시행령 제20조에 따른 보상금 지급기준 금액은 다음 각 호와 같다.
  1. 사형, 무기징역 또는 무기금고, 장기 10년 이상의 징역 또는 금고에 해당하는 범죄: 100만원
  2. 장기 10년 미만의 징역 또는 금고에 해당하는 범죄: 50만원
  3. 장기 5년 미만의 징역 또는 금고, 장기 10년 이상의 자격정지 또는 벌금형: 30만원
  ⑤ 동일한 사람에게 지급결정일을 기준으로 연간(1월 1일부터 12월 31일까지를 말한다) 5회를 초과하여 보상금을 지급할 수 없다.

제9조(보상금 이중 지급의 제한) 보상금 지급 심사·의결을 거쳐 지급이 이루어진 이후에는 동일한 사건에 대하여 보상금을 지급할 수 없다.

제10조(보상금의 배분 지급) 범인검거 등 공로자가 2명 이상인 경우에는 각자의 공로, 당사자 간의 분배 합의 등을 감안해서 배분하여 지급할 수 있다.

제11조의4(소송 지원) 경찰청장과 해양경찰청장은 경찰관이 제2조 각 호에 따른 직무의 수행으로 인하여 민·형사상 책임과 관련된 소송을 수행할 경우 **변호인 선임 등 소송 수행에 필요한 지원을 할 수 있다.**

제11조의5(직무 수행으로 인한 형의 감면) 다음 각 호의 범죄가 행하여지려고 하거나 행하여지고 있어 **타인의 생명·신체(재산 X)에 대한 위해 발생의 우려가 명백하고 긴급한 상황**에서, 경찰관이 그 위해를 예방하거나 진압하기 위한 행위 또는 범인의 검거 과정에서 경찰관을 향한 직접적인 유형력 행사에 대응하는 행위를 하여 그로 인하여 타인에게 피해가 발생한 경우, 그 경찰관의 직무수행이 불가피한 것이고 필요한 최소한의 범위에서 이루어졌으며 **해당 경찰관에게 고의 또는 중대한 과실이 없는** 때에는 그 **정상을 참작하여 형을 감경하거나 면제할 수 있다.**
  1. 「형법」 제2편제24장 **살인**의 죄, 제25장 **상해와 폭행**의 죄, 제32장 강간과 추행의 죄 중 **강간**에 관한 범죄, 제38장 절도와 강도의 죄 중 **강도**에 관한 범죄 및 이에 대하여 다른 법률에 따라 가중처벌하는 범죄

2. 「가정폭력범죄의 처벌 등에 관한 특례법」에 따른 **가정폭력범죄**, 「아동학대범죄의 처벌 등에 관한 특례법」에 따른 **아동학대범죄**

제12조(벌칙) 이 법에 규정된 경찰관 의무 위반하거나 직권남용하여 다른 사람에게 해를 끼친 사람은 **1년 이하 징역이나 금고**

3 「위해성 경찰장비의 사용기준등에 관한 규정」(대통령령)

제2조(경찰장비의 종류) 인명 또는 신체에 위해를 가할 수 있는 경찰장비의 종류
  1. 경찰장구 : **수갑·포승·호송용포승·경찰봉·호신용경봉·전자충격기·방패 및 전자방패**
  2. 무기 : **권총·소총·기관총(기관단총 포함)·산탄총·유탄발사기·박격포·3인치포·함포·크레모아·수류탄·폭약류 및 도검**
  3. 분사기·최루탄등 : **근접분사기·가스분사기·가스발사총(고무탄 발사겸용을 포함) 및 최루탄(그 발사장치를 포함)**
  4. 기타장비 : **가스차·살수차·특수진압차·물포·석궁·다목적 발사기 및 도주차량차단장비**

제4조(영장집행등에 따른 수갑등의 사용기준) 경찰관(경찰공무원에 한한다)은 체포·구속 영장 집행하거나 신체자유 제한하는 판결 또는 처분 받은 자를 법률이 정한 절차에 따라 호송하거나 수용하기 위하여 필요한 때는 최소한 범위안에서 수갑·포승 또는 호송용포승 사용할 수 있다.

제5조(자살방지등을 위한 수갑등의 사용기준 및 사용보고) 경찰관은 범인·술에 취한 사람 또는 정신착란자 자살 또는 자해기도 방지 위하여 필요한 때에는 수갑·포승 또는 호송용포승 사용할 수 있다. 이 경우 경찰관은 소속 국가경찰관서장에게 보고해야 한다.

제6조(불법집회등에서의 경찰봉·호신용경봉의 사용기준) 경찰관은 불법집회·시위로 인하여 발생할 수 있는 타인 또는 경찰관 생명·신체 위해와 재산·공공시설 위험 방지 위하여 필요한 때는 최소한 범위에서 경찰봉 또는 호신용경봉 사용가능

제8조(전자충격기등의 사용제한) ① 경찰관은 **14세 미만 자 또는 임산부**에 대하여 전자충격기 또는 전자방패 사용금지
  ② 경찰관은 전극침 발사장치 있는 전자충격기 사용하는 경우 상대방 얼굴 향하여 전극침 발사금지

제9조(총기사용의 경고) 경찰관은 법 제10조의4에 따라 사람을 향하여 권총 또는 소총을 발사하고자 하는 때에는 **미리 구두 또는 공포탄에 의한 사격으로 상대방에게 경고**하여야 한다. 다만, 다음 각 호의 어느 하나에 해당하는 경우로서 부득이한 때에는 경고하지 아니할 수 있다.
  1. 경찰관을 급습하거나 타인의 생명·신체에 대한 중대한 위험을 야기하는 범행이 목전에 실행되고 있는 등 상황이 급박하여 특히 경고할 시간적 여유가 없는 경우
  2. 인질·간첩 또는 테러사건에 있어서 은밀히 작전을 수행하는 경우

제10조(권총 또는 소총의 사용제한) ① 경찰관은 권총 또는 소총을 사용하는 경우에 있어서 범죄와 무관한 다중의 생명·신체에 위해 가할 우려가 있는 때에는 이를 사용하여서는 아니된다. 다만, 권총 또는 소총 사용하지 아니하고는 타인 또는 경찰관의 생명·신체에 대한 중대한 위험을 방지할 수 없다고 인정되는 때에는 필요한 최소한의 범위안에서 사용할 수 있다.
  ② 경찰관은 총기 또는 폭발물 가지고 대항하는 경우 제외하고는 **14세 미만 자 또는 임산부에 대하여 권총 또는 소총 발사금지**

제12조(가스발사총등의 사용제한) ① 경찰관은 범인 체포·도주방지, 타인 또는 경찰관 생명·신체 방호, **공무집행에 대한 항거 억제** 위하여 필요한 때는 최소한 범위에서 가스발사총 사용가능. 경찰관은 **1미터 이내 거리에서 얼굴 향하여 발사금지**

② 경찰관은 최루탄발사기로 최루탄 발사하는 경우 **30도 이상 발사각 유지**, 가스차·살수차 또는 특수진압차 최루탄발사대로 최루탄 발사하는 경우 **15도 이상 발사각 유지**

제17조(위해성 경찰장비 사용을 위한 안전교육) 법 제10조 제1항 단서에 따라 직무수행 중 **위해성 경찰장비 사용하는 경찰관**은 위해성 경찰장비 사용을 위한 안전교육을 받아야 한다.

제18조(위해성 경찰장비에 대한 안전검사) 위해성 경찰장비 사용하는 **경찰관이 소속한 국가경찰관서장**은 소속 **경찰관이 사용할 위해성 경찰장비에 대한 안전검사를 별표 2의 기준에 따라 실시**하여야 한다.

제18조의2(신규 도입 장비의 안전성 검사) ① 경찰청장은 위해성 경찰장비를 새로 도입하려는 경우에는 법 제10조제5항에 따라 안전성 검사를 실시하여 새로 도입하려는 장비(이하 이 조에서 "신규 도입 장비"라 한다)가 사람의 생명이나 신체에 미치는 영향을 평가하여야 한다.

③ **안전성 검사 참여 외부 전문가**는 안전성 검사가 끝난 후 **30일 이내** 신규 도입 장비 안전성에 대한 의견을 **경찰청장에게 제출**하여야 한다.

④ **경찰청장**은 신규 도입 장비에 대한 안전성 검사 실시한 후 **3개월 이내** 다음 내용 포함된 안전성 **검사 결과보고서를 국회 소관 상임위원회에 제출하여야 한다.**

1. 신규 도입 장비의 주요 특성 및 기본적인 작동 원리
2. 안전성 검사의 방법 및 기준
3. 안전성 검사에 참여한 외부 전문가의 의견
4. 안전성 검사 결과 및 종합 의견

제19조(위해성 경찰장비의 개조 등) 국가경찰관서의 장은 폐기대상인 위해성 경찰장비 또는 성능이 저하된 위해성 경찰장비를 개조할 수 있으며, 소속경찰관으로 하여금 이를 본래의 용법에 준하여 사용하게 할 수 있다.

제20조(사용기록의 보관 등) ① 제2조 제2호부터 제4호까지 위해성 경찰장비(제4호 경우는 살수차만 해당)를 사용하는 경우 그 **현장책임자 또는 사용자**는 사용보고서 작성하여 **직근상급 감독자에게 보고**, 직근상급 감독자는 **이를 3년간 보관**하여야 한다.

② 제1항의 규정에 의하여 제2조 제2호의 무기 사용보고를 받은 직근상급 감독자는 지체없이 지휘계통을 거쳐 경찰청장 또는 해양경찰청장에게 보고하여야 한다.

제21조(부상자에 대한 긴급조치) 경찰관이 위해성 경찰장비를 사용하여 부상자가 발생한 경우에는 즉시 구호, 그 밖에 필요한 긴급조치를 하여야 한다.

4 「경찰 물리력 행사의 기준과 방법에 관한 규칙(경찰청예규)」

1. 대상자의 행위와 경찰관의 대응수준

대상자의 행위		경찰관의 대응수준	
순응	대상자가 경찰관의 지시, 통제에 따르는 상태. 다만, 대상자가 경찰관의 요구에 즉각 응하지 않고 약간의 시간만 지체하는 경우는 '순응'으로 본다.	협조적 통제	'순응' 이상의 상태인 대상자에 대해 사용할 수 있는 물리력 수준으로서, 대상자의 협조를 유도하거나 협조에 따른 물리력을 말한다.
소극적 저항	대상자가 경찰관의 지시, 통제를 따르지 않고 비협조적이지만 경찰관 또는 제3자에 대해 직접적인 위해를 가하지 않는 상태. 경찰관이 정당한 이동 명령을 발하였음에도 가만히 서있거나 앉아 있는 등 전혀 움직이지 않는 상태, 일부러 몸의 힘을 모두 빼거나, 고정된 물체를 꽉 잡고 버팀으로써 움직이지 않으려는 상태 등이 이에 해당한다.	접촉 통제	'소극적 저항' 이상의 상태인 대상자에 대해 사용할 수 있는 물리력 수준으로서, 대상자 신체 접촉을 통해 경찰목적 달성을 강제하지만 신체적 부상을 야기할 가능성은 극히 낮은 물리력을 말한다.
적극적 저항	대상자가 자신에 대한 경찰관의 체포·연행 등 정당한 공무집행을 방해하지만 경찰관 또는 제3자에 대해 위해 수준이 낮은 행위만을 하는 상태. 대상자가 자신을 체포·연행하려는 경찰관으로부터 물리적으로 이탈하거나 도주하려는 행위, 체포·연행을 위해 팔을 잡으려는 경찰관의 손을 뿌리치거나, 경찰관을 밀고 잡아끄는 행위, 경찰관에게 침을 뱉거나 경찰관을 밀치는 행위 등이 이에 해당한다.	저위험 물리력	'적극적 저항' 이상의 상태인 대상자에 대해 사용할 수 있는 물리력 수준으로서, 대상자가 통증을 느낄 수 있으나 신체적 부상을 당할 가능성은 낮은 물리력을 말한다.
폭력적 공격	대상자가 경찰관 또는 제3자에 대해 신체적 위해를 가하는 상태. 대상자가 경찰관에게 폭력을 행사하려는 자세를 취하여 그 행사가 임박한 상태, 주먹·발 등을 사용해서 경찰관에 대해 신체적 위해를 초래하고 있거나 임박한 상태, 강한 힘으로 경찰관을 밀거나 잡아당기는 등 완력을 사용해 체포에서 벗어나려고 하는 상태 등이 이에 해당한다.	중위험 물리력	'폭력적 공격' 이상의 상태의 대상자에 대해 사용할 수 있는 물리력 수준으로서, 대상자에게 신체적 부상을 입힐 수 있으나 생명·신체에 대한 중대한 위해 발생 가능성은 낮은 물리력을 말한다.
치명적 공격	대상자가 경찰관 또는 제3자에 대해 사망 또는 심각한 부상을 초래할 수 있는 행위를 하는 상태. 총기류(공기총·엽총·사제권총 등), 흉기(칼·도끼·낫 등), 둔기(망치·쇠파이프 등)를 이용하여 경찰관, 제3자에 대해 위력을 행사하고 있거나 위해 발생이 임박한 경우, 경찰관이나 제3자의 목을 세게 조르거나 무차별 폭행하는 등 생명·신체에 대해 중대한 위해가 발생할 정도의 위험한 폭력을 행사하는 경우가 이에 해당한다.	고위험 물리력	'치명적 공격' 상태의 대상자로 인해 경찰관 또는 제3자의 생명·신체에 급박하고 중대한 위해가 초래될 가능성이 있는 경우 최후의 수단으로 사용할 수 있는 물리력 수준으로서, 대상자의 사망 또는 심각한 부상을 초래할 수 있는 물리력을 말한다.

2. 물리력의 종류

저위험 물리력	가. 목을 압박하여 제압하거나 관절을 꺾는 방법, 팔·다리를 이용해 움직이지 못하도록 조르는 방법, 다리를 걸거나 들쳐 매는 등 균형을 무너뜨려 넘어뜨리는 방법, 대상자가 넘어진 상태에서 움직이지 못하게 위에서 눌러 제압하는 방법 나. **분사기 사용**(다른 저위험 물리력 이하의 수단으로 제압이 어렵고, 경찰관이나 대상자의 부상 등의 방지를 위해 필요한 경우)
중위험 물리력	가. 손바닥, 주먹, 발 등 신체부위를 이용한 가격 나. 경찰봉으로 중요부위가 아닌 신체 부위를 찌르거나 가격 다. 방패로 강하게 압박하거나 세게 미는 행위 라. **전자충격기 사용**
고위험 물리력	1) 권총 등 총기류 사용 2) **경찰봉, 방패, 신체적 물리력으로 대상자의 신체 중요 부위 또는 급소 부위 가격**, 대상자의 목을 강하게 조르거나 신체를 강한 힘으로 압박하는 행위

3. 분사기 사용한계 및 유의사항

다. 경찰관은 **정당방위나 긴급피난의 요건이 충족되지 않는 한**, 다음 어느 하나에 해당하는 상황에서는 분사기를 사용하여서는 아니 된다.
  1) 밀폐된 공간에서의 사용(다만, **경찰 순찰차의 운행을 방해하는 대상자를 제압하기 위해 다른 물리력 사용이 불가능한 경우는 제외**한다)
  2) 대상자가 수갑 또는 포승으로 결박되어 있는 경우(다만, 대상자의 행위로 인해 **경찰관 또는 제3자에 대한 신체적 위해 발생 가능성 있는 경우는 제외**한다)
  3) 대상자의 '**소극적 저항**' 상태가 장시간 지속될 뿐 이를 즉시 중단시켜야 할 정도로 급박하거나 위험하지 않은 상황
  4) 경찰관이 대상자가 14세 미만이거나 임산부 또는 호흡기 질환을 가지고 있음을 인지한 경우(다만, **대상자의 저항 정도가 고위험 물리력을 사용할 수밖에 없는 상황은 제외**한다)

4. 전자충격기 사용시 유의사항

가. 경찰관은 근무 시작 전 전자충격기의 배터리 충전 여부와 전기 불꽃 작동 상태를 반드시 확인하여야 한다.
나. 경찰관은 공무수행에 필요하다고 믿을 만한 상황이 아닌 경우에는 전자충격기를 뽑아 들거나 다른 사람을 향하도록 하여서는 아니 되며, **반드시 전자충격기집에 휴대**하여야 한다.
다. 경찰관은 전자충격기 사용 필요성이 인정되고 시간적 여유가 있는 경우에는 신속히 이 사실을 **직근상급 감독자에게 보고**하고, **동료 경찰관에게 전파**하여야 한다. 이를 인지한 직근상급 감독자는 필요한 지휘를 하여야 한다.
라. 경찰관이 대상자에게 전자충격기 전극침을 발사하는 경우에는 **사전 구두 경고**를 하여야 한다. 다만, **현장상황이 급박한 경우에는 생략**할 수 있다.
마. 경찰관이 사람을 향해 전자충격기를 사용하는 경우에는 **적정사거리(3~4.5m)에서 후면부(후두부 제외)나 전면부의 흉골 이하(안면, 심장, 급소 부위 제외)를 조준**하여야 한다. 다만, 대상자가 두껍거나 헐렁한 상의를 착용하여 전극침의 효과가 없다고 판단되는 경우 대상자의 하체를 조준하여야 한다.
바. 경찰관은 전자충격기 전극침 불발, 명중 실패, 효과 미발생 시 예상되는 대상자의 추가적인 공격에 대한 적절한 대비책(스턴 방식 사용, 경찰봉 사용 준비, 동료 경찰관의 물리력 사용 태세 완비, 경력 지원 요청 등)을 미리 준비하여야 한다.
사. 전자충격기 **전극침이 대상자에 명중한 경우에는 필요 이상의 전류가 흐르지 않도록 즉시 방아쇠로부터 손가락을 떼야 하며**, 1 사용주기(방아쇠를 1회 당겼을 때 전자파장이 지속되는 시간)가 경과한 후 대상자의 상태, 저항 정도를 확인하여 추가적인 전자충격을 줄 필요가 있다고 판단되는 경우 다시 방아쇠를 당겨 사용할 수 있다.
아. **한 명의 대상자에게 동시에 두 대 이상의 전자충격기 전극침을 발사하거나 스턴 기능을 사용해서는 아니 된다.**
자. 수갑을 사용 하는 경우, **먼저 전자충격기를 전자충격기집에 원위치 시킨 이후 양손으로 시도**하여야 한다. 전자충격기를 파지한 상태에서 다른 한 손으로 수갑을 사용할 수밖에 없는 불가피한 상황에서는 안전사고 및 전자충격기 피탈방지에 각별히 유의하여야 한다.

5. 권총 사용시 유의사항

가. 경찰관은 공무수행 중 필요하다고 믿을 만한 경우가 아닌 경우에는 권총을 뽑아 들거나 다른 사람을 향하도록 하여서는 안 되며, 반드시 권총을 권총집에 휴대하여야 한다.

나. 권총 장전 시 반드시 안전고무(안전장치)를 장착한다.

다. 경찰관은 권총 사용의 필요성이 인정되고 시간적 여유가 있는 경우에는 신속히 이 사실을 **직근상급 감독자에게 보고**하고, **동료 경찰관에게 전파**하여야 한다. 이를 인지한 직근상급 감독자는 신속히 현장으로 진출하여 지휘하여야 한다.

라. 경찰관이 권총을 뽑아드는 경우, 격발 순간을 제외하고는 **항상 검지를 방아쇠울에서 빼 곧게 뻗어 실린더 밑 총신에 일자로 대는 '검지 뻗기' 상태를 유지**하여 의도하지 않은 격발을 방지하여야 한다.

마. 경찰관이 권총집에서 권총을 뽑은 상태에서 사격을 하지 않는 경우, **총구는 항상 지면 또는 공중을 향하게 하여야** 한다.

바. 경찰관은 사람을 향하여 권총을 발사하고자 하는 때에는 **사전 구두 경고를 하거나 공포탄으로 경고**하여야 한다. 다만, 현장상황이 급박하여 대상자에게 경고할 시간적 여유가 없는 경우나 인질·간첩 또는 테러사건에 있어서 은밀히 작전을 수행하는 경우 등 부득이한 때에는 생략할 수 있다.

사. 경찰관이 공포탄 또는 실탄으로 경고 사격을 하는 때는 **경찰관의 발 앞쪽 70도에서 90도 사이 각도의 지면 또는 장애물이 없는 허공을 향하여**야 한다.

아. 경찰관은 사람을 향해 권총을 조준하는 경우에는 **가급적 대퇴부 이하** 등 상해 최소 부위를 향한다.

자. 경찰관이 리볼버 권총을 사용하는 경우 안전을 위해 **가급적 복동식(단동식 X) 격발 방법을 사용**하여야 하며, 단동식 격발 방법을 사용하는 경우 격발에 근접한 때가 아닌 한 권총의 공이치기를 미리 젖혀놓지 않도록 하여야 한다.

차. 수갑을 사용하는 경우, **먼저 권총을 권총집에 원위치 시킨 이후 양손으로 시도**하여야 한다. 권총을 파지한 상태에서 다른 한 손으로 수갑을 사용할 수밖에 없는 불가피한 상황에서는 오발 사고 및 권총 피탈 방지에 각별히 유의하여야 한다.

제5절 범죄 피해자 보호

1 「범죄피해자 보호법」

제1조(목적) 이 법은 범죄피해자 보호·지원의 기본 정책 등을 정하고 타인의 범죄행위로 인하여 **생명·신체(재산 X)에 피해를 받은 사람을 구조(救助)**함으로써 범죄피해자의 복지 증진에 기여함을 목적으로 한다.

제2조(기본이념) ① 범죄피해자는 범죄피해 상황에서 빨리 벗어나 인간의 존엄성을 보장받을 권리가 있다.
② 범죄피해자의 명예와 사생활의 평온은 보호되어야 한다.
③ 범죄피해자는 해당 사건과 관련하여 각종 법적 절차에 참여할 권리가 있다.

제3조(정의) ① 이 법에서 사용하는 용어의 뜻은 다음과 같다.
1. "**범죄피해자**"란 타인의 범죄행위로 피해를 당한 사람과 그 배우자(사실상의 혼인관계를 포함한다), **직계친족 및 형제자매**를 말한다.
2. "**범죄피해자 보호·지원**"이란 범죄피해자의 손실 복구, 정당한 권리 행사 및 복지 증진에 기여하는 행위를 말한다. 다만, 수사·변호 또는 재판에 부당한 영향을 미치는 행위는 포함되지 아니한다.
3. "**범죄피해자 지원법인**"이란 범죄피해자 보호·지원을 주된 목적으로 설립된 비영리법인을 말한다.
4. "**구조대상 범죄피해**"란 대한민국의 영역 안에서 또는 대한민국의 영역 밖에 있는 대한민국의 선박이나 항공기 안에서 행하여진 사람의 생명 또는 신체를 해치는 죄에 해당하는 행위(「형법」 제9조(14세가 되지 아니한 자의 행위), 제10조 제1항(심신장애로 인하여 사물을 변별할 능력이 없거나 의사를 결정할 능력이 없는 자의 행위), 제12조(저항할 수 없는 폭력이나 자기 또는 친족의 생명, 신체에 대한 위해를 방어할 방법이 없는 협박에 의하여 강요된 행위), 제22조 제1항(긴급피난)에 따라 처벌되지 아니하는 행위를 **포함**하며, 같은 법 제20조(정당행위 – 법령에 의한 행위 또는 업무로 인한 행위 기타 사회상규에 위배되지 아니하는 행위) 또는 제21조 제1항(정당방위)에 따라 처벌되지 아니하는 행위 및 과실에 의한 행위는 제외한다)로 인하여 사망하거나 장해 또는 중상해를 입은 것을 말한다.
5. "**장해**"란 범죄행위로 입은 부상이나 질병이 치료(그 증상이 고정된 때를 포함한다)된 후에 남은 신체의 장해로서 대통령령으로 정하는 경우를 말한다.
6. "**중상해**"란 범죄행위로 인하여 신체나 그 생리적 기능에 손상을 입은 것으로서 대통령령으로 정하는 경우를 말한다.

제4조(국가의 책무) 국가는 범죄피해자 보호·지원을 위하여 다음 각 호의 조치를 취하고 이에 필요한 재원을 조달할 책무를 진다.
1. 범죄피해자 보호·지원 체제의 구축 및 운영
2. 범죄피해자 보호·지원을 위한 실태조사, 연구, 교육, 홍보
3. 범죄피해자 보호·지원을 위한 관계 법령의 정비 및 각종 정책의 수립·시행

제6조(국민의 책무) 국민은 범죄피해자의 명예와 사생활의 평온을 해치지 아니하도록 유의하여야 하고, 국가 및 지방자치단체가 실시하는 범죄피해자를 위한 정책의 수립과 추진에 최대한 협력하여야 한다.

제8조(형사절차 참여 보장 등) ① 국가는 범죄피해자가 해당 사건과 관련하여 수사담당자와 상담하거나 재판절차에 참여하여 진술하는 등 형사절차상의 권리를 행사할 수 있도록 보장하여야 한다.
② 국가는 범죄피해자가 요청하면 가해자에 대한 수사 결과, 공판기일, 재판 결과, 형 집행 및 보호관찰 집행 상황 등 형사절차 관련 정보를 대통령령으로 정하는 바에 따라 제공할 수 있다.

제9조(사생활의 평온과 신변의 보호 등) ① 국가 및 지방자치단체는 범죄피해자의 명예와 사생활의 평온을 보호하기 위하여 필요한 조치를 하여야 한다.
② 국가 및 지방자치단체는 범죄피해자가 형사소송절차에서 한 진술이나 증언과 관련하여 보복을 당할 우려가 있는 등 범죄피해자를 보호할 필요가 있을 경우에는 적절한 조치를 마련하여야 한다.

제16조(구조금의 지급요건) 국가는 구조대상 범죄피해를 받은 사람(이하 "구조피해자"라 한다)이 다음 각 호의 어느 하나에 해당하면 **구조피해자 또는 그 유족에게 범죄피해 구조금**(이하 "구조금"이라 한다)을 **지급**한다.
1. **구조피해자가 피해의 전부 또는 일부를 배상받지 못하는 경우**
2. **자기 또는 타인의 형사사건의 수사 또는 재판**에서 고소·고발 등 수사단서를 제공하거나 진술, 증언 또는 자료제출을 하다가 **구조피해자가 된 경우**

제17조(구조금의 종류 등) ① 구조금은 **유족구조금·장해구조금 및 중상해구조금으로 구분**하며, **일시금으로 지급**한다.
② 유족구조금은 구조피해자가 사망하였을 때 제18조에 따라 맨 앞의 순위인 유족에게 지급한다. 다만, 순위가 같은 유족이 2명 이상이면 똑같이 나누어 지급한다.

제19조(구조금을 지급하지 아니할 수 있는 경우) ① **범죄행위 당시 구조피해자와 가해자 사이에 다음 각 호의 어느 하나에 해당하는 친족관계가 있는 경우에는 구조금을 지급하지 아니한다.**
1. 부부(사실상의 혼인관계를 포함한다)
2. 직계혈족
3. 4촌 이내의 친족
4. 동거친족

② 범죄행위 당시 **구조피해자와 가해자 사이에 제1항 각 호의 어느 하나에 해당하지 아니하는 친족관계가 있는 경우**에는 구조금의 일부를 지급하지 아니한다.
③ **구조피해자가 다음 각 호의 어느 하나에 해당하는 행위를 한 때에는 구조금을 지급하지 아니한다.**
1. 해당 범죄행위를 **교사 또는 방조**하는 행위
2. **과도한 폭행·협박 또는 중대한 모욕 등 해당 범죄행위를 유발**하는 행위
3. 해당 범죄행위와 관련하여 현저하게 부정한 행위
4. **해당 범죄행위를 용인**하는 행위
5. 집단적 또는 상습적으로 불법행위를 행할 우려가 있는 조직에 속하는 행위(다만, 그 조직에 속하고 있는 것이 해당 범죄피해를 당한 것과 관련이 없다고 인정되는 경우는 제외한다)
6. **범죄행위에 대한 보복으로 가해자 또는 그 친족이나 그 밖에 가해자와 밀접한 관계가 있는 사람의 생명을 해치거나 신체를 중대하게 침해하는 행위**

④ 구조피해자가 다음 각 호의 어느 하나에 해당하는 행위를 한 때에는 구조금의 일부를 지급하지 아니한다.
1. **폭행·협박 또는 모욕 등 해당 범죄행위를 유발하는 행위**
2. 해당 범죄피해의 발생 또는 중대에 가공(加功)한 부주의한 행위 또는 부적절한 행위

제25조(구조금의 지급신청) ① 구조금을 받으려는 사람은 법무부령으로 정하는 바에 따라 그 **주소지, 거주지 또는 범죄 발생지를 관할하는 지구심의회에 신청**하여야 한다.
② 제1항에 따른 신청은 해당 구조대상 **범죄피해의 발생을 안 날부터 3년**이 지나거나 해당 구조대상 **범죄피해가 발생한 날부터 10년**이 지나면 할 수 없다.

제28조(긴급구조금의 지급 등) ① 지구심의회는 제25조 제1항에 따른 신청을 받았을 때 구조피해자의 장해 또는 중상해 정도가 명확하지 아니하거나 그 밖의 사유로 인하여 신속하게 결정을 할 수 없는 사정이

있으면 신청 또는 직권으로 대통령령으로 정하는 금액의 범위에서 긴급구조금을 지급하는 결정을 할 수 있다.

제31조(소멸시효) 구조금을 받을 권리는 그 **구조결정이 해당 신청인에게 송달된 날부터 2년간 행사하지 아니하면 시효로 인하여 소멸**된다.

제32조(구조금 수급권의 보호) 구조금을 받을 권리는 양도하거나 담보로 제공하거나 압류할 수 없다.

제46조의2(경찰관서의 협조) 범죄피해자 지원법인의 장 또는 보호시설의 장은 피해자나 피해자의 가족구성원을 긴급히 구조할 필요가 있을 때에는 경찰관서(지구대·파출소 및 출장소를 포함한다)의 장에게 그 소속 직원의 동행을 요청할 수 있으며, 요청을 받은 경찰관서의 장은 특별한 사유가 없으면 이에 따라야 한다.

관련판례

범죄피해자 보호법에 의한 범죄피해 구조금 중 위 법 제17조 제2항의 유족구조금은 사람의 생명 또는 신체를 해치는 죄에 해당하는 행위로 인하여 사망한 피해자 또는 그 유족들에 대한 손실보상을 목적으로 하는 것으로서, 위 범죄행위로 인한 손실 또는 손해를 전보하기 위하여 지급된다는 점에서 불법행위로 인한 소극적 손해의 배상과 같은 종류의 금원이라고 봄이 타당하다(대판 2017. 11. 9, 2017다228083).

2 각 개별법상 피해자보호

1. 「인신매매등방지 및 피해자보호 등에 관한 법률」상 피해자 보호

제23조(피해자에 대한 보호) ① 검사 또는 사법경찰관리는 수사과정에서 피의자 또는 참고인이 인신매매등의 피해를 당했다고 볼 만한 상당한 이유가 있을 때에는 지체 없이 법정대리인·친족 또는 변호인에게 통지하고, 신변보호, 수사의 비공개 등 그 보호에 필요한 조치를 하여야 한다.
② 제1항에 따른 통지의 대상이 되는 법정대리인·친족 또는 변호인이 인신매매등 행위에 가담했다고 볼 만한 상당한 이유가 있거나, 피의자 또는 참고인의 사생활 보호 등 부득이한 사유가 있는 경우에는 제1항에도 불구하고 통지하지 아니할 수 있다.

제24조(불법원인으로 인한 채권의 무효) ① 인신매매등범죄를 범한 자가 해당 범죄행위와 관련하여 피해자에 대하여 가지는 채권은 그 **계약의 형식이나 명목과 관계없이 이를 무효**로 한다. 그 **채권을 양도하거나 그 채무를 인수한 경우에도 또한 같다.**
③ 검사 또는 사법경찰관리는 피해자를 조사할 때에는 제1항의 채권이 무효인 사실을 본인 또는 법정대리인 등에게 고지하여야 한다.

2. 「성폭력방지 및 피해자보호 등에 관한 법률(성폭력방지법)」상 '피해자 보호'

> **제2조(정의)** 이 법에서 사용하는 용어의 뜻은 다음과 같다.
> 3. "성폭력피해자"란 **성폭력으로 인하여 직접적으로 피해를 입은 사람**을 말한다.
>
> **제8조(피해자 등에 대한 불이익조치의 금지)** 누구든지 피해자 또는 성폭력 발생 사실을 신고한 자를 고용하고 있는 자는 **성폭력과 관련하여 피해자 또는 성폭력 발생 사실을 신고한 자에게 다음 각 호의 어느 하나에 해당하는 불이익조치를 하여서는 아니 된다.**
> 1. 파면, 해임, 해고, 그 밖에 신분상실에 해당하는 불이익조치
> 2. 징계, 정직, 감봉, 강등, 승진 제한, 그 밖의 부당한 인사조치
> 3. 전보, 전근, 직무 미부여, 직무 재배치, 그 밖에 본인의 의사에 반하는 인사조치
> 4. 성과평가 또는 동료평가 등에서의 차별이나 그에 따른 임금 또는 상여금 등의 차별 지급
> 5. 직업능력 개발 및 향상을 위한 교육훈련 기회의 제한, 예산 또는 인력 등 가용자원의 제한 또는 제거, 보안정보 또는 비밀정보 사용의 정지 또는 취급자격의 취소, 그 밖에 근무조건 등에 부정적 영향을 미치는 차별 또는 조치
> 6. 주의 대상자 명단 작성 또는 그 명단의 공개, 집단 따돌림, 폭행 또는 폭언 등 정신적·신체적 손상을 가져오는 행위 또는 그 행위의 발생을 방치하는 행위
> 7. 직무에 대한 부당한 감사 또는 조사나 그 결과의 공개
> 8. 그 밖에 본인의 의사에 반하는 불이익조치
> → 이를 위반하여 피해자 또는 성폭력 발생 사실을 신고한 자에게 불이익조치를 한 자는 3년 이하의 징역 또는 3천만원 이하의 벌금
>
> **제31조(경찰관서의 협조)** 상담소, 보호시설 또는 통합지원센터의 장은 피해자등을 긴급히 구조할 필요가 있을 때에는 경찰관서(지구대·파출소 및 출장소를 포함한다)의 장에게 그 소속 직원의 동행을 요청할 수 있으며, 요청을 받은 경찰관서의 장은 특별한 사유가 없으면 이에 따라야 한다.
>
> **제31조의2(사법경찰관리의 현장출동 등)** ① 사법경찰관리는 성폭력 신고가 접수된 때에는 지체 없이 신고된 현장에 출동하여야 한다.
> ② 제1항에 따라 출동한 사법경찰관리는 신고된 현장에 출입하여 관계인에 대하여 조사를 하거나 질문을 할 수 있다.
> ⑤ 누구든지 정당한 사유 없이 신고된 현장에 출동한 사법경찰관리에 대하여 현장조사를 거부하는 등 업무를 방해하여서는 아니 된다. → 이를 위반하여 정당한 사유 없이 현장조사를 거부하는 등 업무를 방해한 자에게는 500만원 이하 과태료 부과

3. 「가정폭력방지 및 피해자보호 등에 관한 법률」상 '피해자 보호'

> 제2조(정의) 이 법에서 사용하는 용어의 뜻은 다음과 같다.
> 3. "피해자"란 가정폭력으로 인하여 직접적으로 피해를 입은 자를 말한다.
>
> 제4조의5(피해자에 대한 불이익처분의 금지) 피해자를 고용하고 있는 자는 누구든지 「가정폭력범죄의 처벌 등에 관한 특례법」에 따른 가정폭력범죄와 관련하여 피해자를 해고(解雇)하거나 그 밖의 불이익을 주어서는 아니 된다. → **이를 위반하여 피해자를 해고하거나 그 밖의 불이익을 준 자는 3년 이하의 징역 또는 3천만원 이하의 벌금**
>
> 제9조의4(사법경찰관리의 현장출동 등) ① 사법경찰관리는 가정폭력범죄의 신고가 접수된 때에는 지체 없이 가정폭력의 현장에 출동하여야 한다.
> ② 제1항에 따라 출동한 사법경찰관리는 피해자를 보호하기 위하여 신고된 현장 또는 사건 조사를 위한 관련 장소에 출입하여 관계인에 대하여 조사를 하거나 질문을 할 수 있다.
> ③ 가정폭력행위자는 제2항에 따른 사법경찰관리의 현장 조사를 거부하는 등 그 업무 수행을 방해하는 행위를 하여서는 아니 된다. → **정당한 사유 없이 이를 위반하여 현장조사를 거부·기피하는 등 업무 수행을 방해한 가정폭력행위자에게는 500만원 이하의 과태료 부과**

4. 「스토킹방지 및 피해자보호 등에 관한 법률」상 '피해자 보호'

> 제2조(정의) 이 법에서 사용하는 용어의 뜻은 다음과 같다.
> 3. "피해자"란 스토킹으로 **직접적인 피해를 입은 사람**을 말한다.
>
> 제6조(피해자 등에 대한 불이익조치의 금지 등) ① 피해자 또는 스토킹 사실을 신고한 자를 고용하고 있는 자는 **피해자 또는 스토킹 사실을 신고한 자에게 스토킹으로 피해를 입은 것 또는 신고를 한 것을 이유로 다음 각 호의 어느 하나에 해당하는 불이익조치를 하여서는 아니 된다.**
> 1. 파면, 해임, 해고, 그 밖에 신분상실에 해당하는 신분상의 불이익조치
> 2. 징계, 정직, 감봉, 강등, 승진 제한, 그 밖에 부당한 인사조치
> 3. 전보, 전근, 직무 미부여, 직무 재배치, 그 밖에 본인의 의사에 반하는 인사조치
> 4. 성과평가 또는 동료평가 등에서 차별이나 그에 따른 임금 또는 상여금 등의 차별 지급
> 7. 직무에 대한 부당한 감사 또는 조사나 그 결과의 공개
>   → 이를 위반하여 신고자 또는 피해자에게 해고나 그 밖의 불이익조치를 한 자는 3년 이하의 징역 또는 3천만원 이하의 벌금
> ② 피해자를 고용하고 있는 자는 **피해자의 요청이 있으면 업무 연락처 및 근무 장소의 변경, 배치 전환 등의 적절한 조치를 할 수 있다.**
>
> 제14조(사법경찰관리의 현장출동 등) ① 사법경찰관리는 스토킹의 신고가 접수된 때에는 **지체 없이 신고된 현장에 출동하여야 한다.**
> ② 제1항에 따라 출동한 사법경찰관리는 **신고된 현장 또는 사건조사를 위한 관련 장소에 출입하여 관계인에 대하여 조사를 하거나 질문을 할 수 있다.**
> ③ 제2항에 따라 출입, 조사 또는 질문을 하는 사법경찰관리는 그 권한을 표시하는 증표를 지니고 이를 관계인에게 내보여야 한다.
> ④ 제2항에 따라 조사 또는 질문을 하는 사법경찰관리는 피해자·신고자·목격자 등이 자유롭게 진술할 수 있도록 **스토킹행위자로부터 분리된 곳에서 조사하는 등 필요한 조치를 하여야 한다.**
> ⑤ 누구든지 정당한 사유 없이 제2항에 따른 사법경찰관리의 현장조사를 거부하는 등 그 업무 수행을 방해하는 행위를 하여서는 아니 된다. - 이를 위반하여 정당한 사유 없이 사법경찰관리의 업무 수행을 방해한 자에게는 1천만원 이하의 과태료 부과

5. 「여성폭력방지기본법」 및 「여성폭력방지기본법 시행령」

「여성폭력방지기본법」

제3조(정의) 이 법에서 사용하는 용어의 뜻은 다음과 같다.
1. "**여성폭력**"이란 성별에 기반한 여성에 대한 폭력으로 신체적·정신적 안녕과 안전할 수 있는 권리 등을 침해하는 행위로서 관계 법률에서 정하는 바에 따른 가정폭력, 성폭력, 성매매, 성희롱, 지속적 괴롭힘 행위와 그 밖에 친밀한 관계에 의한 폭력, 정보통신망을 이용한 폭력 등을 말한다.
2. "**여성폭력 피해자**"란 여성폭력 피해를 입은 사람과 그 배우자(**사실상의 혼인관계를 포함**한다), 직계친족 및 형제자매를 말한다.
3. "2차 피해"란 여성폭력 피해자(이하 "피해자"라 한다)가 다음 각 목의 어느 하나에 해당하는 피해를 입는 것을 말한다.
    가. 수사·재판·보호·진료·언론보도 등 여성폭력 사건처리 및 회복의 전 과정에서 입는 정신적·신체적·경제적 피해
    나. 집단 따돌림, 폭행 또는 폭언, 그 밖에 정신적·신체적 손상을 가져오는 행위로 인한 피해(**정보통신망을 이용한 행위로 인한 피해를 포함**한다)
    다. 사용자(사업주 또는 사업경영담당자, 그 밖에 사업주를 위하여 근로자에 관한 사항에 대한 업무를 수행하는 자를 말한다)로부터 폭력 피해 신고 등을 이유로 입은 다음 어느 하나에 해당하는 불이익조치
        1) 파면, 해임, 해고, 그 밖에 신분상실에 해당하는 신분상의 불이익조치
        2) 징계, 정직, 감봉, 강등, 승진 제한, 그 밖에 부당한 인사조치
        3) 전보, 전근, 직무 미부여, 직무 재배치, 그 밖에 본인의 의사에 반하는 인사조치
        4) 성과평가 또는 동료평가 등에서의 차별과 그에 따른 임금 또는 상여금 등의 차별 지급
        5) 교육 또는 훈련 등 자기계발 기회의 취소, 예산 또는 인력 등 가용자원의 제한 또는 제거, **보안정보 또는 비밀정보 사용의 정지 또는 취급 자격의 취소**, 그 밖에 근무조건 등에 부정적 영향을 미치는 차별 또는 조치

제18조(2차 피해 방지) ② 수사기관의 장은 여성폭력 사건 담당자 등 업무 관련자를 대상으로 2차 피해 방지교육을 실시하여야 한다.
    ④ 제2항에 따른 수사기관의 범위와 2차 피해 방지교육에 관하여 필요한 사항은 대통령령으로 정한다.

「여성폭력방지기본법 시행령」

제10조(수사기관의 범위 등) ① 법 제18조 제2항에 따른 수사기관(이하 "수사기관"이라 한다)의 범위는 다음 각 호와 같다.
3. **경찰청, 시·도경찰청 및 경찰서**
    ② 수사기관의 장은 법 제18조 제2항에 따라 여성폭력 업무 관련자를 대상으로 **매년 1시간 이상 2차 피해 방지교육을 실시**해야 하며, 그 실시 결과를 다음 연도 2월 말까지 여성가족부장관에게 제출해야 한다.

※ 성매매 피해자(「**성매매 알선 등 행위의 처벌에 관한 법률**」,(「**성매매방지 및 피해자보호 등에 관한 법률**」 X) 제2조 제1항 제4호)

> **제2조(정의)** ① 이 법에서 사용하는 용어의 뜻은 다음과 같다.
> 4. "**성매매피해자**"란 다음 각 목의 어느 하나에 해당하는 사람을 말한다.
>   가. 위계, 위력, 그 밖에 이에 준하는 방법으로 성매매를 강요당한 사람
>   나. 업무관계, 고용관계, 그 밖의 관계로 인하여 보호 또는 감독하는 사람에 의하여 「마약류관리에 관한 법률」 제2조에 따른 마약·향정신성의약품 또는 대마(이하 "마약등"이라 한다)에 중독되어 성매매를 한 사람
>   다. 청소년, 사물을 변별하거나 의사를 결정할 능력이 없거나 미약한 사람 또는 대통령령으로 정하는 중대한 장애가 있는 사람으로서 성매매를 하도록 알선·유인된 사람
>   라. 성매매 목적의 인신매매를 당한 사람

CHAPTER 04 경찰행정학

>> 경찰관리란 경찰목적을 달성하기 위하여 조직을 구성하고 있는 제요소인 인력·장비·시설·예산 등을 확보하고 조직화하며 이를 유기적으로 연결, 경찰 전체의 활동을 효율적이고 신속하게 운영하기 위하여 경찰관 각자에게 직무를 부여하고 이들의 활동을 적절하게 수행시키는 작용이므로 경찰의 기본이념 중 경영주의와 가장 밀접한 관련이 있다.

1 경찰조직관리

(1) 경찰조직의 의의

① 경찰조직은 경찰구성원과 물적 자원을 결합하는 체계적인 협동방식, 그리고 자체의 생명력을 특징으로 가지고 있는 유기체로 보아야 한다.
② 경찰조직의 구조는 경찰업무수행을 돕기 위한 수단으로 경찰목적달성에 효율적으로 공헌할 수 있도록 구성하는 것이 필요하다.

(2) 경찰의 조직상 이념

① 경찰은 민주적인 관리·운영과 효율적인 임무수행을 위하여 조직되어야 한다.
② 경찰은 사회공공의 안녕과 질서유지를 위해 신속을 요하므로 경찰조직은 능률성과 기동성이 요구된다.
③ 경찰조직은 불편부당, 공평중립을 요하는 경찰의 본질상 정치적 중립성이 요구된다.
④ 경찰조직의 이념은 시대에 따라 달라질 수 있지만, 민주성과 능률성의 이념은 양자택일의 문제가 아니라 양자의 조화가 요구된다.

(3) 관료제

1) 이상적인 관료제의 구조적 특성(M. Weber)

> ① 관료제의 직무조직은 **계층제적 구조** – **가장 중요한 특징**
> ② 관료의 **권한과 직무범위는 법규(관례 X)**에 의하여 정해진다(법규중시).
> ③ **직무의 수행은 문서**로 이루어지며 **기록은 장기간(단기간 X) 보존**된다.
> ④ 개인적 감정이나 주관에 의하지 않고 객관적인 법규에 의해 임무수행(몰인정성(비정의성))
> ⑤ 모든 직무는 **전문적 지식과 기술을 가진 관료**에 의해 이루어진다. – 효율적인 업무처리를 위하여 분업과 전문화가 필요
> ≫ 관료제 조직의 획일적 명령체계는 비판을 요구하는 전문화를 저해할 수 있다.

2) 관료제의 문제점(Robert K. Merton)

동조과잉 (목표의 전환)	법규의 엄격한 적용과 준수 강요 → **행정목표가 도외시되고 수단(규칙이나 절차)에 지나치게 집착하고 동조하는 경향**
할거주의적 경향	**소속기관이나 부서에만 충성**. 다른 조직이나 다른 부서와의 조정이나 협조 곤란
번문욕례 (red-tape)	문서주의와 규칙 중시 → 행정목적 아닌 번잡하고 형식적인 규칙·**서류절차에 과도하게 집착하는 형식주의** 초래하여 비능률현상 발생
권력구조의 이원화	상관의 계서적 권한과 부하의 전문적 권력이 이원화됨에 따라 조직 내 갈등이 발생하게 되어 조직구성원들의 불만 증대
권위주의적 행태 조장	권한과 능력 괴리, 상위직으로 갈수록 모호해지는 업적평가기준, 조직의 공식적 규범을 엄격하게 준수해야 한다는 압박감 등으로 조직구성원들이 불안해지므로 더욱 더 권위주의적인 행태를 가지게 된다.
전문가적 무능	① 지나친 분업 → 특정분야 전문성만 갖춘 관료의 편협한 시각으로 조정·통합 저해. ② 조직구성원은 한 가지 지식 또는 기술에 관하여 훈련받고 기존규칙을 준수하도록 길들여지기 때문에 변동된 조건 하에서는 대응곤란
무사안일주의	상급자 권위에 지나치게 의존하고 소극적인 일처리와 책임회피현상
인간성 상실	지나친 몰인정성, 과도한 공사구별로 인간성의 상실 ≫ 집권적이고 권위주의적인 통제와 법규우선주의(법규를 중시하지 않는 관행 X), 그리고 몰인격적 역할관계로 인해 조직 구성원의 사회적 욕구충족 저해하며 그들의 성장과 성숙 방해하고, 대규모 조직에 부속품화되어 인격적 관계 상실
무능력자의 승진 (피터의 원리 (Peter's Principle))	내부인력에 너무 많이 그리고 오랫동안 의존하게 되면 **조직구성원들은 자신의 '무능력의 한계까지 승진'함으로써 결국 조직체는 무능한 사람들로 구성**

(4) 경찰조직의 편성원리

1) 계층제 원리

의의	조직목적 수행을 위하여 구성원의 임무를 책임과 난이도에 따라 직무를 상·하로 등급화시키고, 상위로 갈수록 권한과 책임이 무거운 임무를 수행하도록 편성하는 것	
장단점	장점	① 수직적인 상명하복을 통하여 대규모 **경찰조직의 업무수행에 질서와 통일성·일체감 확보** - 명령과 지시를 일사불란하게 수행 ② 권한과 책임을 계층에 따라 분배하여 의사결정 검토 이루어져 **신중한 업무처리** ③ 조직 내 갈등이나 분쟁이 계층구조 속에서 용해됨
	단점	① **조직 경직화 초래하여 환경변화에 대한 신축적 대응을 곤란하게 하고, 새로운 기술이나 지식 도입 어려움** ② 계층많아지면 오히려 갈등↑, 관리비용↑ ③ 의사소통 단계 늘어나 업무흐름 차단, 처리시간 지연

2) 통솔범위의 원리

의의		① 관리자의 통솔범위로서 적정한 부하의 수는 어느 정도인가?라는 문제는 관리의 효율성을 좌우하는 중요한 원리이다. ② 통솔범위원리는 **구조조정 문제와 깊은 관련성** ③ 모든 조직은 일반적으로 상관보다 부하가 많다. 이러한 이유 때문에 경찰조직은 사다리 모양보다 피라미드 모양을 취하고 있다.
통솔범위 결정요인		통솔범위는 계층의 수, 업무의 단순성, 부서의 역사, 작업성과의 기준, 고용기술, 시간적·공간적 요인, 부하의 능력, 감독자의 리더십 등에 따라 달라지는데, 이러한 통솔범위를 재검토함으로써 조직의 구조조정·직급조정과 인력재배치 작업 등으로 연결되는 것이다.
	조직 역사	신설부서보다는 오래된 부서가 통솔범위가 넓다.
	공간적 요인	① 지리적으로 분산되어 있는 부서보다 근접한 부서의 경우 통솔범위가 넓다. ② 교통이 발달할수록 통솔범위 넓다.
	업무 성질	① 단순반복업무를 담당하는 경우 통솔범위가 넓다. ② 전문적 사무(복잡한 사무)를 담당하는 조직의 경우 통솔범위가 좁다.
	통솔범위 원리는 청사의 규모와 관련성이 깊다. - X	

3) 명령통일의 원리

의의	수사나 사고처리 및 범죄예방활동에 이르기까지 거의 모든 업무수행에서 결단과 신속한 집행을 필요로 하는데, 이때 지시가 분산되고 여러 사람으로부터 지시를 받으면, 범인을 놓친다든지 사고처리가 늦어 인명이나 재산의 피해에 신속한 대응이 불가능 → **한 조직원은 한 사람의 상관으로부터만 명령 받고, 보고도 한 사람에게만 한다.**
필요성	**업무수행 혼선과 그로 인한 비효율 막기 위해서** 신속한 결단과 결단내용 지시가 한 사람에게 통합
문제점 및 보완	① 명령통일 원리 철저히 지키면 지시·명령자 사고 등으로 인한 지시와 보고 받을 수 없는 경우는 **오히려 혼란 야기** → 이러한 경우 대비하여 대신할 사람을 미리 지정해두고 관리자의 사고시 정해진 순서에 따라 임무를 대행하거나 권한의 위임을 통하여 관리자의 임무를 하위관리자에게 일부 맡김으로써 명령통일의 한계를 보완하는 대책이 필요 ② 계층제에 의해 상위직에 부여된 권한과 책임을 하위자에게 분담시킴으로써 통솔범위 한계를 재조정하거나 명령통일 한계를 완화할 수 있는 제도 – **권한의 위임** ③ 수사경찰이 검사와 내부관리자의 이중 수사지휘를 받았던 개정 전 「형사소송법」 체계는 명령통일의 원리의 관점에서 문제점 지적

4) 분업의 원리

① 한 사람이 수행 할 수 있는 업무의 양과 시간에는 한계가 있고, 서로 다른 특성을 가진 업무를 한 사람이 맡아서 하는 것은 비효율적 → 업무를 성질과 종류별로 구분하여 한 사람에게 한 가지의 동일한 업무만 전담토록 하는 원리
② 경찰업무는 대부분 여러 명의 협동을 요구하는 경우가 많은데, 각자의 임무를 명확히 나누어 부과하고 협력하도록 하는 것은 인간능력의 한계를 극복함은 물론 전문화를 추구하여 업무의 효율성을 높이기 위한 것이다.

5) 조정과 통합의 원리

의의	① 조직편성원리는 각각 장단점을 가지고 있으며, 이러한 장단점을 조화롭게 승화시키는 원리가 조정과 통합의 원리이다. ② **구성원이나 단위기관 활동을 전체적 관점에서 통일하여 조직목표달성 높이려는 원리** ③ 조정의 원리의 중요성을 강조하는 입장에서 **Mooney는 조정의 원리를 제1의 원리라고 하였다.**
필요성	**구성원 행동통일 위해** 조정과 통합 필요
방법	① 세분화된 업무처리 때문에 갈등야기 – **업무처리과정 통합, 연결 장치마련, 대화채널 확보필요** ② 부서간 갈등이 일어나고 있을 때는 더 높은 상위목표 제시하고, 서로 이해하고 양보하도록 유도 ③ 한정된 인력이나 예산 때문에 갈등야기 – 가능하면 예산과 인력 확보하고 **업무추진 우선순위를 관리자가 지정**
장기적 대응	**조직구조, 보상체계, 인사 등의 제도개선과 조직원의 행태를 합리적으로 개선**
문제해결 어려운 경우	갈등을 완화, 양자 간의 타협도출, 관리자가 갈등을 초래할 수 있는 결정 보류·회피하는 방식을 사용

2 경찰인사관리

(1) 의의

① 경찰인력을 효율적이며 공정하게 운용하는 동태적인 과정 – 경찰관을 체계적이고 합리적인 기준에 따라 분류·모집·채용·관리 등을 해나가는 활동
② 경찰인사관리는 모집·채용 이외에도 배치전환, 교육훈련, 동기부여, 행동통제 등을 통해 경찰관이 직업인으로서 경찰업무를 의욕적으로 수행 할 수 있도록 하는 활동까지 포함된다.
③ 인력규모와 질에 대한 장기적인 계획을 세워야 합리적인 인사관리가 가능하다.

(2) 인사관리목적

① 효율적 경찰인력 운용
② 합리적이고 객관적 기준 중심으로 한 공정성 확보
③ 경찰 조직발전과 경찰관 개인발전의 조화
④ 조직의 효과성 제고
⑤ 환경변화에 대한 적응성

(3) 인사행정의 2대원칙(엽관주의·실적주의)

1) 의의

엽관주의	① 능력·자격·업적보다는 충성심·당파성 등에 기준을 두는 인사제도 – 선거에서 승리한 정당이 관직을 전리품으로 획득하고 정당에서 충성심에 따라 공직을 배분 ② **미국의 자유민주정치발전 과정에서 도입** – 19C 초(1828년) **미대통령 잭슨**은 선거에 승리한 정당이 공직을 정당원들에게 개방함으로써 보수엘리트의 공직독점 막고 국민 참여 유도 ③ 엽관주의는 정치와 행정을 결합시켜 정치와 행정이 공동으로 책임을 지는 인사제도 ④ 행정을 단순하게 보아 평범한 상식을 가진 사람이라면 누구나 수행 할 수 있는 것으로 보는 것은 엽관주의 발달원인(행정의 전문성 간과)
실적주의	① 공직 임면을 **개인의 객관적인 자격과 능력, 성적에 따라 행하는 것** ② 부패하고 무능력한 엽관주의 공직제도 폐해 극복하고자 영국에서는 제2차 추밀원령 제정(1870), 미국에서는 펜들턴법 제정(1883)으로 실적주의 공식임용 체제로 전면 수정 ③ 실적주의는 공직에의 기회균등과 공개경쟁 채용시험, 공무원의 정치적 중립성, 공무원의 신분보장, 독립적인 중앙인사위원회의 설치 등을 그 내용으로 한다. ≫ 실적주의가 엽관주의보다 더 우월한 제도라고 단정할 수 없음

2) 장단점

구분	엽관주의	실적주의
장점	① 정당정치의 발전과 책임행정 실현 – 국민 지지에 따라 정부가 구성되므로 정책추진 용이하고, 의회와 행정부의 조정원활 ② 공무원에 대한 민주적 통제 강화 – 국민의 요구를 행정에 반영 ③ 관직의 특권화 배제와 관료제의 침체방지	① 공무원의 정치적 중립확보 ② **신분보장**으로 인한 행정의 능률성·전문성·독자성·계속성 확보 ③ 공직에의 균등한 기회보장 – 누구나 일정한 자격만 갖추면 공직에 취임할 수 있다. ④ 공무원의 부패방지
단점	① 공무원이 국민이 아닌 **정당 위해 봉사**하므로 **행정의 공정성 확보곤란** ② 인사의 기준이 객관적이지 않아 인사부패가 연관되기 쉽다. ③ 행정의 계속성·안정성 저해 ④ 행정의 비능률성과 비전문성 ⑤ 신분보장 미흡으로 사기저하 ⑥ 불필요한 관직 증설로 예산낭비와 국민 부담 가중 우려 – 파킨슨 법칙과 연관 ≫ 파킨슨 법칙 – 업무량 상관없이 관료제 구성원수 늘어난다.	① 정책의 효율적 집행 곤란 ② 정당이념의 행정에의 반영곤란 ③ 인사행정의 소극화·형식화·집권화 ④ 공무원의 보수화와 특권의식화 ⑤ **국민의 요구에 대한 대응성 낮아짐**

3) 양자의 조화

엽관주의와 실적주의는 배타적 관계가 아닌 상호 보완적. 대부분 국가에서는 실적주의 기반으로 하여 엽관주의 보충적으로 가미

(4) **공직의 분류 – 계급제와 직위분류제**

1) 의의

계급제	① 계급제란 직위에 보임하고 있는 공무원의 자격 및 신분을 중심으로 계급을 만드는 제도 공무원의 자격·능력·학력을 기준으로 부여한 계급을 중심으로 공직을 분류하는 제도 ② 계급제는 널리 일반적 교양·능력 가진 사람 채용하여 신분보장과 함께 장기간에 걸쳐 능력 키워지므로 **공무원이 보다 종합적·신축적 능력을 보유**할 수 있으며, **이해력이 넓어져 기관 간의 협조가 용이**하다. ③ 계급제는 보통 계급의 수가 적고 **계급간 차별 심하여 외부충원이 힘든 폐쇄형 충원방식** ④ 계급제는 관료제 전통이 강한 영국·독일·프랑스·한국·일본 등이 운용
직위분류제	① 직위분류제란 공직을 분류함에 있어서 행정기관을 구성하는 개개의 직위에 내포된 직무의 종류와 책임도 및 곤란도에 따라 여러 직종과 등급 및 직급으로 분류하는 제도 – 직무분석(종적분류)과 직무평가(횡적분류)의 중요성 강조 ② 1909년 미국 시카고시에서 처음 실시되어 캐나다 등으로 전파 ③ 직위분류제는 전직 제한. 동일한 직무 장기간 담당하여 **행정의 전문화에 기여** ④ '동일직무에 대한 동일보수의 원칙'을 확립함으로써 보수제도의 합리적 기준 제시 ⑤ 직위분류제는 시험·채용·전직의 합리적 기준 제공하여 **인사행정의 합리화** 기할 수 있다. ⑥ 직위분류제는 **유능한 일반행정가의 확보가 곤란**하고, **인사배치가 비융통적**이며, **신분보장이 미흡**하다는 단점이 있다.

2) 직위분류제와 계급제의 비교

구분	계급제	직위분류제
사람·직무	**인간중심 분류**	**직무중심 분류**
인사배치	인사배치 신축성, 융통성 확보	**인사배치 비신축적, 비융통적**
행정가	일반행정가 양성	전문행정가 양성 : **행정조직의 전문화·분업화**
조정·협조	기관간의 횡적협조 용이	기관간의 횡적협조 곤란
신분보장	**강력한 신분보장** - 직업공무원제도 정착에 유리	신분보장 미약
보수	보수의 합리적 기준제시 X	'동일직무에 대한 동일보수의 원칙'을 확립하여 보수의 합리적 기준을 제시
권한 및 책임	권한과 책임한계 명확하지 못함	권한과 책임한계 명확함
임용	**폐쇄형 충원방식**	**개방형 충원방식**

3) 우리나라의 계급제와 직위분류제
① 직위분류제와 계급제는 **배타적인 관계 ×, 상호 보완적인 관계 ○** - 계급제를 중심으로 운영해오던 국가들에서는 직위분류제적 요소를 가미하고, 직위분류제를 중심으로 운영해오던 국가들에서는 계급제적 요소를 가미하는 것이 최근의 경향이다.
② 우리나라의 공직의 분류는 **계급제 위주에 직위분류제적 요소를 가미한 혼합형태**

(5) 근무성적평정

의의	조직 구성원들에 대한 평가와 능력발전을 목적으로 구성원의 능력·근무수행실적·적성·태도 등을 체계적·객관적·정기적으로 평가하는 것
목적 및 활용	① 평가를 통한 공정하고 객관적인 인사행정 기준 마련 ② 공무원의 능력발전 ③ 교육훈련수요의 파악 ④ 적재적소에의 인사배치 ⑤ 채용시험의 타당성 측정
「경찰공무원 승진임용 규정」 제7조	① **총경 이하** 경찰에 대해서는 매년 근무성적 평정. 평정결과는 승진 등 **인사관리에 반영하여야 한다**(할 수 있다 X). 》 평정요소 - 제1평정요소(객관적 요소 - 30점), 제2평정요소(주관적 요소 - 20점) 》 총경의 근무성적 평정은 제2평정요소에 의하여서만 평정 ⑤ 근무성적 평정 결과는 **공개하지 아니한다.** 다만, 경찰청장은 근무성적 평정이 완료되면 평정 대상 경찰공무원에게 해당 근무성적 평정 결과를 통보할 수 있다.

경력평정
(「경찰공무원
승진임용 규정」
제9조)
	제9조(경력 평정) ③ 경력 평정은 기본경력과 초과경력으로 구분하여 실시하되, 계급별로 기본경력과 초과경력에 포함되는 기간은 다음 각 호와 같다.
	1. 기본경력
	   가. 총경 : **평정기준일부터 최근 3년간**
	   나. 경정·경감 : **평정기준일부터 최근 4년간**
	   나. 경위·경사 : **평정기준일부터 최근 3년간**
	   다. 경장 : **평정기준일부터 최근 2년간**
	   라. 순경 : **평정기준일부터 최근 1년 6개월간**

「경찰공무원 승진임용 규정 시행규칙」	제4조(근무성적 평정 등의 시기) ① 영 제7조에 따른 근무성적 평정, 영 제9조에 따른 **경력 평정은 연 1회 실시**한다. ② **근무성적 평정은 10월 31일을 기준**으로 하고, **경력 평정은 12월 31일을 기준**으로 한다. 다만, **총경과 경정의 경력 평정은 10월 31일을 기준**으로 한다. 제7조(근무성적의 평정 방법) ① 근무성적의 총평정점은 50점을 만점으로 한다. 제9조의2(근무성적 평정 결과의 통보 및 이의신청) ① 경찰청장은 다음 각 호의 근무성적 평정 결과를 **평정 대상 경찰공무원에게 통보할 수 있다.** 1. 제1평정요소에 대한 평정점(경정 이하 경찰공무원에 한한다) 2. 제2평정요소에 대한 평정점의 분포비율에 따른 등급 3. 그 밖에 경찰청장이 통보가 필요하다고 인정하는 사항 ② 평정 대상 경찰공무원은 제1항 제1호의 근무성적 평정 결과에 이의가 있는 경우에는 제2차평정자에게 이의를 신청할 수 있다. ③ 제2항에 따라 이의신청을 받은 제2차평정자는 이의신청의 내용이 타당하다고 판단하는 경우에는 해당 경찰공무원에 대한 제1항 제1호의 근무성적 평정 결과를 조정할 수 있으며, 이의신청을 받아들이지 않는 경우에는 그 사유를 해당 경찰공무원에게 설명하여야 한다.

(6) 동기부여이론

≫ 동기부여 – 조직구성원에게 바람직한 행동을 유발시키고 목표를 향해 유도해 나가는 과정

1) 동기부여의 내용이론과 과정이론

내용이론	① 인간의 특정욕구가 동기부여를 일으키는 것으로 이해하는 이론 ② 매슬로우의 욕구단계이론, 샤인의 복잡인 모형(4대 인간관 모형), 맥그리거의 X이론·Y이론, 아지리스의 성숙·미성숙 이론 등
과정이론	① 인간의 특정욕구가 직접적으로 동기를 부여하는 것이 아니라 욕구와는 별도의 다양한 요인들이 동기부여 과정에 작용한다는 이론 ② 포터&롤러의 업적만족이론, 브룸의 기대이론, 아담스의 공정성이론 등

2) Maslow의 인간욕구 5단계설

① 내용

> ㉠ 인간의 5가지 욕구는 최하위 단계인 생리적 욕구부터 최고 단계인 자기실현욕구까지 단계를 이룬다.
> ㉡ 인간의 욕구는 한 단계 욕구가 어느 정도 충족(완전 충족 X)되어야 다음 단계 욕구를 충족하고자 노력하며(하위 단계 욕구가 충족되지 않았다면 다음단계 욕구를 충족시키려고 노력하지 않을 것), 이미 충족된 욕구는 더이상 동기부여 요인으로의 의미가 없어진다.

② 충족방법

구분	내용	충족방안
생리적 욕구	의·식·주 및 건강에 대한 욕구	적정보수제도, 휴양제도
안전 욕구	현재 및 장래 신분이나 생활에 대한 불안 해소	신분보장, 연금제도
사회적 욕구	동료, 상사, 조직 전체에 대한 친근감, 귀속감 충족	인간관계의 개선, 고충처리 상담
존경 욕구	다른 사람의 인정·존중·신망 받으려는 욕구	참여확대, 권한의 위임, 제안제도, 포상제도
자기실현욕구	장래자기발전·자기완성욕구 및 성취감 충족	공정하고 합리적 승진, 공무원 단체 활용

3) 허즈버그(Herzberg)의 동기위생요인이론

동기유발요인 (만족요인)	① 주어진 일에 대한 성취, 주변의 인정, 책임감, 개인적 성장과 발전가능성, 존경과 자아실현 등 ② 동기유발요인이 충족되지 않아도 불만은 없다.
위생요인 (불만족요인)	경찰조직의 엄격한 정책, 경직된 관리, 긴장을 주는 상사·동료·후배와의 대인관계, 열악한 근무환경, 낮은 급여, 낮은 신분 등 개인의 환경과 관련된 불만요인

4) 맥그리거(McGregor)의 X이론, Y이론

X이론	인간은 **근본적으로 게으르고, 부정직하며**, 책임감이 없고, 변화를 싫어하며 이기적이고 조직의 목적에 관심이 없다. 따라서, 엄격한 감독, 상세한 명령등 강입직이고 권위석인 소식관리 전략을 택한다.
Y이론	**인간은 부지런하고, 노동을 통해 자기의 능력을 발휘하고 자아를 실현하고자 하며, 스스로를 통제할 수 있는 능력이 있으며, 조직목적에 적극적으로 참여**한다. 따라서, 상급자의 일방적 지시와 명령을 줄이고 의사결정 과정에 일선경찰관들의 참여를 확대시키는 민주적인 조직관리 전략을 택한다.

③ 경찰예산관리

(1) 예산의 의의
일정 기간 동안의 국가의 수입과 지출의 예정적 계획

(2) 경찰예산분류

1) 일반회계·특별회계 – 성질별 분류

일반 회계	① 일반회계란 일반적인 국가활동의 세입·세출에 관한 회계이며, 세입은 원칙적으로 조세수입을 재원으로 하고, 세출은 국가사무를 위한 기본적 경비로 구성된다. ② **경찰예산은 대부분 일반회계**
특별 회계	**설치** ① 특정한 세입으로 특정한 세출에 충당함으로써 일반의 세입·세출과 구분하여 경리하는 회계 ② 운영의 자율성과 신축성을 증대하고 재정운영의 효율성을 강화하기 위한 목적으로 운영한다.
	특성 ① 특별회계는 원칙적으로 설치한 소관부서가 관리, 기획재정부의 직접적인 통제 받지 않음 ② 경찰특별회계로는 **책임운영기관 특별회계**가 있다. ③ 최근 조세 이외의 정부수입과 사업적 성격을 지니는 행정분야 증대에 따라 이들 분야의 경영합리화를 위해 **특별회계 적용이 점차 증가**

2) 예산성립과정을 기준으로 한 분류

본예산	정상적인 편성과 심의를 거쳐 최초로 확정된 예산
수정예산	예산안 편성, **국회에 예산을 제출한 이후 예산이 성립되기 전**에 국내외 사회·경제적 여건의 변동으로 예산안의 일부내용을 변경하여 국회에 제출하는 예산
추가 경정예산	**국회에서 예산이 의결·성립된 후에 생긴 사유로 인하여 필요한 경비의 부족이나 이미 성립한 예산에 변경을 가할 필요가 있을 때 편성하는 예산**
준예산	**의의**: 새로운 회계연도 개시될 때까지 예산이 국회 통과하지 못하였을 경우 당해 연도 예산이 국회에서 의결될 때까지 전년도에 준하여 지출하는 예산
	취지: 예산집행의 신축성 부여하고 **예산 불성립으로 인한 행정중단방지 위해서**
	지출 용도: ① 헌법이나 법률에 의해 설치된 기관 및 시설의 유지·운영을 위한 경비(공무원 보수, 사무처리의 기본경비) ② 법률상 지출의무가 있는 경비 ③ 이미 예산으로 승인된 사업의 계속을 위한 경비 등 ≫ 새로운 경찰관서의 설치비용은 준예산으로 집행할 수 있다. – X

(3) 예산제도

1) 품목별예산(LIBS : Line Item Budget System)

의의	① 정부지출 대상이 되는 지출품목마다 그 비용이 얼마인가에 따라 예산을 배정하는 제도, 세출예산의 대상·성질에 따라 품목별로 구분하여 편성한 예산 ② 1912년 미국의 '절약과 능률을 위한 대통령 위원회(Taft 위원회)'의 건의에 따라서 1920년대 미국 연방정부에서 채택한 예산제도 ③ **통제지향적**. 예산담당 공무원들에게 필요한 핵심적 기술은 회계기술 ④ **우리나라 경찰의 예산제도**	
장·단점	장점	① **운영용이** ② 지출의 합법성에 치중하는 회계검사 용이 ③ **회계책임 명확화** ④ 경비사용의 적정화에 유리 ⑤ 행정재량범위 축소 ⑥ 인사행정에 유용한 자료제공
	단점	① 계획과 지출 불일치 ② **기능 중복피하기 곤란** ③ **의사결정을 위한 충분한 자료제시 부족**

2) 성과주의예산(PBS : Performance Budgeting System)

의의	① 세부사업별로 "**단위원가×업무량 = 예산액**"으로 표시하여 편성하는 예산제도 ② 정부가 구입하는 물품보다 정부가 수행하는 업무에 중점을 두는 **관리지향적** ③ 미국에서 1947년 제1차 후버(Hoover)위원회가 도입을 건의하였고, 1950년 트루먼 대통령이 연방정부에 공식 도입한 예산제도	
	장점	단점
장·단점	① 일반국민이 정부사업에 대한 이해 용이 ② 예산편성시 자원배분합리화 ③ 예산집행의 신축성 ④ 해당부서의 업무능률 측정하여 다음연도 예산에 반영	① **단위원가 산출 곤란** ② 업무측정단위 선정 어려움 ③ **인건비 등 경직성 경비 적용 어려움**

3) 계획예산제도(PPBS : Planning Programming Budgeting System)

> ① **장기적인 기획수립과 단기적인 예산편성을 프로그램작성** 통하여 유기적으로 결합하여 **자원배분에 관한 의사결정을 일관성 있게 합리화**하려는 제도
> ② 미국의 랜드연구소에서 개발한 것을 1963년 맥나마라 국방장관에 의하여 국방성에서 채택했고, 1965년 존슨 대통령이 '위대한 사회(Great Society)' 사회개발계획을 추진하면서 연방정부에 도입한 예산제도

4) 영기준예산(ZBB : Zero-Based Budgeting)

> ① 예산편성시 전년도 예산을 기준으로 점증적으로 예산액을 책정하는 폐단을 시정하기 위해, 매년 모든 사업·활동의 존속·축소·확대여부를 원점에서 총체적으로 분석·검토하여 사업의 **우선순위**를 정한 뒤 우선순위별로 예산을 근원적으로 결정
> ② 조직체의 모든 사업·활동에 대하여 영기준을 적용해서 각각의 효율성·효과성 및 중요성 등을 체계적으로 분석하고 사업의 존속·축소·확대 여부를 원점에서 새로 분석·검토하여 우선순위별로 실행예산을 결정
> ③ 미국에서 오일쇼크 등 자원난을 거치면서 1977년 카터 대통령이 연방정부에 도입한 예산제도

5) 일몰법

> 일몰법이란 특정의 행정기관이나 사업이 일정기간 지나면 의무적·자동적으로 폐지되게 하는 **법률 – 국회가 제정**

➕ 자본예산

> 정부예산을 경상지출과 자본지출로 구분, **경상지출**은 경상수입으로 충당시켜 **균형** 이루도록 하지만, **자본지출**은 적자재정과 공채발행으로 수입이 충당케 함으로써 **불균형**예산 편성하는 제도

(4) **예산의 과정** : 예산의 편성 → 예산의 심의·의결 → 예산집행 → 예산결산

예산은 매 회계연도마다 행정부가 편성하고, 국회의 심의·의결을 거쳐 확정되면 관계기관에서 집행

1) 예산의 편성

중기사업계획서 제출	중앙관서장(경찰청장)은 매년 1월 31일까지 **해당 회계연도부터 5회계 연도** 이상 기간 동안 신규사업 및 **기획재정부장관이 정한 주요 계속사업에 대한 중기사업계획서 기획재정부장관**에게 제출
예산안 편성지침 통보	① 기획재정부장관은 **국무회의의 심의거쳐** 대통령승인 얻어 다음 연도 예산안편성지침을 매년 3월 31일까지 각 중앙관서의 장(경찰청장)에게 통보 ② 기획재정부장관은 각 중앙관서의 장에게 통보한 예산안편성지침을 국회 예산결산특별위원회에 보고하여야 한다.
예산요구서 제출	중앙관서장(경찰청장)은 예산안편성지침에 따라 그 소관에 속하는 다음 연도의 세입세출예산·계속비·명시이월비 및 국고채무부담행위 요구서(예산요구서) 작성하여 매년 5월 31일까지 기획재정부장관에게 제출
정부안 확정 및 국회제출	① 기획재정부장관은 예산요구서에 따라 예산안 편성하여 **국무회의 심의** 거친 후 대통령 승인 얻어야 한다. ② 정부는 대통령 승인얻은 예산안을 회계연도 개시 120일 전까지 국회에 제출

2) 국회의 심의·의결

> ① 대통령 시정연설과 기재부장관 제안설명 → 소관 상임위원회의 예비심사 → 예산결산특별위원회의 종합심사 → 본회의 의결
> ② 예산안이 국회에 제출되면 본회의에서 정부의 시정연설(대통령의 시정연설과 기획재정부장관의 제안설명)을 듣고, 국회의장은 소관 상임위원회의 예비심사를 거쳐서 **예산결산특별위원회**의 종합심사에 회부
> ③ 예결위 종합심사 : '**종합정책질의 → 부처별 심의 → 계수조정소위원회의 계수조정 → 예결위 전체회의에서 소위원회의 조정안 승인**'의 순서로 심사
> ④ 예결위 종합심사가 끝나면 본회의 의결 거쳐 예산확정. **국회는 회계연도 개시 30일 전까지 의결**하여야 함

3) 예산의 집행(국회에서 확정된 예산에 따라 재원 조달하고 경비를 지출하는 재정활동)

예산배정요구서 제출	중앙관서장은 예산확정 후 사업운영계획 및 이에 따른 세입세출예산·계속비와 국고채무부담행위를 포함한 예산배정요구서 기획재정부장관에게 제출
예산배정	① 기획재정부장관은 예산배정요구서에 따라 **분기별 예산배정계획** 작성하여 국무회의 심의 거친 후 대통령 승인 얻어야 함 ② 기획재정부장관은 각 중앙관서의 장에게 예산배정시 **감사원에 통지** ≫ 예산집행은 예산의 배정으로부터 시작 ≫ 각종 정부사업의 수행과 경비지출을 위한 지출원인행위는 배정된 예산의 범위 내에서 하여야 하므로, 예산이 확정되더라도 해당 예산이 배정되지 않은 상태에서 지출원인행위를 할 수 없다.
예산집행지침통보	기획재정부장관은 예산집행효율성 높이기 위하여 매년 예산집행에 관한 지침 작성하여 각 중앙관서의 장에게 통보
목적 외 사용금지	중앙관서장은 세출예산이 정한 **목적 외에 경비 사용할 수 없다.**
예산의 전용	① 중앙관서장은 예산 목적범위 안에서 재원의 효율적 활용 위하여 대통령령이 정하는 바에 따라 기획재정부장관 승인얻어 **각 세항 또는 목의 금액을 전용할 수 있다.** ② 중앙관서장은 회계연도마다 기획재정부장관이 위임하는 범위 안에서 **각 세항 또는 목의 금액을 자체적으로 전용할 수 있다.**
예산의 이용 및 이체	① 중앙관서장은 예산이 정한 **각 기관 간 또는 각 장·관·항 간에 상호 이용할 수 없다.** 다만, 다음 하나에 해당하는 경우에 한정하여 미리 예산으로써 국회의결 얻은 때는 기획재정부장관 승인얻어 이용하거나 기획재정부장관이 위임하는 범위 안에서 자체적으로 이용가능 ㉠ 법령상 지출의무 이행 위한 경비 및 기관운영을 위한 필수적 경비 부족액이 발생하는 경우 ㉡ 환율변동·유가변동 등 사전에 예측하기 어려운 불가피한 사정이 발생하는 경우 ㉢ 재해대책 재원 등으로 사용할 시급한 필요가 있는 경우 ㉣ 그 밖에 대통령령으로 정하는 경우 ② 기획재정부장관은 정부조직 등에 관한 법령의 제정·개정 또는 폐지로 인하여 중앙관서 직무와 권한에 변동있는 때에는 중앙관서장 요구에 따라 그 예산을 상호 이용하거나 이체가능

➕ 지출의 특례 : 관서운영경비

범위	① 운영비(복리후생비·학교운영비·일반용역비 및 관리용역비는 제외한다)·특수활동비·안보비·정보보안비 및 업무추진비 중 기획재정부령으로 정하는 금액 이하의 경비 – 관서운영경비로 지급할 수 있는 경비의 최고금액은 **건당 500만원**. 다만, **다음은 그러하지 아니하다.** ⓐ 기업특별회계상 당해 사업에 직접 소요되는 경비 ⓑ **운영비 중 공과금** 및 위원회참석비 ⓒ 특수활동비중 수사활동에 소요되는 경비 ⓓ 안보비 중 정보활동에 소요되는 경비 ⓔ 정보보안비 중 정보활동에 소요되는 경비 ⓕ 그 밖에 기획재정부장관이 정하는 경비 ② 외국에 있는 채권자가 외국에서 지급받고자 하는 경우에 지급하는 경비(재외공관 및 외국에 설치된 국가기관에 지급하는 경비포함) ③ **여비** ④ 그 밖에 지출절차에 따라 지출할 경우 업무수행에 지장을 가져올 우려가 있는 경비로서 기획재정부령이 정하는 경비 ≫ 봉급 → 관서운영경비로 지급할 수 있는 비목 아님
취급자	관서운영경비는 관서운영경비 출납공무원 아니면 지급할 수 없으며, 관서운영경비 출납공무원은 **관서운영경비를 금융기관에 예치하여 관리**하여야 한다.
반납	관서운영경비출납공무원은 매 회계연도 관서운영경비 사용 잔액을 **다음회계연도 1월 20일까지** 해당 지출관에게 반납

4) 예산결산 – 「국가재정법」

① 각 중앙관서장은 회계연도마다 작성한 결산보고서(중앙관서결산보고서)를 다음 연도 2월말까지 기획재정부장관에게 제출
② 기획재정부장관은 회계연도마다 작성하여 대통령 승인받은 국가결산보고서를 다음 연도 4월 10일까지 감사원에 제출
③ 감사원은 제출된 국가결산보고서 검사하고 보고서를 다음 연도 5월 20일 까지 기획재정부장관에게 송부
④ 정부는 감사원의 검사 거친 국가결산보고서를 다음 연도 5월 31일까지 국회에 제출

≫ 정부는 회계검사를 마친 결산서류를 국회에 제출하고, 국회의 결산승인이 나면 정부의 예산집행책임이 해제되고 당해연도예산의 기능은 완결된다.

4 장비관리

>> 장비관리목표 – 능률성, 효과성, 경제성(민주성 X)

(1) 무기 및 탄약관리(「경찰장비관리규칙」)

정의	무기	인명 또는 신체에 위해를 가할 수 있도록 제작된 권총·소총·도검 등
	집중 무기고	경찰인력 및 경찰기관별 무기책정기준에 따라 배정된 개인화기와 공용화기를 집중보관·관리하기 위하여 각 경찰기관에 설치된 시설
	탄약고	경찰탄약을 집중 보관하기 위하여 타용도의 사무실, 무기고 등과 분리 설치된 보관시설
	간이 무기고	경찰기관의 각 기능별 운용부서에서 효율적 사용을 위하여 집중무기고로부터 무기·탄약의 일부를 대여 받아 별도로 보관·관리하는 시설
무기고 및 탄약고 설치	제115조(무기고 및 탄약고 설치) ① 집중무기고는 다음 각 호의 경찰기관에 설치한다. 1. 경찰청 2. 시·도경찰청 3. 경찰대학·경찰인재개발원·중앙경찰학교 및 경찰수사연수원 4. 경찰서 5. 경찰기동대, 방범순찰대 및 경비대 6. 의무경찰대 7. 경찰특공대 8. 기타 경찰청장이 지정하는 경찰관서 ② 무기고와 탄약고는 견고하게 만들고 환기·방습장치와 방화시설 및 총가시설 등이 완비되어야 한다. ③ **탄약고는 무기고와 분리되어야 하며, 가능한 본 청사와 격리된 독립 건물로 하여야 한다.** ④ 무기고와 탄약고의 환기통 등에는 손이 들어가지 않도록 쇠창살 시설을 하고, 출입문은 2중으로 하여 각 1개소 이상씩 자물쇠를 설치하여야 한다. ⑤ 무기·탄약고 비상벨은 상황실과 숙직실 등 초동조치 가능 장소와 연결하고, 외곽에는 **철조망장치와 조명등 및 순찰함을 설치하여야 한다.** ⑥ 간이무기고는 근무자가 24시간 상주하는 지구대, 파출소, 상황실 및 112타격대(이하 "지구대 및 상황실 등"이라 한다) 등 경찰기관의 장이 필요하다고 인정하는 상당한 이유가 있는 장소에 설치할 수 있다.		
무기·탄약고 열쇠보관	① 경찰서의 집중무기·탄약고의 경우 – 일과시간의 경우 경무과장, 일과시간 후 또는 토요일·공휴일의 경우 상황관리관 등 당직근무자 ② 지구대 간이무기고의 경우 – 지역경찰관리자		
무기·탄약 등의 대여	① 무기·탄약을 대여하고자 할 때에는 무기·탄약 대여신청서에 따라 경찰관서장의 사전허가를 받은 후 감독자의 입회하에 대여하고 무기탄약출납부, 무기탄약 출·입고서에 이를 기재하여야 한다.		

무기·탄약의 회수 및 보관	제120조(무기·탄약의 회수 및 보관) ① 경찰기관의 장은 무기를 휴대한 자 중에서 다음 각 호에 해당하는 자가 발생한 때에는 **즉시 대여한 무기·탄약을 회수하여야 한다.** 1. 직무상의 비위 등으로 인하여 징계대상이 된 자 2. 형사사건의 조사의 대상이 된 자 3. 사의를 표명한 자 ② 경찰기관의 장은 무기를 휴대한 자 중에서 다음 각 호에 해당하는 자가 있을 때에는 무기 소지 적격 심의위원회(이하 '심의위원회'라 한다.)의 심의를 거쳐 **대여한 무기·탄약을 회수할 수 있다.** 다만, 심의위원회를 개최할 시간적 여유가 없거나 사고 방지 등을 위해 신속한 회수가 필요하다고 인정되는 경우에는 대여한 무기·탄약을 즉시 회수할 수 있으며, 회수한 날부터 7일 이내에 심의위원회를 개최하여 회수의 타당성을 심의하고 계속 회수 여부를 결정하여야 한다. 1. 경찰공무원 직무적성검사 결과 고위험군에 해당되는 자 2. 정신건강상 문제가 우려되어 치료가 필요한 자 3. 정서적 불안 상태로 인하여 무기 소지가 적합하지 않은 자로서 소속 부서장의 요청이 있는 자 4. 그 밖에 경찰기관의 장이 무기 소지 적격 여부에 대해 심의를 요청하는 자 ③ 경찰기관의 장은 제2항에 규정한 사유들이 소멸되면 직권 또는 당사자 신청에 따라 무기 소지 적격 심의위원회의 심의를 거쳐 무기 회수의 해제 조치를 할 수 있다. ④ 경찰기관의 장은 무기를 휴대한 자 중에서 다음 각 호에 해당하는 경우에는 대여한 **무기·탄약을 무기고에 보관하도록 하여야 한다.** 1. 술자리 또는 연회장소에 출입할 경우 2. 상사의 사무실을 출입할 경우 3. 기타 정황을 판단하여 필요하다고 인정되는 경우

권총사용시 안전수칙	제123조(무기·탄약 취급상의 안전관리) ① 경찰관은 권총·소총 등 총기를 휴대·사용하는 경우 다음의 안전수칙을 준수하여야 한다.
	1. 권총
	  가. 총구는 **공중 또는 지면(안전지역)**을 향한다.
	  나. 실탄 장전시 반드시 안전장치(방아쇠울에 설치 사용)를 장착한다.
	  다. 1탄은 공포탄, 2탄 이하는 실탄을 장전한다. 다만, 대간첩작전, 살인 강도 등 중요범인이나 무기·흉기 등을 사용하는 범인의 체포 및 위해의 방호를 위하여 불가피한 경우에 1탄부터 실탄을 장전할 수 있다.
	  라. 조준시는 **대퇴부 이하**를 향한다.

(2) 차량관리(「경찰장비관리규칙」)

제88조(차량의 구분) ② 차량은 용도별로 **전용·지휘용·업무용·순찰용·특수용(수사용 X) 차량으로 구분**한다.

제90조(차량소요계획의 제출) ① 부속기관 및 시·도경찰청의 장은 다음 년도 소속기관 차량정수 증감시킬 필요가 있을 때는 **매년 3월 말까지** 다음 년도 **차량정수 소요계획을 경찰청장에게 제출**

제93조(차량의 교체) ① 부속기관 및 시·도경찰청은 소속기관 차량 중 **다음 년도 교체대상 차량을 매년 11월 말까지 경찰청장에게 보고**

제94조(교체대상차량의 불용처리) ① 차량교체위한 불용 대상차량은 부속기관 및 시·도경찰청에 배정되는 수량의 범위 내에서 **내용연수 경과 여부 등 차량의 사용기간을 최우선적으로 고려하여 선정**
  ② 사용기간이 동일한 경우는 주행거리와 차량 노후상태, 사용부서 등 종합적으로 검토 예산낭비 요인 없도록 신중하게 선정
  ③ 단순한 내용연수 경과를 이유로 일괄교체 또는 불용처분하는 것을 지양하고 성능이 양호하여 운행가능한 차량은 교체순위에 불구하고 연장 사용할 수 있다.
  ④ 불용처분된 차량은 부속기관 및 시·도경찰청별로 실정에 맞게 **공개매각 원칙**, 공개매각 불가능한 때는 폐차처분 할 수 있다. 다만, 매각할 때에는 경찰표시도색 제거하는 등 필요한 조치하여야 한다.

제95조(차량의 집중관리) ① 각 경찰기관의 업무용차량은 운전요원 부족 등 불가피한 사유가 없는 한 **집중관리를 원칙**으로 한다.

제96조(차량의 관리) ① 차량열쇠는 다음 각 호의 관리자가 지정된 열쇠함에 집중보관 및 관리하고, 예비열쇠의 확보 등을 위한 무단 복제와 운전원의 임의 소지 및 보관을 금한다. 다만, 휴가, 비번 등으로 관리책임자 공백시는 별도 관리책임자를 지정하여야 한다.
  1. 일과시간의 경우 차량 관리부서의 장(정보화장비과장, 운영지원과장, 총무과장, 경찰서 경무과장 등)
  2. 일과시간 후 또는 토요일·공휴일의 경우 당직 업무(청사방호) 책임자(상황관리관 등 당직근무자, 지구대·파출소는 지역경찰관리자)

제98조(차량의 관리책임) ② 경찰기관장은 차량이 책임 있게 관리되도록 차량별 관리담당자 지정하여야 한다.
  ③ 차량운행시 책임자는 **1차 운전자, 2차 선임탑승자, 3차 경찰기관의 장**으로 한다.

제99조(차량운행절차) ① 차량 운행하고자 할 때는 사용자가 경찰배차관리시스템 이용하여 **주간에는 해당 경찰기관장의 운행허가** 받아야 하고, 일과 후 및 공휴일에는 상황관리(담당)관(경찰서는 상황(부)실장을 말한다)의 허가를 받아야 한다. 다만, 시스템을 이용할 수 없는 때에는 운행허가서로 갈음할 수 있다.
  ② 차량을 운행할 때에는 경찰배차관리시스템에 운행사항을 입력하여야 한다.

제102조(운전원 교육 및 출동태세 확립) ② 전·의경 신임운전요원은 **4주 이상** 운전교육을 실시한 후에 운행하도록 하여야 한다.

5 보안관리

(1) 보안의 의의

협의	국가의 안전보장을 위하여 국가가 보호를 필요로 하는 비밀이나 인원·문서·자재·시설·지역 등을 보호하는 소극적 예방활동
광의	협의의 보안인 소극적 예방활동과 국가안전보장을 해치고자 하는 간첩, 태업이나 전복으로 국가를 위태롭게 하는 불순분자에 대하여 탐지·조사·체포하는 등의 적극적인 예방활동을 포함하는 개념

(2) 보안의 대상

인원	지위고하를 불문하며, 내방 중인 외국인도 포함
문서 및 자재	내용의 중요성과 가치의 정도에 따라 각급으로 분류
시설	중요산업시설로서 특별히 보호가 요청되는 시설
지역	국가안전보장상 특별히 보호가 요청되는 지역

≫ 국가는 보안의 대상이 아니라 보안의 주체

(3) 보안업무의 법적 근거

「국가정보원법」, 「정보 및 보안업무기획·조정규정」(대통령령), 「보안업무규정」(대통령령), 「보안업무규정 시행규칙」(대통령훈령), 「보안업무규정 시행 세부규칙」(경찰청훈령)(국가보안법 X)

(4) 보안(업무)의 원칙

알 사람만 알아야 한다는 원칙 (한정의 원칙)	보안의 대상이 되는 사실을 전파할 때, **전파가 꼭 필요한가의 여부를 신중히 검토한 후에 이루어져야 한다**는 원칙(가장 기본이며 중요한 원칙)
부분화의 원칙	① **한번에 다량의 비밀이나 정보가 유출되지 않도록 해야 한다**는 원칙 ② 부분화의 방법 　㉠ 조직 – 종적 분화와 횡적 분화의 방법 　㉡ 문서 – 내용과 가치의 정도에 따라서 다른 비밀과 관련되지 않게 독립시키거나 부분적으로 있게 한다.
보안과 효율의 조화원칙	보안과 업무효율은 반비례의 관계가 있으므로 양자의 적절한 조화를 유지하는 방법을 강구해야 한다는 원칙

(5) 비밀

1) 비밀의 구분 – 「보안업무규정」 제4조

Ⅰ급 비밀	누설될 경우 대한민국과 외교관계 단절되고 전쟁 일으키며, 국가의 방위계획·정보활동 및 국가방위상 반드시 필요한 과학과 기술 개발 위태롭게 하는 등 우려 있는 비밀
Ⅱ급 비밀	누설될 경우 국가안전보장에 **막대한 지장을 끼칠 우려**가 있는 비밀
Ⅲ급 비밀	누설될 경우 국가안전보장에 **해를 끼칠 우려**가 있는 비밀
비밀은 중요성과 가치의 정도에 따라 비밀을 작성하거나 생산하는 자가 분류	

≫ 대외비 – 「보안업무규정」 제4조에 따른 비밀 외에 「공공기관의 정보공개에 관한 법률」 제9조 제1항 제3호부터 제8호까지의 비공개 대상 정보 중 직무 수행상 특별히 보호가 필요한 사항(「보안업무규정 시행규칙」 제16조 제3항)

2) 문서비밀분류의 원칙(「보안업무규정」 제12조)

과도 또는 과소분류 금지의 원칙	비밀은 적절히 보호할 수 있는 **최저등급**으로 분류하여야 하며 과도 또는 과소하게 분류하여서는 안 된다는 원칙
독립분류의 원칙	비밀은 **그 자체의 내용과 가치의 정도에 따라 분류**하여야 하며 다른 비밀과 관련하여 분류하여서는 안 된다는 원칙 ≫ 상급부서가 하급부서에게 획일적으로 보고문서에 대한 비밀등급을 지시하였을 경우 – 독립분류원칙에 위배
외국비밀존중의 원칙	외국정부 또는 국제기구로부터 접수한 비밀은 그 생산기관이 필요로 하는 정도로 보호할 수 있도록 분류하여야 한다는 원칙

3) Ⅱ급 및 Ⅲ급비밀취급 인가권자(「보안업무규정 시행 세부규칙」 제11조)

① 규정 제7조 제2항(현행 제9조 제2항)에 따른 Ⅱ급 및 Ⅲ급 비밀취급인가권자는 다음과 같다.
  1. 경찰청장   2. 경찰대학장
  3. 경찰인재개발원장   4. 중앙경찰학교장
  5. 경찰수사연수원장   6. 경찰병원장
  7. 시·도경찰청장
  ≫ 경찰청 국장은 인가권자 아님
  ≫ 경찰청장은 Ⅰ급 비밀취급인가권자 X

② 시·도경찰청장은 규정 제7조 제2항 제5호에 따라 **경찰서장, 기동대장에게 Ⅱ급 및 Ⅲ급 비밀취급 인가권을 위임**한다. 이 경우 **경정이상**의 경찰공무원을 장으로 하는 경찰기관의 장에게도 **Ⅱ급 및 Ⅲ급 비밀취급인가권을 위임할 수 있다.**

③ 제1항 및 제2항의 규정에 따라 **Ⅱ급 및 Ⅲ급 비밀취급인가권을 위임받은 기관의 장은 이를 다시 위임할 수 없다.**

4) 특별인가(「보안업무규정 시행 세부규칙」)

① 모든 경찰공무원(의무경찰순경을 포함)은 **임명과 동시에 Ⅲ급 비밀취급권**을 가진다.
② 경찰공무원 중 다음 부서에 근무하는 자[의무경찰순경을 포함한다]는 그 보직발령과 동시에 Ⅱ급 비밀취급권 인가받은 것으로 한다.
  1. 경비, 경호, 작전, **항공, 정보통신** 담당부서(기동대의 경우는 행정부서에 한한다)
  2. 정보, 안보, 외사부서
  3. 감찰, 감사 담당부서
  4. 치안상황실, 발간실, 문서수발실
  5. 경찰청 각 과의 서무담당자 및 비밀을 관리하는 보안업무 담당자
  6. 부속기관, 시·도경찰청, 경찰서 각 과 서무담당자 및 비밀 관리하는 보안업무 담당자
  》 특수경과 근무자는 보직발령과 동시에 Ⅱ급 비밀취급권 가진다. – O
③ 비밀 취급인가 받은 자에 대하여는 별도로 비밀취급인가증 발급 X. 다만, 업무상 필요한 경우는 발급가능
④ 각 경찰기관장은 ②의 부서에 근무하는 경찰 중 신원특이자에 대하여는 **보안심사위원회 또는 자체 심의기구(각 기관장 X)에서 Ⅱ급 비밀취급의 인가여부 심의**하고, 비밀취급 불가능하다고 의결된 자에 대하여는 즉시 인사조치한다.

5) 비밀의 보관(「보안업무규정 시행규칙」)

① 비밀은 일반문서나 암호자재와 혼합 보관금지
② **Ⅰ급비밀은 반드시 금고에 보관, 다른 비밀과 혼합 보관금지**
③ Ⅱ급·Ⅲ급비밀은 금고 또는 이중 철제캐비닛 등 잠금장치가 있는 안전한 용기에 보관. 보관책임자가 Ⅱ급비밀 취급 인가를 받은 때에는 **Ⅱ급비밀과 Ⅲ급비밀을 같은 용기에 혼합보관가능**
④ 보관용기에 넣을 수 없는 비밀은 **제한구역 또는 통제구역에 보관**하는 등 내용 노출되지 아니하도록 특별한 보호대책 마련
⑤ **비밀 보관용기 외부에는 비밀보관 알리거나 나타내는 어떠한 표시도 금지**
⑥ 보관용기의 잠금장치의 종류 및 사용방법은 보관책임자 외의 사람이 알지 못하도록 특별한 통제를 하여야 하며, 다른 사람이 알았을 때에는 즉시 이를 변경하여야 한다.

6) 비밀의 관리방법(「보안업무규정 시행규칙」)

제45조(비밀의 대출 및 열람) ① 비밀보관책임자는 보관비밀을 대출하는 때에는 별지 제15호 서식의 비밀대출부에 관련 사항을 기록·유지
② 개별 비밀에 대한 열람자 범위를 파악하기 위하여 각각의 비밀문서 끝 부분에 별지 제16호 서식의 비밀열람기록전을 첨부한다. 이 경우 문서 형태 외의 비밀에 대한 열람기록은 따로 비밀 열람기록전(철)을 비치하고 기록·유지한다.
③ **비밀열람기록전은 그 비밀의 생산기관이 첨부하며, 비밀을 파기하는 때에는 비밀에서 분리하여 따로 철하여 보관하여야 한다.**
④ 비밀열람자는 비밀을 열람하기에 앞서 비밀열람기록전에 정해진 사항을 기재하고 서명 또는 날인한 후 비밀을 열람하여야 한다.
⑤ 비밀의 발간업무에 종사하는 사람은 작업일지에 작업에 관한 사항을 기록·보관해야 한다. 이 경우 작업일지는 비밀열람기록전을 갈음하는 것으로 본다.

제70조(비밀 및 암호자재 관련 자료의 보관) ① 다음 자료는 비밀과 함께 철하여 보관·활용하고, 비밀 보호기간 만료되면 비밀에서 분리한 후 각각 편철하여 **5년간 보관**
 1. 비밀접수증 2. 비밀열람기록전 3. 배부처
② 다음 자료는 새로운 관리부철로 옮겨서 관리할 경우 기존 관리부철을 **5년간 보관**해야 한다.
 1. 비밀관리기록부 2. 비밀 접수 및 발송대장 3. 비밀대출부 4. 암호자재 관리기록부
③ 서약서는 서약서를 작성한 비밀취급인가자의 인사기록카드와 함께 철하여 인가 해제 시까지 보관하되, 인사기록카드와 함께 철할 수 없는 경우에는 별도로 편철하여 보관해야 한다.
④ 암호자재 증명서는 해당 암호자재를 반납하거나 파기한 후 5년간 보관해야 한다.
⑤ 암호자재 점검기록부는 최근 5년간의 점검기록을 보관해야 한다.
⑥ 제1항부터 제5항까지의 규정에 따른 보관기간이 지나면 해당 자료는 「공공기록물 관리에 관한 법률」에 따른 기록물관리기관으로 이관해야 한다.

> 참고 ●「보안업무규정」

제2조(정의) 이 영에서 사용하는 용어의 뜻은 다음과 같다.
 1. "**비밀**"이란 「국가정보원법」(이하 "법"이라 한다) 제4조 제1항 제2호에 따른 국가 기밀(이하 "국가기밀"이라 한다)로서 이 영에 따라 비밀로 분류된 것을 말한다.
 4. "**암호자재**"란 비밀의 보호 및 정보통신 보안을 위하여 암호기술이 적용된 장치나 수단으로서 Ⅰ급, Ⅱ급 및 Ⅲ급비밀 소통용 암호자재로 구분되는 장치나 수단

제3조의3(보안심사위원회) ① 중앙행정기관등에 비밀의 공개 등 해당 기관의 보안 업무 수행에 관한 중요 사항을 심의하기 위하여 보안심사위원회를 둔다.

제7조(암호자재 제작·공급 및 반납) ① **국가정보원장은** 암호자재를 제작하여 필요한 기관에 공급한다. 다만, 국가정보원장이 필요하다고 인정하는 암호자재의 경우 그 암호자재를 사용하는 기관은 **국가정보원장이** 인가하는 암호체계의 범위에서 암호자재를 제작할 수 있다.
② 암호자재를 사용하는 기관의 장은 사용기간이 끝난 암호자재를 지체 없이 그 제작기관의 장에게 반납하여야 한다.

제11조(비밀의 분류) ③ **비밀을 생산하거나 관리하는 사람**은 비밀의 작성을 완료하거나 비밀을 접수하는 즉시 그 비밀을 분류하거나 재분류할 책임이 있다.

제22조(비밀관리기록부) ① 각급기관장은 비밀작성·분류·접수·발송 및 취급 등에 필요한 모든 관리사항을 기록하기 위하여 비밀관리기록부를 작성하여 갖추어 두어야 한다. 다만, **Ⅰ급비밀관리기록부는 따로 작성하여 갖추어 두어야 하며,** 암호자재는 암호자재 관리기록부로 관리한다.
② 비밀관리기록부와 암호자재 관리기록부에는 모든 비밀과 암호자재에 대한 보안책임 및 보안관리 사항이 정확히 기록·보존되어야 한다.

제23조(비밀의 복제·복사 제한) ① 비밀의 일부 또는 전부나 암호자재에 대해서는 모사·타자·인쇄·조각·녹음·촬영·인화·확대 등 그 원형을 재현하는 행위를 할 수 없다. 다만, 다음 각 호의 구분에 따른 비밀의 경우에는 그러하지 아니하다.
1. Ⅰ급 비밀 : 그 생산자의 허가를 받은 경우
2. Ⅱ급 비밀 및 Ⅲ급 비밀 : 그 생산자가 특정한 제한을 하지 아니한 것으로서 해당 등급의 비밀취급 인가를 받은 사람이 공용으로 사용하는 경우
3. 전자적 방법으로 관리되는 비밀 : 해당 비밀을 보관하기 위한 용도인 경우
② 각급기관의 장은 보안 업무의 효율적인 수행을 위하여 필요하다고 인정되는 경우에는 해당 **비밀의 보존기간 내에서 제1항 단서에 따라 그 사본을 제작하여 보관**할 수 있다.
③ 제2항에 따라 비밀의 사본을 보관할 때에는 그 예고문이나 비밀등급을 변경해서는 아니 된다. 다만, 「공공기록물 관리에 관한 법률 시행령」 제68조 제6항에 따라 비밀을 재분류하는 경우에는 그러하지 아니하다.

제24조(비밀의 열람) ① 비밀은 **해당 등급의 비밀취급 인가를 받은 사람 중 그 비밀과 업무상 직접 관계가 있는 사람만 열람**할 수 있다.
② 비밀취급 인가를 받지 아니한 사람에게 비밀을 열람하거나 취급하게 할 때에는 국가정보원장이 정하는 바에 따라 **소속 기관의 장**(비밀이 군사와 관련된 사항인 경우에는 국방부장관)이 미리 열람자의 인적사항과 열람하려는 비밀의 내용 등을 확인하고 열람 시 비밀 보호에 필요한 자체 보안대책을 마련하는 등의 보안조치를 하여야 한다. 다만, **Ⅰ급비밀**의 보안조치에 관하여는 국가정보원장과 미리 협의하여야 한다.

제25조(비밀의 공개) ① 중앙행정기관의 장은 다음 사유가 있을 때에는 그가 생산한 비밀을 **보안심사위원회의 심의 거쳐 공개**할 수 있다. 다만, **Ⅰ급비밀 공개는 국가정보원장과 미리 협의**하여야 한다.
1. 국가안전보장을 위하여 국민에게 긴급히 알려야 할 필요가 있다고 판단될 때
2. 공개함으로써 국가안전보장 또는 국가이익에 현저한 도움이 된다고 판단될 때
② 공무원 또는 공무원이었던 사람은 **법률에서 정하는 경우를 제외하고는** 소속 기관의 장이나 소속되었던 기관의 장의 승인 없이 비밀을 공개해서는 아니 된다.

제27조(비밀의 반출) 비밀은 보관 시설 밖으로 반출해서는 아니 된다. 다만, 공무상 반출 필요할 때에는 소속기관의 장(중앙행정기관의 장 X)의 승인을 받아야 한다.

제34조(보호지역) ① 각급기관의 장과 관리기관 등의 장은 국가안전보장에 관련되는 인원·문서·자재·시설의 보호를 위하여 필요한 장소에 일정한 범위의 보호지역을 설정할 수 있다.
② 제1항에 따라 설정된 **보호지역은 그 중요도에 따라 제한지역, 제한구역 및 통제구역으로 나눈다.**
③ 보호지역에 접근하거나 출입하려는 사람은 **각급기관의 장 또는 관리기관 등의 장의 승인**을 받아야 한다.
④ 보호지역을 관리하는 사람은 제3항에 따른 승인을 받지 않은 사람의 보호지역 접근이나 출입을 제한하거나 금지할 수 있다.

(6) 보호지역의 종류(「보안업무규정 시행규칙」)

제한지역	비밀 또는 국·공유재산 보호 위하여 울타리 또는 방호·경비인력에 의하여 승인 받지 않은 사람의 접근이나 **출입에 대한 감시**가 필요한 지역
제한구역	비인가자가 비밀, 주요시설 및 Ⅲ급 비밀 소통용 암호자재에 접근하는 것을 방지하기 위하여 **안내 받아 출입**하여야 하는 구역
통제구역	보안상 매우 중요한 구역으로서 **비인가자의 출입이 금지**되는 구역

참고 ▶ 보호지역 설정기준(「보안업무규정 시행 세부규칙」 제60조)

제한구역	통제구역
가. 전자교환기(통합장비)실, 정보통신실 나. 발간실 다. 송신 및 중계소, 정보통신관제센터 라. 경찰청 및 시·도경찰청 항공대 마. 작전·경호·정보·보안업무 담당부서 전역 바. 과학수사센터	가. 암호취급소 나. 정보보안기록실 다. 무기창·무기고 및 탄약고 라. 종합상황실·치안상황실 마. 암호장비관리실 바. 정보상황실 사. 비밀발간실 아. 종합조회처리실

6 문서관리

(1) 「행정효율과 협업 촉진에 관한 규정」상 용어정의

공문서	행정기관에서 공무상 작성하거나 시행하는 문서와 행정기관이 접수한 모든 문서
전자문서	컴퓨터 등 정보처리능력 가진 장치에 의하여 전자적 형태로 작성되거나 송신·수신 또는 저장된 문서
서명	기안자·검토자·협조자·결재권자 또는 발신명의인이 공문서(**전자문서는 제외**)에 자필로 자기의 성명을 다른 사람이 알아볼 수 있도록 한글로 표시하는 것
전자이미지서명	기안자·검토자·협조자·결재권자 또는 발신명의인이 전자문서상에 전자적인 이미지 형태로 된 자기의 성명을 표시하는 것
업무관리 시스템	행정기관이 업무처리의 모든 과정을 과제관리카드 및 문서관리카드 등을 이용하여 전자적으로 관리하는 시스템
행정정보 시스템	행정기관이 행정정보를 생산·수집·가공·저장·검색·제공·송신·수신하고 활용할 수 있도록 하드웨어·소프트웨어·데이터베이스 등을 통합한 시스템

(2) 「행정효율과 협업 촉진에 관한 규정」상 공문서의 종류

법규문서	헌법·법률·대통령령·총리령·부령·조례·규칙 등에 관한 문서
지시문서	훈령·지시·예규·일일명령 등 행정기관이 그 하급기관이나 소속 공무원에 대하여 일정한 사항을 지시하는 문서 ≫ 공문서인 지시문서는 행정규칙(훈령·지시·예규·일일명령)과 관련된 문서를 의미하고, 그 주체는 행정기관이다. 그러나 직무명령은 행정규칙이 아니므로 여기에 포함되지 아니한다.
공고문서	고시·공고 등 행정기관이 일정한 사항을 일반에게 알리는 문서
비치문서	행정기관이 일정한 사항을 기록하여 행정기관 내부에 비치하면서 업무에 활용하는 대장, 카드 등의 문서
민원문서	민원인이 행정기관에 허가, 인가, 그 밖의 처분 등 특정한 행위를 요구하는 문서와 그에 대한 처리문서
일반문서	위에 속하지 않는 모든 문서

(3) 「행정효율과 협업 촉진에 관한 규정」상 문서의 성립 및 효력 발생

① 문서는 결재권자가 해당 문서에 **서명(전자이미지서명, 전자문서서명 및 행정전자서명을 포함)의 방식으로 결재함으로써 성립**
② 문서는 **수신자에게 도달(전자문서는 수신자가 관리하거나 지정한 전자적 시스템 등에 입력되는 것)됨으로써 효력 발생**
③ 공고문서는 그 문서에서 효력발생 시기를 구체적으로 밝히고 있지 않으면 그 고시 또는 **공고 등이 있은 날부터 5일이 경과한 때에 효력이 발생**한다.

> **참고** 문서의 효력발생 시기에 관한 학설

표백주의	시행문서의 작성이 완료된 때에 효력이 발생한다는 견해
발신주의	시행문서를 발송한 시점에서 효력이 발생한다는 견해
도달주의	시행문서가 상대방에게 도달된 때에 발생한다는 견해(우리나라 통설 및 판례)
요지주의	시행문서가 상대방에게 전달되어 상대방이 내용을 보고 알았을 때에 효력이 발생한다는 견해

(4) 「행정효율과 협업 촉진에 관한 규정」 및 「행정효율과 협업 촉진에 관한 규정 시행규칙」상 문서작성의 일반원칙

① 문서는 「국어기본법」에 따른 어문규범에 맞게 한글로 작성하되, **뜻을 정확하게 전달하기 위하여 필요한 경우 괄호 안에 한자나 그 밖의 외국어 함께 적을 수 있으며,** 특별사유가 없으면 가로로 쓴다.
② 문서 내용은 간결하고 명확하게 표현하고 일반화되지 않은 약어와 전문용어 등의 사용을 피하여 이해하기 쉽게 작성하여야 한다.
③ **문서에는 음성정보나 영상정보 등이 수록되거나 연계된 바코드 등을 표기할 수 있다.**
④ 문서에 쓰는 숫자는 특별한 사유가 없으면 아라비아 숫자를 쓴다.

⑤ 문서에 쓰는 날짜는 숫자로 표기하되, 연·월·일의 글자는 생략하고 그 자리에 온점을 찍어 표시하며, 시·분은 24시각제에 따라 숫자로 표기하되, 시·분의 글자는 생략하고 그 사이에 쌍점을 찍어 구분한다. 다만, 특별한 사유가 있으면 다른 방법으로 표시할 수 있다.

⑥ 문서 작성에 사용하는 용지는 특별한 사유가 없으면 가로 210밀리미터, 세로 297밀리미터의 직사각형 용지로 한다.

⑦ 공문서의 내용을 둘 이상의 항목으로 구분할 필요가 있으면 그 항목을 순서(항목 구분이 숫자인 경우에는 오름차순, 한글인 경우에는 가나다순을 말한다)대로 표시하되, 상위 항목부터 하위 항목까지 1., 가., 1), 가), (1), (가), ①, ㉮의 형태로 표시한다.

⑧ 문서에 금액을 표시할 때에는 「행정 효율과 협업 촉진에 관한 규정」제7조 제4항에 따라 아라비아 숫자로 쓰되, 숫자 다음에 괄호를 하고 다음과 같이 한글로 적어야 한다.
(예시) 금113,560원(금일십일만삼천오백육십원)

⑨ "끝" 표시 – 본문의 마지막에는 다음과 같이 "끝" 표시 등을 한다.
  ㉠ 본문의 내용(본문에 붙임이 있는 경우에는 붙임을 말한다)의 마지막 글자에서 한 글자 띄우고 "끝" 표시를 한다. 다만, 본문의 내용이나 붙임에 적은 사항이 오른쪽 한계선에 닿은 경우에는 다음 줄의 왼쪽 기본선에서 한 글자 띄우고 "끝" 표시를 한다.
  ㉡ 위에도 불구하고 본문의 내용이 표 형식으로 끝나는 경우에는 표의 마지막 칸까지 작성되면 표 아래 왼쪽 기본선에서 한 글자를 띄운 후 "끝" 표시를 하고, 표의 중간까지만 작성된 경우에는 "끝" 표시를 하지 않고 마지막으로 작성된 칸의 다음 칸에 "이하 빈칸"으로 표시한다.

(5) 「행정효율과 협업 촉진에 관한 규정」 및 「행정효율과 협업 촉진에 관한 규정 시행규칙」상 문서의 기안

① 기안문에는 발의자와 보고자의 직위나 직급의 앞 또는 위에 **발의자는 ★표시를, 보고자는 ⊙표시**
② 기안문에 첨부되는 계산서·통계표·도표 등 작성상의 책임을 밝힐 필요가 있다고 인정되는 첨부물에는 작성자를 표시
③ 기안자, 검토자 또는 협조자는 기안문의 해당란에 직위나 직급을 표시하고 서명하되, 검토자나 협조자가 다른 의견을 표시하는 경우에는 직위나 직급 다음에 "(의견 있음)"이라고 표시
④ 총괄책임자는 총괄책임자가 총괄하는 단위업무를 분담하는 사람이 기안한 경우 그 기안문을 검토하고 검토자란에 서명을 하되, 다른 의견이 있으면 직위나 직급 다음에 "(의견 있음)"이라고 표시하고 기안문 또는 별지에 그 의견을 표시할 수 있다. 다만, 총괄책임자가 출장 등의 사유로 검토할 수 없는 등 부득이한 경우에는 검토를 생략할 수 있으며 서명란에 출장 등 검토할 수 없는 사유를 적어야 한다.

(6) 「행정효율과 협업 촉진에 관한 규정 시행규칙」상 문서의 결재

① 결재권자의 서명란에는 서명날짜를 함께 표시한다.
② 위임전결하는 경우에는 전결하는 사람의 서명란에 "전결" 표시를 한 후 서명하여야 한다.
③ 대결(代決)하는 경우에는 대결하는 사람의 서명란에 "대결" 표시를 하고 서명하되, 위임전결사항을 대결하는 경우에는 전결하는 사람의 서명란에 "전결" 표시를 한 후 대결하는 사람의 서명란에 "대결" 표시를 하고 서명하여야 한다.
④ ②와 ③의 경우에는 서명 또는 "전결" 표시를 하지 아니하는 사람의 서명란은 만들지 아니 한다.

7 경찰홍보

(1) 의의

협의의 홍보	경찰의 활동이나 업무와 관련된 사항을 널리 알려서 경찰목적 달성에 유리한 환경을 조성하는 행위를 의미한다.
광의의 홍보	지역 주민의 경찰활동에 대한 참여를 확대하고 각종 기관·단체 및 언론 등과의 상호 협조체제를 강화하여 이를 경찰이 수행하는 모든 업무에 연계시키는 것까지를 포함한다.

(2) 적극적 홍보전략

① 대중매체의 적극적 이용
② 공개주의와 비밀최소화의 원칙
③ 모든 경찰관의 홍보요원화
④ 홍보와 다른 기능의 연계를 통한 총체적 홍보전략

(3) 경찰홍보의 유형

협의의 홍보(PR)	인쇄매체, 유인물 등 **각종 대중매체 통하여** 개인이나 단체의 긍정적인 점을 일방적으로 알리는 활동(소극적 홍보)
지역공동체관계 (Community Relations)	지역사회 내 공사기관, 단체 및 주민들과 지역사회문제 해결과 적극적인 지역사회 프로그램을 위해 공동노력하는 동시에 경찰의 활동 중 긍정적인 측면을 지역사회에 폭넓게 알리는 종합적인 지역사회 홍보체계
언론 관계 (Press Relations)	신문, TV나 라디오 등 대중매체 보도 돕기 위한 것으로 대개 사건·사고에 대한 **기자들의 질의·질문에 응답하는 대응적이고 소극적인 홍보 활동**
대중매체 관계 (Media Relations)	① 언론관계보다 범위가 확대·발전한 종합적인 홍보활동 ② 신문·방송 등 각종 대중매체의 제작자와 긴밀한 협조관계 구축·유지하여 대중매체에서 원하는 바를 충족시켜주는 것과 동시에, 경찰의 긍정적인 측면을 널리 알리는 활동 ③ 대중매체에 대한 종합적인 이해와 전문적 지식이 필요한 **적극적 홍보활동**으로 전직 언론인, 문화산업 종사자 등 전문가를 채용하여 활용하는 추세이다.
기업이미지식 경찰홍보	① 영미를 중심으로 발달한 **적극적 홍보활동**으로 사설경비업체의 증가와 더불어 **경찰을 더 이상 독점적 치안기구로 보지 않는 전제**에서 출발하여 시민을 기업의 소비자와 같은 지위에 있는 것으로 본다. ② 일반기업이 이미지 재고를 위해 유료광고를 내고 **친근한 상징물 개발·전파**하는 것과 마찬가지로 우리 경찰도 포돌이·포순이 등 친근한 캐릭터 이용하여 조직 이미지를 고양시키는 홍보활동 ③ 국민의 지지도를 향상시켜 필요한 예산을 획득하고 타 기관과의 협력을 확보하여 경찰목적을 달성하려는 종합적이고 계획적인 홍보활동

참고 ▶ 경찰과 대중매체의 관계

R. Mark	"단란하고 행복스럽지 않지만 오래 지속되는 결혼생활"
G. Crandon	경찰과 대중매체는 상호 필요성 때문에 **공생관계**로 발전
R. Ericson	경찰과 대중매체는 서로 얽혀서 범죄와 정의, 사회 질서의 현실을 해석하고 규정짓는 **사회기구의 역할을 수행**

» C. R. Jeffery – 범죄통제의 모형을 세 가지로 구분(형벌을 통한 범죄억제모형, 치료와 갱생을 통한 사회복귀모형, 환경개선을 통한 범죄예방모형)
» S. P. Lab – 범죄예방을 실제의 범죄발생과 범죄에 대한 공중의 두려움을 줄이는 사전활동으로 규정

참고 ▶ 경찰과 홍보 매뉴얼상 언론 모니터링

의의	언론 모니터링이란 언론에 비친 경찰의 모습을 돌아보는 태도를 말하며, 즉 공청(Public Hearing) 활동이다.
대상	모니터링 대상은 종합일간지, 통신사, 지상파TV, 라디오, **CATV뿐만 아니라 지방지도 포함**된다.
방법	① 통신 및 인터넷 매체 등을 매 30분마다 수시 점검하여 메인 뉴스 및 매 시간 뉴스, 보도예상뉴스 등을 검색한다. ② 보도예상보고에는 취재자(언론사, 기자명), 일시, 장소, 전화 또는 방문 취재 여부, 질문사항, 답변내용, 취재의도, 보도예상 일시 등을 빠짐없이 상세히 보고해야 한다. ③ 진상보고와 관련하여 해당 기능이나 관할 시·도경찰청(서)에서는 즉시 홍보담당관실에 진상을 알리고, 감찰에서는 확인된 내용과 함께 조치사항을 홍보담당관에게 통보하여야 한다. ④ 진상보고와 관련하여 가장 중요한 점은 신속성이며 보고서를 만드느라 시간을 허비하는 경우가 없도록 하고 진상이 파악되는 즉시 구두보고부터 해야 한다.

(4) 「언론중재 및 피해구제 등에 관한 법률」

1) 정의

정정보도	언론의 보도 내용의 전부 또는 일부가 진실하지 아니한 경우 이를 진실에 부합되게 고쳐서 보도하는 것
반론보도	언론의 보도 내용의 진실 여부에 관계없이 그와 대립되는 반박적 주장을 보도하는 것

2) 언론중재위원회

① 언론보도등으로 인한 분쟁 조정·중재 및 침해사항 심의 위하여 언론중재위원회를 둔다.
② 중재위원회의 심의사항
  ㉠ 중재부의 구성에 관한 사항
  ㉡ 중재위원회규칙의 제정·개정 및 폐지에 관한 사항
  ㉢ 제11조 제2항에 따른 사무총장의 임명 동의
  ㉣ 제32조에 따른 시정권고의 결정 및 그 취소결정
  ㉤ 그 밖에 중재위원회 위원장이 회의에 부치는 사항

③ 중재위원회는 **40명 이상 90명 이내 중재위원으로 구성**, 중재위원은 문화체육관광부장관이 위촉.
  - ㉠~㉢의 위원은 각각 중재위원 정수의 5분의1 이상이 되어야 함
  - ㉠ 법관 자격있는 사람 중에서 법원행정처장이 추천한 사람
  - ㉡ 변호사 자격있는 사람 중에서 대한변호사협회장이 추천한 사람
  - ㉢ 언론사의 취재·보도 업무에 10년 이상 종사한 사람
  - ㉣ 그 밖에 언론에 관하여 학식과 경험이 풍부한 사람
④ **위원장 1명과 2명 이내 부위원장 및 2명 이내 감사**, 각각 중재위원 중에서 호선
⑤ 위원장·부위원장·감사 및 중재위원 임기는 각각 3년으로 하며, **한 차례만 연임가능**

3) 정정보도청구권

요건	① 언론보도등이 있음을 **안 날부터 3개월 이내**에 언론사등에게 정정보도 청구가능. 다만, 해당 **언론보도등이 있은 후 6개월이 지났을 때**에는 그러하지 아니하다. ② 정정보도청구에는 **언론사등의 고의·과실이나 위법성 불요** ③ 국가·지방자치단체, 기관 또는 단체장은 해당 업무에 대하여 그 기관 또는 단체를 대표하여 정정보도를 청구할 수 있다.
정정보도 청구권 행사	① 정정보도 청구는 **언론사등의 대표자에게 서면으로** 하여야 하며, 청구서에는 피해자의 성명·주소·전화번호 등의 연락처를 기재하고 정정의 대상인 언론보도등의 내용 및 정정을 구하는 이유와 청구하는 정정보도문을 명시하여야 한다. 다만, 인터넷신문 및 인터넷뉴스서비스의 언론보도등의 내용이 해당 인터넷홈페이지를 통하여 계속 보도 또는 매개 중인 경우에는 그 내용의 정정을 함께 청구할 수 있다. ② 청구받은 언론사등 대표자는 **3일 이내 수용 여부에 대한 통지를 청구인에게 발송**. 이 경우 정정의 대상인 언론보도등의 내용이 방송이나 인터넷신문·인터넷뉴스서비스 및 인터넷 멀티미디어 방송의 보도과정에서 성립한 경우에 있어서는 해당 언론사등이 그러한 사실이 없었음을 입증하지 않는 한 그 사실의 존재를 부인하지 못한다. ③ 언론사등이 정정보도청구 수용할 때는 지체 없이 피해자 또는 대리인과 정정보도의 내용·크기 등에 관하여 협의한 후, **청구를 받은 날부터 7일 내 정정보도문 방송·게재** (인터넷신문 및 인터넷뉴스서비스의 경우 제1항 단서에 따른 해당 언론보도등 내용의 정정을 포함한다)
거부사유	다음 사유가 있는 경우에는 **언론사등은 정정보도 청구를 거부할 수 있다.** ① 피해자가 정정보도청구권 행사할 **정당한 이익 없는 경우** ② 청구된 정정보도의 **내용이 명백히 사실과 다른 경우** ③ 청구된 정정보도의 **내용이 명백히 위법한 내용인 경우** ④ 정정보도의 청구가 **상업적(공익적 X)인 광고만**을 목적으로 하는 경우 ⑤ 청구된 정정보도 내용이 국가·지방자치단체 또는 **공공단체의 공개회의**와 **법원의 공개재판 절차**의 사실보도에 관한 것인 경우

4) 반론보도청구권
   ① **언론사 등의 고의·과실이나 위법성 불요, 보도 내용의 진실 여부와 상관없이 청구가능**
   ② 반론보도청구에 관하여는 정정보도청구에 관한 규정을 준용

5) 조정

신청	① 정정보도청구등과 관련하여 분쟁이 있는 경우 피해자 또는 언론사등은 중재위원회에 조정을 신청할 수 있다. ② 정정보도청구등과 손해배상의 조정신청은 언론보도가 있음을 안 날부터 3개월 이내, 있은 날로부터 6개월 이내에 서면 또는 구술이나 그 밖에 대통령령으로 정하는 바에 따라 전자문서 등으로 하여야 하며, 피해자가 먼저 언론사등에 정정보도청구등을 한 경우에는 피해자와 언론사등 사이에 협의가 불성립된 날(언론사의 수용여부 통지서를 피해자가 수령한 날)부터 14일 이내에 하여야 한다.
조정기간	① 조정은 관할 중재부에서 한다. 관할구역 같이 하는 중재부가 여럿일 경우는 중재 위원회 위원장이 중재부 지정 ② 조정은 **신청 접수일부터 14일 이내**에 하여야 하며, 신청 접수하였을 때는 지체 없이 조정기일 정하여 당사자에게 출석요구 → 출석요구받은 **신청인이 2회에 걸쳐 미출석시 조정신청 취하한 것, 언론사등이 2회에 걸쳐 미출석시 조정신청 취지에 따라 정정보도등을 이행하기로 합의한 것으로 본다.** ③ 조정기일에 중재위원은 조정대상인 분쟁에 관한 사실관계와 법률관계를 당사자들에게 설명·조언하거나 절충안 제시하는 등 **합의 권유할 수 있다.** ④ 조정은 비공개 원칙
합의등의 효력	조정결과 당사자간에 합의성립한 경우, 합의가 이루어진 것으로 보는 경우, 직권조정결정에 대하여 이의신청이 없는 경우에는 **재판상 화해와 같은 효력**이 있다.

6) 중재

① 당사자 양쪽은 정정보도청구 등 또는 손해배상 분쟁에 관하여 중재부의 종국적 결정에 따르기로 합의하고 중재를 신청할 수 있다.
② 중재결정은 확정판결과 동일한 효력이 있다.

CHAPTER 05 경찰통제

1 경찰통제의 필요성

경찰의 업무특성상 국민의 기본적 인권과 충돌하는 경우가 많고, 경찰은 권력으로부터 유혹을 받기도 쉬우므로 경찰의 조직과 활동을 점검하고 감시함으로써 경찰활동의 적정을 도모하기 위하여 통제가 필요하다.

① 경찰의 **민주적 운용** – 「국가경찰과 자치경찰의 조직 및 운영에 관한 법률」 제1조에 규정된 기본이념
≫ 국자법은 경찰위원회제도와 자치경찰제를 통해 경찰의 민주적 운영의 기반을 마련하였다.
≫ 경찰통제의 확보는 '국민의 경찰'이라는 관점에서 볼 때, 경찰의 민주성 추구라는 이념과 배치되는 경향이 강하다. – X

② 경찰의 **정치적 중립확보**
③ 경찰활동의 **법치주의 도모**
④ 국민의 **인권보호**
⑤ 조직 자체의 **부패를 방지하고 건강성 유지**

≫ 강력한 경찰권 확보 – 경찰통제의 필요성이 아님
≫ 경찰을 통제하는 것은 경찰의 기본이념과 직접 연결되어 있고, 경찰활동의 적정성을 도모하는데 기여하며, 이를 벗어났을 경우에는 책임문제가 뒤따른다.

2 경찰통제의 기본요소

경찰정보 공개	① 정보의 공개는 행정통제의 근본 또는 전제요소이며, 경찰행정은 공개를 전제로 투명하게 처리하려는 자세전환이 필요하다. ② 경찰행정기관의 정보공개는 「공공기관의 정보공개에 관한 법률」에 근거 – 공공기관이 보유·관리하는 정보는 국민의 알권리 보장 등을 위하여 이 법에서 정하는 바에 따라 적극적으로 공개하여야 한다(법 제3조). : 정보공개원칙 명시
권한의 분산	① 권한이 중앙이나 일부에 집중되어 있을 때 남용의 위험이 크기 때문에 권한의 분산이 이루어져야 한다. ② 권한의 분산은 자치경찰제의 시행만을 전제로 하는 것은 아니며, 경찰의 중앙조직과 지방조직간의 권한의 분산, 상위계급자와 하위계급자간의 권한의 분산 등이 더 필요
절차적 참여보장	① 종래 행정은 실체적 권리에 관심을 둔 나머지, 절차적 권리 보호에 소홀했지만, 행정의 공정성, 투명성 및 신뢰성을 확보하고 국민의 권익보호를 위해 「행정절차법」에 의한 절차적 권리가 보편적으로 인정 ② 민주적 통제장치의 일환으로 국민의 경찰행정에 대한 참여를 도모하기 위한 목적으로 국가경찰위원회가 구성되어 있는 등 제한적이나마 간접적 참여 장치 마련 ③ 자치경찰제도가 시행으로 경찰행정에 대한 주민참여의 폭은 더 넓어질 전망
책임	① Responsibility : 구성원 개인이 위법행위나 비위에 대해서 지는 민·형사 책임이나 징계책임 ② Accountability : 경찰기관의 행정에 대해서 조직으로서 지는 책임 ③ 조직의 과오에 대하여 정책결정 책임보다는 공무원 개인책임으로 돌리는 경우가 많고, 조직의 구조적인 정책결정 과오나 구조적 문제점 등에 대해서는 아무도 책임지려 하지 않는다. ④ 경찰조직의 정책과오에 대해서 둔감한 반면, 경찰공무원 개인의 비위문제에 대해서는 민감하게 반응하는 경향이 있다. ⑤ 경찰공무원 개인의 징계책임뿐만 아니라 관리자의 정책결정 책임이나 조직을 개혁 하지 않은 책임도 관심 대상이 되어야 한다.
환류 (Feedback)	경찰행정의 목표와 관련하여 그 수행과정의 적정 여부를 확인하는 과정으로 그 확인 결과에 따라 책임을 추궁하고, 환류를 통하여 조직의 발전을 유도하는 노력 필요

3 통제의 유형 및 장치

(1) 민주적 통제와 사법적 통제

1) 영미법계국가와 대륙법계국가

민주적 통제 (영미법계)	① 영미법계 국가는 경찰조직의 민주성 확보를 위한 제도적 장치마련에 관심 - 시민이 직접 또는 대표기관을 통한 참여와 감시를 가능하게 하는 시스템 구축 ② **경찰위원회, 경찰책임자 선거, 자치경찰제 시행 등**
사법적 통제 (대륙법계)	① 대륙법계 국가는 경찰행정에 대한 사법심사 시스템을 구축(사후통제 발달) ② 행정소송(열기주의에서 개괄주의로 **전환함으로써 사법적 구제 확대**), 국가배상제도 등
≫ 오늘날 대부분의 국가에서는 민주적 통제와 사법적 통제의 혼합적인 시스템을 구축해 가고 있다.	

2) 우리나라의 제도

민주적 통제	① **국가경찰위원회 제도** - 국가경찰행정에 관한 주요정책 등에 관하여 심의·의결하는 권한을 가지고 있으나, 행정안전부장관이 재의요구권을 가지고 있어 명실상부한 민주적 통제장치로서 기능을 하고 있지 못하다. ② **자치경찰제도** - 자치경찰제의 전면적 시행으로 경찰행정에 대한 주민참여는 더욱 확대될 것 ③ **국민감사청구제도** - **18세 이상 국민**은 공공기관 사무처리가 법령위반 또는 부패행위로 인하여 공익을 현저히 해하는 경우 **300인 이상의 연서**로 감사원에 감사청구가능(「부패방지 및 국민권익위원회 설치와 운영에 관한 법률」)
사법적 통제	「행정소송법」과 「국가배상법」을 통하여 행정청의 위법한 처분등에 대한 통제역할을 수행 (사후통제)

(2) 사전통제와 사후통제

사전통제	사후통제
① 「**행정절차법**」(행정에 대한 사전통제를 규정하는 기본법) - 의견제출, 청문, 입법예고, 행정예고 등 ② 국회의 입법권·예산심의권 등	① 사법부에 의한 사법심사(행정소송) ② 국회에 의한 **예산결산권, 국정감사·조사권** ③ 행정부 내의 행정심판·징계책임 ④ **상급기관의 하급기관에 대한 감독권**

≫ 사후 구제는 시간과 비용 많이 들고 이미 침해된 권리나 이익의 원상회복이 불가능하므로 사전적 구제 절차를 통한 보완 필요
≫ 오늘날 행정청에 대해서는 권리나 이익이 침해받기 전에 절차적으로 참여하는 등 사전 통제장치를 마련하는 것이 세계적 추세

(3) 내부통제와 외부통제

1) 내부통제

> ① **감사관제(청문감사인권관)** – 대통령직속의 감사원과 구별(감사원은 외부통제)
> ② **훈령권 및 직무명령권**
>
> ≫ 조직 자체가 자기통제를 위주로 자기정화를 하고 자기의 정책을 법과 국민의 뜻에 맞게 고쳐나가는 것이 바람직하지만, 조직의 속성상 변화와 개혁을 싫어하고, 자기비호의 성향을 가지기 쉬우므로, 조직 내부에서는 그 조직의 문제점을 발견하기 어렵다. 따라서 외부통제가 필요하다. 그러나, 외부기관의 상시적인 지휘는 조직의 자율성을 저해하는 등의 문제로 바람직하다고 보기 어렵다.
> ≫ 청문감사인권관제도
> ① 경찰서의 감찰·감사업무도 관장하면서 민원인의 고충 등을 상담·해소해 주고 경찰서 내의 인권보호 상황을 확인·점검하는 임무를 수행
> ② 민원실 소속이 경무과에서 청문감사인권관실로 변경

2) 외부통제

입법통제 (국회에 의한 통제)	국회의 입법권, 예산의 심의·의결권, 예산결산권, 경찰청장에 대한 탄핵소추의결, 국정조사·감사권 등
사법통제 (법원에 의한 통제)	위법한 처분의 취소 등을 통하여 시정하게 할 뿐만 아니라, 공무원 개인에게도 민사상·형사상의 책임을 물을 수 있다.
행정통제 (행정부에 의한 통제)	① 대통령에 의한 통제 ② 감사원에 의한 통제 – 세입·세출의 결산확인, 직무감찰 등 ③ 행정안전부장관에 의한 통제 ④ 국민권익위원회(국무총리 소속)에 의한 통제 ⑤ 중앙행정심판위원회에 의한 통제 ⑥ **국가경찰위원회(행정안전부에 설치)에 의한 통제** ⑦ **소청심사위원회(인사혁신처에 설치)에 의한 통제** ⑧ 국가인권위원회에 의한 통제 – 독립기관이므로 '**광의의 행정부**'에 의한 통제
민중통제	여론, 이익집단, 언론기관, 정당 등을 통한 직·간접 통제로서 특히, 언론기관의 영향력이 크다.

4 「부패방지 및 국민권익위원회의 설치와 운영에 관한 법률」

제2조(정의) 이 법에서 사용하는 용어의 뜻은 다음과 같다.
4. "부패행위"란 다음 각 목의 어느 하나에 해당하는 행위를 말한다.
    가. 공직자가 직무와 관련하여 그 지위 또는 권한을 남용하거나 법령을 위반하여 **자기 또는 제3자의 이익을 도모하는 행위**
    나. 공공기관의 예산사용, 공공기관 재산의 취득·관리·처분 또는 공공기관을 당사자로 하는 계약의 체결 및 그 이행에 있어서 법령에 위반하여 공공기관에 대하여 재산상 손해를 가하는 행위
    다. 가목과 나목에 따른 행위나 그 은폐를 강요, 권고, 제의, 유인하는 행위 – **간접적 부패행위도 부패에 포함**

제55조(부패행위의 신고) 누구든지 부패행위 알게 된 때는 국민권익위원회에 신고할 수 있다.

제56조(공직자의 부패행위 신고의무) 공직자는 직무행함에 있어 다른 공직자가 부패행위 한 사실 알게 되었거나 부패행위 강요 또는 제의받은 경우 지체 없이 수사기관·감사원 또는 국민권익위원회에 신고하여야 한다.

제57조(신고자의 성실의무) 신고자가 신고내용이 허위사실을 알았거나 알 수 있었음에도 신고한 경우는 **이 법의 보호 받지 못한다.**

제58조(신고의 방법) 부패행위 신고하는 자는 신고자 인적사항과 신고취지 및 이유 기재한 **기명 문서로써 하여야 하며, 신고대상과 부패행위 증거 등을 함께 제시**하여야 한다.

제58조의2(비실명 대리신고) ① 제58조에도 불구하고 신고자는 자신의 인적사항을 밝히지 아니하고 변호사를 선임하여 신고를 대리하게 할 수 있다. 이 경우 제58조에 따른 신고자의 인적사항 및 기명의 문서는 변호사의 인적사항 및 변호사 이름의 문서로 갈음한다.
② 제1항에 따른 신고는 위원회에 하여야 하며, 신고자 또는 신고자를 대리하는 변호사는 그 취지를 밝히고 신고자의 인적사항, 신고자임을 입증할 수 있는 자료 및 위임장을 위원회에 함께 제출하여야 한다.
③ 위원회는 제2항에 따라 제출된 자료를 봉인하여 보관하여야 하며, 신고자 본인의 동의 없이 이를 열람하여서는 아니 된다.

제59조(신고의 처리) ③ 위원회는 접수된 신고사항에 대하여 감사·수사 또는 조사가 필요한 경우 이를 감사원, 수사기관 또는 해당 공공기관의 감독기관(감독기관이 없는 경우에는 해당 공공기관을 말한다. 이하 "조사기관"이라 한다)에 이첩하여야 한다.
④ 위원회는 접수된 신고사항이 제3항에 따른 이첩 또는 종결처리의 대상인지 명백하지 아니한 경우로서 조사기관에서 처리하는 것이 타당하다고 인정하는 경우에는 이를 조사기관에 송부할 수 있다.
⑥ 위원회에 신고가 접수된 당해 부패행위의 혐의대상자가 다음 각 호에 해당하는 고위공직자로서 부패혐의의 내용이 형사처벌을 위한 수사 및 공소제기의 필요성이 있는 경우에는 **위원회 명의로 검찰, 수사처, 경찰 등 관할 수사기관에 고발하여야 한다.**
1. 차관급 이상의 공직자
2. 특별시장, 광역시장, 특별자치시장, 도지사 및 특별자치도지사
3. 경무관급 이상의 경찰공무원
4. 법관 및 검사
5. 장성급(將星級) 장교
6. 국회의원

제60조(조사결과의 처리) ① 조사기관은 신고를 이첩 또는 송부받은 날부터 60일 이내에 감사·수사 또는

조사를 종결하여야 한다. 다만, 정당한 사유가 있는 경우에는 그 기간을 연장할 수 있으며, 위원회에 그 연장사유 및 연장기간을 통보하여야 한다.
② 제59조 제3항 또는 제4항에 따라 신고를 이첩 또는 송부받은 조사기관(조사기관이 이첩받은 신고사항에 대하여 다른 조사기관에 이첩·재이첩, 감사요구, 송치, 수사의뢰 또는 고발을 한 경우에는 이를 받은 조사기관을 포함한다. 이하 이 조에서 같다)은 감사·수사 또는 조사결과를 감사·수사 또는 조사 종료 후 **10일 이내**에 **위원회에 통보**하여야 한다.

5 「공공기관의 정보공개에 관한 법률」

제2조(정의) 이 법에서 사용하는 용어의 뜻은 다음과 같다.
1. "정보"란 공공기관이 직무상 작성·취득하여 관리하고 있는 문서(전자문서 포함) 및 전자매체를 비롯한 모든 형태의 매체 등에 기록된 사항을 말한다.
2. "공개"란 공공기관이 이 법에 따라 정보를 열람하게 하거나 그 사본·복제물을 제공하는 것 또는 「전자정부법」제2조 제10호에 따른 정보통신망을 통하여 정보를 제공하는 것 등을 말한다.
3. "공공기관"이란 다음 각 목의 기관을 말한다.
   가. **국가기관**
      1) 국회, 법원, 헌법재판소, 중앙선거관리위원회
      2) 중앙행정기관(대통령 소속 기관과 국무총리 소속 기관을 포함한다) 및 그 소속 기관
      3) 「행정기관 소속 위원회의 설치·운영에 관한 법률」에 따른 위원회
   나. **지방자치단체**
   다. 「공공기관의 운영에 관한 법률」제2조에 따른 공공기관
   라. 「지방공기업법」에 따른 지방공사 및 지방공단
   마. 그 밖에 대통령령으로 정하는 기관

제3조(정보공개의 원칙) 공공기관이 보유·관리정보는 국민 알권리 보장 위해 이 법에서 정하는 바에 따라 적극적 공개하여야 한다.

제5조(정보공개 청구권자) ① 모든 국민은 정보공개청구 할 권리를 가진다.
② 외국인의 정보공개 청구에 관하여는 **대통령령**으로 정한다.

제9조(비공개 대상 정보) ① 공공기관이 보유·관리하는 정보는 공개 대상이 된다. 다만, 다음에 해당하는 정보는 **공개하지 아니할 수 있다.** - 비공개대상 정보라도 공개가능
1. 다른 법률 또는 법률에서 위임한 명령(국회규칙·대법원규칙·헌법재판소규칙·중앙선거 관리위원회 규칙·대통령령 및 조례로 한정한다)에 따라 비밀이나 비공개 사항으로 규정된 정보
2. 국가안전보장·국방·통일·외교관계 등에 관한 사항으로서 공개될 경우 국가의 중대한 이익을 현저히 해칠 우려가 있다고 인정되는 정보
3. 공개될 경우 국민의 생명·신체 및 재산의 보호에 현저한 지장을 초래할 우려가 있다고 인정되는 정보
4. 진행 중인 재판에 관련된 정보와 범죄의 예방, 수사, 공소의 제기 및 유지, 형의 집행, 교정(矯正), 보안처분에 관한 사항으로서 공개될 경우 그 직무수행을 현저히 곤란하게 하거나 형사피고인의 공정한 재판을 받을 권리를 침해한다고 인정할 만한 상당한 이유가 있는 정보
5. 감사·감독·검사·시험·규제·입찰계약·기술개발·인사관리에 관한 사항이나 의사결정 과정 또는 내부검토 과정에 있는 사항 등으로서 공개될 경우 업무의 공정한 수행이나 연구·개발에 현저한 지장을 초래한다고 인정할 만한 상당한 이유가 있는 정보. 다만, 의사결정 과정 또는 내부검토 과정을 이유로

비공개할 경우에는 제13조 제5항에 따라 통지를 할 때 의사결정 과정 또는 내부검토 과정의 단계 및 종료 예정일을 함께 안내하여야 하며, 의사결정 과정 및 내부검토 과정이 종료되면 제10조에 따른 청구인에게 이를 통지하여야 한다.
6. 해당 정보에 포함되어 있는 성명·주민등록번호 등 「개인정보 보호법」 제2조 제1호에 따른 개인정보로서 공개될 경우 사생활의 비밀 또는 자유를 침해할 우려가 있다고 인정되는 정보. 다만, 다음 각 목에 열거한 개인에 관한 정보는 제외한다.
   가. 법령에서 정하는 바에 따라 열람할 수 있는 정보
   나. 공공기관이 공표를 목적으로 작성하거나 취득한 정보로서 사생활의 비밀 또는 자유를 부당하게 침해하지 아니하는 정보
   다. 공공기관이 작성하거나 취득한 정보로서 공개하는 것이 공익이나 개인의 권리 구제를 위하여 필요하다고 인정되는 정보
   라. 직무를 수행한 공무원의 성명·직위
   마. 공개하는 것이 공익을 위하여 필요한 경우로서 법령에 따라 국가 또는 지방자치단체가 업무의 일부를 위탁 또는 위촉한 개인의 성명·직업
7. 법인·단체 또는 개인(이하 "법인등"이라 한다)의 경영상·영업상 비밀에 관한 사항으로서 공개될 경우 법인등의 정당한 이익을 현저히 해칠 우려가 있다고 인정되는 정보. 다만, 다음 각 목에 열거한 정보는 제외한다.
   가. 사업활동에 의하여 발생하는 위해(危害)로부터 사람의 생명·신체 또는 건강을 보호하기 위하여 공개할 필요가 있는 정보
   나. 위법·부당한 사업활동으로부터 국민의 재산 또는 생활을 보호하기 위하여 공개할 필요가 있는 정보
8. 공개될 경우 부동산 투기, 매점매석 등으로 특정인에게 이익 또는 불이익을 줄 우려가 있다고 인정되는 정보
   ≫ 경찰의 보안관찰관련 통계자료, 폭력단체 현황에 관한 정보 – 비공개
   ≫ 국공립학교에서의 성적평가에 관한 사항 – 비공개대상 X
   ≫ 조세부과·징수 또는 환급에 관한 사항 – 비공개대상 X
   ≫ 학력·기능 및 채용에 관한 사항 – 비공개대상 X

② 공공기관은 비공개대상에 해당하는 정보가 기간경과 등으로 **비공개 필요성 없어진 경우에는 공개대상으로 하여야 한다.**

제10조(정보공개의 청구방법) ① 정보공개청구 하는 자는 해당 정보를 보유 관리하고 있는 공공기관에 다음 각호의 사항을 적은 **정보공개청구서를 제출하거나 말로써 정보공개**를 청구할 수 있다.
1. 청구인의 성명·생년월일·주소 및 연락처(전화번호·전자우편주소 등을 말한다. 이하 이 조에서 같다). 다만, 청구인이 법인 또는 단체인 경우에는 그 명칭, 대표자의 성명, 사업자등록번호 또는 이에 준하는 번호, 주된 사무소의 소재지 및 연락처를 말한다.
2. 청구인의 주민등록번호(본인임을 확인하고 공개 여부를 결정할 필요가 있는 정보를 청구하는 경우로 한정한다)
3. 공개를 청구하는 정보의 내용 및 공개방법

제11조(정보공개 여부의 결정) ① 공공기관은 정보공개청구를 받으면 청구를 받은 날부터 10일 이내 공개 여부를 결정하여야 한다.
② 공공기관은 부득이한 사유로 제1항에 따른 기간 이내 공개 여부 결정할 수 없을 때 그 **기간이 끝나는 날 다음 날부터 기산하여 10일 범위에서 공개여부 결정기간을 연장**할 수 있다. 이 경우 공공기관은

연장사실과 연장사유를 청구인에게 지체 없이 문서통지 하여야 한다.
③ 공공기관 공개청구공개 대상 정보 전부 또는 일부가 제3자와 관련 있다고 인정할 때 그 사실을 제3자에게 지체없이 통지하여야 하며, 필요한 경우 그의 의견을 들을 수 있다.

제12조(정보공개심의회) ① 국가기관, 지방자치단체, 「공공기관의 운영에 관한 법률」 제5조에 따른 공기업 및 준정부기관, 「지방공기업법」에 따른 지방공사 및 지방공단(이하 "국가기관등"이라 한다)은 제11조에 따른 정보공개 여부 등을 심의하기 위하여 정보공개심의회(이하 "심의회"라 한다)를 설치·운영한다. 이 경우 국가기관등의 규모와 업무성격, 지리적 여건, 청구인의 편의 등을 고려하여 소속 상급기관(지방공사·지방공단의 경우에는 해당 지방공사·지방공단을 설립한 지방자치단체를 말한다)에서 협의를 거쳐 심의회를 통합하여 설치·운영할 수 있다.
② 심의회는 **위원장 1명을 포함하여 5명 이상 7명 이하의 위원**으로 구성한다.
③ 심의회의 위원은 소속 공무원, 임직원 또는 외부 전문가로 지명하거나 위촉하되, **그 중 3분의 2**는 해당 국가기관등의 업무 또는 정보공개의 업무에 관한 지식을 가진 외부 전문가로 위촉하여야 한다. 다만, 제9조 제1항 제2호 및 제4호에 해당하는 업무를 주로 하는 국가기관은 그 국가기관의 장이 외부 전문가의 위촉 비율을 따로 정하되, 최소한 3분의 1 이상은 외부 전문가로 위촉하여야 한다.
④ 심의회의 위원장은 위원 중에서 국가기관등의 장이 지명하거나 위촉한다.

제13조(정보공개 여부 결정의 통지) ① 공공기관은 제11조에 따라 정보의 공개를 결정한 경우에는 공개의 일시 및 장소 등을 분명히 밝혀 청구인에게 통지하여야 한다.
② 공공기관은 청구인이 사본 또는 복제물 교부 원하는 경우에 이를 교부하여야 한다.
③ 공공기관은 공개 대상 정보의 양이 너무 많아 정상적인 업무수행에 현저한 지장을 초래할 우려가 있는 경우에는 해당 정보를 일정 기간별로 나누어 제공하거나 사본·복제물의 교부 또는 열람과 병행하여 제공할 수 있다.
④ 공공기관은 제1항에 따라 정보를 공개하는 경우에 그 정보의 원본이 더럽혀지거나 파손될 우려가 있거나 그 밖에 상당한 이유가 있다고 인정할 때에는 그 정보의 사본·복제물을 공개할 수 있다.
⑤ 공공기관은 제11조에 따라 정보의 비공개 결정을 한 경우에는 그 사실을 청구인에게 지체 없이 문서로 통지하여야 한다. 이 경우 제9조 제1항 각 호 중 어느 규정에 해당하는 비공개 대상 정보인지를 포함한 비공개 이유와 불복(不服)의 방법 및 절차를 구체적으로 밝혀야 한다.

제17조(비용 부담) ① 정보의 공개우송 등에 드는 비용은 **실비범위에서** 청구인이 부담한다.
② 공개 청구하는 **정보사용 목적이 공공복리의 유지·증진(질서유지 X)을 위하여 필요하다고 인정되는 경우**에 비용 감면할 수 있다.

제18조(이의신청) ① 청구인이 정보공개와 관련 공공기관 비공개 결정 또는 부분 공개 결정에 불복이 있거나 정보공개 청구 후 20일 경과하도록 정보공개 결정없는 때에는 공공기관으로부터 정보공개 여부 결정 통지 받은 날 또는 정보공개 청구 후 20일 경과한 날부터 30일 이내에 해당 공공기관에 문서로 이의신청을 할 수 있다.
② 국가기관 등은 이의신청 있는 경우 심의회를 개최하여야 한다. 다만, 다음 경우에는 심의회를 개최하지 아니할 수 있으며, 개최하지 아니하는 사유를 청구인에게 문서로 통지하여야 한다.
1. 심의회의 심의를 이미 거친 사항
2. 단순·반복적인 청구
3. 법령에 비밀로 규정된 정보에 대한 청구
③ 공공기관은 이의신청 받은 날부터 7일 이내 이의신청에 대하여 결정, 결과를 청구인에게 지체 없이 문서통지 하여야 한다. 다만, 부득이한 사유로 정하여진 기간 내 결정할 수 없을 때는 그 기간이 끝나는 날의 다음 날부터(그 기간이 끝나는 날부터 X) 기산하여 7일 범위에서 연장할 수 있으며, 연장 사유를

청구인에게 통지하여야 한다.

제19조(행정심판) ① 청구인이 정보공개와 관련한 공공기관의 결정에 대하여 불복이 있거나 정보공개 청구 후 20일이 경과하도록 정보공개 결정이 없는 때에는 「행정심판법」에서 정하는 바에 따라 행정심판을 청구할 수 있다. 이 경우 국가기관 및 지방자치단체 외의 공공기관의 결정에 대한 감독행정기관은 관계 중앙행정기관의 장 또는 지방자치단체의 장으로 한다.
② 청구인은 이의신청 절차를 거치지 아니하고 행정심판 청구할 수 있다.

제20조(행정소송) ① 청구인이 정보공개와 관련한 공공기관의 결정에 불복 있거나 정보공개 청구 후 20일 경과하도록 정보공개결정 없는 때 「행정소송법」에서 정하는 바에 따라 행정소송 제기할 수 있다.

제21조(제3자의 비공개 요청 등) ① 제11조 제3항에 공개 청구된 사실을 통지받은 제3자는 그 **통지 받은 날부터 3일 이내** 해당 공공기관에 자신과 관련된 정보 공개하지 아니할 것을 요청할 수 있다.
② 비공개 요청에 불구 공공기관이 공개 결정할 때에 공개 결정 이유와 공개 실시일을 분명히 밝혀 지체 없이 문서 통지하여야 하며, 제3자는 **해당 공공기관에 문서로 이의신청 하거나 행정심판 또는 행정소송 제기할 수 있다**. 이 경우 **이의신청은 통지 받은 날부터 7일 이내**에 하여야 한다.
③ 공공기관은 제2항에 공개 결정일과 공개 실시일 사이 최소한 30일 간격 두어야 한다.

제22조(정보공개위원회의 설치) 다음 사항 심의·조정 위하여 행정안전부장관 소속으로 정보공개위원회 둔다.
1. 정보공개에 관한 정책 수립 및 제도 개선에 관한 사항
2. 정보공개에 관한 기준 수립에 관한 사항
3. 제12조에 따른 심의회 심의결과의 조사·분석 및 심의기준 개선 관련 의견제시에 관한 사항
4. 공공기관의 정보공개 운영실태 평가 및 그 결과 처리에 관한 사항
5. 정보공개와 관련된 불합리한 제도·법령 및 그 운영에 대한 조사 및 개선권고에 관한 사항
6. 그 밖에 정보공개에 관하여 대통령령으로 정하는 사항

제23조(위원회의 구성 등) ① 위원회는 성별을 고려하여 **위원장과 부위원장 각 1명 포함 11명의 위원으로 구성한다.**
② 위원회의 위원은 다음 각 호의 사람이 된다. 이 경우 **위원장 포함한 7명은 공무원이 아닌 사람**으로 위촉하여야 한다.
1. 대통령령으로 정하는 관계 중앙행정기관 차관급 공무원이나 고위공무원단에 속하는 일반직공무원
2. 정보공개 관하여 학식과 경험 풍부한 행정안전부장관이 위촉하는 사람
3. 시민단체(「비영리민간단체 지원법」 제2조 비영리민간단체를 말한다)에서 추천한 사람으로 행정안전부장관이 위촉하는 사람
③ **위원장·부위원장 및 위원(제2항 제1호의 위원(공무원위원)은 제외)의 임기는 2년으로 하며, 연임할 수 있다.**

제24조(제도 총괄 등) ① 행정안전부장관은 이 법에 따른 정보공개제도정책 수립 및 제도 개선 사항 등에 관한 기획·총괄 업무를 관장한다.
② **행정안전부장관**은 위원회가 정보공개제도 효율적 운영을 위하여 필요하다고 요청하면 공공기관(**국회·법원·헌법재판소 및 중앙선거관리위원회는 제외한다**)의 정보공개제도 운영실태를 평가할 수 있다.

6 「행정절차법」

(1) 적용범위

적용 ○	처분절차, 신고절차, 확약절차, 위반사실 등의 공표절차, 행정계획절차, 행정상 입법예고절차, 행정예고절차, 행정지도절차
적용 ×	행정조사절차, 공법상 계약절차 등

(2) 송달

1) 방법

① 송달은 우편, 교부 또는 정보통신망 이용 등 방법으로 하되, 송달받을 자의 주소·거소·영업소·사무소 또는 전자우편주소로 한다. 다만, 송달받을 자가 동의하는 경우에는 그를 만나는 장소에서 송달가능
② 교부송달은 수령확인서 받고 문서 교부함으로써 하며, 송달 장소에서 송달받을 자 만나지 못한 경우 사무원·피용자 또는 동거인으로서 사리 분별 지능있는 사람에게 문서 교부할 수 있다. 다만, 문서 송달받을 자 또는 그 사무원등이 정당한 사유 없이 송달받기 거부하는 때는 그 사실을 수령확인서에 적고, 문서를 송달할 장소에 놓아둘 수 있다.
③ **정보통신망 이용 송달은 송달받을 자가 동의하는 경우에만 한다.** 이 경우 송달받을 자는 송달받을 전자우편주소 등을 지정하여야 한다.
④ 다음에 해당하는 경우는 송달받을 자가 알기 쉽도록 **관보, 공보, 게시판, 일간신문 중 하나 이상에 공고**하고 **인터넷에도 공고**하여야 한다.
  1. 송달받을 자의 주소등을 통상적인 방법으로 확인할 수 없는 경우
  2. 송달이 불가능한 경우

2) 송달의 효력발생

① 송달은 다른 법령등에 특별 규정 있는 경우 제외하고는 해당 문서가 **송달받을 자에게 도달됨으로써 그 효력 발생**
② 정보통신망 이용 전자문서로 송달하는 경우에는 **송달받을 자가 지정한 컴퓨터 등에 입력된 때에 도달**
③ 공시송달은 다른 법령등에 특별 규정 있는 경우 제외하고는 **공고일부터 14일 지난 때에 효력이 발생**. 다만, 긴급히 시행하여야 할 특별한 사유가 있어 효력 발생 시기를 달리 정하여 공고한 경우에는 그에 따른다.

(3) 처분절차

1) 처분의 사전통지(「행정절차법」제21조)

> ① 행정청은 **당사자에게 의무를 부과하거나 권익을 제한하는 처분**을 하는 경우에는 미리 다음 각 호의 사항을 당사자등에게 통지하여야 한다.
> 　1. 처분의 제목
> 　2. 당사자의 성명 또는 명칭과 주소
> 　3. 처분하려는 원인이 되는 사실과 처분의 내용 및 법적 근거
> 　4. 제3호에 대하여 의견을 제출할 수 있다는 뜻과 의견을 제출하지 아니하는 경우의 처리방법
> 　5. 의견제출기관의 명칭과 주소
> 　6. 의견제출기한
> 　7. 그 밖에 필요한 사항

2) 의견청취(의견제출, 청문, 공청회)

의견 제출	① 행정청이 **당사자에게 의무를 과하거나 권익을 제한하는 처분**을 함에 있어서 **청문이나 공청회 경우 외에는 당사자 등에게 의견제출의 기회 주어야** 함 ② 당사자 등은 처분 전에 관할행정청에 **서면·구술, 정보통신망을 이용하여 의견제출 가능** ③ 당사자등은 의견제출의 경우에는 처분의 사전 통지가 있는 날부터 의견제출기한까지 행정청에 해당 사안의 조사결과에 관한 문서와 그 밖에 해당 처분과 관련되는 문서의 열람 또는 복사를 요청할 수 있다. – 행정청은 다른 법령에 의하여 공개가 제한되는 경우를 제외하고는 거부불가 ④ 행정청은 처분을 할 때에 당사자 등이 제출한 의견이 **상당한 이유가 있다고 인정하는 경우에는 이를 반영하여야 한다.**
청문	① 행정청이 처분을 할 때 다음에 해당하는 경우에는 청문을 한다. 　㉠ 다른 **법령등에서 청문을 하도록 규정하고 있는 경우** 　㉡ **행정청이 필요하다고 인정하는 경우** 　㉢ 다음의 처분을 하는 경우 　　ⓐ 인허가등의 취소　　ⓑ 신분·자격의 박탈　　ⓒ 법인이나 조합 등의 설립허가의 취소 　》 주의 행정청이 당사자에게 의무를 과하거나 권익을 제한하는 처분을 할 경우 다른 법률에 특별한 규정이 없으면 청문을 거쳐야 한다. – X ② 행정청은 청문을 하려면 청문이 시작되는 날부터 **10일 전까지** 당사자등에게 통지하여야 한다. ③ 청문은 당사자의 공개신청이 있거나 청문주재자가 필요하다고 인정하는 경우 이를 **공개할 수 있다. 다만, 공익 또는 제3자의 정당한 이익을 현저히 해칠 우려가 있는 경우에는 공개하여서는 아니 된다.** ④ 당사자등은 청문의 통지가 있는 날부터 청문이 끝날 때까지 조사결과에 관한 문서 기타 당해 **처분과 관련되는 문서의 열람 또는 복사 요청가능** – 행정청은 다른 법령에 의하여 공개가 제한되는 경우를 제외하고는 거부불가
공청회	행정청이 처분을 할 때 다음에 해당하는 경우에는 공청회를 개최한다. ① 다른 법령등에서 공청회를 개최하도록 규정하고 있는 경우 ② 해당 처분의 영향이 광범위하여 널리 의견을 수렴할 필요가 있다고 행정청이 인정하는 경우 ③ 국민생활에 큰 영향을 미치는 처분으로서 대통령령으로 정하는 처분에 대하여 대통령령으로 정하는 수(30명) 이상의 당사자등이 공청회 개최를 요구하는 경우

3) 처분의 이유제시(「행정절차법」 제23조)

> ① 행정청은 처분을 할 때에는 다음 각 호의 어느 하나에 해당하는 경우를 제외하고는 당사자에게 그 근거와 이유를 제시하여야 한다.
> 　1. 신청 내용을 모두 그대로 인정하는 처분인 경우
> 　2. **단순·반복적인 처분 또는 경미한 처분으로서 당사자가 그 이유를 명백히 알 수 있는 경우**
> 　3. 긴급히 처분을 할 필요가 있는 경우
> ② 행정청은 제1항 제2호 및 제3호의 경우에 처분 후 당사자가 요청하는 경우에는 그 근거와 이유를 제시하여야 한다.

(4) **행정상 입법예고**

| 예고기간 | 입법예고기간은 예고할 때 정하되, 특별사정 없으면 **40일(자치법규는 20일)** 이상으로 한다. |

7 손해배상(국가배상)제도

(1) 「헌법」과 「국가배상법」의 비교

구분	헌법	국가배상법
배상주체	국가, 공공단체	국가, 지방자치단체

(2) 공무원의 위법한 직무행위로 인한 손해배상(「국가배상법」 제2조)

1) 배상책임의 요건

> ① **공무원 또는 공무를 위탁받은 사인**
>
> ② **직무를 집행하면서**
> 공무원에 대하여 작위의무를 명하는 법령의 규정이 없다면 공무원의 부작위로 인하여 침해된 국민의 법익 또는 국민에게 발생한 손해가 어느 정도 심각하고 절박한 것인지, 관련 공무원이 그와 같은 결과를 예견하여 그 결과를 회피하기 위한 조치를 취할 수 있는 가능성이 있는지 등을 종합적으로 고려하여 판단하여야 한다(대판 2001. 4. 24, 2000다57856).
>
> ③ **고의·과실로 인한 행위**
> 국민의 생명, 신체, 재산 등에 대하여 절박하고 중대한 위험상태가 발생하였거나 발생할 우려가 있어서 국민의 생명, 신체, 재산 등을 보호하는 것을 본래적 사명으로 하는 국가가 일차적으로 그 위험 배제에 나서지 아니하면 국민의 생명, 신체, 재산 등을 보호할 수 없는 경우에는 형식적 의미의 **법령에 근거가 없더라도 국가나 관련 공무원에 대하여 그러한 위험을 배제할 작위의무를 인정할 수 있을 것이다.** 그러나 그와 같은 절박하고 중대한 위험상태가 발생하였거나 발생할 우려가 있는 경우가 아닌 한, 원칙적으로 공무원이 관련 법령대로만 직무를 수행하였다면 그와 같은 공무원의 부작위를 가지고 '고의 또는 과실로 법령에 위반'하였다고 할 수는 없다(대판 2001. 4. 24, 2000다57856).

④ **법령에 위반하여**
범죄의 예방·진압 및 수사는 경찰관의 직무에 해당하고(「경찰관 직무집행법」 제2조), 그 직무행위의 구체적 내용이나 방법 등은 경찰관의 전문적 판단에 기한 합리적인 재량에 위임되어 있다고 할 것이다. 따라서 경찰관이 구체적 상황에 비추어 그 인적·물적 능력의 범위 내에서 적절한 조치라는 판단에 따라 범죄의 진압 및 수사에 관한 직무를 수행한 경우에는, 그러한 직무수행이 객관적 정당성을 상실하여 현저하게 불합리한 것으로 인정되지 않는 한 이를 위법하다고 할 수 없다(대판 2010. 11. 11, 2010도7621).

⑤ **타인에게 손해발생**
  ㉠ 타인의 의미 – **외국인에 대한 배상책임은 상호주의**(이 법은 외국인이 피해자인 경우에는 해당 국가와 상호 보증이 있을 때에만 적용한다.)
  ㉡ 군인 등에 대한 특례(이중배상금지) – **군인·군무원·경찰공무원 또는 예비군대원**이 전투·훈련 등 직무집행과 관련하여 전사·순직 또는 공상을 입은 경우에 본인 또는 그 유족이 다른 법령의 규정에 의하여 재해보상금·유족연금·상이연금 등의 보상을 지급받을 수 있을 때에는 「국가배상법」 및 「민법」에 따른 손해배상을 청구할 수 없다.

2) 배상책임의 내용

배상책임자	① **국가와 지방자치단체**(서울경찰청 소속 국가경찰사무를 담당하는 경찰은 국가공무원이므로 배상주체는 국가 → **국가배상청구 소송의 피고는 대한민국**) ② 공무원의 선임·감독자와 공무원의 봉급·급여 기타 비용부담하는 자가 동일하지 아니한 경우 **비용부담하는 자도** 손해 배상책임(판례 – 지방자치단체장이 설치하여 관할 시·도경찰청장에게 관리권이 위임된 교통신호기 고장으로 교통사고 발생 – **경찰관들의 봉급 부담하는 국가도 비용부담자로서 손해배상책임 인정**) ③ 자치경찰사무를 담당하는 경찰이 직무수행 중 발생한 손해의 경우 사무의 귀속주체가 지방자치단체이기 때문에 원칙적으로 지방자치단체인 시·도가 피고가 된다. 단, 경찰공무원의 월급을 지급하는 국가 역시 비용부담자로서 피고가 될 수 있다.
공무원 개인책임	경찰관의 고의 또는 중과실이 인정되면 경찰관 개인에 대한 민사배상인정
구상권	공무원에게 고의·중과실이 있으면 국가나 지방자치단체는 공무원에게 구상권 행사가능
배상청구권의 양도·압류금지	생명·신체침해에 대한 배상청구권은 양도·압류금지, 재산권침해에 대한 배상청구권은 양도가능

(3) 영조물의 설치관리상의 하자로 인한 손해배상(「국가배상법」 제5조)

의의	공공의 영조물의 설치 또는 관리 하자로 타인에게 손해 발생하게 한 경우 국가 또는 지방자치단체는 그 손해 배상하여야 한다. ≫ 공공의 영조물 – 인공공물·자연공물·부동산·동산(경찰차량 등)·동물 등을 모두 포함
무과실책임	공무원의 고의·과실을 요건으로 하지 않는 무과실책임. 다만, 불가항력인 경우는 배상 책임없음
구상권	영조물 하자로 인한 손해의 원인에 대하여 책임을 질 자가 따로 있을 때는 국가 또는 지방자치단체는 그 자에 대하여 구상가능
비용부담자 등의 책임	① 국가나 지방자치단체가 손해를 배상할 책임이 있는 경우에 **영조물의 설치·관리를 맡은 자와 영조물의 설치·관리 비용을 부담하는 자가 동일하지 아니하면 그 비용을 부담하는 자도 손해를 배상**하여야 한다. ② ①의 경우에 손해를 배상한 자는 **내부관계에서 그 손해를 배상할 책임이 있는 자에게 구상**할 수 있다.

8 행정쟁송

(1) 행정심판

1) 행정심판의 대상

① 행정심판 개괄주의 – 국민의 권리구제가능성 확대
  ㉠ 행정청의 처분 또는 부작위에 대하여 다른 법률에 특별한 규정이 있는 경우 외에는 행정심판을 청구가능
  ㉡ 다만, **대통령의 처분·부작위는 다른 법률에 특별 규정 있는 경우 외에는 행정심판 청구불가**

2) 행정청의 위법·부당한 처분·부작위

≫ 처분 – 행정청이 행하는 구체적 사실에 관한 법집행으로서의 공권력행사 또는 그 거부와 이에 준하는 행정작용

3) 행정심판기관 – 행정심판위원회

의의	행정청의 처분 또는 부작위에 대한 행정심판의 청구를 심리·재결하기 위하여 설치한 행정기관
예	① 경찰청장이 행한 행정처분에 대한 행정심판은 **중앙행정심판위원회**에서 재결 ② 시·도경찰청장이 행한 행정처분에 대한 행정심판은 **중앙행정심판위원회**에서 재결 ③ 경찰서장이 행한 행정처분에 대한 행정심판은 **중앙행정심판위원회**에서 재결

(2) 행정소송 - 소송제기의 효과

> 제23조(집행정지) ① 취소소송의 제기는 처분등의 효력이나 그 집행 또는 절차의 속행에 영향을 주지 아니한다. - 집행부정지 원칙
> ② 취소소송이 제기된 경우에 처분등이나 그 집행 또는 절차의 속행으로 인하여 생길 회복하기 어려운 손해를 예방하기 위하여 긴급한 필요가 있다고 인정할 때에는 본안이 계속되고 있는 **법원은 당사자의 신청 또는 법원의 직권에 의하여** 처분등의 효력이나 그 집행 또는 절차의 속행의 전부 또는 일부의 정지(이하 "집행정지"라 한다)를 결정할 수 있다. 다만, 처분의 효력정지는 처분등의 집행 또는 절차의 속행을 정지함으로써 목적을 달성할 수 있는 경우에는 허용되지 아니한다.
> ≫ 거부처분이나 부작위는 집행정지불가능
> ③ 집행정지는 공공복리에 중대한 영향을 미칠 우려가 있을 때에는 허용되지 아니한다.
> ④ 제2항의 규정에 의한 집행정지의 결정을 신청함에 있어서는 그 이유에 대한 소명이 있어야 한다.
> ⑤ 제2항의 규정에 의한 집행정지의 결정 또는 기각의 결정에 대하여는 즉시항고할 수 있다. 이 경우 집행정지의 결정에 대한 즉시항고에는 결정의 집행을 정지하는 효력이 없다.

9 경찰감찰 및 경찰행정사무감사와 경찰통제

(1) 「경찰 감찰 규칙」(경찰청훈령)

> **제2장 감찰관**
>
> 제5조(감찰관의 결격사유) 다음 각 호의 어느 하나에 해당하는 사람은 감찰관이 될 수 없다.
> 1. 직무와 관련한 금품 및 향응 수수, 공금횡령·유용, 「성폭력범죄의 처벌 등에 관한 특례법」에 따른 성폭력범죄로 징계처분을 받은 사람
> 2. 제1호 이외의 사유로 징계처분을 받아 말소기간이 경과하지 아니한 사람
> 3. 질병 등으로 감찰관으로서의 업무수행이 어려운 사람
> 4. 기타 감찰관으로서 적합하지 아니하다고 판단되는 사람
>
> 제7조(감찰관의 신분보장) ① 경찰기관의 장은 감찰관이 결격사유에 해당되는 것으로 밝혀졌을 경우와 다음에 해당하는 경우를 제외하고는 2년 이내 본인의 의사에 반하여 전보하여서는 아니 된다. 다만, 승진 등 인사관리상 필요한 경우에는 그러하지 아니하다.
> 1. 징계사유가 있는 경우
> 2. 형사사건에 계류된 경우
> 3. 질병 등으로 감찰업무를 수행 할 수 없거나 직무수행 능력이 현저히 부족하다고 판단되는 경우
> 4. 고압·권위적인 감찰활동을 반복하여 물의를 야기한 경우
> ② 경찰기관장은 1년 이상 성실히 근무한 감찰관에 대해서는 희망부서를 고려하여 전보한다.
>
> **제3장 감찰활동**
>
> 제12조(감찰활동의 관할) 감찰관은 소속 경찰기관의 **관할구역 안에서 활동하여야** 한다. 다만, **상급 경찰기관의 장의 지시가 있는 경우에는 관할구역 밖에서도 활동할 수 있다.**
> 제13조(특별감찰) 경찰기관의 장은 의무위반행위가 자주 발생하거나 그 발생 가능성이 높다고 인정되는 시기, 업무분야 및 경찰관서 등에 대하여는 일정기간 동안 전반적인 조직관리 및 업무추진 실태 등을 집중

점검할 수 있다.

제14조(교류감찰) 경찰기관의 장은 **상급 경찰기관의 장의 지시**에 따라 소속 감찰관으로 하여금 일정기간 동안 다른 경찰기관 소속 직원의 복무실태, 업무추진 실태 등을 점검하게 할 수 있다.

제15조(감찰활동의 착수) ① 감찰관은 소속공무원의 의무위반행위에 관한 단서(현장인지, 진정·탄원 등을 포함한다)를 수집·접수한 경우 **소속 경찰기관의 감찰부서장에게 보고**하여야 한다.

② 감찰부서장은 제1항에 따른 보고를 받은 경우 감찰 대상으로서의 적정성을 검토한 후 감찰활동 착수 여부를 결정하여야 한다.

제17조(자료 제출 요구 등) ① 감찰관은 직무상 다음 각 호의 요구를 할 수 있다. 다만, 제2호 및 제3호의 경우에는 필요 최소한의 범위 내에서 요구하여야 한다.
1. 조사를 위한 출석
2. 질문에 대한 답변 및 진술서 제출
3. 증거품 등 자료 제출
4. 현지조사의 협조

② 소속공무원은 감찰관으로부터 제1항에 따른 요구를 받은 때에는 정당한 사유가 없는 한 그 요구에 응하여야 한다.

제18조(감찰관 증명서 등 제시) 감찰관은 제17조에 따른 요구를 할 경우 소속 경찰기관의 장이 발행한 별지 제3호 서식의 감찰관 증명서 또는 경찰공무원증을 제시하여 신분을 밝히고 감찰활동의 목적을 설명하여야 한다.

제19조(감찰활동 결과의 보고 및 처리) ① 감찰관은 감찰활동 결과 소속공무원의 의무위반행위, 불합리한 제도·관행, 선행·수범 직원 등을 발견한 경우 이를 소속 경찰기관의 장에게 보고하여야 한다.

② 경찰기관의 장은 제1항의 결과에 대하여 문책 요구, 시정·개선·포상등 필요한 조치를 하여야 한다.

제5장 감찰조사 및 처리

제25조(출석요구) ① 감찰관은 감찰조사를 위해서 조사대상자의 출석을 요구할 때에는 조사기일 3일 전까지 **별지 제5호 서식의 출석요구서 또는 구두로 조사일시, 의무위반행위사실 요지 등을 통지**하여야 한다. 다만, 사안이 급박한 경우 또는 조사대상자의 요청이 있는 경우에는 즉시 조사에 착수할 수 있다.

제28조(조사 참여) ① 감찰관은 조사대상자가 다음 각 호의 사항을 신청할 경우 이에 해당하는 **사람을 참여하게 하거나 동석하도록 하여야 한다.**
1. 다음 각 목의 사람의 참여
   가. 다른 감찰관
   나. 변호인
2. 다음 각 목의 사람의 동석
   가. 조사대상자의 동료공무원
   나. 조사대상자의 직계친족, 배우자, 가족 등 조사대상자의 심리적 안정과 원활한 의사소통에 도움을 줄 수 있는 사

제29조(감찰조사 전 고지) ① 감찰관은 감찰조사를 실시하기 전에 조사대상자에게 **의무위반행위 사실의 요지를 알려야 한다.**

② 제1항의 경우 감찰관은 조사대상자에게 제28조 제1항 각 호의 사항을 신청할 수 있다는 사실을 고지하여야 한다.

제31조(조사시 유의사항) ⑤ 감찰부서장은 성폭력·성희롱 피해 여성에 대하여는 피해자의 의사에 반하지 않는 한 여성 경찰공무원이 조사하도록 하여야 하고, 조사 과정에서 피해자의 인격이나 명예가 손상되거나 사적인 비밀이 침해되지 않도록 하여야 한다.

제32조(심야조사의 금지) ① 감찰관은 심야(**자정부터 오전 6시까지**를 말한다)에 조사를 하여서는 아니 된다.
  ② 제1항에도 불구하고 감찰관은 **조사대상자 또는 그 변호인의 심야조사 요청이 있는 경우**에는 **예외적으로 심야조사를 할 수 있다.** 이 경우 심야조사의 사유를 조서에 명확히 기재하여야 한다.

제35조(민원사건의 처리) ① 감찰관은 **소속 공무원 등의 의무위반사실에 대한 민원** 접수하였을 때에는 **접수일로부터 2개월 내에 신속히 처리**하여야 한다.

제36조(기관통보사건의 처리) ① 감찰관은 **다른 경찰기관 또는 검찰, 감사원 등 다른 행정기관으로부터 통보받은 소속공무원의 의무위반행위에 대해서는 통보받은 날로부터 1개월 이내에 신속히 처리**하여야 한다.
  ② 감찰관은 검찰·경찰, 그 밖의 수사기관으로부터 수사개시 통보를 받은 경우에는 징계의결 요구권자의 결재를 받아 **해당 기관으로부터 수사결과의 통보를 받을 때까지 감찰조사, 징계의결요구 등의 절차를 진행하지 아니할 수 있다.**

제6장 징계등 조치

제40조(감찰관의 징계 등) ② 감찰관의 의무위반행위에 대해서는 「경찰공무원 징계령 세부시행규칙」의 **징계양정에 정한 기준보다 가중하여 징계조치**한다.

(2) 「경찰청 감사 규칙」(경찰청훈령)

제4조(감사의 종류와 주기) ① 감사의 종류는 종합감사, 특정감사, 재무감사, 성과감사, 복무감사, 일상감사로 구분한다.
  ② 종합감사의 주기는 1년에서 3년까지 하되 치안수요 등을 고려하여 조정 실시한다.

제10조(감사결과의 처리기준 등) 감사관은 감사결과를 다음 각 호의 기준에 따라 처리하여야 한다.
  1. 징계 또는 문책 요구 : 「국가공무원법」과 그 밖의 법령에 규정된 징계 또는 문책 사유에 해당하거나 정당한 사유 없이 자체감사를 거부하거나 자료의 제출을 게을리한 경우
  2. 시정 요구 : 감사결과 위법 또는 부당하다고 인정되는 사실이 있어 추징·회수·환급·추급 또는 원상복구 등이 필요하다고 인정되는 경우
  3. 경고·주의 요구 : 감사결과 위법 또는 부당하다고 인정되는 사실이 있으나 그 정도가 징계 또는 문책사유에 이르지 아니할 정도로 경미하거나, 감사대상기관 또는 부서에 대한 제재가 필요한 경우
  4. 개선 요구 : 감사결과 법령상·제도상 또는 행정상 모순이 있거나 그 밖에 개선할 사항이 있다고 인정되는 경우
  5. 권고 : 감사결과 문제점이 인정되는 사실이 있어 그 대안을 제시하고 감사대상기관의 장 등으로 하여금 개선방안을 마련하도록 할 필요가 있는 경우
  6. 통보 : 감사결과 비위 사실이나 위법 또는 부당하다고 인정되는 사실이 있으나 제1호부터 제5호까지의 요구를 하기에 부적합하여 감사대상기관 또는 부서에서 자율적으로 처리할 필요가 있다고 인정되는 경우
  7. 변상명령 : 「회계관계직원 등의 책임에 관한 법률」이 정하는 바에 따라 변상책임이 있는 경우
  8. 고발 : 감사결과 범죄 혐의가 있다고 인정되는 경우
  9. 현지조치 : 감사결과 경미한 지적사항으로서 현지에서 즉시 시정·개선조치가 필요한 경우

⑩ 국민의 인권보장과 경찰통제

(1) 인권과 기본권의 차이

인권	인간이기 때문에 당연히 누리는 인간의 생래적·천부적 권리. 즉, 자연권
기본권	「헌법」이 보장하는 국민의 기본적 권리

(2) 인권이 지니는 특성

정당성 판단 기준	인권은 법률 및 관습의 정당성을 판단하는 기준
보편성	인권은 모든 장소의 모든 인간이 평등하게 향유하게 하는 것이어야 함(특권과 반대)
상호의존성	어떤 특수한 입장에 있는 개인이나 집단의 권리는 다른 사람의 권리나 공동의 이익을 위하여 필요한 만큼만 제한
불가분성	인권은 그 내재된 권리 중 일부의 구현으로는 보장될 수 없고, 전체가 실현될 때만 완전히 보장

(3) 인권의 유형

시민적·정치적 권리	① 인간의 존엄성과 자유, 국가의 강압으로부터의 자유를 지향하는 것 ② 사상과 양심의 자유, 참정권의 보장, 의견표명과 언론의 자유, 집회와 결사의 자유 등
경제적·사회적·문화적 권리	① 사람이 하나의 생명체로서 살아가기 위한 기본적인 의식주와 삶의 질 보장 ② 의식주보장, 노동조건보장, 교육받을 권리 및 사회보장 혜택 누릴 권리 보장 등
법적권리	① 모든 인간이 합법적 절차에 의해 대우받을 권리이며 절차적 권리 또는 규범적 권리와 연관 ② 법 앞의 평등, 무죄추정, 공정한 재판, 소급입법 방지, 접견교통권 등 형사사법 절차에서 주로 문제
차별받지 않을 권리	모든 권리영역에 적용될 수 있는 기본적 원칙으로서 모든 사람이 모든 권리를 평등하게 누릴 수 있는 권리

(4) 경찰 인권시책의 흐름

70년대 이전	**인권보다 검거율 우선** – 전쟁수습, 집회시위 등 사회적 혼란에 대처하기 위한 역량강화에 주력하였으며, 범인 검거율 및 실적 제고가 수사활동의 목표
70년대	**인권구호 등장, 구체적인 인권시책 미흡** – 정확한 검거활동과 적정수사를 통한 국민의 안전보장이 목표임, 국민의 자기방범 및 수사의 협조자로서의 역할에 대한 홍보활동 강화
80년대	**인권보다 사회안정 우선** – 10.26 이후 민주·개방화 요구로 사회 전반의 혼란 지속되었고, '새시대 새경찰' 구호 아래 금품수수 및 폭력 없는 경찰을 강조 ≫ 86년 권인숙 사건, 87년 박종철 사건 이후 '인권존중 수사풍토의 정착' 개념 등장
90년대	**국민의 인권의식 향상에 비해 인권경찰 만족도 미흡** – 생활수준의 향상과 더불어 시민들의 인권의식 고양, 수준 높은 치안서비스 요구되었으며, 지속적인 제도개선에 노력하였으나 국민들이 느끼는 인권경찰 만족도는 미흡
2000년대	**인권중심으로 직무패러다임 전환시급** – 국가인권위원회 발족(2001.11.) 및 지식정보화 사회에서 인권 관련 NGO의 적극적 활동으로 국가기관에 대한 인권 기대의식 상승되었으나, 인권보호를 위한 지속적 노력에도 불구, 일선 경찰관의 인권마인드 부족으로 각종 법집행과정에서 인권침해 사례 발생
2010년~	국민인권보호를 위한 각종 지침의 이행을 담보하는 등 인권수호 의지 재차 확인 및 중점 추진과제로서 인권강조

(5) 「국가인권위원회법」

> 제2조(정의) 1. "**인권**"이란 「대한민국헌법」 및 법률에서 보장하거나 대한민국이 가입·비준한 국제인권조약 및 국제관습법에서 인정하는 인간으로서의 존엄과 가치 및 자유와 권리를 말한다.
> 2. "**구금·보호시설**"이란 다음 각 목에 해당하는 시설을 말한다.
>   나. 경찰서 유치장 및 사법경찰관리가 직무 수행을 위하여 사람을 조사하고 유치하거나 수용하는 데에 사용하는 시설
>   마. 다수인 보호시설(많은 사람을 보호하고 수용하는 시설로서 대통령령으로 정하는 시설)
>
> > **참고** 「국가인권위원회법 시행령」 제2조(다수인 보호시설)
> >
> > 「국가인권위원회법」 제2조 제2호 마목에서 "대통령령으로 정하는 시설"이란 다음 각 호의 시설을 말한다.
> > 1. 아동복지시설 : 「아동복지법」 제52조 제1항 제1호부터 제5호까지의 규정에 따른 아동양육시설·아동일시보호시설·아동보호치료시설·공동생활가정 및 자립지원시설
>
> 제4조(적용범위) 이 법은 대한민국 국민과 **대한민국의 영역에 있는 외국인에 대하여 적용**
> 제24조(시설의 방문조사) 국가인권위원회(상임위원회 및 소위원회를 포함)는 필요하다고 인정하는 경우 그 의결로써 **구금·보호 시설**을 방문하여 조사할 수 있다.
> 제35조(조사 목적의 한계) ② 국가인권위원회는 개인의 사생활을 침해하거나 계속 중인 재판 또는 수사 중인 사건의 소추에 부당하게 관여할 목적으로 조사를 하여서는 아니 된다.

(6) 「경찰 인권보호 규칙」

제1장 총칙

제2조(정의) 이 규칙에서 사용하는 용어의 정의는 다음과 같다.
1. "경찰관등"이란 경찰청과 그 소속기관의 경찰공무원, 일반직공무원, 무기계약근로자 및 기간제근로자, **의무경찰**을 의미
2. "인권침해"란 경찰관등이 직무수행 과정에서 모든 사람에게 보장된 인권 침해하는 것

제2장 경찰청 및 시·도경찰청 인권위원회

제3조(설치) 경찰 활동 전반에 걸친 민주적 통제구현하여 경찰력 오·남용 예방하고, 경찰행정의 인권지향성 높여 인권존중하는 경찰활동을 정립하기 위해 **경찰청장 및 시·도경찰청장 자문기구**로서 경찰청 인권위원회, 시·도경찰청 인권위원회 설치하여 운영한다.

제5조(구성) ① 위원회는 위원장 1명 포함 7명 이상 13명 이하의 위원으로 구성. 이때, **특정성별이 전체 위원 수의 10분의 6을 초과금지**
② 위원장은 **위원회에서 호선**, 위원은 당연직 위원과 위촉 위원으로 구분
③ 당연직 위원은 **경찰청은 감사관, 시·도경찰청은 청문감사인권담당관**으로 한다.

제3장 경찰 인권정책 기본계획 및 인권교육

제18조의2(경찰 인권교육계획의 수립) ① 경찰청장은 경찰관등(경찰공무원으로 신규 임용될 사람을 포함한다. 이하 이 조, 제20조, 제20조의2 및 제20조의3에서 같다)이 근무하는 동안 지속적·체계적으로 교육을 받을 수 있도록 3년 단위로 다음 각 호의 사항을 포함한 **인권교육종합계획**을 수립하여 시행해야 한다.
1. 경찰 인권교육의 기본방향과 추진목표
② 경찰관서의 장은 제1항의 내용을 반영하여 **매년 인권교육 계획을 수립하여 시행**하여야 한다.

제4장 인권영향평가

제21조(인권영향평가의 실시) ① 경찰청장은 인권침해를 예방하고, 인권친화적인 치안 행정이 구현 되도록 다음 각 호의 사항에 대하여 **인권영향평가를 실시하여야 한다.**
1. 제·개정하려는 법령 및 행정규칙
2. 국민의 인권에 영향을 미치는 정책 및 계획
3. 참가인원, 내용, 동원 경력의 규모, 배치 장비 등을 고려하여 인권침해 가능성이 높다고 판단 되는 집회 및 시위

제23조(평가 절차) ① 경찰청장은 다음의 구분에 따른 기한 내에 인권영향평가 실시하여야 한다.
1. 제21조 제1항 제1호 : **해당 안건을 경찰위원회에 상정하기 60일 이전**
2. 제21조 제1항 제2호 : 해당 사안이 확정되기 이전
3. 제21조 제1항 제3호 : **집회 및 시위 종료일로부터 30일 이전**

제24조(점검) 인권보호담당관은 **반기 1회 이상 인권영향평가의 이행 여부를 점검**하고, 이를 경찰청 인권위원회에 제출하여야 한다.

제6장 인권침해 사건의 조사·처리

제29조(진정의 각하) ① 경찰청 및 그 소속기관의 장은 다음 각 호의 어느 하나에 해당할 경우에는 그 진정을 각하할 수 있다.
1. 진정 내용이 인권침해에 해당하지 아니하는 것이 명백한 경우
2. 진정 내용이 명백히 사실이 아니거나 이유가 없다고 인정되는 경우
3. 피해자가 아닌 사람이 한 진정으로서 피해자가 조사를 원하지 않는다는 의사표시를 명백하게 한 경우
4. **진정의 원인이 된 사실이 공소시효, 징계시효 및 민사상 시효 등이 모두 완성된 경우**
5. 진정의 원인이 된 사실에 관하여 법원이나 헌법재판소의 재판, 수사기관의 수사 또는 그 밖에 법률에 따른 권리 구제절차가 진행 중이거나 종결된 경우(기간의 경과 등 형식 요건을 제대로 갖추지 못하여 종결된 경우는 제외)
6. 진정이 익명(匿名)이나 가명(假名)으로 제출된 경우
7. 진정인이 진정을 취소한 경우
8. 기각 또는 각하된 진정과 동일한 내용으로 다시 진정한 경우
9. 진정 내용이 추상적이거나 관계자를 근거 없이 비방하는 등 업무를 방해할 의도로 진정한 것으로 판단되는 경우
10. 진정의 취지가 그 진정의 원인이 된 사실에 관한 법원의 확정 판결이나 헌법재판소의 결정에 반대되는 경우
11. 국가인권위원회에서 진정서의 내용과 같은 사실을 이미 조사 중이거나 조사한 사실이 확인된 경우(진정인의 진정 취소를 이유로 각하 처리된 사건은 제외한다)

제32조(물건 등의 보관 등) ① 조사담당자는 사건 조사 과정에서 진정인·피진정인 또는 참고인 등이 임의로 제출한 물건 중 사건 조사에 필요한 물건은 보관할 수 있다.
③ 조사담당자는 제출받은 물건에 사건번호와 표제, 제출자 성명, 물건 번호, 보관자 성명 등을 적은 표지를 붙인 후 봉투에 넣거나 포장하여 안전하게 보관하여야 한다.
④ 조사담당자는 제출자가 보관 중인 물건의 **반환을 요구**하는 경우에는 **반환하여야** 하며, 다음 각 호의 어느 하나에 해당하는 경우에는 **제출자가 요구하지 않더라도 반환할 수 있다.**
1. 진정인이 진정을 취소한 사건에서 진정인이 제출한 물건이 있는 경우
2. **사건이 종결되어 더 이상 보관할 필요가 없는 경우**
3. 그 밖에 물건을 계속 보관하는 것이 적절하지 않은 경우

제35조(조사중지) ① 조사담당자는 인권침해 사건을 조사하는 과정에서 다음 각 호의 어느 하나에 해당하는 사유로 사건 조사를 진행할 수 없는 경우에는 **조사를 중지할 수 있다.** 다만, **확인된 인권침해 사실에 대한 구제 절차는 계속하여 이행할 수 있다.**
1. 진정인이나 피해자의 소재를 알 수 없는 경우
2. 사건 해결과 진상 규명에 핵심적인 중요 참고인의 소재를 알 수 없는 경우
3. 그 밖에 제1호 또는 제2호와 유사한 사정으로 더 이상 사건 조사를 진행할 수 없는 경우
4. **감사원의 조사, 경찰·검찰 등 수사기관에서 조사 또는 수사가 개시된 경우**

제37조(진정의 기각) 경찰청 및 그 소속기관장은 진정 내용 조사한 결과 다음에 해당하는 경우에는 진정 **기각가능**
1. 진정 내용이 **사실이 아니거나 사실 여부를 확인하는 것이 불가능**한 경우
2. 진정 내용이 **이미 피해회복이 이루어지는 등 따로 구제조치가 필요하지 아니하다고 인정되는 경우**
3. 진정 내용은 사실이나 **인권침해에 해당하지 아니하는 경우**

(7) 「**경찰관 인권행동강령**」(경찰청훈령 O, 대통령령 X)

> 제1조(인권보호 원칙) 경찰관은 국민이 국가의 주인임을 명심하고 모든 사람의 인권과 인간으로서의 존엄과 가치를 존중하고 보호할 책임이 있다.
>
> 제2조(적법절차 준수) 경찰관은 헌법과 법령에 의하여 적법절차에 따라 공정하고 객관적으로 직무를 수행하여야 하며, 권한을 남용하거나 그 권한의 범위를 넘어서는 아니 된다.
>
> 제3조(비례 원칙) 경찰권 행사는 그 목적을 달성하는 데 필요한 한도에 그쳐야 하며 이로 인한 사익의 침해가 경찰권 행사가 추구하는 공익보다 크지 아니하여야 한다. 특히 물리력 행사는 법령에 정하여진 엄격한 요건을 충족하는 경우에 한하여 필요 최소한의 범위 내에서 이루어져야 한다.
>
> 제4조(무죄추정 원칙 및 가혹행위 금지) 경찰관은 누구든지 유죄가 확정되기 전에는 유죄로 간주하는 언행이나 취급을 하여서는 아니 되고, 직무를 수행하는 과정에서 고문을 비롯한 비인도적인 신체적·정신적 가혹 행위를 하여서도 아니 되며, 이러한 행위들을 용인하여서도 아니 된다.
>
> 제5조(부당 지시 거부 및 불이익 금지) 경찰관은 인권을 침해하는 행위를 하도록 지시받거나 강요받았을 경우 이를 거부해야 하고, 법령에 정한 절차에 따라 이의를 제기할 수 있으며, 이를 이유로 불이익한 처우를 받지 아니한다.
>
> 제6조(차별 금지 및 약자·소수자 보호) 경찰관은 직무를 수행하는 과정에서 합리적인 이유 없이 **성별, 종교, 장애, 병력(病歷), 나이, 사회적 신분, 국적, 민족, 인종, 정치적 견해(성적(性的) 지향 X) 등을 이유로 누구도 차별하여서는 아니 되고**, 신체적·정신적·경제적·문화적인 차이 등으로 특별한 보호가 필요한 사람의 인권을 보호하여야 한다.
>
> 제7조(개인 정보 및 사생활 보호) 경찰관은 직무를 수행하는 과정에서 취득한 개인 정보와 사생활의 비밀을 보호하고, 명예와 신용이 훼손되지 않도록 유의하여야 한다.
>
> 제8조(범죄피해자 보호) 경찰관은 범죄피해자의 명예와 사생활의 평온을 보호하고, 추가적인 피해 방지와 신체적·정신적·경제적 피해의 조속한 회복 및 권익증진을 위하여 노력하여야 한다.
>
> 제9조(위험 발생의 방지 및 조치) 경찰관은 사람의 생명·신체에 위해를 끼치거나 재산에 중대한 손해를 끼칠 우려가 있는 때에는 이를 방지하기 위한 필요한 조치를 하여야 한다. 특히 자신의 책임 및 보호하에 있는 사람의 건강 보호를 위해 노력하여야 하며, 필요한 경우 지체 없이 응급조치, 진료의뢰 등 보호받는 사람의 생명권 및 건강권을 보장하기 위한 조치를 하여야 한다.
>
> 제10조(인권교육) 경찰관은 인권 의식을 함양하고 인권 친화적인 경찰 활동을 할 수 있도록 인권교육을 이수하여야 하며, 경찰관서의 장은 정례적으로 소속 직원에게 인권교육을 하여야 한다.

CHAPTER 06 경찰윤리

제1절 바람직한 경찰의 역할모델과 전문직업화

(1) 바람직한 경찰의 역할모델

1) '범죄와 싸우는 경찰' 모델

의의		법 집행 통한 범법자 제압측면 강조. 시민들은 범인제압이 경찰의 주된 임무로 인식
원인		대중매체에서 범죄와 싸우는 경찰모델을 부각하고 경찰내부에서도 실적홍보를 위하거나 수사영역을 경찰의 영역으로 확고하게 하기 위해 의도적으로 강조
장단점	장점	범죄자와 싸우는 자로 경찰역할을 명확히 인식시켜 '**전문직화**'에 기여
	단점	① 전체 경찰업무 포괄은 불가능 – 경찰서비스를 간과할 우려 ② 흑백논리에 따른 이분법적 오류에 빠질 가능성 – 범법자는 적, 경찰은 정의의 사자라는 인식으로 **인권침해 등의 우려** ③ 범죄수사가 주된 업무, 다른 업무는 부수적 업무 → 경찰인력이나 자원을 수사에만 편중, 범죄진압 이외 업무 종사 경찰의 사기 떨어뜨리고, 다른 분야 지식이나 기법의 개발 등한시할 우려
대안		실제 범죄는 다양한 요인에 의해 발생하므로 보다 넓게 경찰활동을 규정해야 한다.

2) '치안서비스 제공자로서의 경찰' 모델

의의	① 치안서비스란 경찰활동의 전 부분을 포괄하는 용어. 가장 바람직한 모델 ② 범죄와 싸움도 치안서비스의 한 부분. 시민에 대한 서비스 활동과 사회봉사활동 측면 강조 ③ 경찰은 강제력을 사용하기 때문에 권위를 인정받기보다는 사회의 진정한 봉사자로서, 치안서비스 제공자로서 그 권위를 인정받아야 한다. ④ 지역사회 경찰활동과 일맥상통
경찰의 활동	① 대역적(代役的) 권위에 의한 활동 : 경찰의 24시간 근무체계와 지역적으로 널리 퍼져 있는 조직체계를 이용하여 **공식적이고 명백한 근거 없는 경우에도** 비공식적·관행적으로 사회봉사활동에 관여하는 것. 이러한 경찰의 대역적 권위에 의한 활동은 일시적이고 임시방편적이며, **법적근거를 가진 사회봉사활동기관의 활동 내에서 이뤄져야 하고 이 범위를 넘어서는 안된다.** ② 비권력적 치안서비스의 적극제공 : 우범지역 순찰, 대국민 계도 등으로 범죄유발요인 사전제거 및 교통정보제공, 지리안내 등 ③ 사회적 갈등 해결 및 갈등발생의 개연성 최소화 : 이미 일어난 문제해결뿐 아니라 일어날 개연성 있는 문제를 사전에 발견해서 해결 시도

> 참고 치안

1. **치안의 의의**
   ① 역사적으로 치안은 공동체 내에서의 특정 권력기관에 의한 법 집행의 의미를 강하게 지녔다고 볼 수 있다.
   ② 경찰활동의 민주화와 경쟁력 강화 요청에 따라 치안서비스라는 용어가 전면에 부각되고 있다.

2. **치안의 주체**
   ① 치안활동은 반드시 공적으로 제공되어야 하는 것은 아니며 사설경비업체, 사설경호 등 사설기관에 의해 이루어지기도 한다.
   ② 최근 민경협력치안을 위해 '지역사회 경찰활동(종래 경찰이 보여 왔던 모습인 법 집행과 질서유지라는 소극적 임무를 넘어 사회봉사 및 지역사회 발전 등 적극적 경찰상을 정립하려는 경찰활동의 새로운 패러다임) 강조
   ③ 현대 민주주의 사회에서 시민들은 어느 정도 치안활동에 참여하고 있다. 즉, 오늘날 **공적 기관이 주된 치안활동, 시민은 부수적·보조적으로 치안활동에 참가**
   ④ 시민들의 치안활동 참여
      ㉠ 자발적 참여 - 수상한 사람을 경찰에 신고하는 행위, 시민의 신고, 고소, 고발, 현행범체포 등
      ㉡ 시민들은 대부분 자율적으로 치안활동에 참여하나, 참여가 강제되는 경우도 있다.
      ≫ 예)「경범죄처벌법」상 공무원원조불응 - 눈·비·바람·해일·지진 등으로 인한 재해, 화재·교통사고·범죄, 그 밖의 급작스러운 사고가 발생하였을 때에 현장에 있으면서도 정당한 이유 없이 관계 공무원 또는 이를 돕는 사람의 현장출입에 관한 지시에 따르지 아니하거나 공무원이 도움을 요청하여도 도움을 주지 아니한 사람 - 10만원 이하의 벌금, 구류, 과료)

3. **치안의 유형**
   ① 치안을 누가 담당할 것인가 - 사적 조직(민간치안), 공적 조직(공적 치안)
   ② 치안의 비용을 누가 부담할 것인가 - 사적 비용(개인비용), 공적 비용(공공재정)
   ③ 사적조직원칙과 사적비용 지불유형 - **시장의 효율성 높일 수 있지만** 경제적 약자는 치안서비스 제공받을 수 없어 형평성 문제 발생
   ④ 공적 조직원칙과 공적비용 지불유형 - **형평성 높일 수 있지만**, 치안서비스에 대한 불만과 비효율성 문제 제기
   ≫ 가장 이상적인 형태 - 공적 조직 원칙, 사적 치안을 가미하는 절충형 형태

(2) 경찰의 전문직업화

1) 추진 : 미국의 **오거스트 볼머(August Vollmer)** 등에 의하여 추진

2) 고전적 전문직업의 특징(클라이니히)

공공서비스 제공	사회에 가치있는 공공서비스 제공(법, 의학, 건축, 교육 등)
윤리강령 제정	윤리강령 제정하여 스스로 통제하고 수혜자로부터 신뢰를 획득하기 위하여 서비스를 개선시키려고 노력
전문지식과 전문기술	길고 험난한 학습과정을 통하여 자신의 분야에서 특수한 전문지식과 기술 보유
고등교육이수	전문직은 고등교육을 통하여 전문지식이나 기술을 습득
자율적 자기통제	전문직 종사자들이 제공하는 서비스 품질을 보장하기 위하여 스스로 기준을 만들어 놓고 통제

3) 전문직업화의 장점

① 사회적 위상제고와 긍지를 불러일으키게 된다.
② 경찰조직 내 우수한 인재를 흡수할 수 있게 된다.
③ 경찰에 대한 공중의 존경과 서비스 질이 향상된다.

4) 경찰의 전문직업화의 윤리적 문제점

부권주의	**전문가가 상대방 입장 고려하지 않고 일방적으로 결정** ≫ 예 – 의사가 치료법에 대하여 환자의 입장을 고려하지 않고 자신의 우월적인 의학적 지식만 고려하여 일방적으로 치료방법을 결정하는 것
소외	**전문가가 자신의 국지적 분야만 보고 전체적 맥락 보지 못하는 것** ≫ 예 – 공무원이 복지정책을 결정하면서 정부정책의 기본방침을 고려하지 않고 자신이 속한 부서의 입장만 고려한 채 정책결정을 하는 것
차별	**전문직 되는데 장기간 교육과 비용 들어, 가난한 사람은 전문가가 되는 기회 차단**
사적 이익 이용	전문직들은 그들 지식과 기술로 상당한 사회적 힘 소유하지만, 이러한 힘을 **공익보다는 사익 위해서만 이용**하기도 함

5) 관료제적 특성이 전문직업화에 미치는 영향

① 관료제의 엄격한 규칙적용은 **전문직업화를 저해한다.**
② 전문직업화를 위하여는 건전한 비판문화가 조성되어야 한다.
③ 관료제조직의 획일적 명령체계는 비판을 요구하는 전문화를 저해한다.

제2절 경찰의 일탈

(1) 경찰인의 일탈의 의미와 형태

경찰인의 일탈이란 경찰인에게 요구되는 규범적 기대를 벗어난 비정상적인 행태를 말하며, 뇌물수수, 권한남용, 폭력행위, 공금횡령 등은 법적 절차·규정위반의 일탈이라고 할 수 있다. 다만, 일탈행위와 일탈에 이르지 않는 행위와의 경계가 명확하지 않아 구별이 쉽지 않다.

(2) 경찰의 조직내 사회화과정

경찰업무 절차, 교육프로그램, 상사의 지침 등에 의한 **공식적 사회화과정**, 고참이나 동료들에게 배우는 관례나 행태 등 **비공식적 사회화과정(공식적 사회화 과정보다는 비공식적 사회화 과정의 영향 더 많이 받음)**

(3) 작은 호의에 대한 논의

① 작은 호의와 뇌물의 구별

작은 호의는 감사와 애정표시, 훌륭한 경찰권에 대한 자발적 보상 등을 말하나, 뇌물은 직무와 관련하여 정당한 의무를 그르치거나 의무불이행을 감행하게 하는 정도의 이익을 말한다.

② 작은 호의와 뇌물은 개념적으로 구별되나 현실적으로 구별하는 것은 쉽지 않음

③ 작은 호의에 대한 허용론과 금지론

허용론	㉠ 당연성 – 비록 자신이 해야 할 일을 하는 경우이지만 고마움을 표시하는 것은 당연함 ㉡ 자발성 – **작은 호의는 강제된 것이 아니라 자발적으로 이루어 짐** ㉢ 작은 호의를 받더라도 경찰관은 편파적으로 업무를 처리하지 않음 ㉣ **형성재 이론 – 순찰구역에서 경찰은 작은 호의를 통하여 지역주민들과 친밀해질 수 있음** ㉤ 작은 호의는 뿌리 깊은 관행으로서 완전히 불식시키는 것은 불가능
금지론	㉠ 작은 호의라도 그것이 정례화되면 준 사람에 대한 의무감이나 신세를 가지고 있다는 생각을 가지게 되어 불공정하게 처리할 수 있음 ㉡ 작은 호의를 받아들이는 사람들은 점점 더 멈추기 어려운 부패의 '미끄러운 경사로' 위에 있는 사람들임 ㉢ 대부분의 경찰관들이 뇌물과 작은 호의를 구별할 수 있어도 일부는 양자를 구별할 능력이 없고 특권의식이 형성될 수 있음 ㉣ 작은 호의를 제공하는 사람들은 대개 불순한 의도를 가지고 경찰인에게 어떤 특별한 대우를 받기를 원함

④ 소결

경찰인의 노력은 보수와 승진 등에 의하여 보상되어야 하기 때문에 경찰인이 작은 호의를 수령하는 것은 비윤리적 태도로 볼 수 있다.

> **참고** 미끄러지기 쉬운 경사로 이론 - 셔먼

> **부패에 해당하지 않는** 공짜커피, 작은 선물 등 사소한 호의가 나중에는 엄청난 부패로 이어진다는 이론
>
> » 펠드버그 – 대부분 경찰들은 작은 호의와 뇌물 구별할 수 있다고 보았고, 미끄러지기 쉬운 경사로 이론은 비현실적이고 증명되지도 않았으며 관념적 가설에 불과하고, 논리적으로 설득력도 없다고 보았으며, 더 나아가 경찰관의 지능에 대한 모독이라고 주장
> » 델라트르 – 모든 경찰관이 아닌 일부 경찰관이 이 이론에 따라 큰 부패로 이어지지만, 결코 이를 무시하거나 간과하면 안된다는 점에서 작은 호의 금지해야 한다.
> » 작은호의 수령은 비윤리적. 경찰인의 노력은 보수와 승진 등에 의하여 보상되어야 한다.

(4) 경찰의 부정부패

① 부정부패의 정의(하이덴하이머의 분류)

관직중심적 정의	부패는 뇌물수수와 특히 결부되어 있지만 반드시 **금전적인 형태일 필요가 없으며 사적인 이익을 고려하여 권위를 남용하는 경우**
시장중심적 정의	Tilman에 의하여 주장된 견해 – **고객이 위험 감수하고 이익 받는 것을 확실히 하기 위하여 높은 가격(뇌물)을 지불하는 결과**
공익중심적 정의	관직 가진 사람이 법적으로 규정되어 있지 않은 보수에 의하여 그런 보수를 제공하는 사람들에게 이로운 행위함으로써 공중의 이익에 손해 가져올 때 부패 발생

- ㉠ 부패행위는 **돈, 재화, 서비스뿐만 아니라 지위, 영향력, 위신, 장래의 지원 등의 목적**을 위해 행해짐
- ㉡ 부패행위로부터의 이익은 행위자, 행위자와 동일시할 수 있는 사람, 조직 등에 귀속됨
- ㉢ 부패행위는 권위의 남용뿐만 아니라 권위의 적절한 사용의 형태로도 이루어짐
- ㉣ 권한남용은 물론 **적법한 권한행사라도** 사적인 이익의 동기가 개입되고 사적이익이 결부되면 부정부패
- ㉤ 부패행위를 은폐하려는 간접적 행위도 포함
- ㉥ 근무중 음주나 수면은 일탈이지만 부패라고 보기는 어렵다.

② 부패의 유형

백색부패	구성원 다수가 어느 정도 용인하는 선의의 부패 또는 관례화된 부패(**불경기인데 국민들 동요나 기업활동위축 방지 위해 경기가 살아나고 있다고 관련 공직자가 거짓말 한 경우**)
흑색부패	사회 전체에 심각한 해 끼치는 부패로 구성원 모두가 인정하고 처벌을 원하는 부패(**업무와 관련된 대가성 있는 뇌물수수**)
회색부패	㉠ 백색부패와 흑색부패의 중간. 흑색부패로 발전할 잠재성 지닌 것(**적은 액수의 호의표시나 선물 또는 경찰관에게 주민들이 제공하는 음료수나 과일**). ㉡ 사회구성원 가운데 특히 엘리트를 중심으로 일부집단은 처벌을 원하지만, 다른 일부 집단은 처벌을 원하지 않는 경우의 부패(**정치권에 대한 후원금**)

③ 경찰부패의 현실적 특징

> ㉠ 경찰활동에서 경찰은 시민보다 우월한 위치 점하게 되고 시민들은 경찰로부터 유리한 결정 이끌어 내기 위해 뇌물 제공
> ㉡ **경찰조직 위계구조와 충성문화 강조는 부패를 조장하는 부패의 토양이 됨**
> ㉢ 경찰자신을 권력집단 일부로 인식하고 뇌물을 당연한 관행으로 받아들이면서 부패 진행
> ㉣ 경찰이 서로의 부정을 함께 나눔으로써 공범관계가 형성, 부정행위 발각되었을 때 덮어주기가 만연

④ 부정부패의 원인

전체사회가설	㉠ 윌슨 ㉡ '시카고 시민이 경찰을 부패시켰다' – 사회 전체가 경찰의 부패를 묵인하거나 조장할 때 경찰관은 자연스럽게 부패행위를 하게 되며, 처음에는 불법적인 행위를 하지 않더라도 작은 호의에 길들여져 나중에는 명백한 부패로 빠져들게 된다(**시민사회 부패가 경찰부패 원인**). – 미끄러지기 쉬운 경사로 이론과 유사 ㉢ 예 – 어떤 지역은 과거부터 지역 주민들이 관내 경찰관들과 어울려 도박을 일삼고, 부적절한 사건청탁을 하는 경우가 종종 있었으나 아무도 이를 문제화하지 않던 곳인데, 동 지역에 새로 발령받은 신임경찰관에게도 지역 주민들이 접근하여 도박을 함께 하게 되는 경우
구조원인가설	㉠ 니더호퍼, 로벅, 바커 등 ㉡ **신임경찰들이 선배경찰에 의해 조직의 부패전통 내에서 사회화** ㉢ 구조화된 조직적 부패는 서로가 문제점을 알면서도 눈감아주는 **침묵의 규범을 형성** ㉣ **부패가 구조화된 조직에서는 법규 및 예산과 현실의 괴리** – 기소중지자 신병인수차 출장을 가면서 1명이 갔으면서도 2명분 출장비 수령, 퇴근 후 잠깐 들러서 시간외 근무 조작 ㉤ 예 – 정직하고 청렴한 신임형사가 팀장으로부터 관내 유흥업소 업자들을 소개받고, 이후 팀장과 함께 활동을 해가면서 유흥업소 업자들로부터 월정금을 받는 것을 보고 점점 그 방식 등을 답습하는 경우, 대상업소 등과의 유착관계를 통하여 월정금을 수수하여 상사에게 전달하거나 동료 간에 주고받거나 부하에게 나누어주는 식으로 부패가 이뤄지게 되는 현상
썩은 사과가설	㉠ 경찰부패 원인은 전체경찰 중 **일부 부패가능성이 있는 경찰을 모집단계에서 배제 못하여 이들이 조직에 유입됨으로써 전체가 부패할 가능성이 있다**는 이론 ㉡ 부패 원인 – 개인적 결함

» '봉급을 제외하고 깨끗한 돈이라는 건 없다' – 패트릭 머피(전 뉴욕시경 국장)
» '경찰인은 어떤 작은 호의, 심지어 한 잔의 공짜 커피도 받도록 허용되어서는 안된다' – 윌슨(O. W. Wilson)

⑤ 경찰의 부패화 과정

1단계	대부분 신임경찰은 경찰직을 사회봉사 수단으로 경찰에 입직
2단계	낮은 봉급, **경찰에 대한 낮은 사회인식**, 승진좌절 등에 한계의식으로 현실 벽을 느끼고 좌절
3단계	좌절한 경찰인은 경찰역할이 무의미해져 냉소적으로 되면서 체념
4단계	무의미한 경찰생활 속에서 경찰직을 사익과 안락 추구 수단으로 이용하면서 부패화

⑥ 내부고발(whistleblowing)

의의 (엘리스톤)	경찰관이 동료나 상사의 부정부패에 대하여 감찰이나 외부의 언론매체에 대하여 공표하는 것 ㉠ 행위를 수행하는 개인은 조직의 현재 또는 과거의 구성원이다. ㉡ 개인은 정보를 공표하기 위하여 의도된 일련의 행동을 수행한다. ㉢ 정보는 공적인 기록사항으로 된다. ㉣ 정보는 '조직 내에서 발생이 가능한 잘못', '현실적인 잘못', '사소하지 않은 잘못'에 관한 것이다.
내부고발의 정당화요건 (클라히니히)	㉠ 적절한 도덕적 동기에 의해 이루어져야 한다. ㉡ 내부고발자는 특별한 경우를 제외하고 공표를 하기 전에 **자신의 이견을 표시하기 위한 모든 내부적 채널을 다 사용**했어야 한다. ㉢ 내부고발자는 부적절한 행동을 하도록 지시되었다는 자신의 신념이 합리적 증거에 근거하였는지 확인해야 한다. ㉣ 내부고발자는 도덕적 위반이 얼마나 중대한가, 도덕적 위반이 얼마나 급박한가 등의 세심한 고려가 있어야 한다. ㉤ **어느 정도의 성공가능성(높은 정도의 성공가능성 X)**이 있어야 한다. ≫ 내부고발을 평가함에 있어 가장 고려할 요소 – 조직에 대한 충성의 의무와 국민을 위한 공공의 이익

➕ 주의할 용어

① busy bodiness(비지 바디니스) – 남의 비행에 대하여 일일이 참견하여 도덕적 충고를 하는 것
② **침묵의 규범** – 동료의 부정부패에 대하여 눈감아 주는 것, 휘슬블로잉과 반대개념
③ 레드 테이프 – 행정의 형식주의

➕ 예기적 사회화 과정

경찰시험 준비 수험생이 경찰의 음주운전 기사를 보고 '경찰이 되면 저래서는 안 되겠다.'는 생각을 가졌다면, 이러한 현상을 **'예기적 사회화과정'**이라 한다. 즉, 경찰이 되고싶은 수험생은 경찰이 되기 전에 경찰에 대한 정보 등을 통해 경찰에 대한 사회화를 미리 할 수 있다. 이것은 통상적으로 경찰에 대한 자신의 직접경험과 친구나 가족들을 통한 간접경험, 나아가 언론매체를 통한 경찰의 이미지 등을 통해서 이루어진다. 그래서 경찰예비자들은 자기가 경찰인이 되면 어떻게 하겠다라는 **'예기적 사회화과정 (anticipatory socialization)'**을 거칠 수 있는 것이다.

➕ 경찰관의 권한남용에 대한 윤리적 설명

① 적을 다루듯이 범법자를 다룰 때 권한남용이 발생할 수 있다.
② 범법자에 대한 불신과 의심이 있을 경우 권한남용이 발생할 수 있다.
③ 법과 현실이 괴리될 때 경찰이 불법을 자행할 염려가 있다.
④ 경찰인의 심리적, 물질적 만족을 위한 권한남용이 자주 발생한다.

제3절 「부정청탁 및 금품 등 수수의 금지에 관한 법률」

➕ 「청탁금지법」 적용대상

① 공직자등
② 공무수행사인 : 각종 법정위원회 위원, 권한위임 단체·개인 등
③ 공직자등의 배우자(법률혼 배우자만 의미) 및 일반인

제1장 총칙

제1조(정의) 이 법은 공직자 등에 대한 부정청탁 및 공직자 등의 금품 등의 수수(收受)를 금지함으로써 공직자 등의 공정한 직무수행을 보장하고 공공기관에 대한 국민의 신뢰를 확보하는 것을 목적으로 한다.

제2조(정의) 이 법에서 사용하는 용어의 뜻은 다음과 같다.
1. "공공기관"이란 다음에 해당하는 기관·단체
    가. **국회, 법원, 헌법재판소, 선거관리위원회, 감사원, 국가인권위원회, 중앙행정기관**(대통령 소속 기관과 **국무총리 소속 기관 포함**)과 그 소속 기관 및 **지방자치단체**
    나. 「공직자윤리법」 제3조의2에 따른 공직유관단체
    다. 「공공기관의 운영에 관한 법률」 제4조에 따른 기관
    라. 「초·중등교육법」, 「고등교육법」, 「유아교육법」 및 그 밖의 다른 법령에 따라 설치된 **각급 학교 및** 「사립학교법」에 따른 **학교법인**
    마. 「언론중재 및 피해구제 등에 관한 법률」 제2조 제12호에 따른 **언론사**
2. **"공직자등"**이란 다음에 해당하는 공직자 또는 공적 업무 종사자
    가. 「국가공무원법」 또는 「지방공무원법」에 따른 공무원과 그 밖에 다른 법률에 따라 그 자격·임용·교육훈련·복무·보수·신분보장 등에 있어서 공무원으로 인정된 사람
    나. 공직유관단체 및 기관의 장과 그 임직원
    다. **각급 학교의 장과 교직원 및 학교법인의 임직원**
    라. **언론사의 대표자와 그 임직원**

제2장 부정청탁의 금지 등

제5조(부정청탁의 금지) ① 누구든지 **직접 또는 제3자 통하여** 직무수행하는 공직자등에게 다음에 해당하는 부정청탁금지(모든 청탁이 아니라 14가지 부패 빈발 부정청탁만 규율, 부정청탁행위는 부정청탁을 한 내용의 실현여부와는 무관)
1. 인허가 2. 처벌의 감경면제
3. **모집·선발·채용·승진·전보 등 공직자등의 인사에 관하여 법령을 위반하여 개입하거나 영향을 미치도록 하는 행위**
4. 위원 선정 5. 수상·포상 6. 직무상 비밀누설 7. 계약 체결 8. 보조금·기금 등 업무
9. 재화·용역의 처분 10. 성적 조작 11. 병무 12. 각종 평가·판정 13. 행정지도·단속

14. 사건 수사·재판·심판·결정·조정·중재·화해, 형의 집행, 수용자의 지도·처우·계호 또는 이에 준하는 업무를 법령 위반하여 처리하도록 하는 행위

② 제1항에도 불구하고 다음에 해당하는 경우에는 **이 법 적용하지 아니한다.**
1. **다른 법령·기준에서 정하는 절차·방법에 따라** 권리침해 구제·해결 요구하거나 그와 관련된 법령·기준 제정·개정·폐지 제안·건의하는 등 특정한 행위 요구하는 행위
2. **공개적으로 공직자등에게 특정한 행위 요구하는 행위**
3. **선출직 공직자**(임명직 공직자 X), 정당, 시민단체 등이 **공익적 목적**으로 제3자의 고충민원 전달하거나 법령·기준의 제정·개정·폐지 또는 정책·사업·제도 및 그 운영 등 개선에 관하여 제안·건의하는 행위
4. 공공기관에 직무를 법정기한 안에 처리하여 줄 것을 신청·요구하거나 진행상황·조치결과 등에 대하여 확인·문의 등 하는 행위
5. 직무 또는 법률관계에 관한 확인·증명 등 신청·요구하는 행위
6. 질의 또는 상담형식 통하여 직무에 관한 법령·제도·절차 등에 대하여 설명이나 해석 요구 행위
7. 그 밖에 **사회상규에 위배되지 아니하는 것으로 인정되는 행위**

제6조(부정청탁에 따른 직무수행 금지) 부정청탁 받은 공직자등은 그에 따라 직무수행금지

제7조(부정청탁의 신고 및 처리) ① 공직자등은 부정청탁 받았을 때는 부정청탁 한 자에게 부정청탁임을 알리고 거절하는 의사를 명확히 표시
② 공직자등은 조치 하였음에도 불구하고 동일한 부정청탁 다시 받으면 **소속기관장에게 서면(전자문서를 포함)으로 신고하여야 한다.**

제3장 금품등의 수수 금지 등

제8조(금품등의 수수 금지) ① 공직자등은 직무 관련 여부 및 기부·후원·증여 등 **명목에 관계없이 동일인으로부터** 1회에 100만원 또는 매 회계연도에 300만원을 초과 금품등 받거나 요구 또는 약속금지
② **공직자등은 직무와 관련하여 대가성 여부 불문**하고 제1항에서 정한 금액 이하 금품등 받거나 요구 또는 약속금지

≫ 직무와 관련하여 금품등을 수수하였는데 대가성이 인정된다면 금액 상관없이 「청탁금지법」이 아닌 「형법」상 뇌물죄 성립가능

③ 외부강의등에 관한 사례금 또는 다음 금품등은 수수를 금지하는 금품등에 해당하지 아니한다.
1. 공공기관이 소속 공직자등이나 파견 공직자등에게 지급하거나 **상급 공직자등이 위로·격려·포상 등의 목적으로 하급 공직자등에게 제공**하는 금품등
2. **원활한 직무수행 또는 사교·의례 또는 부조 목적**으로 제공되는 음식물·경조사비·선물 등으로서 대통령령으로 정하는 가액 범위 안의 금품등. 다만, 선물 중 「농수산물 품질관리법」 제2조 제1항 제1호에 따른 농수산물 및 같은 항 제13호에 따른 농수산가공품(농수산물을 원료 또는 재료의 50퍼센트를 넘게 사용하여 가공한 제품만 해당한다)은 대통령령으로 정하는 설날·추석을 포함한 기간에 한정하여 그 가액 범위를 두배로 한다.

구분	가액 범위
1. 음식물 : **제공자와 공직자등이 함께 하는 식사,** 다과, 주류, 음료, 그 밖에 이에 준하는 것	3만원 이하
2. 경조사비 : 축의금, 조의금	5만원 이하 (축의금·조의금 대신하는 화환·조화는 10만원)
3. 선물 : 금전, 유가증권, 음식물 및 경조사비를 제외한 일체의 물품, 그 밖에 이에 준하는 것	5만원 이하 (농수산물 및 농수산가공품(농수산물을 원료 또는 재료의 50%를 넘게 사용하여 가공한 제품만 해당)은 10만원이하 (대통령령으로 정하는 설날·추석을 포함한 기간(설날·추석 전 24일부터 설날·추석 후 5일까지) 중에는 20만원 이하))

가. 위의 각각 가액 범위는 각각에 해당하는 것을 모두 합산한 금액으로 한다.
나. 제2호 본문의 축의금·조의금과 같은 호 단서의 화환·조화를 함께 받은 경우에는 그 가액을 합산한다. 이 경우 가액 범위는 10만원으로 하되, 제2호 본문 또는 단서의 가액 범위를 각각 초과해서는 안된다.
다. 제3호 본문의 선물과 같은 호 단서의 농수산물·농수산가공품을 함께 받은 경우에는 그 가액을 합산한다. 이 경우 가액 범위는 10만원(제17조 제2항에 따른 기간 중에는 20만원)으로 하되, 제3호 본문 또는 단서의 가액 범위를 각각 초과해서는 안된다.
라. 제1호의 음식물, 제2호의 경조사비 및 제3호의 선물 중 2가지 이상을 함께 받은 경우에는 그 가액을 합산한다. 이 경우 가액 범위는 함께 받은 음식물, 경조사비 및 선물의 가액 범위 중 가장 높은 금액으로 하되, 제1호부터 제3호까지의 규정에 따른 가액 범위를 각각 초과해서는 안 된다.

3. 사적 거래(증여는 제외)로 인한 채무의 이행 등 정당한 권원에 의하여 제공되는 금품등
4. 공직자등의 **친족(「민법」 제777조에 따른 친족 – 8촌 이내의 혈족, 4촌 이내의 인척, 배우자)이 제공하는 금품등**
5. 공직자등과 관련된 직원상조회·동호인회·동창회·향우회·친목회·종교단체·사회단체 등이 정하는 기준에 따라 구성원에게 제공하는 금품등 및 그 소속 구성원 등 공직자등과 특별히 장기적·지속적인 친분관계 맺고 있는 자가 질병·재난 등으로 어려운 처지에 있는 공직자등에게 제공하는 금품등
6. 공직자등의 직무와 관련된 공식적인 행사에서 **주최자가 참석자에게 통상적 범위에서 일률적으로 제공하는 교통, 숙박, 음식물 등의 금품등**
7. 불특정 다수인에게 배포 위한 기념품 또는 **홍보용품 등이나 경연·추첨 통하여 받는 보상 또는 상품** 등
8. 그 밖에 다른 법령·기준 또는 사회상규에 따라 허용되는 금품등

제10조(외부강의등의 사례금 수수 제한) ① 공직자등은 자신 직무와 관련되거나 그 지위·직책 등에서 유래되는 사실상 영향력을 통하여 요청받은 외부강의등의 대가로서 대통령령으로 정하는 금액을 초과하는 사례금 받아서는 아니 된다.

공직자등별 사례금상한	가. 「국가공무원법」 및 「지방공무원법」상 공무원 및 공직유관단체 및 기관의 장과 그 임직원 : **40만원**
적용기준	가. 상한액(40만원)은 **강의 등의 경우 1시간당, 기고의 경우 1건당 상한액**으로 한다. 나. 공무원등은 1시간 초과 강의하는 경우에도 사례금 총액은 강의 시간에 관계없이 **1시간 상한액의 100분의 150에 해당하는 금액** 초과 못한다. 다. 상한액에는 **강의료, 원고료, 출연료 등** 명목에 관계없이 외부강의등 사례금 제공자가 외부강의등과 관련하여 공직자등에게 제공하는 일체의 사례금 포함 라. 다목에도 불구하고 공직자등이 소속기관에서 교통비, 숙박비, 식비 등 여비를 지급받지 못한 경우에는 「공무원 여비 규정」 등 공공기관별로 적용되는 여비 규정의 기준 내에서 실비수준으로 제공되는 교통비, 숙박비 및 식비는 사례금에 포함되지 않는다.

② 공직자등은 사례금을 받는 외부강의등을 할 때에는 대통령령으로 정하는 바에 따라 외부강의등의 요청 명세 등을 소속기관장에게 그 외부강의등을 마친 날부터 10일 이내에 서면으로 신고하여야 한다. 다만, 외부강의등을 요청한 자가 국가나 지방자치단체인 경우에는 그러하지 아니하다.

≫ 시행령 제26조 제2항 – 신고를 할 때 상세 명세 또는 사례금 총액 등을 미리 알 수 없는 경우에는 해당 사항을 제외한 사항을 신고한 후 해당 사항을 안 날부터 5일 이내에 보완하여야 한다.

⑤ 공직자등은 초과 사례금 받은 경우에는 대통령령으로 정하는 바에 따라 **소속 기관의 장에게 신고**하고, **제공자에게 그 초과금액을 지체 없이 반환**하여야 한다.

≫ 시행령 제27조 제1항 – 공직자등은 "초과사례금"을 받은 경우에는 안 날부터 2일 이내에 서면으로 소속기관장에게 신고하여야 한다.

≫ 주의

1. 사례금받지 않는 외부강의 – 신고대상 X
2. 근무시간 아닌 시간의 외부강의도 신고대상

제4장 부정청탁 등 방지에 관한 업무의 총괄 등

제13조(위반행위의 신고 등) ① **누구든지** 이 법 위반행위가 발생하였거나 발생하고 있다는 사실을 알게 된 경우는 다음 기관에 **신고할 수 있다.**
1. 이 법의 위반행위가 발생한 **공공기관 또는 그 감독기관**
2. **감사원 또는 수사기관**
3. **국민권익위원회**

③ 제1항에 따라 신고를 하려는 자는 자신의 인적사항과 신고의 취지·이유·내용을 적고 서명한 문서와 함께 신고 대상 및 증거 등을 제출하여야 한다.

제13조의2(비실명 대리신고) ① 제13조 제3항에도 불구하고 같은 조 제1항에 따라 신고를 하려는 자는 자신의 인적사항을 밝히지 아니하고 변호사를 선임하여 신고를 대리하게 할 수 있다. 이 경우 제13조 제3항에 따른 신고자의 인적사항 및 신고자가 서명한 문서는 변호사의 인적사항 및 변호사가 서명한 문서로 갈음한다.

제14조(신고의 처리) ① 조사기관은 신고받거나 국민권익위원회로부터 신고 이첩받은 경우에는 **필요한 조사·감사 또는 수사 하여야 한다.**

③ 조사기관은 조사·감사 또는 수사 마친 날부터 10일 이내에 결과를 신고자와 국민권익위원회에 통보

(국민권익위원회로부터 이첩받은 경우만 해당)하고, 조사·감사 또는 수사 결과에 따라 공소 제기, 과태료 부과 대상 위반행위의 통보, 징계 처분 등 필요한 조치 하여야 한다.

④ 국민권익위원회는 조사기관으로부터 조사·감사 또는 수사 결과 통보받은 경우에는 지체 없이 신고자에게 조사·감사 또는 수사 결과를 알려야 한다.

⑤ 조사·감사 또는 수사 결과 통보받은 신고자는 조사기관에 이의신청 할 수 있으며, 조사·감사 또는 수사 결과 통지받은 신고자는 국민권익위원회에도 이의신청 할 수 있다.

⑥ 국민권익위원회는 조사기관의 조사·감사 또는 수사 결과가 불충분하면 결과를 통보받은 날부터 **30일 이내에 새로운 증거자료 제출 등 합리적인 이유들어 조사기관에 재조사 요구**할 수 있다.

⑦ 재조사 요구받은 조사기관은 **재조사 종료한 날부터 7일 이내에 결과를 국민권익위원회에 통보**. 이 경우 국민권익위원회는 통보 받은 즉시 신고자에게 재조사 결과 요지 알려야 한다.

➕ 「청탁금지법」 상 외부강의에 대한 사례

1. 국민권익위원회에서 제작한 청탁금지법 매뉴얼에 의하면, 사례금의 **지급주체, 강의 일자, 대상, 내용(주제) 중 어느 하나라도 다른 경우 외부강의의 사례금은 강의마다 각각 지급이 가능하다. 따라서**, 같은 날, 같은 대상에게 두 번 강의를 하는데, 각 강의의 주제가 다른 것이었다면, 사례금을 두 번 받더라도 청탁금지법 위반이 아니다.
2. 청탁금지법 시행령 [별표2]에 의거하여 "**국제기구, 외국정부, 외국대학, 외국연구기관, 외국학술단체, 그 밖에 이에 준하는 외국기관**"에서 지급하는 외부강의 등의 사례금 상한액은 사례금을 지급하는 자의 지급기준에 **따른다**. 따라서, 외국대학에서 강의를 한 경우 공직자가 받을 수 있는 외부강의등의 사례금 상한액은 우리나라 청탁금지법의 지급기준이 아니라 외국대학의 지급기준에 따른 상한액의 한도를 따른다.
3. 청탁금지법 시행령 [별표2]에 의거하여, 강의를 요청한 기관으로부터 외부강의 사례금과 별도로 교통비, 숙박비, 식비 등 여비를 실비수준으로 추가로 받을 수 있다. 하지만, '원고료'는 외부강의 사례금에 포함되어 있으므로 이를 별도로 받을 수 없다.
4. 국민권익위원회에서 제작한 청탁금지법 설명회 자료에 따르면, 법령상 위원회등 위원으로 회의 참석, 시험출제위원으로 시험문제를 출제하는 것, 방송 프로그램에 출연하는 것, 방송·다큐멘터리 등의 원고를 작성하는 것, 언론인터뷰, 스포츠 해설, 방송 예능 프로그램 출연 등은 「청탁금지법」상 외부강의등에 해당하지 않으므로 신고대상이 아니다.

➕ 「청탁금지법」 사례

> 직무와 관련하여 금품등을 수수하였는데 대가성이 인정되면 금액에 상관없이 형법상 뇌물죄 성립가능

1. 공직자가 직무관련자로부터 3만원 식사 제공받고 식당 옆에 있는 카페로 옮겨 5천원 커피를 제공받았다면 「청탁금지법」 위반 – 시간적, 장소적으로 근접성이 있어서 1회로 평가
2. 직무관련자로부터 골프접대 5만원을 받는 것은 「청탁금지법」 위반 – '선물'은 금전, 유가증권, 음식물 및 경조사비를 제외한 일체의 물품, 그 밖에 이에 준하는 것에 한정됨, 따라서 골프접대는 선물 아님
3. 1인당 식사비가 5만원이 나오는 식사를 직무관련자와 한 후 3만원은 제공자가 결제하고 2만원은 공직자등이 결제한 경우 「청탁금지법」 위반 아님
4. 직무관련자가 식당에 결제를 미리 해 두고 공직자에게 식당에서 3만원 이하 식사를 하게 하는 경우

「청탁금지법」 위반 – 사교·의례 등 목적으로 제공되는 3만원 이하의 '음식물'은 제공자와 공직자가 함께 하는 식사 등을 의미

5. 직무관련자가 공직자등의 출판기념회에 와서 5만원을 주는 것은 「청탁금지법」 위반 – 경조사비는 결혼식의 축의금과 장례식의 조의금 한정. 따라서, 생일, 돌, 회갑, 승진, 퇴직, 출판기념회 등은 경조사 아님. 다만, 사교, 의례등의 목적을 충족하였을 경우는 가능할 수 있음

6. 기관장이 소속 직원에게 업무추진비로 화환(10만원)을 보내고 별도로 사비로 경조사비(10만원)를 주는 것은 청탁금지법 위반이 아니다. – 「청탁금지법」 제8조 제3항 제1호에 의하여, 기관장이 소속직원에게 업무추진비로 화환을 보내는 것은 '공공기관이 소속 공직자에게 지급하는 금품'으로써 가능하고, 별도로 사비로 경조사비를 하는 것은 '상급공직자등이 위로·격려·포상 등의 목적으로 하급 공직자 등에게 제공하는 금품 등'에 해당

7. 청탁금지법 시행령 [별표1]에 의거하여, 선물의 정의는 금전, 유가증권을 제외한 일체의 물품이다. 기프티콘은 선물이 아니라, 선물을 살 수 있는 재산적 권리를 주는 것이므로 '유가증권'에 해당한다. 따라서 원활한 직무수행, 사교, 의례, 부조의 목적이 인정되어 식사 3만원, 선물 5만원, 경조사비 5만원이 가능한 일반적인 직무관련성이 있는 직무관련자이더라도 '기프티콘'을 보내는 것은 「청탁금지법」 위반이다. 단, 직무관련성이 없는 자에게는 금전과 동일하게 1회 100만원, 회계연도 기준 300만원까지는 유가증권을 선물하더라도 「청탁금지법」 위반이 아니다.

8. 월 정기 회비를 납부하는 같은 소속 직원들로 구성된 모임에서 회원의 경조사가 발생하여 회칙에 따라 50만원을 지급하는 것은 가능하다. – 「청탁금지법」 제8조 제3항 제5호에 의거하여, 공직자등과 관련된 직원 상조회 등이 정하는 기준에 따라 구성원에게 제공하는 금품등은 수수 금지 금품 등의 예외사유에 해당되어 허용된다.

9. 청탁금지법 시행령 제25조 및 [별표2]는 외부강의 등 사례금 상한을, 공무원·공직유관단체의 장과 임직원은 1시간당 40만원으로 규정하면서 그 공직자등이 각급 학교의 교직원 및 언론인에 해당하는 경우는 제외한다고 하고 있으며, 각급 학교의 교직원 및 언론인은 1시간 100만원으로 규정하고 있음. 따라서, 국가공무원이면서 국립대학교 교직원인 국립대학교 교수의 외부강의 등 사례금 상한액은 1시간당 100만원

10. 외부강의 등 신고는 외부강의 등을 '하는' 시점을 기준으로 하므로, 기고의 경우에는 기고를 '하는' 시점, 즉 '원고를 보내는 시점'(기고문이 인쇄되어 게재되는 시점 X)을 기준으로 판단하여 10일 이내에 신고하여야 할 것이다.

11. 공직자등은 동일인으로부터 1회 100만원 또는 매 회계연도 300만원을 초과하는 금품등을 제공받을 수 없고, 직무와 관련하여는 대가성 여부를 불문하고 금품등을 제공받을 수 없는 것은 맞으나(「청탁금지법」 제8조 제1항, 제2항 참조), 「청탁금지법」 제10조의 외부강의등에 관한 사례금은 동법 제8조 제1항 또는 제2항에서 수수를 금지하는 금품등에 해당하지 않는다(「청탁금지법」 제8조 제3항 참조). 따라서, 외부강의등의 대가로서 한번의 강의에서 청탁금지법 시행령 [별표 2]에서 정하는 금액을 초과하는 것이 아니라면 매 회계연도 300만원을 초과하더라도 청탁금지법 위반이 아니다.

「청탁금지법」상 공직자등의 배우자

1. 「청탁금지법」의 적용대상인 배우자는 법률상 배우자 O, 사실혼 배우자 X
2. 공직자등의 배우자가 직무와 관련하여 금품 등을 수수한 사실을 알았음에도 불구하고 신고하지 않은 공직자등은 처벌된다. 하지만, **금품등을 직접 수수한 배우자에 대해서는 「청탁금지법」상 제재규정은 없다.**
3. 금품등의 수수과정에서 배우자가 공직자등의 직무와 관련하여 알선이나 청탁의 고의가 있었다면 「특정범죄가중처벌법」이나 「변호사법」 등에 의하여 처벌될 수 있다.

> 참고 「부정청탁금지법」 위반에 대한 처벌

1. **3년 이하의 징역 또는 3천만원 이하의 벌금** (몰수·추징 병과)
   ① 직무 관련 여부 및 기부·후원·증여 등 그 명목에 관계없이 동일인으로부터 1회에 100만원 또는 매 회계연도에 300만원을 초과하는 금품등을 받거나 요구 또는 약속한 공직자등
   ② 자신의 배우자가 수수 금지 금품등을 받거나 요구하거나 제공받기로 약속한 사실을 알고도 신고하지 아니한 공직자등
   ③ 수수 금지 금품등을 공직자등 또는 그 배우자에게 제공하거나 그 제공의 약속 또는 의사표시를 한 자

2. **2년 이하의 징역 또는 2천만원 이하의 벌금**
   부정청탁을 받고 그에 따라 직무를 수행한 공직자등

3. **과태료**
   ① 제3자를 위하여 다른 공직자등에게 부정청탁을 한 공직자등 – 3천만원 이하의 과태료
   ② 제3자를 위하여 공직자등에게 부정청탁을 한 자 – 2천만원 이하의 과태료(다만, 「형법」 등 다른 법률에 따라 형사처벌을 받은 경우에는 과태료를 부과하지 아니하며, 과태료를 부과한 후 형사처벌을 받은 경우에는 그 과태료 부과를 취소한다)
   ③ 제3자를 통하여 부정청탁을 한 자 – 1천만원 이하의 과태료
   > **주의** 제3자를 통하지 않고 자신의 일에 대하여 직접 공직자등에게 부정청탁을 한자
   – 과태료부과대상 아님(공무원이라면 징계는 가능)
   ④ **직무와 관련 대가성 여부 불문하고 1회 100만원 또는 매회계연도 300만원 이하의 금품 등을 받은 공직자 등**(제공자도 동일, 배우자가 직무관련 위 금액의 금품등을 수수한 사실을 알고도 신고반환하지 않은 공직자등도 동일) – **가액의 2배 이상 5배 이하 과태료**(징계부가금, 형사처벌 받은 경우는 과태료 부과 X)
   ⑤ 외부강의등 초과사례금 받은 후 신고 X, 반환 X 공직자 등 – 500만원 이하 과태료

제4절 경찰의 문화

(1) 한국경찰문화의 특징

① 한국사회의 행정문화는 **유교문화와 군사문화**의 영향을 많이 받음. 이러한 행정문화가 경찰에도 영향 미침.
② **유교문화는 농경사회 기반으로 친분관계와 위계질서 중시, 군사문화는 획일적 사고와 흑백논리가 특징.**
③ **권위주의**
  ㉠ 권위주의는 다른 의견에 대하여 관용적 태도를 취하지 않는다.
  ㉡ 권위주의는 유교사회의 가부장제도와 밀접한 관련을 가진다.
  ㉢ 권위주의 문화속에서는 모든 결정이 상사의 독단에 의해 이루어져 토론문화가 형성되지 않는다.
  ㉣ 권위주의 문화 속에서는 능동성과 창의성이 발휘되기 힘들다.
④ **형식주의(의식주의)** - 형식과 절차를 과도하게 중시(실제 일하는 것보다 서류 잘 작성하는 것이 더 중요). 이는 선례답습주의, 맹목적 절차중시주의, 보수주의의 병폐를 야기한다.
⑤ **정적 인간주의** - 인간적 유대나 사인주의 강조하는 점에서 가족주의와 유사하나, '가족주의'가 가족, 혈연 등 자연발생적 귀속집단의 경계에 한정되는 반면 '정적 인간주의'는 이러한 경계 넘어 의식적, 인위적으로 다른 사람과 긴밀한 관계 유지하고 이런 정(情)을 바탕으로 사무처리하는 것(다른 사람은 안 되지만, 너하고 친하니까 잘 봐줄게)

대내적	① 경찰은 자신과 관련된 정보공개를 꺼려하는 문화가 있다. ② 정복 부서와 사복 부서 문화 차이 有, 사복경찰은 정복경찰에 비해 상대적으로 엘리트 의식 强
대외적	① 법 집행시 경찰은 국민과 대치(against) 하는 경향 ② 법 집행시 일반국민의 적극적 지원 받지 못할 때 많음 ③ 조직내부 연대성 지나쳐 폐쇄성 나타나는 경우있음 → 국민과 관계에서 **'우리는 우리이고 저들은 저들'이라는 의식** 생길 수 있으며, 이러한 의식이 지배하면, 동료에 대한 '의리'가 강조되고, 동료의 부패 등에 대해서도 관용과 침묵이 의리적 행위로 수용될 수 있음

(2) 냉소주의

1) 냉소주의의 원인

공중의 생활이 위선으로 가득 차 있다고 생각할 때, 상부의 부당한 압력, 기존의 사회체계에 대한 신념결여(가장 큰 원인). 니더호퍼는 냉소주의가 자신의 신념체제가 붕괴되었지만 새로운 것에 의해 대체되지 않을 때 나타나는 아노미 현상이라고 본다.

2) 냉소주의의 문제점

냉소주의는 경찰의 전문직업화를 저해하고, 충성의 도덕적 제약으로부터 해방시켜 조직에 대한 반발과 일탈현상을 초래하지만, 냉소주의의 가장 큰 문제점이라고 할 수 있는 것은 극단적이고 객관성 결여되어 모든 것을 부정적으로 보는 문화 조장이다.

3) 회의주의와 구별

	냉소주의	회의주의
공통점	불신 바탕	
차이점	• 합리적 의심 × • 대상 특정화 × • 개선의지 ×	• 합리적 의심 ○ • 대상 특정화 ○ • 개선의지 ○

4) 극복방안

> ① '맥그리거'이론 중 **Y이론에 입각한 조직관리**
> ② 커뮤니케이션 과정의 개선 – 중요 의사결정시 부하의 의견청취(**상의하달 X, 하의상달 O**)
> ③ 상사와 부하의 신뢰회복
> ④ 부하가 잘한 일에 대해서 칭찬을 많이 하고, 부하의 잘못에 대해서는 조용히 타이른다.
>
> ≫ 맥그리거의 인간관 : 인간을 두 분류로 나누어 X이론은 인간을 게으르고, 부정직한 것으로 보아 권위적으로 관리,
>   Y이론은 인간이 책임감 있고, 정직하여 민주적인 관리

≫ 대응성 : 시민들의 요구를 정치체제나 행정체제가 적극적으로 받아들이는 것. 경찰청은 주요 치안정책에 대한 여론조사 토대로 치안 고객인 국민의 요구(Needs)를 치안정책에 반영
≫ 수용성 : 어떤 정책이나 법 집행에 대하여 국민들이 납득하고 받아들이는 것

제5절 경찰인의 윤리표준과 경찰윤리강령

(1) **민주사회 경찰윤리표준** – 사회계약설의 내용으로 그 준거를 찾을 수 있음

(2) **로크의 사회계약설**
① 자연상태에서 사람들은 **자유는 가지고 있으나 안전 결여**
② 자연상태 결함으로 인해 개인들은 '계약'을 통해 시민사회 결성함
③ 사회계약 통해 개인의 생명과 재산보호를 위해 힘을 사용할 권한을 정부(정치기구)에 부여

(3) **경찰윤리표준의 구체적 내용(코헨과 펠드버그)**

경찰활동의 윤리적 표준은 서비스제공보다는 강제력의 행사에 더욱 더 요청된다.

1) 공정한 접근(fair access)보장

의의	① 경찰서비스는 누구에게나 차별없이 공정한 접근 허용 ② 성·연령 및 전과유무 등에 의해 서비스 제공 거부하거나 차별하면 안 될 것 ③ 공정한 접근보장에 위배 : 편들기, 서비스의 해태 및 무시 등
예	① 음주단속 하던 경찰이 동료경찰관 적발하고도 동료라는 이유로 눈감아 준 경우 – 불공정한 행위 중 편들기 ② 경찰관이 순찰근무 중 가난한 동네는 가지 않고 부자동네만 순찰 – 공정한 접근 위배 중 서비스제공의 해태 및 무시 ③ 장애인과 비장애인에 대한 치안서비스 제공에 차별을 두는 행위

2) 공공의 신뢰(public trust)

의의	시민들이 자신의 권리행사 제한하고 공공 안녕·질서유지를 경찰에게 맡겼다는 것 인식하고 경찰은 거기에 부응
내용	① 경찰은 시민을 대신해서 수사권한을 사용하고 시민은 이를 신뢰 　예 **내가 지갑을 도난당한 후 옆에 있던 친구가 의심스럽지만, 직접 지갑 찾지 않고 경찰에 신고하여 결국 범인 체포 – 공공의 신뢰를 갖고 경찰로 하여금 수행하게 한 것** ② 시민들은 경찰이 반드시 법집행할 것 신뢰 　예 **A순경은 강도가 칼을 들고 편의점 알바생을 위협하는 것을 보고 신변위협을 느껴 모른척하고 지나간 경우 이는 공공의 신뢰 위반** 　예 **B순경은 강도범 추격 중 골목길에서 칼을 든 강도와 조우 → 추격하는 척 하다가 내버려 둔 것은 공공의 신뢰 위반** 　예 사건축소하거나 사건 은폐하는 경우 ③ 경찰관은 직무수행과정에서 적법절차 준수, **권한남용하거나 물리력 과도사용 금지**. 시민의 신뢰에 합당한 방식으로 권한 행사 　예 **경찰관이 순찰근무 중 정지신호 무시하고 도주하는 청소년에게 총을 쏘아 사망하게 한 경우 – 공공의 신뢰 위반**

	예 경찰관이 절도범 추격중 도주하는 범인 등 뒤에서 총을 쏘아 사망하게 한 경우 – 공공의 신뢰 위반
	④ 시민은 경찰이 사익을 위해 공권력을 행사하지 않을 것을 신뢰

3) 생명과 재산의 안전보호(safety and security)

① **경찰의 법집행활동은 시민의 생명과 재산보호라는 목적 달성하기 위한 수단에 불과** → 경찰의 법집행은 '생명과 재산의 안전'이라는 틀 안에서 수행. 따라서, 법집행으로 인해 시민의 생명과 재산이 위협되어서는 안 된다.
  예 **오토바이 폭주족 단속중인 경찰관이 정지명령에 불응하는 폭주족을 과도하게 추적한 결과 운전자가 전신주 들이받고 사망 – 생명과 재산의 안전에 위배** : 교통단속과 같이 시민의 생명에 대한 위험이 급박하지 않다면 법 집행을 위하여 시민의 생명을 희생시켜서는 아니되며, 경찰의 엄정한 법 집행이 시민의 생명과 충돌할 경우 시민의 생명이 우선시되어야 한다.
② 법 집행의 양보 불가능한 상황 하에서는 잠재적 위험보다 현재적 위험을 먼저 해소해야 함
  예 인질의 목숨을 구하는 것이 교통법규의 준수보다 우선

4) 역할한계와 팀워크(teamwork)

의의	① 경찰에게 부여된 사회적 역할범위 내에서 행동하며, 상호 협력을 통해 경찰목적 달성 ② 일반행정기관의 업무와의 역할한계 구분, 수사와 재판영역의 역할한계 구분, 경찰 상하기관의 협조, 동등 경찰조직 간의 협조 등 ③ 협력의무도 대내·외 가리지 않고 필요
예	① 경찰관이 사건 취급하면서 좋은 사람과 나쁜 사람 판단하여 나쁜 사람이라고 판단된 사람에게 면박 주는 행위 ② **경찰관이 탈주범이 자기 관내에 있다는 첩보 입수하고도 상부에 보고하지 않고 단독으로 검거하려다 실패**

5) 냉정하고 객관적인 자세(objectivity)

의의	① 경찰관은 **사회 일부분 아닌 사회 전체 이익 위해 노력** → 업무수행시 사사로운 개인감정에 치우치면 안 됨 ② 과도한 개입(지나친 열정, 개인적 편견, 개인적 선호)이나 냉소주의(객관성이 과도할 경우 냉소주의가 나타날 수 있음)는 허용되지 않음
예	① **절도범 검거하였는데, 과거 도둑맞은 경험 생각나 피의자에게 욕설과 가혹행위** ② 아버지로부터 가정폭력 경험한 경찰관이 가정문제 모든 잘못은 남편에게 있다고 생각

> **주의**
> ① 경찰은 범죄 진압과 대민 봉사가 경합할 경우 범죄 진압에 우선순위를 두고 출동해야 한다.
> ② 고아원에서 경찰서장에게 자매결연을 요청할 경우 경찰서장은 이를 수락할 의무가 있는 것은 아니다.
> ③ 시민이 경찰의 출동을 요구할 경우 원칙적으로 경찰의 개입여부는 경찰의 기속행위가 아니라 재량행위이다. 다만, 상황이 매우 중대하고 긴박하고, 시민의 중대한 법익이 침해될 우려가 있는 경우에는 경찰의 재량권은 0으로 수축하며, 경찰개입만이 의무에 합당한 것이 된다.

(4) 경찰윤리강령(시민이 바라는 윤리표준에 맞는 행동규범을 정하여 조직구성원들이 따르게 하기 위해 추상적 행동규범을 문서화한 것)

1) 우리나라
   ① 현대사회의 전문직 종사자들은 자기의 공익성을 강조하기 위하여 윤리강령을 제정하고 있고 미국의 설리반은 윤리강령이 전문직에 필수불가결한 것으로 본다.
   ② 1945년 국립경찰 창설시 경찰의 이념적 좌표 – **영미법계의 영향을 받은 '봉사와 질서'**
   ③ 윤리강령의 제정순서 : **경찰윤리헌장(1966) → 새경찰신조(1980) → 경찰헌장(1991)**
                           → 경찰서비스헌장(1998)
   ④ 경찰헌장과 경찰서비스헌장의 내용

경찰 서비스 헌장	우리는 국민의 생명과 재산을 보호하고 법과 질서를 수호하는 국민의 경찰로서 모든 국민이 안전하고 평온한 삶을 누릴 수 있도록 다음과 같이 실천하겠습니다. 1. **범죄와 사고를 철저히 예방**하고 법을 어긴 행위는 단호하고 엄정하게 처리하겠습니다. 1. 국민이 필요로 하면 어디든지 바로 달려가 도와 드리겠습니다. 1. **모든 민원은 친절하고 신속·공정하게 처리**하겠습니다. 1. 국민의 안전과 편의를 제일 먼저 생각하며 성실히 직무를 수행하겠습니다. 1. **인권을 존중하고 권한을 남용하는 일이 없도록** 하겠습니다. 1. **잘못된 업무처리는 즉시 확인하여 바로 잡겠습니다.**
경찰 헌장	우리는 조국 광복과 함께 태어나 나라와 겨레를 위하여 충성을 다하며 오늘의 자유민주사회를 지켜 온 대한민국 경찰이다. 우리는 개인의 자유와 권리를 보호하며 사회의 안녕과 질서를 유지하여 모든 국민이 편안하고 행복한 삶을 누릴 수 있도록 해야 할 영예로운 책임을 지고 있다. 이에 우리는 맡은 바 임무를 충실히 수행할 것을 굳게 다짐하며 우리가 나아갈 바를 밝혀 스스로 마음에 새기고자 한다. 1. 우리는 모든 사람의 인격을 존중하고 누구에게나 따뜻하게 봉사하는 **친절한 경찰** 1. 우리는 정의의 이름으로 진실 추구하며 어떠한 불의나 불법과도 타협하지 않는 **의로운 경찰** 1. 우리는 국민의 신뢰를 바탕으로 오직 양심에 따라 법을 집행하는 **공정한 경찰** 1. 우리는 건전한 상식위에 전문지식 갈고 닦아 맡은 바 일을 성실하게 수행하는 **근면한 경찰** 1. 우리는 화합과 단결 속에 항상 규율을 지키며 검소하게 생활하는 **깨끗한 경찰**

2) 미국의 경찰행위강령

① 경찰관의 주된 의무 : 경찰관은 법의 범위 안에서 근무하도록 요구되고 또 그렇게 하도록 국민이 신뢰한 정부의 공적인 대변자로서 행동함

② 경찰관의 의무수행 : 경찰관은 모든 의무를 호의나 애정이나 악의를 가지지 않고 지위나 성, 인종, 종교, 종교적 신념이나 야망에 상관없이 공평하게 수행하여야 함

③ 기타 내용 : 재량, 힘의 사용, 비밀의 유지, 고결함, 다른 경찰기관과의 협력, 개인적 전문직업적 능력, 사생활에 대하여도 위와 같이 상세하게 규정하고 있음

3) 경찰윤리강령의 기능

대외적	① 경찰서비스 질적 수준의 보장과 확신부여 ② 경찰의 대시민 관계개선 ③ 경찰에 대한 국민의 평가기준 ④ 경찰의 전문직업화 추구 ⑤ 과도한 요구에 대한 책임 제한 ≫ **미국의 학자 쿠큰** – 경찰이 자신이 제시한 윤리강령을 생활화함에 따라서 경찰직이 곧 전문직이라는 높은 위상을 차지하기를 기대한다고 주장 ≫ **클라이니히**는 윤리강령의 대외적 약속 측면을 강조
대내적	① 조직구성원의 자질통제 기준 ② 경찰조직운영의 기준 제공 ③ 조직구성원 간의 소속감 고취 ④ 행위의 준거 제공 ⑤ 도덕적 기풍과 결속 ⑥ 경찰조직구성원에 대한 교육자료 등 ≫ 데이비스는 윤리강령의 내부적 규율 측면을 강조
≫ 경찰윤리강령은 전문직업인의 내부규율로서 법적 효력은 없고, 선언적 효력만 가진다.	

4) 윤리강령의 문제점

실행가능성 문제	경찰강령은 법적 강제력이 없기 때문에 위반했을 경우 제재할 방법이 미흡, 지나친 이상추구 성격 때문에 빛 좋은 개살구가 될 수 있음
냉소주의 문제	경찰강령은 직원들 참여에 의하여 이루어지는 것이 아니라 **상부에서 제정하여 하달되어 냉소주의 야기**
최소주의 위험	경찰관이 최선 다하여 헌신과 봉사하려다가도 경찰강령에 포함된 정도의 수준으로만 근무하여 경찰강령이 근무수행 최소기준이 됨
비진정성의 조장	경찰강령은 경찰관의 자발적 행동이 아니라 외부로부터 요구된 것으로서 타율성으로 인해 진정한 봉사가 이루어지지 않을 수 있음(윤리적 불감증 야기가능)
우선순위 미결정	경찰강령이 구체적인 경우 상세하지만 그보다 더 곤란한 현실문제 있어서 무엇을 먼저하고 무엇을 나중에 해야 할지 우선순위결정 기준이 못됨
행위중심적 성격	경찰강령이 무슨 무슨 행위 중심적으로 규정되어 있어 행위이전의 의도나 동기를 소홀히 함

참고 「공무원 행동강령」

① 「**공무원 행동강령**」은 「부패방지 및 국민권익위원회의 설치와 운영에 관한 법률」제8조에 따라 공무원이 준수해야 할 행동기준을 규정하는 것을 목적으로 하는 **대통령령**이다.
② 경찰청에는 '공무원 행동강령'에 경찰청의 특수성을 반영하여 제정한 「**경찰청 공무원 행동강령**」이 **경찰청 훈령**으로 규정되어 있다.

(5) 「경찰청 공무원 행동강령」(경찰청훈령)

제1장 총 칙

제1조(목적) 이 규칙은 「부패방지 및 국민권익위원회의 설치와 운영에 관한 법률」 제8조 및 공무원 행동강령에 따라 경찰청(소속기관, 시·도경찰청, 경찰서 포함)소속 공무원이 준수하여야 할 행동기준을 규정하는 것을 목적으로 한다.

제2조(정의) 이 규칙에서 사용하는 용어의 뜻은 다음과 같다.
1. "**직무관련자**"란 공무원의 소관 업무와 관련되는 자로서 다음에 해당하는 개인[공무원이 사인(私人)의 지위에 있는 경우에는 개인으로 본다] 또는 법인·단체를 말한다.
   다. 수사, 감사(監査), 감독, 검사, 단속, 행정지도 등의 대상인 개인 또는 법인·단체
   차. 경찰관서에 복무중인 전투경찰순경·의무경찰의 부모·형제자매
2. "**직무관련공무원**"이란 공무원 직무수행과 관련하여 이익 또는 불이익을 직접적으로 받는 다른 **공무원**(기관이 이익 또는 불이익을 받는 경우에는 그 기관의 관련 업무를 담당하는 공무원을 말한다) 중 다음에 해당하는 공무원을 말한다.
   가. **상급자와 직무상 지휘명령을 받는 당해 업무의 하급자**
3. "금품등"이란 다음 각 목의 어느 하나에 해당하는 것을 말한다.
   가. 금전, 유가증권, 부동산, 물품, 숙박권, 회원권, 입장권, 할인권, 초대권, 관람권, 부동산 등의 사용권 등 일체의 재산적 이익
   나. 음식물·주류·골프 등의 접대·향응 또는 **교통·숙박 등의 편의 제공**
   다. 채무 면제, 취업 제공, 이권(利權) 부여 등 그 밖의 유형·무형의 경제적 이익

제2장 공정한 직무수행

제4조(공정한 직무수행을 해치는 지시에 대한 처리) ① 공무원은 상급자가 자기 또는 타인의 부당한 이익 위하여 공정한 직무수행 현저하게 해치는 지시 하였을 때 사유를 상급자에게 소명하고 지시에 따르지 아니하거나 행동강령책임관과 상담할 수 있다.
② 제1항에 따라 지시 이행하지 아니하였는데도 같은 지시가 반복될 때는 즉시 행동강령책임관과 상담하여야 한다.
③ 상담 요청 받은 행동강령책임관은 지시 내용 확인하여 지시 취소하거나 변경 필요가 있다고 인정되면 **소속 기관의 장에게 보고.** 다만, 지시 내용 확인과정에서 부당한 지시 한 **상급자가 스스로 지시 취소하거나 변경하였을 때는 소속 기관의 장에게 보고하지 아니 할 수 있다.**

제4조의2(부당한 수사지휘에 대한 이의제기) ① 공무원은 「범죄수사규칙」 제30조에 따른 경찰관서 내 수사 지휘에 대한 이의제기와 관련하여 행동강령책임관에게 상담을 요청할 수 있다.

제6조(특혜의 배제) 공무원은 직무 수행함에 있어 지연·혈연·학연·종교 등 이유로 특정인에게 특혜 주어서는 아니 된다.

제7조(예산의 목적 외 사용 금지) 공무원은 여비, 업무추진비 등 공무 활동 위한 예산을 목적 외의 용도로 사용하여 소속 기관에 재산상 손해 입혀서는 아니 된다.

제8조(정치인 등의 부당한 요구에 대한 처리) ① 공무원은 정치인이나 정당 등으로부터 부당한 직무수행 강요받거나 청탁받은 경우는 소속 기관의 장에게 보고하거나 행동강령책임관과 상담하여야 한다.

제9조(인사 청탁 등의 금지) ① 공무원은 자신의 임용·승진·전보 등 인사에 부당한 영향 미치기 위하여 타인으로 하여금 인사업무 담당자에게 청탁 하도록 해서는 아니 된다.

제3장 부당이득의 수수 금지

제10조(이권 개입 등의 금지) 공무원은 자신의 직위 직접 이용하여 부당한 이익 얻거나 타인이 부당한 이익 얻도록 해서는 아니 된다.

제10조의2(직위의 사적이용 금지) 공무원은 **직무 범위 벗어나 사적 이익 위하여 소속기관의 명칭이나 직위를 공표·게시하는 등 방법**으로 이용하거나 이용하게 하여서는 아니 된다.

※ '사적이익' – 법령이 보호하려는 법익 및 공익과 관련 없는 모든 이익을 의미. 자기 또는 제3자를 위한 경제적 이익은 물론 금전으로 가액을 산정할 수 없는 것도 포함될 수 있으며, 반드시 불법적인 이익이어야 하는 것도 아님

≫ 경찰서장 A는 대학후배가 관내에서 유흥주점을 개업한다고 하는데, 경찰서장이라는 문구를 넣어서 축하화환을 보내주었다. – 직위의 사적 이용금지 위반

≫ 업무관련 업소를 시찰한 뒤 바로 촬영한 방문기념 사진에 기관 명칭과 직위를 친필로 싸인하고 게시토록 하는 행위 – 직무범위 벗어난 것이 아니므로 허용

≫ 결혼식, 장례식 등에 기관 명칭과 직위를 명기한 화환을 보내 전시토록 하는 행위 – 본인 또는 타인의 사적 이익 도모가 아니므로 허용

≫ 업무와 무관한 지인의 개업식에 기관 명칭과 직위를 기재한 축전을 보내는 행위 – 공표 또는 게시 등의 방법이 아니므로 허용

≫ 타기관에서 소속 기관의 업무와 관련이 있는 행사를 개최할 때 기관 명칭과 직위가 명기된 화분 또는 화환을 보내는 행위 – 직무범위 벗어난 것이 아니므로 허용

≫ 사적 친분관계에 있는 제3자가 공무원의 직무와 무관한 내용의 출판물을 발행하자, 공무원이 소속된 기관의 명칭과 직위를 표시한 인사말을 기재하여 홍보에 활용하도록 하는 행위 – 금지

≫ 자신의 배우자가 운영하는 사업을 홍보하기 위해 인터넷 블로그에 자신의 기관 명칭과 직위를 표시하는 행위 – 금지

≫ 업무상 관련자에게 명함을 제공하는 행위 – 공표 또는 게시등의 방법이 아니므로 허용

≫ 경조사 봉투에 기관의 명칭과 직위를 기재하는 행위 – 본인 또는 타인의 사적 이익 도모가 아니므로 허용

제11조(알선·청탁 등의 금지) ② 공무원은 직무수행과 관련 자기 또는 타인의 부당한 이익 위하여 직무관련자를 다른 직무관련자나 공직자에게 소개해서는 아니 된다.

제12조(직무 관련 정보를 이용한 거래 등의 제한) ① 공무원은 직무수행 중 알게 된 정보 이용하여 유가증권, 부동산 등과 관련된 재산상 거래 또는 투자 하거나 타인에게 그러한 정보 제공하여 재산상 거래 또는 투자 돕는 행위 해서는 아니 된다.

제13조의3(직무권한 등을 행사한 부당 행위의 금지) 공무원은 자신의 직무권한 행사하거나 지위·직책 등에서 유래되는 사실상 영향력 행사하여 다음에 해당하는 부당한 행위 해서는 안 된다.

1. 인가·허가 등 담당하는 공무원이 **신청인에게 불이익(이익 X)을 주거나** 제3자에게 이익 또는 불이익 주기 위하여 부당하게 신청접수 지연하거나 거부하는 행위
2. 직무관련공무원에게 직무관련 없거나 직무범위 벗어나 부당한 지시·요구 하는 행위
3. 공무원 자신이 소속된 기관이 체결하는 물품·용역·공사 등 계약에 관하여 직무관련자에게 자신이 소속된 기관의 의무 또는 부담이행을 부당하게 전가하거나 자신이 소속된 기관이 집행해야 할 업무를 부당하게 지연하는 행위
4. 공무원 자신이 소속된 기관의 소속 기관 또는 산하기관에 자신이 소속된 기관 업무를 부당하게 전가하거나 업무에 관한 비용·인력을 부담하도록 부당하게 전가하는 행위

5. 그 밖에 직무관련자, 직무관련공무원, 공무원 자신이 소속된 기관의 소속 기관 또는 산하기관의 권리·권한을 부당하게 제한하거나 의무가 없는 일을 부당하게 요구하는 행위

제14조(금품 등을 받는 행위의 제한) ① 공무원은 직무 관련 여부 및 기부·후원·증여 등 **명목 관계없이** 동일인으로부터 1회에 100만원 또는 매 회계연도에 300만원 초과하는 금품등을 받거나 요구 또는 약속해서는 아니 된다.

② 공무원은 **직무 관련하여 대가성 여부 불문하고** 제1항에서 정한 금액 이하 금품등을 받거나 요구 또는 약속해서는 아니 된다.

③ 외부강의등에 관한 사례금 또는 다음 금품등은 수수 금지하는 금품등에 해당하지 아니한다.

1. 소속 기관의 장등이 소속 공무원이나 파견 공무원에게 지급하거나 상급자가 위로·격려·포상 등 목적으로 하급자에게 제공하는 금품등
2. 원활한 직무수행 또는 사교·의례 또는 부조 목적으로 제공되는 음식물·경조사비·선물 등으로서 별표 1의 가액 범위 내 금품등
3. **사적 거래(증여는 제외)로** 인한 채무의 이행 등 정당한 권원에 의하여 제공되는 금품등
4. 공무원의 친족(「민법」 제777조에 따른 친족)이 제공하는 금품등
5. 공무원과 관련된 직원상조회·동호인회·동창회·향우회·친목회·종교단체·사회단체 등이 정하는 기준에 따라 구성원에게 제공하는 금품등 및 그 소속 구성원 등 공무원과 특별히 장기적·지속적인 친분관계를 맺고 있는 자가 질병·재난 등으로 어려운 처지에 있는 공무원에게 제공하는 금품등
6. 공무원 직무와 관련된 공식적 행사에서 주최자가 참석자에게 통상적 범위에서 일률적으로 제공하는 교통, 숙박, 음식물 등의 금품등
7. 불특정 다수인에게 배포 위한 기념품 또는 홍보용품 등이나 **경연·추첨 통하여 받는 보상 또는 상품 등**
8. 그 밖에 **사회상규에 따라 허용되는 금품등**

⑤ 공무원은 자신 배우자나 직계 존속·비속이 자신의 직무와 관련하여 제1항 또는 제2항에 따라 공무원이 받는 것이 금지되는 금품등을 받거나 요구하거나 제공받기로 약속하지 아니하도록 하여야 한다.

제14조의2(감독기관의 부당한 요구 금지) ① 감독·감사·조사·평가 하는 기관에 소속된 공무원은 자신이 소속된 기관의 출장·행사·연수 등과 관련하여 감독·감사·조사·평가받는 기관에 **다음에 해당하는 부당한 요구를 해서는 안 된다.**

1. 법령에 근거없거나 예산목적·용도에 부합하지 않는 금품등 제공 요구
2. 감독기관 소속 공무원에 대하여 **정상적인 관행 벗어난 예우·의전 요구**

② 제1항에 따른 부당한 요구 받은 피감기관 소속 공직자는 **이행을 거부해야 하며**, 거부했음에도 불구하고 감독기관 소속 공무원으로부터 같은 요구를 다시 받은 때에는 그 사실을 **피감기관(감독기관 X)의 행동강령책임관에게 알려야 한다.** 이 경우 행동강령책임관은 그 요구가 제1항 각 호의 어느 하나에 해당하는 경우에는 지체 없이 **피감기관의 장에게 보고해야 한다.**

③ 제2항 후단에 따른 보고를 받은 피감기관의 장은 제1항 각 호의 어느 하나에 해당하는 경우에는 그 사실을 **해당 감독기관의 장**에게 알려야 하며, 그 사실을 통지받은 감독기관의 장은 해당 요구를 한 소속 공무원에 대하여 **징계 등 필요한 조치를 해야 한다.**

제4장 건전한 공직풍토의 조성

제15조(외부강의등의 사례금 수수 제한) ① 공무원은 자신의 직무와 관련되거나 지위·직책 등에서 유래되는 사실상 영향력 통하여 요청받은 교육·홍보·토론회·세미나·공청회 또는 그 밖의 회의 등에서 한 강의·강연·기고 등 대가로서 별표 2에서 정하는 금액 초과하는 사례금 받아서는 아니 된다.

② 공무원은 사례금을 받는 외부강의등을 할 때에는 외부강의등의 요청 명세 등을 별지 제12호서식의 외부강의등 신고서에 따라 **소속 기관의 장에게 그 외부강의등을 마친 날부터 10일 이내에 신고**하여야 한다. 다만, **외부강의등을 요청한 자가 국가나 지방자치단체인 경우에는 그러하지 아니하다.**
④ **공무원이 대가를 받고 수행하는 외부강의등은 월 3회를 초과할 수 없다.** 국가나 지방자치단체에서 요청하거나 겸직 허가를 받고 수행하는 외부강의등은 그 횟수에 포함하지 아니한다.

제15조의2(초과사례금의 신고 등) ① 공무원은 초과사례금 받은 경우에는 그 사실을 안 날로부터 2일 이내에 소속기관장에게 신고하여야 하며, 제공자에게 그 초과금액 지체 없이 반환하여야 한다.
② 신고 받은 소속기관장은 초과사례금 반환 아니한 공무원에 대하여 신고사항 확인한 후 7일 이내에 반환하여야 할 초과사례금 액수 산정하여 해당 공무원에게 통지하여야 한다.
③ 통지 받은 공무원은 지체 없이 초과사례금(신고자가 초과사례금의 일부를 반환한 경우에는 그 차액으로 한정한다)을 **제공자에게 반환**하고 **그 사실을 소속기관의 장에게 알려야** 한다.

제16조의2(직무관련자에게 협찬 요구 금지) 공무원은 직무관련자에게 직위를 이용하여 행사 진행에 필요한 직·간접적 경비, 장소, 인력, 또는 물품 등의 협찬을 요구하여서는 아니 된다.

제16조의4(직무관련자와 사행성 오락 금지) 공무원은 직무관련자와 마작, 화투, 카드 등 우연의 결과나 불확실한 승패에 의하여 금품 등 경제적 이익을 취할 목적으로 하는 사행성 오락을 같이 하여서는 아니 된다.

제17조(경조사의 통지와 경조금품의 수수 제한 등) ① 공무원은 직무관련자나 직무관련 공무원에게 경조사 알려서는 아니 된다. 다만, **다음 경우에는 경조사 알릴 수 있다.**
1. **친족**(「민법」 제767조에 따른 친족을 말한다)에게 알리는 경우
2. **현재 근무**하고 있거나 **과거에 근무**하였던 기관의 소속 직원에게 알리는 경우
3. 신문, 방송 또는 직원에게만 열람이 허용되는 **내부통신망** 등을 통하여 알리는 경우
4. 공무원 자신이 소속된 **종교단체·친목단체** 등의 회원에게 알리는 경우

≫ 과거에 직무관련자였으나 현재는 직무관련자가 아닌 사람에게 경조사 통지 – 직무관련성이 없어진 자에 대한 경조사 통지는 제한되지 않음
≫ 외부인 접속이 가능한 공무원노조사이트에 경조사란을 신설하여 경조사 통지 – 위반(직무관련자가 접속 가능한 사이트 등에 공무원의 경조사를 게재하는 것은 행동강령 위반, 따라서, 조합원만이 경조사란에 접근할 수 있도록 시스템을 구축하여 운영해야 할 것)
≫ 상급자의 직무관련자이지만, 하급자의 직무관련자가 아닌 경우, 하급자가 대신하여 경조사 통지 – 위반(경조사 통지 제한이 있는 직무관련자 해당 여부는 경조사의 당사자(주체)를 기준으로 판단하여야 함. 따라서, 통지의 대상이 비록 하급자의 직무관련자에 해당하지 않는 경우라 하더라도 경조사의 당사자가 직무관련있는 상급자이므로 경조사 통지가 제한됨)
≫ 공무원이 평소에 알고 지내던 직무관련성이 없는 청사 주변의 식당 주인에게 경조사 통지 – 청사 주변의 식당 주인이 당해 공무원에게 민원 등을 신청하거나 이해관계가 있는 직무관련자가 아니라면 경조사 통지가 가능
≫ 단체채팅방을 통해 직무관련공무원에게 경조사를 통지 – 위반(개인·단체채팅방을 통해 직무관련자나 직무관련공무원에게 경조사를 통지하려는 의도가 있는 경우에는 행동강령 위반, 다만, 신문·방송처럼 공개 게시판 형태로써 불특정 다수인을 대상으로 경조사를 알리는 형태라면 행동강령상 허용될 수 있을 것임)

제6절 경찰의 적극행정

1. 적극행정

(1) 적극행정의 의의

"적극행정"이란 **공무원이 불합리한 규제를 개선하는 등 공공의 이익을 위하여 창의성과 전문성을 바탕으로 적극적으로 업무를 처리하는 행위를 말한다**(「적극행정 운영규정」(대통령령) 제2조).

(2) 적극행정의 근거규정

헌법 제7조 제1항	공무원은 국민전체에 대한 봉사자이며, 국민에 대하여 책임을 진다.
국가공무원법 제56조(성실 의무)	모든 공무원은 법령을 준수하며 성실히 직무를 수행하여야 한다.
공무원 징계령 시행규칙(총리령) 제3조의2 (적극행정 등에 대한 징계면제)	징계위원회는 고의 또는 중과실에 의하지 않은 비위로서 다음 각 호의 어느 하나에 해당되는 경우에는 징계의결등을 하지 아니한다. 1. 불합리한 규제의 개선 등 공공의 이익을 위한 정책, 국가적으로 이익이 되고 국민생활에 편익을 주는 정책 또는 소관 법령의 입법목적을 달성하기 위하여 필수적인 정책 등을 수립·집행하거나, 정책목표의 달성을 위하여 업무처리 절차·방식을 창의적으로 개선하는 등 성실하고 능동적으로 업무를 처리하는 과정에서 발생한 것으로 인정되는 경우 2. **국가의 이익이나 국민생활에 큰 피해가 예견되어 이를 방지하기 위하여 정책을 적극적으로 수립·집행**하는 과정에서 발생한 것으로서 정책을 수립·집행할 당시의 여건 또는 그 밖의 사회통념에 비추어 적법하게 처리될 것이라고 기대하기가 극히 곤란했던 것으로 인정되는 경우
적극행정 운영규정 (대통령령) 제2조	"적극행정"이란 공무원이 불합리한 규제를 개선하는 등 공공의 이익을 위하여 창의성과 전문성을 바탕으로 적극적으로 업무를 처리하는 행위를 말한다
경찰청 적극행정 면책제도 운영규정 제2조	"적극행정"이란, 경찰청 소속 공무원 등이 국가 또는 공공의 이익을 증진하기 위해 성실하고 능동적으로 업무를 처리하는 행위를 말한다.

(3) 적극행정의 판단기준(「적극행정 운영규정」)

공공의 이익 증진을 위한 행위	① 업무목적과 처리 방법이 **국민편익(공무원 편익 X) 증진**, 국민불편 해소, 경제 활성화, 행정효율 향상 등 공공의 이익을 증진하기 위해서 하는 행위 ② 사적인 이해관계가 없어야 한다. 「공무원 행동강령」등에 의해 금지되는 이권개입, 알선·청탁, 금품·향응 수수 등의 행위가 연관된 경우 사적인 이해관계가 있다고 판단된다.
창의성과 전문성을 바탕으로 한 행위	① '창의성' – 어떤 문제에 대해 기존과 다른 시각으로 새로운 아이디어를 생각해 내는 특성 ② '전문성' – 자신이 맡은 일을 잘 수행하기 위해 필요한 지식과 경험, 역량을 말함 ③ **창의성(전문성 X)**이 참신한 해결책을 마련하도록 도우며, **전문성(창의성 X)**은 그러한 해결책의 현실 적합성을 높여 주게 된다.
적극적인 행위	① **평균적인 공무원에게 통상적으로 요구되는 정도의 노력이나 주의의무 이상을 기울여 업무를 처리**하는 행위를 의미하며, 업무에 대한 열의를 바탕으로 주도적으로 문제를 해결하는 자세의 의미도 함께 내포하고 있다. – 소관 업무에 대한 끊임없는 고민이나 학습을 통해 창의적인 정책을 기획·추진하거나 새로운 절차·방식을 도입하는 경우 ② 적극적인 행위에 해당하는지는 **행위의 결과가 발생한 시점이 아니라 업무를 추진할 당시를 기준**으로 가용할 수 있었던 자원과 정보, 업무량 등 제반사정을 종합하여 노력이나 주의의무 정도를 판단
행위의 결과가 아닌 행위 자체가 판단 기준	① 적극행정은 **행위 자체에 초점을 두며, 업무처리로 인해 긍정적인 효과가 발생해야만 적극행정에 해당되는 것은 아님** ② 공공의 이익을 증진하기 위하여 적극적으로 최선의 노력을 다하면 적극행정에 해당

(4) 적극행정 대상과 범위

대상	공공 재화와 서비스 제공, 규제혁신 등 정부의 정책, 공무원이 직무를 수행하는 **모든 방식과 행위를 대상으로 함**
범위	적극행정이 **특정 분야의 정책이나 특정한 업무처리 방식을 지칭하는 것은 아님**

(5) 적극행정의 유형

행태적 측면	**통상적으로 요구되는 정도의 노력이나 주의의무 이상을 기울여** 맡은 바 임무를 최선을 다해 수행하는 행위
규정의 해석·적용 측면	불합리한 규정과 절차, 관행을 스스로 개선하는 행위

2. 적극행정의 보호

(1) 도입배경

① 관행적·소극적인 업무행태 - 열심히 일했지만 예상하지 못한 결과가 생기면 감사나 징계를 받게 되는 경우를 많이 보았기 때문에, 적극적으로 일을해서 징계를 받는 것보다는 아예 가만히 있자는 관행적·소극적인 업무행태가 현장에서 사라지지 않음
② 감사나 징계에 대한 두려움을 줄이기 위해 적극행정에 대한 감사면책과 징계면제를 도입할 필요성이 있다.

(2) 주요제도

적극행정 징계면제 제도	① 공무원이 공공의 이익을 위하여 성실하고 적극적으로 업무를 처리한 결과에 대하여 **고의나 중과실이 없는 이상 징계를 면제해주는 제도** ② 적극행정으로 인한 징계면제가 되기 위해서는 다음과 같은 요건을 충족하여야 하며, 징계위원회에서 기준별 충족여부를 검토할 때에는 다음 사항을 고려 　㉠ 공공의 이익 증진을 위한 행위 　㉡ 업무의 적극적 처리 　㉢ **고의 또는 중과실이 없을 것** 　≫ 고의 또는 중과실이 없음을 추정하는 요건(「공무원 징계령 시행규칙」 제3조의2 제2항) 　　① 징계 등 혐의자와 비위 관련 직무 사이에 사적인 이해관계가 없을 것 　　② 대상 업무를 처리하면서 중대한(어떠한 X) 절차상의 하자가 없었을 것
사전컨설팅을 거친 경우에 대한 징계면제 제도	① 사전컨설팅 제도는 적극행정을 추진하는 과정에서 불명확한 법령 등 의사결정에 어려움을 야기하는 요인이 있어 감사원이나 자체감사기구에 의견을 구하는 경우 그에 대하여 의견을 제시하여 주는 제도 ② 이러한 **사전컨설팅 의견대로 업무를 처리한 경우에는 징계를 면제한다. 다만, 대상 업무와 관련하여 사적인 이해관계가 있거나, 감사원이나 자체감사기구가 의견을 제시하기 위해 판단에 필요한 정보를 충분히 제공하지 않은 경우에는 징계를 면제하지 않는다.**
적극행정 지원위원회를 거친 경우에 대한 징계면제 제도	① 공무원의 적극행정 의사결정을 지원하기 위해 각 기관별로 적극행정 지원위원회를 두도록 하고 있다(경찰청은 규제심사위원회에서 병행하도록 규정). ② 공무원 단독 또는 부서 자체적으로 판단하기 어려운 사안에 대해 공무원은 적극행정 지원위원회에 해당 업무의 처리방향 등에 관한 의견의 제시를 요청할 수 있다. ③ 공무원은 인가·허가·등록·신고 등과 관련한 규제나 불명확한 법령 등으로 인해 업무를 적극적으로 추진하기 곤란한 경우에는 위원회에 직접 해당 업무의 처리 방향 등에 관한 의견의 제시를 요청할 수 있으며, 그 의견대로 업무를 처리한 경우에는 징계를 면제한다. 다만, 대상 업무와 관련하여 사적인 이해관계가 있거나, 위원회가 의견을 제시하기 위해 판단에 필요한 정보를 충분히 제공하지 않은 경우에는 징계를 면제하지 않는다.

고도의 정책 사항에 대한 실무직(담당자)의 징계면제 제도	① 실무직 공무원이 적극행정에 나설 수 있도록 고도의 정책사항에 대해 실무직 공무원들을 보호해주는 제도 ② 국정과제 등 주요 정책결정으로 확정된 사항, 다수부처 연관과제로 정책 조정을 거쳐 결정된 사항 등 '정책결정사항 중 중요사항(고도의 정책사항)'을 추진하는 과정에서 발생한 결과에 대해서 실무직(담당자)의 **고의나 중대한 과실이 없는 경우**에는 문책기준에서 제외(「공무원 징계령 시행규칙」 별표2에 규정)

3. 소극행정

(1) 소극행정의 의의

1) 징계대상으로서의 소극행정

> ① 「국가공무원법」 제56조(성실 의무)에 따라 모든 공무원은 법령을 준수하며 성실히 직무를 수행해야할 의무가 있는데, **공무원이 부작위 또는 직무태만 등 소극적 업무행태로 국민의 권익을 침해하거나 국가재정상 손실을 발생하게 하는 행위**를 '소극행정'이라 한다.
> ② ①에서 '**부작위**'는 공무원이 상당한 기간 내(짧은 기간 내 X)에 이행해야 할 직무상 의무가 있는데도 이를 이행하지 아니하는 것을 의미하며, '**직무태만**'은 통상적으로 요구되는 정도의 노력이나 주의의무를 기울이지 않고, 업무를 부실·부당하게 처리하는 것을 의미한다.

2) 소극행정의 유형

적당편의	문제해결을 위해 노력하지 않고(노력하지만 X), 적당히 형식만 갖추어 부실하게 처리하는 행태
업무해태	합리적인 이유없이(합리적인 이유로 X) 주어진 업무를 게을리 하여 불이행하는 행태
탁상행정	법령이나 지침 등의 변화에도 불구하고 과거 규정에 따라 업무를 처리하거나, 기존의 불합리한 업무관행을 그대로 답습하는 행태
기타 관 중심행정	직무권한을 이용하여 부당하게 업무를 처리하거나, 국민 편익을 위해서가 아닌 자신과 소속 기관의 이익을 위해 **자의적으로(타의에 의해 X) 처리**하는 행태
≫ 하나의 업무행태가 두 가지 이상의 유형에 해당될 수 있다(예 – 민원 신청에 대해 불필요한 서류를 지속적으로 요구하며 처리를 하지 않는 경우 : '업무해태'로 볼 수 있고, '기타 관 중심 행정'으로도 볼 수 있다).		

4. 경찰청의 적극행정 실행계획

(1) 추진여건

1) 안전과 사회질서에 대한 국민적 요청 강화

① 포스트 코로나 시대에는 '안전'과 '사회질서'에 대한 관심이 높아지고, 인간의 생명과 존엄을 중시하는 '인간안보' 개념 재조명
≫ 인간안보 : 인간의 생명·존엄을 중시하는 새로운 패러다임으로, 전통적인 국가안보에서 벗어나 안보개념을 인간이 생명·존엄을 유지하는 데 필요한 요소들에 대한 안전보장으로 확대
② 위험사회로부터 안전확보를 위한 문제해결 역량의 중요성이 대두되는 가운데, 치안행정 분야에서도 적극행정이 긴요한 시점
③ **공동체의 결속이 약화되고** 각종 갈등, 사회적 불안감이 증가하는 현대사회에서 '공동체 회복을 위한 촉매제'로서 경찰활동 강화 필요

2) 새로운 치안환경 도래

코로나 뉴노멀(코로나 이전에는 일반적이지 않았던 것들이 코로나 이후에는 표준이 되고 일반적이 되는 것)이 등장하고 언택트 생활양식이 정착하는 등 국민적 인식과 행동의 변화가 예상되므로 선제적 적극행정이 필요

3) SWOT 분석

① SWOT 분석을 통해 본 추진여건

	〈긍정적〉	〈부정적〉
내부	**Strength 강점** ▶ 지휘부의 확고한 관심과 지원 ▶ 적극행정에 대한 역량·경험 누적 ▶ 적극행정 운영·지원 체계 완비	**Weakness 약점** ▶ 적극/소극행정에 대한 구체적 인식 부족 ▶ 중간관리자의 무관심 또는 비협조 ▶ 감사·감찰에 등에 대한 부담감
외부	**Opportunity 기회** ▶ 정부 차원의 강한 의지와 지원 ▶ 불확실성 속 탄력적 대응 필요성 확대 ▶ 안전에 대한 국민적 관심·욕구 증가	**Threat 위기** ▶ 경찰 활동에 대한 법령상 기반 미비 ▶ 경찰 재량권 확대에 대한 우려 ▶ 민원·송사 등에 대한 부담감

※ 강점 - 기회(SO) / 약점 - 기회(WO) / 강점 - 위협(ST) / 약점 - 위협(WT) 전략 도출

② SWOT 분석결과에 따른 추진전략

(SO) 불확실성 속 급변하는 치안수요에 대해, 그간 축적해온 문제해결 능력으로 적극적·창의적 방안을 모색, 체감도 높은 성과 창출
(WO) 정부차원의 강한 의지와 전폭적 지원을 기회로 삼아, 조직 내 잔존하는 보신주의와 무관심을 타파하고 구성원들의 인식 전환
(ST) 지휘부의 관심과 지원, 그간의 역량과 경험을 융합하여 당당한 법집행을 위한 법·제도적 기반 조성, 지속가능한 적극행정 초석 마련
(WT) 경찰활동에 대한 법령상 기반을 마련하는 등 민원·송사·감사·감찰에 대한 부담을 줄이고, 안심하고 적극행정이 가능한 환경 구축

(2) 적극행정 추진방향

1) 적극행정 지원위원회(경찰청 규제심사위원회에서 병행) 활성화

① 경찰청 적극행정 지원회

위원장	경찰청 차장과 민간위원이 공동위원장
구성	총 14명(정부 5명, 민간 9명)
회의	원칙 : **격월 회의** 개최, 필요시 수시 개최
의결	**재적위원 과반수의 출석으로 개의하고, 출석위원 과반수의 찬성으로 의결**
역할	적극행정과 관련하여 다음 사항을 심사하며, 특히 적극행정 관련 현안을 심의하여 소속 공무원의 의사결정을 지원 ㉠ 경찰청 적극행정 실행계획 수립에 관한 사항 ㉡ 소속 공무원이 인가·허가·등록·신고 등에 관련한 규제나 불명확한 법령 등으로 인해 업무를 적극적으로 추진하기 곤란하여 위원회에 직접 의견 제시를 요청한 사항 ㉢ 소속 공무원이 감사관실에서 운영하는 사전컨설팅감사의 방식으로 의견 제시를 요청한 내용이 국민생활에 미치는 영향이 크거나 여러 이해관계자와 관련되는 등 신중한 검토가 필요하여 감사관이 자문을 요청한 사항 ㉣ 적극행정 우수공무원 선발 및 우수사례 선정에 관한 사항 ㉤ 기타 적극행정과 관련, 경찰청장이 필요하다고 인정하여 위원회에 부의하는 사항

② 적극행정 지원위원회의 의사결정 지원 제도

㉠ 요건

> 공무원이 위원회에 직접 의견제시를 요청하거나, 자체감사기구의 장이 사전컨설팅심사 내용에 대해 위원회에 자문을 요청한 경우 회의 개최 및 심의
>
> - 「적극행정 운영규정」 제13조(위원회에 대한 의견 제시 요청)
>   공무원은 인가·허가·등록·신고 등과 관련한 규제나 불명확한 법령 등으로 인해 업무를 적극적으로 추진하기 곤란한 경우에는 위원회에 직접 해당 업무의 처리 방향 등에 관한 의견의 제시를 요청할 수 있다.
>
> - 안건상정 제한사유(인사혁신처 적극행정 운영지침)
>   ① 관계 법령이 명확히 규정되어 있는데도 단순 민원해소 또는 소극행정·책임회피 수단으로 위원회를 이용하고자 하는 경우
>   ② 소관부서가 충분히 검토를 거치지 않은 경우
>   ③ 이미 행해진 처분의 위법·부당 여부 확인을 구하는 경우
>   ④ 상정안건과 관련된 수사, 소송, 행정심판, 감사원 감사가 진행 중이거나 확정된 경우

㉡ 효력

> 적극행정 지원위원회가 제시한 의견대로 업무를 처리한 경우 「적극행정 운영규정」 제16조 제3항에 따라 자체감사 시 적극행정 면책 요건을 충족한 것으로 추정하여 징계요구 등 면책
>
> - 「적극행정 운영규정」
>   **제16조(징계요구 등 면책)** ③ 공무원이 제13조에 따라 위원회가 제시한 의견대로 업무를 처리한 경우에는 「공공감사에 관한 법률」 제23조의2에 따른 면책 요건을 충족한 것으로 추정한다. 다만, 해당 공무원과 대상 업무 사이에 사적인 이해관계가 있거나 위원회가 심의하는 데 필요한 정보를 충분히 제공하지 않은 경우에는 그렇지 않다.
>   **제17조(징계 등 면제)** ③ 공무원이 제13조에 따라 위원회가 제시한 의견대로 업무를 처리한 경우에는 징계의결등을 하지 않는다. 다만, 공무원과 대상 업무 사이에 사적인 이해관계가 있거나 위원회가 심의하는 데 필요한 정보를 충분히 제공하지 않은 경우에는 그렇지 않다.
>
> - 「공공감사에 관한 법률」 제23조의2(적극행정에 대한 면책) ① 자체감사를 받는 사람이 불합리한 규제의 개선 등 공공의 이익을 위하여 업무를 적극적으로 처리한 결과에 대하여 그의 행위에 **고의나 중대한 과실이 없는 경우**에는 이 법에 따른 징계 요구 또는 문책 요구 등 책임을 묻지 아니한다.

2) 과감한 제도 운영과 홍보를 통해 경찰 내에서 '적극행정은 보호받고 보상받는다'는 확고한 인식 정립
3) 기관장(중간관리자 X)이 선도하는 적극행정 문화 조성
4) 적극행정 공무원 보호와 지원을 확대

현장의 민원에 대한 심적 부담을 덜기 위해, 인권위 진정이나 국민권익위원회 고충민원 등이 제기시 시·도청 송무관을 통하여 법률자문을 제공

> **참고** ○ 사전컨설팅 제도

1. 개관

의의	적극행정을 추진하는 과정에서 규정·지침 해석의 어려움 등으로 인해 의사결정에 애로를 겪는 경우 감사 기구에 의견을 구하면, 감사 기구에서는 그에 대한 답변을 제시하는 제도
근거	「공공감사에 관한 법률 시행령」 제13조의2, 「적극행정 운영규정」 제5조, 「적극행정면책 등 감사소명제도의 운영에 관한 규칙」 제5조 제2항
절차	소속기관·부서에서는 자체 감사기구에 사전컨설팅을 신청하고, 자체 감사기구에서 판단이 어려운 경우 감사원에 컨설팅 신청
효력	감사원·자체감사기구의 컨설팅 의견대로 업무를 처리하면 특별한 사정이 없는 한 적극행정 면책기준을 충족한 것으로 추정 사안이 동일하고, 사전컨설팅 시 충분히 정보제공을 하였으며, 사적인 이해관계가 없어야 함

2. 경찰청 자체 사전컨설팅 제도 운영

대상업무	① 인가·허가·승인 등 규제관련 업무 ② 법령·행정규칙 등의 해석에 대한 이견 등으로 인하여 능동적인 업무처리가 곤란한 경우 ③ 그 밖에 적극행정 추진을 위해 감사관이 필요하다고 인정하는 경우
신청방법	사전컨설팅 대상 기관의 장 등(각 시·도경찰청장, 부속기관의 장, 산하 공직유관단체의 장 및 **경찰청 관·국장(과장 X)**)은 컨설팅 대상 업무에 대해 충분한 자체 검토를 거친 후 컨설팅 신청서를 작성하여 감사관에게 제출
심사기준	① 공공의 이익을 위한 경우로서 사적 이익 취득이나 특정인에 대한 특혜 부여 등의 비위가 없을 것 ② 법령상의 의무 이행 등 모든 여건에 비추어 해당 업무를 추진·처리해야 할 **필요성과 타당성(시급성 X)**이 있을 것
실시방법	**서면감사를 원칙**으로 하되, 필요 시 실지감사를 할 수 있으며, 신중한 검토가 필요한 사항은 경찰청 규제심사위원회의 자문을 거칠 수 있음
결과처리	감사관은 사전컨설팅 **감사 접수일(감사실시일 X)로부터 30일 이내**에 사전컨설팅 감사 의견서를 작성하여 신청서를 제출한 기관의 장 등에게 통보

효력	사전컨설팅 감사 의견을 반영하여 적극행정을 추진한 결과에 대해서는 자체감사규정에 따른 감사 시 책임을 묻지 아니함
이행결과	사전컨설팅 대상 기관의 장 등은 사전컨설팅 감사 의견을 업무에 반영·처리한 결과를 감사관에게 제출

3. 사전컨설팅 감사제도 업무처리 흐름도

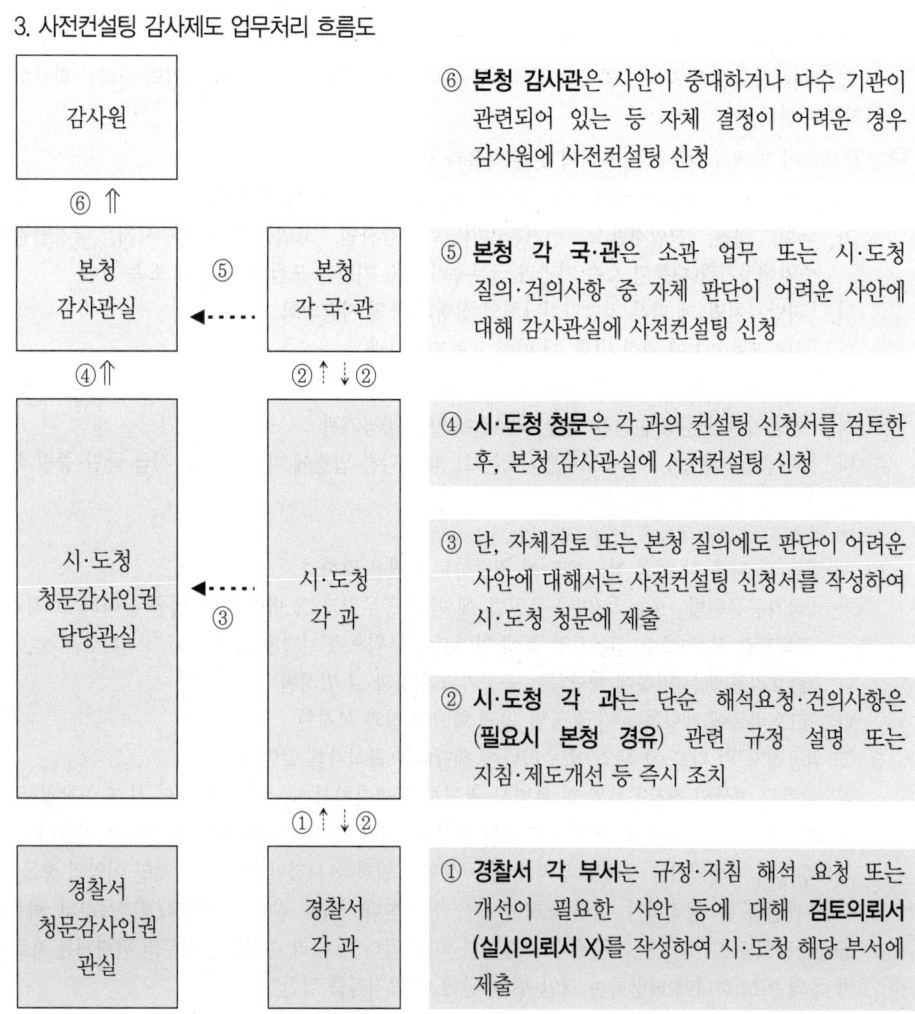

⑥ **본청 감사관**은 사안이 중대하거나 다수 기관이 관련되어 있는 등 자체 결정이 어려운 경우 감사원에 사전컨설팅 신청

⑤ **본청 각 국·관**은 소관 업무 또는 시·도청 질의·건의사항 중 자체 판단이 어려운 사안에 대해 감사관실에 사전컨설팅 신청

④ **시·도청 청문**은 각 과의 컨설팅 신청서를 검토한 후, 본청 감사관실에 사전컨설팅 신청

③ 단, 자체검토 또는 본청 질의에도 판단이 어려운 사안에 대해서는 사전컨설팅 신청서를 작성하여 시·도청 청문에 제출

② **시·도청 각 과**는 단순 해석요청·건의사항은 (필요시 본청 경유) 관련 규정 설명 또는 지침·제도개선 등 즉시 조치

① **경찰서 각 부서**는 규정·지침 해석 요청 또는 개선이 필요한 사안 등에 대해 **검토의뢰서 (실시의뢰서 X)**를 작성하여 시·도청 해당 부서에 제출

5) 소극행정 예방

소극행정에 대한 엄정대응 기조를 유지하고 권익위에서 운영하는 '소극행정 신고센터' 등을 통해 소극행정 행태를 상시 모니터링

6) 성과확산 및 소통 강화

내부	적극행정 우수사례 및 보호·지원 사례를 주기적으로 발굴하고 게시하며, 전직원 대상 적극행정 교육을 실시
외부	경찰청 정책기자단을 적극행정 모니터링단으로 병행 운영하며, 사이버경찰청 적극행정 코너를 일제정비하고 운영을 활성화함

제7절 「공직자의 이해충돌방지법」

제1장 총칙

제1조(목적) 이 법은 공직자의 직무수행과 관련한 사적 이익추구를 금지함으로써 공직자의 직무수행 중 발생할 수 있는 이해충돌을 방지하여 공정한 직무수행을 보장하고 공공기관에 대한 국민의 신뢰를 확보하는 것을 목적으로 한다.

제2조(정의) 이 법에서 사용하는 용어의 뜻은 다음과 같다.
1. "공공기관"이란 다음 각 목의 어느 하나에 해당하는 기관·단체를 말한다.
   가. 국회, 법원, 헌법재판소, 선거관리위원회, 감사원, 고위공직자범죄수사처, 국가인권위원회, 중앙행정기관(대통령 소속 기관과 국무총리 소속 기관을 포함한다)과 그 소속 기관
   나. 「지방자치법」에 따른 지방자치단체의 집행기관 및 지방의회
   다. 「지방교육자치에 관한 법률」에 따른 교육행정기관
   라. 「공직자윤리법」 제3조의2에 따른 공직유관단체
   마. 「공공기관의 운영에 관한 법률」 제4조에 따른 공공기관
   바. 「초·중등교육법」, 「고등교육법」 또는 그 밖의 다른 법령에 따라 설치된 각급 국립·공립 학교
   ≫ 모든 공공기관의 공직자를 대상
   ≫ 청탁금지법 적용대상 중 사립학교와 언론사는 제외
2. "공직자"란 다음 각 목의 어느 하나에 해당하는 사람을 말한다.
   가. 「국가공무원법」 또는 「지방공무원법」에 따른 공무원과 그 밖에 다른 법률에 따라 그 자격·임용·교육훈련·복무·보수·신분보장 등에 있어서 공무원으로 인정된 사람
   나. 제1호라목 또는 마목에 해당하는 공공기관의 장과 그 임직원
   다. 제1호바목에 해당하는 각급 국립·공립 학교의 장과 교직원
3. "고위공직자"란 다음 각 목의 어느 하나에 해당하는 공직자를 말한다.
   아. 치안감 이상의 경찰공무원 및 특별시·광역시·특별자치시·도·특별자치도의 시·도경찰청장
4. "이해충돌"이란 공직자가 직무를 수행할 때에 자신의 사적 이해관계가 관련되어 공정하고 청렴한 직무수행이 저해되거나 저해될 우려가 있는 상황을 말한다(사적인 이익과 공적인 이익의 충돌).
5. "직무관련자"란 공직자가 법령(조례·규칙을 포함한다. 이하 같다)·기준(제1호가목부터 바목까지의 공공기관의 규정·사규 및 기준 등을 포함한다. 이하 같다)에 따라 수행하는 직무와 관련되는 자로서 다음 각 목의 어느 하나에 해당하는 개인·법인·단체 및 공직자를 말한다.
   가. 공직자의 직무수행과 관련하여 일정한 행위나 조치를 요구하는 개인이나 법인 또는 단체
6. "사적이해관계자"란 다음 각 목의 어느 하나에 해당하는 자를 말한다.
   가. 공직자 자신 또는 그 가족(「민법」 제779조에 따른 가족을 말한다. 이하 같다)
   나. **공직자 자신 또는 그 가족이 임원·대표자·관리자 또는 사외이사로 재직하고 있는 법인 또는 단체**
   다. **공직자 자신이나 그 가족이 대리하거나 고문·자문 등을 제공하는 개인이나 법인 또는 단체**
   라. 공직자로 채용·임용되기 전 2년 이내에 공직자 자신이 재직하였던 법인 또는 단체
   마. **공직자로 채용·임용되기 전 2년 이내에 공직자 자신이 대리하거나 고문·자문 등을 제공하였던 개인이나 법인 또는 단체**
   바. **공직자 자신 또는 그 가족이 대통령령으로 정하는 일정 비율 이상의 주식·지분 또는 자본금 등을 소유하고 있는 법인 또는 단체**

>> 「이해충돌방지법 시행령」(대통령령) 제3조 제1항

① 법 제2조 제6호 바목에서 "대통령령으로 정하는 일정 비율 이상의 주식·지분 또는 자본금 등을 소유하고 있는 법인 또는 단체"란 다음 각 호의 법인 또는 단체를 말한다.
1. 공직자 자신이나 그 가족이 단독으로 또는 합산하여 발행주식 총수의 100분의 30 이상을 소유하고 있는 법인 또는 단체
2. 공직자 자신이나 그 가족이 단독으로 또는 합산하여 출자지분 총수의 100분의 30 이상을 소유하고 있는 법인 또는 단체
3. 공직자 자신이나 그 가족이 단독으로 또는 합산하여 자본금 총액의 100분의 50 이상을 소유하고 있는 법인 또는 단체

사. 최근 2년 이내에 퇴직한 공직자로서 퇴직일 전 2년 이내에 제5조 제1항 각 호의 어느 하나에 해당하는 직무를 수행하는 공직자와 국회규칙, 대법원규칙, 헌법재판소규칙, 중앙선거관리위원회규칙 또는 대통령령으로 정하는 범위의 부서에서 같이 근무하였던 사람
아. 그 밖에 공직자의 사적 이해관계와 관련되는 자로서 국회규칙, 대법원규칙, 헌법재판소규칙, 중앙선거관리위원회규칙 또는 대통령령으로 정하는 자

제2장 공직자의 이해충돌 방지 및 관리

제5조(사적이해관계자의 신고 및 회피·기피 신청) ① 다음 각 호의 어느 하나에 해당하는 직무를 수행하는 공직자는 직무관련자(직무관련자의 대리인을 포함한다. 이하 이 조에서 같다)가 사적이해관계자임을 안 경우 안 날부터 14일 이내에 소속기관장에게 그 사실을 서면(전자문서를 포함한다. 이하 같다)으로 신고하고 회피를 신청하여야 한다.
2. 행정지도·단속·감사·조사·감독에 관계되는 직무
8. 사건의 수사·재판·심판·결정·조정·중재·화해 또는 이에 준하는 직무
10. 공직자의 채용·승진·전보·상벌·평가에 관계되는 직무
② 직무관련자 또는 공직자의 직무수행과 관련하여 직접적인 이해관계가 있는 자는 해당 공직자에게 제1항에 따른 신고 및 회피 의무가 있거나 그 밖에 공정한 직무수행을 저해할 우려가 있는 사적 이해관계가 있다고 판단하는 경우에는 그 공직자의 소속기관장에게 기피를 신청할 수 있다.
③ 다음 각 호의 어느 하나에 해당하는 경우에는 제1항 및 제2항을 적용하지 아니한다.
1. 제1항 각 호에 해당하는 직무와 관련하여 불특정다수를 대상으로 하는 법률이나 대통령령의 제정·개정 또는 폐지를 수반하는 경우
2. 특정한 사실 또는 법률관계에 관한 확인·증명을 신청하는 민원에 따라 해당 서류를 발급하는 경우
④ 제1항 각 호에 해당하는 직무와 관련된 다른 법령·기준에 제척·기피·회피 등 이해충돌 방지를 위한 절차가 마련되어 있어 공직자가 그 절차에 따른 경우, 제1항에 따른 신고·회피 의무를 다한 것으로 본다.

제6조(공공기관 직무 관련 부동산 보유·매수 신고) ① 부동산을 직접적(간접적 X)으로 취급하는 대통령령으로 정하는 공공기관의 공직자는 다음 각 호의 어느 하나에 해당하는 사람이 소속 공공기관의 업무와 관련된 부동산을 보유하고 있거나 매수하는 경우 **소속기관장에게 그 사실을 서면으로 신고하여야** 한다.
1. 공직자 자신, 배우자
2. 공직자와 생계를 같이하는 직계존속·비속(배우자의 직계존속·비속으로 생계를 같이하는 경우를 포함한다)
>> 해당기관에서 부동산 업무를 담당하지 않는 공직자를 포함한 모든 직원에게 소속 기관 업무 관련 부동산 보유·매수 시 신고의무 발생

② 제1항에 따른 공공기관 외의 공공기관의 공직자는 소속 공공기관이 **택지개발, 지구 지정 등 대통령령으로 정하는 부동산 개발 업무를 하는 경우** 제1항 각 호의 어느 하나에 해당하는 사람이 그 부동산을 보유하고 있거나 매수하는 경우 소속기관장에게 그 사실을 서면으로 신고하여야 한다.

③ 제1항 및 제2항에 따른 신고는 **부동산을 보유한 사실을 알게 된 날부터 14일 이내, 매수 후 등기를 완료한 날부터 14일 이내**에 하여야 한다.

제8조(고위공직자의 민간 부문 업무활동 내역 제출 및 공개) ① 고위공직자(공직자윤리법 상 등록재산 공개 대상자)는 그 직위에 임용되거나 임기를 개시하기 전 3년 이내에 민간 부문에서 업무활동을 한 경우, 그 활동 내역을 그 직위에 임용되거나 임기를 개시한 날부터 30일 이내에 소속기관장에게 제출하여야 한다.

② 제1항에 따른 업무활동 내역에는 다음 각 호의 사항이 포함되어야 한다.
1. 재직하였던 법인·단체 등과 그 업무 내용
2. 대리, 고문·자문 등을 한 경우 그 업무 내용
3. **관리·운영하였던 사업 또는 영리행위의 내용**

제9조(직무관련자와의 거래 신고) ① 공직자는 **자신, 배우자 또는 직계존속·비속**(배우자의 직계존속·비속으로 생계를 같이하는 경우를 포함한다. 이하 이 조에서 같다) 또는 특수관계사업자(자신, 배우자 또는 직계존속·비속이 대통령령으로 정하는 일정 비율 이상의 주식·지분 등을 소유하고 있는 법인 또는 단체를 말한다)(**형제자매 X**)가 공직자 자신의 직무관련자(「민법」 제777조에 따른 친족(**배우자, 8촌 이내의 혈족, 4촌 이내 인척**)인 경우는 제외한다)와 다음 각 호의 어느 하나에 해당하는 행위를 한다는 것을 사전에 안 경우에는 안 날부터 14일 이내에 소속기관장에게 그 사실을 서면으로 신고하여야 한다.
1. **금전을 빌리거나 빌려주는 행위 및 유가증권을 거래하는 행위**. 다만, 「금융실명거래 및 비밀보장에 관한 법률」에 따른 금융회사등, 「대부업 등의 등록 및 금융이용자 보호에 관한 법률」에 따른 대부업자등이나 그 밖의 **금융회사로부터 통상적인 조건으로 금전을 빌리는 행위 및 유가증권을 거래하는 행위는 제외**한다.
2. **토지 또는 건축물 등 부동산을 거래하는 행위**. 다만, **공개모집에 의하여 이루어지는 분양이나 공매·경매·입찰을 통한 재산상 거래 행위는 제외**한다.
3. 제1호 및 제2호의 거래 행위 외의 물품·용역·공사 등의 계약을 체결하는 행위. 다만, **공매·경매·입찰을 통한 계약 체결 행위 또는 거래관행상 불특정다수를 대상으로 반복적으로 행하여지는 계약 체결 행위는 제외**한다.

》 공직자와 직무수행이 종료된 과거의 직무관련자와의 거래행위는 신고대상에서 제외됨

② 공직자는 제1항 각 호에 따른 행위가 있었음을 사후에 알게 된 경우에도 안 날부터 14일 이내에 소속기관장에게 그 사실을 서면으로 신고하여야 한다.

제10조(직무 관련 외부활동의 제한) 공직자는 다음 각 호의 행위를 하여서는 아니 된다. 다만, 「**국가공무원법**」 등 다른 법령·기준에 따라 허용되는 경우는 그러하지 아니하다.
1. 직무관련자에게 **사적으로 노무 또는 조언·자문 등을 제공하고 대가를 받는 행위**

》 공문을 통해 공식적으로 요청하는 경우는 사적으로 자문등을 제공한 것이 아니므로 제한되는 활동 아님

2. 소속 공공기관의 소관 직무와 관련된 지식이나 정보를 타인에게 제공하고 대가를 받는 행위. 다만, 「**부정청탁 및 금품등 수수의 금지에 관한 법률**」 제10조에 따른 외부강의등의 대가로서 사례금 수수가 허용되는 경우와 소속기관장이 허가한 경우는 제외한다.
3. 공직자가 소속된 공공기관이 당사자이거나 직접적인 이해관계를 가지는 사안에서 자신이 소속된 공공기관의 상대방을 대리하거나 그 상대방에게 조언·자문 또는 정보를 제공하는 행위
4. 외국의 기관·법인·단체 등을 대리하는 행위. 다만, 소속기관장이 허가한 경우는 제외한다.
5. 직무와 관련된 다른 직위에 취임하는 행위. 다만, 소속기관장이 허가한 경우는 제외한다.

제11조(가족 채용 제한) ① 공공기관(공공기관으로부터 출연금·보조금 등을 받거나 법령에 따라 업무를 위탁받는 산하 공공기관과 「상법」 제342조의2에 따른 자회사를 포함한다)은 다음 각 호의 어느 하나에 해당하는 공직자의 가족을 채용할 수 없다.
1. 소속 고위공직자
2. 채용업무를 담당하는 공직자
3. 해당 산하 공공기관의 감독기관인 공공기관 소속 고위공직자
4. 해당 자회사의 모회사인 공공기관 소속 고위공직자

≫ 채용이 제한되는 가족의 범위는 「민법」 제779조의 가족으로서, 사적이해관계자 신고 의무가 있는 가족의 범위와 동일하다.

② 다음 각 호의 어느 하나에 해당하는 경우에는 제1항을 적용하지 아니한다.
1. 「국가공무원법」 등 다른 법령(제2조 제1호 라목 또는 마목에 해당하는 공공기관의 인사 관련 규정을 포함한다. 이하 이 조에서 같다)에서 정하는 공개경쟁채용시험 또는 경력 등 응시요건을 정하여 같은 사유에 해당하는 다수인을 대상으로 하는 채용시험에 합격한 경우
2. 「국가공무원법」 등 다른 법령에 따라 다수인을 대상으로 시험을 실시하는 것이 적당하지 아니하여 다수인을 대상으로 하지 아니한 시험으로 공무원을 채용하는 경우로서 다음 각 목의 어느 하나에 해당하는 경우
다. 국가공무원을 그 직급·직위에 해당하는 지방공무원으로 임용하거나, 지방공무원을 그 직급·직위에 해당하는 국가공무원으로 임용하는 경우

③ 제1항 각 호의 어느 하나에 해당하는 공직자는 제1항을 위반하여 자신의 가족이 채용되도록 지시·유도 또는 묵인을 하여서는 아니 된다.

④ 제1항 및 제3항에도 불구하고 **다른 법률에서 이 법의 적용을 받는 공공기관이 제1항 각 호의 어느 하나에 해당하는 공직자의 가족을 채용할 수 있도록 허용하고 있는 경우에는 그 법률의 규정에 따른다.**

제12조(수의계약 체결 제한) ① 공공기관(공공기관으로부터 출연금·보조금 등을 받거나 법령에 따라 업무를 위탁받는 산하 공공기관과 「상법」 제342조의2에 따른 자회사를 포함한다)은 다음 각 호의 어느 하나에 해당하는 자와 물품·용역·공사 등의 수의계약(이하 "수의계약"이라 한다)을 체결할 수 없다. 다만, 해당 물품의 생산자가 1명뿐인 경우 등 대통령령으로 정하는 불가피한 사유가 있는 경우에는 그러하지 아니하다.
1. 소속 고위공직자
7. 제1호부터 제6호까지의 어느 하나에 해당하는 **공직자의 배우자 또는 직계존속·비속(배우자의 직계존속·비속으로 생계를 같이하는 경우를 포함**한다. 이하 이 조에서 같다)

제13조(공공기관 물품 등의 사적 사용·수익 금지) 공직자는 공공기관이 소유하거나 임차한 물품·차량·선박·항공기·건물·토지·시설 등을 사적인 용도로 사용·수익하거나 제3자로 하여금 사용·수익하게 하여서는 아니 된다. 다만, 다른 법령·기준 또는 사회상규에 따라 허용되는 경우에는 그러하지 아니하다.

제14조(직무상 비밀 등 이용 금지) ① 공직자(공직자가 아니게 된 날부터 3년이 경과하지 아니한 사람을 포함하되, 다른 법률에서 이와 달리 규정하고 있는 경우에는 그 법률에서 규정한 바에 따른다. 이하 이 조, 제27조 제1항, 같은 조 제2항 제1호 및 같은 조 제3항 제1호에서 같다)는 직무수행 중 알게 된 비밀 또는 소속 공공기관의 미공개정보(재물 또는 재산상 이익의 취득 여부의 판단에 중대한 영향을 미칠 수 있는 정보로서 불특정 다수인이 알 수 있도록 공개되기 전의 것을 말한다. 이하 같다)를 이용하여 재물 또는 재산상의 이익을 취득하거나 제3자로 하여금 재물 또는 재산상의 이익을 취득하게 하여서는 아니 된다. – 위반시 7년 이하의 징역 또는 7천만원 이하의 벌금(징역과 벌금은 병과가 가능)

② 공직자로부터 직무상 비밀 또는 소속 공공기관의 미공개정보임을 알면서도 제공받거나 부정한 방법으로 취득한 자는 이를 이용하여 재물 또는 재산상의 이익을 취득하여서는 아니 된다. – 위반시 5년 이하의 징역 또는 5천만원 이하의 벌금(징역과 벌금은 병과가 가능)

③ 공직자는 직무수행 중 알게 된 비밀 또는 소속 공공기관의 미공개정보를 사적 이익을 위하여 이용하거나 제3자로 하여금 이용하게 하여서는 아니 된다. - 위반시 3년 이하 징역 또는 3천만원 이하 벌금(징역과 벌금은 병과가 불가)
 >> 비밀 - 법령에 의해 비밀로 규정된 것 뿐만 아니라, 실질적으로 비밀로서 보호할 가치가 있는 일체의 정보

제15조(퇴직자 사적 접촉 신고) ① 공직자는 직무관련자인 소속 기관의 퇴직자(공직자가 아니게 된 날부터 2년이 지나지 아니한 사람만 해당한다)와 사적 접촉(골프, 여행, 사행성 오락을 같이 하는 행위를 말한다)을 하는 경우 **소속기관장에게 신고**하여야 한다. 다만, 사회상규에 따라 허용되는 경우에는 그러하지 아니하다.
 ※ 사회상규에 따라 직무관련자인 퇴직자와의 사적 접촉 신고를 하지 않는 경우 - '퇴직자 자녀의 결혼식, 돌잔치, 환갑 등 경조사에 퇴직자를 부득이 접촉한 경우, 직무와 무관한 동창회, 친목모임, 종교행사 등의 사적 모임에서 퇴직자를 부득이 접촉한 경우'

제16조(공무수행사인의 공무수행과 관련된 행위제한 등) ① 다음 각 호의 어느 하나에 해당하는 자(이하 "공무수행사인"이라 한다)의 공무수행에 관하여는 **제5조, 제7조, 제14조, 제21조(제5조 및 제14조에 관한 사항에 한정한다. 이하 이 조에서 같다), 제22조 제1항·제3항 및 제25조 제1항을 준용**한다.
 1. 「행정기관 소속 위원회의 설치·운영에 관한 법률」 또는 다른 법령에 따라 설치된 각종 위원회의 위원 중 공직자가 아닌 위원
 >> 공무수행사인은 공무수행과 관련하여 「이해충돌방지법」 일부규정 준용

제3장 이해충돌 방지에 관한 업무의 총괄 등

제21조(위법한 직무처리에 대한 조치) 소속기관장은 공직자가 제5조 제1항, 제6조, 제8조 제1항·제2항, 제9조 제1항·제2항, 제10조, 제11조 제3항, 제12조 제2항, 제13조, 제14조 또는 제15조를 위반한 사실을 발견한 경우에는 해당 공직자에게 위반사실을 즉시 시정할 것을 명하고 계속 불이행할 경우 해당 공직자의 직무를 중지하거나 취소하는 등 필요한 조치를 하여야 한다.

제22조(부당이득의 환수 등) ① 소속기관장은 공직자가 제5조의 신고 및 회피 의무 또는 제6조의 신고 의무를 위반하여 수행한 직무가 위법한 것으로 확정된 경우에는 그 직무를 통하여 공직자 또는 제3자가 얻은 재산상 이익을 환수하여야 한다.

제4장 징계 및 벌칙

제26조(징계) 공공기관의 장은 소속 공직자가 이 법 또는 이 법에 따른 명령을 위반한 경우에는 징계처분을 하여야 한다.

제27조(벌칙) ① 제14조 제1항을 위반하여 직무수행 중 알게 된 비밀 또는 소속 공공기관의 미공개정보를 이용하여 재물 또는 재산상의 이익을 취득하거나 제3자로 하여금 재물 또는 재산상의 이익을 취득하게 한 공직자(제16조에 따라 준용되는 공무수행사인을 포함한다. 이하 이 조 및 제28조 제2항 제1호에서 같다)는 **7년 이하의 징역 또는 7천만원 이하의 벌금**에 처한다.
 ② 다음 각 호의 어느 하나에 해당하는 자는 5년 이하의 징역 또는 5천만원 이하의 벌금에 처한다.
 1. 제14조 제2항을 위반하여 공직자로부터 직무상 비밀 또는 소속 공공기관의 미공개정보임을 알면서도 제공받거나 부정한 방법으로 취득하고 이를 이용하여 재물 또는 재산상의 이익을 취득한 자
 ③ 다음 각 호의 어느 하나에 해당하는 자는 **3년 이하의 징역 또는 3천만원 이하의 벌금**에 처한다.
 1. 제14조 제3항을 위반하여 **직무수행 중 알게 된 비밀 또는 소속 공공기관의 미공개정보를 사적 이익을 위하여 이용하거나 제3자로 하여금 이용하도록 한 공직자**
 ⑤ 제1항 및 제2항제1호의 경우 징역과 벌금은 병과(倂科)할 수 있다.

⑥ 제1항 및 제2항제1호의 죄를 범한 자(제1항의 경우 그 정을 아는 제3자를 포함한다)가 제1항 및 제2항 제1호의 죄로 인하여 취득한 재물 또는 재산상의 이익은 몰수한다. 다만, 이를 몰수할 수 없을 때에는 그 가액을 추징한다

제28조(과태료) ① 다음 각 호의 어느 하나에 해당하는 자에게는 **3천만원 이하의 과태료**를 부과한다.
 1. 제11조 제3항을 위반하여 자신의 가족이 채용되도록 지시·유도 또는 묵인을 한 공직자
 2. 제12조 제2항을 위반하여 같은 조 제1항 각 호의 어느 하나에 해당하는 자와 수의계약을 체결하도록 지시·유도 또는 묵인을 한 공직자

② 다음 각 호의 어느 하나에 해당하는 자에게는 2천만원 이하의 과태료를 부과한다.
 1. **제5조 제1항을 위반하여 사적이해관계자를 신고하지 아니한 공직자**
 2. 제6조 제1항 또는 제2항을 위반하여 **부동산 보유·매수를 신고하지 아니한 공직자**
 3. 제9조 제1항 또는 제2항(**직무관련자와의 거래신고**)을 위반하여 거래를 신고하지 아니한 공직자
 4. 제10조를 위반하여 **직무 관련 외부활동을 한 공직자**
 5. 제13조를 위반하여 **공공기관의 물품 등을 사적인 용도로 사용·수익**하거나 제3자로 하여금 사용·수익하게 한 공직자

③ 다음 각 호의 어느 하나에 해당하는 자에게는 1천만원 이하의 과태료를 부과한다.
 1. 제8조 제1항을 위반하여 업무활동 내역을 제출하지 아니한 고위공직자
 2. 제15조 제1항을 위반하여 **직무관련자인 소속 기관의 퇴직자와의 사적 접촉을 신고하지 아니한 공직자**

PART 02

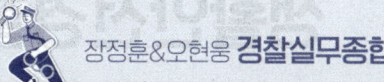

각론

CHAPTER 01 생활안전경찰

제1절 범죄의 원인과 예방

1 범죄의 개념

① 법률적 개념(Martin R. Haskell and Lewis Yablonsky)
- 내용 : 법규를 위반하는 행위가 범죄(가장 명확하고 객관적이며 예측가능성이 높은 개념)
- 한계 : 다원화되고 변화속도가 빠른 현대사회에서 법률이 변화를 모두 반영할 수 없다는 한계

법제정 과정상의 개념	**의회의 방침과 정책**에 따라 범죄의 개념이 달라짐(사회환경 변화에 따라 특정행위를 범죄로 규정하는 법규를 새로 형성하는 과정에서 범죄의 개념을 정의하게 됨)
법집행 과정상의 개념	**사법기관(법집행기관)**이 주로 범죄에 대해 정의(예 아동대상 성범죄가 급증하자 아동청소년 성착취물을 다운로드받는 행위도 아동청소년성착취물 소지로 보아 처벌하는 정책결정)

② 비법률적 개념

낙인이론적 개념	① 범죄란 범죄를 정의할 권한이나 힘을 가진 자들에 의해 규정된다.(Howard Becker) (범죄자로 만드는 것은 행위의 질적인 면이 아닌 사람들의 인식 때문이다.) ② 사례 : 폭행으로 적발된 청소년을 형사입건하는 대신 학교전담 경찰관이 선도프로그램을 제공하여 청소년 스스로 지역사회로 통합될 수 있는 기회를 제공하는 경우 ③ 비판 : 범죄를 사회적 반응에 의존하는 수동적 개념으로 규정하나 실제는 그렇지 않음 (David Bordua)	
사회학적 개념 (해악기준 개념)	Sutherland	**화이트칼라범죄**가 실질적 해악이 더욱 크지만 처벌이 약해 대처방안 필요
	Herman & Schwendinger	범죄란 인간의 '**기초적 인권**'을 침해하는 해악적 행위 ⇨ 기초적 인권인 생존욕구와 자존욕구를 침해하는 행위에 대한 심각한 고려를 요구함
	Raymond Michalowski	범죄에는 불법적인 행위는 물론이고 법적으로는 개념화되지 않은 '**사회적 해악행위**'도 **범죄에 포함시켜야** 한다고 주장. 이를 '사회적 침해와 유사한 형태'라고 표현 ⇨ **범죄는 불법과 유사하나, 일부는 법적으로 용인되기도 함**

③ 결론

범죄는 각 시대의 사회적, 문화적, 역사적 상황과 환경에 따라 다른 모습을 하게 되는 **상대적 개념**이다 (G. M. Sykes).

2 범죄원인론

(1) 범죄원인을 구성하는 기본요소

1) 범죄 유발 4요소(범죄자의 입장에서 범죄를 일으키는 필요조건) - Joseph F. Sheley

① 범행의 **동기** ② 사회적 제재로부터의 **자유** ③ 범행의 **기술** ④ 범행의 **기회** - 이들 4요소는 범행에 있어서 필요조건이지만 충분조건은 아니므로 어떤 범행이 가능하기 위해서는 4요소가 동시에 상호작용해야 함

2) 소질과 환경(Luxemburger)

범인성 소질	선천적 원시요소(유전자 작용)와 후천적 발전요소(체질, 성격이상, 지능)
범인성 환경	개인적 환경(알콜중독, 가정해체, 교육부재), 사회적 환경(사회구조, 경제변동, 전쟁)

내인성 범죄	**범인성 소질**에 더 많은 영향을 받는 범죄
외인성 범죄	**범인성 환경**에 더 많은 영향을 받는 범죄

(2) 범죄원인에 관한 학설

1) 고전주의 범죄학 (고자비)

의의	① 인간은 **자유의지 있는 합리적 인간** - (외부적 요소에 의해 강요 X) ② **의사비결정론** ③ 범죄통제할 수 있는 가장 효과적인 방법 - **강력하고 신속한 형벌**
학자	① Beccaria - 저서 「범죄와 형벌」, 형벌은 범죄에 비례하여 부과해야 함 ② Bentham - 공리주의, 형벌을 통한 범죄통제 강조

2) 실증주의 범죄학

의의	① 인간 행위는 **자유의지보다 생물적·심리학적·사회적 성질에 의해 결정** ⇨ 기존의 형벌과 제도로는 범죄통제 불가능함 ② **의사결정론**
유형	① **생물학적 범죄학** - 인간의 인상, 골격, 체형 등 타고난 생물적 특성이 원인 　　　　　　　　　(Lombroso의 생래적 범죄인설) ② **심리학적 범죄학** - 정신이상, 낮은 지능 등이 범죄원인

3) 사회학적 범죄학

① 사회구조원인론(범죄원인을 사회적 구조의 특성에서 찾는 이론) (알긴해/문화)

긴장(아노미)이론	① Durkeim - 아노미 상태(급격한 사회변화로 인해 규범이 붕괴되고 작동치 않는 상태)에서 범죄 발생. "범죄는 정상적인 것이며 불가피한 사회적 행위" ② Merton - 긴장유발이론(하위계층의 목표달성 좌절이 범죄 유발)
사회해체론	① Burgess & Park - 시카고 5개 동심원지대 연구를 통해서 범죄는 빈곤, **인구유입**, 실업 등과 관련이 있다고 규정 ② Shaw & Mckay - 빈민지역에서 범죄가 일반화되는 이유는 **인구유입보다는 지역사회 내부에 원인**이 있음(사회조직이 극도로 해체) ③ 문화전파 이론 - 범죄는 문화와 같이 부모로부터 아이에게 전해짐
하위문화이론	① Cohen - 하류계층 청소년들이 목표와 수단 괴리로 인해 중류계층에 대한 저항으로 비행 저지르며, 목표달성 어려움 극복하기 위해 자신들만의 하위문화 만들게 되며 범죄는 이러한 하위문화에 의해 발생 ② Miller - 범죄는 하위문화의 가치와 규범이 **정상적으로 반영**된 것
문화갈등이론	① T.Sellin - 문화적 갈등을 통한 심리적 갈등이 범죄원인 ② 시카고학파 - 각 지역사회 문화적 갈등이 범죄로 이어짐

② 사회과정원인론 (과학통락)

㉠ 사회학습이론 (학차중)

차별적 접촉이론		Sutherland - 범죄란 분화된 **사회조직 속에서 차별적**으로 범죄문화에 접촉·참가·동조하면서 **학습된 행위** ≫ Shaw & Macay의 '사회해체' 개념에 대비해 Sutherland는 이를 '사회적 분화'라는 개념으로 설명하며 개인의 학습을 '사회적 학습'이라고 규정
차별적 동일시이론		청소년들이 영화 주인공 모방하고 자신과 동일시하면서 범죄 학습(Glaser)
차별적 강화이론		청소년 비행은 처벌없거나 칭찬받게 되면 반복적으로 저질러짐(Burgess & Akers)
중화기술 이론	의의	범죄자(청소년)는 인간에게 내면화되어 있는 **합법적 규범이나 가치관을 중화(마비) 시킴으로써 범죄에 이르게 됨**(Matza, Sykes)
	유형	**책임의 부정**(자신의 의지가 어쩔 수 없는 소질 등에 의한 것이라며 책임전가), **가해의 부정**(남의 물건 손괴해놓고 '보상해줄텐데 손해 본 게 무엇이 있느냐'며 합리화, 자전거 훔치다가 주인에게 발각되자 잠시만 빌려 타고 돌려주면 피해가 없다면서 합리화), **피해자의 부정**(돈을 갚지 않아 때릴 수밖에 없었다고 변명), **비난자에 대한 비난**(경찰·검찰이 부패하여 나를 심판할 자격 없다. 어른들이 더 나쁘니 편의점에서 물건 훔친 아이의 작은 잘못을 비난할 자격이 없다고 변명), **더 높은 충성심에의 호소**(우정을 지키기 위해서는 오토바이 절도가 무슨 대수냐며 합리화)

ⓛ 사회통제이론 (통견유동)

사회유대이론 (Hirshi)	사회적 유대가 약화되어 통제되지 않기 때문에 범죄가 발생 ≫ 사회적 결속요소 – 애착, 참여, 전념, 신념 (기회 X)
견제이론 (Reckless)	좋은 자아관념은 주변의 범죄적 환경에도 불구하고 비행행위에 가담하지 않도록 하는 중요한 요소 ≫ 범죄유발의 외적압력 – 가난, 비행하위문화, 퇴폐환경, 차별적기회구조 ≫ 범죄유발의 내적압력 – 좌절, 욕구, 분노, 열등감 등
동조성 전념이론 (Briar & Piliavin)	범죄를 행했을 때 자신에게 돌아오는 처벌의 두려움, 자신 이미지, 사회에서의 지위와 활동에 미치는 영향 등을 염려하는 동조성에 대한 전념 가지고 있음 ⇨ 단기유혹에의 노출이 끝나면 다시 정상적인 상태로 돌아감 ≫ 동조성에 대한 전념은 부모·선생님 등 다른 사람과의 대인관계를 통해 얻어지게 됨

ⓒ 낙인이론 (낙타레)

범죄자 또는 비행자로 만드는 것은 행위의 질적인 면이 아니라 사람들의 그 행위에 대한 인식임
≫ Tannenbaum – 악의 극화라고 표현함
≫ Lemert – 일차적 일탈과 이차적 일탈로 구분

3 범죄통제론

(1) 범죄통제의 방법

근세이전	응보와 복수
고전주의 사상가	형벌과 제재
실증주의 사상가	교정과 치료
범죄사회학자 (20C 이후)	범죄예방

범죄억제활동, 치료 및 갱생활동, 사회발전활동, 범죄기회의 제거활동 등은 모두 범죄통제개념에 포함

(2) 범죄예방이론

1) 억제이론

내용	① 의사비결정론 – 범죄는 개인책임 ② 강력하고 확실한 처벌 통한 범죄예방효과에 중점 ③ 범죄동기나 원인, 사회적 환경에는 관심없음
비판	폭력과 같은 충동적 범죄에는 적용에 한계

2) 치료 및 갱생이론

내용	① 생물학적·심리학적 범죄원인론의 영향 ② **의사결정론 – 범죄는 사회책임** ③ 범죄자 치료와 갱생 통한 특별예방효과에 중점
비판	비용↑, **적극적인 범죄예방에 한계**

3) 사회발전이론

내용	① 사회학적 범죄원인론의 영향 ② 사회발전 통한 범죄의 근본적 원인 제거
비판	① 범죄원인인 사회적 환경을 개선할 능력이 있는가? ② **개인이나 소규모조직체에 의해 수행곤란** ③ 막대한 인적·물적 자원 필요 ④ 사회를 실험대상으로 이용

4) 현대적 범죄예방이론(생태학적 관점)

① 상황적 범죄예방이론

㉠ 의의 – 범죄행위에 대한 위험과 어려움 높여 범죄기회 제거하고 범죄행위 이익감소 시킴으로써 범죄예방하려는 이론

㉡ 유형

합리적 선택이론	ⓐ **주장학자 – 클락과 코니쉬** ⓑ **비결정론적 인간관** – 범죄자는 비용과 이익을 고려하여 합리적으로 선택(신고전주의) ⓒ 체포의 위험성과 처벌의 확실성을 높이는 것이 효과적인 범죄예방
일상활동 이론	ⓐ **주장학자 – 코헨과 펠슨** (일상코펠/대부자/가가용접) ⓑ **범죄발생의 3요소 : 잠재적 범죄자, 적절한 범행대상, 보호자(감시자)의 부재** ⓒ **범죄자 입장에서 범행을 결정하는데 고려되는 4가지 요소(VIVA모델)** – 가치, 이동의 용이성, 가시성, 접근성 ⓓ 시간적·공간적 변동에 따른 범죄발생양상, 범죄기회, 범죄조건 등에 대한 구체적이고 **미시적인 분석**을 토대로 구체적인 상황에 맞는 범죄예방
범죄패턴 이론	ⓐ **브랜팅햄** (패브러) ⓑ 범죄에는 일정한 **장소적**(시간적 X) 패턴이 있다. ≫ 지리적 프로파일링 활성화에 기여

㉢ 문제점 – 요새화된 사회형성, 국가통제사회가능성, **범죄의 전이효과**

② 환경범죄학(=생태학적이론) (Jacobs, Jeffrey, Oscar Newman)

㉠ 환경설계를 통한 범죄예방(CPTED) (감통영활유)

개념		근본적이고 효과적 범죄예방위한 방안으로 물리적 환경의 설계 또는 재설계 통해 범죄기회 차단하고자 하는 기법 – **제프리**(Jeffrey)
기본 원리	자연적 감시	① 건축물이나 시설물 설계시 가시권 최대확보, 외부침입에 대한 감시기능 확대 함으로써 범죄행위 발견가능성 증가시키고, 범죄기회 감소시킬 수 있다는 원리 ② 예 – **조명, 조경, 가시권확대를 위한 건물 배치**
	자연적 접근통제	① 일정한 지역에 접근하는 사람들을 정해진 공간으로 유도하거나 외부인출입 통제하도록 설계함으로써 접근에 대한 심리적 부담 증대시켜 범죄예방 ② 예 – **차단기, 방범창, 잠금장치, 통행로 설계, 출입구 최소화 (차창출/잠금통)**
	영역성 강화	① 사적 공간에 대한 경계 표시함으로써 주민들의 책임의식과 소유의식 증대함으로써 사적 공간에 대한 관리권과 권리 강화시키고, 외부인들에게는 침입에 대한 불법사실 인식시켜 범죄기회 차단하는 원리 ② 예 – **사적·공적 공간의 구분, 울타리, 펜스의 설치 (영울펜)**
	활동성의 활성화 (증대)	① 지역사회 설계시 주민들이 모여 상호의견 교환하고 유대감 증대할 수 있는 공공장소(공원, 체육시설 등) 설치하고 이용하도록 함으로써 '**거리의 눈'을 활용**한 자연적 감시와 접근통제 기능을 확대하는 원리 (활거) ② 예 – **놀이터·공원 설치, 체육시설의 접근성과 이용의 증대, 벤치·정자의 위치 및 활용성에 대한 설계**
	유지관리	① 처음 설계된 대로 혹은 개선한 의도대로 기능을 지속적으로 유지하도록 관리함 으로써 범죄예방을 위한 환경설계의 장기적이고 지속적 효과를 유지하는 원리 ② 예 – 청결유지, 파손의 즉시보수, 조명·조경 관리

㉡ 방어공간이론 – 오스카 뉴먼

주민들이 그들이 살고 있는 **지역이나 장소를 자신들의 영역이라 생각하고 감시 게을리 않으면 어떤 지역이나 장소든 범죄로부터 안전할 수 있다.**(영역성 개념 발전, 주민참여 강조)

③ 집합효율성이론 – 로버트 샘슨 (집합샘/참여연대)

㉠ 지역사회 구성원들이 유대를 강화하고 범죄 등 사회문제에 대하여 적극적으로 **참여**(개입)하는 것이 범죄예방의 열쇠임
㉡ 집합효율성이란 지역주민 간의 상호신뢰 또는 **연대감**과 범죄에 대한 적극적인 개입과 결합을 의미

④ 깨진유리창 이론 - 윌슨과 켈링 (깨울게)

㉠ 경미한 무질서행위 방치하면 더 큰 범죄 발생할 수 있으므로 경미한 무질서에 무관용 정책
㉡ 미국 뉴욕시는 1990년대 이 이론의 실천을 통해 범죄예방성과 달성 - 무관용정책을 사용하면서, 한편으로는 시민들에게 파괴되거나 더럽혀진 주변 환경에 대한 신속한 회복을 요청하였고, 지역주민 간의 상호협력을 통한 범죄와 무질서의 예방노력이 어우러진 결과 효과적인 범죄예방이 기능을 수행할 수 있었다.

참고 Mendelshon의 범죄피해자 유형론 (완조동더가/영락자패무정)

피해자의 유형	피해자 개념	내용
완전히 책임 없는 피해자	순수한 피해자 (무자각 피해자)	영아살해에 있어서의 영아, 약취·유인된 유아
책임이 조금 있는 피해자	무지에 의하여 책임이 적은 피해자	무지에 의한 낙태여성, 인공유산 시도하다 사망한 임산부
가해자와 같은 정도의(同) 책임 있는 피해자	자발적인 피해자	촉탁살인에 의한 피살자, 자살미수 피해자, 동반자살 피해자
가해자보다 더 책임 있는 피해자	피해자의 행위가 범죄자의 가해행위를 유발시킨 피해자	자신의 부주의로 인한 피해자, 부모에게 살해된 패륜아
가장 책임이 높은 피해자	타인을 공격하다 반격을 당한 피해자	정당방위의 상대자가 되는 공격적 피해자, 무고죄의 범인같은 기만적 피해자

> **참고** 「경찰청과 그 소속기관 직제」상 경찰청 생활안전국장의 분장사항

1. **범죄예방에 관한 기획·조정·연구 등 예방적 경찰활동 총괄**
2. 경비업에 관한 연구 및 지도
3. 범죄예방진단 및 범죄예방순찰 기획·운영
4. **풍속 및 성매매(아동·청소년 대상 성매매는 제외한다) 사범에 대한 지도 및 단속**
5. 총포·도검·화약류 등의 지도·단속
6. 즉결심판청구업무의 지도
7. **각종 안전사고의 예방에 관한 사항**
   7의2. **자치경찰제도 관련 기획 및 조정**
   7의3. **자치경찰제도 관련 법령 사무 총괄**
   7의4. 자치경찰제도 관련 예산의 편성과 조정 및 결산에 관한 사항
   7의5. 자치경찰제도 관련 특별시·광역시·특별자치시·도·특별자치도(이하 "시·도"라 한다) 및 시·도자치경찰위원회와의 협력에 관한 사항
8. 소년비행방지에 관한 업무
9. 소년 대상 범죄의 예방에 관한 업무
10. 아동학대의 예방(수사 X) 및 피해자 보호에 관한 업무
11. 가출인 및 실종아동등과 관련된 업무
12. 실종아동등 찾기를 위한 신고체계 운영
13. 여성 대상 범죄와 관련된 주요 정책의 총괄 수립·조정
14. 여성 대상 범죄 유관기관과의 협력 업무
15. 성폭력 및 가정폭력 예방(수사 X) 및 피해자 보호에 관한 업무
16. **스토킹·성매매 예방 및 피해자 보호에 관한 업무**

≫ '아동·청소년 대상 성매매 단속'은 형사국장의 분장사항
≫ '지구대·파출소 상황관리업무의 기획' – '치안상황관리관'의 분장사항으로 이관
≫ '청원경찰의 운영 및 지도'와 '민방위업무의 협조에 관한 사항' – 경비국장의 분장사항

제2절 112 신고처리

1. 112종합상황실 운영 및 신고처리 규칙(경찰청예규)

제6조(근무자 선발 원칙 및 근무기간) ① 시·도경찰청장 및 경찰서장은 112요원을 배치할 때에는 관할구역 내 지리감각, 언어 능력 및 상황 대처능력이 뛰어난 경찰공무원을 선발·배치하여야 한다.
② 112요원의 **근무기간은 2년 이상**으로 한다.

제8조(신고의 접수) ① 112신고는 현장출동이 필요한 지역의 **관할과 관계없이 신고를 받은 112종합상황실에서 접수**한다.
② 국민이 112신고 이외 경찰관서별 일반전화 또는 직접 방문 등으로 경찰관의 현장출동을 필요로 하는 사건의 신고를 한 경우 해당 신고를 받은 자가 접수한다. 이 때 접수한 자는 112시스템에 신고내용을 입력하여야 한다.

제9조(112신고의 분류) ② 접수자는 신고내용을 토대로 사건의 긴급성과 출동필요성에 따라 다음 각 호와 같이 112신고의 대응코드를 분류한다.
  1. **code 1 신고** : 다음 각 목의 사유로 인해 최우선 출동이 필요한 경우
      가. 범죄로부터 인명·신체·재산 보호
      나. 심각한 공공의 위험 제거 및 방지
      다. 신속한 범인검거
  2. **code 2 신고** : 경찰 출동요소에 의한 현장조치 필요성은 있으나 제1호의 code 1 신고에 속하지 않는 경우
  3. **code 3 신고** : 경찰 출동요소에 의한 현장조치 필요성이 없는 경우
③ 접수자는 불완전 신고로 인해 정확한 신고내용을 파악하기 힘든 경우라도 **신속한 처리를 위해 우선 임의의 코드로 분류하여 하달** 할 수 있다.
④ 시도경찰청·경찰서 지령자 및 현장 출동 경찰관은 접수자가 제2항 부터 제4항과 같이 코드를 분류한 경우라도 추가 사실을 확인하여 코드를 변경할 수 있다.

제10조(지령) ② 112요원은 접수한 신고의 내용이 code 3의 유형에 해당하는 경우에는 출동요소에 지령하지 않고 자체 종결하거나, 소관기관이나 담당 부서에 신고내용을 통보하여 처리하도록 조치하여야 한다.

제13조(현장출동) ① 제10조제1항의 지령을 받은 출동요소는 신고유형에 따라 다음 각 호의 기준에 따라 현장에 출동하여야 한다.
  1. **code 1 신고** : code 2 신고의 처리 및 다른 업무에 우선하여 **최우선 출동**
  2. **code 2 신고** : code 1 신고의 처리 및 다른 중요한 업무에 지장을 초래하지 않는 범위 내에서 출동
③ 모든 출동요소는 사건 장소와의 거리, 사건의 유형 등을 고려하여 신고 대응에 가장 적합한 상태에 있다고 판단될 경우 별도의 출동 지령이 없더라도 스스로 출동의사를 밝히고 출동하는 등 112신고에 적극적으로 대응하여야 한다.

제17조(112신고처리의 종결) 112요원은 다음 각 호의 경우 112신고처리를 종결할 수 있다. 다만, **타 부서의 계속적 조치가 필요한 경우** 해당부서에 사건을 **인계한 이후 종결**하여야 한다.
  1. 사건이 해결된 경우 〈2.~6. 생략〉

제23조(자료보존기간) ① 112종합상황실 자료의 보존기간은 다음 각 호의 기준에 따른다.
  1. 112신고 접수처리 **입력자료는 1년간 보존**
  2. 112신고 접수 및 무선지령내용 **녹음자료는 24시간 녹음하고 3개월간 보존** 〈3. 생략〉

2. 위치측정기술의 종류 및 특징 (쎌와지)

	측위 방식	특징(장점/단점)
Cell 방식 (C)	① 휴대전화 접속 기지국의 위치를 기반으로 측위 ② 수백m(도심지)~수km(개활지) 오차	① 모든 휴대전화에 대해 가능, 실내·지하에서도 측위 가능 ② 오차가 커 부정확
WiFi 방식 (W)	① WiFi가 연결된 무선AP(Access Point : 무선인터넷공유기)의 위치를 통해 측위 ② 수십m 오차(GPS방식보다는 떨어지나, Cell방식보다는 정확)	① 실내·지하에서도 측위 가능 ② AP가 많이 설치되지 않은 시외지역에서는 측위 곤란 ※ C값과 W값에 큰 차이가 있는 경우, C값을 신고자 위치로 추정(통신사 데이터베이스 갱신이 되지 않은 경우임)
GPS 방식 (G)	① 인공위성을 통해 휴대전화 GPS로 측위 ② 수십m 오차로 가장 정확한 측위	① **가장 정확한 측위** ② GPS 미설치, 꺼놓은 경우, **건물내부나 지하 등에서는 측위 불가능**(단, 창가·베란다·옥상 등에 위치시 건물내부도 측위 가능함에 유의)

≫ LBS(Location Based Services) – 휴대전화 등의 위치를 기반으로 한 서비스를 통칭하는 용어. 일반적으로 휴대전화 위치추적의 의미로도 사용

3. 112신고 접수시 위치정보 조회

범죄피해자 (요구조자)	납치·감금, 강도, 성폭력 등 생명·신체를 위협하는 범죄 피해를 입거나 예상되는 경우	위치정보 조회가능 **(범죄자는 조회 X)**
치매환자, 지적장애인, 실종아동	보호자의 보호 없이는 정상적인 생활이 불가능한 자로써 현재 보호 상태를 이탈하여 생명·신체에 대한 위험이 예상	위치정보 조회가능
자살기도자	자살을 암시하는 유서가 발견되거나, 음성·문자 등을 타인에게 전송한 경우	위치정보 조회가능
조난	자연재해로 인하거나 산중·해상 등 자연적 환경에 적절한 보호수단이 없이 방치되어 생명·신체에 대한 위험이 예상	위치정보 조회가능
단순가출, 행방불명, 연락두절	보호자의 보호 상태를 이탈하기는 하였으나, **생명·신체에 대한 위험을 추정할 특별한 징후를 발견치 못한 경우**	추가단서확보시까지 위치정보 조회곤란

➕ 통신수사와 위치정보조회

구분	통신수사	위치정보조회
관련근거	**통신비밀보호법** (통신사실확인자료 제공요청)	**위치정보의 보호 및 이용 등에 관한 법률**
요건	검사, 사법경찰관이 수사 또는 형의 집행을 위해 필요한 경우	112, 119를 통해 긴급구조 요청 접수된 경우
조회대상	대상자가 통신한 기지국 주소	대상자가 현재 위치한 기지국 주소, 또는 GPS 등 위치정보
절차	**지방법원, 지원의 허가** (긴급한 경우 사후허가 가능)	**112신고 접수시스템 연계 위치정보 요청 및 정보수신**
소요시간	약 30분 내외 (FAX 전송 등)	수초 이내

제3절 지역경찰활동

1 지역사회경찰활동

(1) 전통적인 경찰활동과 지역사회경찰활동의 비교

구분	전통적인 경찰활동	지역사회 경찰활동
의의	경찰이 유일한 법집행기관	경찰과 시민 모두 범죄방지의무가 있음
역할	**범죄해결자**, 범죄와의 투사	지역사회의 포괄적인 **문제해결자**
업무평가기준	**범인검거율(체포율)과 적발건수**	**범죄나 무질서의 감소율**
효율성 판단	**경찰의 반응시간**	**주민의 경찰업무에의 협조도**
업무 우선순위	범죄와 폭력의 퇴치	범죄와 폭력퇴치 뿐만 아니라 지역사회질서를 문란하게 하는 요인 해결
대상	범죄사건	시민의 문제와 걱정거리
강조사항	집중화된 조직구조, 법과 규범에 의해 규제, 법을 엄격히 준수하는 책임강조	지역사회요구에 부응하는 분권화된 경찰관의 개개인의 능력 강조
중요정보	**범죄사건 정보** (특정범죄 또는 일련의 범죄와 관련 정보)	**범죄자 정보** (개인 또는 집단의 활동사항 관련 정보)
타기관 관계	갈등	₩원활한 협조

(2) **지역사회 경찰활동의 개념** (지트버/문골)

주요 개념	내용	학자
지역중심 경찰활동 (Community-oriented Policing)	① 지역사회와 경찰 사이의 새로운 관계를 증진시키는 조직적인 전략이고 원리이다. ② 지역사회에서의 전반적인 삶의 질 향상을 목표로 한다. ③ 경찰과 지역사회가 마약·범죄와 범죄에 대한 두려움, 사회적·물리적 무질서 그리고 전반적인 지역의 타락과 같은 당대의 문제들을 확인하고 우선순위를 정하여 해결하고자 함께 노력한다.	트로야노비치 & 버케로
문제지향적 경찰활동 (Problem-oriented Policing)	① 지역사회의 문제를 해결하기 위한 여러 가지 방안을 중점으로 우선순위를 재평가, 각각의 문제에 따른 형태별 대응을 강조한다. ② **문제해결과정 (조분대평)** 조사(Scanning) → 분석(Analysis) → 대응(Response) → 평가(Assessment) ③ **일선경찰관에게 문제해결권한과 필요한 시간을 부여하고 범죄분석자료를 제공**, 대중정보와 비평을 적극적으로 수용한다.	골드슈타인
이웃지향적 경찰활동 (Neighborhood-oriented Policing)	① 지역에서 **범죄는 비공식적 사회통제의 약화와 경제적 궁핍이 소외를 정당화하기 때문**에 일어난다고 본다. ② **지역조직은 경찰관에게서 중요한 역할을 부여받으며**, 서로를 위해 감시하고 **공식적인 민간순찰을 실시**한다. ③ **지역조직은 거주자들에게 지역에 관한 정보를 제공하며 경찰과 협동**해서 범죄를 억제하는 기능을 수행한다.	윌리엄스

2 「지역경찰의 조직 및 운영에 관한 규칙」

(1) 정의 (제2조)

지역경찰관서	지구대 및 파출소(치안센터 X)

(2) 지역경찰관서 조직 및 구성

지역경찰관서장	① 지역경찰관서 사무 통합하고 소속 지역경찰 지휘·감독위해 지역경찰관서에 **지구대장 및 파출소장(지역경찰관서장)**을 둔다. ② 지역경찰관서장은 **일근근무를 원칙**으로 한다. 다만, 경찰서장은 필요하다고 인정되는 경우에는 지역경찰관서장의 근무시간을 조정하거나, 시간외·휴일 근무 등을 명할 수 있다.
순찰팀장 순찰팀원	순찰팀장 및 순찰팀원은 상시·교대근무를 원칙으로 하며, 근무교대 시간 및 휴게시간, 휴무횟수 등 구체적인 사항은 「국가공무원 복무규정」 및 「경찰기관 상시근무 공무원의 근무시간 등에 관한 규칙」이 규정한 범위 안에서 **시·도경찰청장**(경찰서장 X)이 정한다.
기타	**관리팀** - 문서 접수 및 처리, 시설 및 장비 관리, **예산집행** 등 지역경찰관서 행정업무 담당 **순찰팀** - 범죄예방 순찰, 각종 사건사고에 대한 초동조치 등 현장 치안활동 담당 **부팀장** - 순찰팀장을 보좌하고 순찰팀장 부재시 업무대행

(3) 지역경찰관서장과 순찰팀장의 직무비교

지역경찰관서장(지구대장, 파출소장)	순찰팀장
① 관내 치안상황 **분석** 및 대책 수립 ② 지역경찰관서 시설·예산·장비의 **관리** ③ 소속 지역경찰 근무와 관련된 **제반사항**에 대한 지휘 및 감독 ④ 경찰 중요 시책 **홍보** 및 협력치안 활동	① 근무교대시 주요 취급사항 및 장비 등의 인수 인계 확인 ② 관리팀원 및 순찰팀원에 대한 일일근무 지정 및 지휘·감독 ③ 관내 중요 사건 발생시 현장 지휘 ④ 지역경찰관서장 부재시 업무 대행 ⑤ 순찰팀원의 업무역량 향상을 위한 교육

(4) **지역경찰 근무종류** (행상순경대기)

행정근무	① 문서의 접수 및 처리 ② 시설·장비의 관리 및 예산의 집행 ③ 각종 현황, 통계, 자료, 부책 관리 ④ 기타 행정업무 및 지역경찰관서장이 지시한 업무
상황 근무	① 시설 및 장비의 작동여부 확인 ② **방문민원 및 각종 신고사건의 접수 및 처리** ③ 요보호자 또는 피의자에 대한 보호·감시 ④ 중요 사건·사고 발생시 보고 및 전파 ⑤ 기타 필요한 문서의 작성
순찰근무	① 주민여론 및 범죄첩보 수집 ② **각종 사건사고 발생시 초동조치 및 보고, 전파** ③ 범죄 예방 및 위험발생 방지 활동 ④ 범법자의 단속 및 검거 ⑤ 경찰방문 및 방범진단 ⑥ **통행인 및 차량에 대한 검문검색** 등
경계근무	① **범법자 등을 단속·검거하기 위한 통행인 및 차량, 선박 등에 대한 검문검색** 및 후속조치 ② 비상 및 작전사태 등 발생시 차량, 선박 등의 통행 통제
대기근무	① 대기근무의 장소는 지역경찰관서 및 치안센터 내로 한다. 단, 식사시간을 대기 근무로 지정한 경우에는 식사 장소를 대기근무 장소로 지정할 수 있다. ② 대기근무를 지정받은 지역경찰은 지정된 장소에서 휴식을 취하되, 무전기를 청취하며 10분 이내 출동이 가능한 상태를 유지하여야 한다.
기타근무	치안상황에 효과적으로 대응하기 위하여 지역경찰 관리자가 지정하는 근무로써 위의 근무에 해당하지 않는 형태의 근무

\>\> 112순찰근무·야간순찰근무·경계근무는 반드시 2인 이상 합동으로 지정

● 기타 내용

> ㉠ 순찰근무의 근무종류 및 근무구역은 시간대별·장소별 치안수요, 각종 사건사고 발생, 순찰 인원 및 가용 장비, 관할 면적 및 교통·지리적 여건을 고려하여 지정하여야 한다.
> ㉡ 지역경찰관리자는 신고출동태세 유지 등을 위해 필요한 경우에는 **휴게 및 식사시간도 대기 근무로 지정할 수 있다.**
> ㉢ 지역경찰 동원은 **근무자 동원을 원칙**으로 하되, 불가피한 경우에 한하여 비번자, 휴무자 순으로 동원할 수 있다.
> ㉣ **시·도경찰청장은** 소속 시·도경찰청의 **지역경찰 정원 충원 현황을 연 2회 이상** 점검하고 현원이 정원에 미달할 경우, 지역경찰 **정원충원 대책을 수립, 시행하여야 한다.**
> ㉤ **시·도경찰청장 및 경찰서장은** 지역경찰의 올바른 직무수행 및 자질 향상을 위해 필요한 **교육을 실시하여야 한다.**
> ㉥ 교육시간, 방법, 내용 등 **지역경찰 교육과 관련된 세부적인 기준은 경찰청장이**(시·도경찰청장이 X) **따로 정한다.**
> ㉦ 지역경찰은 **근무 중 주요사항을 근무일지(을지)에 기재**하여야 한다.
> ㉧ **근무일지는 3년간 보관한다.**

(5) **직주일체형 치안센터**

의의	직주일체형 치안센터는 **출장소형**(검문소형 X) **치안센터 중** 근무자가 치안센터 내에서 거주하면서 근무하는 형태의 치안센터를 말한다.
근무 방식	① 직주일체형 치안센터에는 **배우자와 함께 거주함을 원칙**으로 하며, 배우자는 근무자 부재시 방문 민원 접수·처리 등 보조 역할을 수행한다. ② 직주일체형 치안센터에 배치된 근무자는 **근무 종료 후에도 관할구역 내에 위치**하며 지역경찰관서와 연락체계를 유지하여야 한다. **다만, 휴무일은 제외한다.**
조력 사례금	경찰서장은 직주일체형 치안센터에서 거주하는 근무자의 **배우자에게 조력사례금을 지급하여야 하며**, 지급 기준 및 금액은 경찰청장이 정한다.

제4절 경비업법

1) 경비업의 종류 (시신호송/특기)

시설경비	국가중요시설, 산업시설, 공공시설 등 **경비를 필요로 하는 시설 및 장소(경비대상시설)**에서의 도난·화재 등 혼잡 등으로 인한 위험발생을 방지하는 업무
호송경비	**운반중에 있는** 현금·유가증권·귀금속·상품 그 밖의 물건에 대하여 도난 및 화재발생을 방지하는 업무
신변경비	사람의 **생명·신체(재산X)**에 대한 위해의 발생을 방지하고 그 신변을 보호하는 업무
기계경비	경비대상시설에 설치한 기기에 의하여 감지·송신된 정보를 **경비대상시설 외의 장소에 설치한 관제시설**의 기기로 수신하여 도난·화재 등 위험발생을 방지하는 업무
특수경비	**공항(항공기 포함)** 등 대통령령이 정하는 국가중요시설의 경비 및 도난·화재 그 밖의 위험발생 방지하는 업무

2) 허가 및 신고사항

허가	① 경비업은 법인이 아니면 영위 불가 ② 법인 주사무소 소재지 관할 **시·도경찰청장의 허가**를 받아야 한다. 도급받아 행하고자 하는 경비업무를 변경하는 경우에도 허가를 받아야 한다. ③ 경비업 허가 유효기간 – **허가받은 날부터 5년** ④ 경비업 허가 요건 　㉠ 경비업 허가를 받으려는 법인은 **1억원 이상의 자본금**을 보유해야 한다. 　㉡ **시설경비업무 허가**를 받으려면 **경비원 10명 이상 및 경비지도사 1명 이상**의 인력을 갖춰야 한다.
신고	경비업 허가 받은 법인은 다음의 경우 **시·도경찰청장에게 신고**하여야 한다. ① **영업을 폐업하거나 휴업한 때** ② 법인의 명칭이나 대표자·임원 변경한 때 ③ 법인의 주사무소나 출장소 신설·이전 또는 폐지한 때 ④ **기계경비업무 수행을 위한 관제시설 신설·이전 또는 폐지한 때** ⑤ **특수경비업무 개시하거나 종료한 때** ⑥ 그 밖에 대통령령이 정하는 중요사항을 변경한 때

3) 경비업자 의무

㉠ 경비업자는 **집단민원현장**에 경비원을 배치하는 때에는 **경비지도사를 선임**하고 그 장소에 **배치**하여 행정안전부령으로 정하는 바에 따라 경비원을 지도·감독하게 하여야 한다.
㉡ 경비업자는 경비업무를 성실하게 수행하여야 하고, 도급을 의뢰받은 경비업무가 **위법 또는 부당**한 것일 때에는 이를 **거부**하여야 한다.
※ 파산선고를 받고 복권되지 아니한 자는 경비지도사, 일반경비원 또는 특수경비원 모두 될 수 없다.

4) 경비업무 도급인 등의 의무

> 누구든지 **집단민원현장에 경비인력 20명 이상 배치**하려고 할 때에는 **경비인력을 직접 고용하여서는 아니되고, 경비업자에게 경비업무를 도급**하여야 한다. 다만, 시설주 등이 **집단민원현장 발생 3개월 전까지** 직접 고용하여 경비업무를 수행하는 피고용인의 경우에는 그러하지 아니하다.

〈집단민원현장〉 (노정부/백주시대)
① 노동관계 당사자가 노동쟁의 조정신청을 한 사업장 또는 쟁의행위가 발생한 사업장
② 「도시 및 주거환경정비법」에 따른 정비사업과 관련하여 이해대립이 있어 다툼 있는 장소
③ 특정 시설물 설치와 관련 민원 있는 장소
④ **주주총회**와 관련하여 이해대립 있어 다툼 있는 장소
⑤ 건물·토지 등 부동산 및 동산에 대한 소유권·운영권·관리권·점유권 등 법적 권리에 대한 이해대립 있어 다툼 있는 장소
⑥ 100명 이상 사람이 모이는 국제·문화·예술·체육 행사장
⑦ 「행정대집행법」에 따라 대집행을 하는 장소

≫ 여러 사람이 공동목적을 가지고 광장 등 일반인이 자유로이 통행할 수 있는 곳에서 행진 등으로 불특정한 여러 사람의 의견에 영향을 주는 장소 – 집단민원현장 X
≫ 「집회 및 시위에 관한 법률」에 따른 집회 또는 시위가 금지되는 장소 – 집단민원현장 X

〈결격사유〉
제10조(경비지도사 및 경비원의 결격사유) ① 다음 각 호의 어느 하나에 해당하는 자는 **경비지도사 또는 일반경비원이 될 수 없다.**
  4. 금고 이상의 형의 집행유예선고를 받고 그 유예기간중에 있는 자
② 다음 각 호의 어느 하나에 해당하는 자는 **특수경비원이 될 수 없다.**
  1. 18세 미만이거나 60세 이상인 사람 또는 피성년후견인
  2. 심신상실자, 알코올 중독자 등 대통령령으로 정하는 정신적 제약이 있는 자
  3. 제1항제2호부터 제8호까지의 어느 하나에 해당하는 자
  4. 금고 이상의 형의 선고유예를 받고 그 유예기간중에 있는 자
  5. 행정안전부령으로 정하는 신체조건에 미달되는 자

제10조의2(특수경비원의 당연 퇴직) 특수경비원이 제10조제2항에 따른 **결격사유에 해당하게 될 때에는 당연 퇴직된다.** 다만, …(중략)… **제10조제2항제4호는** 「성폭력범죄의 처벌 등에 관한 특례법」 제2조, 「아동·청소년의 성보호에 관한 법률」 제2조제2호 및 직무와 관련하여 「형법」 제355조 또는 제356조에 규정된 죄를 범한 사람으로서 금고 이상의 형의 선고유예를 받은 경우만 해당한다.

제5절 생활질서업무

풍속사범의 단속

(1) 「풍속영업의 규제에 관한 법률」

1) 풍속영업의 종류 (노비숙목이/무도게임유단)

> 1. 「게임산업진흥에 관한 법률」에 따른 **게임**제공업 및 복합유통게임제공업
> 2. 「영화 및 비디오물의 진흥에 관한 법률」에 따른 **비**디오물감상실업
> 3. 「음악산업진흥에 관한 법률」에 따른 **노**래연습장업
> 4. 「공중위생관리법」에 따른 **숙박업, 목욕장업, 이용업** 중 대통령령으로 정하는 것
> 5. 「식품위생법」에 따른 식품접객업 중 대통령령으로 정하는 것 – **단**란주점업, **유**흥주점업
> 6. 「체육시설의 설치·이용에 관한 법률」에 따른 **무도**학원 및 **무도**장업
> 7. 그밖에 선량한 풍속 해치거나 청소년 건전한 성장을 저해할 우려 있는 영업으로 대통령령으로 정하는 것(여가부장관고시) – 성기구 취급업소, 키스방, 대딸방, 전립선마사지, 유리방, 성인PC방, 휴게텔, 인형체험방 » **풍속영업이 아닌 것 : 사행행위영업, 다방, 티켓다방, 호프·소주방·카페 등**

2) 풍속영업자 및 종사자의 준수사항

> ① **성매매알선등행위 금지**(위반시 3년 이하 징역 또는 3천만원 이하 벌금)
> ② **음란행위** 하게 하거나 이를 알선 또는 제공하는 행위 금지(위반시 3년 이하 징역 또는 2천만원 이하 벌금)
> ③ **음란한 문서·도화·영화·음반·비디오물, 그 밖의 음란한 물건**에 대한 반포·판매·대여 등 금지(위반시 3년 이하 징역 또는 2천만원 이하 벌금)
> ④ 도박이나 그 밖의 **사행행위**를 하게 하는 행위 금지(위반시 3년 이하 징역 또는 2천만원 이하 벌금)
> » 접대부(남녀를 불문한다)를 고용·알선 또는 호객행위 금지 – 「풍속영업의 규제에 관한 법률」상 풍속영업자 및 종사자의 준수사항 아님

관련판례

> 1. **나이트클럽 무용수**인 피고인이 무대에서 공연하면서 겉옷을 모두 벗고 **성행위와 유사한 동작**을 연출하거나 속옷에 부착되어 있던 **모조 성기를 수차례 노출**한 경우, 「풍속영업의 규제에 관한 법률」상 **음란행위에 해당**한다(대판 2010도10171).
> 2. 풍속영업소인 **숙박업소에서 음란한 외국의 위성방송프로그램**을 수신하여 투숙객 등으로 하여금 **시청하게 하는 행위**는 「풍속영업의 규제에 관한 법률」상 **'음란한 물건'을 관람하게 하는 행위에 해당**한다(대판 2009도4545).
> 3. **모텔에 동영상 파일 재생장치인 디빅 플레이어(DivX Player)를 설치**하고 투숙객에게 그 비밀번호를 가르쳐 주어 저장된 음란 **동영상을 관람하게 한 경우**, 이는 「풍속영업의 규제에 관한 법률」이 금지하고 있는 **음란한 비디오물을 풍속영업소에서 관람하게 한 행위에 해당**한다(대판 2008도3975).

(2) 「식품위생법」

1) 「식품위생법」상 식품접객업

휴게음식점영업	주로 다류(茶類), 아이스크림류 등을 조리·판매하거나 패스트푸드점, 분식점 형태의 영업 등 음식류를 조리·판매하는 영업으로서 음주행위가 허용되지 아니하는 영업
일반음식점영업	음식류를 조리·판매하는 영업으로서 식사와 함께 부수적으로 음주행위가 허용되는 영업
단란주점영업	주로 주류를 조리·판매하는 영업으로서 손님이 노래를 부르는 행위가 허용되는 영업
유흥주점영업	주로 주류를 조리·판매하는 영업으로서 **유흥종사자**를 두거나 유흥시설을 설치할 수 있고 손님이 노래를 부르거나 춤을 추는 행위가 허용되는 영업
위탁급식영업	집단급식소를 설치·운영하는 자와의 계약에 따라 그 집단급식소에서 음식류를 조리하여 제공하는 영업
제과점영업	주로 빵, 떡, 과자 등을 제조·판매하는 영업으로서 음주행위가 허용되지 아니하는 영업

2) 관련판례

1. 식품접객업 중 유흥주점영업이란 주로 주류를 조리·판매하는 영업으로서 유흥종사자를 두거나 유흥시설을 설치할 수 있고 손님이 노래를 부르거나 춤을 추는 행위가 허용되는 영업이라고 규정하고 있고, 제22조 제2항에서는 '유흥시설'이란 유흥종사자 또는 손님이 춤을 출 수 있도록 설치한 무도장을 말한다고 규정하고 있다. 한편 식품위생법 시행규칙 제36조 [별표 14]에 따르면 식품접객업의 영업장은 독립된 건물이거나 식품접객업의 영업허가를 받거나 영업신고를 한 업종 외의 용도로 사용되는 시설과 분리, 구획 또는 구분되어야 한다고 정하고 있을 뿐이다. 따라서 식품위생법령상 유흥시설을 설치한 **유흥주점은 주로 주류를 조리·판매하는 곳으로 춤을 출 수 있도록 무도장을 설치한 장소**를 가리킨다. 설치장소가 실내로 제한되는 것은 아니고 **실외에 설치된 것도 유흥주점에 포함**된다(대판 2016도8070).
2. **유흥접객원이란 적어도 하나의 직업으로** 특정업소에서 손님과 함께 술을 마시거나 노래 또는 춤으로 손님의 유흥을 돋우어 주고 주인으로부터 **보수를 받거나** 손님으로부터 **팁을 받는 부녀자**를 가리킨다(대판 2011도15097).
3. **음식을 나르기 위하여 고용된 종업원이 손님의 거듭되는 요구에 못이겨** 할 수 없이 손님과 합석하여 **술을 마시게 된 경우 유흥접객원에 포함되지 아니한다**(대판 2011도15097).
4. 단순히 놀러오거나 **손님으로 왔다가** 다른 남자손님과 **합석하여 술을 마신 부녀자는 유흥종사자에 포함되지 아니한다**(대판 2001도5837).
5. 유흥접객원 적어도 하나의 직업으로 특정업소에서 손님과 함께 술을 마시거나 노래 또는 춤으로 손님의 유흥을 돋우어 주고 주인으로부터 보수를 받거나 손님으로부터 팁을 받는 부녀자를 가리키는 것이므로 **시중원(바텐더)으로 일하면서 일시적으로 손님들이 권하는 술을 받아 마셨다**는 사정만으로는 이를 **유흥접객원으로 볼 수는 없다**(대판 2008도9647).
6. '유흥종사자를 둔다'고 함은 부녀자에게 시간제로 보수를 지급하고 손님과 함께 술을 마시거나 노래 또는 춤으로 손님의 유흥을 돋우게 하는 경우도 포함되고, 한편 특정다방에 대기하는 이른바 '티켓걸'이 노래연습장에 티켓영업을 나가 시간당 정해진 보수를 받고 그 손님과 함께 춤을 추고 노래를 불러 유흥을 돋우게 한 경우, **손님이 직접 전화로 티켓걸을 부르고 그 티켓비를 손님이 직접 지급하였더라도 업소 주인이 이러한 사정을 알고서 이를 용인하였다면 '유흥종사자를 둔' 경우에 해당**한다(대판 2005도9114).
7. 유흥주점영업허가를 받았다고 하더라도 **실제로는 노래연습장영업을 하고 있다면 유흥주점영업에 따른 영업자 준수사항을 지켜야 할 의무가 있다고 할 수 없다**(대법원 97도1873).

8. 시행령에서 단란주점영업을 "주로 주류를 조리·판매하는 영업으로서 손님이 노래를 부르는 행위가 허용되는 영업"으로 규정하고 있으므로, 주로 주류를 조리·판매하는 영업이라고 하더라도 손님으로 하여금 노래를 부르게 하는 것이 가능하지 않은 형태의 영업은 위 시행령 소정의 단란주점영업에 해당한다고 볼 수 없다(일반음식점 허가받고 영업가능하다는 의미)(대판 2008도2160).

(3) 「음악산업진흥에 관한 법률」 – 노래연습장업

① 청소년 – 18세 미만자(고등학교에 재학 중인 학생을 포함)
② "노래연습장업"이라 함은 **연주자를 두지 아니하고** 반주에 맞추어 노래를 부를 수 있도록 하는 영상 또는 무영상 반주장치 등의 시설을 갖추고 공중의 이용에 제공하는 영업을 말한다.
③ 노래연습장에 **청소년이 출입가능한 시간 외에도 고등학교 담임교사가 동반한 경우 출입할 수 있다.**
④ 노래연습장에서 종업원이 성매매알선행위 등을 한 경우 양벌규정을 적용하여 행위자 외에 업주 또는 대표자에게도 벌금형을 과한다.

(4) 「게임산업진흥에 관한 법률」 – 게임제공업

제28조(게임물 관련사업자의 준수사항) 게임물 관련사업자는 다음 각 호의 사항을 지켜야 한다.
1. 제9조 제3항의 규정에 의한 유통질서 등에 관한 교육을 받을 것
2. 게임물을 이용하여 **도박 그 밖의 사행행위를 하게 하거나 이를 하도록 내버려 두지 아니할 것**
2의2. 게임머니의 화폐단위를 한국은행에서 발행되는 화폐단위와 동일하게 하는 등 게임물의 내용구현과 밀접한 관련이 있는 운영방식 또는 기기·장치 등을 통하여 사행성을 조장하지 아니할 것
3. **경품 등을 제공하여 사행성을 조장하지 아니할 것. 다만, 청소년게임제공업의 전체이용가 게임물에 대하여 대통령령이 정하는 경품의 종류(완구류 및 문구류 등. 다만, 현금, 상품권 및 유가증권은 제외한다)**·지급기준·제공방법 등에 의한 **경우에는 그러하지 아니하다.**
4. 제2조 제6호의2 가목의 규정에 따른 청소년게임제공업을 영위하는 자는 청소년이용불가 게임물을 제공하지 아니할 것
5. 제2조 제6호의2 나목의 규정에 따른 일반게임제공업 또는 제2조 제8호에 따른 복합유통게임제공업(**「청소년 보호법」에 따라 청소년 출입을 허용하는 경우는 제외한다**)을 영위하는 자는 게임장에 청소년을 출입시키지 아니할 것
6. 게임물 및 컴퓨터 설비 등에 문화체육관광부장관이 고시하는 음란물 및 사행성게임물 차단 프로그램 또는 장치를 설치할 것. 다만, 음란물 및 사행성게임물 차단 프로그램 또는 장치를 설치하지 아니하여도 음란물 및 사행성게임물을 접속할 수 없게 되어 있는 경우에는 그러하지 아니하다.
7. 대통령령이 정하는 영업시간 및 청소년의 출입시간을 준수할 것
8. 그 밖에 영업질서의 유지 등에 관하여 필요한 사항으로서 대통령령이 정하는 사항을 준수할 것

제32조(불법게임물 등의 유통금지 등) ① 누구든지 게임물의 유통질서를 저해하는 다음 각 호의 행위를 하여서는 아니 된다.
1. 등급을 받지 아니한 게임물을 유통 또는 이용에 제공하거나 이를 위하여 진열·보관하는 행위
   ⇨ 이용에 제공할 목적이 입증되어야 하므로, **단순 창고보관행위는 처벌할 수 없음**
4. 사행성게임물에 해당되어 등급분류가 거부된 게임물을 유통시키거나 이용에 제공하는 행위 또는 유통·이용제공의 목적으로 진열·보관하는 행위 ⇨ **등급을 받지 아니한 게임물 이용제공(제1호)과 별도로 등급분류 거부된 게임물 이용제공을 금지**사항으로 규정

6. 등급 및 게임물내용정보 등의 표시사항을 표시하지 아니한 게임물 또는 게임물의 운영에 관한 정보를 표시하는 장치를 부착하지 아니한 게임물을 유통시키거나 이용에 제공하는 행위 ⇨ **모든 게임물은 해당 게임물에 대한 등급 및 게임물내용정보 등의 표시사항을 표시하여야 한다.**
7. 누구든지 게임물의 이용을 통하여 획득한 유·무형의 결과물을 환전 또는 환전 알선하거나 재매입을 업으로 하는 행위 ⇨ 환전을 업으로 하여야 처벌할 수 있으므로 **1회성 손님의 환전행위는 처벌할 수 없음**

2 총포·도검류 단속 - 「총포·도검·화약류 등의 안전관리에 관한 법률」

(1) 총포 등의 의의

총포	권총·소총·기관총·포·엽총, 금속성 탄알이나 가스등을 쏠 수 있는 장약총포, 공기총(압축가스 이용 **포함**) 및 **총포신·기관부 등 그 부품**으로서 대통령령이 정하는 것
도검	**칼날 길이가 15센티미터 이상** 되는 칼·검·창·치도·비수 등으로서 성질상 흉기로 쓰여지는 것과 **칼날 길이가 15센티미터 미만이라도** 흉기로 사용될 위험성 뚜렷이 있는 것 중에서 대통령령이 정하는 다음의 것
화약류	**화약·폭약 및 화공품**(화공품 : 화약 및 폭약을 써서 만든 공작물)
분사기	"분사기"라 함은 사람의 활동을 일시적으로 곤란하게 하는 최루 또는 질식등의 작용제를 분사할 수 있는 기기로서 대통령령이 정하는 것
전자충격기	사람의 활동을 일시적으로 곤란하게 하거나 인명에 위해를 가하는 전류를 방류할 수 있는 기기로서 대통령령이 정하는 것
석궁	활과 총의 원리를 이용하여 화살등의 물체를 발사하여 인명에 위해를 줄 수 있는 것으로서 대통령령이 정하는 것

(2) 결격사유(총포·도검·화약류·분사기·전자충격기·석궁의 제조업등)

제조업허가 결격사유	다음 사람은 총포·도검·화약류·분사기·전자충격기·석궁 제조업 허가 받을 수 없다. ① **금고 이상 실형을 선고**받고 그 집행이 끝나거나 집행을 받지 아니하기로 확정된 후 **3년이 지나지 아니한 자** (제금3)

(3) 준수사항(총포·도검·화약류·분사기·전자충격기·석궁)

발견·습득의 신고	누구든지 유실·매몰 또는 정당하게 관리되고 있지 아니하는 총포·도검·화약류·분사기·전자충격기·석궁이라고 인정되는 물건을 발견하거나 습득하면 24시간 이내에 가까운 경찰관서에 신고하여야 한다.

3 기초질서위반사범의 단속 - 「경범죄처벌법」

(1) 경범죄의 종류와 처벌

10만원 이하의 벌금, 구류, 과료	빈집 등에의 침입 시체 현장변경 등 관명사칭 등 마시는 물 사용방해 의식방해 타인의 가축·기계 등 무단조작 구걸행위 등 **인근소란 등** 인공구조물 등의 관리소홀 동물 등에 의한 행패 등 공무원 원조불응 야간통행제한 위반 자릿세 징수 등 총포 등 조작장난 장난전화 등	흉기의 은닉휴대 도움이 필요한 사람 등의 신고불이행 물품강매·호객행위 쓰레기 등 투기 단체가입 강요 물길의 흐름 방해 **불안감조성** 위험한 불씨 사용 위험한 동물의 관리 소홀 무단소등 거짓 인적사항 사용 과다노출 행렬방해 무임승차 및 무전취식 지속적 괴롭힘	폭행 등 예비 광고물 무단부착 등 노상방뇨 등 자연훼손 **음주소란 등** 물건 던지기 등 위험행위 공중통로 안전관리소홀 미신요법 지문채취 불응 무단 출입
20만원 이하의 벌금, 구류, 과료	업무방해, 출판물 부당게재 등, 거짓광고, 암표매매 (방광암출)		
60만원 이하의 벌금, 구류, 과료	관공서 주취소란, 거짓 신고 (주거) ≫ 범칙행위 아니므로 통고처분 불가능 ≫ 관공서 주취소란과 거짓신고는 주거가 분명하더라도 현행범체포 가능		

(2) 「경범죄처벌법」의 특색

① 「경범죄처벌법」은 「형법」의 보충법
② 죄를 범하도록 시키거나 도와준 사람은 죄를 범한 사람에 준하여 벌한다.

(3) 「경범죄처벌법」상 범칙행위

10만원 이하의 벌금, 구류 또는 과료의 형으로 처벌할 수 있는 행위, **20만원 이하**의 벌금, 구류 또는 과료의 형으로 처벌할 수 있는 행위

(4) 「경범죄처벌법」상 범칙자제외사유 및 통고처분 제외사유 (상구피18/주거)

범칙자	범칙행위한 사람으로서 다음에 해당하지 아니하는 사람 ① 범칙행위를 **상습적으로 행하는 자** ② 죄를 범한 동기나 수단 및 결과를 헤아려 **구류처분함이 상당하다고 인정되는 사람** ③ **피해자가 있는 행위를 한 자** ④ **18세 미만인 자**
통고처분 제외사유	범칙자에는 해당하는 통고처분할 수 없는 사람 ① 통고처분서 받기 **거부한 사람** ② **주거** 또는 신원 확실하지 아니한 사람 ③ 그 밖에 통고처분하기가 매우 어려운 사람

(5) 범칙금납부
  ① 통고처분서 받은 사람은 **처분서 받은 날로부터 10일 이내 범칙금을 납부하여야 한다.**(천재·지변 그 밖의 부득이한 일로 말미암아 기간 내에 납부할 수 없을 때는 부득이한 일이 없어지게 된 날로부터 **5일 이내**)
  ② 위의 납부기간 내에 범칙금 납부 아니한 사람은 **납부기간이 만료되는 날의 다음날부터 20일 이내** 통고받은 범칙금액에 그 **100분의 20을 더한 금액**을 납부하여야 한다.
  ③ 범칙금 납부한 사람은 그 범칙행위에 대하여 다시 벌받지 아니한다.

(6) 통고처분 불이행자 처리
  ① 경찰서장은 통고처분 제외사유에 해당하는 사람과 납부기간내 범칙금 납부하지 아니한 사람에 대하여는 **지체없이 즉결심판을 청구하여야 한다.** 다만, 범칙금 납부기간 내에 범칙금을 납부하지 아니한 사람은 즉결심판 청구 전까지 100분의 50을 더한 금액납부하면 즉결심판청구 못함
  ② 즉결심판 선고전까지 통고받은 범칙금액에 그 100분의 50을 더한 금액 납부하고 증빙서류 제출한 때에는 즉결심판 청구 **취소하여야 한다.**
  ③ 범칙금을 납부한 사람은 그 범칙행위에 대하여 다시 벌받지 아니한다.

> **참고** 「경범죄처벌법」과 관련된 판례
>
> 버스정류장 등지에서 소매치기할 생각으로 은밀히 성명불상자들의 뒤를 따라 다닌 경우, 경범죄처벌법 불안감조성에 해당하지 않는다.

4 즉결심판에 관한 절차법

(1) 즉결심판의 의의

① 즉결심판은 범증이 명백하고 죄질이 **경미한 범죄사건(선고형이 20만원 이하의 벌금 또는 구류나 과료에 처할 범죄사건)**에 대하여 통상적인 형사소송절차에 의하지 아니하고 경찰서장의 청구에 의하여 판사가 즉결하는 심판절차
② 검사의 기소독점주의의 예외 – 청구권자가 검사가 아니라 관할 경찰서장

(2) 즉결심판 절차

청구	① **공소장일본주의의 예외(공소장일본주의가 적용되지 않음)** – 즉결심판은 관할 경찰서장이 관할법원에 청구하며, 경찰서장은 즉결심판의 청구와 동시에 즉결심판을 함에 필요한 서류 또는 증거물을 판사에게 제출하여야 한다. ② **즉결심판청구의 기각** – 판사는 사건이 즉결심판을 할 수 없거나 즉결심판절차에 의하여 심판함이 적당하지 아니하다고 인정할 때에는 결정으로 즉결심판의 청구를 기각하여야 한다. 청구 기각 결정이 있는 때에는 경찰서장은 지체없이 사건을 **관할지방검찰청 또는 지청의 장**(법원X)에게 송치하여야 한다.
심리	**공개주의(원칙)** – 즉결심판절차에 의한 심리와 재판의 선고는 **공개된**(비공개된X) 법정에서 행하되, 그 법정은 **경찰관서 외의 장소**에 설치되어야 한다.
유치명령	판사는 구류의 선고를 받은 피고인이 일정한 주소가 없거나 또는 도망할 염려가 있는 때에는 **5일을 초과하지 않는 기간** 경찰서 유치장에 유치할 것을 명령할 수 있다. 다만, 이 기간은 선고기간을 초과할 수 없다.
정식재판의 청구	① **정식재판을 청구하고자 하는 피고인**은 즉결심판의 선고·고지를 받은 날부터 **7일 이내**에 정식재판청구서를 **경찰서장에게**(판사에게X) 제출하여야 한다. ② 경찰서장은 무죄·면소·공소기각(청구기각X)의 경우에 그 선고·고지를 한 날부터 **7일 이내**에 정식재판을 청구할 수 있다. ③ 판사는 정식재판청구서를 받은 날부터 **7일 이내**에 **경찰서장에게** 정식재판청구서를 첨부한 사건기록과 증거물을 송부한다.

5 유실물관리 -「유실물법」

(1) 습득물의 조치(법 제1조)

타인이 유실한 물건 습득자는 **신속하게** 유실자 또는 소유자 등에게 **반환하거나 경찰서(지구대·파출소 등 포함)에 제출하여야 한다** → 반환받을 자 성명이나 주거 알 수 없을 때는 **대통령령이 정하는 바에 의하여 공고**

(2) 보관방법

경찰서장은 **보관한 물건이 멸실되거나 훼손 우려가 있을 때** 또는 **보관에 과다한 비용이나 불편 수반**될 때(보관 중 경제적 가치가 떨어질 때 X)에는 **매각가능**

(3) 보상금 (SM520)

물건반환 받는 자는 **물건가액의 100분의 5 이상 100분의 20 이하의 범위** 내에서 습득자에게 보상금 지급하여야 한다. 국가·지방자치단체 기타 대통령령이 정하는 공공기관은 보상금 청구할 수 없다.

> ●⊃정리 유실물습득자가 보상금청구가 불가능한 경우
>
> ① 습득물이나 그 밖에 유실물법의 규정을 준용하는 물건을 횡령함으로써 처벌 받은 자
> ② 습득일부터 7일 이내 유실자에게 반환하지 아니하거나 경찰관서에 제출하지 아니한 자
> ③ 국가·지방자치단체 기타 대통령령이 정하는 공공기관이 습득한 경우
> ④ 착오로 인하여 타인의 물건 습득한 경우

(4) 습득자의 권리상실

습득일부터 7일 이내에 유실자 등에게 반환하지 않거나 경찰관서에 제출하지 아니한 자는 보상금 받을 권리 및 습득물의 소유권 취득할 권리 상실

(5) 선박, 차량, 건축물등내의 습득

① 관리자가 있는 선박, 차량이나 건축물 기타 공중의 통행 금지한 구내에서 타인 물건 습득한 자는 물건을 관리자에게 인계하여야 한다.
② **보상금은 점유자(법상 습득자)와 실제로 물건을 습득한 자가** 반씩 나누어야 한다.

(6) 준유실물

착오로 인하여 점유한 물건, 타인이 놓고간 물건이나 일실한 가축에는 본법 및 「민법」 제253조의 규정을 준용한다. 단, **착오로 인하여 점유한 물건에 대하여는 비용과 보상금을 청구할 수 없다**(타인이 놓고 간 물건의 습득자는 보상금청구 가능).

(7) 습득자의 소유권취득

유실물은 **공고한 후 6개월 내** 소유자가 권리 주장하지 아니하면 습득자가 그 소유권취득

(8) 불수취로 인한 소유권상실

물건 소유권 취득한 자가 취득한 날로부터 **3개월 이내** 물건을 경찰서로부터 수취하지 아니할 때에는 그 소유권 상실

> ● 정리
>
> 1. 습득물, 유실물, 준유실물 – 유실물법 적용
> 2. 유기동물 – 동물보호법 적용

제6절 청소년 및 여성보호

1 「실종아동등의 보호 및 지원에 관한 법률」

(1) 용어정의

아동등 (18장치)	① 실종 당시 18세 미만 아동 ② 지적장애인, 자폐성장애인 또는 정신장애인 ③ 치매환자
실종아동등	약취·유인 또는 유기되거나 사고를 당하거나 가출하거나 길을 잃는 등의 사유로 인하여 보호자로부터 이탈된 아동등
보호자	친권자, 후견인이나 그 밖에 다른 법률에 따라 아동등을 보호하거나 부양할 의무가 있는 사람을 말한다. 다만, 제4호의 **보호시설의 장 또는 종사자는 제외**한다.
보호시설	「사회복지사업법」 제2조 제4호에 따른 **사회복지시설 및 인가·신고 등이 없이** 아동등을 보호하는 시설로서 사회복지시설에 준하는 시설

(2) 신고의무

다음 사람은 직무수행하면서 실종아동등임을 알게 되었을 때는 경찰청장이 구축하여 운영하는 신고체계(경찰신고체계)로 **지체 없이 신고하여야 한다.** – 위반시 200만원 이하의 과태료

> ① 보호시설장 또는 그 종사자
> ② 아동복지전담공무원
> ③ 청소년보호·재활센터장 또는 그 종사자
> ④ 사회복지전담공무원
> ⑤ **의료기관장 또는 의료인**
> ⑥ 업무·고용 등의 관계로 사실상 아동등을 보호·감독하는 자
>
> » 업무관계없이 아동등을 보호하는 자(X)

(3) 미신고 보호행위금지

> ① 누구든지 정당 사유 없이 실종아동등을 경찰관서장에게 신고하지 아니하고 보호할 수 없다.
> ② 정당 사유없이 실종아동등을 경찰관서장에게 신고 아니하고 보호한 자는 **5년 이하 징역** 또는 **5천만원 이하 벌금**

(4) 수색 또는 수사의 실시

> ① 경찰관서의 장은 실종아동등의 발생 신고를 접수하면 **지체 없이 수색 또는 수사의 실시 여부를 결정하여야 한다.**
> ② 경찰관서의 장은 실종아동등에 대하여 현장 탐문 및 수색 후 그 결과를 즉시 보호자에게 통보하여야 한다. 이후에는 실종아동등 프로파일링시스템에 **등록한 날로부터 1개월까지는 15일에 1회, 1개월이 경과한 후부터는 분기별 1회** 보호자에게 추적 진행사항을 통보한다.(규칙 제10조)
> ③ 경찰관서의 장은 실종아동등(**범죄로 인한 경우를 제외**)의 조속한 발견을 위하여 필요한 때에는 위치정보사업자등에게 실종아동등의 위치 확인에 필요한 **개인위치정보등(개인위치정보, 인터넷주소 및 통신사실확인자료)**의 제공을 요청할 수 있다.
> ④ 요청을 받은 자는 그 실종아동등의 **동의 없이** 개인위치정보등을 수집할 수 있으며, 실종아동등의 동의가 없음을 이유로 경찰관서의 장의 요청을 **거부하여서는 아니 된다.**
> ⑤ 경찰관서와 경찰관서에 종사하거나 종사하였던 자는 실종아동등을 찾기 위한 목적으로 제공받은 개인위치정보등을 실종아동등을 찾기 위한 **목적 외의 용도로 이용하여서는 아니되며**, 목적을 달성하였을 때에는 지체 없이 파기하여야 한다. ≫ **위반시 5년이하징역 또는 5천만원 이하 벌금**

2 「실종아동등 및 가출인 업무처리 규칙」

(1) 정의

찾는실종아동등	「실종아동등의 보호 및 지원에 관한 법률」 제2조 제2호에 따른 실종아동등 중 보호자가 찾고 있는 아동등
보호실종아동등	실종아동 등 중 **보호자가 확인되지 않아** 경찰관이 보호하고 있는 아동등
장기실종아동등	**보호자로부터 신고를 접수한 지 48시간 경과한 후에도 발견되지 않은 찾는 실종아동등**
가출인	신고 당시 보호자로부터 이탈된 만 18세 이상 사람
발생지	① 실종·가출 전 최종적 목격되었거나 목격되었을 것으로 추정하여 신고자 등이 진술한 장소 ② 신고자 등이 최종 목격장소 진술 못하거나, 목격되었을 것으로 추정되는 장소가 대중교통시설 또는 **실종·가출 발생 후 1개월이 경과**한 때에는 **실종 전 최종 주거지**
발견지	① 실종아동등 또는 가출인 발견하여 보호 중인 장소 ② **발견한 장소와 보호 중인 장소가 시도 다른 경우에는 보호 중인 장소**
국가경찰 수사 범죄	「자치경찰사무와 시·도자치경찰위원회의 조직 및 운영 등에 관한 규정」 제3조 제1호부터 제5호까지 또는 제6호 나목(정당한 사유 없이 실종아동등 보호, 개인위치정보등 목적외 용도로 이용)의 범죄가 아닌 범죄를 말한다.
실종·유괴경보 문자메세지	실종·유괴경보가 발령된 경우 시행령 제4조의5 제7항에 따른 공개정보를 시민들에게 널리 알리기 위하여 휴대폰에 전달하는 문자메세지

(2) 정보시스템

1) 정보시스템운영
    ① **경찰청 생활안전국장은** 정보시스템으로 **실종아동등 프로파일링시스템 및 실종아동찾기센터 홈페이지 (인터넷 안전드림) 운영**한다.
    ② **실종아동등 프로파일링시스템은 경찰관서 내에서만 사용**할 수 있도록 제한하고, **인터넷 안전드림은 누구든 사용할 수 있도록 공개**하는 등 분리하여 운영한다. 다만, 자료 전송 등 위해 필요한 경우 상호 연계할 수 있다.
    ③ 경찰관서장은 **실종아동등 프로파일링시스템**에 업무담당자 등 필요하다고 인정되는 사람만 접근할 수 있도록 권한 부여하는 등의 방법으로 **통제·관리하여야 한다.**
    ④ **인터넷 안전드림은** 실종아동등의 **신고** 또는 **예방·홍보** 등과 관련된 **정보를 제공**한다.

2) 정보시스템 입력대상 및 정보관리
    ① 실종아동등 프로파일링시스템 입력대상과 제외대상

입력대상	입력제외대상
㉠ 실종아동등 ㉡ 가출인 ㉢ 보호시설 무연고자	다음 경우에는 실종아동등 프로파일링시스템에 입력하지 않을 수 있음 ㉠ 채무관계해결, 형사사건 당사자 소재확인 등 **실종아동등 및 가출인 발견 외 다른 목적으로 신고된 사람** ㉡ 수사기관으로부터 **지명수배 또는 지명통보된 사람** ㉢ **허위 신고된 사람** ㉣ **보호자가 가출 시 동행한 실종아동등** ㉤ 그 밖에 신고 내용 종합하였을 때 명백히 입력대상 아니라고 판단

    ② 실종아동등 프로파일링시스템에서 데이터베이스로 관리하는 자료의 보존기간
    (단, 대상자가 사망하거나 보호자가 삭제를 요구한 경우는 즉시 삭제)

    ┌───┐
    │ ㉠ **발견된 18세 미만 아동 및 가출인 – 수배 해제 후로부터** 5년간 보관 (아가5/장치10) │
    │ ㉡ **발견된 지적·자폐성·정신장애인 등 및 치매환자 – 수배 해제 후로부터** 10년간 보관 │
    │ ㉢ 미발견자 – 소재 발견 시까지 보관 │
    │ ㉣ 보호시설 무연고자 – 본인 요청 시 즉시 삭제 │
    └───┘

3) 실종아동등 프로파일링시스템에 등록된 자료 해제

경찰관서장은 다음 경우에는 실종아동등 프로파일링시스템에 등록된 자료를 해제하여야 한다. 다만, ⑤에 해당하는 경우에는 해제 요청 사유의 진위 여부를 확인한 후 해제
    ① 찾는실종아동등 및 가출인 소재 발견한 경우
    ② **보호실종아동등의 신원 확인하거나 보호자 확인한 경우**
    ③ **허위 또는 오인신고인 경우**
    ④ 지명수배 또는 지명통보 대상자임 확인한 경우
    ⑤ **보호자가 해제 요청**한 경우

(3) 실종경보와 유괴경보

① **실종경보 운영책임자**
  ㉠ 시·도경찰청 : **여성청소년과장**(미직제시 생활안전교통과장)
  ㉡ 경찰서 : **여성청소년과장**(미직제시 생활안전과장 또는 생활안전교통과장)

② **유괴경보 운영책임자**
  ㉠ 시·도경찰청 : **형사과장**(미직제시 수사과장)
  ㉡ 경찰서 : **형사과장**(미직제시 수사과장)

③ **시·도경찰청장은** 실종아동등의 조속한 발견과 복귀를 위하여 **실종·유괴경보의 발령이 필요하다고 판단되는 경우 실종·유괴경보를 발령할 수 있다.**
  ≫ 실종·유괴경보의 **발령권자는 시·도경찰청장 (경찰서장은 발령 요청권자)**

④ 실종경보를 발령한 시·도경찰청장은 타 시·도경찰청장의 관할 구역에도 실종경보의 발령이 필요하다고 인정하는 경우 타 시·도경찰청장에게 같은 내용의 경보발령을 요청할 수 있고, 경보발령을 요청받은 시·도경찰청장은 특별한 사유가 없는 한 지체 없이 실종경보의 발령에 협조하여야 한다.

3 「청소년보호법」

➕ 청소년 연령 정리 (청기24/소실고/아청연신고)

청소년 기본법	청소년	9세 이상 24세 이하
소년법	소년	19세 미만
아동·청소년의 성보호에 관한 법률 청소년 보호법	청소년	19세 미만. 다만, 만 19세가 되는 해의 1월 1일 맞이한 사람은 제외
음악산업진흥에 관한 법률 게임산업진흥에 관한 법률 영화 및 비디오물의 진흥에 관한 법률	청소년	18세 미만의 자 (고등학교 재학 중인 학생 포함)
공연법	연소자	18세 미만의 자 (고등학교 재학 중인 학생 포함)
아동복지법 가정폭력범죄의 처벌 등에 관한 특례법 아동학대범죄의 처벌 등에 관한 특례법	아동	18세 미만
다문화가족지원법	아동·청소년	24세 이하

➕ 업태별 청소년 출입·고용 제한연령

대상 업소		연령 제한	비고
유흥주점/단란주점 ※청소년보호법	출입	연 19세 미만	
	고용	연 19세 미만	
일반다방(고용만 제한) ※근로기준법		15세 미만	취직인허증을 받은 13세 이상인 자는 고용 가능
		18세 미만	연소자증명서/친권자동의서 비치
일반음식점 (고용만 제한)	소주방,호프, 카페 ※청소년보호법	연 19세 미만	
	일반식당 ※근로기준법	15세 미만	취직인허증을 받은 13세 이상인 자는 고용 가능
		18세 미만	연소자증명서/친권자동의서 비치

(1) 청소년유해업소 ※ 허가·인가·등록·신고 여부와 관계없이 실제로 이루어지고 있는 영업행위 기준

고용 ✕ 출입 ✕	① 일반게임제공업, 복합유통게임제공업 (일복사단/전장성/노무비) ② 사행행위영업 ③ 단란주점영업 및 유흥주점영업 ④ 비디오물감상실업 및 제한관람가비디오물소극장업 및 복합영상물제공업 ⑤ 노래연습장업(다만, 청소년실은 청소년 출입 허용) ⑥ 무도학원업 및 무도장업 ⑦ 전기통신설비 갖추고 불특정한 사람들 사이의 음성대화 또는 화상대화를 매개하는 것을 주된 목적으로 하는 영업 – **전화방, 화상전화방** ⑧ **성적 서비스 제공업**(여성가족부장관이 고시한 영업 – 성기구 취급업소, 키스방, 대딸방, 전립선마사지, 유리방, 성인PC방, 휴게텔, 인형체험방)) ⑨ 「한국마사회법」에 따른 **장외발매소** ⑩ 「경륜·경정법」에 따른 **장외매장** ⑪ 대통령령으로 정하는 기준에 따라 청소년보호위원회가 결정하고 **여성가족부장관이 고시한 것**

고용 ✕ 출입 ○	① **청소년게임제공업** 및 **인터넷컴퓨터게임시설제공업(PC방)** (청티숙목이/호소카비/만피유)
	② 「공중위생관리법」에 따른 **숙박업, 목욕장업, 이용업** 중 대통령령으로 정하는 것
	③ 「식품위생법」에 따른 식품접객업 중 대통령령으로 정하는 것
	    ㉠ 휴게음식점영업으로서 주로 차 종류 조리·판매하는 영업 중 종업원에게 영업장 벗어나 차 종류 등을 배달·판매하게 하면서 소요 시간에 따라 대가받게 하거나 이를 조장 또는 묵인하는 형태로 운영되는 영업 – **티켓다방**
	    ㉡ 일반음식점영업 중 음식류 조리·판매보다는 주로 주류 조리·판매목적으로 하는 **소주방·호프·카페** 등 형태로 운영되는 영업
	④ 비디오물소극장업
	⑤ **유해화학물질영업**(다만, 유해화학물질 사용과 직접 관련이 없는 영업으로서 대통령령으로 정하는 영업은 제외)
	⑥ 회비 등 받거나 유료로 만화 빌려 주는 **만화대여업**
	⑦ 대통령령으로 정하는 기준에 따라 청소년보호위원회가 결정하고 **여성가족부장관이 고시한 것**

| 관련판례 |

1. 청소년의 연령은 호적 등 공부상의 나이가 아니라 실제의 나이 기준
2. 주간에는 주로 음식류 조리·판매, 야간에는 주로 주류를 조리·판매하는 영업 – 야간의 영업형태에 있어서 한정적으로 청소년보호법상의 청소년고용금지소(주야간 영업형태 불문하고 청소년고용금지업소 X)
3. 청소년이 이른바 '티켓걸'로서 노래연습장 또는 유흥주점에서 손님들 흥을 돋우어 주고 시간당 보수 받은 사안에서 업소주인에 대하여 청소년보호법위반의 죄책을 묻는 것은 정당하다.
4. 18세 미만 청소년에게 술 판매함에 있어서 법정대리인 동의 받았더라도 정당화될 수 없다.
5. 유흥주점 운영자가 업소에 들어온 미성년자 신분 의심하여 주문받은 술 들고 룸에 들어가 신분증 제시 요구하고 밖으로 데리고 나온 사안에서, 미성년자가 실제 주류 마시거나 마실 수 있는 상태에 이르지 않았으므로 술값의 선불지급 여부 등과 무관하게 주류판매에 관한 청소년보호법 위반죄 성립하지 않는다.
6. 술을 내어 놓을 당시에는 성년자들만이 자리에 앉아서 그들끼리만 술을 마시다가 나중에 청소년이 들어와서 합석하게 된 경우에는 처음부터 음식점 운영자가 나중에 그렇게 청소년이 합석하리라는 것을 예견할 만한 사정이 있었거나, 청소년이 합석한 후에 이를 인식하면서 추가로 술을 내어 준 경우가 아닌 이상, 합석한 청소년이 상 위에 남아 있던 소주 일부 마셨더라도 청소년에게 술 판매하는 행위 하였다고는 할 수 없다.
7. 단란주점업주가 청소년 고용하여 영업 한 이상 일부가 대기실에서 대기 중이었을 뿐 실제 접객행위 한 바 없다 하더라도, 고용된 청소년 전부에 대하여 과징금 부과한 것은 정당
8. '이성혼숙'은 남녀 중 일방이 청소년이면 족하고, 반드시 남녀 쌍방이 청소년임을 요하는 것은 아님

(2) 청소년유해행위의 금지 (법 제30조)

누구든지 청소년에게 다음 어느 하나에 해당하는 행위를 하여서는 아니 된다. (성접음/장구학/풍유차)

행위 유형	처벌
① 영리목적으로 청소년으로 하여금 신체적 접촉 또는 은밀한 부분 노출 등 **성적 접대행위**를 하게 하거나 이러한 행위 알선·매개하는 행위	1년 이상 10년 이하의 징역
② 영리목적으로 청소년으로 하여금 손님과 함께 술 마시거나 노래 또는 춤 등으로 손님 **유흥을 돋우는 접객행위**를 하게 하거나 이러한 행위를 알선·매개하는 행위 ③ 영리나 흥행목적으로 청소년에게 **음란한 행위**를 하게 하는 행위	10년 이하의 징역
④ 영리나 흥행목적으로 청소년의 **장애나 기형** 등 모습을 일반인들에게 **관람** 시키는 행위 ⑤ **청소년에게 구걸시키거나 청소년을 이용하여 구걸하는 행위** ⑥ 청소년을 **학대**하는 행위	5년 이하의 징역
⑦ 영리목적으로 청소년으로 하여금 거리에서 **손님 유인**하는 행위를 하게 하는 행위 ⑧ 청소년 남녀 **혼숙하게 하는 등** 풍기문란하게 하는 영업행위하거나 이를 목적으로 장소를 제공하는 행위 ⑨ **주로 차 종류를 조리·판매하는 업소에서 청소년으로 하여금 영업장을 벗어나 차 종류를 배달하는 행위를 하게 하거나** 이를 조장하거나 묵인하는 행위	3년 이하의 징역 또는 3천만원 이하의 벌금
≫ 청소년으로 하여금 시장·군수·구청장이 지정한 청소년 통행금지구역 또는 청소년 통행제한구역을 통행하게 하는 행위 – 「청소년보호법」상 청소년유해행위(X)	

4 「성매매알선 등 행위의 처벌에 관한 법률」

성매매	불특정인 상대로 **금품이나 재산상 이익 수수·약속**하고 다음 행위 하거나 상대방 되는 것 ㉠ **성교행위** ㉡ 구강, 항문 등 신체의 일부 또는 도구 이용한 **유사성교행위** ≫ 성매매 – 1년 이하의 징역이나 300만 원 이하의 벌금·구류 또는 과료(성을 산 사람과 판 사람 모두 처벌)
성매매 알선 등 행위	㉠ 성매매 알선, 권유, 유인 또는 강요 행위 ㉡ 성매매 장소 제공 행위 ㉢ 성매매에 제공되는 사실을 알면서 자금, 토지 또는 건물 제공 행위 ≫ 성매매 알선하고 성매매 이용되는 건물 제공한 행위는 '성매매 알선등 행위'에 포함되지만 양죄는 포괄일죄 아님 ≫ 업주가 성매매알선하였으나 손님이 성매매 여성이 마음에 들지 않는다며 거절하여 성교에 이르지 못한 경우 – '성매매 알선 등 행위'로 처벌가능

5 「아동·청소년의 성보호에 관한 법률」

(1) 개관

> ≫ "아동·청소년" – 19세 미만. 다만, 19세 도달하는 연도의 1월 1일 맞이한 자는 제외
> ≫ 13세 이상 16세 미만 아동·청소년에 대한 간음 등(법 제8조의2)
>
> ① 19세 이상의 사람이 13세 이상 16세 미만인 아동·청소년(제8조에 따른 장애 아동·청소년으로서 16세 미만인 자는 제외)의 궁박한 상태를 이용하여 해당 아동·청소년을 간음하거나 해당 아동·청소년으로 여금 다른 사람을 간음하게 하는 경우에는 3년 이상의 유기징역에 처한다.
> ② 19세 이상의 사람이 13세 이상 16세 미만인 아동·청소년의 궁박한 상태를 이용하여 해당 아동·청소년을 추행한 경우 또는 해당 아동·청소년으로 하여금 다른 사람을 추행하게 하는 경우에는 10년 이하의 징역 또는 5천만원 이하의 벌금에 처한다.
>
> ≫ '장애인인 아동·청소년에 대한 간음 등'을 처벌하는 규정은 있으나, '13세 이상인 아동·청소년에 대한 간음 등'을 처벌하는 규정은 없다(X)
> ≫ 영리를 목적으로 청소년으로 하여금 손님과 함께 술을 마시거나 노래 또는 춤 등으로 손님의 유흥을 돋구는 접객행위를 하게 하는 행위도 「아동·청소년의 성보호에 관한 법률」에서의 단속대상(X)
> ≫ 13세 미만 아동에 대한 강간·강제추행은 법정형이 중한 「성폭력범죄의 처벌 등에 관한 특례법」으로 처벌

(2) 아동·청소년의 성을 사는 행위

> 아동·청소년, 아동·청소년의 성(性)을 사는 행위 알선한 자 또는 아동·청소년을 실질적으로 보호·감독하는 자 등에게 금품이나 그 밖의 재산상 이익, 직무·편의제공 등 대가 제공하거나 약속하고 다음에 해당하는 행위를 아동·청소년을 대상으로 하거나 아동·청소년으로 하여금 하게 하는 것
> 가. **성교행위**
> 나. 구강·항문 등 신체의 일부나 도구를 이용한 **유사성교행위**
> 다. 신체의 전부 또는 일부를 **접촉·노출**하는 행위로서 일반인의 성적 수치심이나 혐오감을 일으키는 행위
> 라. **자위행위**
> ≫ 아동·청소년의 성을 사는 행위 – 1년 이상 10년 이하의 징역 또는 2천만원 이상 5천만원 이하의 벌금(성을 산 사람만 처벌하고, 성을 판 아동·청소년은 처벌하지 않음)

●→ 정리 「아동·청소년의 성보호에 관한 법률」상 미수범 처벌하는 경우

> ① 아동·청소년에 대한 강간·강제추행 등 (강강착매/강강폭착매)
> ② 아동·청소년**성착취물** 제작·수입·수출
> ③ 아동·청소년 **매매행위**
> ④ 아동·청소년에 대한 강요행위
>   ㉠ 폭행·협박으로 아동·청소년으로 하여금 아동·청소년의 성을 사는 행위의 상대방이 되게 한 자

(3) 특례

형법 감경규정에 대한 특례(제19조)	음주 또는 약물로 인한 심신장애 상태에서 아동·청소년대상 성폭력범죄를 범한 때에는 형법상 심신장애 및 농아자 **감면규정을 적용하지 아니할 수 있다.**
가중처벌 (제13조)	아동·청소년의 성을 사는 행위에 대하여 대상이 되는 아동·청소년이 **16세 미만인 경우** 그 죄에 정한 **형의 2분의 1까지 가중처벌**한다.
친고죄 X	친고죄 규정 폐지되어 고소 유무에 관계없이 공소제기 가능
증거보전	아동·청소년대상 성범죄의 피해자, 그 법정대리인 또는 경찰은 피해자가 공판기일에 출석하여 증언하는 것에 현저히 곤란한 사정이 있을 때에는 그 사유를 소명하여 '피해자의 진술내용과 조사과정을 비디오녹화기 등으로 촬영한 영상물' 또는 그 밖의 다른 증거물에 대하여 해당 성범죄를 수사하는 검사에게 증거보전의 청구를 할 것을 요청할 수 있다.

➕ 아동청소년 대상 디지털 성범죄의 수사 특례 (아청법 제25조의2)

1. **신분비공개수사** – 사법경찰관리는 다음 **"디지털 성범죄"**에 대하여 신분을 비공개하고 범죄현장 (정보통신망 포함) 또는 범인으로 추정되는 자들에게 접근하여 범죄행위의 증거 및 자료 등을 수집할 수 있다.
   ㉠ 아청성착취물의 제작·배포 등, 아청에 대한 성착취 목적 대화 등
   ㉡ 성폭력처벌법(카메라등이용촬영죄)에서 아청신체촬영물 반포등, 영리목적 아청신체촬영물 반포등

   ※ **신분비공개수사의 방법(시행령)**
   ① 신분비공개는 **경찰관임을 밝히지 않거나 부인(경찰관 외의 신분을 고지하는 방식도 포함)**하는 방법으로 한다.
   ② 신분비공개수사상 **접근**은 대화의 구성원으로서 **관찰하는 등 대화에 참여하거나** 아동·청소년성착취물, 성폭력처벌법 제14조 제2항의 **촬영물 또는 복제물(복제물의 복제물을 포함)을 구입하거나 무상으로 제공받는 등**의 방법으로 한다.

2. **신분위장수사** – 사법경찰관리는 디지털 성범죄를 계획·실행하고 있거나 실행하였다고 의심할 만한 충분한 이유가 있고, 다른 방법으로는 그 범죄의 실행을 저지하거나 범인의 체포 또는 증거의 수집이 어려운 경우에 한정하여 수사 목적을 달성하기 위하여 부득이한 때에는 다음 각 호의 행위("신분위장수사")를 할 수 있다.
   ㉠ 신분을 위장하기 위한 문서, 도화 및 전자기록 등의 작성, 변경 또는 행사
   ㉡ 위장 신분을 사용한 계약·거래
   ㉢ 아동·청소년성착취물 또는 「성폭력범죄의 처벌 등에 관한 특례법」 제14조 제2항의 촬영물 또는 복제물 (복제물의 복제물을 포함한다)의 소지, 판매 또는 광고

   ※ **신분위장수사의 절차**
   ① 사법경찰관리는 신분위장수사를 하려는 경우에는 **검사에게 신분위장수사에 대한 허가를 신청하고, 검사는 법원에 그 허가를 청구**한다. 신분위장수사의 기간은 **3개월을 초과할 수 없으며**, 그 수사기간 중 수사의 목적이 달성되었을 경우에는 즉시 종료하여야 한다.
   ② 사법경찰관리는 법에 따른 절차를 거칠 수 없는 **긴급을 요하는 때에는 법원의 허가 없이 신분위장수사를 할 수 있다.** 사법경찰관리는 긴급 신분위장수사 **개시 후 지체 없이 검사에게 허가를 신청**하여야 하고, 48시간 이내에 법원의 허가를 받지 못한 때에는 즉시 신분위장수사를 중지하여야 한다.

➕ 판례 – 「아동·청소년의 성보호에 관한 법률」과 관련된 판례

1. 제작한 영상물이 객관적으로 아동·청소년이 등장하여 성적 행위를 하는 내용을 표현한 영상물에 해당하는 한 대상이 된 아동·청소년의 **동의하에 촬영한 것이라거나 사적인 소지·보관을 1차적 목적으로 제작한 것이라고 하여** '아동·청소년이용음란물'에 해당하지 아니한다거나 이를 '**제작**'한 것이 아니라고 **할 수 없다**(대판 2014도17346).

2. **아동·청소년이 이미 성매매 의사를 가지고 있었던 경우에도** 그러한 아동·청소년에게 금품이나 그 밖의 재산상 이익, 직무·편의제공 등 대가를 제공하거나 약속하는 등의 방법으로 성을 팔도록 권유하는 행위는 '**성을 팔도록 권유하는 행위**'에 포함된다(대판 2011도3934).

3. 피고인이 **인터넷 채팅사이트를 통하여**, 성매매 의사를 가지고 성매수자를 찾고 있던 청소년과 성매매 장소, 대가 등에 관하여 **구체적으로 정한 후** 약속장소 인근에 도착하여 청소년에게 전화로 요구 사항을 지시하였다면 **실제 성관계를 하지 못했다 하더라도** '**성을 팔도록 권유한 행위**'에 해당한다(대판 2011도3934).

4. 성을 사는 행위를 **알선하는 행위를 업으로 하는 자**가 성매매알선을 위한 종업원을 고용하면서 고용대상자에 대하여 **연령확인의무의 이행을 다하지 아니한 채 아동·청소년을 고용하였다면**, 특별한 사정이 없는 한 적어도 아동·청소년의 성을 사는 행위의 알선에 관한 **미필적 고의는 인정된다**(대판 2014도5173).

5. 아동·청소년의 성을 사는 행위를 알선하는 행위를 업으로 하여 아동·청소년의 성보호에 관한 법률 제15조 제1항 제2호의 **위반죄가 성립하기 위해서는** 알선행위를 업으로 하는 사람이 아동·청소년을 알선의 대상으로 삼아 그 성을 사는 행위를 알선한다는 것을 인식하여야 하지만, 이에 더하여 알선행위로 아동·청소년의 성을 사는 행위를 한 사람이 상대방이 아동·청소년임을 인식하여야 한다고 볼 수는 **없다**(대판 2015도15664).

6. 피고인이 가출하여 잘 곳이 없는 15세 여고생과 **사전에 대가를 주고 성관계를 하자는 약속없이 만나 숙소와 차비 명목의 금전을 제공하고 성관계를 한 경우** 청소년의 성을 사는 행위의 대가 중 '**편의제공**'에 **해당한다**(대판 2002도83).

6 「가정폭력범죄의 처벌 등에 관한 특례법」

정의	가정폭력	가정구성원 사이의 신체적, 정신적 또는 재산상 피해를 수반하는 행위
	가정구성원	① 배우자(사실혼 포함) 또는 배우자였던 사람 ② 자기 또는 배우자와 직계존비속관계(사실상 양친자관계 포함)에 있거나 있었던 사람 ③ 계부모와 자의 관계 또는 적모와 서자의 관계에 있거나 있었던 사람 ④ 동거하는 친족 ≫ 동거하는 친족관계에 있었던 자 - 가정구성원(X)
	가정폭력범죄	폭행, 체포·감금, 모욕, 유기(영아유기), 명예훼손, 학대, 아동혹사, 공갈, 주거·신체 수색, 강요, 협박, 상해, 강간, 강제추행, 준강간, 준강제추행, 강간 등 상해·치상, 강간 등 살인·치사, 미성년자에 대한 간음, 미성년자의제강간, 유사강간, **재물손괴·특수손괴, 주거침입(특수주거침입)·퇴거불응, 카메라등 이용촬영(성폭력처벌법), 불안감유발(정보통신망법)** ≫ 살인·강도·절도, 사기·횡령·배임, 약취·유인, 업무방해·공무집행방해, 인질강요, 중손괴, 상해치사, 폭행치사상, 유기치사상, 체포감금치사상 (X)
	가정폭력행위자	가정폭력범죄 범한 사람 및 가정구성원인 공범
	피해자	가정폭력범죄로 인하여 **직접적으로 피해**를 입은 사람
	아동	「아동복지법」 제3조 제1호에 따른 아동(**18세 미만**)
신고		누구든지 가정폭력범죄를 알았을 때는 신고할 수 있다.
고소		① 피해자 또는 그 법정대리인은 가정폭력행위자를 고소할 수 있다. 피해자의 법정대리인이 가정폭력행위자인 경우 또는 가정폭력행위자와 공동으로 가정폭력범죄 범한 경우는 피해자의 친족이 고소할 수 있다. ② 피해자는 가정폭력행위자가 자기 또는 배우자의 직계존속인 경우에도 고소할 수 있다. ③ 피해자에게 고소할 법정대리인이나 친족 없는 경우 **이해관계인이 신청하면** 검사는 10일 이내 **고소할 수 있는 사람을** 지정하여야 한다.

응급조치 (제5조)	진행 중인 가정폭력범죄에 대하여 신고받은 사법경찰관리는 즉시 현장에 나가서 **다음 조치하여야 한다.** ① 폭력행위 **제지**, 가정폭력행위자·피해자의 **분리** ② 현행범인체포 등 **범죄수사** ③ 피해자를 가정폭력 관련 상담소 또는 **보호시설로 인도**(피해자 동의 필요) ④ 긴급치료가 필요한 피해자를 **의료기관으로 인도** ⑤ 폭력행위 재발 시 제8조에 따라 **임시조치를 신청할 수 있음을 통보** ⑥ **피해자보호명령 또는 신변안전조치를 청구할 수 있음을 고지**
임시조치의 청구 등 (제8조)	① **검사**는 가정폭력범죄가 재발 우려 있다고 인정하는 경우는 직권으로 또는 **사법경찰관의 신청**에 의하여 법원에 "㉠ **퇴거 등 격리**, ㉡ **100미터 이내의 접근 금지**, ㉢ **전기통신 이용한 접근 금지**"의 임시조치 청구할 수 있다. ② 검사는 가정폭력행위자가 ①의 청구에 의하여 결정된 임시조치 위반하여 가정폭력 범죄가 재발 우려있다고 인정하는 경우에는 직권으로 또는 사법경찰관의 신청에 의하여 법원에 "국가경찰관서의 유치장 또는 구치소에의 유치"라는 임시조치 청구할 수 있다.
긴급임시 조치 (제8조의2)	① **사법경찰관**은 응급조치에도 불구하고 가정폭력범죄가 재발될 우려가 있고, 긴급요하여 법원의 임시조치 결정 받을 수 없을 때는 직권 또는 피해자나 그 법정대리인의 신청에 의하여 ㉠ **퇴거 등 격리**, ㉡ **100미터 이내의 접근금지**, ㉢ **전기통신을 이용한 접근금지의 조치를 할 수 있다.** – 정당한 사유없이 긴급임시조치 이행하지 아니하면 300만원 이하 과태료 ② 사법경찰관은 긴급임시조치를 한 경우 **즉시 긴급임시조치결정서 작성하여야 한다.** ③ 긴급임시조치결정서에는 범죄사실의요지, 긴급임시조치가 필요한 사유 등을 기재하여야 한다.
긴급임시 조치와 임시조치의 청구	① **사법경찰관이 긴급임시조치를 한 때에는 지체 없이 검사에게 임시조치를 신청하고, 신청받은 검사는 법원에 임시조치를 청구하여야 한다.** ≫ 사법경찰관은 긴급임시조치를 한 때에는 검사에게 임시조치의 청구 신청을 하여야 하나 응급조치를 한 때에는 같은 신청을 할 의무가 없다. ② 임시조치의 청구는 긴급임시조치를 한 때부터 48시간 이내에 청구하여야 하며, **긴급임시조치결정서를 첨부하여야 한다.** ③ **임시조치를** 청구하지 아니하거나 법원이 **임시조치의 결정을 하지 아니한 때에는 즉시 긴급임시조치를 취소하여야 한다.**
임시조치	**판사**는 가정보호사건의 원활한 조사·심리 또는 피해자 보호위하여 필요 인정하는 경우 결정으로 가정폭력행위자에게 **임시조치할 수 있다.**

	내용	① 피해자 또는 가정구성원의 주거 또는 점유하는 방실로부터의 **퇴거 등 격리** ② 피해자 또는 가정구성원이나 주거, 직장 등에서 **100미터 이내의 접근금지** ③ 피해자 또는 가정구성원에 대한 **전기통신을 이용한 접근금지** ④ **의료기관이나 그 밖의 요양소에의 위탁** ⑤ **국가경찰관서의 유치장 또는 구치소에의 유치**(1월, 1회 연장 가능) ⑥ 상담소등 **상담위탁**

7 「아동학대범죄의 처벌 등에 관한 특례법」

제2조(정의) 1. "아동"이란 「아동복지법」 제3조 제1호에 따른 아동(18세 미만)을 말한다.

제3조(다른 법률과의 관계) 아동학대범죄에 대하여는 이 법 우선 적용. 다만, 「성폭력 범죄의 처벌 등에 관한 특례법」, 「아동·청소년의 성보호에 관한 법률」에서 **가중처벌 되는 경우에는 그 법에서 정한 바에 따른다**.

제8조(형벌과 수강명령 등의 병과) ① 법원은 아동학대행위자에 대하여 유죄판결(선고유예는 제외한다)을 선고하면서 200시간의 범위에서 재범예방에 필요한 수강명령(「보호관찰 등에 관한 법률」에 따른 수강명령을 말한다) 또는 아동학대 치료프로그램의 이수명령을 병과할 수 있다.
② 아동학대행위자에 대하여 제1항의 수강명령은 형의 집행을 유예할 경우에 그 집행유예기간 내에서 병과하고, 이수명령은 벌금형 또는 징역형의 실형(實刑)을 선고할 경우에 병과한다.

제10조의4(고소에 대한 특례) ① 피해아동 또는 그 법정대리인은 아동학대행위자를 고소할 수 있다. 피해아동의 법정대리인이 아동학대행위자인 경우 또는 아동학대행위자와 공동으로 아동학대범죄를 범한 경우에는 피해아동의 친족이 고소할 수 있다.
② 피해아동은 「형사소송법」 제224조에도 불구하고 아동학대행위자가 자기 또는 배우자의 직계존속인 경우에도 고소할 수 있다. 법정대리인이 고소하는 경우에도 또한 같다.
③ 피해아동에게 고소할 법정대리인이나 친족이 없는 경우에 이해관계인이 신청하면 **검사는 10일 이내에** 고소할 수 있는 사람을 **지정하여야 한다**.

제11조(현장출동) ① 아동학대범죄 신고를 접수한 사법경찰관리나 아동학대전담공무원은 **지체 없이 아동학대범죄의 현장에 출동하여야 한다**. 이 경우 수사기관의 장이나 시·도지사 또는 시장·군수·구청장은 **서로 동행하여 줄 것을 요청할 수 있다**.
② 아동학대범죄 신고를 접수한 사법경찰관리나 아동학대전담공무원은 아동학대범죄가 행하여지고 있는 것으로 신고된 현장 또는 피해아동을 보호하기 위하여 필요한 장소에 출입하여 아동 또는 아동학대행위자 등 관계인에 대하여 조사를 하거나 질문을 할 수 있다.
④ 출입이나 조사를 하는 사법경찰관리, 아동학대전담공무원 또는 아동보호전문기관의 직원은 그 권한을 표시하는 증표를 지니고 이를 관계인에게 내보여야 한다.
⑤ 조사 또는 질문을 하는 사법경찰관리 또는 아동학대전담공무원은 피해아동, 아동학대범죄신고자등, 목격자 등이 자유롭게 진술할 수 있도록 아동학대행위자로부터 분리된 곳에서 조사하는 등 필요한 조치를 하여야 한다.
⑦ 제1항에 따른 **현장출동이 동행하여 이루어지지 아니한 경우** 수사기관의 장이나 시·도지사 또는 시장·군수·구청장은 현장출동에 따른 **조사 등의 결과를 서로에게 통지하여야 한다**.

제12조(피해아동 등에 대한 응급조치) ① 제11조 제1항에 따라 현장에 출동하거나 아동학대범죄 현장을 발견한 경우 또는 학대현장 이외의 장소에서 학대피해가 확인되고 재학대의 위험이 급박·현저한 경우, **사법경찰관리 또는 아동학대전담공무원은** 피해아동, 피해아동의 형제자매인 아동 및 피해아동과 동거하는 아동(이하 "피해아동등"이라 한다)의 보호를 위하여 **즉시 응급조치를 하여야 한다**. 이 경우 **제3호 조치를 하는 때에는 피해아동등의 이익을 최우선으로 고려하여야 하며, 피해아동등을 보호하여야 할 필요가 있는 등 특별한 사정이 있는 경우를 제외하고는 피해아동등의 의사를 존중**하여야 한다.
1. 아동학대범죄 행위의 제지
2. 아동학대행위자를 피해아동등으로부터 격리
3. 피해아동등을 아동학대 관련 보호시설로 인도
4. 긴급치료가 필요한 피해아동을 의료기관으로 인도

③ 제1항 제2호부터 제4호까지 응급조치는 72시간을 넘을 수 없다. 다만, 본문의 기간에 공휴일이나 토요일이 포함되는 경우로서 피해아동등의 보호를 위하여 필요하다고 인정되는 경우에는 48시간의 범위에서 그 기간을 연장할 수 있다.

④ 제3항에도 불구하고 검사가 제15조 제2항에 따라 **임시조치를 법원에 청구한 경우에는 법원의 임시조치 결정 시까지 응급조치 기간이 연장된다.**

⑤ 사법경찰관리 또는 아동학대전담공무원이 응급조치를 한 경우에는 즉시 응급조치결과보고서를 작성하여야 한다. 이 경우 **사법경찰관리가 응급조치를 한 경우에는 관할 경찰관서의 장이 시·도지사 또는 시장·군수·구청장에게,** 아동학대전담공무원이 응급조치를 한 경우에는 소속 시·도지사 또는 시장·군수·구청장이 관할 경찰관서의 장에게 작성된 **응급조치결과보고서를 지체 없이 송부하여야 한다.**

⑧ **사법경찰관리는** 제1항 제1호 또는 제2호의 조치를 위하여 **다른 사람의 토지·건물·배 또는 차에 출입할 수 있다.**

제13조(아동학대행위자에 대한 긴급임시조치) ① 사법경찰관은 응급조치에도 불구하고 아동학대범죄가 재발될 우려가 있고, 긴급을 요하여 법원의 임시조치 결정을 받을 수 없을 때에는 직권이나 피해아동등, 그 법정대리인(아동학대행위자 제외), 변호사, 시·도지사, 시장·군수·구청장 또는 아동보호전문기관의 장의 신청에 따라 제19조 제1항 **제1호부터 제3호까지의**(격백통) 어느 하나에 해당하는 조치를 할 수 있다.

제15조(응급조치·긴급임시조치 후 임시조치의 청구) ① **사법경찰관이 제12조 제1항 제2호부터 제4호까지의 규정에 따른 응급조치 또는 긴급임시조치를 하였거나 시·도지사 또는 시장·군수·구청장으로부터 응급조치가 행하여졌다는 통지를 받은 때에는 지체 없이 검사에게 임시조치의 청구를 신청하여야 한다.**
⇨ 임시조치의 청구는 검사가 함

제19조(아동학대행위자에 대한 임시조치) ① **판사는** 아동학대범죄 원활한 조사·심리 또는 피해아동 보호 위하여 필요 인정하는 경우 결정으로 아동학대행위자에게 다음에 해당하는 **조치(임시조치)를 할 수 있다.**
1. 피해아동등 또는 가정구성원의 주거로부터 퇴거 등 격리
2. 피해아동등 또는 가정구성원의 주거, 학교 또는 보호시설 등에서 100미터 이내 접근 금지
3. 피해아동등 또는 가정구성원에 대한 전기통신을 이용한 접근 금지
4. 친권 또는 후견인 권한 행사의 제한 또는 정지
5. 아동보호전문기관 등에의 상담 및 교육 위탁
6. 의료기관이나 그 밖의 요양시설에의 위탁
7. 경찰관서의 유치장 또는 구치소에의 유치

CHAPTER 02 수사경찰

제1절 수사의 기본개념

1 수사의 조건 (규문주의 소송구조보다는 탄핵주의 소송구조에서 수사의 조건이 강조)

(1) 수사의 필요성

① 강제수사뿐만 아니라 임의수사의 경우에도 필요

② 범죄혐의와 수사의 조건

수사개시	㉠ 수사기관의 **주관적 혐의**에 의하여 개시 ㉡ **구체적 사실에 근거**하여 주위의 사정을 합리적으로 판단하여 범죄의 혐의 유무를 결정
체포·구속	**증거에 의해 뒷받침**(일반인의 기준으로 인정 X)되는 **객관적 혐의**가 요구

③ 소송조건과 수사 – 친고죄 고소

> ㉠ 소송조건의 결여로 인하여 **공소제기의 가능성이 없는 때에는 수사의 필요성도 부인**된다.
> ㉡ **친고죄·반의사불벌죄** : 고소나 처벌희망의 의사표시가 없어도 가능성이 있는 경우 원칙적으로 수사는 가능하다고 봄(통설, 판례도 제한적으로 허용한다). **고소가 없더라도 고소의 가능성이 있는 경우에는 임의수사와 강제수사 모두 허용한다.** ⇨ **친고죄에 있어서 고소는 당해 범죄의 소추조건에 불과하고 당해 범죄의 성립요건이나 수사의 조건은 아니다.**

(2) 수사의 상당성

수사 비례원칙	① 목적달성을 위한 필요 최소한도에 그쳐야 함 ② 범죄로 인한 피해가 극히 경미한 사건에 대해 범죄인지를 하는 것은 범죄 인지권 남용
수사 신의칙	**함정수사 – 범의유발형 함정수사는 신의칙에 反** (기회제공형 함정수사는 상당성을 충족)

2 수사실행의 5원칙

수사자료 완전수집	문제해결의 관건이 되는 자료를 **누락하는 일이 없도록** 전력을 다하여 **자료를 수집**해야 한다는 원칙(수사의 제1조건)
수사자료 감식·검토	수사관의 상식적 검토·판단에만 의할 것이 아니라 **감식과학이나 과학적 지식 또는 시설장비를 최대한 유용하게 활용**하여 수사를 해야 한다는 원칙
적절한 추리	추측 시에 **수집된 자료를 기초로 합리적인 판단**을 하여야 하는 한편, 추측은 가상적인 판단(가설)이므로 그 **진실성이 확인될 때까지는 추측을 진실이라고 주장·확신해서는 안 된다**는 원칙
검증적 수사	여러 가지 추측 중에서 과연 어떤 추측이 정당한 것인가를 가리기 위해서는 그들 **추측 하나하나를 모든 각도에서 검토**해야 한다는 원칙(수사사항 결정 → 수사**방법** 결정 → 수사**실행** 순서로 검토)
사실판단 증명	수사관이 한 판단(주장)의 진실성이 증명되기 위해서는 누구에게나 그 진위가 확인될 수 있어야 하며, 판단이 언어나 문자로 표현되고 **근거의 제시로써 객관화되어야 한다**는 원칙

제2절 수사 주체로서의 경찰

1 주요 사항

➕ 상호협력관계와 경찰의 수사권

상호협력관계	제195조(검사와 사법경찰관의 관계 등) ① 검사와 사법경찰관은 수사, 공소제기 및 공소유지에 관하여 서로 협력하여야 한다.
1차적 수사종결권	제245조의5(사법경찰관의 사건송치 등) 사법경찰관은 고소·고발 사건을 포함하여 범죄를 수사한 때에는 다음 각 호의 구분에 따른다. 1. 범죄의 혐의가 있다고 인정되는 경우에는 지체 없이 검사에게 사건을 송치하고, 관계 서류와 증거물을 검사에게 송부하여야 한다. 2. 그 밖의 경우에는 그 이유를 명시한 서면과 함께 관계 서류와 증거물을 지체 없이 검사에게 송부하여야 한다. 이 경우 검사는 송부받은 날부터 90일 이내에 사법경찰관에게 반환하여야 한다.

➕ 검사의 수사상 통제 권한 (시보재) (법인남/필/위부)

시정조치요구	• 검사는 사법경찰관리의 **수사과정에서 법령위반, 인권침해** 또는 **현저한 수사권 남용**이 의심되는 사실의 신고가 있거나 그러한 사실을 인식하게 된 경우에는 사법경찰관에게 **사건기록 등본의 송부를 요구할 수 있다.** 송부 요구를 받은 사법경찰관은 지체 없이 검사에게 사건기록 등본을 송부하여야 한다. • 송부를 받은 검사는 필요하다고 인정되는 경우 사법경찰관에게 **시정조치를 요구할 수 있다.** 사법경찰관은 시정조치 요구가 있는 때에는 정당한 이유가 없으면 지체 없이 이를 이행하고, 그 결과를 검사에게 통보하여야 한다. • 통보를 받은 검사는 시정조치 요구가 정당한 이유 없이 이행되지 않은 경우에 사법경찰관에게 사건을 **송치할 것을 요구할 수 있다.** 송치 요구를 받은 사법경찰관은 검사에게 사건을 송치하여야 한다. ⇨ 사법경찰관으로부터 **송치받은 사건에 관하여는 해당 사건과 동일성을 해치지 아니하는 범위 내에서 수사할 수 있다.**
보완수사요구	검사는 **송치사건**의 공소제기 여부 결정 또는 공소의 유지에 관하여 **필요한 경우** 등에 해당하면 사법경찰관에게 **보완수사를 요구할 수 있고,** 사법경찰관은 정당한 이유가 없는 한 **지체 없이 이를 이행하도록 함**
재수사요청	검사는 사법경찰관이 **사건을 송치하지 아니한 것이 위법 또는 부당한 때에는** 그 이유를 문서로 명시하여 사법경찰관에게 **재수사를 요청할 수 있도록** 하고, 사법경찰관은 요청이 있으면 사건을 재수사하여야 한다.

이의신청과 송치	• 사법경찰관은 사건을 검사에게 **송치하지 아니한 경우** 그 송부한 날부터 **7일 이내**에 서면으로 고소인·고발인·피해자 또는 그 법정대리인에게 사건을 검사에게 송치하지 아니하는 취지와 그 이유를 **통지**하여야 한다. • **통지받은 사람(고발인을 제외한다)**은 해당 사법경찰관의 소속 관서의 장에게 이의를 신청할 수 있고, 사법경찰관은 이의신청이 있는 때에는 지체 없이 검사에게 사건을 **송치**하여야 한다.

2 보완수사요구와 재수사요청

➕ 검사의 보완수사요구

「형사소송법」

제197조의2(보완수사요구) ① 검사는 다음 각 호의 어느 하나에 해당하는 경우에 사법경찰관에게 보완수사를 요구할 수 있다.
1. 송치사건의 공소제기 여부 결정 또는 공소의 유지에 관하여 필요한 경우
2. 사법경찰관이 신청한 영장의 청구 여부 결정에 관하여 필요한 경우

② 사법경찰관은 제1항의 요구가 있는 때에는 정당한 이유가 없는 한 **지체 없이 이를 이행하고**, 그 결과를 검사에게 통보하여야 한다.

「검사와 사법경찰관의 상호협력과 일반적 수사준칙에 관한 규정」

제59조(보완수사요구의 대상과 범위) ① 검사는 법 제245조의5 제1호에 따라 사법경찰관으로부터 송치받은 사건에 대해 보완수사가 필요하다고 인정하는 경우에는 **특별히 직접 보완수사를 할 필요가 있다고 인정되는 경우를 제외하고는 사법경찰관에게 보완수사를 요구하는 것을 원칙으로 한다.**

제60조(보완수사요구의 방법과 절차) ① 검사는 법 제197조의2 제1항에 따라 보완수사를 요구할 때에는 그 이유와 내용 등을 구체적으로 적은 서면과 관계 서류 및 증거물을 사법경찰관에게 함께 송부해야 한다. 다만, 보완수사 대상의 성질, 사안의 긴급성 등을 고려하여 관계 서류와 증거물을 송부할 필요가 없거나 송부하는 것이 적절하지 않다고 판단하는 경우에는 해당 관계 서류와 증거물을 송부하지 않을 수 있다.

② **보완수사를 요구받은 사법경찰관**은 제1항 단서에 따라 송부받지 못한 관계 **서류와 증거물이 보완수사를 위해 필요하다고 판단하면 해당 서류와 증거물을 대출하거나 그 전부 또는 일부를 등사할 수 있다.** (검사에게 요청할 수 있다 X) ⇨ 검사에게 요청할 필요 없는 사경의 권한

③ 사법경찰관은 법 제197조의2 제2항에 따라 보완수사를 이행한 경우에는 그 이행 결과를 검사에게 서면으로 통보해야 하며, 제1항 본문에 따라 관계 서류와 증거물을 송부받은 경우에는 그 서류와 증거물을 함께 반환해야 한다. 다만, 관계 서류와 증거물을 반환할 필요가 없는 경우에는 보완수사의 이행 결과만을 검사에게 통보할 수 있다.

➕ 검사의 재수사요청

「형사소송법」

제245조의5(사법경찰관의 사건송치 등) 사법경찰관은 고소·고발 사건을 포함하여 범죄를 수사한 때에는 다음 각 호의 구분에 따른다.
1. 범죄의 혐의가 있다고 인정되는 경우에는 지체 없이 검사에게 사건을 송치하고, 관계 서류와 증거물을 검사에게 송부하여야 한다.
2. 그 밖의 경우에는 그 이유를 명시한 서면과 함께 관계 서류와 증거물을 지체 없이 검사에게 송부하여야 한다. 이 경우 **검사는 송부받은 날부터 90일 이내에 사법경찰관에게 반환**하여야 한다.

제245조의8(재수사요청 등) ① 검사는 제245조의5 **제2호(불송치결정)의 경우**에 사법경찰관이 사건을 송치하지 아니한 것이 위법 또는 부당한 때에는 그 이유를 문서로 명시하여 사법경찰관에게 **재수사를 요청할 수 있다**.
② 사법경찰관은 제1항의 요청이 있는 때에는 사건을 재수사하여야 한다.

「검사와 사법경찰관의 상호협력과 일반적 수사준칙에 관한 규정」

제63조(재수사요청의 절차 등) ① 검사는 법 제245조의8에 따라 사법경찰관에게 재수사를 요청하려는 경우에는 법 제245조의5 제2호에 따라 관계 **서류와 증거물을 송부받은 날부터 90일 이내에 해야 한다**. 다만, 다음 각 호의 어느 하나에 해당하는 경우에는 관계 서류와 증거물을 송부받은 날부터 **90일이 지난 후에도 재수사를 요청할 수 있다**.
1. 불송치 결정에 영향을 줄 수 있는 명백히 새로운 증거 또는 사실이 발견된 경우
2. 증거 등의 허위, 위조 또는 변조를 인정할 만한 상당한 정황이 있는 경우
② 검사는 제1항에 따라 **재수사를 요청할 때에는 그 내용과 이유를 구체적으로 적은 서면으로** 해야 한다. 이 경우 법 제245조의5제2호에 따라 **송부받은 관계 서류와 증거물을 사법경찰관에게 반환해야** 한다.

제64조(재수사 결과의 처리) ① 사법경찰관은 법 제245조의8 제2항에 따라 재수사를 한 경우 다음 각 호의 구분에 따라 처리한다.
1. **범죄의 혐의가 있다고 인정되는 경우** : 법 제245조의5 제1호에 따라 검사에게 사건을 **송치**하고 관계 서류와 증거물을 송부
2. **기존의 불송치 결정을 유지하는 경우** : 재수사 결과서에 그 내용과 이유를 구체적으로 적어 검사에게 **통보**
② 검사는 사법경찰관이 제1항 제2호에 따라 **재수사 결과를 통보한 사건에 대해서 다시 재수사를 요청을 하거나 송치 요구를 할 수 없다**. 다만, 사법경찰관의 재수사에도 불구하고 관련 **법리에 위반**되거나 송부받은 관계 서류 및 증거물과 재수사결과만으로도 공소제기를 할 수 있을 정도로 **명백히 채증법칙에 위반**되거나 공소시효 또는 형사소추의 요건을 판단하는 데 오류가 있어 사건을 송치하지 않은 **위법 또는 부당이 시정되지 않은 경우**에는 재수사 결과를 통보받은 날부터 **30일 이내에** 법 제197조의3에 따라 **사건송치를 요구할 수 있다**.

제65조(재수사 중의 이의신청) 사법경찰관은 법 제245조의8 제2항에 따라 재수사 중인 사건에 대해 법 제245조의7 제1항에 따른 **이의신청이 있는 경우에는** 재수사를 중단해야 하며, 같은 조 제2항에 따라 해당 사건을 **지체 없이 검사에게 송치**하고 관계 서류와 증거물을 송부해야 한다.

제3절 수사절차

1 수사의 전개 과정

(1) 입건 전 조사

① 입건전조사는 **수사개시 이전 단계의 활동**이다.
② 입건전조사 단계에서는 **영장에 의한 체포·구속은 원칙적으로 허용되지 않는다**.
③ 입건전조사 단계의 피혐의자에게도 **진술거부권이 인정**된다.

〈판례〉 수사기관에 의한 진술거부권 고지의 대상이 되는 피의자의 지위는 수사기관이 범죄인지서를 작성하는 등의 형식적인 사건수리 절차를 거치기 전이라도 조사대상자에 대하여 범죄의 혐의가 있다고 보아 실질적으로 수사를 개시하는 행위를 한 때에 인정된다. 특히 조사대상자의 진술 내용이 단순히 제3자의 범죄에 관한 경우가 아니라 자신과 제3자에게 공동으로 관련된 범죄에 관한 것이거나 제3자의 피의사실 뿐만 아니라 자신의 피의사실에 관한 것이기도 하여 실질이 피의자신문조서의 성격을 가지는 경우에 수사기관은 진술을 듣기 전에 미리 진술거부권을 고지하여야 한다(대법원 2014도5939).

> **「입건 전 조사 사건 처리에 관한 규칙」(경찰청훈령)**
>
> **제2조(입건 전 조사의 기본)** ② 경찰관은 신속·공정하게 조사를 진행하여야 하며, 관련 혐의 및 관계인의 정보가 정당한 사유 없이 외부로 유출되거나 공개되는 일이 없도록 하여야 한다.
> ③ 조사는 **임의적인 방법으로 하는 것을 원칙**으로 하고, **대물적 강제 조치를 실시하는 경우**에는 법률에서 정한 바에 따라 필요 **최소한의 범위에서** 남용되지 않도록 유의하여야 한다.
>
> **제3조(조사의 분류)** 조사사건은 다음 각 호와 같이 분류한다.**(진첩신기)**
> 1. **진정사건** : 범죄와 관련하여 진정·탄원 또는 투서 등 서면으로 접수된 사건
> 2. **신고사건** : 범죄와 관련하여 112신고·방문신고 등 서면이 아닌 방법으로 접수된 사건
> 3. **첩보사건**
>   가. 경찰관이 대상자, 범죄혐의 및 증거 자료 등 조사 단서에 관한 사항을 작성·제출한 범죄첩보 사건
>   나. 범죄에 관한 정보, 풍문 등 진상을 확인할 필요가 있는 사건
> 4. **기타조사사건** : 제1호부터 제3호까지를 제외한 범죄를 의심할 만한 정황이 있는 사건
>
> **제4조(조사사건의 수리)** ① 조사사건에 대해 수사의 단서로서 조사할 가치가 있다고 인정되는 경우에는 이를 수리하고, **소속 수사부서장에게 보고**하여야 한다.
> ② 제1항에 따라 사건을 수리하는 경우 형사사법정보시스템에 관련 사항을 입력하여야 하며 별지 제1호서식의 입건 전 조사사건부에 기재하여 관리하여야 한다.
>
> **제5조(첩보사건의 착수)** ① 경찰관은 첩보사건의 조사를 착수하고자 할 때에는 별지 제2호서식의 입건 전 조사착수보고서를 작성하고, **소속 수사부서의 장에게 보고하고 지휘를 받아야** 한다.
>
> **제6조(조사 사건의 이송·통보)** 경찰관은 관할이 없거나 범죄 특성 등을 고려하여 소속 관서에서 조사하는 것이 적당하지 않은 사건을 다른 경찰관서 또는 기관에 이송 또는 통보할 수 있다.
>
> **제7조(조사의 보고·지휘·방식 등)** ② 신고·진정·탄원에 대해 입건 전 조사를 개시한 경우, 경찰관은 다음 각 호의 어느 하나에 해당하는 날부터 **7일 이내에** 진정인·탄원인·피해자 또는 그 법정대리인(피해자가 사망한 경우에는 그 배우자·직계친족·형제자매를 포함한다. 이하 "진정인등"이라 한다)에게 조사 진행상황을 통지해야 한다. 다만, 진정인등의 연락처를 모르거나 소재가 확인되지 않으면 연락처나

소재를 알게된 날로부터 **7일 이내**에 조사 진행상황을 통지해야 한다.
1. 신고·진정·탄원에 따라 **조사에 착수한 날**
2. 제1호에 따라 조사에 착수한 날부터 **매 1개월이 지난 날**

③ 경찰관은 조사 기간이 **3개월을 초과하는 경우** 별지 제4호서식의 입건 전 조사진행상황보고서를 작성하여 **소속 수사부서의 장에게 보고**하여야 한다.

제8조(수사절차로의 전환) 경찰관은 조사 과정에서 범죄혐의가 있다고 판단될 때에는 지체없이 범죄인지서를 작성하여 **소속 수사부서장의 지휘**를 받아 수사를 개시하여야 한다.

제9조(불입건 결정 지휘) 수사부서의 장은 조사에 착수한 후 **6개월 이내**에 수사절차로 전환하지 않은 사건에 대하여 「경찰수사규칙」 제19조제2항제2호부터 제5호까지의 사유에 따라 **불입건 결정 지휘를 하여야 한다**. 다만, 다수의 관계인 조사, 관련자료 추가확보·분석, 외부 전문기관 감정 등 계속 조사가 필요한 사유가 소명된 경우에는 **6개월의 범위내에서 조사기간을 연장** 할 수 있다.

「검사와 사법경찰관의 상호협력과 일반적 수사준칙에 관한 규정」

제16조(수사의 개시) ③ 검사 또는 사법경찰관은 입건 전에 범죄를 의심할 만한 정황이 있어 수사 개시 여부를 결정하기 위한 사실관계의 확인 등 필요한 조사를 할 때에는 적법절차를 준수하고 사건관계인의 인권을 존중하며, 조사가 부당하게 장기화되지 않도록 신속하게 진행해야 한다.

④ 검사 또는 사법경찰관은 제3항에 따른 **조사 결과 입건하지 않는 결정**을 한 때에는 피해자에 대한 **보복범죄나 2차 피해가 우려되는 경우** 등을 제외하고는 피혐의자 및 사건관계인에게 **통지해야 한다**.

「경찰수사규칙」

제19조(입건 전 조사) ① 사법경찰관은 수사준칙 제16조 제3항에 따른 입건 전에 범죄를 의심할 만한 정황이 있어 수사 개시 여부를 결정하기 위한 사실관계의 확인 등 필요한 조사(이하 "**입건전조사**"라고 한다)**에 착수하기 위해서는** 해당 사법경찰관이 소속된 경찰관서의 **수사부서의 장**(이하 "소속수사부서장"이라 한다)**의 지휘를 받아야 한다.**

② 사법경찰관은 입건전조사한 사건을 다음 각 호의 구분에 따라 처리해야 한다.

1. **입건** : 범죄의 혐의가 있어 수사를 개시하는 경우
2. **입건전조사 종결** : 제108조 제1항 제1호부터 제3호까지의(혐의없음·죄가안됨·공소권없음) 규정에 따른 사유가 있는 경우
3. **입건전조사 중지** : 피혐의자 또는 참고인 등의 소재불명으로 입건전조사를 계속할 수 없는 경우
4. **이송** : 관할이 없거나 범죄특성 및 병합처리 등을 고려하여 다른 경찰관서 또는 기관(해당 기관과 협의된 경우로 한정한다)에서 내사할 필요가 있는 경우
5. **공람 후 종결** : 진정·탄원·투서 등 서면으로 접수된 신고가 다음 각 목의 어느 하나에 해당하는 경우
    가. 같은 내용으로 3회 이상 반복하여 접수되고 2회 이상 그 처리 결과를 통지한 신고와 같은 내용인 경우
    나. 무기명 또는 가명으로 접수된 경우
    다. 단순한 풍문이나 인신공격적인 내용인 경우
    라. 완결된 사건 또는 재판에 불복하는 내용인 경우
    마. 민사소송 또는 행정소송에 관한 사항인 경우

제20조(불입건 결정 통지) ① 사법경찰관은 수사준칙 제16조제4항에 따라 피혐의자(제19조제2항제2호에 따라 입건전조사 종결한 경우만 해당한다)와 진정인·탄원인·피해자 또는 그 법정대리인(피해자가 사망한 경우에는 그 배우자·직계친족·형제자매를 포함한다. 이하 "진정인등"이라 한다)에게 입건하지 않는 결정을 통지하는 경우에는 그 결정을 한 날부터 **7일 이내에 통지**해야 한다. 다만, 피혐의자나 진정인등의 연락처를 모르거나 소재가 확인되지 않으면 연락처나 소재를 알게 된 날부터 **7일 이내에 통지**해야 한다.

④ 사법경찰관은 제1항에도 불구하고 통지로 인해 **보복범죄 또는 2차 피해 등이 우려되는** 다음 각 호의 **경우에는 불입건 결정을 통지하지 않을 수 있다.** 이 경우 그 사실을 입건전조사 보고서로 작성하여 사건기록에 편철해야 한다.

1. 혐의 내용 및 동기, 진정인 또는 피해자와의 관계 등에 비추어 통지로 인해 진정인 또는 피해자의 생명·신체·명예 등에 위해(危害) 또는 불이익이 우려되는 경우
2. 사안의 경중 및 경위, 진정인 또는 피해자의 의사, 피진정인·피혐의자와의 관계, 분쟁의 종국적 해결에 미치는 영향 등을 고려하여 통지하지 않는 것이 타당하다고 인정되는 경우

(2) **수사개시(입건)** ※ 입건이란 수사기관이 사건을 수리하여 수사를 개시하는 것

(3) **수사의 실행**

➕ 이송과 수사중지

이송	① 사법경찰관은 사건이 ㉠ 사건의 관할이 없거나 다른 기관의 소관 사항에 관한 것인 경우나, ㉡ 법령에서 다른 기관으로 사건을 이송하도록 의무를 부여한 경우에는 해당 사건을 다른 경찰관서 또는 기관에 이송해야 한다. ② 사법경찰관은 **불송치결정(죄가안됨 또는 공소권없음)에 해당하는 사건이** ㉠ 「**형법**」 제10조 제1항(**심신장애**)에 따라 벌할 수 없는 경우나, ㉡ 기소되어 사실심 계속 중인 사건과 **포괄일죄를 구성하는 관계에 있는 경우**의 어느 하나에 해당하는 경우에는 해당 **사건을 검사에게 이송한다**.
수사중지	① 사법경찰관은 **2개월 이상 해외체류, 중병** 등의 사유로 상당한 기간 동안 피의자에 대한 조사가 불가능하여 수사를 종결할 수 없는 경우에는 그 사유가 해소될 때까지 수사준칙 제51조 제1항 제4호에 따른 **피의자 수사중지 결정을 할 수 있다**. ② 수사중지결정은 피의자중지와 참고인중지로 구분하여 결정해야 한다. 사법경찰관은 **수사중지 결정을 한 경우 7일 이내에 사건기록을 검사에게 송부해야 한다**. 이 경우 **검사는** 사건기록을 송부받은 날부터 **30일 이내에 반환해야 하며**, 그 기간 내에 형사소송법 제197조의3에 따라 **시정조치요구를 할 수 있다**.
수사중지 이의제기	① 수사준칙 제54조(수사중지 결정에 대한 이의제기 등) 제1항에 따라 **이의제기를 하려는 사람은 수사중지 결정을 통지받은 날부터 30일 이내에** 해당 사법경찰관이 소속된 **바로 위 상급경찰관서의 장**("소속상급경찰관서장")에게 별지 제110호서식의 수사중지 결정 이의제기서를 제출해야 한다. ② 위에 따른 이의제기서는 해당 사법경찰관이 소속된 경찰관서에 제출할 수 있다. 이 경우 이의제기서를 제출받은 경찰관서의 장은 이를 지체 없이 소속상급경찰관서장에게 송부해야 한다.

(4) **수사의 종결 – 사건송치 및 불송치 결정**

> 수사준칙 제58조(사법경찰관의 사건송치) ③ 사법경찰관은 관계 법령에 따라 검사에게 사건을 송치할 때에는 송치의 이유와 범위를 적은 송치 결정서와 압수물 총목록, 기록목록, 범죄경력 조회 회보서, 수사경력 조회 회보서 등 관계 서류와 증거물을 함께 송부해야 한다.
>
> 경찰수사규칙 제111조(혐의없음 결정 시의 유의사항) 사법경찰관은 **고소 또는 고발 사건에 관하여** 제108조제1항제1호의 **혐의없음 결정을 하는 경우**에는 고소인 또는 고발인의 **무고혐의 유무를 판단해야 한다**.

➕ 사법경찰관의 불송치 결정

혐의 없음	① **혐의없음(범죄인정안됨)** : 피의사실이 범죄를 구성하지 않거나 범죄가 인정되지 않는 경우 ② **혐의없음(증거불충분)** : 피의사실을 인정할 만한 충분한 증거가 없는 경우
죄가 안됨	피의사실이 범죄구성요건에 해당하나 법률상 범죄의 성립을 조각하는 사유가 있어 범죄를 구성하지 않는 경우(**위법성조각사유, 책임조각사유**) (**심신장애 사유는 제외**)
공소권 없음	① **형을 면제**한다고 법률에서 규정한 경우 ② 판결이나 이에 준하는 법원의 재판·명령이 확정된 경우 ③ 통고처분이 이행된 경우 ④ 사면이 있는 경우 ⑤ 공소시효가 완성된 경우 ⑥ 범죄 후 법령의 개정·폐지로 형이 폐지된 경우 ⑦ 「소년법」, 「가정폭력범죄의 처벌 등에 관한 특례법」, 「성매매알선 등 행위의 처벌에 관한 법률」 또는 「아동학대범죄의 처벌 등에 관한 특례법」에 따른 보호처분이 확정된 경우(**보호처분이 취소되어 검찰에 송치된 경우는 제외한다**) ⑧ 동일사건에 대하여 재판이 진행 중인 경우(**포괄일죄 사유는 제외**) ⑨ 피의자에 대하여 재판권이 없는 경우 ⑩ **친고죄**에서 고소가 없거나 고소가 무효 또는 취소된 경우 ⑪ 공무원의 고발이 있어야 공소를 제기할 수 있는 죄에서 고발이 없거나 고발이 무효 또는 취소된 경우 ⑫ **반의사불벌죄**에서 처벌을 희망하지 않는 의사표시가 있거나 처벌을 희망하는 의사표시가 철회된 경우, 「부정수표 단속법」에 따른 수표회수, 「교통사고처리특례법」에 따른 보험가입 등 법률에서 정한 처벌을 희망하지 않는 의사표시에 준하는 사실이 있는 경우 ⑬ 동일사건에 대하여 공소가 취소되고 다른 중요한 증거가 발견되지 않은 경우 ⑭ 피의자가 **사망하거나** 피의자인 **법인이 존속하지 않게 된 경우**
각하	① 고소인 또는 고발인의 진술이나 고소장 또는 고발장에 따라 **제1호부터 제3호까지의 규정에 따른 사유에 해당함이 명백**하여 더 이상 수사를 진행할 필요가 없다고 판단되는 경우 ② 동일사건에 대하여 사법경찰관의 불송치 또는 검사의 불기소가 있었던 사실을 발견한 경우에 새로운 증거 등이 없어 **다시 수사해도 동일하게 결정될 것이 명백하다고 판단**되는 경우 ③ 고소인·고발인이 출석요구에 응하지 않거나 소재불명이 되어 고소인·고발인에 대한 진술을 청취할 수 없고, 제출된 증거 및 관련자 등의 진술에 의해서도 **수사를 진행할 필요성이 없다고 판단**되는 경우 ④ 고발이 진위 여부가 불분명한 언론 보도나 인터넷 등 정보통신망의 게시물, 익명의 제보, 고발 내용과 직접적인 관련이 없는 제3자로부터의 전문(傳聞)이나 풍문 또는 고발인의 추측만을 근거로 한 경우 등으로서 **수사를 개시할 만한 구체적인 사유나 정황이 충분하지 않은 경우**

2 수사의 단서

(1) 의의 - '수사개시의 자료' 또는 '범죄발각의 원인'

수사기관의 체험에 의한 단서	타인의 체험에 의한 단서
① 현행범인의 체포, 변사자검시, **불심검문**	① 고소, 고발, 자수
② 범죄첩보, **신문·방송 등의 보도, 풍설(소문)**	② 피해신고(익명신고 포함), 투서 등

※ 비친고죄에서의 고소는 수사의 단서에 불과하나, 친고죄의 경우에는 수사의 단서로 될 뿐만 아니라 소송조건도 된다.

(2) **범죄첩보**

1) 특징

시한성	시간이 경과함에 따라 가치가 감소하게 된다.
가치변화성	수사기관의 **필요에 따라** 가치가 달라짐
결과지향성	수사 후 **현출되는 결과**가 있어야 한다.
결합성	범죄첩보는 여러 **첩보가 서로 결합**되어 이루어진다.
혼합성	범죄첩보는 그 속에 **원인과 결과를 내포**

2) 첩보의 처리(「수사첩보 수집 및 처리 규칙」)

제2조(정의) 2.「범죄첩보」라 함은 대상자, 혐의 내용, 증거자료 등이 특정된 입건 전 조사(이하 "조사"라 한다) 단서 자료와 범죄 관련 동향을 말하며, 전자를 범죄사건첩보, 후자를 범죄동향첩보라고 한다.

제6조(제출방법) ① 경찰공무원은 수집한 수사첩보 보고할 경우 **수사첩보분석시스템**을 통하여 작성 및 제출하여야 한다.
② 경찰공무원은 허위의 사실을 수사첩보로 제출해서는 아니 된다.

제7조(평가 및 기록관리 책임자) ③ 평가 책임자는 제출된 수사첩보의 정확한 평가를 위하여 **제출자에게 사실확인을 요구할 수 있다.**
④ 평가 책임자는 제출된 수사첩보의 내용이 부실하여 보충할 필요성이 있는 경우 제출자에게 **보완을 요구할 수 있다. (반려 규정은 없음)**
⑤ 평가 책임자는 제출된 **수사첩보를 비공개**하여야 한다. 다만 범죄예방 및 검거 등 수사목적상 수사첩보 내용 공유할 필요가 있다고 인정할 경우 **수사첩보분석시스템상에서 공유하게 할 수 있다.**

제8조(수사첩보 처리) ① 경찰공무원이 입수한 **모든 수사첩보는 수사첩보분석시스템을 통하여 처리**되어야 한다.
③ 입수된 수사첩보와 관련하여 당해 관서에서 처리하기가 적합하지 않다고 인정될만한 사유가 있는 경우에 한하여 상급관서에서 처리할 수 있도록 지체없이 보고한다.

제9조(이송) ① 수집된 수사첩보는 **수집관서에서 처리하는 것을 원칙**으로 한다. 다만, 평가 책임자는 수사첩보에 대해 범죄지, 피내사자의 주소·거소 또는 현재지 중 어느 **1개의 관할권도 없는 경우 이송할 수 있다.**
② 이송을 하는 수사첩보 평가 및 처리는 **이송받은 관서의 평가 책임자가 담당**한다.

제11조(평가) ① 범죄첩보의 **평가결과 및 그 기준**은 다음 각 호와 같다.
 1. **특보**
  가. **전국단위** 기획수사에 활용될 수 있는 첩보
  나. **2개 이상의 시·도경찰청**과 연관된 중요 사건 첩보 등 경찰청에서 처리해야 할 첩보
 2. **중보** - 2개 이상 경찰서와 연관된 중요 사건 첩보 등 시·도경찰청 단위에서 처리해야 할 첩보
 3. **통보** - **경찰서 단위**에서 조사할 가치가 있는 첩보
 4. **기록** - 조사할 정도는 아니나 **추후 활용할 가치가 있는 첩보**
 5. **참고** - 단순히 수사업무에 참고가 될 뿐 **사용가치가 적은 첩보**

제12조(포상) ① 수사첩보에 의해 사건해결 또는 중요범인 검거하였을 경우 **수사첩보 제출자를 사건 해결한 자 또는 검거자와 동등하게 특별승진 또는 포상할 수 있다.**
② 일정기간 동안 개인별로 수사첩보성적을 평가하여 **포상 및 특별승진 등 기준으로 사용할 수 있다.**
③ 제출한 수사첩보에 의해 **수사시책 개선발전에 기여한 자는 별도 포상**한다.
④ 범죄정보과에서는 **범죄첩보 마일리지 제도를 통해 별도 포상을 실시할 수 있다.**

(3) 변사사건 처리

> 「검사와 사법경찰관의 상호협력과 일반적 수사준칙에 관한 규정」
>
> **제17조(변사자의 검시 등)** ③ 사법경찰관은 법 제222조제1항 및 제3항에 따라 검시를 했을 경우에는 검시조서를, 검증영장이나 같은 조 제2항 및 제3항에 따라 검증을 했을 경우에는 검증조서를 각각 작성하여 검사에게 송부해야 한다.
>
> 「경찰수사규칙」
>
> **제27조(변사자의 검시·검증)** ① 사법경찰관은 법 제222조 제1항 및 제3항에 따라 검시를 하는 경우에는 의사를 참여시켜야 하며, 그 의사로 하여금 검안서를 작성하게 해야 한다. 이 경우 사법경찰관은 **검시조사관을 참여시킬 수 있다.**
> ② 사법경찰관은 법 제222조에 따른 검시 또는 검증 결과 사망의 원인이 범죄로 인한 것으로 판단하는 경우에는 신속하게 수사를 개시해야 한다.
>
> **제30조(검시와 참여자)** 사법경찰관리는 검시에 특별한 지장이 없다고 인정하면 **변사자의 가족·친족, 이웃사람·친구, 시·군·구·읍·면·동의 공무원이나 그 밖에 필요하다고 인정하는 사람을 검시에 참여시켜야 한다.**
>
> **제31조(사체의 인도)** ① 사법경찰관은 변사자에 대한 검시 또는 검증이 종료된 때에는 사체를 소지품 등과 함께 신속히 유족 등에게 인도한다. 다만, 사체를 인수할 사람이 없거나 변사자의 신원이 판명되지 않은 경우에는 **사체가 현존하는 지역의** 특별자치시장·특별자치도지사·**시장·군수** 또는 자치구의 **구청장에게 인도해야 한다.**
>
> 「범죄수사규칙」
>
> **제56조(변사사건 발생보고)** 경찰관은 변사자 또는 변사로 의심되는 시체를 발견하거나 시체가 있다는 신고를 받았을 때에는 즉시 소속 경찰관서장에게 보고하여야 한다.
>
> **제57조(변사자의 검시)** ① 「경찰수사규칙」 제27조 제1항에 따라 검시에 **참여한 검시조사관은** 별지 제15호서식의 **변사자조사결과보고서를 작성하여야 한다.**
> ② 경찰관은 「형사소송법」 제222조 제1항 및 제3항에 따라 검시를 한 때에는 의사의 검안서, 촬영한 사진 등을 검시조서에 첨부하여야 하며, 변사자의 가족, 친족, 이웃사람, 관계자 등의 진술조서를 작성한 때에는 그 조서도 첨부하여야 한다.
> ③ 경찰관은 **검시를 한 경우에 범죄로 인한 사망이라 인식한 때에는 신속하게 수사를 개시하고 소속 경찰관서장에게 보고하여야 한다.**
>
> **제59조(시체의 인도)** ① 「경찰수사규칙」 제31조제1항에 따라 시체를 인도하였을 때에는 인수자에게 별지 제16호서식의 검시필증을 교부해야 한다.
> ② **변사체는 후일을 위하여 매장함을 원칙으로 한다.**

(4) 고소

1) 의의

> 범죄의 피해자 또는 그와 일정한 관계가 있는 고소권자가 **수사기관**(법원X)에 대하여 범죄사실을 신고하여 범인의 처벌을 구하는 의사표시를 말한다.
> ≫ 피소고인의 성명, 연령 등 인적사항을 구체적으로 특정하여야만 고소할 수 있는 것은 아니다.

2) 고소권자

피해자		범죄로 인한 직접적 피해자는 고소할 수 있다.
피해자가 아닌 자	법정대리인	피해자의 법정대리인은 독립하여 고소할 수 있다.
	피해자 사망	피해자가 사망할 경우 그 형제자매, 직계친족, 배우자는 고소할 수 있다. 단, **피해자의 명시한 의사에 반하지 못한다.**

3)「범죄수사규칙」

> **제50조(고소·고발의 반려)** 경찰관은 접수한 고소·고발이 다음 각 호의 어느 하나에 해당하는 경우 고소인 또는 고발인의 동의를 받아 이를 **수리하지 않고 반려할 수 있다.**
> 1. 고소·고발 사실이 범죄를 구성하지 않을 경우
> 2. 공소시효가 완성된 사건인 경우
> 3. **동일한 사안에 대하여 이미 법원의 판결이나 수사기관의 결정(경찰의 불송치 결정 또는 검사의 불기소 결정)이 있었던 사실을 발견한 경우에 새로운 증거 등이 없어 다시 수사하여도 동일하게 결정될 것이 명백하다고 판단되는 경우**
> 4. 피의자가 사망하였거나 피의자인 법인이 존속하지 않게 되었음에도 고소·고발된 사건인 경우
> 5. 반의사불벌죄의 경우, 처벌을 희망하지 않는 의사표시가 있거나 처벌을 희망하는 의사가 철회되었음에도 고소·고발된 사건인 경우
> 6. 「형사소송법」제223조 및 제225조에 따라 고소 권한이 없는 사람이 고소한 사건인 경우. 다만, 고발로 수리할 수 있는 사건은 제외한다.
> 7. 「형사소송법」제224조, 제232조, 제235조에 의한 고소 제한규정에 위반하여 고소·고발된 사건인 경우. 이때「형사소송법」제232조는 친고죄 및 반의사불벌죄에 한한다.

3 강제수사

(1) 영장에 의한 압수·수색 (형사소송법)

영장주의	제215조(압수, 수색, 검증) 제2항 : 사법경찰관이 범죄수사에 필요한 때에는 피의자가 죄를 범하였다고 의심할 만한 정황이 있고 해당 사건과 관계가 있다고 인정할 수 있는 것에 한정하여 검사에게 신청하여 검사의 청구로 지방법원판사가 발부한 영장에 의하여 압수, 수색 또는 검증을 할 수 있다.
영장집행	제115조(영장의 집행) 제1항 : 압수·수색영장은 검사의 지휘에 의하여 사법경찰관리가 집행한다. 단, 필요한 경우에는 재판장은 법원사무관등에게 그 집행을 명할 수 있다(제219조 준용규정).
영장제시와 교부	제118조(영장의 제시와 사본교부) 압수·수색영장은 **처분을 받는 자에게 반드시 제시하여야 하고**, 처분을 받는 자가 **피고인인 경우에는 그 사본을 교부하여야 한다**. 다만, 처분을 받는 자가 현장에 없는 등 영장의 제시나 그 **사본의 교부가 현실적으로 불가능한 경우** 또는 처분을 받는 자가 영장의 제시나 사본의 교부를 거부한 때에는 예외로 한다(제219조 준용규정). ※ 압수·수색 또는 검증의 처분을 받는 자가 여럿인 경우에는 모두에게 **개별적으로 영장을 제시해야** 한다(수사준칙 제38조 제2항).
압수목록 교부	제129조(압수목록의 교부) 압수한 경우에는 목록을 작성하여 소유자, 소지자, 보관자 기타 이에 준할 자에게 교부하여야 한다(제219조 준용규정).

> 은행 계좌 거래내역 등 금융거래의 내용에 대한 정보·자료는 영장주의를 따른다. 따라서 압수·수색영장이 아닌 공문 등에 근거하여 거래정보 등의 제공을 요구해서는 안 된다. ➔ 「금융실명거래 및 비밀보장에 관한 법률」 제4조 제1항 본문 중 '누구든지 금융회사등에 종사하는 자에게 거래정보등의 제공을 요구하여서는 아니 된다' 부분 및 같은 법 제6조 제1항(처벌규정) 중 위 해당 부분은 헌법에 위반된다(2020헌가5).

(2) 영장에 의하지 아니한 강제처분 (형사소송법 제216조~제218조)

구분	요급처분	효과	사후영장 필요 여부	사후영장 청구시한
① 체포·구속현장에서의 피의자 수색 (제216조 제1항 제1호)	가능	타인의 주거, 타인이 간수하는 가옥, 건조물, 항공기, 선차 내에서의 피의자 수색	불필요	-
② 체포현장의 물건 (제216조 제1항 제2호)	가능	압수·수색·검증	계속 압수 필요 시 (제217조 제2항)	지체 없이 (체포한 때부터 48시간 이내)
③ 범행중·직후 범죄장소의 물건 (제216조 제3항)	가능	압수·수색·검증	무조건 (제216조 제3항)	지체 없이
④ 긴급체포된 자가 소유·소지·보관하는 물건 (제217조 제1항)	안 됨	체포한 때부터 24시간 이내 압수·수색·검증	계속 압수 필요 시 (제217조 제2항)	지체 없이 (체포한 때부터 48시간 이내)
⑤ 유류물·임의제출물 (제218조)	-	압수	불필요	-

> 제216조(영장에 의하지 아니한 강제처분) ① 검사 또는 사법경찰관은 제200조의2(영장에 의한 체포)·제200조의3(긴급체포)·제201조(구속) 또는 제212조(현행범인의 체포)의 규정에 의하여 피의자를 체포 또는 구속하는 경우에 필요한 때에는 **영장없이 다음 처분을 할 수 있다**.
> 1. 타인의 주거나 타인이 간수하는 가옥, 건조물, 항공기, 선차 내에서의 피의자 수색. 다만, 제200조의2(영장에 의한 체포) 또는 제201조(구속)에 따라 피의자를 체포 또는 구속하는 경우의 피의자 수색은 미리 수색영장을 발부받기 어려운 긴급한 사정이 있는 때에 한정한다.
> 2. 체포현장에서의 압수, 수색, 검증
>
> 제217조(영장에 의하지 아니하는 강제처분) ① 검사 또는 사법경찰관은 제200조의3(**긴급체포**)에 따라 체포된 자가 소유·소지 또는 보관하는 물건에 대하여 **긴급히 압수할 필요가 있는 경우**에는 체포한 때부터 **24시간 이내에 한하여 영장 없이 압수·수색 또는 검증을 할 수 있다**.
> ② 검사 또는 사법경찰관은 제1항 또는 제216조제1항제2호에 따라 압수한 물건을 **계속 압수할 필요가 있는 경우**에는 지체 없이 압수수색**영장을 청구하여야 한다**. 이 경우 압수수색영장의 청구는 체포한 때부터 **48시간 이내에** 하여야 한다.
>
> 제218조(영장에 의하지 아니한 압수) 검사, 사법경찰관은 피의자 기타인의 유류한 물건이나 소유자, 소지자 또는 보관자가 임의로 제출한 물건을 영장없이 압수할 수 있다.

㉠ 제216조(영장에 의하지 아니한 강제처분)의 규정에 의한 처분을 하는 경우에 급속을 요하는 때에는 제123조 제2항(주거주, 간수자 등의 참여), 제125조(야간집행의 제한)의 규정에 의함을 요하지 아니한다(형사소송법 제220조).
㉡ '체포·구속 현장에서의 피의자 수색'은 타인의 주거나 타인이 간수하는 가옥, 건조물, 항공기, 선차 내에서의 피의자 수색. **다만, 제200조의2(영장에 의한 체포) 또는 제201조(구속)에 따라 피의자를 체포 또는 구속하는 경우의 피의자 수색은 미리 수색영장을 발부받기 어려운 긴급한 사정이 있는 때에 한정**한다(제216조 제1항 제1호).
㉢ 피의자가 존재할 개연성이 있고 사전영장을 발부받기 어려운 긴급한 사정이 있다면 피의자의 주거지가 아닌 제3자의 주거지도 영장 없이 피의자를 수색할 장소에 포함된다. **단, 피의자를 수색하였으나 발견하지 못하였다면 체포에 착수했다고 보기 어려워** 그 장소에서 범죄와 관련된 물건을 발견하였다 하더라도 **압수영장 없이 압수할 근거가 없다.**(발견하지 못하였더라도 범죄와 관련된 물건이 있다면 압수할 수 있다 X)
㉣ 긴급체포된 자가 소유·소지 또는 보관하는 물건에 대하여 **긴급히 압수할 필요가 있는 경우**(긴급성을 요건으로 하지 않는다 X)에는 체포한 때부터 **24시간 이내에** (12시간 이내에 X) 한하여 영장 없이 압수·수색 또는 검증을 할 수 있다.(제217조 제1항) **압수한 물건을 계속 압수할 필요가 있는 경우에는**(압수한 경우에는 반드시 X) **지체 없이(48시간 이내) 압수수색영장을 청구하여야 한다**(제217조 제2항).

(3) 압수·수색의 방법

㉠ 수사기관이 압수·수색에 착수하면서 **그 장소의 관리책임자에게 영장을 제시하였더라도, 물건을 소지하고 있는 다른 사람으로부터 이를 압수하고자 하는 때에는** 그 사람에게 **따로 영장을 제시하여야** 한다(대판2015도12400).
㉡ 압수·수색영장을 집행하는 수사기관은 피압수자로 하여금 법관이 발부한 영장에 의한 압수·수색이라는 사실을 확인함과 동시에 「형사소송법」이 압수·수색영장에 필요적으로 기재하도록 정한 사항이나 그와 일체를 이루는 사항을 **충분히 알 수 있도록 압수·수색영장을 제시하여야** 한다(대판2015도12400).
㉢ 「형사소송법」 제118조는 "압수·수색영장은 처분을 받는 자에게 반드시 제시하여야 한다."고 규정하고 있으나, 이는 영장제시가 현실적으로 가능한 상황을 전제로 한 규정으로 보아야 하므로, **영장제시가 현실적으로 불가능한 경우에는 영장을 제시하지 아니한 채 압수·수색을 하더라도 위법하다고 볼 수 없다**(대판2014도10978).
㉣ 수사기관이 범죄 증거를 수집할 목적으로 피의자의 **동의 없이 피의자의 혈액을 취득·보관하는 행위는** 법원으로부터 **감정처분허가장을 받아 할 수 있지만, 압수의 방법으로도 할 수 있다**. 교통사고를 낸 피의자가 의식불명인 경우, 피의자의 신체에 주취로 인한 냄새가 나는 등 준현행범인의 요건이 갖추어져 있다면 **사고 직후 피의자가 곧바로 후송된 병원 응급실은** 형사소송법 **제216조 제3항의 범죄 장소에 준한다**. 이 경우 수사기관은 의료인으로 하여금 의학적인 방법에 따라 필요최소한의 한도 내에서 피의자의 혈액을 채취하게 한 후 그 혈액을 **영장 없이 압수할 수 있다**. 다만 이 경우에도 **사후에 지체 없이** 법원으로부터 **압수영장을 받아야 한다**(대판 2011도15258).

(4) 압수물 처리

㉠ 사법경찰관은 사본을 확보한 경우 등 압수를 계속할 필요가 없다고 인정되는 압수물 및 증거에 사용할 압수물에 대하여 공소제기 전이라도 소유자, 소지자, 보관자 또는 제출인의 청구가 있는 때에는 검사의 지휘를 받아 환부 또는 가환부하여야 한다.
㉡ ㉠의 청구에 대하여 사법경찰관이 검사의 지휘를 받아 이를 거부하는 경우에는 신청인은 해당 검사의 소속 **검찰청에 대응한 법원(검찰청 X)**에 압수물의 환부 또는 가환부 결정을 청구할 수 있다.
㉢ 몰수하여야 할 압수물로 멸실·파손·부패 또는 현저한 가치 감소의 염려가 있거나 보관하기 어려운 압수물은 매각하여 대가를 보관할 수 있다.
㉣ 환부하여야 할 압수물 중 환부를 받을 자가 누구인지 알 수 없거나 그 소재가 불명한 경우로서 그 압수물의 멸실·파손·부패 또는 현저한 가치 감소의 염려가 있거나 보관하기 어려운 압수물은 매각하여 대가를 보관할 수 있다.
㉤ 경찰관은 압수금품 중 현금, 귀금속 등 중요금품과 유치인으로부터 제출받은 임치 금품은 별도로 지정된 보관담당자로 하여금 **금고에(상자 X, 창고 X)** 보관하게 하여야 한다.
㉥ 사법경찰관은 압수물을 폐기하려는 경우에는 압수물 처분 지휘요청서를 작성하여 검사에게 제출해야 하며, 소유자 등 권한 있는 사람으로부터 압수물 폐기 동의서를 제출받거나 진술조서 등에 그 취지를 적어야 한다. 폐기는 재생이 불가능한 방식으로 하여야 하며, 다른 법령에서 폐기에 관하여 별도의 규정을 두고 있는 경우는 그에 따라야 한다.

(5) 기타 압수·수색의 절차

절차	내용
영장제시와 참여	• 경찰관은 부득이한 사유로 피압수자에게 영장을 제시할 수 없을 때에는 참여인에게 이를 제시하여야 한다. • 경찰관은 「형사소송법」 제123조 제1항(공무소 등) 및 제2항(타인의 주거 등) 이외의 장소에서 압수·수색 또는 검증영장을 집행하는 경우에도 되도록 제3자를 참여하게 하여야 하며, 제3자를 참여시킬 수 없을 때에는 다른 경찰관을(이웃 사람을 X) 참여하게 하여야 한다.
압수조서와 압수목록 작성	• 수색한 경우에 증거물 또는 몰취할 물건이 없는 때에는 그 취지의 증명서를 교부하여야 한다. **압수한 경우에는 목록을 작성하여 소유자, 소지자, 보관자 기타 이에 준할 자에게 교부하여야 한다.** • 검사 또는 사법경찰관은 증거물 또는 몰수할 물건을 압수했을 때에는 압수의 일시·장소, 압수 경위 등을 적은 **압수조서와 압수물건의 품종·수량 등을 적은 압수목록을 작성해야 한다. 다만, 피의자신문조서, 진술조서, 검증조서에 압수의 취지를 적은 경우에는 그렇지 않다.** ⇨ (예외없이 작성하여야 한다 X) • 경찰관은 소유자등이 임의 제출한 물건을 압수할 때에는 제출자에게 임의제출의 취지 및 이유를 적은 임의제출서를 받아야 하고, 압수조서와 압수목록교부서를 작성하여야 한다. 이 경우 제출자에게 압수목록교부서를 교부하여야 한다. • 압수물의 소유자가 소유권 포기의 의사표시를 하였을 때에는 소유권포기서를 제출받아야 한다. • 경찰관은 임의 제출한 물건을 압수한 경우에 소유자등이 그 물건의 소유권을 포기한다는 의사표시를 하였을 때에는 임의제출서에 그 취지를 작성하게 하거나 소유권포기서를 제출하게 하여야 한다.

(6) 디지털 증거의 처리 등에 관한 규칙

제2조(정의) 이 규칙에서 사용하는 용어의 뜻은 다음과 같다.
1. "전자정보"란 전기적 또는 자기적 방법으로 저장되거나 네트워크 및 유·무선 통신 등을 통해 전송되는 정보를 말한다.
2. "디지털포렌식"이란 전자정보를 수집·보존·운반·분석·현출·관리하여 범죄사실 규명을 위한 증거로 활용할 수 있도록 하는 과학적인 절차와 기술을 말한다.
3. "디지털 증거"란 범죄와 관련하여 증거로서의 가치가 있는 전자정보를 말한다.
4. "정보저장매체등"이란 전자정보가 저장된 컴퓨터용 디스크, 그 밖에 이와 비슷한 정보저장매체를 말한다.
5. "정보저장매체등 원본"이란 전자정보 압수·수색·검증을 목적으로 **반출의 대상이 된 정보저장매체등**을 말한다.
6. "**복제본**"이란 정보저장매체등에 저장된 전자정보 **전부를(일부를X)** 하드카피 또는 이미징 등의 기술적 방법으로 별도의 다른 정보저장매체에 저장한 것을 말한다.
7. "디지털 증거분석 의뢰물(이하 "분석의뢰물"이라 한다)"이란 범죄사실을 규명하기 위해 디지털 증거분석관에게 분석의뢰된 전자정보, 정보저장매체등 원본, 복제본을 말한다.
8. "디지털 증거분석관(이하 "증거분석관"이라 한다)"이란 제6조의 규정에 따라 선발된 사람으로서 디지털 증거분석 의뢰를 받고 이를 수행하는 사람을 말한다.
9. "디지털포렌식 업무시스템(이하 "업무시스템"이라 한다)"이란 디지털 증거분석 의뢰와 분석결과 회신 등을 포함한 디지털포렌식 업무를 종합적으로 관리하기 위하여 구축된 전산시스템을 말한다.

제5조(디지털 증거 처리의 원칙) ① 디지털 증거는 수집 시부터 수사 종결 시까지 변경 또는 훼손되지 않아야 하며, 정보저장매체등에 저장된 전자정보와 동일성이 유지되어야 한다.
② 디지털 증거 처리의 각 단계에서 업무처리자 변동 등의 이력이 관리되어야 한다.
③ 디지털 증거의 처리 시에는 디지털 증거 처리과정에서 이용한 장비의 기계적 정확성, 프로그램의 신뢰성, 처리자의 전문적인 기술능력과 정확성이 담보되어야 한다.

제12조(압수·수색·검증영장의 신청) ① 경찰관은 압수·수색·검증영장을 신청하는 때에는 **전자정보와 정보저장매체등을 구분하여 판단하여야 한다.**

제14조(전자정보 압수·수색·검증의 집행) ① 경찰관은 압수·수색·검증 현장에서 전자정보를 압수하는 경우에는 범죄 혐의사실과 관련된 전자정보에 한하여 문서로 출력하거나 휴대한 정보저장매체에 해당 전자정보만을 복제하는 방식(이하 "**선별압수**"라 한다)**으로 하여야 한다.** 이 경우 해시값 확인 등 디지털 증거의 동일성, 무결성을 담보할 수 있는 적절한 방법과 조치를 취하여야 한다.

제15조(복제본의 획득·반출) ① 경찰관은 다음 각 호의 사유로 인해 압수·수색·검증 현장에서 제14조 제1항 전단에 따라 **선별압수 하는 방법이 불가능하거나 압수의 목적을 달성하기에 현저히 곤란한 경우에는 복제본을 획득하여 외부로 반출한 후 전자정보의 압수·수색·검증을 진행할 수 있다.**
1. 피압수자 등이 협조하지 않거나, 협조를 기대할 수 없는 경우
2. 혐의사실과 관련될 개연성이 있는 전자정보가 삭제·폐기된 정황이 발견되는 경우
3. 출력·복제에 의한 집행이 피압수자 등의 영업활동이나 사생활의 평온을 침해한다는 이유로 피압수자 등이 요청하는 경우
4. 그 밖에 위 각 호에 준하는 경우

② 경찰관은 제1항에 따라 획득한 복제본을 반출하는 경우에는 복제본의 해시값을 확인하고 피압수자 등에게 전자정보 탐색 및 출력·복제과정에 참여할 수 있음을 고지한 후 별지 제3호서식의 복제본 반출(획득) 확인서를 작성하여 피압수자 등의 확인·서명을 받아야 한다. 이 경우, 피압수자 등의 확인·서명을 받기 곤란한 경우에는 그 사유를 해당 확인서에 기재하고 기록에 편철한다.

제16조(정보저장매체등 원본 반출) ① 경찰관은 압수·수색·검증현장에서 다음 각 호의 사유로 인해 제15조제1항에 따라 **복제본을 획득·반출하는 방법이 불가능하거나 압수의 목적을 달성하기에 현저히 곤란한 경우에는 정보저장매체등 원본을 외부로 반출한 후 전자정보의 압수·수색·검증을 진행할 수 있다.**

1. 영장 집행현장에서 하드카피·이미징 등 복제본 획득이 물리적·기술적으로 불가능하거나 극히 곤란한 경우
2. 하드카피·이미징에 의한 집행이 피압수자 등의 영업활동이나 사생활의 평온을 침해한다는 이유로 피압수자 등이 요청하는 경우
3. 그 밖에 위 각 호에 준하는 경우

제17조(현장 외 압수 시 참여 보장절차) ① 경찰관은 제15조 또는 제16조에 따라 복제본 또는 정보저장매체등 원본을 반출하여 현장 이외의 장소에서 전자정보의 압수·수색·검증을 계속하는 경우(이하 "현장 외 압수"라고 한다) **피압수자 등에게 현장 외 압수 일시와 장소를 통지하여야 한다.** 단, 제15조제2항 또는 제16조제2항에 따라 참여할 수 있음을 고지받은 자가 참여하지 아니한다는 의사를 명시한 때 또는 참여가 불가능하거나 급속을 요하는 때에는 예외로 한다.

③ 제1항 전단에 따른 통지를 받은 **피압수자 등은 현장 외 압수 일시의 변경을 요청할 수 있다.**

제20조(별건 혐의와 관련된 전자정보의 압수) 경찰관은 제14조부터 제17조, 제19조까지의 규정에 따라 혐의사실과 관련된 전자정보를 탐색하는 과정에서 별도의 범죄 혐의(이하 "별건 혐의"라 한다)를 발견한 경우 별건 혐의와 관련된 추가 탐색을 중단하여야 한다. 다만, 별건 혐의에 대해 별도 수사가 필요한 경우에는 압수·수색·검증영장을 별도로 신청·집행하여야 한다.

제22조(임의제출) ③ 경찰관은 정보저장매체등을 임의로 제출 받아 압수하는 경우에는 피압수자의 자필서명으로 그 임의제출 의사를 확인하고, 제출된 전자정보가 증거로 사용될 수 있음을 설명하고 제출받아야 한다.

전자정보가 담긴 **저장매체 또는 복제본을 수사기관 사무실 등으로 옮겨 복제·탐색·출력하는 경우에도,** 그와 같은 일련의 과정에서 **피압수자나 변호인에게 참여의 기회를 보장**하고 혐의사실과 무관한 전자정보의 임의적인 복제 등을 막기 위한 적절한 조치를 취하는 등 영장주의 원칙과 적법절차를 준수하여야 한다(대판 2011모1839).

(7) 체포·구속

구분	체포			구속
	영장에 의한 체포	긴급체포	현행범인체포	
요건	1) 혐의의 상당성 2) 출석 불응(우려) 3) 체포의 필요성 　(소극적 요건) 4) 경미범죄의 제한 　(주거부정 또는 　출석불응)	1) 혐의의 상당성 2) 체포의 긴급성 3) 범죄의 중대성 4) 체포의 필요성	1) (준)현행범인 2) 범인의 명백성 3) 행위의 가벌성 4) 체포의 필요성 5) 경미범죄의 제한 　(주거부정)	1) 혐의의 상당성 2) 구속사유 　(도망 또는 증거인멸 　염려, 주거부정) 3) 경미범죄의 제한 　(주거부정)
절차	체포영장의 제시 (긴급집행 인정)	긴급체포서 작성 긴급체포 승인 요청	현행범인체포서(인수서) 작성	구속영장의 제시 (긴급집행 인정)
기간	체포한 때부터 48시간 이내	지체 없이(체포한 때부터 48시간 이내)	체포한 때부터 48시간 이내	경찰 10일, 검찰 10일(법원 허가 받아 10일 연장 가능)

> 형사소송법 제200조의2(영장에 의한 체포) ① 피의자가 죄를 범하였다고 의심할 만한 상당한 이유가 있고, 정당한 이유없이 제200조의 규정에 의한 **출석요구에 응하지 아니하거나 응하지 아니할 우려가 있는 때에는** 검사는 관할 지방법원판사에게 청구하여 체포영장을 발부받아 피의자를 체포할 수 있고, 사법경찰관은 검사에게 신청하여 검사의 청구로 관할지방법원판사의 체포영장을 발부받아 피의자를 체포할 수 있다. **다만, 다액 50만원이하의 벌금, 구류 또는 과료에 해당하는 사건에 관하여는** 피의자가 **일정한 주거가 없는 경우 또는 정당한 이유없이** 제200조의 규정에 의한 **출석요구에 응하지 아니한 경우에 한한다.**

> ㉠ 체포영장의 청구를 받은 지방법원판사는 상당하다고 인정할 때에는 체포영장을 발부한다. 다만, **명백히 체포의 필요가 인정되지 아니하는 경우에는 그러하지 아니하다.**(제200조의2 제2항)
> ㉡ 현행범인으로 체포하기 위하여는 행위의 가벌성, 범죄의 현행성·시간적 접착성, 범인·범죄의 명백성 이외에 **체포의 필요성 즉, 도망 또는 증거인멸의 염려가 있어야 한다.**(대판2011도3682)
> ㉢ **경미범죄(경범죄처벌법위반 등) 피의자에 대한 체포영장 발부요건에** "수사기관 출석요구에 정당한 이유 없이 불응한 경우"는 해당하지만, **"(출석요구에) 불응할 우려가 있는 경우"는 해당 안 됨**
> ㉣ **체포한 때로부터**(경찰서에 인치한 시점으로부터 X) 24시간 이내에 체포통지를 해야 한다.
> ㉤ 사법경찰관은 **현행범인을 석방했을 때에는** 석방 일시와 사유 등을 적은 **피의자 석방서**를 작성해 사건기록에 편철한다. 이 경우 사법경찰관은 **석방 후 지체 없이 검사에게** 석방 사실을 **통보해야** 한다.(반드시 검사지휘 받아야 X)
> ㉥ 사법경찰관은 긴급체포 후 **12시간**(24시간X) 내에 검사에게 긴급체포의 승인을 요청해야 한다.

3 통신수사

구분	통신제한조치	통신사실확인자료	통신자료
근거	통신비밀보호법	통신비밀보호법	전기통신사업법
대상	① 「통신비밀보호법」상 대상범죄 ② **통화내용**(우편물검열, 전기통신감청 등) » 존속협박, 공무집행방해죄는 대상범죄 아님 » 13세 미만 사람에 대한 간음 또는 추행(「형법」 제305조)은 통신제한 조치 대상범죄이나, 미성년자 또는 심신미약자에 대한 위계위력 간음 추행(「형법」 제302조)은 대상범죄 아님	① 모든 범죄 ② **통화내역**	① 모든 범죄 ② **이용자의 인적사항**
절차	① 법원 허가 ② 사후통지의무	① 법원 허가 ② 사후통지의무	① 경찰서장 명의 협조공문 ② 사후통지의무 ×

참고 「통신비밀보호법」상 통신사실확인자료와 「전기통신사업법」상 통신자료

통신비밀보호법상 통신사실확인자료	전기통신사업법상 통신자료
가. 가입자의 전기통신일시 나. 전기통신개시·종료시간 다. **발·착신 통신번호 등 상대방의 가입자번호** 라. 사용도수 마. 컴퓨터통신 또는 인터넷의 사용자가 전기통신역무를 이용한 사실에 관한 **컴퓨터통신 또는 인터넷의 로그기록자료** 바. 정보통신망에 접속된 정보통신기기의 위치를 확인할 수 있는 발신기지국의 **위치추적자료** 사. 컴퓨터통신 또는 인터넷의 사용자가 정보통신망에 접속하기 위하여 사용하는 정보통신기기의 위치를 확인할 수 있는 **접속지의 추적자료**	1. **이용자의 성명** 2. 이용자의 주민등록번호 3. 이용자의 주소 4. 이용자의 전화번호 5. 이용자의 아이디(컴퓨터시스템이나 통신망의 정당한 이용자임을 알아보기 위한 이용자 식별부호) 6. **이용자의 가입일 또는 해지일**

(1) 통신제한조치(「통신비밀보호법」) : 우편물의 검열 또는 전기통신의 감청

> - **"검열"이라 함은 우편물에 대하여** 당사자의 동의없이 이를 개봉하거나 기타의 방법으로 그 내용을 지득 또는 채록하거나 유치하는 것을 말하며, **"감청"이라 함은 전기통신에 대하여** 당사자의 동의없이 전자장치·기계장치등을 사용하여 통신의 음향·문언·부호·영상을 청취·공독하여 그 내용을 지득 또는 채록하거나 전기통신의 송·수신을 방해하는 것을 말한다.
> - 통신제한조치(우편물의 검열 또는 전기통신의 감청)는 범죄수사 또는 국가안전보장을 위하여 보충적 수단으로 이용되어야 하며, 국민의 통신비밀에 대한 침해가 최소한에 그치도록 노력하여야 한다.
> - 위에 위반하여, 불법검열에 의하여 취득한 우편물이나 그 내용 및 불법감청에 의하여 지득 또는 채록된 전기통신의 내용은 재판 또는 징계절차에서 증거로 사용할 수 없다.

≫ 통신제한조치 대상범죄 아닌 것 - (특수)공무집행방해, 존속협박, 미성년자등에대한간음(302조)
≫ 미성년자등에대한간음(302조)은 대상범죄가 아니지만, 미성년자간음(=미성년자의제강간죄, 305조)은 대상범죄임에 주의

1) 범죄수사를 위한 통신제한조치(「통비법」 제6조)

허가절차	① 사법경찰관은 검사에 대하여 **각 피의자별 또는 각 피내사자별**로 통신제한조치 허가 신청, 검사는 법원에 허가 청구 ② 통신제한조치 청구사건의 관할법원 : 통신제한조치 받을 통신당사자 쌍방 또는 일방의 주소지·소재지, 범죄지 또는 통신당사자와 공범관계에 있는 자의 주소지·소재지 관할 지방법원 또는 지원(보통군사법원 포함)
기간	통신제한조치기간은 **2개월 초과금지**, 통신제한조치 목적달성되면 즉시 종료. 다만, 허가요건이 존속하는 경우에는 소명자료 첨부하여 **2개월 범위에서** 통신제한조치기간의 **연장 청구가능**. 통신제한조치 연장청구하는 경우에 통신제한조치의 **총 연장기간은 1년 초과금지**(다만, 내란이나 외환의 죄등은 3년 초과금지)

2) 국가안보를 위한 통신제한조치(「통비법」 제7조)

절차	① 통신 일방 또는 쌍방당사자가 내국인인 때 정보수사기관의 장이 고등검찰청 검사에게 신청 → 고등검찰청 검사의 청구 → **고등법원 수석판사의 허가** ② 대한민국에 적대하는 국가, 반국가활동혐의 있는 외국의 기관·단체와 외국인, 대한민국 통치권이 사실상 미치지 아니하는 한반도내 집단이나 외국소재 그 산하단체 구성원의 통신인 때 및 군용전기통신에 대한 경우 → **대통령의 승인**
기간	① **4개월**, 4개월 범위 내에서 연장가능 ② 연장횟수 제한 없음

3) 긴급통신제한조치(「통비법」 제8조)

의의	㉠ **긴급한 사유가 있는 경우에 한하여** 법원 허가 없이 통신제한조치를 할 수 있다. ㉡ **미리 검사 지휘 받아야** 하나 급속을 요하면 집행착수 후 지체없이 검사 승인을 얻어야 한다.
사후조치	㉠ **36시간 이내 법원의 허가 받지 못한 때는** 통신제한조치 **즉시 중지**하고 해당 조치로 취득한 **자료를 폐기하여야** 한다. ㉡ 긴급통신제한조치로 취득한 자료를 폐기한 경우 폐기이유·폐기범위·폐기일시 등을 기재한 자료폐기결과보고서를 작성하여 폐기일부터 7일 이내에 허가청구를 한 법원에 송부하고, 그 부본을 피의자의 수사기록 또는 피내사자의 내사사건기록에 첨부하여야 한다.

4) 통신제한조치의 집행(「통비법」 제9조, 제9조의2)

집행	청구 또는 신청한 검사·사법경찰관 또는 정보수사기관의 장이 집행한다. 이 경우 통신기관등에 그 집행을 위탁하거나 집행에 관한 협조를 요청할 수 있다.
사본교부	통신제한조치의 집행을 위탁하거나 집행에 관한 협조를 요청하는 자는 통신기관등에 통신제한조치허가서 또는 긴급감청서등의 **표지의 사본을 교부하여야 하며**, 이를 위탁받거나 이에 관한 협조요청을 받은 자는 통신제한조치허가서 또는 긴급감청서등의 표지 사본을 대통령령이 정하는 **기간동안(3년) 보존하여야** 한다. ⇨ 사본 미교부 집행요청 또는 교부받지 않고 집행 시 형사처벌(10년 이하 징역)
대장비치	통신제한조치를 집행하는 자와 이를 위탁받거나 이에 관한 협조요청을 받은 자는 당해 통신제한조치를 청구한 목적과 그 집행 또는 협조일시 및 대상을 기재한 대장을 대통령령이 정하는 **기간 동안(3년) 비치하여야 한다**.
사후통지	기소/불기소 처분(기소중지·참고인중지 제외) 통보받거나, 검찰송치를 하지 아니하는 처분(수사중지 결정은 제외) 또는 내사불입건(내사종결) 처분을 한 때로부터 **30일 이내** ⇨ 미통지 시 형사처벌(3년 이하 징역 또는 1천만 이하 벌금)

사용제한	통신제한조치의 집행으로 인하여 취득된 우편물 또는 그 내용과 전기통신의 내용은 **다음 각호의 경우 외에는 사용할 수 없다**. 1. 통신제한조치의 목적이 된 제5조 제1항에 규정된 범죄나 이와 관련되는 **범죄를 수사·소추하거나 그 범죄를 예방**하기 위하여 사용하는 경우 2. 제1호의 범죄로 인한 **징계절차**에 사용하는 경우 3. 통신의 당사자가 제기하는 **손해배상소송**에서 사용하는 경우 4. 기타 다른 법률의 규정에 의하여 사용하는 경우

(2) 범죄수사를 위한 통신사실 확인자료제공요청(「통신비밀보호법」)

1) 범죄수사를 위한 통신사실 확인자료제공의 절차(「통비법」 제13조)

> ① 검사 또는 사법경찰관은 **수사 또는 형의 집행을 위하여 필요한 경우** 전기통신사업법에 의한 전기통신사업자에게 통신사실 확인자료 열람이나 제출(통신사실 확인자료제공)을 요청할 수 있다.
> ② 검사 또는 사법경찰관은 수사 위하여 **통신사실확인자료 중 다음에 해당하는 자료**(모든 통신사실확인자료 X)가 필요한 경우에는 **다른 방법으로는 범죄 실행 저지 어렵거나 범인 발견·확보 또는 증거수집·보전이 어려운 경우에만** 전기통신사업자에게 해당 자료 열람이나 제출 요청할 수 있다. (실기/보충)
>   1. 제2조 제11호바목·사목 중 실시간 추적자료
>   2. 특정한 기지국에 대한 통신사실확인자료
> ③ 통신사실 확인자료제공 요청하는 경우 **요청사유, 해당 가입자와의 연관성 및 필요한 자료의 범위 기록한 서면으로 관할 지방법원**(보통군사법원 포함) **또는 지원의 허가를 받아야 한다**. 다만, **허가 받을 수 없는 긴급한 사유 있는 때는** 통신사실 확인자료제공을 요청한 후 지체 없이 허가를 받아 전기통신사업자에게 **송부**하여야 한다.
> ④ 긴급한 사유로 통신사실확인자료를 제공받았으나 지방법원 또는 지원의 허가를 받지 못한 경우에는 지체 없이 제공받은 통신사실확인자료를 폐기하여야 한다.

2) 범죄수사를 위한 통신사실 확인자료제공의 통지(「통비법」 제13조의3)

> ① 검사 또는 사법경찰관은 제13조에 따라 통신사실 확인자료제공을 받은 사건에 관하여 **공소를 제기하거나, 공소제기·검찰송치를 하지 아니하는 처분**(기소중지·참고인중지 또는 수사중지 결정은 제외한다) **또는 입건을 하지 아니하는 처분을 한 경우**에는 그 처분을 한 날부터 **30일 이내에** 통신사실 확인자료제공을 받은 사실과 제공요청기관 및 그 기간 등을 통신사실 확인자료제공의 대상이 된 당사자에게 서면으로 통지하여야 한다.
> ② **기소중지·참고인중지 또는 수사중지 결정을 한 경우**에는 그 결정을 한 날부터 **1년**(제6조 제8항 각 호의 어느 하나에 해당하는 범죄인 경우에는 3년)**이 경과한 때부터 30일 이내에** 통신사실 확인자료제공을 받은 사실과 제공요청기관 및 그 기간 등을 통신사실 확인자료제공의 대상이 된 당사자에게 서면으로 통지하여야 한다.
> ③ **수사가 진행 중인 경우**에는 통신사실 확인자료제공을 받은 날부터 **1년**(제6조 제8항 각 호의 어느 하나에 해당하는 범죄인 경우에는 3년)**이 경과한 때부터 30일 이내에** 통신사실 확인자료제공을 받은 사실과 제공요청기관 및 그 기간 등을 통신사실 확인자료제공의 대상이 된 당사자에게 서면으로 통지하여야 한다.
> ④ 위 ②(기소중지등),③(수사진행)에도 불구하고 다음 각 호의 어느 하나에 해당하는 사유가 있는 경우에는 그 사유가 해소될 때까지 같은 항에 따른 **통지를 유예할 수 있다**. → **수사종결(①)의 경우에는 통지 유예할 수 없음**
>   1. 국가의 안전보장, 공공의 안녕질서를 위태롭게 할 우려가 있는 경우
>   2. 피해자 또는 그 밖의 사건관계인의 생명이나 신체의 안전을 위협할 우려가 있는 경우
>   3. 증거인멸, 도주, 증인 위협 등 공정한 사법절차의 진행을 방해할 우려가 있는 경우

(3) 통신자료 제공요청(「전기통신사업법」 제83조)

① 전기통신사업자는 법원, 검사 또는 수사관서장, 정보수사기관장이 재판, 수사, 형 집행 또는 국가안보에 대한 위해 방지 위한 정보수집 위하여 **통신자료제공** 요청하면 요청에 따를 수 있다(**임의수사**).
② 통신자료제공 요청은 **요청사유, 해당 이용자와의 연관성, 필요한 자료의 범위를 기재한 서면**(자료제공요청서)으로 하여야 한다. 다만, 서면으로 요청할 수 없는 긴급 사유 있을 때는 서면에 의하지 아니하는 방법으로 요청할 수 있으며, 그 사유가 해소되면 지체 없이 전기통신사업자에게 자료제공요청서 제출하여야 한다.
※ 통신자료 제공요청서의 **결재권자는 총경 이상**의 공무원(경정이 관서의 장인 경우 경정을 포함)

4 공보규칙 등

> 참고 ▶ 「경찰수사사건 등의 공보에 관한 규칙」

제4조(수사사건등의 공개금지 원칙) 사건관계인의 명예, 신용, 사생활의 비밀 등 인권을 보호하고 수사내용의 보안을 유지하기 위하여, 수사사건등에 관하여 관련 법령과 규칙에 따라 공개가 허용되는 경우를 제외하고는 피의사실, 수사사항 등(이하 "**피의사실등**"이라고 한다)을 공개하여서는 안 된다.

제5조(예외적인 공개) ① 제4조에도 불구하고, 다음 각 호의 **어느 하나에 해당하는 경우**에는 수사사건등의 **피의사실등을 공개할 수 있다.**
  1. 범죄유형과 수법을 국민들에게 알려 **유사한 범죄의 재발을 방지할 필요**가 있는 경우
  2. 신속한 범인의 검거 등 인적·물적 증거의 확보를 위하여 **국민들에게 정보를 제공받는 등** 범죄수사규칙 제101조부터 제103조에 따라 **협조를 구할 필요**가 있는 경우 (이하 "공개수배"라고 한다)
  3. 공공의 안전에 대한 급박한 위험이나 범죄로 인한 피해의 급속한 확산을 방지하기 위하여 대응조치 등을 **국민들에게 즉시 알려야 할 필요**가 있는 경우
  4. 오보 또는 추측성 보도로 인하여 사건관계인의 인권이 침해되거나 수사에 관한 사무에 종사하는 경찰공무원(이하 "수사업무 종사자"라고 한다)의 업무에 지장을 초래할 것이 명백하여 **신속·정확하게 사실관계를 바로 잡을 필요**가 있는 경우

제10조(공보의 방식) ① 수사사건등에 대한 공보는 서면으로 하여야 한다.
② 수사사건등을 공보하는 서면에는 제5조제1항 각 호의 예외적인 공보 사유 중 어떤 사유에 해당하는지를 명시해야 한다.

제11조(브리핑·인터뷰에 의한 공보) ① 제10조에도 불구하고 공보책임자는 **다음 사유에 해당하는 경우**에는 **브리핑 또는 인터뷰 방식으로 수사사건등을 공보할 수 있다.**
  3. 언론 취재에 대하여 즉시 답변하지 않으면 사건관계인의 명예, 신용 또는 사생활의 비밀 등 인권을 침해할 우려가 있거나 수사에 지장을 초래할 우려가 있는 **오보 또는 추측성 보도를 방지할 필요가 있는 경우**

> **참고** 「특정강력범죄의 처벌에 관한 법률」 - 피의자의 얼굴 등 공개(제8조의2)

검사와 사법경찰관은 다음 요건 모두 갖춘 특정강력범죄사건 피의자의 얼굴, 성명 및 나이 등 신상에 관한 정보를 공개할 수 있다. (충청/공중)
① 범행수단이 **잔인하고 중대한 피해**가 발생한 특정강력범죄사건일 것
② 피의자가 그 죄를 범하였다고 믿을 만한 **충분한 증거**가 있을 것
③ 국민의 알권리 보장, 피의자의 재범방지 및 범죄예방 등 **오로지 공공의 이익을 위하여** 필요할 것
④ 피의자가 「**청소년 보호법**」 제2조 제1호의 청소년에 해당하지 아니할 것

제4절 현장수사활동

1 용어정리

초동수사	수사기관이 **범죄 발생 직후에 그 현장에서 행하는** 피해자 구호, 안전 및 응급조치, 출입자 통제 등 조치와 범인 체포, 피해자 및 목격자 확인과 면담 등 **긴급한 수사활동**
현장관찰	**현장에 도착한 수사관이 '범죄'라는 역사적 사실을 재구성하거나 증거를 수집하기 위하여 현장에 있는 물체의 존재·상태를 살펴보는 활동**으로서, 수사·형사 등 사건수사팀과 과학수사팀의 상호보완적 관찰이 중요함
유류품 수사	범죄현장 및 그 부근에 남겨져 있는 범인의 흉기, 착의 등 **유류품에 대하여 그 출처를 역으로 추적해 범인을 찾아내는 수사방법**으로 현장관찰의 결과로 이어지는 활동
탐문수사	수사관이 범인을 발견하고 범죄의 증거를 수집하기 위하여 **범인 이외의 사람들로부터 범죄에 대한 정보를 수집하는 수사기법**
감별수사	범행의 동기를 추정하거나 범인이 누구인지 어디로 이동하였는지 파악하기 위하여 피해자 등 **인적 사항 또는 범행장소 등 지리적 사항을 고려하여 수사하는 방법**
수법수사	동일한 수단·방법을 반복하여 범행하는 특성을 이용하여 발생한 범죄와 기존에 **범죄수법 유형을 수집·분석**하여 축적한 범죄수법자료를 비교함으로써 범인을 특정하거나 추적하고 여죄를 파악하는 수사활동
장물수사	재산범죄가 발생하였을 때 피해자를 통해 확인한 **피해품의 이동경로를 따라 범인을 발견**하는 수사방법
알리바이 (Alibi) 수사	알리바이란 혐의자가 범행 시각에 범죄현장에 없었음을 증명하는 것을 말하며 '현장부재(現場不在) 증명'이라고도 한다. 범인이 누구인지 밝혀지지 않은 사건에서 **알리바이가 성립되는 혐의자들을 용의선에서 제외함으로써 범인을 특정**해나갈 수 있음
감식수사	범죄가 행해진 장소에 임장하여 거기에 **유류된 제반자료를 과학적 지식과 장비를 활용하여 합리적·체계적인 방법으로 관찰**한 후, 범인을 결부시킬 수 있는 증거자료와 피해자의 신원을 확인할 수 있는 **자료 등을 수집**하고, 이를 분석·검토한 결과를 수사에 적극 활용함으로써 **범인을 특정하고 범죄사실을 입증**하는 수사활동
통신수사	우편물·전기통신의 내용을 지득·채록하거나, 휴대전화 착발신 내역 조회·휴대전화 실시간 기지국 위치추적으로 송화자의 위치를 파악하는 등 **통신을 활용하여 범인을 특정**하고, 범인의 **소재를 파악**하며, 범행의 **증거를 수집**하는 수사활동
공조수사	경찰의 조직력을 활용하여 피의자 및 수사자료를 발견·확보하고자 다른 경찰관서에 수사상 필요한 조치를 의뢰하는 것임 ① **사건수배 등**(범죄수사규칙 제88조) 　경찰관은 범죄수사와 관련하여 사건의 용의자와 수사자료 그 밖의 참고사항에 관하여 다른 경찰관 및 경찰관서에 통보를 요구(사건수배)하거나 긴급배치 등 긴급한 조치를 의뢰할 수 있다. ② **지명수배**: 특정 피의자에 대한 체포를 의뢰하는 것 ③ **지명통보**: 특정 피의자 발견 시 동인에 대해 출석요구 해줄 것을 의뢰하는 것

2 현장관찰

순서	현장위치파악 → 부근상황 관찰 → 현장 외부의 관찰 → 현장내부의 관찰
관찰기록 작성요령	① 현장관찰 활동을 시간 순으로 기록하고 필요 시 영상 녹화한다. ② 방향·거리 등 공간 특정을 위하여 기록해 둘 사물은 **고정된 물건을 2개 이상 선정**하고 그 물건을 기준으로 정확하게 측정하여 그 위치를 명백히 기록한다. ③ 물체의 크기나 거리는 실측하는 것이 원칙이고 부득이 실측할 수 없을 때는 목측(目測)임을 명백히 해둔다. ④ 수사의 단서가 되는 적극적 요소(범인의 유류품 등)뿐만 아니라 수사의 방향을 정하는 데에 도움이 되는 **소극적인 요소(욕실 출입 흔적이 없음)도 기록**한다. ⑤ 명칭이나 용도를 알 수 없는 물건은 그 자리에서 가족 등 참여인에게 물어서 명확히 기록한다.

3 각종 수사기법의 활용

(1) 수법수사(「범죄수법공조자료관리규칙」)

제3조(수법원지의 전산입력) ① 경찰서장(경찰청, 시·도경찰청에서 처리한 사건에 대하여는 경찰청장, 시·도경찰청장 포함)은 다음에 해당하는 **피의자를 검거하였거나 인도받아 조사하여 구속 송치할 때**에는 "수법·수배·피해통보 전산자료 입력코드번호부"에 규정된 내용에 따라 경찰시스템을 활용하여 **수법원지를 전산입력하여 경찰청장에게 전산송부하여야 한다. 다만, 불구속 피의자도 재범의 우려가 있다고 인정되는 자에 대하여는 전산입력 할 수 있다**(하여야 한다 X).
  1. 강도 2. 절도 3. 사기 4. 위조·변조(통화, 유가증권, 우편, 인지, 문서, 인장) 5. 약취·유인
  6. 공갈 7. 방화 8. 강간 9. 제1호 내지 제8호 중 특별법에 위반하는 죄 10. 장물
② 제1항의 피의자가 여죄가 있고 그것이 범죄수법 소분류가 각각 상이한 유형의 수법일 때에는 **그 수법마다 수법원지를 전산입력하여야** 한다.
③ 수법원지는 해당 범인을 **수사하거나 조사 송치하는 경찰공무원이 직접 전산입력하여야** 한다.
④ 사건 담당과장은 사건송치기록 검토 후 수법원지 입력누락 여부 및 입력된 수법원지 내용의 오류나 입력사항 누락 여부를 검토하여 수정하고 경찰시스템에서 승인하여야 한다.

제4조(수법원지 전산입력방법) 수법원지 각 항의 전산입력은 다음 각 호에 의하여야 한다.
  5. 피의자의 공범 등에게 확인, 이명·별명·아명·속명 등 최대한 입력
  6. 직업은 단순히 "무직", "없음" 등으로 기재하기 보다는 과거의 직업 등도 파악하여 주된 것을 입력
  14. **범행(수법)개요는 피의자의 주된 범행수단과 방법이 부각되도록 상세히 입력**

> **주의** 필적은 수법원지의 입력사항이 아니므로 수법원지를 통한 **필적조회는 불가능**하다.

제7조(피해통보표의 전산입력) ① 경찰서장은 제3조 제1항 각호에 해당하는 범죄의 **신고를 받았거나 또는 인지하였을 때**에는 지체없이 "수법·수배·피해통보 전산자료 입력코드 번호부"에 수록된 내용에 따라 경찰시스템을 활용하여 피해통보표를 전산입력하여 **경찰청장에게 전산송부하여야 한다. 다만, 당해 범죄의 피의자가 즉시 검거되었거나 피의자의 성명·생년월일·소재 등 정확한 신원이 판명된 경우에는 그러하지 아니한다.**
② 피해통보표는 반드시 당해 사건을 담당하는 **수사경찰관이 전산 입력**하여야 한다.

③ 사건 담당과장은 사건발생보고서 검토시 경찰청 및 시·도경찰청에 보고되는 속보 사건을 포함한 해당 범죄의 피해통보표의 입력여부 및 입력된 피해통보표 내용의 오류나 입력사항 누락 여부를 검토, 수정하여야 한다.

제8조(피해통보표의 관리 및 활용) ① 피해통보표를 입력한 담당경찰관은 입력누락 여부를 수시로 확인하고, 입력된 전산자료를 관리하여야 한다.

② 범행수법이 동일한 피해통보표를 2건 이상 입력하였을 때에는 동일범에 의한 범죄여부, 재범 우려 등을 종합분석하여 수사자료로 활용한다.

③ 피해통보표는 동일한 수법범죄의 발생여부, 검거피의자의 여죄와 중요장물의 수배, 통보, 조회 등 수사자료로 활용한다.

제10조(피해통보표의 장물 수배) ① 재산범죄 사건의 피해품은 경찰시스템 피해통보표의 피해품 란에 각각 전산입력하여 장물조회 등의 수사자료로 활용한다.

② **피해통보표에 전산입력한 피해품은 장물수배로 본다.**

제12조(수법원지 및 피해통보표의 삭제) ① **수법원지**가 다음 각호에 해당할 때에는 전산자료를 삭제하여야 한다.(수사중80)

1. **피작성자가 사망하였을 때**
2. **피작성자가 80세 이상이 되었을 때**
3. 작성자의 수법분류번호가 동일한 원지가 2건 이상 **중복**될 때 1건을 제외한 자료

② **피해통보표**가 다음 각호에 해당할 때에는 전산자료를 삭제하여야 한다.(피검사10년)

1. **피의자가 검거되었을 때**
2. **피의자가 사망하였을 때**
3. **피해통보표 전산입력 후** 10년이 **경과**하였을 때

> 참고 「주요 강력범죄 출소자등에 대한 정보수집에 관한 규칙」

제2조(정의) 이 규칙에서 사용하는 용어의 정의는 다음과 같다.
1. "주요 강력범죄"는 다음 각 호의 범죄를 말한다.
   가. **살**인, **방화**, **약취·유인**
   나. **강도**, **절도**, **마약류** 범죄
   다. 범죄단체의 조직원 또는 불시에 조직화가 우려되는 조직성 **폭력배**가 범한 범죄
2. "출소자등"은 「형의 집행 및 수용자의 처우에 관한 법률」 제126조의2에 따라 통보받은 출소자 또는 「보호관찰 등에 관한 법률」 제55조의3에 따라 통보받은 보호관찰이 종료된 가석방자 중 다음 각 호의 어느 하나에 해당하는 사람을 말한다.
   가. 제2조 제1호 가목에 해당하는 범죄로 **금고 이상의 실형**을 받은 사람
   나. 제2조 제1호 나목에 해당하는 범죄로 **3회 이상 금고형 이상의 실형**을 받은 사람
   다. 제2조 제1호 다목에 해당하는 범죄로 **벌금형 이상의 형**을 선고받은 사람

제4조(정보수집 기간) ① 경찰공무원은 대상자에 대하여 출소하거나 보호관찰이 종료한 때부터 다음 각 호의 기간(이하 "정보수집 기간"이라 한다) 동안 재범방지 및 피해자 보호(이하 "재범방지등"이라 한다)를 위해 필요한 정보를 수집한다.
1. **마약류 범죄 출소자등 : 3년**
2. **그 밖의** 주요 강력범죄 출소자등 **: 2년**

제5조(정보수집) ③ 경찰서장은 형사(수사)과 직원 중 총괄 업무 담당자와 대상자별 담당자를 지정하고, 지구대장(파출소장)은 대상자별 담당자를 지정하여야 한다.
⑥ **형사(수사)과 담당자는** 대상자에 대해서 정보수집 기간의 개시 후 **1년 동안 매 분기별 1회 이상** 재범방지등을 위한 정보를 수집하여야 한다.
⑦ **지구대(파출소) 담당자는** 정보수집 기간 동안 대상자에 대해서 매 **분기별 1회 이상** 재범방지등을 위한 정보를 수집하여야 한다.

(2) 유류품 수사시 착안점 (동행연인/전시회장)

동일성 (유류품과 범행)	유류품이 직접 **범행에 사용된 것인가**를 검토 ① 물건의 존재가 명확할 것 ② 물건의 특징이 합치될 것 ③ 유류상황과 진술이 합치될 것 ④ 흉기 등의 경우 상해의 부위와 합치될 것
관련성 (유류품과 범인)	유류품이 **범인의 물건이 확실한가**를 검토 ① 범인이 유류품 및 그의 일부라고 인정할 만한 것과 동종의 물건을 소유하거나 휴대하고 있었을 것 ② 유류품에 존재하는 사용버릇을 가진 인물일 것
기회성 (유류품과 현장)	**범인이 현장에 유류할 기회**가 있었는가를 검토 ① 범인이 현장에 갈 수 있었을 것 ② 유류의 기회가 있었을 것 ③ 범인이 범행시각에 근접하여 현장 및 그 부근에 있었을 것
완전성 (유류품과 범행시)	유류품이 **범행시와 동일한 상태로 보전되어 있는가**를 검토 ① 유류품이 범행 때와 같은 성질을 가지고 있을 것

(3) 탐문수사

사전준비	① 평소 탐문수사에 대한 기초 자료를 수집해 둔다. ② 사전에 탐문의 목적은 무엇이며, 목적달성을 위해 어떠한 방법을 취해야 할 것인가를 검토한다. ③ **가능한 한 상대자에게 편리한 시간과 장소를 선정**한다. ④ **탐문은 많이 한다고 좋은 것이 아니다.** 직접 체험하고 관찰한 자인지, 공정한 위치에 있는 자인지 등을 고려하여 탐문할 대상을 **신중히 선정**하여야 한다.		
질문방법	전체법과 일문일답법	전체법	① '무엇인가 수상한 점이 없었습니까?' 등을 막연하게 질문하는 방법 ② 암시유도가 되지 않아 자연스러운 답변을 얻을 수 있으나, 답변의 정리가 어려움
		일문일답법	① 질문자가 듣고 싶은 점을 하나하나 묻는 방법 ② 질문이외의 정보를 얻기 어려움
	자유응답법과 선택응답법	자유응답법	질문에 대하여 자유로이 대답하게 하는 방법(언제, 어디, 무엇 등의 의문사를 수반하는 질문으로 진실성이 높고 암시, 유도의 염려가 없다)
		선택응답법	질문자가 미리 준비한 몇 개의 답변 중에서 하나를 선택해서 답변하게 하는 방법(암시, 유도의 염려있음)
	부정문과 긍정문	부정문	'A아니겠지요?' 등으로 부정어를 가지고 질문
		긍정문	긍정어를 가지고 확인하는 방향으로 질문 ≫ 긍정문과 부정문의 질문은 암시, 유도가 되기 쉽고 정답을 얻기 매우 어려움

참고 ▶ 범인식별절차

① 범인의 인상착의에 관한 **목격자의 진술을 사전에 상세히 기록한다.**
② 용의자를 포함하여 그와 **인상착의가 비슷한 여러 사람을 동시에 목격자와 대면시켜 범인을 지목하도록 하여야 한다.**(시간 간격을 두고 보여준다X) ⇨ 범죄 발생 직후 목격자의 기억이 생생하게 살아있는 상황에서는 **복수면접(line-up) 방식이 아닌 일대일 대면절차도 허용(판례)**
  ※ 범죄 발생 직후 **목격자** 기억이 생생하게 살아있는 상황에서 현장이나 부근에서 범인식별 절차를 실시하는 경우에는 목격자에 의한 생생하고 정확한 식별 가능성이 열려 있고 범죄 신속한 해결 위한 **즉각적인 대면의 필요성도 인정할 수 있으므로** 용의자와 목격자의 **일대일 대면도 허용**된다(대판 2008도12111).
  ※ 범인식별 절차에 있어 목격자 진술의 신빙성이 높게 평가되려면 일정한 절차적 요건이 충족되어야 하고, 사진제시에 의한 범인식별 절차에 있어서도 기본적으로 그러한 원칙이 적용되나, **사진제시에 의하여 이루어진 범인식별에 관한 목격자의 진술이 그 절차상의 하자에도 불구하고 높은 정도의 신빙성이 인정되는 경우라면, 그 지목된 자를 범인으로 인정할 수 있다**(대판 2003도7033).
③ 용의자가 목격자 및 비교대상자와 **사전에 접촉하지 못하도록 한다.**(사전 접촉 기회를 준다X)
④ 대질 과정과 결과를 서면화한다.

4. 기타수사

1) 장물수사

수사 사항	① 장물의 소지자로부터 입수 경위를 확인하여 역으로 추적한다. ② 장물이 피해품이 맞는지 변형·파손된 부분은 없는지 확인한다. ③ 장물을 임의제출받거나 영장을 발부받아 압수한다. ≫ 장물의 소지자에게 소유권 포기서 제출을 권유한다.(X) – 소지자에게 소유권 포기 여부를 물어볼 수는 있지만 이를 강요하거나 권유해서는 안 된다	
장물 수배서	특별중요 장물수배서	① **수사본부 설치**하고 수사하고 있는 사건에 관하여 발하는 장물수배서 ② **홍색용지** 사용

	중요장물 수배서	① **수사본부를 설치하고 있는 사건 이외의 중요한 사건**에 관하여 발하는 장물수배서
		② **청색용지** 사용
		≫ 중요장물수배서의 피해품
		  ㉠ 중요문화재 기타 이에 준하는 피해품
		  ㉡ 외교사절 등에 관련된 사건의 피해품, 기타 사회적 영향이 큰 사건의 피해품
		  ㉢ 살인·강도 등의 중요사건에 관한 피해품
		  ㉣ 다액절도 또는 특이한 수법이나 상습범이라고 인정되는 침입 절도사건의 피해품
		  ㉤ 기타 중요 또는 특이사건의 피해품

	보통장물 수배서	① **기타 사건**에 관하여 발하는 장물수배서 ② **백색용지** 사용

2) 알리바이 수사

의의	**'알리바이'란 혐의자가 범행시각에 범죄현장에 없었음을 증명하는 것.** 범인이 누구인지 밝혀지지 않은 사건에서 알리바이가 성립되는 혐의자들을 용의선에서 제외함으로써 범인을 특정해나갈 수 있다.	
알리바이 종류	절대적 알리바이	범죄가 행하여진 그 시간에는 혐의자가 현실적으로 범죄현장 이외의 다른 장소에 있었다는 사실이 명확하게 증명되는 경우
	상대적 알리바이	범죄발생 전후 시각을 고려하여 용의자가 도저히 범죄현장에 도달하지 못할 것이라고 인정되는 경우
	위장 알리바이	사전에 계획적으로 자기의 존재를 인상 깊게 해놓고 그 사이에 극히 단시간 내에 범죄를 감행하는 경우
	청탁 알리바이	범행실행 후 자기의 범행사실을 은폐하기 위하여 가족, 동료, 친지에게 시간과 장소를 약속 또는 부탁해 놓은 경우

> 참고 「수배차량등검색시스템 운영 규칙」

제2조(정의) 이 규칙에서 사용하는 용어의 뜻은 다음과 같다.
1. "**수배차량등검색시스템**"이란 차량방범용 CCTV, 차량번호자동판독기 및 경찰 순찰용 차량의 다기능 차량번호인식기와 연계하여 실시간 알림·전파 기능 또는 동선검색 기능을 통해 차량의 수배 및 추적을 지원하는 시스템을 말한다.
6. "차량사진정보"란 CCTV 및 판독기가 설치된 장소를 통과한 차량의 차량번호를 촬영한 사진을 통하여 차량을 알아 볼 수 있는 정보를 말한다.
7. "차량번호정보"란 차량사진정보에서 문자로 인식된 차량번호를 말한다.
8. "**수배차량**"이란 범죄관련차량, 요구조자차량, 재난관련차량 중 **실시간 알림·전파**가 필요하여 검색시스템에 수배입력된 차량을 말한다.
9. "**범죄관련차량**"이란 다음 각 목의 어느 하나에 해당한다고 인정할 만한 사유가 있어 **수배차량으로 지정하거나 동선검색이 필요한 차량**을 말한다.
    가. 범죄행위(별표에 규정된 범죄로 인한 행위에 한정)에 제공하였거나 제공하려고 하는 차량
       ➡ 손괴의 죄 가운데서는 '특수손괴죄'만 여기에 해당
    나. 범죄행위로 취득한 차량
    다. 범죄행위의 용의자나 피의자가 이용한 차량
    라. 다목에 따른 차량 이외에 법정형이 사형·무기 또는 장기 3년 이상의 징역이나 금고에 해당하는 죄를 범하였다고 의심할 만한 상당한 이유가 있어 체포영장 또는 구속영장이 발부되거나 긴급체포 대상인 자가 이용한 차량

제5조(수집·이용 및 파기) ① **차량번호정보는 경찰청 통합서버에 저장**하고 **차량사진정보는 경찰관서 연계서버에 저장**한다. 이 경우, 차량사진정보는 수배차량 또는 동선검색 대상 차량의 CCTV·판독기 통과여부가 확인된 경우에만 열람이 가능하다.
② 사건의 담당자는 **수배 입력이 필요한 경우** 별지 제1호서식의 수배차량(입력, 해제) 의뢰서를 작성하고 **소속 부서장 승인**을 받아 단말기 운영담당자에게 입력을 요청한다. 다만, **야간 또는 토요일·공휴일에는** 당해 **경찰관서 상황관리관의 승인**으로 할 수 있다.
⑤ 사건담당자는 **동선검색이 필요한 경우** 별지 제2호서식의 동선검색 의뢰서를 작성하고 **소속 시·도경찰청장 승인**을 받아 경찰관서 단말기 운영담당자에게 검색을 요청할 수 있다. 다만, **야간 또는 토요일·공휴일에는 시·도경찰청 상황관리관의 승인**으로 할 수 있다.
⑧ 검색시스템을 운영하는 과정에서 **수집한 자료의 보유기간은 30일**로 한다.

제5절 수사면담(조사)과 수사서류 작성

1 수사면담(조사)

2 임의수사

(1) 피의자 신문

① 피의자신문과 변호인참여 등

> 〈피의자 아닌 자(참고인)의 진술의 영상녹화〉 검사 또는 사법경찰관은 수사에 필요한 때에는 피의자가 아닌 자의 출석을 요구하여 진술을 들을 수 있다. 이 경우 그의 **동의를 받아 영상녹화할 수 있다.**
> 〈피의자 진술의 영상녹화〉 피의자의 진술은 영상녹화할 수 있다(동의를 받아X). 이 경우 **미리 영상녹화사실을 알려주어야 하며**, 조사의 개시부터 종료까지의 전 과정 및 객관적 정황을 영상녹화하여야 한다.
> 〈변호인 참여〉 ① 사법경찰관리는 피의자 또는 그 변호인·법정대리인·배우자·직계친족·형제자매의 신청이 있는 경우 변호인의 참여로 인하여 신문이 방해되거나, 수사기밀이 누설되는 등 정당한 사유가 있는 경우를 제외하고는 피의자에 대한 신문에 **변호인을 참여하게 해야 한다.**
> ② 피의자신문에 참여하고자 하는 **변호인이 2인 이상일 때에는** 피의자가 신문에 참여할 **변호인 1인을 지정한다.** 지정이 없는 경우에는 검사 또는 사법경찰관이 이를 지정할 수 있다.
> 〈신문중 변호인 참여의 제한〉 ① 사법경찰관리는 변호인의 참여로 증거를 **인멸·은닉·조작할 위험이** 구체적으로 드러나거나, **신문 방해, 수사기밀 누설** 등 수사에 현저한 지장을 초래하는 경우에는 피의자신문 중이라도 **변호인의 참여를 제한할 수 있다.** 이 경우 피의자와 변호인에게 변호인의 참여를 제한하는 처분에 대해 법 제417조에 따른 준항고를 제기할 수 있다는 사실을 고지해야 한다.
> ② 제1항에 따라 변호인 참여를 제한하는 경우 사법경찰관리는 피의자 또는 변호인에게 그 사유를 설명하고 의견을 진술할 기회와 다른 변호인을 참여시킬 기회를 주어야 한다. 변호인의 참여를 제한한 후 그 사유가 해소된 때에는 변호인을 신문에 참여하게 해야 한다.
> 〈신뢰관계자 동석〉 피의자가 신체적 또는 정신적 장애로 사물을 변별하거나 의사를 결정·전달할 능력이 미약한 때에는 직권 또는 피의자·법정대리인의 신청에 따라 **피의자와 신뢰관계에 있는 자를 동석하게 할 수 있다.**

② 임의성 확보(조사 및 조서작성 시 유의사항) – (범죄수사규칙제62~63조)

> ① 경찰관은 조사를 할 때에는 고문, 폭행, 협박, 신체구속의 부당한 장기화 그 밖에 진술의 임의성에 관하여 의심받을 만한 방법을 취하여서는 아니된다.
> ② 경찰관은 조사를 할 때에는 희망하는 진술을 상대자에게 시사하는 등의 방법으로 진술을 유도하거나 진술의 대가로 이익을 제공할 것을 약속하거나 그 밖에 진술의 진실성을 잃게 할 염려가 있는 방법을 취하여서는 아니 된다.
> ③ 경찰관은 조사를 할 때에는 소속 경찰관서 사무실 또는 조사실에서 하여야 하며 **부득이한 사유로 그 이외의 장소에서 할 경우에는 소속 경찰관서장의 사전 승인을 받아야 한다.**

③ 인권보호(조사 및 조서작성 시 유의사항)

「검사와 사법경찰관의 상호협력과 일반적 수사준칙에 관한 규정」

제21조(심야조사 제한) ① 검사 또는 사법경찰관은 조사, 신문, 면담 등 그 명칭을 불문하고 피의자나 사건관계인에 대해 **오후 9시부터 오전 6시까지 사이에 조사(이하 "심야조사"라 한다)를 해서는 안 된다. 다만, 이미 작성된 조서의 열람을 위한 절차는 자정 이전까지** 진행할 수 있다.

② 제1항에도 불구하고 다음 각 호의 어느 하나에 해당하는 경우에는 심야조사를 할 수 있다. 이 경우 심야조사의 사유를 조서에 명확하게 적어야 한다.
1. 피의자를 체포한 후 48시간 이내에 구속영장의 청구 또는 신청 여부를 판단하기 위해 불가피한 경우
2. 공소시효가 임박한 경우
3. 피의자나 사건관계인이 출국, 입원, 원거리 거주, 직업상 사유 등 재출석이 곤란한 구체적인 사유를 들어 심야조사를 요청한 경우(변호인이 심야조사에 동의하지 않는다는 의사를 명시한 경우는 제외한다)로서 해당 요청에 상당한 이유가 있다고 인정되는 경우
4. 그 밖에 사건의 성질 등을 고려할 때 심야조사가 불가피하다고 판단되는 경우 등 법무부장관, 경찰청장 또는 해양경찰청장이 정하는 경우로서 검사 또는 사법경찰관의 소속 기관의 장이 지정하는 인권보호책임자의 허가 등을 받은 경우

제22조(장시간 조사 제한) ① 검사 또는 사법경찰관은 조사, 신문, 면담 등 그 명칭을 불문하고 피의자나 사건관계인을 조사하는 경우에는 대기시간, 휴식시간, 식사시간 등 모든 시간을 합산한 조사시간(이하 **"총조사시간"**이라 한다)이 **12시간을 초과하지 않도록 해야 한다.** 다만, 다음 각 호의 어느 하나에 해당하는 경우에는 예외로 한다.
1. 피의자나 사건관계인의 서면 요청에 따라 조서를 열람하는 경우
2. 제21조 제2항 각 호의 어느 하나에 해당하는 경우

② 검사 또는 사법경찰관은 특별한 사정이 없으면 총조사시간 중 식사시간, 휴식시간 및 조서의 열람시간 등을 제외한 **실제 조사시간이 8시간을 초과하지 않도록 해야 한다.**

③ 검사 또는 사법경찰관은 피의자나 사건관계인에 대한 **조사를 마친 때부터 8시간이 지나기 전에는 다시 조사할 수 없다.** 다만, 제1항 제2호에 해당하는 경우에는 예외로 한다.

「범죄수사규칙」

제64조(조사 시 진술거부권 등의 고지) 「형사소송법」 제244조의3에 따른 진술거부권의 고지는 **조사를 상당 시간 중단하거나 회차를 달리하거나 담당 경찰관이 교체된 경우에도 다시 하여야** 한다.

제73조(피의자신문조서 등 작성 시 주의사항) ① 경찰관은 피의자신문조서와 진술조서를 작성할 때에는 다음 각 호의 사항에 주의하여야 한다.
1. 형식에 흐르지 말고 추측이나 과장을 배제하며 범의 착수의 방법, 실행행위의 태양, 미수·기수의 구별, 공모사실 등 범죄 구성요건에 관한 사항에 대하여는 특히 명확히 기재할 것
2. 필요할 때에는 진술자의 진술 태도 등을 기입하여 진술의 내용뿐 아니라 진술 당시의 상황을 명백히 알 수 있도록 할 것

② 경찰관은 조사가 진행 중인 동안에는 수갑·포승 등을 해제하여야 한다. 다만, 자살, 자해, 도주, 폭행의 우려가 현저한 사람으로서 담당경찰관 및 유치인 보호주무자가 수갑·포승 등 사용이 반드시 필요하다고 인정한 사람에 대하여는 예외로 한다.

④ 장애인 등 특별 보호 필요한 자에 대한 수사(「발달장애인 권리보장 및 지원에 관한 법률」)

> ㉠ 수사기관은 발달장애인 조사하는 경우 발달장애인 본인, 보호자, 발달장애인지원센터장의 신청이 있는 때는 수사에 중대한 지장을 줄 우려가 있는 등 부득이한 경우 아니면 발달장애인과 신뢰관계에 있는 사람을 **동석하게 하여야 한다.**
> ㉡ 경찰청장은 경찰서장으로 하여금 발달장애인 전담 사법경찰관 지정하도록 하여 특별한 사정이 없으면 발달장애인을 조사 또는 심문하게 하여야 한다.
> ㉢ 발달장애인에 대한 유기등 신고접수한 발달장애인지원센터 직원이나 사법경찰관리는 지체 없이 현장에 출동하여야 한다. 이 경우 **발달장애인지원센터장이나 수사기관장은 서로 발달장애인에 대한 유기등의 현장에 동행 요청할 수 있고 요청받은 발달장애인지원 센터장이나 수사기관장은 정당한 사유 없으면 그 소속 직원이나 사법경찰관리가 동행 하도록 조치하여야 한다**(직원이나 사경은 동행요청할 수 있고 X).
> ㉣ 누구든지 발달장애인지원센터 직원이나 사법경찰관리가 발달장애인에 대한 유기 등의 신고와 관련 업무를 수행 할 때에 폭행·협박하거나 현장조사 거부하는 등 업무수행을 방해하는 행위를 하여서는 아니 된다. → 정당한 사유 없이 업무수행 방해시 300만원 이하의 과태료

(2) **참고인조사**

> 검사 또는 사법경찰관은 수사에 필요한 때에는 **피의자가 아닌 자**의 출석을 요구하여 진술을 들을 수 있다. 이 경우 **그의 동의를 받아 영상녹화할 수 있다**(「형소법」 제221조 제3항).

참고 ● 경찰수사의 공정성 확보방안

> 「범죄수사규칙」
> **제8조(제척)** 경찰관은 다음 각 호의 **어느 하나에 해당하는 경우** 수사직무(조사 등 직접적인 수사 및 수사지휘를 포함한다)의 집행에서 **제척된다.**
>   1. 경찰관 본인이 피해자인 때
>   2. 경찰관 본인이 피의자 또는 피해자의 친족이거나 친족이었던 사람인 때
>   3. 경찰관 본인이 피의자 또는 피해자의 법정대리인이거나 후견감독인인 때
> **제9조(기피 원인과 신청권자)** ① 피의자, 피해자와 그 변호인은 다음 각 호의 어느 하나에 해당하는 때에는 경찰관에 대해 기피를 신청할 수 있다. 다만, 변호인은 피의자, 피해자의 명시한 의사에 반하지 아니하는 때에 한하여 **기피를 신청할 수 있다.**
>   1. 경찰관이 제8조 각 호의 어느 하나(제척사유)에 해당되는 때
>   2. 경찰관이 **불공정한 수사를 하였거나 그러한 염려가** 있다고 볼만한 객관적·구체적 사정이 있는 때
> **제10조(기피 신청 방법과 대상)** ① 제9조에 따라 기피 신청을 하려는 사람은 별지 제1호서식의 기피신청서를 작성하여 기피 신청 대상 경찰관이 소속된 경찰서 내 **감사부서의 장**(수사부서의 장 X)에게 제출하여야 한다. 이 경우 해당 감사부서의 장은 **소속 수사부서장에게 지체없이 기피 신청 사실을 구두로 전달하고, 3일 이내에 공문으로도 통보하여야 한다.**
> ② 제1항의 기피 신청을 하려는 사람은 기피 신청을 한 날부터 **3일 이내에** 기피사유를 **서면으로 소명하여야 한다.**

제11조(기피 신청의 처리) ① 기피 신청을 접수한 감사부서의 장은 다음 각 호의 어느 하나에 해당하는 경우 해당 신청을 수리하지 않을 수 있다.
   2. 동일한 사건에 대해 이미 기피 신청하였던 경우. 다만, 기존과 다른 사유로 기피 신청하는 것을 소명할 경우에는 추가로 한 차례만 기피 신청할 수 있다.
② **수사부서장은** 제10조 제1항 후단에 따라 기피 신청 사실을 통보받은 후 **지체 없이** 별지 제2호서식의 **의견서를 작성하여 감사부서의 장에게 제출하여야 한다.** 다만, 제1항에 따라 해당 기피 신청을 수리하지 않는 경우에는 그러하지 아니하다.
④ **수사부서장이 기피 신청을 이유 있다고 인정하지 않는 때에는 감사부서의 장은 기피 신청 접수일부터 7일**(공휴일과 토요일은 산입하지 않는다) 이내에 공정수사위원회를 개최하여 기피 신청 수용 여부를 **결정하여야 한다.** 다만, 부득이한 경우 7일의 범위에서 **한 차례만** 위원회 개최를 **연기할 수 있다.**
⑥ 공정수사위원회는 **재적위원 전원의 출석으로 개의하고 출석위원 과반수의 찬성으로 의결**한다.

제12조(회피) 소속 경찰관서장이 「수사준칙」 제11조에 따른 **회피 신청을 허가한 때에는** 회피신청서를 제출받은 날로부터 **3일 이내에** 사건 담당 **경찰관을 재지정하여야 한다.**

「검사와 사법경찰관의 상호협력과 일반적 수사준칙에 관한 규정」

제11조(회피) 검사 또는 사법경찰관리는 피의자나 사건관계인과 친족관계 또는 이에 준하는 관계가 있거나 그 밖에 수사의 공정성을 의심 받을 염려가 있는 사건에 대해서는 **소속 기관의 장의 허가를 받아 그 수사를 회피해야 한다.**

「경찰수사규칙」

제10조(회피) 사법경찰관리는 수사준칙 제11조에 따라 수사를 회피하려는 경우에는 별지 제8호서식의 회피신청서를 **소속경찰관서장에게** 제출해야 한다.

제11조(수사 진행상황의 통지) ① 사법경찰관은 다음 각 호의 어느 하나에 해당하는 날부터 **7일 이내에** 고소인·고발인·피해자 또는 그 법정대리인에게 수사 진행상황을 통지해야 한다. 다만, 고소인등의 연락처를 모르거나 소재가 확인되지 않으면 연락처나 소재를 알게 된 날부터 **7일 이내에** 수사 진행상황을 통지해야 한다.
1. 신고·고소·고발·진정·탄원에 따라 수사를 개시한 날
2. 제1호에 따른 수사를 개시한 날부터 매 1개월이 지난 날

> 범죄수사규칙 제13조(수사 진행상황의 통지) ① 경찰관은 「경찰수사규칙」 제11조제1항의 통지대상자가 사망 또는 의사능력이 없거나 미성년자인 경우에는 법정대리인·배우자·직계친족·형제자매 또는 가족(이하 "법정대리인등")에게 통지하여야 하며, 통지대상자가 미성년자인 경우에는 본인에게도 통지하여야 한다.

제95조(장기사건 수사종결) ① 사법경찰관리는 **범죄 인지 후 1년이 지난 사건**에 대해서는 수사준칙 제51조 제1항에 따른 결정(법원송치, 검찰송치, 불송치, 수사중지, 이송)을 해야 한다. 다만, 다수의 사건관계인 조사, 관련 자료 추가확보·분석, 외부 전문기관 감정의 장기화, 범인 미검거 등으로 계속하여 수사가 필요한 경우에는 해당 사법경찰관리가 소속된 **바로 위 상급경찰관서 수사 부서의 장의 승인을 받아 연장할 수 있다.**

제97조(수사 결과의 통지) ① 사법경찰관은 수사준칙 제53조에 따라 피의자와 고소인등에게 수사 결과를 통지하는 경우에는 사건을 송치하거나 사건기록을 송부한 날부터 **7일 이내에** 해야 한다. 다만, 피의자나 고소인등의 연락처를 모르거나 소재가 확인되지 않는 경우에는 연락처나 소재를 안 날부터 **7일 이내에** 통지를 해야 한다.

> 참고 ▸ REID 9단계 신문기법
> (혐의가 명백하고 확실하게 판단된 용의자에 대한 신문과정에 사용하는 기법)

1. 피의자의 일반적 유형

감정적 피의자	① 범죄 후 상당한 죄책감, 정신적 고통, 양심의 가책을 경험한다. ② **동정적인 신문 전략**이 가장 효과적
비감정적 피의자	① 범죄 후 양심의 가책을 느끼지 않는다. ② 범죄의 **사실적 분석**(factual-analysis) **전략과 기법**이 가장 효과적

2. 스트레스 반응 단계

분노	피의자가 조사과정에서 통제력을 얻거나 유지하려는 지배적인 기분
우울	외부로 표출하던 공격방향이 자신을 향함
부인	현실을 거부하려는 피의자의 노력
거래	자신의 상황인식에 대하여 수사관의 동의를 구하려는 시도
수용	결과를 받아들임

3. 9단계 신문방법 (대화부/반관/기택이가/셌서)

1단계 직접적 대면	수사관이 용의자가 범인이라는 심증을 갖고 있음을 명확하게 알려준다.
2단계 신문 화제의 전개	용의자에게 범행에 대한 합리화·정당화 사유를 제공하여 비난 가능성을 줄여주는 화제를 언급(감정적 용의자에 대하여 용의자의 죄책감을 줄여주는 발언, 비감정적 용의자에 대하여 진실을 그대로 말하는 것이 도움이 될 것이라는 발언)
3단계 부인(否認) 다루기	용의자가 수사관의 신문화제 전개를 방해하는 혐의를 부인하는 진술을 하지 못하게 억제
4단계 반대논리 격파	수사관이 주도하는 신문의 화제를 흐리는 용의자의 진술을 압도
5단계 관심 이끌어내기	4단계가 효과적이라면 피의자가 수사관을 회피하기 쉬우므로 시선을 맞추고 화제를 계속 반복하는 동시에 피의자의 긍정적 측면을 부각
6단계 우울한 기분 달래주기	사실대로 말할 것을 촉구하며 동정과 이해를 표시
7단계 양자택일적 질문하기	어느 것을 선택해도 혐의가 인정되는 2가지 선택의 질문을 던진다.
8단계 세부사항 질문	용의자가 수사관의 질문에 선택적으로 답하는 단계를 지나 적극적으로 범행에 대하여 진술하도록 한다.
9단계 구두 자백의 서면화	피의자가 진술로 자백한 내용을 서면으로 확보

3 수사서류 작성방법

기명날인 또는 서명 등 (제39조)	① 수사서류에는 작성연월일, 경찰관의 소속 관서와 계급을 적고 기명날인 또는 서명하여야 한다. ② 날인은 문자 등 형태를 알아볼 수 있도록 하여야 한다. ③ **수사서류에는 매장마다 간인한다. 다만, 전자문서 출력물의 간인은 면수 및 총면수를 표시하는 방법으로 한다.** ④ 수사서류의 여백이나 공백에는 사선을 긋고 날인한다. ⑤ 피의자신문조서와 진술조서는 진술자로 하여금 간인한 후 기명날인 또는 서명하게 한다. 다만, 진술자가 기명날인 또는 서명을 할 수 없거나 이를 거부할 경우, 그 사유를 조서말미에 적어야 한다. ⑥ 인장이 없으면 날인 대신 무인하게 할 수 있다.

문자의 삽입·삭제 (제42조)	① 경찰관은 수사서류를 작성할 때에는 **임의로 문자를 고쳐서는 아니 되며**, 다음 각 호와 같이 **고친 내용을 알 수 있도록 하여야 한다**.
	  1. 문자를 삭제할 때에는 삭제할 문자에 두 줄의 선을 긋고 날인하며 그 왼쪽 여백에 "몇자 삭제"라고 적되 삭제한 부분을 해독할 수 있도록 자체를 존치하여야 함
	  2. 문자를 삽입할 때에는 행의 상부에 삽입할 문자를 기입하고 그 부분에 날인하여야 하며 그 왼쪽 여백에 "몇자 추가"라고 적음
	  3. 1행 중에 두 곳 이상 문자를 삭제 또는 삽입하였을 때에는 각 자수를 합하여 "몇자 삭제" 또는 "몇자 추가"라고 기재
	  4. 여백에 기재할 때에는 기재한 곳에 날인하고 "몇자 추가"라고 적음

4 송치서류편철순서

① **사건송치서 → 압수물총목록 → 기록목록 → 송치결정서 → 그 밖의 서류** (송압기결/기타)
② 그밖의서류는 접수 또는 작성순서에 따라 편철한다.
③ 각 장마다 **면수를 기입하는 것은 송치결정서와 그 밖의 서류**이고, 송치서, 압수물총목록, 기록목록에는 면수를 기재하지 않는다.
④ 송치결정서(그밖의 서류 X)가 2장 이상일 때에는 1-1, 1-2, 1-3의 방법으로 기재
⑤ 2호(압수물총목록)부터 4호(송치결정서)까지의 서류에는 송치명의인으로 간인하여야 한다.

※ 수사준칙 제58조에 따라 사건을 송치하는 경우에는 소속 경찰관서장 또는 소속수사부서장의 명의로 한다.
※ **송치 결정서는 사법경찰관이 작성**해야 한다.

5 송치서류 기재요령

적용법조등 기재	① **피의자는 123 순으로, 죄명은 경합범인 경우 가나다 순으로**, 법정형이 중한 순으로, 법정형이 같은 경우 공소시효가 장기인 순으로 표시한다. ② 처벌규정과 금지규정이 별도인 경우 모두 기재하되, 처벌규정을 먼저 기재하고, 금지규정을 나중에 기재한다. ③ 형법총칙 규정은 "**공**범(공동정범·교사범·종범) → **상**상적경합범 → **누**범 → **경**합범 → **필**요적몰수" 순으로 기재 ④ 임의적몰수, 추징, 총칙상 미수조항, 형의 임의적 감경·감면, '벌금 등 임시조치법'은 기재하지 않는다. ⑤ 같은 법률의 조문을 열거할 때는 최초에만 법률명 기재하고, 법률조문과 법률조문 사이에 다른 말이 들어갈 때는 법률명을 재차 기재하지 않고 '같은 법'으로 기재함
죄명 기재	① 형법범의 죄명은 대검찰청이 정한 죄명표에 의하고, 미수범·교사범·방조범은 죄명 다음에 미수·교사·방조라 표시 ② 특별법위반은 'OOO법 위반'으로 표시한다. 교사방조는 'OOO법 위반 교사' 또는 'OOO법 위반 방조'로 표시하지만, 미수는 'OOO법위반'으로 표시 〖예〗 2인이 공동으로 상해 가하려다 미수에 그친 경우 죄명 - '폭력행위등처벌에관한법률위반(공동상해)미수'로 기재 X, '폭력행위등처벌에관한법률위반(공동상해)'로 기재 ※ 잠자는 여성의 방에 강간을 목적으로 침입하여 피해자의 음부를 만지고 자신의 성기를 피해자의 음부에 삽입하려고 하였으나 피해자가 몸을 뒤척이고 비트는 등 잠에서 깨어 거부하는 듯한 기색을 보이자 더 이상 간음행위에 나아가는 것을 포기하였다면 그 죄명은 '성폭력범죄의처벌등에관한특례법위반(주거침입강간 등)'으로 기재한다.(미수를 붙이지 않음)
	≫ 대검예규 별표에 있는 다음의 특별법에 대해서는 'OOO법 위반' 뒤에 괄호를 하고 구체적인 죄명을 표시하여야 한다.**(아마 성폭 교수가 화보정공 경체중)** ① 아동복지법, 아동학대범죄의 처벌등에 관한 특례법, 아동청소년의 성보호에 관한 법률 ② 마약류관리에 관한 법률, 한국마사회법 ③ 성폭력범죄처벌등에 관한 특례법, 성폭력방지 및 피해자보호등에 관한 법률, 성매매알선등 행위처벌에 관한 법률 ④ 폭력행위등처벌에 관한 법률 ⑤ 도로교통법, 교통사고처리특례법 ⑥ 수산업법 ⑦ 특정경제범죄가중처벌등에 관한 법률, 특정범죄가중처벌 등에 관한 법률 ⑧ 화학물질관리법, 국가보안법, 보건범죄단속에관한 특별조치법 ⑨ 정보통신망이용촉진 및 보호등에 관한 법률, 공연법 ⑩ 부정경쟁방지 및 영업비밀보호에 관한 법률 국민체육진흥법, 중**대재해처벌등에관한법률(신규추가)** ≫ 예비군법, 청소년보호법, 부정수표단속법은 아님

참고 ●「특정범죄신고자 등 보호법」 및 동법 시행령

① 검사 또는 사법경찰관은 범죄신고등과 관련하여 조서 등을 작성할 때 범죄신고자등이나 그 친족등이 보복당할 우려있는 경우에는 취지를 조서등에 기재하고 범죄신고자등의 인적 사항은 기재하지 아니한다(법 제7조 제1항).
② 가명조서 등에 성명을 기재하지 아니하는 경우에는 범죄신고자 등으로 하여금 조서 등에 서명은 가명으로, 간인 및 날인은 무인으로 하게 하여야 한다. 이 경우 가명으로 된 서명은 본명의 서명과 동일한 효력이 있다(법 제7조 제4항).
③ 범죄신고자등이 조서등에 가명으로 서명한 때에는 검사 또는 사법경찰관은 조서에 기재한 가명을 신원관리카드에 기재하고 범죄신고자등으로 하여금 본명과 가명의 서명을 신원관리카드에 기재하고 무인하게 하여야 한다(법시행령 제4조 제2항).
④ 사법경찰관이 사건 송치하는 때에는 **수사서류와 별도로 신원관리카드 봉인하여(수사서류에 신원관리카드를 첨부 X)** 사건기록과 함께 관할 검찰청에 이를 제출하여야 한다(법시행령 제5조 제2항).

6 수배제도

(1) 의의

지명통보	① 특정한 피의자를 발견한 경우 그 피의자에 대한 **출석요구를 의뢰하는 제도**
	② 사법경찰관리는 다음 각 호의 어느 하나에 해당하는 사람의 소재를 알 수 없을 때에는 **지명통보를 할 수 있다.**
	  1. 법정형이 **장기 3년 미만**의 징역 또는 금고, 벌금에 해당하는 죄를 범했다고 의심할 만한 상당한 이유가 있고, 출석요구에 응하지 않은 사람
	  2. 법정형이 **장기 3년 이상**의 징역이나 금고에 해당하는 죄를 범했다고 의심되더라도 **사안이 경미**하고, 출석요구에 응하지 않은 사람

지명수배	① 특정한 피의자에 대하여 그의 **체포를 의뢰하는 제도**
	》 주의 수배제도를 규정한 법률 없음(경찰수사규칙에 근거)
	》〈헌재결정〉수사과정에서 비공개 지명수배 조치는 수사기관 내부의 단순한 공조 내지 의사연락에 불과할 뿐이고 그 자체만으로는 아직 국민에 대하여 직접 효력을 가지는 것이라 할 수 없다. - 지명수배는 헌법소원의 대상이 되는 공권력행사 아님(헌재 99헌마181).
	② 사법경찰관리는 다음 각 호의 어느 하나에 해당하는 사람의 소재를 알 수 없을 때에는 **지명수배를 할 수 있다.**
	  1. 법정형이 사형, 무기 또는 **장기 3년 이상**의 징역이나 금고에 해당하는 죄를 범했다고 의심할 만한 상당한 이유가 있어 체포영장 또는 구속영장이 발부된 사람
	  2. 제47조에 따른 **지명통보의 대상인 사람 중** 지명수배를 할 필요가 있어 **체포영장 또는 구속영장이 발부된 사람**
	③ 위에도 불구하고 형사소송법 제200조의3 제1항에 따른 **긴급체포를 하지 않으면 수사에 현저한 지장을 초래하는 경우에는 영장을 발부받지 않고 지명수배할 수 있다.** 이 경우 지명수배 후 신속히 체포영장을 발부받아야 하며, 체포영장을 발부받지 못한 때에는 즉시 지명수배를 해제해야 한다.

(2) 지명수배자 소재발견시 조치사항

「경찰수사규칙」 제46조(지명수배자 발견 시 조치) ① 사법경찰관리는 지명수배자를 발견한 때에는 체포영장 또는 구속영장을 제시하고, 수사준칙 제32조 제1항에 따라 권리 등을 고지한 후 체포 또는 구속하며 별지 제36호서식의 권리 고지 확인서를 받아야 한다. 다만, 체포영장 또는 구속영장을 소지하지 않은 경우 긴급하게 필요하면 지명수배자에게 영장이 발부되었음을 고지한 후 체포 또는 구속할 수 있으며 사후에 지체 없이 그 영장을 제시해야 한다.
② 사법경찰관은 제45조제2항에 따라 영장을 발부받지 않고 지명수배한 경우에는 지명수배자에게 긴급체포한다는 사실과 수사준칙 제32조제1항에 따른 권리 등을 고지한 후 긴급체포해야 한다. 이 경우 지명수배자로부터 별지 제36호서식의 권리 고지 확인서를 받고 제51조제1항에 따른 긴급체포서를 작성해야 한다.

「범죄수사규칙」 제98조(지명수배된 사람 발견 시 조치) ① 경찰관은 「경찰수사규칙」 제46조제1항에 따라 지명수배자를 체포 또는 구속하고, 지명수배한 경찰관서("수배관서")에 인계하여야 한다.
② **도서지역에서 지명수배자가 발견된 경우**에는 지명수배자 등이 발견된 관할 경찰관서의 경찰관은 지명수배자의 소재를 계속 확인하고, **수배관서와 협조하여 검거 시기를 정함으로써** 검거 후 **구속영장청구시한(체포한 때부터 48시간)이 경과되지 않도록 하여야 한다.**
③ 지명수배자를 검거한 경찰관은 구속영장 청구에 대비하여 피의자가 도망 또는 증거를 인멸할 염려에 대한 소명자료 확보를 위하여 필요하다고 판단되는 경우에는 체포의 과정과 상황 등을 별지 제35호서식의 지명수배자 검거보고서에 작성하고 이를 수배관서에 인계하여 수사기록에 편철하도록 하여야 한다.
④ 검거된 지명수배자를 **인수한 수배관서의 경찰관은** 24시간 내에 「형사소송법」 제200조의6 또는 제209조에서 준용하는 법 제87조 및 「수사준칙」 제33조 제1항에 따라 **체포 또는 구속의 통지를** 하여야 한다. 다만, 지명수배자를 **수배관서가 위치하는 특별시, 광역시, 도 이외의 지역에서 지명수배자를 검거한 경우에는** 지명수배자를 **검거한 경찰관서에서 통지를 하여야 한다.**

(3) 지명수배자의 인수·호송 등(「범죄수사규칙」 제99조)

① 경찰관서장은 검거된 지명수배자에 대한 신속한 조사와 호송을 위하여 미리 출장조사 체계 및 자체 호송계획을 수립하여야 한다.
② 수배관서의 경찰관은 다음 각 호의 어느 하나에 해당하는 경우를 제외하고는 검거관서로부터 검거된 지명수배자를 인수하여야 한다. 다만, 수배관서와 검거관서 간에 서로 합의한 때에는 이에 따른다.
  1. 수배대상 범죄의 죄종 및 죄질과 비교하여 동등하거나 그 이상에 해당하는 다른 범죄를 검거관서의 관할구역 내에서 범한 경우
  2. 검거관서에서 지명수배자와 관련된 범죄로 이미 정범이나 공동정범인 피의자의 일부를 검거하고 있는 경우
  3. 지명수배자가 단일 사건으로 수배되고 불구속 수사대상자로서 검거관서로 출장하여 조사한 후 신속히 석방함이 타당한 경우
③ 경찰관은 검거한 지명수배자에 대하여 **지명수배가 여러 건인 경우에는 다음 각호의 수배관서 순위에 따라** 검거된 **지명수배자를 인계받아 조사하여야 한다.** (3공/중동인)
  1. **공소시효 만료 3개월 이내**이거나 공범에 대한 수사 또는 재판이 진행 중인 수배관서
  2. 법정형이 **중한 죄명**으로 지명수배한 수배관서
  3. 검거관서와 **동일한 지방검찰청** 또는 지청의 관할구역에 있는 수배관서
  4. 검거관서와 거리 또는 교통상 가장 **인접한** 수배관서

(4) 중요지명피의자 종합 공개수배(「범죄수사규칙」 제101조 등)

① **시·도경찰청장은** 지명수배를 한 후, **6월이 경과하여도 검거하지 못한 사람들 중** 다음 각 호에 해당하는 중요지명피의자를 **매년 5월과 11월 연 2회 선정하여** 국가수사본부장에게 별지 제36호서식의 중요지명피의자 종합 공개수배 보고서에 따라 **보고하여야 한다.**
  1. 강력범(살인, 강도, 성폭력, 마약, 방화, 폭력, 절도범을 말한다)
  2. 다액·다수피해 경제사범, 부정부패 사범
  3. 그밖에 신속한 검거를 위해 전국적 공개수배가 필요하다고 판단되는 자

⇨ 공개수배는 그 죄증이 명백하고 공익상의 필요성이 현저한 경우에만 실시하여야 하며, 공개수배의 필요성이 소멸된 경우에는 즉시 공개수배를 해제하여야 한다.(제105조)

② 국가수사본부장은 공개수배 위원회를 개최하여 제1항의 중요지명피의자 종합 공개수배 대상자를 선정하고, **매년 6월과 12월** 중요지명피의자 종합 공개수배 전단을 별지 제37호서식의 중요지명피의자 종합 공개수배에 따라 작성하여 게시하는 방법으로 **공개수배 한다.**

③ 경찰서장은 제2항의 중요지명피의자 종합 공개수배 전단을 다음 각 호에 따라 게시·관리하여야 한다.
  1. 관할 내 다중의 눈에 잘 띄는 장소, 수배자의 은신 또는 이용·출현 예상 장소 등을 선별하여 게시한다.
  2. 관할 내 교도소·구치소 등 교정시설, 읍·면사무소·주민센터 등 관공서, 병무관서, 군 부대 등에 게시한다.
  3. 검거 등 사유로 종합 공개수배를 해제한 경우 **즉시 검거표시 한다.**
  4. 신규 종합 공개수배 전단을 게시할 때에는 **전회 게시 전단을 회수하여 폐기한다.**

④ 중요지명피의자 종합 공개수배 전단은 언론매체·정보통신망 등에 게시할 수 있다.

≫ 언론매체·정보통신망 등을 이용한 공개수배는 공개수배 위원회의 심의를 거쳐야 한다. 단, 공개수배 위원회를 개최할 시간적 여유가 없는 긴급한 경우에는 사후 심의할 수 있으며, 이 경우 지체 없이 위원회를 개최하여야 한다.

≫ 국가수사본부 공개수배 위원회는 위원 5인 이상의 출석과 출석위원 과반수 찬성으로 의결한다.

(5) 지명통보자 소재발견시 조치사항

① **지명통보자를 발견한 때에는 지명통보자에게** 지명통보된 사실, 범죄사실의 요지 및 지명통보한 경찰관서("통보관서")를 고지하고, 발견된 날부터 **1개월 이내에 통보관서에 출석해야 한다는 내용과** 정당한 사유 없이 **출석하지 않을 경우 지명수배되어 체포될 수 있다는 내용을 통지해야 한다.**

② 지명통보자를 발견한 때에는 지명통보자에게 지명통보된 사실 등을 고지한 뒤 별지 제38호서식의 지명통보사실 통지서를 교부하고, 별지 제39호서식의 **지명통보자 소재발견 보고서를 작성한 후** 「경찰수사규칙」 제96조에 따라 **사건이송서와 함께 통보관서에 인계하여야 한다.** 다만, 지명통보된 사실 등을 고지받은 지명통보자가 지명통보사실통지서를 교부받기 거부하는 경우에는 그 취지를 지명통보자 소재발견 보고서에 기재하여야 한다.

③ **행정기관 고발사건 중 법정형이 2년 이하의 징역에 해당하는 범죄로 수사중지된 자**를 발견한 발견관서의 경찰관은 통보관서로부터 수사중지결정서를 팩스 등의 방법으로 송부받아 피의자를 **조사한 후 조사서류만 통보관서로 보낼 수 있다.** 다만, 피의자가 상습적인 법규위반자 또는 전과자이거나 위반사실을 부인하는 경우에는 그러하지 아니하다.

| 제6절 | 피의자 유치 및 호송 규칙 (경찰청 훈령) |

1 유치장의 관리

유치장 관리책임	① **경찰서장** - 피의자 유치 및 유치장 관리에 전반적인 지휘·감독, 책임을 져야 한다. 　※ **경찰서장은 유치인보호관에 대하여** 피의자의 유치에 관한 관계법령 및 규정 등을 **매월 1회 이상 정기적으로 교육**하고 유치인보호관은 이를 숙지하여야 한다. ② **경찰서 주무과장(유치인보호 주무자)** - 경찰서장을 보좌하여 유치인 보호 및 유치장 관리를 담당하는 경찰관(유치인보호관)을 지휘·감독하고 피의자의 유치 및 유치장의 관리에 관한 책임을 진다. ③ **유치인보호관** - 경찰서장이 지정하는 자는 **유치인보호 주무자를 보조**하여 피의자의 유치에 관한 사무를 수행하고 유치장을 적절히 관리하여야 한다. ④ 일과시간 후 또는 토요일·공휴일에는 상황관리관(상황관리관의 임무를 수행하는 자를 포함) 또는 경찰서장이 지정하는 자가 유치인보호 주무자의 직무를 대리하여 그 책임을 진다.
피의자 유치	**동시에 3명 이상 피의자 입감시킬 때는 경위 이상 경찰관이 입회**하여 순차적으로 입감시켜야 한다.
유치인 분리·유치	① 형사범과 **구류** 처분을 받은 자, 19세 이상 사람과 **19세 미만** 사람, **신체장애인** 및 사건관련 **공범자** 등은 유치실이 허용하는 범위에서 분리 유치하여야 하며, 신체장애인에 대하여는 신체장애를 고려한 처우를 하여야 한다. **(구9장공)** ② 피의자 유치 시 **남성과 여성은 분리**하여 유치하여야 한다.
신체검사	① 유치인보호관은 피의자를 유치하는 과정에서 유치인의 생명 신체에 대한 위해를 방지하고, 유치장내의 안전과 질서를 유지하기 위하여 필요하다고 인정될 때에는 유치인의 신체, 의류, 휴대품 및 유치실을 검사할 수 있다. ② 신체 등의 검사는 **동성의 유치인보호관이 실시**하여야 한다. 다만, **여성유치인보호관이 없을 경우**에는 미리 지정하여 신체 등의 검사방법을 교양 받은 **여성경찰관으로 하여금 대신하게 할 수 있다.** ③ **신체 등의 검사는 유치인보호주무자가 피의자입(출)감지휘서에 지정하는 방법으로 유치장내 신체검사실에서 하여야** 하며, 그 종류와 기준 및 방법은 다음 각 호와 같다. ④ 신체 등의 검사를 하는 경우에는 부당하게 이를 지연하거나 신체에 대한 굴욕감을 주는 언행 등으로 유치인의 고통이나 수치심을 유발하는 일이 없도록 주의하여야 하며, 그 결과를 근무일지에 기재하고 **특이사항에 대하여는 경찰서장과 유치인보호주무자에게 즉시 보고**하여야 한다.
	외표검사	죄질이 경미하고 동작과 언행에 특이사항이 없으며 위험품 등을 은닉하고 있지 않다고 판단되는 유치인에 대하여는 **신체 등의 외부를 눈으로 확인하고 손으로 가볍게 두드려 만져 검사**한다.
	간이검사	일반적으로 유치인에 대하여는 탈의막 안에서 **속옷은 벗지 않고 신체검사의를 착용(유치인 의사에 따름)하도록 한 상태**에서 위험물 등의 은닉여부를 검사한다.
	정밀검사	살인, 강도, 절도, 강간, 방화, 마약류, 조직폭력 등 죄질이 중하거나 근무자 및 다른 유치인에 대한 위해 또는 자해할 우려가 있다고 판단되는 유치인에 대하여는 탈의막 안에서 **속옷을 벗고 신체검사의로 갈아입도록 한 후 정밀하게** 위험물 등의 은닉여부를 검사하여야 한다.

2 호송

(1) 용어 정의

> 제46조(정의) 이 장에서 상용하는 용어의 정의는 다음과 같다.
> 1. "호송관"이라 함은 피호송자의 호송을 담당하는 경찰관을 말한다.
> 2. "호송관서"라 함은 피호송자를 호송하고자 하는 경찰관서를 말한다.
> 3. "인수관서"라 함은 호송된 피호송자를 인수하는 관서를 말한다.
> 4. "이감호송"이라 함은 피호송자의 수용장소를 다른 곳으로 이동하거나 특정관서에 인계하기 위한 호송을 말한다.
> 5. "왕복호송"이라 함은 피호송자를 특정장소에 호송하여 필요한 용무를 마치고 다시 발송관서 또는 호송관서로 호송하는 것을 말한다.
> 6. "집단호송"이라 함은 한번에 다수의 피호송자를 호송하는 것을 말한다.
> 7. "비상호송"이라 함은 전시, 사변 또는 이에 준하는 국가비상 사태나 천재, 지변에 있어서 피호송자를 다른 곳에 수용하기 위한 호송을 말한다.

(2) 호송출발 전의 조치

호송관의 수	호송관서장은 호송관이 **5인 이상**이 되는 호송일 때에는 **경위 이상 계급의 1인**을 **지휘·감독관으로 지정**해야 한다.
피호송자 신체검사	① 호송관은 반드시 호송주무관 지휘에 따라 **포박하기 전에**(출발하기 전에X) **피호송자의 신체검색을 실시**하여야 한다. (신포) ② 여자인 피호송자 신체검색은 여자경찰관이 행하거나 성년의 여자를 참여시켜야 한다.
피호송자에 대한 수갑 등의 사용	① 호송관은 호송주무관의 허가를 받아「경찰관 직무집행법」제10조의2 제1항 및「위해성 경찰장비의 사용기준 등에 관한 규정」제4조에 따라 **필요한 한도에서 호송대상자에 대하여 수갑 또는 수갑·포승을 사용**할 수 있다. 다만, 구류선고 및 감치명령을 받은 자와 **미성년자, 고령자, 장애인, 임산부 및 환자** 중 주거와 신분이 확실하고 도주의 우려가 없는 자에 대하여는 수갑 또는 수갑·포승을 채우지 아니한다. (감구/미고/환장임) ② 호송관은 수갑 또는 수갑·포승을 사용하는 피호송자가 **2인 이상**일 때에는 피호송자마다 포박한 후 호송수단에 따라 2인 내지 5인을 1조로 하여 상호 연결시켜 포승으로 포박한다.
호송시간	**호송은 일출전 또는 일몰후에 할 수 없다.** 다만, 기차, 선박 및 차량 이용하는 때 또는 특별 사유 있는 때에는 그러하지 아니한다.
호송수단	① 경찰호송차 기타 경찰이 보유하고 있는 차량에 의함이 원칙 ② 집단 호송은 가능한 경찰차량 사용(집단호송 등 특별한 경우에만 경찰차량 이용 X)
인수관서 통지	호송관서는 미리 인수관서에 피호송자의 성명, 호송일시 및 호송방법 통지하여야 한다.

(3) 호송 중 유의사항

호송비용	① 호송관 및 피호송자 여비, 식비, 기타 **호송에 필요한 비용은 호송관서에서 부담하여야 한다.** ② 피호송자가 **사망 또는 발병한 때의 비용은** 각각 그 **교부를 받은 관서가** 부담하여야 한다. ③ 호송관은 피호송자를 숙박시켜야 할 사유가 발생하였을 때에는 체류지 관할 경찰서 유치장 또는 교도소를 이용하여야 한다. ④ 피호송자를 교도소 또는 경찰서 유치장에 숙식하게 할 경우 호송비용은 당해 교도소 또는 경찰서가 부담해야 한다.
영치금품 처리	① **금전, 유가증권은 호송관서에서 인수관서에 직접 송부한다.** 다만 소액의 금전, 유가증권 또는 당일로 호송을 마칠 수 있을 때에는 호송관에게 탁송할 수 있다. ② **물품은 호송관에게 탁송한다.** 다만, 위험한 물품 또는 호송관이 휴대하기에 부적당한 발송관서에서 인수관서에 직접 송부할 수 있다.
분사기등 휴대	① 호송근무를 할 때에는 **분사기를 휴대하여야 한다.** ② 호송관서의 장은 **특별한 사유가 있는 경우** 호송관이 **총기를 휴대하도록 할 수 있다.**
식량등 자비부담	피호송자가 식량, 의류, 침구 등을 자신의 비용으로 구입할 수 있을 때에는 호송관은 **물품의 구매를 허가할 수 있다.**

(4) 사고발생시의 조치요령

도주		① 즉시 사고발생지 **관할 경찰서에 신고하고** 도주 피의자 수배 및 수사에 필요한 사항을 알려주어야 하며, **소속장에게** 전화, 전보 기타 **신속한 방법으로 보고하여 그 지휘를 받아야 한다.** 이 경우에 즉시 보고할 수 없는 때에는 신고 관서에 보고를 의뢰할 수 있다. ② 호송관서의 장은 보고받은 즉시 상급경찰관서에 보고 및 인수관서에 통지하고 도주 피의자의 수사에 착수하여야 하며, 사고발생지 관할 경찰서장에게 수사를 의뢰하여야 한다. ③ 도주한 자에 관한 **호송관계서류 및 금품은 호송관서에 보관하여야** 한다.
발병	경증	경증으로서 호송에 큰 지장이 없고 당일로 호송 마칠 수 있을 때에는 호송관이 **적절한 응급조치를 취하고 호송을 계속하여야 한다.**
	중증	① 중증으로서 호송을 계속하기가 곤란하다고 인정될 때에 피호송자 및 서류와 금품을 발병지에서 **가까운 경찰관서에 인도하여야 한다.** ② **인수한 경찰관서는** 즉시 질병 치료하여야 하며, **질병의 상태를 호송관서 및 인수관서에 통지**하고 질병이 치유된 때에는 **호송관서에 통지**함과 동시에 **치료한 경찰관서에서 지체 없이 호송하여야 한다.** 다만, 진찰한 결과 24시간이내 치료될 수 있다고 진단되었을 때에는 치료 후 호송관서의 호송관이 호송을 계속하게 하여야 한다.

제7절 범죄 감식

1 범죄감식

자료감식	전국에서 **수집한 기초자료를 컴퓨터 등에 수록하여 집중관리함으로써** 이를 범인의 추정, 범증자료의 판별 등에 활용(**예시 : 지문자료에 의한 신원·범죄경력 확인**, 피의자 사진에 의한 범인추정, 수법원지, 족흔적 자료에 의한 용의자 추정 등)
기술감식	법의학, 물리·화학·심리학 등 **자연과학의 지식·기술, 최신기자재 등을 활용하여** 현장에서 수사자료 등을 채집·검사하고 감정함으로써 범인을 발견하거나 범증을 확보(**예시** : 지문·족흔적·혈흔·모발·섬유·미물 등의 법의학·이화학 자료의 채취·검사·감정, 사진촬영, 말소문자의 검출, 폴리그래프 사용 등)

2 지문

(1) 지문의 분류

궁상문	**활 모양**의 궁상선으로 형성된 지문
제상문	말발굽 모양의 제상선으로 형성되고 융선이 흐르는 반대측에 삼각도가 1개 있는 지문
	① **갑종제상문** – 각의 위치가 우수의 우측, 좌수의 좌측에 있는 것
	② **을종제상문** – 각의 위치가 우수의 좌측, 좌수의 우측에 있는 것
와상문	① 지문의 중심부가 빙글빙글 돌아가는 달팽이 모양 또는 소용돌이 모양
	② 와상선, 환상선, 이중제상선, 제상선 기타 융선이 독립 또는 혼재되어 있는 **2개 이상의 삼각도**가 있는 지문. 단, 유태제형 와상문은 삼각도가 1개이다.
변태문	궁상문, 제상문, 와상문 중 어느 문형에도 속하지 않는 지문

(2) 지문의 종류와 채취방법

현장지문	**범죄현장**에서 범인의 것으로 의심되어 채취한 지문		
	현재지문	정상지문	손 끝에 묻은 **혈액·잉크·먼지 등이 손가락에 묻은 후** 피사체에 인상된 지문
		역지문	**먼지 쌓인 물체, 연한 점토** 등에 인상된 지문으로 고랑과 이랑이 반대로 현출
	잠재지문	가공·검출하지 않으면 **육안으로 보이지 않는** 지문	
준현장지문	**범인의 침입경로, 도주경로 및 예비장소** 등 범죄현장 이외의 장소에서 채취한 지문		
관계자지문	현장지문, 준현장지문 중에서 범인 이외의 자(피해자, 현장출입자 등)가 남긴 것으로 추정되는 지문		
유류지문	현장지문 또는 준현장지문 중에서 **관계자 지문을 제외하고 남은 지문 (범인 지문으로 추정)**		
채취방법	현재지문	① 먼지 지문 – 사진촬영, 전사법, 실리콘러버법 ② 혈액지문 – 사진촬영, 전사법	
	잠재지문	고체법, 액체법, 기체법 등	

≫ Locard의 원리 – 모든 사물은 접촉할 때 반드시 흔적을 남긴다.

> Henry는 1901년 지문분류법의 체계를 세운 영국인
> Moritz의 공식은 직장온도로 사후경과시간 추정

3 시체 현상

(1) 초기현상

체온냉각	① 시체 체온은 시간이 경과할수록 떨어져 주위의 온도와 같아진다. **수분이 증발하면서 주위의 온도보다 낮아지는 경우도 있다.** ② 체온은 항문에 검온기를 삽입하여 직장(곧창자) 내 온도를 측정 ※ **Moritz공식** – 직장온도로 사후 경과시간(사망시간)을 추정
시체건조	① 피부에 대한 수분보충이 정지되어 몸의 표면은 습윤성을 잃고 건조해짐 ② 피부·입술·항문 등 외부에 **노출된 부위의 피혁상화**
각막혼탁	사후 12시간 전후 흐려져서 24시간이 되면 현저하게 흐려지고 48시간이 되면 불투명
시체얼룩	① **중력현상과 관련**된 것으로 **시체의 아래 부위에 형성**되고 피부가 암적갈색으로 변한다. ② **주위온도가 높을수록 빠르게 형성** ③ 시체얼룩을 통해 사망 당시의 시체 상황을 파악할 수 있음 » **시체얼룩의 색깔** ① 목맴등 특이사항 없는 경우 – **암적갈색** ② **익**사나 **저**체온사, **일**산화탄소 중독사, **청**산가리(사이안화칼륨) 중독사 – **선홍색 (홍익일저청)** ③ **염**소산칼륨 중독사, **아**질산소다 중독사 – **암갈색(황갈색) (암갈염아/암걸려마)** ④ **황**수소 중독사 – **녹갈색 (녹황)**
시체굳음	① **턱 → 어깨 → 팔, 다리 → 발가락, 손가락 (Nysten법칙)** ② **사후 일시 이완되었다가** 턱관절부터 굳어지기 시작하여 **사후 12시간 정도**면 전신이 굳어짐

(2) 후기현상 (자백부시미)

자가용해		세포 가운데의 자가**효소(세균 X)에 의해** 세포구성성분이 분해·변성되고, 그에 따른 세포 간 결합의 붕괴로 **조직이 연화되는 현상**
부패	의의	**부패균의 작용**에 의해 일어나는 질소화합물의 분해
	부패의 3대 조건	공기의 유통이 좋고, 온도는 20~30℃, 습도는 60~66%일 때 최적
미라화		고온·건조한 상황에서 **시체의 건조가 부패·분해보다 빠를 때** 생기는 현상
시체밀랍		화학적 분해에 의해 고체 형태의 지방산 혹은 그 화합물로 변화한 상태, 비정형적 부패형태로 **수중 또는 수분이 많은 지중(地中)에서 형성**
백골화		① 부패가 진행되어 뼈만 남아있는 상태 ② 성인 시체는 7~10년 후, 소아 시체는 4~5년 후 완전 백골화

» 자살할 때의 망설임 때문에 자살한 자의 가슴, 배꼽, 목 등에는 비교적 경상에 가까운 흔적이 나타나게 되는데 이를 주저흔이라고 한다. 한편, 사람은 공격을 당하면 무의식적으로 방어를 하게 되는바, 흉기로 가격을 당할 때 본능적으로 막아서 생기는 상처를 방어흔이라고 한다. 방어흔은 타살여부를 판단하는 주요 단서로써, 가해자가 흉기로 가격하였을 때 본능적으로 막아서 생기는 능동적 방어흔과 가해자로부터 도망 다니면서 입게 되는 상흔인 수동적 방어흔으로 구분된다.

➕ 총알상처의 분류

관통총창(貫通銃創)	총알입구(탄환이 피부를 뚫고 들어간 부위), 사출구(뚫고 나온 부위), 사창관(체내로 지나간 길)이 모두 있는 경우
맹관총창(盲管銃創)	총알입구와 사창관만 있고 탄환이 체내에 남아있을 경우
찰과총창(擦過銃創)	탄두의 체표만 찰과하였을 경우
반도총창(反跳銃創)	탄환의 속도가 떨어져 피부를 뚫지 못하고 피부까짐이나 피부밑 출혈만 형성하였을 경우
회선총창(回旋銃創)	탄환이 골격에 맞았으나 천공시키지 못하고 뼈와 연부조직사이를 우회하였을 경우

※ 총기손상 사망자의 신체에서는 반드시 총알입구, 사출구, 사창관을 확인할 수 있다(X)

➕ 「과학수사 기본규칙」

제3조(용어의 정의) 이 규칙에서 사용하는 용어의 정의는 다음과 같다.
1. "과학수사"란, 과학적으로 검증된 지식·기술·기법·장비·시설 등을 활용하여 객관적 증거를 확보하기 위한 수사활동을 말한다.
3. "현장감식"이란 사건과 관련된 현장에 임하여 현장상황의 관찰, 증거물의 수집·채취 등을 통해 범행 당시의 현장을 재구성하는 활동을 말한다.
4. **"증거물의 수집"**이란 증거물의 추가적인 분석이나 감정을 위하여 **원상의 변경 없이** 현장에서 증거물을 **수거하는 것**을 말한다.
5. **"증거물의 채취"**란 현장이나 그 밖의 장소에서 **원상의 증거물 등으로부터 지문을 현출하거나**, 미세증거물·디엔에이 감식 시료 등을 전이하는 것을 말한다.
6. "과학적범죄분석시스템(SCAS:Scientific Crime Analysis System)"이란 현장감식 및 증거물 수집·채취에 관한 정보, 증거물 감정 정보, 범죄분석을 위한 과학수사 데이터 등을 관리하는 전산시스템을 말한다.
7. "지문자동검색시스템(AFIS:Automated Fingerprint Identification System)"이란 주민등록증 발급신청서·외국인의 생체정보·수사자료표의 지문을 원본 그대로 암호화하여 데이터베이스에 저장하고, 채취한 지문과의 동일성 검색에 활용하는 전산시스템을 말한다.

제5조(과학수사 기본원칙) ① 과학수사를 통해 확보한 증거물은 수집·채취 단계부터 감정, 송치 또는 수사종결 시까지 업무처리자 변동 등 모든 단계의 이력이 연속적으로 관리함으로써 **증거물의 연계성**을 확보하여야 한다.

제18조(증거물 수집·채취 방법) ① 과학수사관은 증거의 특성 및 현장상황에 맞는 최적의 방법으로 증거물을 수집·채취하여 그 원형을 최대한 유지하여야 한다. 이 경우 수집·채취 전후의 상황을 사진 또는 동영상 촬영하는 등 증거물의 동일성 및 진정성을 입증할 수 있는 **조치를 하여야 한다**.

제25조(증거물 관리) ③ 증거물의 감정 등을 위하여 증거물을 이송하는 경우 **직접 운반하여야 한다**. 다만, 직접 운반이 현저히 곤란한 경우 증거물이 오염·훼손되지 않고 운반 이력이 확인될 수 있는 방법을 이용할 수 있다.

제36조(폴리그래프 검사) ① 폴리그래프 검사를 담당하는 감정관(이하 "폴리그래프 검사관"이라 한다)은 피검사자의 심리상태에 따른 호흡, 혈압, 맥박, 피부 전기반응 등 생체 현상을 측정·분석하여 진술의 진위 여부 등을 판단하는 폴리그래프 검사를 **실시할 수 있다**.
② 폴리그래프 검사관은 다음 각 호의 어느 하나를 위하여 폴리그래프 검사를 실시할 수 있다.
1. 진술의 진위 확인
2. 사건의 단서 및 증거 수집

3. 상반되는 진술의 비교 확인 (심리상태 등에 대한 종합적인 분석 X)
④ 폴리그래프 검사관은 검사를 실시하기 전에 피검사자에게 변호인의 조력을 받을 수 있음을 고지하고, 피검사자가 이를 **요청하는 경우 변호인의 조력을 받도록 하여야 한다. 다만, 다음 각 호의 경우는** 검사의 신뢰성과 독립성 보장을 위하여 **변호인의 참여를 제한할 수 있다.**
1. 생리반응을 측정하는 단계
2. 변호인이 검사를 방해하거나 수사기밀을 누설하는 등 정당한 사유가 있는 경우

≫ 판례 – 거짓말하면 반드시 일정한 심리상태변동이 일어나고, 심리상태의 변동은 반드시 일정한 생리적 반응일으키며, 그 생리적 반응에 의하여 피검사자 말이 거짓인지 여부가 정확히 판정될 수 있다면 거짓말탐지기 검사결과에 대하여 증거능력 인정할 수 있다(대판 83도712).

➕ 「지문 및 수사자료표 등에 관한 규칙」

제2조(정의) 이 규칙에서 사용하는 용어의 정의는 다음 각 호와 같다.
1. "지문"이라 함은 손가락 끝마디의 안쪽에 피부가 융기(隆起)한 선 또는 점(이하 "융선"이라 한다)으로 형성된 무늬를 말한다.
2. "지문자동검색시스템(AFIS: Automated Fingerprint Identification System)"이란 주민등록증발급신청서·외국인의 생체정보·수사자료표의 지문을 원본 그대로 암호화하여 데이터베이스에 저장하고, 채취한 지문과의 동일성 검색에 활용하는 전산시스템을 말한다.
3. "**전자수사자료표시스템**(E-CRIS: Electronic Criminal Record Identification System)"이란 피의자의 지문으로 신원을 확인하고 **수사자료표를 전자문서로 작성해 암호화하여 데이터베이스에 저장·관리하는 전산시스템**을 말한다.
4. "범죄경력관리시스템(CRIMS: Criminal Records Information Management System)"이란 작성된 수사자료표를 범죄·수사경력으로 구분·암호화하여 데이터베이스에 저장해 **범죄·수사경력 조회·회보·관리에 활용하는 전산시스템**을 말한다.
5. "**현장지문**"이라 함은 **범죄현장에서 채취한 지문**을 말한다.
6. "**준현장지문**"이라 함은 **범죄현장 이외의 장소에서 채취된 지문**을 말한다.

➕ 「디엔에이신원확인정보의 이용 및 보호에 관한 법률」

제4조(디엔에이신원확인정보의 사무관장) ① **검찰총장은** 제5조(**수형인**)에 따라 채취한 디엔에이감식시료로부터 취득한 디엔에이신원확인정보에 관한 사무를 총괄한다.
② **경찰청장은** 제6조(**구속피의자**) 및 제7조(**범죄현장**)에 따라 채취한 디엔에이감식시료로부터 취득한 디엔에이신원확인정보에 관한 사무를 총괄한다.
> 살인, 강간, 강제추행 등은 디엔에이 감식시료 채취 대상범죄에 해당한다.(제5조)

제8조(디엔에이감식시료채취영장) ③ 제1항과 제2항의 **채취대상자가 동의하는 경우에는 영장 없이 디엔에이 감식시료를 채취할 수 있다.** 이 경우 미리 채취대상자에게 채취를 거부할 수 있음을 고지하고 **서면**(구두 X)으로 **동의를 받아야 한다.**

제12조(디엔에이감식시료의 폐기) ① 디엔에이신원확인정보담당자가 디엔에이신원확인정보를 **데이터 베이스에 수록한 때에는 채취된 디엔에이감식시료와 그로부터 추출한 디엔에이를 지체 없이 폐기**하여야 한다.

제13조(디엔에이신원확인정보의 삭제) ② 디엔에이신원확인정보담당자는 구속피의자등이 다음 각 호의 어느 하나에 해당하는 경우에는 직권 또는 본인의 신청에 의하여 제6조에 따라 채취되어 **데이터베이스에 수록된 디엔에이신원확인정보를 삭제하여야 한다.**
1. **검사의 혐의없음, 죄가안됨 또는 공소권없음의 처분**이 있거나, 제5조 제1항 각 호의 범죄로 구속된 피의자의 **죄명이 수사 또는 재판 중에 같은 항 각 호 외의 죄명으로 변경되는 경우.** 다만, 죄가안됨 처분을 하면서 「**치료감호법**」 제7조 제1호에 따라 치료감호의 독립청구를 하는 경우는 제외
2. 법원의 **무죄, 면소, 공소기각 판결 또는 공소기각 결정이 확정**된 경우. 다만, 무죄 판결을 하면서 치료감호를 선고하는 경우는 제외
3. 법원의 「**치료감호법**」 제7조 제1호에 따른 치료감호의 독립청구에 대한 청구기각 판결이 확정된 경우

> **주의** 살인, 강도, 절도(단순절도 제외), 강간, 강제추행 등은 감식시료 채취 대상범죄에 해당한다. (O)

참고 미세증거물

① 미세증거물은 범인 추적의 한 수단이 되거나 수사방향 설정에 도움을 줄 수도 있다. – 사건과 연관된 조그만 미세증거로부터 범인의 직업적 특성이나 의복의 재질, 색상 등의 추적 단서를 얻을 수 있다.
② 미세증거물은 **용의자가 범행에 연관된 것인지 여부를 입증하는 수단이 되기도 한다.** – 성폭행 미수 등 사건에 있어 체액 교환이 일어나지 않아 유전자 감정이 불가능한 경우에도 서로 접촉한 의복의 섬유 등은 상호 신체접촉이 있었음을 입증하는 중요한 증거가 될 수 있다.
③ 미세증거물은 유전자와 같이 개인 **식별이 가능한 감정자료는 아니다.** 따라서 **미세증거물로 확실한 범인임을 특정 짓는 것은 무리다.**
④ 미세증거물은 **피의자 신문의 보조 수단으로 이용할 수 있다.** – 방화 용의자의 몸에서 검댕을 볼 수 있다거나, 의복의 소매 끝에서 육안으로는 관찰하기 힘든 미세한 용융흔을 발견한다면 "화기 근처에는 간일도 없다"는 용의자의 진술을 반박할 수 있는 중요한 신문의 수단이 된다.

➕ 혈흔의 방향성

① 혈흔은 **타원형이 될수록** 방향성 판단이 쉽다.
② 사람이 다쳐서 피를 흘리며 움직이면 혈흔궤적(trail)이 형성된다.
③ 카펫같이 흡수성이 높거나 표면이 불규칙한(거친) 경우에는 방향성 판단이 어렵다.
④ Spine과 자혈흔이 있으면 방향성 판단이 쉽다.

≫ Spine은 낙하혈에서 볼 수 있는 둥근 혈흔 주변의 가시 같은 모양의 혈흔이고, 자혈흔은 비산혈에서 볼 수 있는 형태로 원래 혈흔(모혈흔)에서 튀어서 생긴 작은 혈흔

제8절 각 사범별 수사

1 「성폭력범죄의 처벌 등에 관한 특례법」

(1) 규제내용

① 특수강도강간 등
② 특수강간·특수강제추행
③ 친족관계에 의한 강간·강제추행
④ 장애인에 대한 강간·강제추행 등
⑤ 13세 미만 미성년자 강간·강제추행 등
  TIP ▶ 13세 미만 미성년자를 단순히 간음한 경우 – 「성폭력범죄처벌특례법」 적용(X)
⑥ 강간 등 상해·치상
⑦ 강간 등 살인·치사
⑧ **업무상위력 등에 의한 추행** (공업통침 – 미수범 불처벌)
⑨ **공중밀집장소추행**
⑩ 성적 목적을 위한 다중이용장소 침입행위
⑪ **통신매체이용음란행위**
⑫ 카메라등이용촬영(촬영대상자의 의사에 반하여 촬영한 경우와 촬영당시에는 의사에 반하지 아니하였지만 **촬영한 후 의사에 반하여 목제물 반포한 경우 양자 모두 7년 이하의 징역 또는 5천만원 이하의 벌금**)
⑬ 허위영상물 등의 반포 등

(2) 「형법」상 감경규정에 관한 특례(법 제19조)

음주 또는 약물로 인한 심신장애 상태에서 **성폭력범죄**(음행매개, 음화반포등, 음화제조등, 공연음란의 죄는 제외)**를 범한 때에는** 「형법」 제10조 제1항·제2항(심신상실·심신미약 감경) 및 제11조(농아자 감경)를 적용하지 아니할 수 있다.

(3) 공소시효

> ① 미성년자에 대한 성폭력범죄 공소시효는 **피해 미성년자가 성년에 달한 날부터 진행**
> ② 제2조 제3호 및 제4호의 죄와 제3조부터 제9조까지의 죄는 **디엔에이(DNA)증거 등 죄를 증명할 수 있는 과학적 증거 있는 때에는 공소시효가 10년 연장**
> ③ 13세 미만 사람 및 신체·정신적 장애 있는 사람에 대하여 강간, 강제추행 등을 범한 경우는 공소시효 적용 ×
> ④ 강간등 살인은 공소시효 적용 ×

(4) 전담조사제

경찰청장은 각 경찰서장으로 하여금 성폭력범죄 전담 사법경찰관 지정하도록 하여 특별한 사정없으면 이들로 하여금 피해자를 조사하게 하여야 한다.

(5) 영상물의 촬영·보존(법 제30조) (영구)

① **피해자가 19세 미만, 신체적·정신적 장애로 사물 변별하거나 의사 결정할 능력 미약한 경우**에는 피해자 진술 내용과 조사 과정을 **영상물 녹화장치로 촬영·보존하여야** 한다.
② ①에 따른 영상물녹화는 **피해자 또는 법정대리인이 원하지 아니하는 의사표시한 경우는 촬영 하여서는 아니 된다.** 다만, 가해자가 친권자 중 일방인 경우은 그러하지 아니하다.
③ ①에 따라 촬영한 영상물에 수록된 피해자의 진술은 공판준비기일 또는 공판기일에 **피해자나 조사 과정에 동석하였던 신뢰관계에 있는 사람 또는 진술조력인의 진술에 의하여 그 성립의 진정함이 인정**된 경우에 **증거로 할 수 있다.**
    ※ 제30조 제6항 중 '제1항에 따라 촬영한 영상물에 수록된 피해자의 진술은 공판준비기일 또는 공판기일에 조사 과정에 동석하였던 신뢰관계에 있는 사람 또는 진술조력인의 진술에 의하여 그 성립의 진정함이 인정된 경우에 증거로 할 수 있다' 부분 가운데 **19세 미만 성폭력범죄 피해자에 관한 부분은 과잉금지원칙을 위반하여 피고인의 공정한 재판을 받을 권리를 침해**하므로 헌법에 위반된다
    (헌재 2021.12.23. 2018헌바524).

(6) 신뢰관계 있는 자 등의 동석(법 제34조)

수사기관은 범죄의 피해자를 증인으로 신문하는 경우에 피해자 또는 법정대리인이 신청할 때에는 수사에 지장을 줄 우려가 있는 등 부득이한 경우가 아니면 피해자와 신뢰관계에 있는 사람을 **동석하게 하여야 한다.**

(7) 전문가의 의견 조회(법 제33조)

수사기관이 성폭력범죄 수사하는 경우에 피해자가 **13세 미만이거나 신체적인 또는 정신적인 장애로 사물 변별하거나 의사결정할 능력이 미약한 경우**는 관련 전문가에게 피해자 정신·심리 상태에 대한 진단 소견 및 진술 내용에 관한 **의견 조회하여야 한다.**

(8) 진술조력인의 수사과정 참여(법 제36조)

검사 또는 사법경찰관은 성폭력범죄 피해자가 **13세 미만의 아동이거나 신체적인 또는 정신적인 장애로 의사소통이나 의사표현에 어려움이 있는 경우** 원활한 조사 위하여 직권이나 피해자, 그 법정대리인 또는 변호사의 신청에 따라 진술조력인으로 하여금 조사과정에 참여하여 **의사소통을 중개하거나 보조하게 할 수 있다.** 다만, 피해자 또는 그 법정대리인이 이를 원하지 아니하는 의사를 표시한 경우에는 그러하지 아니하다.

(9) 증거보전의 특례(법 제41조) (보육)

피해자나 그 법정대리인 또는 경찰은 피해자가 공판기일에 출석하여 증언하는 것에 현저히 곤란한 사정이 있을 때에는 그 사유를 소명하여 제30조에 따라 촬영된 영상물 또는 그 밖의 다른 증거에 대하여 해당 성폭력범죄를 수사하는 검사에게 「형사소송법」제184조(증거보전의 청구와 그 절차)제1항에 따른 증거보전의 청구를 할 것을 요청할 수 있다. 이 경우 피해자가 16세 미만이거나 신체적인 또는 정신적인 장애로 사물을 변별하거나 의사를 결정할 능력이 미약한 경우에는 공판기일에 출석하여 증언하는 것에 현저히 곤란한 사정이 있는 것으로 본다.

(10) 신상정보 등록과 제출

① 등록대상 성범죄로 유죄판결이나 약식명령이 확정된 자나 공개명령이 확정된 자를 등록대상자로 한다.
  → 「성폭력범죄의 처벌 등에 관한 특례법」제12조(**성적목적 다중이용장소 침입**), 제13조(**통신매체 이용 음란**), 「아동·청소년의 성보호에 관한 법률」제11조 제3항(**아청성착취물 배포·제공**, 이를 목적으로 광고·소개하거나 공연히 **전시·상영**), 제5항(아청성착취물 **구입·소지·시청**)의 범죄로 **벌금형을 선고받은 자는 제외한다.**
② 등록대상자는 등록대상 성범죄의 **판결이 확정된 날부터 30일 이내**에 "기본신상정보"를 자신의 주소지를 관할하는 경찰관서의 장에게 제출하여야 한다
③ 제출하여야 하는 "기본신상정보"는 성명, 주민등록번호, 주소 및 실제거주지, 직업 및 직장 등의 소재지, 연락처, 신체정보, 소유차량 등록번호 등을 포함한다.

(11) 준용 규정

성폭력범죄에 대한 처벌절차에는 「특정강력범죄의 처벌에 관한 특례법」제7조(증인에 대한 신변안전조치), 제8조(출판물 게재 등으로부터의 피해자 보호), 제9조(소송진행의 협의), 제12조(간이공판절차의 결정) 및 제13조(판결선고)의 규정을 준용한다.

2 「스토킹범죄의 처벌 등에 관한 법률」

(1) 정의(제2조)

스토킹행위	1. **"스토킹행위"란** 상대방의 의사에 반(反)하여 정당한 이유 없이 상대방 또는 그의 동거인, 가족에 대하여 **다음** 각 목의 어느 하나에 해당하는 **행위를 하여 상대방에게 불안감 또는 공포심을 일으키는 것**을 말한다. 가. 접근하거나 따라다니거나 진로를 막아서는 행위 나. 주거, 직장, 학교, 그 밖에 일상적으로 생활하는 장소(이하 "주거등") 또는 그 부근에서 기다리거나 지켜보는 행위 다. 우편·전화·팩스 또는 「정보통신망 이용촉진 및 정보보호 등에 관한 법률」 제2조 제1항 제1호의 정보통신망을 이용하여 물건이나 글·말·부호·음향·그림·영상·화상(이하 "물건등")을 도달하게 하는 행위 라. 직접 또는 제3자를 통하여 물건등을 도달하게 하거나 주거등 또는 그 부근에 물건등을 두는 행위 마. 주거등 또는 그 부근에 놓여져 있는 물건등을 훼손하는 행위 (주거침입행위 X) (문, 담, 건조물의 일부를 손괴하는 행위 X)
스토킹범죄	**"스토킹범죄"란 지속적 또는 반복적으로 스토킹행위를 하는 것**을 말한다.
피해자	3. "피해자"란 스토킹범죄로 **직접적인 피해를** 입은 사람을 말한다. 4. "피해자등"이란 피해자 및 스토킹행위의 상대방을 말한다.

(2) **조치**

> 제3조(스토킹행위 신고 등에 대한 응급조치) 사법경찰관리는 진행 중인 스토킹행위에 대하여 신고를 받은 경우 즉시 현장에 나가 다음 각 호의 **조치를 하여야 한다.**
> 1. 스토킹행위의 **제지**, 향후 스토킹행위의 **중단 통보** 및 스토킹행위를 지속적 또는 반복적으로 할 경우 **처벌 경고**
> 2. 스토킹행위자와 피해자등의 **분리 및 범죄수사**
> 3. 피해자등에 대한 긴급응급조치 및 잠정조치 요청의 **절차 등 안내**
> 4. 스토킹 피해 관련 **상담소 또는 보호시설로의 피해자등 인도**(피해자등이 동의한 경우만 해당)
>
> 제4조(긴급응급조치) ① 사법경찰관은 스토킹행위 신고와 관련하여 스토킹행위가 지속적 또는 반복적으로 행하여질 우려가 있고 스토킹범죄의 예방을 위하여 긴급을 요하는 경우 스토킹행위자에게 직권으로 또는 스토킹행위의 상대방이나 그 법정대리인 또는 스토킹행위를 신고한 사람의 요청에 의하여 다음 각 호에 따른 **조치를 할 수 있다.**
> 1. 스토킹행위의 상대방이나 그 주거등으로부터 100미터 이내의 접근 금지
> 2. 스토킹행위의 상대방에 대한 「전기통신기본법」 제2조 제1호의 **전기통신을 이용한 접근 금지**
>
> 제5조(긴급응급조치의 승인 신청) ① **사법경찰관은** 긴급응급조치를 하였을 때에는 **지체 없이 검사에게** 해당 긴급응급조치에 대한 사후승인을 지방법원 판사에게 청구하여 줄 것을 신청하여야 한다.
> ② 제1항의 신청을 받은 **검사는** 긴급응급조치가 있었던 때부터 **48시간 이내에** 지방법원 판사에게 해당 긴급응급조치에 대한 **사후승인을** 청구한다.
> ④ 사법경찰관은 검사가 제2항에 따라 긴급응급조치에 대한 **사후승인을 청구하지 아니하거나** 지방법원 판사가 제2항의 청구에 대하여 **사후승인을 하지 아니한 때에는 즉시 그 긴급응급조치를 취소하여야 한다.**
> ⑤ 긴급응급조치기간은 **1개월을 초과할 수 없다.**
>
> 제8조(잠정조치의 청구) ① **검사는** 스토킹범죄가 재발될 우려가 있다고 인정하면 직권 또는 사법경찰관의 신청에 따라 법원에 **제9조 제1항 각 호의 조치를 청구할 수 있다.**
>
> 제9조(스토킹행위자에 대한 잠정조치) ① 법원은 스토킹범죄의 원활한 조사·심리 또는 피해자 보호를 위하여 필요하다고 인정하는 경우에는 결정으로 스토킹행위자에게 다음 각 호의 **잠정조치를 할 수 있다.**
> 1. 피해자에 대한 스토킹범죄 중단에 관한 **서면 경고**
> 2. 피해자나 그 주거등으로부터 100미터 이내의 접근 금지
> 3. 피해자에 대한 「전기통신기본법」 제2조 제1호의 **전기통신을 이용한 접근 금지**
> 4. 국가경찰관서의 **유치장 또는 구치소에의 유치**
>
> 제20조(잠정조치의 불이행죄) 제9조제1항제2호 또는 제3호의 잠정조치(**백통**)를 이행하지 아니한 사람은 2년 이하의 징역 또는 2천만원 이하의 벌금에 처한다.

(3) **처벌**

> ① 스토킹범죄를 저지른 사람은 **3년 이하의 징역 또는 3천만원 이하의 벌금**에 처한다.
> ② **흉기 또는 그 밖의 위험한 물건을 휴대하거나 이용**하여 스토킹범죄를 저지른 사람은 **5년 이하의 징역 또는 5천만원 이하의 벌금**에 처한다.
> ③ **제1항의 죄는** 피해자가 구체적으로 밝힌 **의사에 반하여 공소를 제기할 수 없다.**

3 「학교폭력예방 및 대책에 관한 법률」

① **학교폭력** – 학교 내외에서 학생을 대상으로 발생한 **상해, 폭행, 감금, 협박, 약취·유인, 명예훼손, 모욕, 공갈, 강요·강제적인 심부름 및 성폭력**(성매매 X), **따돌림, 사이버 따돌림, 정보통신망을 이용한 음란·폭력 정보** 등에 의하여 신체·정신 또는 재산상 피해 수반하는 행위

② 심의위원회는 피해학생의 보호와 가해학생의 선도·교육을 위하여 가해학생에 대하여 다음 조치(수개의 조치를 동시에 부과하는 경우 포함)를 할 것을 교육장에게 요청하여야 하며, 각 조치별 적용 기준은 대통령령으로 정한다. 다만, 퇴학처분은 의무교육과정에 있는 가해학생에 대하여는 적용하지 아니한다.
  ㉠ 피해학생에 대한 **서면사과** (반성문제출 X)
  ㉡ 피해학생 및 신고·고발 학생에 대한 접촉, 협박 및 보복행위의 금지
  ㉢ 학교에서의 **봉사**
  ㉣ **사회봉사**
  ㉤ 학내외 전문가에 의한 특별 **교육이수 또는 심리치료**
  ㉥ **출석정지**
  ㉦ **학급교체**
  ㉧ **전학**
  ㉨ **퇴학처분** (사금봉봉교/출급전퇴)

③ 학교폭력의 예방 및 대책과 관련된 업무수행하거나 수행하였던 자는 **직무로 인하여 알게 된 비밀 또는 가해학생·피해학생 및 신고자·고발자와 관련된 자료를 누설**하여서는 아니 된다. – 이를 위반하면 **1년 이하의 징역 또는 1천만원 이하의 벌금** (학폭법상 유일한 처벌조항)

4 마약사범 수사

(1) 「마약류관리에 관한 법률」

마약류	마약·향정신성의약품 및 대마		
마약	가. 양귀비 나. 아편 다. 코카 잎 라. 양귀비, 아편 또는 코카 잎에서 추출되는 모든 알카로이드 및 그와 동일한 화학적 합성품으로서 대통령령으로 정하는 것 마. 가목부터 라목까지에 규정된 것 외에 그와 동일하게 남용되거나 해독 작용을 일으킬 우려가 있는 화학적 합성품으로서 대통령령으로 정하는 것 바. 가목부터 마목까지에 열거된 것을 함유하는 혼합물질 또는 혼합제제. 다만, 다른 약물이나 물질과 혼합되어 가목부터 마목까지에 열거된 것으로 다시 제조하거나 제제할 수 없고, 그것에 의하여 신체적 또는 정신적 의존성을 일으키지 아니하는 것으로서 총리령으로 정하는 것[이하 **"한외마약"**이라 한다]은 제외		
대마	"대마"란 다음에 해당하는 것을 말한다. 다만, 대마초[카나비스 사티바 엘(Cannabis sativa L)을 말한다]의 **종자(種子)·뿌리 및 성숙한 대마초의 줄기와 그 제품은 제외**한다. 가. 대마초와 그 수지(樹脂) 나. 대마초 또는 그 수지를 원료로 하여 제조된 모든 제품 다. 가목 또는 나목에 규정된 것과 동일한 화학적 합성품으로서 대통령령으로 정하는 것 라. 가목부터 다목까지에 규정된 것을 함유하는 혼합물질 또는 혼합제제 ≫ 대마 – 대마초, 마리화나, 해시시, 해시시오일 등		

➕ 보충 – 마약류의 분류

마약 (약 100여종)	천연마약	양귀비, 생아편, 몰핀, 크랙, 코데인, 테바인, 코카인 등 **(양아몰크인)**
	합성마약	페치딘계, 메사돈계, 프로폭시펜, 아미노부텐, 모리피난, 벤조모르핀 등
	반합성마약	헤로인, 옥시코돈, 히드로모르핀, 하이드로폰 등 **(헤옥히하이)**
	한외마약 **(마약X)**	코데날, 코데잘, 코데솔, 유코데, 세코날 등**(처벌 X)**
대마		대마초, 마리화나, 해쉬쉬
향정신성 의약품 (약 280여종)	각성제	메스암페타민(히로뽕), 암페타민류 **(각매야)**
	환각제	LSD, 사일로사이빈, 페이요트(메스카린) 등 **(환메L사페이)**
	억제제	바르비탈염류제(아로바르비탈), 벤조다이아핀제제

(2) 주요 향정신성의약품

메스암페타민 (필로폰)	① 강한 각성작용으로 의식이 뚜렷해지고 잠이 오지 않으며 피로감이 없어진다. ② 식욕감퇴, 환시·환청, 편집증세, 과민반응, 피해망상증 등을 경험 ③ 정맥혈관주사, 커피나 우유 등 음료수에 섞어서 음용하거나 코로 흡입한다.
엑스터시 (MDMA) (4글자)	① 1914년경 독일에서 식욕감퇴제로 개발된 것. 기분 좋아지는 약, **클럽마약, 포옹마약, 도리도리** 등으로 지칭 ② 복용자는 클럽 등에서 **막대사탕**을 물거나 물을 자주 마시는 행동을 보임 ③ 1980년대 마약으로 둔갑하였으며, 강한 신체접촉 욕구를 경험함
러미나 (덱스트로 메트로판)	① 진해거담제로서 의사의 처방전으로 약국에서 구입 가능 ② **강한 중추신경 억제성 진해작용이 있어** 코데인 대용으로 널리 시판 ③ 청소년들이 소주에 타서 마시기도 하는데 이를 '**정글쥬스**'라고도 한다. ④ 도취감 혹은 환각작용을 맛보기 위해 사용량의 수십배에 해당하는 20~100정을 남용하는 경향이 있다.
LSD (입술뒤)	① 곡물의 곰팡이, 보리 맥각에서 추출한 물질을 인공적으로 합성시켜 만들어낸 것으로 **무색·무취·무미. 환각제 중 가장 강력한 효과** ② 미량을 유당, 각설탕, 과자, 빵 등에 첨가시켜 먹거나 우편, 종이 등의 표면에 묻혔다가 뜯어서 입에 넣는 방법으로 복용 ③ 동공확대, 심박동 및 혈압상승, 수전증, 오한 등의 현상 수반 ④ **내성이나 심리적 의존현상 있지만 금단증상은 일으키지 않는다고** 알려져 있으며, 일부남용자들은 실제로 사용하지 않는데도 환각현상 경험하는 '플래쉬백현상' 일으키기도 한다.
야바 (YABA) (야매)	① **동남아 지역**에서 주로 생산되어 **유흥업소** 종사자, 육체근로자, 운전기사 등을 중심으로 확산(태국어로 '미치게 하는 약') ② 카페인, 에페드린, 밀가루 등에 필로폰을 혼합한 것으로 **순도가 20~30% 정도로 낮다.** ③ 헤로인과는 달리 원재료가 화공약품인 관계로 **안정적인 밀조가 가능**
메스카린	미국의 텍사스나 멕시코 북부지역에서 자생하는 **선인장인 페이요트**에서 추출, 합성한 향정신성의약품
GHB (짠물뽕)	① 무색·무취로써 짠맛이 나는 액체로 소다수 등의 음료에 타서 복용하며 '물 같은 히로뽕'이라는 뜻에서 '물뽕'이라고도 불린다. ② 미국·캐나다·유럽 등지에서는 성범죄용으로 악용되어 '**데이트 강간약물**'이라고도 불린다. ③ 사용 후 15분후에 효과가 발현되고 그 효과는 3시간정도 지속된다.
S정	① 중추신경에 작용하여 골격근 이완의 효과가 있는 근골격계 질환 치료제인 카리소프로돌을 말한다. ② 과다 복용시 치명적으로 인사불성, 혼수쇼크, 호흡저하를 가져오며 사망까지 이를 수 있다. ③ **금단증상으로 온몸이 뻣뻣해지고 뒤틀리며 혀꼬부라지는 소리** 등을 하게 된다.
프로포폴 (propofol)	흔히 수면마취제라고 불리는 정맥마취제로서 수면내시경 등에 사용되나, 환각제 대용으로 오·남용되는 사례가 있어 **향정신성의약품으로 지정**되어 관리되고 있다.

5 인신매매 방지 및 수사

(1) 「국제연합 초국가적 조직범죄 방지 협약을 보충하는 인신매매, 특히 여성과 아동의 인신매매 방지, 억제 및 처벌을 위한 의정서」

> ① "인신매매"란 착취를 목적으로 위협이나 무력의 행사 또는 그 밖의 형태의 강박, 납치, 사기, 기만, 권력의 남용이나 취약한 지위의 악용, 또는 타인에 대한 통제력을 가진 사람의 동의를 얻기 위한 보수나 이익의 제공이나 수령에 의하여 사람을 모집, 운송, 이송, 은닉 또는 인수하는 것을 말한다. 착취는 최소한, 타인에 대한 매춘의 착취나 그 밖의 형태의 성적 착취, 강제노동이나 강제고용, 노예제도나 그와 유사한 관행, 예속 또는 장기의 적출을 포함한다.
> ② ①에 규정된 수단 중 어떠한 것이든 사용된 경우에는, ①에 규정된 의도된 착취에 대한 **인신매매 피해자의 동의는 문제가 되지 아니한다.**
> ③ 착취를 목적으로 한 아동의 모집, 운송, 이송, 은닉 또는 인수는 그것이 ①에 규정된 수단 중 어떠한 것을 포함하지 아니하더라도 "인신매매"로 간주된다.
> ④ "아동"이란 18세 미만의 모든 사람을 말한다.

(2) 「인신매매등방지 및 피해자보호 등에 관한 법률」

> **제2조(정의)** 1. "인신매매등"이란 성매매와 성적 착취, 노동력 착취, 장기적출 등의 착취를 목적으로 다음 각 목의 어느 하나에 해당하는 행위를 하여 사람을 모집, 운송, 전달, 은닉, 인계 또는 인수하는 것을 말한다. 다만, 「아동·청소년의 성보호에 관한 법률」 제2조제1호에 따른 **아동·청소년** 또는 「장애인복지법」 제2조에 따른 **장애인을 모집, 운송, 전달, 은닉, 인계 또는 인수하는 경우에는 다음 각 목의 어느 하나에 해당하는 행위를 요하지 아니한다.**
> 가. 사람을 폭행, 협박, 강요, 체포·감금, 약취·유인·매매하는 행위
> 나. 사람에게 위계 또는 위력을 행사하거나 사람의 궁박한 상태를 이용하는 행위
> 다. 업무관계, 고용관계, 그 밖의 관계로 인하여 사람을 보호·감독하는 자에게 금품이나 재산상의 이익을 제공하거나 제공하기로 약속하는 행위
>
> **제3조(적용 대상 인신매매등피해자)** ① 다음 각 호의 어느 하나에 해당하는 인신매매등피해자(이하 "피해자"라 한다)는 이 법에 따라 **보호·지원을 받는다.**
> 1. **아동·청소년 또는 장애인**으로서 인신매매등 피해를 입은 사람
> 2. **인신매매등범죄피해자**(이하 "범죄피해자"라 한다)
> 3. 인신매매등 피해를 입은 사람(제1호 또는 제2호의 어느 하나에 해당하는 사람은 제외한다)으로서 제14조에 따라 **여성가족부장관으로부터 확인서를 발급받은 사람**
> ② 제1항에 따른 피해자는 다음의 각 호의 어느 하나에 해당하여야 한다.
> 1. 대한민국 국적을 가진 사람으로서 국내 또는 해외에서 인신매매등 피해를 입은 사람
> 2. 국내에서 인신매매등 피해를 입어 대한민국에 체류하고 있는 외국인
>
> **제4조(피해자의 동의 등)** ① 제2조제1호 각 목의 어느 하나에 해당하는 행위가 있는 경우에는 **범죄피해자가 착취에 대해 동의하였다 하더라도** 인신매매등을 한 자의 **범죄의 성립에 영향을 미치지 아니한다.**
> ② 피해자에 대한 인신매매등 과정에서 그 **피해자가 행한 범죄행위에 대하여는 그 형을 감경하거나 면제할 수 있다.** ⇨ 성매매처벌법상 "성매매피해자의 성매매는 처벌하지 아니한다"와 비교

제21조(신고의무) ③ 누구든지 인신매매등 피해사실을 신고한 자에 대하여 그 신고를 이유로 불이익을 주어서는 아니 된다.

제22조(응급조치의무 등) ① 인신매매등 피해사실 **신고를 접수한 피해자권익보호기관의 직원이나 사법경찰관리는 지체 없이** 인신매매등 현장에 **출동하여야 한다.** 이 경우 피해자권익보호기관의 장이나 수사기관의 장은 서로 동행하여 줄 것을 요청할 수 있으며, 그 요청을 받은 피해자권익보호기관의 장이나 수사기관의 장은 정당한 사유가 없으면 소속 직원이나 사법경찰관리가 현장에 동행하도록 하여야 한다.
② 제1항에 따라 인신매매등 현장에 출동한 자는 피해자를 인신매매등 행위자로부터 분리하거나 치료가 필요하다고 인정할 때에는 피해자권익보호기관 또는 의료기관에 인도하여야 한다.
③ 제1항에 따라 인신매매등 현장에 출동한 자는 피해자를 보호하기 위하여 신고된 현장에 출입하여 신고자등 및 관계인 등에 대하여 조사를 하거나 질문을 할 수 있다. 이 경우 피해자권익보호기관의 직원은 피해자의 보호를 위한 범위에서만 조사 또는 질문을 할 수 있다.
④ 제3항에 따라 출입, 조사 또는 질문을 하는 자는 그 권한을 표시하는 증표를 지니고 이를 신고자등 및 관계인 등에게 보여주어야 한다.
⑤ 제3항에 따라 조사 또는 질문을 하는 자는 신고자등 및 관계인 등이 자유롭게 진술할 수 있도록 인신매매등 행위자로부터 분리된 곳에서 조사하는 등 필요한 조치를 하여야 한다.
⑥ 누구든지 인신매매등 현장에 출동한 자에 대하여 현장조사를 거부하거나 업무를 방해하여서는 아니 된다.

제48조(벌칙) ① 다음 각 호의 어느 하나에 해당하는 자는 **3년 이하의 징역 또는 3천만원 이하의 벌금**에 처한다.
2. 제21조제3항을 위반하여 **인신매매등 피해사실을 신고한 자에게 다음 각 목의** 어느 하나에 해당하는 **불이익조치를 한 자**
　가. 파면, 해임, 해고, 그 밖에 신분상실에 해당하는 신분상의 불이익조치
　나. 징계, 정직, 감봉, 강등, 승진 제한, 그 밖의 부당한 인사조치
　다. 전보, 전근, 직무 미부여, 직무 재배치, 그 밖에 본인의 의사에 반하는 인사조치
　라. 성과평가 또는 동료평가 등에서의 차별이나 그에 따른 임금 또는 상여금 등의 차별 지급
　마. 직업능력 개발 및 향상을 위한 교육훈련 기회의 제한, 예산 또는 인력 등 가용자원의 제한 또는 제거, 보안정보 또는 비밀정보 사용의 정지 또는 취급자격의 취소, 그 밖에 근무조건 등에 부정적 영향을 미치는 차별 또는 조치
　바. 주의 대상자 명단 작성 또는 그 명단의 공개, 집단 따돌림, 폭행 또는 폭언 등 정신적·신체적 손상을 가져오는 행위
　사. 직무에 대한 부당한 감사 또는 조사나 그 결과의 공개
② 제22조제6항을 위반하여 인신매매등 현장에 출동한 자에 대하여 **현장조사를 거부하거나 업무를 방해한 자는 2년 이하의 징역 또는 2천만원 이하의 벌금**에 처한다.

6 산업재산권 침해행위

친고죄 여부	① **특허법**에 의한 특허권의 침해행위 — **반**의사불벌죄 ② **실용신안법**에 의한 실용신안권의 침해행위 — **반**의사불벌죄 ③ **디자인보호법**에 의한 디자인권의 침해행위 — **반**의사불벌죄 ④ **상표법**에 의한 **상표전용사용권**의 침해행위 — **친고죄/반의사불벌죄 아님**
보호기간	① **실용신안권** – 설정등록한 날부터 실용신안등록출원일 후 **10년**이 되는 날까지 (십상시) ② **상표권** – 설정등록이 있는 날부터 **10년**, 갱신등록신청에 따라 10년씩 갱신 ③ **특허권** – 설정등록한 날부터 특허출원일 후 **20년**이 되는 날까지 ④ **디자인권** – 설정등록한 날부터 발생하여 디자인등록출원일 후 **20년**이 되는 날까지

7 중대재해 처벌 등에 관한 법률

제2조(정의) 이 법에서 사용하는 용어의 뜻은 다음과 같다.
1. "중대재해"란 "중대산업재해"와 "중대시민재해"를 말한다.
2. "중대산업재해"란 「산업안전보건법」 제2조제1호에 따른 산업재해 중 다음 각 목의 어느 하나에 해당하는 결과를 야기한 재해를 말한다.
   가. **사망자가 1명 이상** 발생
   나. 동일한 사고로 **6개월 이상** 치료가 필요한 **부상자가 2명 이상** 발생
   다. 동일한 유해요인으로 급성중독 등 대통령령으로 정하는 **직업성 질병자가 1년 이내에 3명 이상** 발생
3. "중대시민재해"란 특정 원료 또는 제조물, 공중이용시설 또는 공중교통수단의 설계, 제조, 설치, 관리상의 결함을 원인으로 하여 발생한 재해로서 다음 각 목의 어느 하나에 해당하는 결과를 야기한 재해를 말한다. 다만, 중대산업재해에 해당하는 재해는 제외한다.
   가. **사망자가 1명 이상** 발생
   나. 동일한 사고로 **2개월 이상** 치료가 필요한 **부상자가 10명 이상** 발생
   다. 동일한 원인으로 3개월 이상 치료가 필요한 **질병자가 10명 이상** 발생

제3조(적용범위) 상시 근로자가 5명 미만인 사업 또는 사업장의 사업주(개인사업주에 한정한다) 또는 **경영책임자등에게는 이 장의 규정을 적용하지 아니한다.**
제6조(중대산업재해 사업주와 경영책임자등의 처벌) ① 제4조 또는 제5조를 위반하여 제2조제2호가목의 중대산업재해에 이르게 한 사업주 또는 경영책임자등은 **1년 이상의 징역 또는 10억원 이하의 벌금**에 처한다. 이 경우 징역과 벌금을 병과할 수 있다.

8 「특정범죄 가중처벌 등에 관한 법률」에서 규정되어 가중처벌되는 공무원범죄

뇌물, 체포, 감금, 독직폭행, 가혹행위, 공무상 비밀누설, 국고 등 손실, 특수직무유기 등(업무상 위력 등에 의한 간음 ×)

CHAPTER 03 경비경찰

제1절 경비경찰일반

1 경비경찰의 대상

인위적이거나 자연적인 혼잡·재해	행사안전(혼잡)경비, 재난경비
개인적·단체적 불법행위	치안경비, 특수경비(대테러경비), 경호경비, 중요시설경비

» 행사안전경비는 조직화되지 않은 군중을 대상으로 하고, 치안경비는 조직화된 군중을 대상으로 함
» 금융기관의 도난방지를 위한 경비는 원칙적으로 경비경찰의 대상이다(X)
» 폭력행위 등 처벌에 관한 법률 제3조(집단적 폭행)는 집단으로 위력을 보인 경우이므로 경비경찰의 대상이다(X)

2 경비경찰 활동의 특성

즉응적(즉시적) 활동	경비사태 발생시 특별한 처리기한 정하여 진압할 수 없으며, 즉시 출동 신속 조기진압해야 하고, 사태 종료시에 해당업무도 종료
복합기능적 활동	사태 발생 후 진압뿐만 아니라, 사태 발생 미연에 방지하는 경계·예방 역할도 수행
현상유지적 활동	경비경찰은 현재 질서상태 유지에 가치를 둠 ⇨ **정태적·소극적 유지에 그치는 것이 아니라 새로운 변화와 발전 보장을 위한 동태적·적극적 유지의 의미**
사회전반적 안녕목적의 활동	사회전체의 질서를 파괴하는 범죄 대상으로 한다는 점에서 경비경찰 임무는 국가목적적 치안의 수행
조직적인 부대활동	경비사태 발생할 때 조직적·집단적 대응이 요구되므로 조직적 부대활동에 중점을 둔 체계적인 부대편성, 관리, 운영 필요
하향적 명령에 의한 활동	주로 계선조직의 지휘관이 내리는 지시나 명령에 의하여 움직이므로, **부대원의 재량은 상대적으로 적고, 활동결과에 대해서도 지휘관이 지휘책임을 지는 것이 일반적**

3 경비경찰 활동의 특성

근거	헌법, 국자법, 경찰관 직무집행법 등
법규상 한계	경비경찰권의 행사는 반드시 그 활동에 대한 법적인 근거를 요하며 그렇지 않은 경우에는 위법한 경찰권의 행사가 되어 사법심사의 대상이 됨
조리상 한계	① 경찰소극목적의 원칙　　② 경찰공공의 원칙　　③ 경찰책임의 원칙 ④ 경찰비례의 원칙　　⑤ 경찰평등의 원칙

〈조리상 한계 관련지문〉
① **경찰책임은 민·형사상의 책임에 있어서와 같은 고의·과실을 요건으로 한다(X)**. ⇨ 경찰책임의 성립에 있어서는 고의·과실, 위법성의 유무, 위험에 대한 인식여부 등을 묻지 않음
② **경찰긴급권은 경찰책임의 원칙에 부합하는 대표적인 예로 볼 수 있다(X)**. ⇨ 부득이하고 급박한 경우 경찰책임이 없는 제3자에 대해 경찰권을 발동하는 경우로 경찰책임원칙의 예외
③ **경찰비례의 원칙은 조리상의 원칙으로 아직 명문규정은 없다(X)**. ⇨ 경직법, 행정기본법 등 명문화

4 경비경찰의 조직 및 수단

(1) 경비경찰의 조직운영의 원칙

부대단위 활동 원칙	① 경비경찰은 업무의 성격상 개인적 활동이 아닌 **부대단위로 활동하는 경우가 대부분**(지휘관이 반드시 필요) ② 부대를 관리하기 위한 지휘권과 장비, 임무수행을 위한 보급지원체계를 갖추어야 함 ③ 주로 지휘관 명령에 의하여 업무가 이루어지므로, **부대활동 성패는 지휘관에 의해 좌우된다.**
지휘관 단일성 원칙	① 긴급하고 신속성을 요하는 경비업무의 효율적인 수행을 위하여 **지휘관을 한 사람만 두어야 함**(의사결정 과정까지 단일해야 한다는 의미는 아님). 즉, 지시는 한 사람에 의해서 행해져야 하고, 보고도 한 사람을 통해서 이루어져야 한다. ② 이는 하급조직원은 하나의 상급조직에 대해서만 책임을 진다는 의미도 내포한다.
체계통일성 원칙	조직 정점에서 말단에 이르는 계선 통하여 상하 계급간에 일정한 관계가 형성되어 **책임과 임무 분담 명확히 이루어지고 명령과 복종 체계 통일**(임무 중복부여 X)
치안협력성 원칙	① 경비경찰이 업무수행과정에서 국민과 협력을 이뤄야 하고 국민이 스스로 협조해 줄 때 효과적인 업무수행이 가능하다. ② 협력체계 조성하는 것은 임의적이어야 하며 강제적 협조는 안 된다.

(2) 경비경찰의 수단

1) 수단의 종류

간접적 실력행사	경고	① 경비부대를 전면에 배치 또는 진출시켜 위력을 과시하거나 경고하여 범죄실행 의사를 자발적으로 포기하도록 하는 **간접적 실력행사** ② 경고는 관계자에게 주의주고, 어떠한 행위를 촉구하는 사실상 통지행위로 임의처분 ③ 「**경찰관 직무집행법**」에 근거
직접적 실력행사	제지	① 제지는 경비사태 예방·진압 위한 강제처분으로 세력분산·주동자 및 주모자 격리 등 실시하는 **직접적 실력행사로 즉시강제에 해당**(무기사용도 가능, 권력적 사실행위) ② 「**경찰관 직무집행법**」에 근거
	체포	① 체포는 상대방 신체 구속하는 강제처분. **직접적 실력행사** ② 「**형사소송법**」에 근거

> **주의** 실력행사에 정해진 순서는 없으며 주어진 상황이 경비수단의 행사요건에 해당되는지 여부에 따라 적절히 행사하면 됨

2) 경비수단의 원칙

균형의 원칙	균형 있는 경찰력운영으로 상황에 따라 **주력부대와 예비부대를 적절하게 활용**하여 **한정된 경력으로 최대의 효과**를 얻도록 해야 한다는 원칙(한정의 원칙 X)
위치의 원칙	경비사태에 대하여 실력행사시 군중보다 유리한 지점과 위치 확보하여 작전수행
적시의 원칙	실력행사시 상대의 기세와 힘이 빠져서 저항력이 허약한 시점 포착하여 집중적 실력행사
안전의 원칙	경비사태 발생시 진압과정에서 경찰이나 시민 사고가 없어야 한다.

제2절 경비경찰활동

1 행사안전경비(혼잡경비)

(1) 의의

> 조직화되지 않은 군중으로 인해 발생하는 예측불허 사태 예방·경계·진압하는 경찰활동

(2) 행사안전경비 실시요령

> ① 행사의 주최측과의 협조를 통해 행사의 진행이 이루어지도록 한다.
> ② 부대의 편성과 배치
>   ㉠ 경력배치는 군중이 집결되기 전에 **사전배치 원칙**
>   ㉡ 경력은 단계별로 탄력적으로 운영
>   ㉢ 관중석에 배치되는 예비대는 단시간 내에 효율적으로 혼란예상지역에 도착하도록 통로주변에 배치
>   ㉣ 주최측과 협조할 사항 – 행사진행과정 파악, 경비원 활용 권고, 자율적 질서유지 등
>   (예비대의 운용여부판단은 주최측과 협조할 사항 아님)

(3) 「경비업법 시행령」 제30조(경비가 필요한 시설 등에 대한 경비의 요청)

> **시·도경찰청장은** 행사장 그 밖에 많은 사람이 모이는 시설 또는 장소에서 혼잡 등으로 인한 위험발생 방지 위하여 경비원에 의한 경비가 필요하다고 인정되는 때에는 **행사개최일 전에 행사 주최자에게 경비원에 의한 경비를 실시하거나** 부득이한 사유로 그것을 실시할 수 없는 경우에는 **행사개최 24시간 전까지 시·도경찰청장에게 그 사실을 통지하여 줄 것을 요청할 수 있다.**

(4) 「공연법」 및 「공연법 시행령」

정의	1. **"공연"**이란 음악·무용·연극·뮤지컬·연예·국악·곡예 등 예술적 관람물을 실연(實演)에 의하여 공중(公衆)에게 관람하도록 하는 행위를 말한다. 다만, **상품 판매나 선전에 부수**(附隨)**한 공연은 제외**한다. 4. **"공연장"**이란 공연을 주된 목적으로 설치하여 운영하는 시설로서 대통령령으로 정하는 것을 말한다. ⇨ "대통령령으로 정하는 것"이란 **연간 90일 이상 또는 계속하여 30일 이상 공연에 제공할 목적으로 설치하여 운영하는 시설**을 말한다. (시행령)

공연장	① **공연장운영자는** 화재나 그 밖의 재해를 예방하기 위하여 그 공연장 종업원의 임무·배치 등 **재해대처계획을 수립하여** 매년 관할 특별자치시장·특별자치도지사·**시장·군수·구청장에게 신고하여야 한다.** ⇨ 신고받은 재해대처계획을 관할 **소방서장에게 통보**하여야 한다. ② 공연장운영자는 공연법 제11조 제1항에 따라 다음 연도의 재해대처계획을 수립하여 **매년 12월 31일까지** 관할 특별자치시장·특별자치도지사·시장·군수·구청장에게 신고하여야 하며, 신고한 재해대처계획을 **변경하려는 경우에는** 그 계획을 **적용하기 전에 변경신고를** 하여야 한다(다만, 공연장운영자가 공연장을 등록하는 경우에는 공연장 등록 신청과 함께 해당 연도의 재해대처계획을 신고하여야 한다).
공연장 외	① **공연장 외의 시설·장소에서 1천명 이상의 관람이 예상되는 공연**을 하려는 자는 해당 시설이나 장소 운영자와 공동으로 **공연 개시 14일 전까지 재해대처계획을 관할 특별자치시장·특별자치도지사·시장·군수 또는 구청장에게 신고하여야 한다.** ② 신고한 사항을 **변경하려는 경우에는** 해당 공연 **7일 전까지 변경신고를** 하여야 한다.
과태료	재해대처계획을 신고하지 아니한 자에게는 **2천만원 이하의 과태료**(벌금X)
기타	① **공연장운영자는** 화재 등 재해나 그 밖의 위급한 상황의 발생 시 관람자가 안전하게 피난할 수 있도록 공연장에 피난계단·피난통로, 피난설비 등이 표시되어 있는 **피난안내도를 갖추어 두거나** 피난 절차, 노약자·장애인 등 거동이 불편한 관람자의 피난 방법, 공연의 특수상황, 그 밖에 비상시에 대비하기 위하여 관람자가 알고 있어야 할 사항을 **공연 시작 전 관람자에게 주지시켜야 한다.** ② ①을 위반하여 피난안내도를 갖추어 두거나 피난안내에 관한 사항을 주지시키는 것 중에 어느 하나를 하지 아니한 자에게는 **300만원 이하의 과태료**를 부과한다.

(5) **군중정리의 원칙**

밀도의 희박화	① 제한된 지역에 많은 군중 모이면 충돌 및 혼잡 야기하므로 가급적 다수인이 모이는 것 방지 ② **대규모 군중 모이는 장소는 사전 블록화**
이동의 일정화	군중은 자신의 위치와 갈 곳 몰라 불안감 가지므로 일정방향으로 이동시켜 주위상황 파악할 수 있는 여건 조성하고 안정감 갖게 한다.
경쟁적 행동의 지양	다른 사람보다 먼저 가려는 심리상태 억제시켜, 질서있게 행동하면 모든 일이 잘될 수 있다는 것 납득시킨다. **차분한 목소리로 안내방송**하는 것도 한 방법
지시의 철저	계속적이고 **자세한 안내방송**으로 지시 철저히 함으로써 혼잡사태 정리하여 사고 미연에 방지

(6) 군중심리학(집합행동)의 이해

1) 정상군중심리와 이상군중심리

정상군중심리	**보통사회상황하에서 만들어지는 군중심리, 정서의 평행상태를 유지하는 심리적 상태**로 정부와 국민간의 신임·충성·단결과 관련이 있다. 정상군중심리에는 **호기심리, 동정심리, 안전심리, 수치심리, 집체심리** 등이 있다.
이상군중심리	**군중상황하에서 만들어지는 군중심리, 정서의 평행상태가 붕괴된 심리적 상태**로 강렬한 감정, 불만, 냉소, 파괴감정 등과 관련이 있다.

2) 이상군중심리의 종류(특징)

정서의 충동성	정서의 충동은 체내 **정서적 평행작용이 붕괴되어 강렬한 감정아래 주관적으로 경험하는 심리적 격동상태**를 말하는 것으로 개인의 군중 속에서의 정서는 극히 충동적이고 이러한 충동은 **이상폭력행위를 유발**하게 된다.
추리의 단순성	추리는 일반원칙을 사용하여 문제해결을 하는 일종의 사고과정으로 개인이 군중속에 속하게 되면 정서적 충동에 의하여 영향을 받고 그 결과 이지적 통제는 낮아지고 정밀한 추리능력이 떨어진다. 군중심리로 인하여 추리의 단순화되면 군중은 **쉽게 맹종하고 단순한 몇 마디의 웅변도 설득력 있게 느껴져** 리더의 제시에 따라 바로 행동할 수 있다.
욕망의 확장성	개인이 군중 속에 있을 때 상호간에 영향을 주어 욕망은 확장되며 **사회적 평가와 제약 때문에** 개인적으로 **추구하지 못했던 욕망이 군중의 베일 속에서 표출**되는 경향이 있다.
도덕의 모순성	개인이 군중 속에 속할 때 정서의 충동에 의하여 이지(理智)의 소멸과 욕망의 확장에 따라 말과 행동, 도덕표준의 준수면에서 평소와 다르게 나타나 **도덕관념이 모호해져서 모순된 가치체계를 갖는 경향이 있으나 그렇다고 완전히 야만인이 되거나 완전히 도덕성을 상실하는 것은 아니다.**

2 선거경비

(1) 선거경비의 의의

① 선거경비는 행사안전·다중범죄진압·경호·특수 등 종합적인 경비가 요구
② 선거경비는 후보자의 자유로운 선거운동과 민주적 절차에 의한 선거를 보장하는데 역점을 둔다.

(2) 비상근무

① 선거기간 개시일 ~ 선거 전일까지 : 경계강화 기간
② 선거일 ~ 개표종료시까지 : 갑호 비상이 원칙

(3) 선거기간 및 선거일

선거기간	① 선거별 선거기간
	  1. 대통령선거는 23일
	  2. 국회의원선거와 지자체 의회의원 및 장 선거는 14일
	② 선거기간
	  1. 대통령선거 : **후보자등록마감일의 다음 날부터 선거일까지**
	  2. 국회의원선거와 지자체 의회의원 및 장 선거 : **후보자등록마감일 후 6일부터 선거일까지**

선거운동기간	선거기간 개시일부터 선거일 전일까지

(4) 후보자 신변보호

① 대통령후보자는 을호 경호대상자, 당선확정자는 갑호 경호대상자
② 대통령후보자 신변보호기간 – 후보자 등록시부터 당선 확정시까지
③ 대통령 후보자의 신변보호는 24시간 근접 경호

〈선거관련 신변보호활동〉 – 경호·요인보호·신변보호로 나뉨(공직선거법에는 후보자 신변보호규정이 없음)
① **경호**는 「대통령 등의 경호에 관한 법률(대통령경호법)」, 「전직대통령 예우에 관한 법률」, 「경호규칙」 등 관련 법령상 규정된 경호대상자에 대하여 실시
② **요인보호**는 「통합방위법」 및 「요인보호규칙」에 의해 전시 또는 국가위기사태 시 안보관련 중요 인사의 보호를 위해 실시
③ **신변보호**는 일반 개인들에 대해 「경찰관 직무집행법」상 위험발생방지 차원에서 실시

(5) **개표소 경비**

1) 개표소 내부 안전검측 및 유지

선거관리위원회 요청시 경찰은 소방·한전 등 유관기관과 협조하여 개표소 내·외곽에 대한 사전 안전검측을 실시하고, 안전을 유지해야 한다.

2) 3선 경비

제1선 (개표소내부)	① **선거관리위원회위원장이나 위원**은 개표소 질서가 심히 문란하여 공정한 개표가 진행될 수 없다고 인정하는 때에는 개표소 질서유지를 위하여 정복을 한 경찰공무원 또는 경찰관서장에게 원조요구할 수 있다. ② 원조요구받은 경찰공무원 또는 경찰관서장은 즉시 이에 **따라야 한다.** ③ 개표소안에 들어간 경찰공무원 또는 경찰관서장은 **선거관리위원회위원장 지시받아야** 하며, 질서 회복되거나 위원장의 요구가 있는 때에는 즉시 개표소에서 **퇴거**하여야 한다. ④ ①의 경우를 제외하고는 누구든지 개표소안에서 무기나 흉기 또는 폭발물을 지닐 수 없다.
제2선 (울타리내곽)	① **경찰이 선관위와 합동으로 출입자 통제** ② 제2선 출입문은 되도록 정문만 사용(기타 출입문은 시정)
제3선 (울타리외곽)	경찰이 검문조, 순찰조 운용하여 위해 기도자 접근 차단

3 치안경비(=다중범죄진압경비=집회시위경비)

(1) 다중범죄의 특성 (조부비행)

부화뇌동적 파급성	다중범죄의 발생은 군중심리로 인한 경우가 많으므로, 작은 동기에 의하여 발생하기도 하고, 일단 발생하면 부화뇌동으로 인하여 대규모로 확대될 수 있다.
비이성적 단순성	시위군중은 과격하고 단순하게 행동하며, 법률적·도덕적·사회통념상 이해가 불가능한 비이성적인 경우가 많으므로, 타협이나 설득이 어렵다.
확신적 행동성	다중범죄를 발생시키는 주동자나 참여자들은 자신의 사고가 정의라는 확신을 가지고 감행하는 경우가 많아 과감하고 전투적(**투신이나 분신자살** 등).
조직적 연계성	현대사회 문제는 전국적 공통성이 있으며 조직도 전국적으로 연계된 경우가 많다. 다중범죄는 특정한 조직에 기반을 두고 조직의 뜻대로 계획해서 뚜렷한 목적의식을 가지고 감행되는 경우가 대부분

(2) 다중범죄의 정책적 치료법(다중범죄진압의 궁극적인 대책으로 가장 효과적이고 바람직)

선수승화법	특정한 불만집단에 대한 정보활동강화하여 사전에 불만 및 분쟁요인 찾아내어 해소시켜 주는 방법
전이법	다중범죄 발생징후나 이슈 있을 때 집단이나 국민들의 관심 집중시킬 수 있는 경이적인 사건을 폭로하거나 규모가 큰 행사 개최하여 원래 이슈가 상대적으로 약화되도록 하는 방법
지연정화법	불만집단의 고조된 주장을 시간을 끌어 이성적으로 생각할 기회부여하고 정서적으로 감정 둔화시켜 흥분 가라앉게 하는 방법
경쟁행위법	불만집단과 반대되는 대중의견 크게 부각시켜 불만집단이 위압되어 스스로 해산 및 분산되도록 하는 방법

(3) 다중범죄 진압활동

1) 진압의 기본원칙 (봉주세차)

봉쇄·방어	군중들이 중요시설이나 기관 등 보호대상물 점거 기도할 경우, 사전에 진압부대가 점령하거나 바리케이드 등으로 봉쇄하여 방어조치 취하는 방법
차단·배제	군중이 목적지에 집결하기 전에 중간에서 차단하여 집합 못하게 하는 방법. 중요 목지점에 경력배치하고 검문검색 실시하여 불법시위 가담자를 사전색출·검거하거나 귀가조치하여 시위군중의 집합을 사전에 차단
세력분산	시위대가 집단 형성한 이후에 진압부대가 대형으로 진입하거나 장비 사용하여 시위집단의 지휘통제력 차단시키며 수개의 소집단으로 분할시켜 시위의사 약화시킴으로써 세력 분산시키는 방법
주동자격리	다중범죄는 특정한 지도자나 주동자의 선동에 의하여 이루어지므로 주모자를 사전에 검거하거나 군중과 격리하여 군중의 집단적 결속력 약화시켜 계속된 행동을 못하게 진압하는 방법

2) 진압활동시 3대 원칙 – 신속한 해산, 주모자 체포, 재집결 방지

> **참고** 시위 중 신고내용과 달리 인공기를 소훼하는 경우
>
> ① 인공기 소훼를 시도하는 경우 경찰은 「경찰관 직무집행법」 제5조에 근거하여 위험 방지를 위해 제지할 수 있다.
> ② 시위 도중 인공기 소훼한 경우 「집회 및 시위에 관한 법률」 제16조(주최자의 준수사항) 제4항 및 제17조(질서유지인의 준수사항 등) 제2항에 의하여 처벌할 수 있다. 또한, 「경범죄 처벌법」상 위험한 불씨 사용 행위에 해당할 수 있다.
> ③ 인공기는 반국가단체가 사용하는 것이므로 공용·사용을 불문하고 소훼를 하더라도 「형법」상 외국국기모독죄로 처벌할 수 없다.

> **참고** 집회등 채증활동규칙
>
> 제2조(정의) 이 규칙에서 사용하는 용어의 뜻은 다음과 같다.
> 1. **"채증"**이란 집회등 현장에서 범죄수사를 목적으로 **촬영, 녹화 또는 녹음**하는 것을 말한다.
> 2. **"채증요원"**이란 채증 또는 이와 관련된 업무를 담당하는 경찰공무원(경찰공무원의 지시를 받는 **의무경찰을 포함**한다)을 말한다.
> 3. **"주관부서"**란 채증요원을 관리·운용하는 **경비 부서**를 말한다.
> 4. **"채증자료"**란 채증요원이 채증을 하여 수집한 사진, 영상녹화물 또는 녹음물을 말한다.
> 5. **"채증판독프로그램"**이란 범죄수사를 목적으로 범죄혐의자의 인적사항 확인을 위하여 채증자료를 입력, 열람, 판독하기 위한 전산 프로그램을 말한다.
>
> 제4조(채증요원 편성) ① 주관부서의 장은 집회등에 대비하기 위해 채증요원을 둔다.
> ② 채증요원은 **사진 촬영담당, 동영상 촬영담당, 신변보호원 등 3명을 1개조로 편성하는 것을 원칙**으로 하되, 현장 상황 등을 고려하여 증감 편성할 수 있다.
>
> 제7조(채증의 범위) ① 채증은 폭력 등 범죄행위가 **행하여지고 있거나 행하여진 직후에 하여야 한다.**
> ② 범죄행위로 인하여 타인의 생명·신체 또는 재산에 대한 위해가 임박한 때에 범죄에 이르게 된 경우나 그 전후 사정에 관하여 **긴급히 증거를 확보하여야 할 필요가 있는 경우에는 범죄행위가 행하여지기 이전이라도 채증을 할 수 있다.**
>
> 제8조(채증의 제한) 채증은 범죄혐의에 대한 증거자료를 확보할 필요성이 있는 경우에 한하며, 상당한 방법에 따라 필요한 최소한도에 그쳐야 한다.
>
> 제9조(채증사실 고지) ① 집회등 현장에서 채증을 할 때에는 **사전에 채증 대상자에게** 범죄사실의 요지, 채증요원의 소속, 채증 개시사실을 **직접 고지하거나 방송 등으로 알려야 한다.**
> ② 20분 이상 채증을 계속하는 경우에는 **20분이 경과할 때마다** 채증 중임을 고지하거나 알려야 한다.
>
> 제11조(채증자료 송부) 범죄혐의자의 인적사항이 확인되어 **범죄수사의 필요성이 있는 채증자료는 지체 없이 수사부서에 송부하여야 한다.**
>
> 제12조(수사 필요성 없는 채증자료 삭제·폐기) 범죄수사 필요성이 없는 **채증자료는** 해당 집회등의 **상황 종료 후 즉시 삭제·폐기하여야 한다.**

4 재난경비(재난 및 안전관리기본법)

(1) 용어정의

재난	① **자연재난, 사회재난** (사자 Lion) ② **자연재난** : 태풍, 홍수, 호우, 강풍, 풍랑, 해일, 대설, 한파, 낙뢰, 가뭄, 폭염, 지진, 황사, 조류(藻類) 대발생, 조수(潮水), 화산활동, 소행성·유성체 등 자연우주물체의 추락·충돌, 그 밖에 이에 준하는 자연현상으로 인하여 발생하는 재해 ③ **사회재난** : 화재·붕괴·폭발·교통사고(항공사고 및 해상사고를 포함한다)·화생방사고·환경오염사고 등으로 인하여 발생하는 대통령령으로 정하는 규모 이상의 피해와 국가핵심기반의 마비, 「감염병의 예방 및 관리에 관한 법률」에 따른 감염병 또는 「가축전염병예방법」에 따른 가축전염병의 확산, 「미세먼지 저감 및 관리에 관한 특별법」에 따른 미세먼지 등으로 인한 피해
재난관리	재난의 **예방·대비·대응** 및 **복구**를 위하여 하는 **모든 활동**
안전관리	재난이나 그 밖의 각종 사고로부터 사람의 생명·신체 및 재산의 **안전**을 **확보**하기 위하여 하는 **모든 활동**

긴급구조기관	"긴급구조기관"이란 **소방청·소방본부 및 소방서**를 말한다. 다만, 해양에서 발생한 재난의 경우에는 해양경찰청·지방해양경찰청 및 해양경찰서를 말한다.
긴급구조 지원기관	"긴급구조지원기관"이란 긴급구조에 필요한 인력·시설 및 장비, 운영체계 등 긴급구조능력을 보유한 기관이나 단체로서 대통령령으로 정하는 기관과 단체를 말한다. ⇨ **경찰청은 긴급구조지원기관**

재난관리 주관기관	"재난관리주관기관"이란 재난이나 그 밖의 각종 사고에 대하여 그 유형별로 예방·대비·대응 및 복구 등의 업무를 주관하여 수행하도록 대통령령으로 정하는 관계 중앙행정기관을 말한다.
국가핵심기반	"국가핵심기반"이란 에너지, 정보통신, 교통수송, 보건의료 등 국가경제, 국민의 안전·건강 및 정부의 핵심기능에 중대한 영향을 미칠 수 있는 시설, 정보기술시스템 및 자산 등을 말한다.

(2) 재난관리 체계

1) 재난관리 체계(예방 - 대비 - 대응 - 복구)

예방 단계	① 재난요인을 사전에 제거하려는 행위, 피해가능성을 최소화하거나 분산시키는 행위(과정) ② **정부합동안전점검, 재난관리체계 등 평가활동**
대비단계	① 재난 경감하려는 노력에도 불구하고 재난발생 완전히 제거시킬 수 없기 때문에 재난발생 예상하여 피해 최소화하고, 원활한 대응위한 준비 수행 단계 ② 각 기능별 **재난대응 활동계획 작성, 재난분야 위기관리 매뉴얼 작성, 재난대비훈련** 등
대응단계	① 실제로 재난 발생했을 때 수행해야 할 행동 하는 단계 ② 응급조치, 긴급구조, **재난사태 선포** 등
복구단계	① 재난으로 인한 혼란상태가 상당히 안정되고 응급적인 인명구조와 재산 보호활동이 이루어진 후에 재난 전 정상상태로 회복시키기 위한 여러 활동 하는 단계 ② **재난피해조사, 특별재난지역 선포** 등

2) 재난 및 안전관리 업무 총괄·조정 - 행정안전부장관

3) 중앙재난안전대책본부(=중앙대책본부)

> ① **대통령령으로 정하는 대규모 재난** 대응·복구 등 사항을 총괄·조정하고 필요한 조치 위하여 **행정안전부에 중앙재난안전대책본부 둔다.**
> ② 중앙대책본부 본부장 - 행정안전부장관. 다만, 해외재난은 외교부장관, 방사능재난은 중앙방사능방재대책본부장(원자력안전위원회 위원장)이 중앙대책본부장의 권한을 행사한다.
>   → 이에 불구하고 재난의 효과적인 수습을 위하여 국무총리가 범정부적 차원의 통합 대응이 필요하다고 인정하는 경우에는 **국무총리가 중앙대책본부장의 권한을 행사할 수 있다.**

4) 재난사태 선포와 특별재난지역 선포

재난사태 선포	**행정안전부장관은** 대통령령으로 정하는 재난 발생하거나 발생우려 있는 경우 사람의 생명·신체 및 재산에 미치는 중대한 영향이나 피해 줄이기 위하여 긴급한 조치 필요하다고 인정하면 중앙안전관리 위원회의 심의 거쳐 **재난사태를 선포할 수 있다.**
특별재난지역 선포	**중앙대책본부장은** 대통령령으로 정하는 규모 재난 발생하여 국가안녕 및 사회질서유지에 중대한 영향 미치거나 피해수습 위하여 특별조치 필요하다고 인정하거나 지역대책본부장의 요청이 타당하다고 인정하는 경우는 중앙위원회의 심의 거쳐 해당 지역을 **특별재난지역으로 선포할 것을 대통령에게 건의할 수 있다.** → 건의받은 **대통령은** 해당 지역을 **특별재난지역으로 선포할 수 있다.**

5) 기타 세부사항 : 위기경보발령과 위험구역설정 등

> **참고** 위기경보발령과 위험구역설정 등 (제38조 등)
>
> ① **재난관리주관기관의 장은** 대통령령으로 정하는 재난에 대한 징후를 식별하거나 재난발생이 예상되는 경우에는 그 위험 수준, 발생 가능성 등을 판단하여 그에 부합되는 조치를 할 수 있도록 **위기경보를 발령할 수 있으며**(행정안전부장관이 위기경보를 발령할 수 있는 예외 상황 있음), 위기경보는 재난 피해의 전개 속도, 확대 가능성 등 재난상황의 심각성을 종합적으로 고려하여 **관심·주의·경계·심각으로 구분할 수 있다.** → 재난관리주관기관의 장은 심각 경보를 발령 또는 해제할 경우에는 행정안전부장관과 사전에 **협의하여야 한다.** 다만, 긴급한 경우에 재난관리주관기관의 장은 우선 조치한 후 지체 없이 행정안전부장관과 협의하여야 한다.
> ② **시장·군수·구청장과 지역통제단장**(대통령령으로 정하는 권한을 행사하는 경우에만 해당한다)은 재난이 발생하거나 발생할 우려가 있는 경우에 사람의 생명 또는 신체에 대한 위해 방지나 질서의 유지를 위하여 필요하면 **위험구역을 설정하고**, 응급조치에 종사하지 아니하는 사람에게 **'위험구역에서의 퇴거 또는 대피조치'를** 명할 수 있다.
> ③ **시장·군수·구청장과 지역통제단장**(대통령령으로 정하는 권한을 행사하는 경우에만 해당한다)은 (경찰관서장은 X) 대피명령을 받은 사람이 그 명령을 이행하지 아니하여 위급하다고 판단되면 그 지역 또는 위험구역 안의 주민이나 그 안에 있는 사람을 **강제로 대피 또는 퇴거시킬 수 있다.**
> ④ **시장·군수·구청장과 지역통제단장**(대통령령으로 정하는 권한을 행사하는 경우에만 해당한다)은 응급조치에 필요한 물자를 긴급히 수송하거나 진화·구조 등을 하기 위하여 필요하면 대통령령으로 정하는 바에 따라 **경찰관서의 장에게** 도로의 구간을 지정하여 해당 **긴급수송 등을 하는 차량 외의 차량의 통행을 금지하거나 제한하도록 요청할 수 있다.** 요청을 받은 경찰관서의 장은 특별한 사유가 없으면 요청에 **따라야 한다.**

> **참고** 재난분야 위기관리 매뉴얼 작성·운용 (제34조의5)
>
> **재난관리책임기관의 장은** 재난을 효율적으로 관리하기 위하여 재난유형에 따라 다음 각 호의 **위기관리 매뉴얼을 작성·운용하여야 한다.** 이 경우 **재난대응활동계획과 위기관리 매뉴얼이 서로 연계되도록** 하여야 한다.
> 1. 위기관리 표준매뉴얼: 국가적 차원에서 관리가 필요한 재난에 대하여 **재난관리 체계와 관계 기관의 임무와 역할을 규정한 문서**로 위기대응 실무매뉴얼의 작성 기준이 되며, 재난관리주관기관의 장이 작성한다. 다만, 다수의 재난관리주관기관이 관련되는 재난에 대해서는 관계 재난관리주관기관의 장과 협의하여 행정안전부장관이 위기관리 표준매뉴얼을 작성할 수 있다.
> 2. 위기대응 실무매뉴얼: 위기관리 표준매뉴얼에서 규정하는 **기능과 역할에 따라 실제 재난대응에 필요한 조치사항 및 절차를 규정한 문서**로 재난관리주관기관의 장과 관계 기관의 장이 작성한다. 이 경우 재난관리주관기관의 장은 위기대응 실무매뉴얼과 제1호에 따른 위기관리 표준매뉴얼을 통합하여 작성할 수 있다.
> 3. 현장조치 행동매뉴얼: 재난현장에서 임무를 직접 수행하는 기관의 행동조치 절차를 구체적으로 수록한 문서로 위기대응 실무매뉴얼을 작성한 기관의 장이 지정한 기관의 장이 작성하되, 시장·군수·구청장은 (경찰관서장은 X) **재난유형별 현장조치 행동매뉴얼을 통합하여 작성할 수 있다.** 다만, 현장조치 행동매뉴얼 작성 기관의 장이 다른 법령에 따라 작성한 계획·매뉴얼 등에 재난유형별 현장조치 행동매뉴얼에 포함될 사항이 모두 포함되어 있는 경우 해당 재난유형에 대해서는 현장조치 행동매뉴얼이 작성된 것으로 본다.

(3) 「경찰재난관리규칙」

> 「경찰 재난관리 규칙」
>
> 제2조(재난 상황 시 국·관의 임무) ① **치안상황관리관**은 경찰의 재난관리 업무를 **총괄·조정**한다.
>
> 제4조(경찰청 재난상황실의 설치) **치안상황관리관**은 재난이 발생하였거나 재난이 발생할 우려가 있는 경우에는 위기관리센터 또는 치안종합상황실에 **재난상황실을 설치·운영할 수 있다.** 다만, 제11조의 **재난대책본부가 설치되었거나** 「재난 및 안전관리 기본법」 제38조에 따라 '**심각**' 단계의 위기경보가 발령된 경우에는 재난상황실을 설치·운영하여야 한다.
>
> 제5조(구성) ① 재난상황실에는 재난상황실장 1명을 두며 **상황실장은 위기관리센터장**으로 한다.
> ② 재난상황실에 총괄반, 분석반, 상황반을 둔다.
>
> 제11조(경찰청 재난대책본부의 설치) **경찰청장**은 인명 또는 재산의 피해정도가 매우 큰 재난 또는 사회적, 경제적으로 광범위한 영향이 있는 재난이 발생하였거나 발생할 우려가 있어 이에 대한 전국적인 관리가 필요하다고 인정하는 경우 경찰청에 **재난대책본부를 설치할 수 있다.**
>
> 제12조(재난대책본부의 구성 등) ① 재난대책본부는 **치안상황관리관이 본부장**이 된다.
> ② 재난대책본부에 총괄운영단, 대책실행단, 대책지원단을 둔다.
>
> 제15조(재난대책본부의 격상) ① 제12조에도 불구하고 재난에 대한 범정부적 차원의 통합대응이 필요하다고 인정되는 경우 본부장을 경찰청장 또는 경찰청 차장으로 격상하여 운영할 수 있다.
>
> 제16조(시·도경찰청등 재난대책본부의 설치 및 운영) ① **시·도경찰청등의 장**은 경찰청에 재난대책본부가 설치되었거나, 관할 지역 내 재난이 발생하였거나 발생할 우려가 있는 경우 시·도경찰청등에 **재난대책본부를 설치할 수 있다.**
> ② 시·도경찰청의 본부장은 시·도경찰청장이 지정하는 차장 또는 부장으로 한다.
> ③ 경찰서의 본부장은 재난업무를 주관하는 부서의 장으로 한다.
>
> 제17조(재난 예방·대비) ① **시·도경찰청등의 장**은 재난 요인을 사전에 제거하거나 감소시킴으로써 재난 발생 자체를 억제 또는 방지하기 위한 **재난예방대책을 수립·시행**하여야 한다. ⇨ 재난관리의 실행은 모두 **시·도경찰청등의 장의 권한과 책임으로 함!**
> ③ 시·도경찰청등의 장은 재난으로 인해 경찰관서의 고립이 우려되는 경우 사전에 소요물자의 비축 등 필요한 조치를 하여야 한다.
>
> 제18조(재난 대응) ① **시·도경찰청등의 장**은 관할 지역에서 재난이 발생하였거나 발생이 임박한 경우 그 피해를 최소화하기 위하여 다음 각 호 중 필요한 조치를 하여야 한다.
> 1. **현장 접근통제 및 우회로 확보**
>
> 제20조(현장지휘본부의 설치 및 운영) ① **시·도경찰청등의 장**은 관할 지역 내 재난이 발생한 경우 재난 현장의 대응 활동을 총괄하기 위하여 **현장지휘본부를 설치할 수 있다.**

참고 경찰청 국·관별 재난관리 임무(「경찰 재난관리 규칙」 별표1)

구 분	내 용
치안상황관리관	- 재난대책본부 및 재난상황실 운영 - 재난관리를 위한 관계기관과의 협력 - 재난피해우려지역 예방 순찰 및 재난취약요소 발견 시 초동조치 - 재난지역 주민대피 지원
대변인	- 경찰의 재난관리 관련 홍보
감사관	- 재난상황 시 재난관리태세 점검
기획조정관	- 재난관리와 관련한 예산의 조정·지원
경무인사기획관	- 경찰관·경찰관서의 피해 예방 및 피해 발생 시 대응·복구 - 재난상황 시 직원 복무 및 사기 관리
정보화장비정책관	- 재난관리 자원 비축·관리 및 보급 - 국가적 정보통신 피해 발생 시 긴급통신망 복구지원 - 재난지역 통신장비 설치 및 운영 - 그 밖에 재난관리를 위한 장비의 지원
생활안전국	- 재난지역 범죄예방활동 - 재난지역 총포·화약류 안전관리
교통국	- 재난대비 교통취약지 예방 순찰 및 취약요소 발견 시 초동조치 - 재난지역 교통통제 및 긴급차량 출동로 확보 - 재난지역 교통안전시설 관리 - 재난 관련 인적·물적자원의 이동 시 교통안전 확보
경비국	- 재난관리를 위한 경찰부대 및 장비 동원 - 재난관리 필수시설의 안전관리
공공안녕정보국	- 재난취약요소에 대한 정보활동 - 재난상황 시 국민 안전을 확보하기 위한 정보활동
외사국	- 해외 재난안전정보 수집 - 재난지역 체류 외국인 관련 치안활동
형사국	- 재난지역 강도·절도 등 민생침해범죄의 예방 및 검거 - 재난으로 인한 인명피해 발생 시 원인이 되는 불법행위에 대한 수사
수사국	- 재난 관계 법령 위반 행위에 대한 수사 - 매점매석 등 사회혼란 야기 행위에 대한 수사 - 감염병·가축전염병의 확산으로 인한 재난 발생 시 역학조사 지원 - 기타 재난 발생의 원인이 되는 불법행위에 대한 수사
과학수사관리관	- 재난상황으로 인한 사상자 신원확인
사이버안전국	- 온라인상 허위정보의 생산·유포 행위 대응 및 수사 - 온라인상 매점매석 등 사회혼란 야기 행위에 대한 수사
안보수사국	- 재난지역 국가안보 위해요소 점검

참고 현장지휘본부 전담반 및 지원팀별 임무(「경찰 재난관리 규칙」 별표2)

구 분	내 용
전담반	- 현장지휘본부 운영 총괄·조정 - 재난안전상황실 업무협조 - 현장상황 등 보고·전파
112	**- 재난지역 및 중요시설 주변 순찰활동** **- 피해지역 주민 소개 등 대피 및 접근 통제**
경무	**- 현장지휘본부 사무실, 차량, 유·무선 통신시설 등 설치** - 그 밖에 예산, 장비 등 행정업무 지원
홍보	- 경찰 지원활동 등 언론대응 및 홍보
경비	**- 재난지역 및 중요시설 등 경비** **- 경찰통제선 설정·운용**
교통	- 비상출동로 지정·운용 - 현장주변에 대한 교통통제 및 우회로 확보 등 교통관리
생안	**- 재난지역 범죄예방활동** **- 재난지역 총포·화약류 안전관리 강화**
수사	- 실종자·사상자 현황 파악 및 수사 - 민생침해범죄의 예방 및 수사활동
정보	- 재난지역 집단민원 파악 - 관계기관 협조체제 및 대외 협력관계 유지

5 경찰작전(통합방위작전+국가중요시설경비+경찰비상업무)

(1) 통합방위작전(통합방위법)

1) 통합방위사태 (대일소) (통지/지/시지함)

갑종사태	일정한 조직체계 갖춘 **적의 대규모 병력** 침투 또는 대량살상무기 공격 등의 도발로 발생한 비상사태로서 **통합방위본부장 또는 지역군사령관**의 지휘·통제 하에 통합방위작전 수행하여야 할 사태
을종사태	**일부 또는 여러지역**에서 적이 침투·도발하여 단기간 내 치안 회복 어려워 **지역군사령관**의 지휘·통제 하에 통합방위작전 수행하여야 할 사태
병종사태	적의 **침투·도발 위협 예상되거나 소규모 적 침투**하였을 때에 시·도경찰청장, 지역군사령관 또는 함대사령관의 지휘·통제 하에 통합방위작전 수행하여 단기간 내에 치안 회복될 수 있는 사태

2) 통합방위기구 운용

중앙통합방위협의회	① **국무총리 소속**으로 중앙 통합방위협의회를 둔다. ② **중앙협의회의 의장은 국무총리**
지역통합방위협의회	① 시·도지사 소속으로 시·도 협의회를 두고, **의장은 시·도지사** ② 시장·군수·구청장소속으로 시·군·구 통합방위협의회를 두고, **의장은 시장·군수·구청장**
통합방위본부	① 합동참모본부에 통합방위본부를 둔다. ② **통합방위본부장은 합동참모의장, 부본부장은 합동참모본부 합동작전본부장**

3) 통합방위사태의 건의·선포 등

사 유	건의권자 (건의하여야 한다)	선포권자 (선포할 수 있다)
① **갑종사태**에 해당하는 상황이 발생하였을 때 ② 둘 이상의 시·도에 걸쳐 **을종사태**에 해당하는 상황	국방부장관(국무총리 거쳐)	대통령
둘 이상의 시·도에 걸쳐 **병종사태**에 해당하는 상황이 발생하였을 때	행정안전부장관 또는 국방부장관(국무총리 거쳐)	
을종사태나 병종사태에 해당하는 상황이 발생한 때	시·도경찰청장, 지역군사령관 또는 함대사령관	시·도지사

① **시·도경찰청장, 지역군사령관 또는 함대사령관은** 통합방위사태가 선포된 때에는 즉시 다음 각 호의 구분에 따라 **통합방위작전**(공군작전사령관의 경우에는 통합방위 지원작전)을 **신속하게 수행**하여야 한다. 다만, **을종사태가 선포된 경우에는 지역군사령관이** 통합방위작전을 수행하고, **갑종사태가 선포된 경우에는 통합방위본부장 또는 지역군사령관이** 통합방위작전을 수행한다.
  1. 경찰관할지역 : 시·도경찰청장
  2. 특정경비지역 및 군관할지역 : 지역군사령관
  3. 특정경비해역 및 일반경비해역 : 함대사령관
  4. 비행금지공역 및 일반공역 : 공군작전사령관
② **시·도경찰청장, 지방해양경찰청장**(대통령령으로 정하는 해양경찰서장을 포함한다), **지역군사령관 및 함대사령관은** 관할구역 중에서 적의 침투가 예상되는 곳 등에 **검문소를 설치·운용할 수 있다.** 다만, 지방해양경찰청장이 검문소를 설치하는 경우에는 미리 관할 함대사령관과 협의하여야 한다.
③ 시·도경찰청장은 필요할 때에는 지역군사령관으로부터 예비군을 지원받아 취약지역에 검문소를 설치·운용할 수 있으며, 이 경우 **시·도경찰청장등**(시·도경찰청장, 지방해양경찰청장, 지역군사령관 및 함대사령관)은 경찰과 군의 합동검문소를 설치하거나 폐쇄하려면 미리 통합방위본부장(경찰청장 X)에게 **보고하거나 통보**하여야 한다.
④ **시·도지사 또는 시장·군수·구청장은** 통합방위사태가 선포된 때에는 인명·신체에 대한 위해를 방지하기 위하여 즉시 작전지역에 있는 주민이나 체류 중인 사람에게 **대피할 것을 명할 수 있다.**
⑤ 대통령은 통합방위사태를 선포한 때에는 지체 없이 그 사실을 국회에 통고하여야 하며, 시·도지사는 통합방위사태를 선포한 때에는 지체 없이 그 사실을 시·도의회에 통고하여야 한다.

(2) 국가중요시설경비(통합방위법)

① **'국가중요시설'이란** 공공기관, 공항·항만, 주요 산업시설 등 적에 의하여 점령 또는 파괴되거나 기능이 마비될 경우 국가안보와 국민생활에 심각한 영향을 주게 되는 시설을 말한다.
② **"방호(경비X)"란** 적의 각종 도발과 위협으로부터 인원·시설 및 장비의 **피해를 방지하고** 모든 기능을 정상적으로 유지할 수 있도록 **보호하는 작전 활동**을 말한다.
③ **"도발"이란** 적이 특정 임무를 수행하기 위하여 대한민국 국민 또는 영역에 위해(危害)를 가하는 모든 행위를 말한다.

1) 국가중요시설의 분류

시설의 기능, 역할의 중요성과 가치의 정도(시설이 국가안전에 미치는 중요도)에 따라 국방부장관이 관계 행정기관의 장 및 국가정보원장과 협의하여 분류한다.

2) 국가중요시설의 경비·보안 및 방호

자체방호계획	① 국가중요시설의 **관리자(소유자 포함)는** 경비·보안 및 방호책임을 지며, 통합방위사태에 대비하여 **자체방호계획을 수립하여야 한다.** ② 국가중요시설 관리자는 자체방호계획을 수립하기 위하여 필요하면 시·도경찰청장 또는 지역군사령관에게 협조 요청할 수 있다.
방호지원계획	**시도경찰청장 또는 지역군사령관은** 통합방위사태에 대비하여 국가중요시설에 대한 **방호지원계획을 수립·시행하여야 한다.** ㉠ 시·도경찰청장 및 지역군사령관의 경우에는 관할 지역 안의 국가중요시설에 대하여 군·경찰·예비군 및 민방위대 등의 국가방위요소를 통합하는 것을 내용으로 하는 방호지원계획을 수립·시행한다. ㉡ **경찰은 경찰서 단위**의 방호지원계획을 수립·시행하고, **군은 대대 단위**의 방호지원계획을 수립·시행하여야 한다. ㉢ 관리자, 대대 단위 지역책임 부대장 및 경찰서장은 국가중요시설의 방호를 위한 역할분담 등에 관한 협정을 체결하고, 자체방호계획 또는 대대 단위나 경찰서 단위의 방호지원계획을 작성하거나 변경하는 때에는 그 사실을 서로 통보한다.
(평시)지도감독	국가중요시설의 평시 경비·보안활동에 대한 지도·감독은 **관계 행정기관의 장과 국가정보원장**이 수행한다.

(3) **「경찰비상업무규칙」** (비상근무, 비상소집, 지휘본부의 운영, 연락체계의 유지에 대해 규정)

1) 용어정의

비상상황	대간첩·테러, 대규모 재난 등의 긴급 상황이 발생하거나 발생할 우려가 있는 경우 또는 다수의 경력을 동원해야 할 치안수요가 발생하여 치안활동을 강화할 필요가 있는 때
지휘선상위치 근무	비상연락체계를 유지하며 유사시 1시간 이내에 현장지휘 및 현장근무가 가능한 장소에 위치하는 것
정위치근무	감독순시·현장근무 및 사무실 대기 등 관할구역 내에 위치하는 것
정착근무	사무실 또는 상황과 관련된 현장에 위치하는 것
필수요원	전 경찰관 및 일반·별정·기능직공무원 중 경찰기관의 장이 지정한 자로 비상소집시 1시간 이내에 응소하여야 할 자
일반요원	필수요원을 제외한 경찰관 등으로 비상소집시 2시간 이내에 응소하여야 할 자
가용경력	총원에서 병가·휴가·출장·교육·파견 등을 제외하고 실제 동원될 수 있는 모든 인원

≫ 비상소집을 명할 때에는 비상근무발령서에 의하되, 비상소집 자동전파장치, 유·무선 전화, 팩스, 방송 기타 신속한 방법을 사용한다. 소집 명령이 하달되면 상황관리관 또는 당직 근무자는 해당 과 및 계, 분직, 지구대에 소집내용이 즉시 전달될 수 있도록 조치하여야 한다.

≫ 비상소집명령을 전달받은 자와 이를 알게 된 경찰관 등은 소집 장소로 응소하되, 필수요원은 1시간 이내에 일반요원은 2시간 이내에 응소함을 원칙으로 한다. 다만, 교통수단이 두절되거나 없을 때에는 가까운 경찰서에 응소 후 지시에 따른다.

2) 비상근무의 방침과 등급

근무방침	① 비상근무 대상은 **경비·작전·안보·수사·교통 또는 재난관리**(생활안전X) 업무와 관련한 비상상황에 국한한다. 다만, **두 종류 이상의 비상상황이 동시에 발생한 경우**에는 긴급성 또는 중요도가 상대적으로 더 큰 비상상황("**주된 비상상황**")의 비상근무로 통합·실시한다. ② 적용지역은 전국 또는 일정지역(시·도경찰청 또는 경찰서 관할)으로 구분한다. 다만, **2개 이상의 지역에 관련되는 상황은 바로 위의 상급 기관에서 주관**하여 실시한다.
비상등급	① 비상근무는 비상상황의 유형에 따라 경비·작전비상(경비 소관), 안보비상(안보 소관), 수사비상(수사 소관), 교통비상(교통 소관), **재난비상**(**치안상황 소관**)으로 구분하여 발령한다. ② 기능별 상황의 긴급성 및 중요도에 따라 비상등급을 **갑호비상, 을호비상, 병호비상, 경계강화, 작전준비태세**(작전비상시 적용)로 구분하여 실시한다.

3) 비상근무발령권자

전국 또는 2개 이상 시·도경찰청 관할지역	경찰청장
시·도경찰청 또는 2개 이상 경찰서 관할지역	시·도경찰청장
단일 경찰서 관할지역	경찰서장

비상근무 발령	① 제1항 제2호(시·도청장)·제3호(경찰서장)의 경우 **비상근무 발령권자는** 비상구분, 실시목적, 기간 및 범위, 경력 및 장비동원사항 등을 **바로 위의 상급 기관의 장에게 보고하여 사전에 승인을 얻어야** 한다. 다만, 긴급을 요하는 경우에는 비상근무를 발령하고, 사후에 승인을 얻을 수 있다. ⇨ **비상근무발령권자가 아닌 경찰기관**(직제 제2조 제1항 및 제2항의 소속기관)**의 장**은 자체 비상상황의 발생으로 소속 경찰관 등을 비상소집하여야 할 필요가 있다고 판단되는 경우 해당 기관의 소속 경찰관 등을 **비상소집할 수 있다**(상급기관장 승인 요하지 않음). ② 이에 불구하고 '**경계강화, 작전준비태세**'를 발령한 경우에는 승인을 요하지 아니한다. ③ 자치경찰사무와 관련이 있는 비상근무가 발령된 경우에는 해당 시·도경찰청장은 자치경찰위원회에 그 발령사실을 통보한다.
비상근무 해제	비상근무의 발령권자는 비상상황이 종료되는 즉시 비상근무를 해제하고, 비상근무 해제 시 제5조 제1항 제2호·제3호의 발령권자는 **6시간 이내에** 해제일시, 사유 및 비상근무결과 등을 **바로 위의 상급 기관의 장에게 보고한다.**

연락체계의 유지	① 각 경찰기관에 근무하는 경찰관 등은 **근무시간이 아닌 때에도** 항상 소재 파악이 가능하도록 비상연락체계를 유지하여야 한다. ② 새로 임용된 자와 숙소 및 부서를 이동한 자(전·출입), 기타 **비상연락망을 변경해야 할 사유가 발생한 자는** 연락체계의 유지를 위하여 필요한 사항의 변경이 있는 경우 **즉시** '직원비상연락망' 서식에 의하여 변경사항을 **주무 부서에 신고하여야 한다.** ③ 경찰기관의 장은 ②의 신고를 받은 때에는 비상소집연락부와 비상소집 자동전파장치를 즉시 보완·입력하여야 하며, **월 1회 이상 비상소집연락부 또는 비상소집 자동전파장치를 점검하여야 한다.** ④ 비상소집연락망 신고를 불이행한 자와 전출·입 통보 등을 불이행한 담당자를 경고 또는 징계할 수 있다.

4) 비상근무의 종류

① 비상근무의 종류 (중중억/착정정지)

갑호 비상	① **연가를 중지하고 가용경력 100%까지 동원할 수 있다.** ② 지휘관과 참모 - **정착근무 원칙**
을호 비상	① **연가를 중지하고 가용경력 50%까지 동원할 수 있다.** ② 지휘관과 참모 - **정위치근무 원칙**
병호 비상	① 부득이한 경우 제외하고는 **연가를 억제하고 가용경력 30%까지 동원할 수 있다.** ② 지휘관과 참모 - **정위치근무 또는 지휘선상위치근무 원칙**
경계 강화	① **별도 경력동원 없이** 특정분야 근무 강화한다. ② 전 경찰관은 비상연락체계 유지하고 경찰작전부대는 상황발생시 즉각 출동 가능 하도록 출동대기태세를 유지한다. ③ 지휘관과 참모 - 지휘선상위치 근무 원칙
작전준비 태세	① ('경계강화'단계 발령 이전에) **별도 경력동원 없이** 경찰관서 **지휘관 및 참모의 비상연락망 구축하고 신속한 응소체제 유지**한다. ② 경찰작전부대는 상황발생시 즉각 출동 가능하도록 **출동태세 점검**을 실시한다. ③ 유관기관과 긴밀한 연락체계 유지, **필요시 작전상황반을 유지**한다.

② 비상근무의 종류별 정황

경비비상	갑호	① 계엄이 선포되기 전의 치안상태 ② **대규모** 집단사태·테러 등의 발생으로 치안질서가 **극도로 혼란**하게 되었거나 그 징후가 현저한 경우
	을호	대규모 집단사태·테러 등의 발생으로 치안질서가 **혼란하게 되었거나** 그 징후가 예견되는 경우
	병호	집단사태·테러 등의 발생으로 치안질서의 **혼란이 예견**되는 경우
작전비상 (대적고)	갑호	**대규모 적정**이 발생하였거나 발생 징후가 현저한 경우
	을호	**적정**이 발생하였거나 일부 적의 침투가 예상되는 경우
	병호	정·첩보에 의해 적 침투에 대비한 **고도의 경계강화**가 필요한 경우
안보비상 (안경특)	갑호	간첩 또는 정보사범 색출을 위한 **경계지역 내** 검문검색 필요시
	을호	상기 상황하에서 **특정지역**, 요지에 대한 검문검색 필요시
수사비상 (수집중)	갑호	사회이목을 **집중시킬만한 중대범죄** 발생시
	을호	**중요범죄** 사건발생시
교통비상 (교혼례)	갑호	농무, 풍수설해 및 화재로 **극도의 교통혼란** 및 사고발생시
	을호	상기 징후가 **예상**될 시
재난비상	갑호	대규모 재난의 발생으로 치안질서가 극도로 혼란하게 되었거나 그 징후가 현저한 경우
	을호	대규모 재난의 발생으로 치안질서가 혼란하게 되었거나 그 징후가 예견되는 경우
	병호	재난의 발생으로 치안질서의 혼란이 예견되는 경우
경계강화 (기능공통)		"**병호**"비상보다는 낮은 단계로, 별도의 경력동원없이 평상시보다 치안활동을 강화할 필요가 있을 때
작전준비태세 (작전비상시 적용)		"경계강화"를 발령하기 이전에 별도의 경력동원 없이 필요한 작전사항을 미리 조치할 필요가 있을 때

5) 지휘본부의 운영

> ① 경찰지휘본부는 당해 지휘본부장이 필요하다고 인정할 때에 설치하며 **경찰청 및 시·도경찰청은 치안상황실에 설치함을 원칙**으로 한다. 각종 상황 발생 시 상황의 효율적인 관리를 위해 필요한 경우 **현장 인근에 현장지휘본부를 설치할 수 있다.**
> ② **경찰청 시휘본부의 본부장은 경찰청장이, 시·도경찰청장과 경찰서의 본부장은 당해 시·도경찰청장 및 경찰서장이 된다.**
> ③ 참모는 지휘본부 소속 국장(부장)·과장이 된다. **참모는 지휘본부에 위치**하여 그 임무를 수행하여야 한다. 다만, 본부장은 비상상황에 따라 각 참모로 하여금 **평상시의 근무장소에서 임무를 수행하도록 명할 수 있다.**

6 대테러경비

(1) 「국민보호와 공공안전을 위한 테러방지법」

정의	테러	국가·지방자치단체 또는 외국 정부(외국 지방자치단체와 조약 또는 그 밖의 국제적인 협약에 따라 설립된 **국제기구를 포함**한다)의 권한행사를 방해하거나 의무 없는 일을 하게 할 목적 또는 **공중을 협박할 목적**으로 하는 다음 각 목의 행위(살해 등) → (개인에게 의무 없는 일을 하게 할 목적 X)
	테러단체	UN이 지정한 테러단체
	테러위험인물	**테러단체의 조직원**이거나 테러단체 선전, 테러자금 모금·기부, 그 밖에 테러 예비·음모·선전·선동 하였거나 하였다고 의심할 상당한 이유가 있는 사람
	외국인 테러전투원	테러를 실행·계획·준비하거나 테러에 참가할 목적으로 국적국이 아닌 국가의 테러단체에 **가입하거나 가입하기 위하여 이동 또는 이동을 시도하는 내국인·외국인**
	대테러활동	제1호의 테러 관련 정보의 수집, 테러위험인물의 관리, 테러에 이용될 수 있는 위험물질 등 테러수단의 안전관리, 인원·시설·장비의 보호, 국제행사의 안전확보, 테러위협에의 대응 및 무력진압 등 **테러 예방과 대응에 관한 제반 활동**
	대테러조사	대테러활동에 필요한 정보나 자료를 수집하기 위하여 **현장조사·문서열람· 시료채취** 등을 하거나 조사대상자에게 **자료제출 및 진술을 요구**하는 활동
국가테러 대책위원회		① 대테러활동에 관한 정책의 중요사항 심의·의결 위하여 국가테러대책위원회를 둔다. ② 위원장은 **국무총리** (간사는 대테러센터장) ※ 경찰청장도 국가테러대책위원회 구성원
대테러 인권보호관		관계기관의 대테러활동으로 인한 국민의 기본권 침해 방지 위하여 **대책위원회 소속으로 대테러 인권보호관 1명**을 둔다.
추적		**국가정보원장**은 대테러활동에 필요한 정보나 자료를 수집하기 위하여 대테러조사 및 **테러위험인물**에 대한 추적을 할 수 있다. 이 경우 **사전 또는 사후**에 대책위원회 위원장에게 보고하여야 한다.
출국금지		① 관계기관장은 **외국인테러전투원**으로 출국하려 한다고 의심할 상당한 이유 있는 내국인· 외국인에 대하여 **일시 출국금지를 법무부장관에게 요청**할 수 있다. ② **일시 출국금지 기간은 90일**로 한다. 다만, 출국금지 계속할 필요가 있다고 판단할 상당한 이유 있는 경우에 관계기관장은 사유 명시하여 연장을 요청할 수 있다.
처벌		① 테러단체구성죄 등(제17조) 　㉠ 타국의 외국인테러전투원으로 가입한 사람은 5년 이상의 징역 　㉡ 테러자금임을 알면서도 자금을 조달·알선·보관하거나 그 취득 및 발생원인에 관한 사실을 가장하는 등 **테러단체를 지원**한 사람은 10년 이하의 징역 또는 1억원 이하의 벌금 　㉢ 테러단체 **가입을 지원**하거나 타인에게 가입을 **권유 또는 선동**한 사람은 5년 이하의 징역 ② 위 ㉠㉡의 미수범은 처벌한다. 위 ㉠㉡의 죄를 저지를 목적으로 **예비·음모**한 사람은 3년 이하의 징역(㉢의 죄는 미수와 예비·음모를 처벌하지 아니함) ③ 세계주의(제17조 '테러단체구성죄등'에만 적용) – 대한민국 영역 밖에서 범한 외국인에게도 국내법을 적용한다. ⇨ 제18조(무고·날조)에는 세계주의 적용 안 됨

① 국가는 「특정범죄신고자 등 보호법」에 따라 테러에 관한 **신고자**, 범인검거를 위하여 **제보하거나 검거활동을 한 사람 또는 그 친족 등을 보호하여야 한다.**
② 관계기관의 장은 테러의 계획 또는 실행에 관한 사실을 관계기관에 신고하여 테러를 사전에 예방할 수 있게 하였거나, 테러에 가담 또는 지원한 사람을 신고하거나 체포한 사람에 대하여 대통령령으로 정하는 바에 따라 **포상금을 지급할 수 있다**(지급하여야 한다 X).
③ 테러로 인하여 신체 또는 재산의 피해를 입은 국민은 관계기관에 **즉시 신고하여야 한다**. 다만, 인질 등 부득이한 사유로 신고할 수 없을 때에는 법률관계 또는 계약관계에 의하여 보호의무가 있는 사람이 이를 알게 된 때에 **즉시 신고하여야 한다**.
④ 국가 또는 지방자치단체는 ③의 피해를 입은 사람에 대하여 대통령령으로 정하는 바에 따라 **치료 및 복구에 필요한 비용의 전부 또는 일부를 지원할 수 있다**. 다만, 「여권법」 제17조 제1항 단서에 따른 **외교부장관의 허가를 받지 아니하고** 방문 및 체류가 **금지된 국가 또는 지역을 방문·체류한 사람에 대해서는 그러하지 아니하다.**

> **참고** 「국민보호와 공공안전을 위한 테러방지법 시행령」

1. **경찰청장은** 테러가 발생하거나 발생할 우려가 현저한 경우에는 '**국내일반 테러사건대책본부**'를 설치·운영하여야 한다.
2. 대테러센터장은 테러 위험 징후를 포착한 경우 테러경보 발령의 필요성, 발령 단계, 발령 범위 및 기간 등에 관하여 실무위원회의 심의를 거쳐 테러경보를 발령한다. 다만, 긴급한 경우 또는 제2항에 따른 **주의** 이하의 테러경보 발령 시에는 실무위원회의 심의 절차를 생략할 수 있다. **테러경보는 테러위협의 정도에 따라 관심·주의·경계·심각의 4단계로 구분**한다.
3. 국내 일반테러사건의 경우에는 대책본부가 설치되기 전까지 테러사건 발생 지역 **관할 경찰관서의 장이 사건 현장의 통제·보존 및 경비 강화 등 초동 조치**를 하여야 하며, 대책본부의 장은 테러사건에 대한 대응을 위하여 필요한 경우 현장지휘본부를 설치하여 상황 전파 및 대응 체계를 유지하고, 조치사항을 체계적으로 시행한다.
4. **테러사건 대응 - 테러사건 대책본부의 장은** 테러사건에 대한 대응을 위하여 필요한 경우 현장지휘본부를 설치하여 상황 전파 및 대응 체계를 유지하고, 조치사항을 체계적으로 시행하며, 대책본부의 장은 테러사건에 신속히 대응하기 위하여 필요한 경우에 **관계기관의 장에게 인력·장비 등의 지원을 요청할 수 있다**. 이 경우 요청을 받은 **관계기관의 장은 특별한 사유가 없으면 요청에 따라야 한다.**

(2) 「테러취약시설 안전활동에 관한 규칙」(경찰청훈령)

제1조(목적) 이 규칙은 「경찰법」 제3조, 「경찰관 직무집행법」 제2조, 「통합방위법」 및 동법 시행령, 「통합방위지침」(대통령훈령), 「국민보호와 공공안전을 위한 테러방지법」 및 동법 시행령, 「외교관계에 관한 비엔나협약」에 따른 테러취약시설에 대한 안전활동에 관하여 필요한 사항을 규정함을 목적으로 한다.

제2조(정의) 1. "**테러취약시설**"이란 테러 예방 및 대응을 위해 경찰이 관리하는 다음 각 목의 시설·건축물 등 중 **경찰청장이 지정하는 것**을 말한다.
  가. 국가중요시설   나. 다중이용건축물등
  다. 공관지역   라. 미군 관련 시설
  마. 그 밖에 특별한 관리가 필요하다고 **테러취약시설 심의위원회에서 결정한 시설**
  → 테러취약시설 심의위원회는 위기관리센터에 비상설로 두며, 위원장은 경찰청 경비국장

3. "**다중이용건축물등**"이란 「재난 및 안전관리 기본법 시행령」 제43조의8 제1호·제2호에 따른 건축물 또는 시설로서 **관계기관의 장이** 소관업무와 관련하여 **대테러센터장과 협의하여 지정한 것**을 말한다.

4. "**공관지역**"이란 소유자 여하를 불문하고 공관장의 주거를 포함하여 공관의 목적으로 사용되는 **건물과 건물의 부분 및 부속토지**를 말한다.

제9조(다중이용건축물등의 분류) ① 다중이용건축물등은 **시설의 기능·역할의 중요성과 가치의 정도**에 따라 "A"등급, "B"등급, "C"등급으로 구분한다. (가광결/나일중/다제단상)
  1. A급 : 테러에 의하여 파괴되거나 기능 마비시 **광범위한 지역의** 대테러진압작전이 요구되고, 국민생활에 **결정적인 영향**을 미칠 수 있는 시설
  2. B급 : 테러에 의하여 파괴되거나 기능 마비시 **일부 지역의** 대테러진압작전이 요구되고, 국민생활에 **중대한 영향**을 미칠 수 있는 시설
  3. C급 : 테러에 의하여 파괴되거나 기능 마비시 **제한된 지역에서 단기간** 대테러진압 작전이 요구되고, 국민생활에 **상당한 영향**을 미칠 수 있는 시설

제14조(테러취약시설 심의위원회 구성 및 운영) ① **심의위원회는 위기관리센터에 비상설**로 두며, 다음 각 호와 같이 구성한다.
  1. 위원장 : 경찰청 경비국장

제22조(다중이용건축물등 지도·점검) ① **경찰서장은** 관할 내 있는 다중이용건축물등 전체에 대해 해당 시설 **관리자의 동의를 받아** 다음 각 호와 같이 **지도·점검을 실시하여야 한다**.
  1. A급 : 분기 1회 이상 (분반반)
  2. B급, C급 : 반기 1회 이상
② **시·도경찰청장은** 관할 내 다중이용건축물등 중 **일부를 선별하여** 해당 시설 관리자의 동의를 받아 **반기 1회 이상** 지도·점검을 실시하여야 한다. (선반)

제27조(대테러 훈련 방법) ① **경찰서장은** 관할 테러취약시설 중 선정하여 분기 1회 이상 대테러 훈련(FTX)을 **실시해야 한다**. 이 경우 연 1회 이상은 유관기관 합동으로 실시한다.
② **시·도경찰청장은 반기 1회 이상** 권역별로 대테러 훈련을 실시하여야 한다.

제29조(테러예방교실) ① **경찰관서장은** 테러취약시설 **지도·점검시 병행 또는 필요시** 시설 관리자·종사자 및 관계기관 관계자 등을 대상으로 테러예방교실을 운영한다.

≫ 「테러취약시설 안전활동에 관한 규칙」 제16조 별표2에 의하면 단계별 경력배치는 테러경보가 관심에서 주의로 상향될 경우 1단계, 주의에서 경계로 상향될 경우 2단계, 경계에서 심각으로 상향될 경우 3단계로 구분하여 배치한다.

(3) 각국의 대테러 부대

SAS(영국)	2차세계대전 중 창설, 세계최초 전문화된 특수부대로 다른나라 특수부대의 모델
SWAT(미국)	1967년 창설. 각 주립경찰서 내에 조직된 특공팀
GSG-9(독일)	1972년 뮌헨올림픽에서 '검은 9월단'에 의한 이스라엘 선수단 테러사건 계기로 창설
GIGN(프랑스)	1973년 프랑스 주재 사우디아라비아대사관 점거사건 계기로 창설

(4) 인질사건

1) 인질사건발생시 나타날 수 있는 현상 (일본리마)

스톡홀름 증후군	① 스웨덴 스톡홀름의 한 은행강도 사건 당시 인질들이 인질범에 동조한 사건에서 유래 ② 인질이 **인질범에 동화**되는 현상으로, 심리학에서 '오귀인 효과'라고도 함 ③ 두려운 상황의 생리적 흥분이 사랑의 감정과 비슷하기 때문에 두려움에서 오는 근육의 긴장, 호흡의 가속화 등 생리적 현상을 사랑으로 착각하며, 특히 극도의 공포감 속에서 인질범의 작은 배려에도 고마움을 느껴 인질범을 사랑하게 된 것이다. 이런 효과는 국민을 인질로 생각하는 독재자들이 즐겨 사용하는데 공포의 독재를 통한 강렬한 카리스마를 형성시킨 다음에는 아주 사소한 배려에도 국민들이 쉽게 감동을 받기 때문이다.
리마 증후군	① 1995년 페루 리마 소재 일본대사관에 투팍아마르 게릴라가 난입, 126일 동안 인질극 ② 인질범이 **인질에 동화**되는 현상

2) 인질협상

① 의의

> ㉠ 인질협상은 인질의 생명과 안전을 위하여 범인을 설득하고 흥정하는 과정이다.
> ㉡ 인질협상을 통하여 인질범에 대한 자료와 정보를 수집하고, 다음 대응전략을 위한 시간을 벌 수 있다.
> ㉢ 인질사건은 협상이 최우선시 되어야 하나 협상이 반드시 성공하는 것이 아니므로 협상의 다음 과정, 즉 **무력으로 제압하기 위한 예비조치가 될 가능성이 있다.**

② 영국의 Scot Negotiation Institute에서 제시한 인질협상 8단계

협상준비	먼저 얻기를 희망하는 것, 얻도록 시도할 것, 꼭 얻어야 하는 것을 미리 메모
논쟁개시	우리 측에서 **줄 수 있는 한계를 분명히 해서는 안 되고** 인질범으로 하여금 떼를 쓰고 흥정을 걸어오도록 유도해야 한다.
신호	협상용의가 있다는 신호를 보낸다.
제안	구체적인 제안사항 즉, 협상상대, 교신방법, 진행방법, 절차에 관하여 차근차근 제안
타결안 제시	**개개 내용에 대한 일괄타결안이 되어야 하며 여러 가지 내용을 한 덩어리로 취급해서는 안 된다.** 즉 한 가지 사안의 내용별로 조건·시간·장소·전달방식·식별방법·인도에 대한 상대방의 요구조건 처리 등을 명확히 하여 일괄하여 합의를 해야 한다.
흥정	만약 상대가 요구하는 것이 바뀌거나 또 다른 것을 추가로 요구할 때, 이쪽에서는 흥정을 다시 해야 한다. 양보는 협상이 아니므로 공짜는 없어야 한다.
정리	합의시마다 내용을 정리하여 상대방에게 확인한다.
타결	서로의 제의와 그 내용에 대한 합의를 재확인한 후 약속할 절차에 따라 실제행동에 들어간다.

① **보도진의 접근을 차단**하고, 협상기법상 탈출로를 열어두고 협상을 시작할 수 있다.
② 신속하고 정확한 통신수단을 마련하고 인질과 대화통로를 단일화하며 **인질범의 부모나 여자친구 등은 현장에서 멀리하는 것이 바람직**
③ 협상시 '절대', '마지막' 등 극단적인 표현이나 심문식 질문을 자제하고 길게 대답을 유도

7 청원경찰

참고 ▶ 민간경비와 공경비(경찰)의 비교

	민간경비	공경비
업무주체	영리기업	정부기관
대상	특정 의뢰인	일반시민
서비스 목적	고객의 손실방지와 재산보호 같은 예방적 측면 중시	공공의 질서유지 및 범인체포와 같은 법집행적 측면 중시
권한의 범위	제한적	법집행에 관한 일반적 권한 보유
서비스 질	대가의 유무에 따라 차등지급되는 경합적 서비스	치안공공재로 비경합적 서비스

우리나라의 민간경비에는 청원경찰과 경비업법상 경비업이 있으며, **청원경찰은 경비, 경비업은 생활안전의 소관업무이다.**

(1) 직무

장소적 한계	청원경찰은 **청원주와 구역 관할 경찰서장의 감독을 받아** 경비구역만의 경비 목적으로 필요한 범위에서 「경찰관 직무집행법」에 따른 경찰관 직무수행
사항적 한계	경비구역내에서 범죄예방과 진압, 경비·요인경호 및 대간첩작전 수행, 위해방지, 질서유지 등 » 범죄수사(사법경찰권) - 청원경찰의 직무 (X)

(2) 청원경찰의 배치 및 임용

TIP ▶ 배치신청(청원주) → 배치결정(시·도청장) → 임용승인신청(청원주) → 임용승인(시·도청장) → 임용(청원주)

청원경찰의 의의	① "청원경찰"이란 다음 각 호의 어느 하나에 해당하는 기관의 장 또는 시설·사업장 등의 경영자가 경비("청원경찰경비")를 부담할 것을 조건으로 경찰의 배치를 신청하는 경우 그 기관·시설 또는 사업장 등의 경비를 담당하게 하기 위하여 배치하는 경찰을 말한다.
	  1. 국가기관 또는 공공단체와 그 관리하에 있는 중요 시설 또는 사업장
	  2. 국내 주재(駐在) 외국기관
	  3. 그 밖에 행정안전부령으로 정하는 중요 시설, 사업장 또는 장소
	② 「청원경찰법」 제2조제3호에서 "**그 밖에 행정안전부령으로 정하는 중요 시설, 사업장 또는 장소**"란 다음 각 호의 시설, 사업장 또는 장소를 말한다.
	  1. 선박, 항공기 등 수송시설
	  2. 금융 또는 보험을 업(業)으로 하는 시설 또는 사업장
	  3. 언론, 통신, 방송 또는 인쇄를 업으로 하는 시설 또는 사업장
	  4. **학교 등 육영시설**
	  5. 「의료법」에 따른 의료기관
	  6. 그 밖에 공공의 안녕질서 유지와 국민경제를 위하여 고도의 경비(警備)가 필요한 중요 시설, 사업체 또는 장소

청원경찰 배치	① 청원경찰을 배치받으려는 자는 대통령령으로 정하는 바에 따라 **관할 시·도경찰청장에게 배치를 신청하여야 한다.** ② **시·도경찰청장은** 배치 필요 인정하는 기관장에게 **청원경찰 배치할 것을 요청할 수 있다.**
청원경찰 임용	① 청원경찰은 청원주가 임용, 임용할 때는 미리 시·도경찰청장의 승인 필요
임용자격	① 18세 이상인 사람, 행정안전부령으로 정하는 신체조건에 해당하는 사람 ② **국가공무원 결격사유 해당자는 청원경찰로 임용될 수 없음**
신분보장	h① 청원경찰은 형의 선고, 징계처분 또는 신체상·정신상의 이상으로 직무를 감당하지 못할 때를 제외하고는 그 **의사에 반하여 면직되지 아니한다.** ② 청원주가 청원경찰을 **면직시켰을 때에는** 그 사실을 관할 경찰서장을 거쳐 **시·도경찰청장에게 보고하여야 한다.**

배치의 폐지 등	① **청원주는** 청원경찰이 배치된 시설이 폐쇄되거나 축소되어 청원경찰의 배치를 폐지하거나 배치인원을 감축할 필요가 있다고 인정하면 청원경찰의 **배치를 폐지하거나 배치인원을 감축할 수 있다.** 다만, 청원주는 **다음 각 호의 어느 하나에 해당하는 경우에는** 청원경찰의 **배치를 폐지하거나 배치인원을 감축할 수 없다.** (언제나 폐지하거나 감축할 수 있다 X)
	  1. 청원경찰을 대체할 목적으로 「경비업법」에 따른 특수경비원을 배치하는 경우
	  2. 청원경찰이 배치된 기관·시설 또는 사업장 등이 배치인원의 변동사유 없이 다른 곳으로 이전하는 경우
	② 제1항에 따라 청원주가 청원경찰을 폐지하거나 감축하였을 때에는 청원경찰 배치 결정을 한 경찰관서의 장에게 알려야 하며, 그 사업장이 제4조제3항에 따라 시·도경찰청장이 청원경찰의 배치를 요청한 사업장일 때에는 그 폐지 또는 감축 사유를 구체적으로 밝혀야 한다.

(3) **징계**

징계권자	① **청원주는** 청원경찰이 징계사유(직무상 의무를 위반하거나 직무태만, 품위손상)에 해당하는 경우 징계절차를 거쳐 징계처분을 하여야 한다. ② 관할 경찰서장은 청원경찰이 징계사유에 해당한다고 인정되면 청원주에게 해당 청원경찰에 대하여 징계처분을 하도록 요청할 수 있다.
징계의 종류	파면, 해임, 정직, 감봉, 견책 (강등 X)
징계규정 제정/신고	**청원주는** 청원경찰 **배치 결정의 통지를 받았을 때에는** 통지를 받은 날부터 **15일 이내에** 청원경찰에 대한 **징계규정을 제정하여 관할 시·도경찰청장에게 신고하여야 한다**(징계규정을 변경할 때에도 또한 같다).

(4) **제복 착용과 무기 휴대**

제복착용	청원경찰은 근무 중 **제복을 착용하여야 한다.**
무기휴대	**시·도경찰청장은** 청원경찰이 직무를 수행하기 위하여 필요하다고 인정하면 청원주의 신청을 받아 관할 경찰서장으로 하여금 청원경찰에게 무기를 대여하여 지니게 할 수 있다.

(5) 감독

① 청원경찰은 **청원주와** 배치된 기관·시설 또는 사업장 등의 구역을 관할하는 **경찰서장의 감독**을 받아 경찰관의 직무를 수행한다. ⇨ 청원경찰은 직무를 수행할 때 소속 상관의 직무상 명령에 복종하여야 하며, 소속 상관의 허가 또는 정당한 사유가 없으면 직장을 이탈하지 못한다.
② **시·도경찰청장은** 청원경찰의 효율적 운영을 위하여 청원주를 지도하며 **감독상 필요한 명령**을 할 수 있다.
③ **청원주는** 항상 소속 청원경찰의 근무 상황 감독하고, 근무 수행에 필요한 교육을 하여야 한다.

(6) 직권남용 금지 등

① 청원경찰이 직무를 수행할 때 **직권을 남용하여** 국민에게 해를 끼친 경우에는 **6개월 이하의 징역이나 금고**에 처한다.
② 청원경찰은 「형법」이나 그 밖의 법령에 따른 **벌칙을 적용할 때에는 공무원으로 본다.**
③ **청원경찰**(국가기관이나 지방자치단체에 근무하는 청원경찰은 제외한다)의 직무상 불법행위에 대한 배상책임에 관하여는 「민법」의 규정을 따른다.
④ 청원경찰은 파업, 태업 또는 그 밖에 업무의 정상적인 운영을 방해하는 **일체의 쟁의행위를 하여서는 아니 된다.** ⇨ 이를 위반하여 파업, 태업 또는 그 밖에 업무의 정상적인 운영을 방해하는 **쟁의행위를 한 사람은 1년 이하의 징역 또는 1천만원 이하의 벌금**에 처한다.

8 경호경비

(1) 의의

경호는 호위와 경비를 포함

호위	신체에 대하여 직접적으로 가해지는 위해를 근접에서 방지 또는 제거하는 행위
경비	생명·재산을 보호하기 위하여 특정한 지역을 경계·순찰·방비하는 행위

(2) 경호의 대상

국내 요인	갑호	① 대통령과 그 가족 ② 대통령당선인과 그 가족 ③ **대통령권한대행과 그 배우자** ④ **전직대통령과 그 배우자(퇴임후 10년 이내)**
	을호	국회의장, 대법원장, 국무총리, 헌법재판소장, **전직대통령(퇴임후 10년 경과)**, 대통령선거 후보자
	병호	갑호, 을호 외에 **경찰청장이** 필요하다고 인정한 사람

(3) 경호경비의 4대 원칙

하나의 통제된 지점을 통한 접근의 원칙	피경호자와 접근할 수 있는 통로는 경호상 통제된 오직 하나의 통로여야 한다는 원칙
자기희생의 원칙	어떠한 희생 치르더라도 피경호자는 절대로 신변 안전이 보호·유지되어야 한다는 원칙
자기담당구역 책임의 원칙	경호원은 자기 담당구역 내에서 일어나는 어떠한 사태에 대해서도 자기만의 임무임을 자각하여 자기의 책임으로 해결하여야 한다는 원칙
목적물 보존의 원칙	암살기도자 또는 위해 가할 가능성 있는 불순분자로부터 피경호자(목적물)가 격리되어야 한다는 원칙(보안의 원칙) ① 행차코스·행차예정장소 등은 원칙적으로 비공개 ② 일반에 노출된 도보행차는 가급적 피해야 한다. ③ 동일한 시간과 장소에 대한 행차는 수시 변경시키는 것이 좋다.

(4) **경호의 실시**

1) **행사장 경호 - 직접경호지역(경호활동지역)**

① **제1선(안전구역) : 절대안전확보구역 (안비계/절주조)**

의의	㉠ 피경호자가 위치하는 내부로서 옥내일 경우에는 건물자체를 말하며, 옥외일 경우에는 본부석이 통상적으로 해당됨 ㉡ **요인의** 승·하차장, 동선 등의 취약개소로 피경호자에게 직접적으로 위해를 가할 수 있는 거리내의 지역
경호책임	경호책임은 경호처에서 실시, 경찰은 경호처 요청시 경력 및 장비 지원
주요활동	㉠ **출입자통제관리**　　㉡ **MD설치운용**　　㉢ **비표확인 및 출입자감시**

② **제2선(경비구역) : 주경비지역**

의의	제1선 제외한 행사장 중심으로 소총의 유효사거리 고려한 거리의 개념으로 설정된 선
경호책임	경호책임은 경찰이 담당하고 군부대 내일 경우에는 군이 책임
주요활동	ⓐ **바리케이트 등 장애물 설치** ⓑ 돌발사태 대비 **예비대 운영 및 구급차, 소방차 대기**

③ **제3선(경계구역) : 조기경보지역**

의의	ⓐ 행사장중심으로 적의 접근 조기에 경보하고 차단하기 위해 설정된 선 - 주변 동향파악하고 직시고층건물 및 감제고지(瞰制高地)에 대한 안전확보 ⓑ 원거리로부터 불심자 및 집단사태 적발차단하고 경호상황본부에 상황 전파로 1선과 2선 내의 경력이 대처할 시간 제공
주요활동	ⓐ **감시조 운영** ⓑ 도보등 원거리 기동순찰조 운영 ⓒ **원거리 불심자 검문·차단**

2) 대통령 등의 경호에 관한 법률

제2조(정의) 이 법에서 사용하는 용어의 뜻은 다음과 같다.
1. **"경호"**란 경호 대상자의 생명과 재산을 보호하기 위하여 신체에 가하여지는 위해를 방지하거나 제거하고, 특정 지역을 경계·순찰 및 방비하는 등의 모든 안전 활동을 말한다.
2. **"경호구역"**이란 소속공무원과 관계기관의 공무원으로서 경호업무를 지원하는 사람이 경호활동을 할 수 있는 구역을 말한다.
3. **"소속공무원"**이란 대통령경호처("경호처") 직원과 경호처에 파견된 사람을 말한다.
4. **"관계기관"**이란 경호처가 경호업무를 수행함에 있어 필요한 지원과 협조를 요청하는 국가기관, 지방자치단체 등을 말한다.

제4조(경호대상) ① 경호처의 경호대상은 다음과 같다.
1. 대통령과 그 가족
2. 대통령 당선인과 그 가족
3. 본인의 의사에 반하지 아니하는 경우에 한정하여 퇴임 후 10년 이내의 전직 대통령과 그 배우자. 다만, 대통령이 임기 만료 전에 퇴임한 경우와 재직 중 사망한 경우의 경호 기간은 그로부터 5년으로 하고, **퇴임 후 사망한 경우의 경호 기간은 퇴임일부터 기산하여 10년을 넘지 아니하는 범위에서 사망 후 5년**으로 한다.
4. 대통령권한대행과 그 배우자
5. 대한민국을 방문하는 외국의 국가 원수 또는 행정수반과 그 배우자
6. 그 밖에 처장이 경호가 필요하다고 인정하는 국내외 요인

제5조(경호구역의 지정 등) ① 처장은 경호업무의 수행에 필요하다고 판단되는 경우 경호구역을 지정할 수 있다.
② 제1항에 따른 경호구역의 지정은 경호 목적 달성을 위한 최소한의 범위로 한정되어야 한다.
③ 소속공무원과 관계기관의 공무원으로서 경호업무를 지원하는 사람은 경호 목적상 불가피하다고 인정되는 상당한 이유가 있는 경우에만 경호구역에서 질서유지, 교통관리, 검문·검색, 출입통제, 위험물 탐지 및 안전조치 등 위해 방지에 필요한 안전 활동을 할 수 있다.

제17조(경호공무원의 사법경찰권) ① 경호공무원(처장의 제청으로 서울중앙지방검찰청 검사장이 지명한 경호공무원을 말한다)은 제4조제1항 각 호의 경호대상에 대한 경호업무 수행 중 인지한 그 소관에 속하는 범죄에 대하여 직무상 또는 수사상 긴급을 요하는 한도 내에서 사법경찰관리의 직무를 수행할 수 있다.

제18조(직권 남용 금지 등) ② **경호처에 파견된 경찰공무원은 이 법에 규정된 임무 외의 경찰공무원의 직무를 수행할 수 없다.** ➔ 이를 위반한 사람은 **5년 이하의 징역이나 금고 또는 1천만원 이하의 벌금**

3) 경호관련 근무요령(경호실무)

행사장 내부	① 우발상황에 대비하여 비상대피로와 대피소 확보 ② 주변 시설물이나 방치물 등을 점검하고 **의심되는 물건은 주변의 안전조치를 취한 후 경찰특공대 등 전문처리요원에게 인계**하여 정밀 검측 ③ 기계실·환기구 등은 테러에 매우 취약하므로 허가자 외 출입과 접근 철저히 차단 ④ 경호대상자 이동시 사무실 등에서 나와 진로를 방해하는 사례가 없도록 사전에 협조하고 순간 통제
행사장 출입자 MD검색	① 원활한 검색 위하여 물품 검색과 통과 방법 등 사전안내 ② 소지품 검색 시 사전에 상대방에게 협조 후 확인하고, 특히 가방 등은 가급적 **본인이 열어 근무자에게 확인**시켜 줄 수 있도록 한다. ③ 여성 참석자의 신체와 소지품은 불쾌감 없도록 반드시 여경이 검색 ④ 신체와 소지품 검색 후 '협조에 감사' 표현을 한다.
연도·교통관리 근무	① 연도·교통관리 근무시 **일률적인 배면근무는 지양**하고 자연스럽게 근무 ② 돌발상황 발생 등 필요시 순간통제하고 미리 서둘러서 차단·제지하는 행위 지양 ③ 횡단보도는 인원·차량이 장시간 대기하여 운집하지 않도록 수신호 통해 수시로 소통 ④ 교통 통제 후 정상 소통시까지 최대한 현장 관리하고 시민들에게 '협조에 감사함'을 표시 ⑤ 기동로 상 완전 통제를 지양하고 3차로 이상 도로에서는 2개 차로는 확보하되 하위차로는 일반차량의 진행 보장 ≫ 연도경호는 물적 위해요소가 방대하여 엄격하고 통제된 3중 경호원리 적용곤란
경호활동시 유의사항	① 경호대상에 대한 위해성 요소는 엄격하게 통제하고 비위해성 요소는 불편·거부감이 없도록 차등 조치 ② 경호목적 달성 위한 획일적이고 무분별한 통제보다는 국민 존중하고 이해·배려하는 마음으로 근무 ③ 행사장·연도 등 취약개소를 면밀히 분석 판단하여 과도한 경력배치 지양함 ④ **사전 FTX는** 수차례의 과도한 실시로 행사보안 노출하고 국민불편 야기하기 보다는 구역 책임자 위주의 예행연습 통해 문제점·대비방안 마련하고, **1회 정도만 실시하는 것이 바람직**

≫ 대통령 경호 행사장 주변 산악수색 중 수렵허가지역에서 적법하게 수렵활동 하는 사람의 엽총을 인근 파출소에 임시영치하기 위한 근거법률 – 「총포·도검·화약류 등의 안전관리에 관한 법률」이며, 명령 또는 조치 위반시 처벌규정있음.

CHAPTER 04 교통경찰

제1절 교통지도단속

≫ 교통경찰의 주대상은 도로교통이고, 철도교통이나 항공교통은 교통경찰의 영역에서 제외
≫ 「도로법」은 교통경찰의 활동과 직접적 관계가 있다(X)
≫ 도로부속물(과속방지턱 등) 관리 – 경찰의 업무(X)

1 「도로교통법」상 용어 등

(1) 도로

① 왕복 4차선 외부도로와 직접 연결되어 있고, 외부차량 통행제한 없으며, 별도 주차 관리인이 없는 '아파트단지 내 통행로' – **도로교통법상의 도로에 해당**
② 대학교 내 도로 – 도로(X)

(2) 차

① 자동차   ② 건설기계
③ 원동기장치자전거   ④ 자전거
⑤ 사람 또는 가축 힘이나 그 밖의 **동력으로** 도로에서 운전되는 것. 다만, 철길이나 가설된 선 이용하여 운전되는 것, **유모차, 보행보조용 의자차, 노약자용 보행기**, 실외이동로봇 등 행정안전부령으로 정하는 기구·장치는 제외한다.
⇨ 전동차 X, 케이블카 X, 소아용자전거 X, 유모차 X, 휠체어 X / 우마차O, 경운기O, 소달구지O
⇨ 유모차 등은 너비(폭) 1미터 이하인 경우에만 차가 아닌 보행자에 해당

(3) 자동차

철길이나 가설된 선 이용하지 아니하고 원동기 사용하여 운전되는 차로서 다음의 차
① **「자동차관리법」** 제3조에 따른 다음 자동차. 다만, 원동기장치자전거는 제외
　㉠ 승용자동차　　㉡ 승합자동차　　㉢ 화물자동차
　㉣ 특수자동차　　㉤ 이륜자동차
② **「건설기계관리법」** 제26조 제1항 단서에 따른 건설기계

TIP▶ 「도로교통법」상 자동차의 범위가 자동차관리법상 자동차의 범위보다 넓다.
TIP▶ 자동차에 해당하는 건설기계는 「자동차관리법」이 아니라 「도로교통법」과 「건설기계관리법」으로 규정
TIP▶ 자동차에 해당하지 않는 건설기계라도 차에는 해당

(4) 자동차등(자동차+원동기장치자전거), 자전거등(자전거+개인형이동장치)

> TIP ▶ 휴대전화사용금지는 자동차등 운전에 한정, 신호위반, 주차위반, 끼어들기 위반 등은 모든 차가 대상

〈개인형 이동장치(PM)〉
① 「도로교통법」상 원동기장치자전거 중 시속 25킬로미터 이상으로 운행할 경우 전동기가 작동하지 아니하고 차체 중량이 30킬로그램 미만인 것으로서 행정안전부령으로 정하는 것을 말한다.
   ※ '행정안전부령으로 정하는 것'은 전동킥보드, 전동이륜평행차, 전동기의 동력만으로 움직일 수 있는 자전거가 그 대상이다.(도교법 시행규칙 제2조의3)
② 「자전거이용 활성화에 관한 법률」상 전기자전거는 개인형 이동장치에 포함되지 않으나, 스로틀방식의 전기자전거는 「자전거이용 활성화에 관한 법률」상 전기자전거에 해당하지 않고 개인형 이동장치(PM)에 해당한다.
③ 개인형 이동장치는 '자전거등'에도 포함되고, 또한 '자동차등'에도 포함되는 개념
   ⇨ '자동차등' 범위에 포함되므로, 특가법상 도주치사상죄 등이 적용됨
   ⇨ 자전거등(자전거+PM) 음주운전의 경우 20만원이하벌금·구류·과료
      (자전거 음주운전 범칙금 3만원, 측정불응 10만원)
      (PM 음주운전 범칙금 10만원, 측정불응 13만원)

〈자전거등(자전거+PM) 통행방법의 특례〉
① 자전거등의 운전자는 자전거도로 설치되지 아니한 곳에서는 도로 우측 가장자리에 붙어서 통행하여야 한다.
② 자전거등의 운전자는 길가장자리구역(안전표지로 자전거 통행 금지한 구간은 제외)을 통행할 수 있다. 이 경우 자전거등의 운전자는 보행자 통행에 방해가 될 때는 서행하거나 일시정지하여야 한다.
③ 자전거등의 운전자는 안전표지로 자전거등 통행이 허용된 경우 보도를 통행할 수 있다. 이 경우 자전거등의 운전자는 보도 중앙으로부터 차도 쪽 또는 안전표지로 지정된 곳으로 서행하여야 하며, 보행자의 통행에 방해가 될 때에는 일시정지하여야 한다.
④ 자전거등의 운전자는 안전표지로 통행이 허용된 경우 제외하고는 2대 이상이 나란히 차도를 통행하여서는 아니 된다.
⑤ 자전거등의 운전자가 횡단보도 이용하여 도로를 횡단할 때에는 자전거등에서 내려서 자전거등을 끌거나 들고 보행하여야 한다.

(5) 운전

도로에서 차마를 그 본래의 사용방법에 따라 사용하는 것

단, 도로가 아닌곳에서도 음주운전(제44조), 약물운전(제45조), 사고 후 조치의무(제54조 제1항) 및 해당 형사처벌조항(제148조, 제148조의2)은 적용됨

≫ 주의 단, 형사처벌은 가능하지만 행정처분(면허취소·정지처분)은 불가능

관련판례

내리막길에 주차되어 있는 자동차의 핸드 브레이크를 풀어 타력주행을 하는 행위 - 운전(X)

2 교통규제

(1) 교통신호

1) 수신호권이 있는 사람

① 국가경찰공무원(의경 포함), 제주자치경찰공무원
② 경찰공무원을 보조하는 자
  ㉠ 모범운전자
  ㉡ 군사훈련 및 작전에 동원되는 부대의 이동 유도하는 군사경찰
  ㉢ 본래의 긴급한 용도로 운행하는 소방차·구급차를 유도하는 소방공무원

> **참고** 무사고운전자 표시장 수여대상자(「도로교통법시행규칙」 제136조 제1항)
>
> 무사고운전자 표시장은 10년 이상의 **사업용 자동차 무사고 운전경력**이 있는 사람으로서 사업용자동차의 운전에 종사하고 있는 사람에게 수여하며, 운전경력별 표시장의 종류 및 운전경력은 다음 구분과 같다.
> 1. 교통안전장 : 30년 이상 (인삼질/발성)
> 2. 교통삼색장 : 25년 이상
> 3. 교통질서장 : 20년 이상
> 4. 교통발전장 : 15년 이상
> 5. 교통성실장 : 10년 이상

2) 차량신호등의 의미

① 녹색 등화 – 차마는 직진 또는 우회전가능
② 황색 등화 – 차마는 우회전할 수 있고 우회전하는 경우에는 보행자의 횡단 방해금지
③ 적색등화 점멸 – 차마는 정지선, 횡단보도 및 **교차로의 직전에 일시정지**(서행 X)한 후 다른 교통에 주의하면서 진행
④ 황색등화의 점멸 – 차마는 다른 교통 또는 안전표지의 표시에 주의하면서 진행

(2) 교통안전표지

1) 교통안전표지

주의표지	도로상태가 위험하거나 도로 또는 부근에 위험물 있는 경우에 필요한 안전조치할 수 있도록 이를 도로사용자에게 알리는 표지
규제표지	도로교통 안전 위하여 각종 제한·금지 등 규제를 하는 경우에 도로사용자에게 알리는 표지
지시표지	도로 통행방법·통행구분 등 도로교통안전 위하여 필요한 지시 하는 경우에 도로사용자가 이에 따르도록 알리는 표지
보조표지	주의표지·규제표지 또는 지시표지의 주기능을 보충하여 도로사용자에게 알리는 표지
노면표시	도로교통의 안전을 위하여 각종 주의·규제·지시 등의 내용을 노면에 기호·문자 또는 선으로 도로사용자에게 알리는 표지

2) 교통안전표지의 설치

① 유턴금지표지는 차마의 유턴을 금지하는 도로의 구간 또는 필요한 지점에 설치
② 유턴구역선 표시는 편도 3차로 이상의 도로에서 차마의 유턴이 허용되는 구간 또는 장소 내의 필요한 지점에 설치
③ 진로변경제한선 표시는 교차로 또는 횡단보도 등 차의 진로변경을 금지하는 도로구간에 **백색실선 (백색점선 X)으로 설치**
④ 차선 표시는 편도 2차로 이상의 차도 내에 차로 경계를 표시할 필요가 있을 경우에 설치하며 차로경계선은 백색점선으로 한다.

(3) 고속도로전용차로

① 9인승 ~ 12인승 : **6인 이상이 승차해야 운행 가능**
② 13인승 이상 : **승차인원에 관계없이 운행 가능**

(4) 어린이 보호구역(노인 및 장애인 보호구역)

① **시장등은** 관할 보호구역 지정대상시설의 주 출입문 중심으로 **반경 300m 이내** 도로 중 일정구간을 보호구역으로 지정한다. 다만, 시장등은 필요한 경우 보호구역 지정대상시설의 주 출입문 중심으로 **반경 500m 이내 도로에 대해서도 보호구역으로 지정힐 수 있다.**
② 어린이 보호구역 안에서 시·도경찰청장·경찰서장의 조치

① 자동차 **통행 금지·제한** (통정30일)
② 자동차 **정차·주차 금지**
③ 이면도로(도시지역에 있어서 간선도로가 아닌 도로로서 일반 교통에 사용되는 도로)를 **일방통행으로 지정**·운행하는 것
④ 운행속도를 매시 30km 이내로 제한

③ 보호구역 통합관리

> ① **경찰청장**은 제12조에 따른 어린이 보호구역과 제12조의2에 따른 노인 및 장애인 보호구역에 대한 정보를 수집·관리 및 공개하기 위하여 **보호구역 통합관리시스템을 구축·운영하여야 한다.**
> ② **경찰청장**은 제1항에 따라 구축된 보호구역 통합관리시스템의 운영에 **필요한 정보를 시장등에게 요청할 수 있으며**, 요청을 받은 **시장등**은 정당한 사유가 없으면 그 **요청에 따라야 한다.**
> ③ 제1항 및 제2항에 따른 보호구역 통합관리시스템의 구축·운영, 정보 요청 등에 필요한 사항은 교육부, 행정안전부, 보건복지부 및 국토교통부의 **공동부령으로 정한다.**

(5) 정비불량차의 점검

시·도경찰청장은 정비상태가 매우 불량하여 위험발생 우려 있는 경우에는 자동차등록증 보관하고 운전의 일시정지 명할 수 있다. 이 경우 필요하면 10일 범위에서 **정비기간 정하여 차의 사용 정지가능**

※ 경찰공무원은 응급조치 후 운전하도록 하거나 위험방지 조건을 정한 후 운전하게 할 수 있음

(6) 무면허운전단속

> ① 도로 아니라면 무면허운전으로 단속할 수 없다.
> ② 음주운전과 무면허운전은 상상적 경합
> ③ 무면허운전은 특별한 경우를 제외하고는 운전한 날마다 1개의 운전행위가 있다.

(7) 악천후 시 감속운행(「도로교통법시행규칙」 제19조 제2항)

> 폭우·폭설·안개 등으로 가시거리가 100미터 이내인 경우에는 **최고속도의 100분의 50을 줄인 속도로 운행하여야 한다.**

(8) 횡단등의 금지

> ① 차마의 운전자는 보행자나 다른 차마의 정상적인 통행을 방해할 우려가 있는 경우에는 차마를 운전하여 도로를 횡단하거나 유턴 또는 후진하여서는 아니 된다.
> ② 시·도경찰청장은 도로에서의 위험방지하고 교통안전과 원활한 소통 확보 위하여 특히 필요하다고 인정하는 경우에는 도로의 구간을 지정하여 차마의 횡단이나 유턴 또는 후진을 금지할 수 있다.
> ③ 차마의 운전자는 길가의 건물이나 주차장 등에서 도로에 들어갈 때에는 **일단 정지한 후에 안전한지 확인하면서 서행하여야 한다.**

(9) **교차로 통행방법**

> ① 교차로에서 우회전 하려는 경우에는 미리 도로 우측 가장자리를 서행하면서 우회전
> ② 교차로에서 좌회전 하려는 경우에는 미리 도로의 중앙선따라 서행하면서 **교차로 중심 안쪽 이용하여 좌회전**
> ③ 자전거등 운전자는 교차로에서 좌회전하려는 경우에는 미리 도로 우측 가장자리로 붙어 서행하면서 교차로의 가장자리 부분을 이용하여 좌회전
> ④ 교통정리 하고 있지 아니하고 일시정지나 양보 표시하는 안전표지가 설치되어 있는 교차로에 들어가려고 할 때에는 다른 차의 진행을 방해하지 아니하도록 일시정지하거나 양보하여야 한다.
>
> ≫ 판례 – 교통섬이 설치되고 그 오른쪽으로 직진 차로에서 분리된 우회전차로가 설치되어 있는 교차로에서 우회전차로가 아닌 직진 차로 따라 교차로에 진입하는 방법으로 우회전하여서는 아니된다. 만약 이를 위반하면 **교차로통행방법위반**

(10) **차로에 따른 통행차의 기준**(「도로교통법시행규칙」 별표 9)

고속도로외의 도로		왼쪽 차로	승용자동차 및 경형·소형·중형 승합자동차
		오른쪽 차로	대형승합자동차, 화물자동차, 특수자동차, 건설기계, 이륜자동차, **원동기장치자전거(개인형이동장치 제외)**
고속도로	편도2차로	1차로	앞지르기 하려는 모든 자동차. 다만, 차량통행량 증가 등 도로상황으로 인하여 부득이하게 **시속 80킬로미터 미만**으로 통행할 수밖에 없는 경우에는 앞지르기 하는 경우가 아니라도 통행가능
		2차로	모든 자동차
	편도3차로 이상	1차로	앞지르기를 하려는 승용자동차 및 앞지르기를 하려는 경형·소형·중형 승합자동차. 다만, 차량통행량 증가 등 도로상황으로 인하여 부득이하게 시속 80킬로미터 미만으로 통행할 수밖에 없는 경우에는 앞지르기를 하는 경우가 아니라도 통행가능
		왼쪽 차로	승용자동차 및 경형·소형·중형 승합자동차
		오른쪽 차로	대형 승합자동차, 화물자동차, 특수자동차, 건설기계
≫ 모든 차는 위 표에서 지정된 차로보다 오른쪽에 있는 차로로 통행할 수 있다.			

(11) **고속도로등(고속도로 및 자동차 전용도로)에서의 특례**

갓길통행금지	자동차 운전자는 고속도로등에서 자동차 고장 등 부득이한 경우 제외하고는 갓길통행 금지. 다만, 긴급자동차와 고속도로등 보수·유지 등 작업하는 자동차는 예외
주정차금지	자동차 운전자는 고속도로 등에서 주정차금지. 다만, 일정한 예외 인정
고속도로 진입시의 우선순위	긴급자동차 외의 자동차 운전자는 긴급자동차가 고속도로에 들어가는 경우에는 진입을 방해하여서는 아니 된다.
≫ 고속도로등을 운행하는 자동차의 운전자가 고장자동차 표지 휴대하지 않으면 과태료	

(12) 어린이(13세 미만) 통학버스 특별보호

① 어린이통학버스가 도로에 정차하여 어린이나 영유아 타고 내리는 중임을 표시하는 점멸등 장치 작동 중일 때는 어린이통학버스가 정차한 차로와 그 차로의 바로 옆 차로로 통행하는 차 운전자는 **어린이통학버스에 이르기 전에 일시정지**하여 안전 확인한 후 서행하여야 한다.
② 중앙선이 설치되지 아니한 도로와 편도 1차로인 도로에서는 반대방향에서 진행하는 차 운전자도 **어린이통학버스에 이르기 전에 일시정지**하여 안전 확인한 후 서행하여야 한다.
③ 모든 차 운전자는 어린이나 영유아 태우고 있다는 표시 한 상태로 도로 통행하는 어린이통학버스 앞지르지 못한다.

참고 ● 어린이 통학버스의 요건

1. 자동차안전기준에서 정한 어린이운송용 승합자동차 구조 갖출 것
2. 어린이통학버스 앞면 창유리 우측상단과 뒷면 창유리 중앙하단의 보기 쉬운 곳에 행정안전부령이 정하는 어린이 보호표지 부착할 것
3. 교통사고로 인한 피해 전액 배상할 수 있도록 보험 또는 공제조합에 가입되어 있을 것
4. 유치원, 학교, 어린이집, 학원, 체육시설 인가 받거나 등록 또는 신고 한 자 명의로 등록되어 있는 자동차 또는 유치원등의 장이 전세버스운송사업자와 운송계약 맺은 자동차일 것

(13) 서행 장소

① 교통정리를 하고 있지 아니하는 교차로
② 도로가 구부러진 부근
③ 비탈길의 고갯마루 부근
④ 가파른 비탈길의 **내리막**
⑤ 시·도경찰청장이 도로에서의 위험을 방지하고 교통의 안전과 원활한 소통을 확보하기 위하여 필요하다고 인정하여 안전표지로 지정한 곳

≫ 판례 : 도로의 구부러진 곳에서는 앞지르기가 금지 – '도로의 구부러진 곳'이라는 규정은 입법목적과 다른 조항과의 관련하에서의 합리적인 해석의 가능성, 입법기술상의 한계 등을 고려할 때, 어떠한 행위가 이에 해당하는지 의심을 가질 정도로 불명확한 개념이라고 볼 수 없으므로 죄형법정주의의 한 내용인 형벌법규의 명확성의 원칙에 반한다고 할 수는 없다(헌법재판소 99헌가4).

⒁ 주차 및 정차(법 제32조~제35조)

1) 주정차금지장소

주차 및 정차금지	① 교차로·횡단보도·건널목이나 보도와 차도가 구분된 도로의 보도(「주차장법」에 따라 차도와 보도에 걸쳐서 설치된 노상주차장은 제외) (교도소5/안정횡건10) ② **교차로의 가장자리나 도로의 모퉁이로부터 5미터 이내인 곳** ③ 안전지대가 설치된 도로에서는 그 안전지대의 사방으로부터 **각각 10미터 이내의 곳** ④ 버스여객자동차의 정류지임을 표시하는 기둥이나 표지판 또는 선이 설치된 곳으로부터 **10미터 이내인 곳** → 다만, 버스여객자동차의 운전자가 그 버스여객자동차의 운행시간 중에 운행노선에 따르는 정류장에서 승객을 태우거나 내리기 위하여 차를 정차하거나 주차하는 경우에는 그러하지 아니함 ⑤ 건널목의 가장자리 또는 횡단보도로부터 10미터 이내인 곳 ⑥ **다음 곳으로부터 5미터 이내인 곳** 　㉠ 「소방기본법」 제10조에 따른 소방용수시설 또는 비상소화장치가 설치된 곳 　㉡ 「소방시설 설치 및 관리에 관한 법률」 제2조 제1항 제1호에 따른 소방시설로서 대통령령으로 정하는 시설이 설치된 곳 ⑦ 시·도경찰청장이 도로에서의 위험을 방지하고 교통의 안전과 원활한 소통을 확보하기 위하여 필요하다고 인정하여 지정한 곳 ⑧ 시장등이 제12조 제1항에 따라 지정한 어린이 보호구역
주차금지	① **터널 안 및 다리 위** (다터/다중공사5미터) ② **다음의 곳으로부터 5미터 이내의 곳** 　㉠ **도로공사 하고 있는 경우에는 그 공사구역의 양쪽 가장자리** 　㉡ 「다중이용업소의 안전관리에 관한 특별법」에 따른 다중이용업소의 영업장이 속한 건축물로 소방본부장의 요청에 의하여 시·도경찰청장이 지정한 곳 ③ 시·도경찰청장이 도로에서의 위험을 방지하고 교통의 안전과 원활한 소통을 확보하기 위하여 필요하다고 인정하여 지정한 곳

2) 주차 위반에 대한 조치

① 경찰공무원은 운전자 또는 관리자에 대하여 주·정차방법 변경이나 이동주차를 명할 수 있다.
② 운전자 등이 현장에 없을 때에는 필요한 범위에서 그 차의 주차방법을 직접 변경하거나 필요한 조치를 할 수 있고 부득이한 경우 관할 경찰서 또는 지정장소로 이동하게 할 수 있다.
③ 경찰서 또는 지정장소로 이동할 때 선량한 관리자로서의 주의의무를 다하여 보관하여야 한다.
④ 차를 견인하였을 **때부터 24시간 경과되어도 인수하지 아니하는 때에는** 해당 차의 보관장소 등 행정안전부령이 정하는 사항을 해당 차의 사용자 또는 운전자에게 **등기우편으로 통지하여야 한다.**

3 긴급자동차

(1) 의의
"긴급자동차"란 **소방차, 구급차, 혈액 공급차량**, 그 밖에 **대통령령**으로 정하는 자동차로서 그 본래의 긴급한 용도로 사용되고 있는 자동차를 말한다.

(2) 긴급자동차의 특례

〈**모든 긴급자동차**에 대하여 적용하지 아니하는 사항〉 (속끼/앞시장)
① 자동차등 속도제한 ② 앞지르기 금지시기 및 금지장소 ③ 끼어들기 금지

〈**일부 긴급자동차(소구혈+경찰차)**에 대하여 적용하지 아니하는 사항〉 (안방정주고/신중보횡)
④ 신호위반 ⑤ 보도침범 ⑥ 중앙선침범 ⑦ 횡단·유턴·후진금지 ⑧ 안전거리 확보등
⑨ 앞지르기 방법등 ⑩ 정차 및 주차의 금지 ⑪ 주차금지 ⑫ 고장 등의 조치

(3) 사고시 감면

긴급자동차(소방차, 구급차, 혈액공급차량, 대통령령으로 정하는 경찰용 자동차만 해당) 운전자가 본래의 긴급 용도로 운행하는 중에 교통사고 일으킨 경우 긴급활동의 시급성과 불가피성 등 정상을 참작하여 제151조(업무상과실손괴), 교특법 제3조 제1항(업무상과실치사상), 특가법 제5조의13(어린이보호구역치사상)에 따른 형을 감경하거나 면제할 수 있다.

> 참고 「도로교통법시행규칙」 제43조
>
> 공사시행자는 공사로 인하여 교통안전시설 훼손한 때는 부득이한 사유가 없는 한 **해당공사 끝난 날부터 3일 이내 원상회복**하고 결과를 관할 경찰서장에게 **신고**하여야 한다.

4 통고처분 및 과태료부과처분

(1) 통고처분

1) 의의 및 기능

> 통고처분이란 경미한 교통법규 위반자(범칙자)에 대해 경찰관이 범칙금을 납부할 것을 통고하는 제도
>
> ≫ 신호위반으로 교통사고 일으킨 사람이 통고처분 받아 범칙금 납부하였더라도, 업무상과실치상죄로 처벌하는 것은 이중처벌에 해당(X)

2) 범칙자 - 범칙행위 한 사람으로서 다음에 해당하지 아니하는 사람

> ① 면허증 제시 X, 신원확인 불응
> ② 범칙행위로 교통사고 야기

3) 통고처분

경찰서장은 범칙자에 대하여는 이유 분명하게 밝힌 범칙금납부통고서로 범칙금 낼 것을 통고할 수 있다. 다만, **다음은 통고처분할 수 없고 즉결심판 청구하여야 한다.**

> ① **성명 또는 주소 확실하지 아니한 사람**
> ② 달아날 염려 있는 사람
> ③ 범칙금납부통고서 받기 거부한 사람

4) 범칙금의 납부

> ① 통고서 받은 사람은 **10일 이내 범칙금 납부**(천재지변 그 밖의 부득이한 사유로 기간 내 범칙금 낼 수 없는 경우는 **부득이한 사유 없어지게 된 날로부터 5일 이내 납부**)
> ② 10일 이내 범칙금 미납한 사람은 납부기간 만료일 **다음날부터 20일 이내 100분의 20을 더한 금액 납부**
> ③ **범칙금은 신용카드로 납부가능. 분할납부는 불가**

5) 범칙행위 및 범칙금액(운전자)

범칙행위	차량종류별 범칙금액	
1. **속도위반(60km/h 초과)** 　1의2. **어린이통학버스 운전자의 의무위반**(좌석안전띠를 매도록 하지 않는 경우 제외)	• 승합자동차 등 • 승용자동차 등 • 이륜자동차 등	13만원 12만원 8만원
1의3. **인적 사항 제공의무 위반**(단 주·정차된 차만 손괴한 것이 분명한 경우에 한정한다)	• 승합자동차 등 • 승용자동차 등 • 이륜자동차 등 • 자전거등 및 손수레등	13만원 12만원 8만원 6만원
1의4. 개인형 이동장치 무면허 운전 　1의5. 약물의 영향과 그 밖의 사유로 정상적으로 운전하지 못할 우려가 있는 상태에서 자전거등을 운전	• 자전거등	10만원
2. **속도위반(40km/h 초과 60km/h 이하)** 3. 승객의 차내 소란행위 방치 운전 　3의2. **어린이통학버스 특별보호 위반**	• 승합자동차 등 • 승용자동차 등 • 이륜자동차 등	10만원 9만원 6만원
3의3. 제10조의3 제2항에 따라 안전표지가 설치된 곳에서의 정차·주차 금지 위반 　3의4. 승차정원을 초과하여 동승자를 태우고 개인형 이동장치를 운전	• 승합자동차 등 • 승용자동차 등 • 이륜자동차 등 • 자전거등 및 손수레등	9만원 8만원 6만원 4만원
4. **신호·지시 위반** 5. **중앙선 침범·통행구분 위반** 6. **속도위반(20km/h 초과 40km/h 이하)** 7. 횡단·유턴·후진 위반 8. 앞지르기 방법 위반 9. 앞지르기 금지시기·장소 위반 10. 철길건널목 통과방법 위반 　10의2 회전교차로 통행방법 위반 11. 횡단보도 보행자 횡단 방해(신호 또는 지시에 따라 횡단하는 보행자 통행방해와 어린이보호구역에서의 일시정지 위반을 포함) 12. 보행자 전용도로 통행 위반(보행자전용도로 통행방법 위반 포함) 　12의2. **긴급자동차에 대한 양보·일시정지 위반** 　12의3. 긴급한 용도나 그 밖에 허용된 사항 외에 경광등이나 사이렌 사용 13. 승차인원 초과·승객 또는 승하차자 추락방지 조치위반 14. 어린이·앞을 보지 못하는 사람 등의 보호 위반 15. **운전 중 휴대용 전화 사용** 　15의2. 운전중 운전자가 볼 수 있는 위치에 영상표시 　15의3 운전 중 영상표시장치 조작 16. 운행기록계 미설치 자동차 운전금지 등의 위반 19. 고속도로·자동차전용도로 갓길 통행 20. 고속도로 버스전용차로·다인승 전용차로 위반	• 승합자동차 등 • 승용자동차 등 • 이륜자동차 등 • 자전거등 및 손수레등	7만원 6만원 4만원 3만원

범칙행위	차량종류별 범칙금액	

21. 통행금지·제한 위반
22. 일반도로 전용차로 통행 위반
   22의2. 노면전차 전용로 통행 위반
23. 고속도로·자동차 전용도로 안전거리 미확보
24. 앞지르기의 방해금지 위반
25. 교차로 통행방법 위반
   25의2 회전교차로 진입·진행방법 위반
26. 교차로에서의 양보운전 위반
27. 보행자 통행방해 또는 보호 불이행
29. 정차·주차금지 위반(제10조의3 제2항에 따라 안전표지가 설치된 곳에서의 정차·주차 금지 위반은 제외)
30. 주차금지 위반
31. 정차·주차방법 위반
   31의2. 경사진 곳에서의 정차·주차방법 위반
32. 정차·주차 위반에 대한 조치 불응
33. 적재제한위반·적재물 추락 방지 위반 또는 영유아나 동물을 안고 운전하는 행위
34. 안전운전의무 위반(난폭운전 포함)
35. 도로에서의 시비·다툼 등으로 인한 차마의 통행 방해 행위
36. 급발진·급가속·엔진 공회전 또는 반복적·연속적인 경음기 울림으로 소음 발생행위
37. 화물적재함 승객탑승 운행행위
   38의2. 개인형 이동장치 인명보호 장구 미착용
   38의3 자율주행자동차 운전자의 준수사항 위반
39. 고속도로 지정차로 통행 위반
40. **고속도로·자동차전용도로 횡단·유턴·후진 위반**
41. 고속도로·자동차전용도로 정차·주차금지 위반
42. **고속도로 진입위반**
43. 고속도로·자동차전용도로 고장 등의 경우 조치 불이행
	• 승합자동차 등
	• **승용자동차 등**
	• 이륜자동차 등
	• 자전거등 및 손수레등
		5만원
		4만원
		3만원
		2만원

범칙행위	차량종류별 범칙금액	
44. 혼잡완화 조치 위반 45. 차로통행 준수의무 위반, 지정차로 통행 위반·차로 너비보다 넓은 차 통행금지 위반(진로변경 금지장소에서의 진로변경 포함) 46. **속도위반(20km/h 이하)** 47. 진로변경방법 위반 48. 급제동금지 위반 49. 끼어들기금지 위반 50. **서행의무 위반** 51. 일시정지 위반 52. 방향전환·진로변경 및 회전교차로 진입·진출 시 신호 불이행 53. 운전석 이탈 시 안전확보 불이행 54. 동승자 등의 안전을 위한 조치 위반 55. 시·도경찰청 지정·공고 사항 위반 56. 좌석안전띠 미착용 57. 이륜자동차·원동기장치자전거(개인형 이동장치는 제외한다) 인명보호장구 미착용 　57의2. 등화점등 불이행·발광장치 미착용(자전거 운전자는 제외한다) 58. **어린이통학버스와 비슷한 도장·표지 금지 위반**	• **승합자동차 등** • **승용자동차 등** • 이륜자동차 등 • 자전거등 및 손수레등	**3만원** **3만원** 2만원 1만원
59. **최저속도 위반** 60. 일반도로 안전거리 미확보 61. 등화 점등·조작 불이행 　(안개가 끼거나 비 또는 눈이 올 때는 제외한다) 62. 불법부착장치 차 운전(교통단속용 장비의 기능을 방해하는 장치를 한 차의 운전은 제외한다) 　62의2. 사업용 승합자동차 또는 노면전차의 승차 거부 63. 택시의 합승(장기 주·정차하여 승객을 유치하는 경우에 한정한다)·승차거부·부당요금 징수행위 64. 운전이 금지된 위험한 자전거등의 운전	• 승합자동차 등 • **승용자동차 등** • 이륜자동차 등 • 자전거등 및 손수레등	2만원 **2만원** 1만원 1만원
64의2. 술에 취한 상태에서의 자전거등 운전	• 자전거 • 개인형 이동장치	3만원 10만원
64의3. 술에 취한 상태에 있다고 인정할만한 상당한 이유가 있는 자전거등 운전자가 경찰공무원의 호흡조사 측정에 불응	• 자전거 • 개인형 이동장치	10만원 13만원
65. 돌, 유리병, 쇳조각, 그 밖에 도로에 있는 사람이나 차마를 손상시킬 우려가 있는 물건을 던지거나 발사하는 행위 66. 도로를 통행하고 있는 차마에서 밖으로 물건을 던지는 행위	모든 차마	5만원
67. 특별교통안전교육의 미이수 　가. 과거 5년 이내에 법 제44조를 1회 이상 위반하였던 사람으로서 다시 같은 조를 위반하여 운전면허효력 정지처분을 받게 되거나 받은 사람이 그 처분이 끝나기 전에 특별교통안전교육을 받지 않은 경우 　나. 가목 외의 경우	차종구분 없음 차종구분 없음	15만원 10만원
68. 경찰관의 실효된 면허증 회수에 대한 거부 또는 방해	차종구분 없음	3만원

※ 위 표에서
   1) '승합자동차 등'이란 승합자동차·4톤 초과 화물자동차·특수자동차·건설기계·노면전차를 말한다.
   2) '승용자동차 등'이란 승용자동차·4톤 이하 화물자동차를 말한다.
   3) '이륜자동차 등'이란 이륜자동차·원동기장치자전거(개인형 이동장치는 제외)를 말한다.
   4) '손수레 등'이란 손수레·경운기·우마차를 말한다.
   5) 제65호 및 제66호의 경우 동승자를 포함한다.

⊕ 개인형 이동장치(PM) 관련 범칙금 정리

범칙행위 (1등/2장/4초)	범칙금(PM)
개인형 이동장치 무면허 운전 약물의 영향과 그 밖의 사유로 정상적으로 운전하지 못할 우려가 있는 상태에서 자전거등을 운전	10만원
승차정원을 초과하여 동승자를 태우고 개인형 이동장치를 운전	4만원
개인형 이동장치 인명보호 장구 미착용	2만원
등화점등 불이행, 발광장치 미착용	1만원

⊕ 도로교통법상 개인형 이동장치(PM) 제외 항목

① **자동차등의 속도**(제17조)
② 유사표지의 제한 및 운행금지(제42조)
③ 과로한 때 등의 운전 금지(제45조) ➔ 제50조⑧에서 자전거등 약물운전금지 별도 규정
④ **공동 위험행위의 금지**(제46조)
⑤ **난폭운전 금지**(제46조의3)
⑥ 제49조 제1항 제5호~제13호 운전자의 준수사항
   (자동차등을 도로에 세워둔 채 시비·다툼으로 교통방해 등)
⑦ 인명보호장구 착용(제50조③) ➔ 제50조④에서 자전거등 인명보호장구 착용 별도 규정
⑧ 음주운전 처벌조항(제148조의2) ➔ 제156조에서 자전거등 음주운전 별도 처벌

(2) 과태료

1) 무인단속장비 적발차량에 대한 과태료부과 제외대상

> ① 차를 도난당하였거나 그 밖의 부득이한 사유가 있는 경우(범죄의 예방·진압, 기타 긴급한 사건·사고의 조사를 위한 경우, 도로공사 또는 교통지도단속을 위한 경우, 응급환자의 수송 또는 치료를 위한 경우, 화재·수해·재해 등의 구난 작업을 위한 경우 및 「장애인복지법」의 규정에 의한 장애인의 승하차를 돕는 경우 등)
> ② 운전자가 해당 위반행위로 제156조에 따라 처벌된 경우(제163조에 따라 범칙금 통고처분을 받은 경우를 포함)
> ③ 「질서위반행위규제법」 제20조 제1항에 따른 이의제기의 결과 위반행위를 한 운전자가 밝혀진 경우
>
> ≫ [주의] 대상자가 이사하여 과태료납부고지서가 반송된 경우 (X)

2) 과태료부과기준

위반행위 및 행위자	과태료 금액
1. **신호 또는 지시를 따르지 않은 차의 고용주 등** 1의2. **보도를 침범한 차의 고용주 등**	1) 승합자동차등 : 8만원 2) 승용자동차등 : 7만원 3) 이륜자동차등 : 5만원
4. 제한속도를 준수하지 않은 차의 고용주등 가. **60km/h 초과**	1) 승합자동차등 : 14만원 2) 승용자동차등 : 13만원 3) 이륜자동차등 : 9만원
6의2. **소방시설 5미터이내 주정차 금지를 위반하여 정차 또는 주차를 한 차의 고용주등** 가. 안전표지가 설치된 곳에 정차 또는 주차를 한 경우	1) 승합자동차등 : 9만원 2) **승용자동차등 : 8만원**
나. 가목 외의 곳에 정차 또는 주차를 한 경우	1) 승합자동차등 : 5만원 2) 승용자동차등 : 4만원

9. **동승자에게 좌석안전띠를 매도록 하지 않은 운전자**
    가. **동승자가 13세 미만인 경우**
    나. 동승자가 13세 이상인 경우
	6만원
	3만원

[참고] 속도위반시 범칙금, 과태료, 벌점부과(승용차 기준)

초과 속도	범칙금	과태료	일반도로벌점	어린이보호구역벌점 (오전8시~오후8시)
60km/h 초과	**12만원**	13만원	60점	120점
40km/h 초과 ~ 60km/h	**9만원**	10만원	30점	60점
20km/h 초과 ~ 40km/h	**6만원**	7만원	15점	30점
20km/h 이내	**3만원**	4만원	벌점 없음	15점

※ 80km/h 초과 – 30만원 이하 벌금/구류, 벌점 80점
※ 100km/h 초과 – 100만원 이하 벌금/구류, 벌점 100점
※ 100km/h 초과 3회 이상 – 1년 이하 징역이나 500만원 이하 벌금 ⇨ 면허취소

제2절 운전면허 및 면허행정처분

1 운전면허

(1) **효력발생시기** : 본인 또는 대리인이 운전면허증을 발급받은 때부터 발생

(2) **운전면허증 갱신 및 정기 적성검사**

① 운전면허증 갱신 – 10년(운전면허증 갱신일에 **65세 이상 75세 미만인 사람은 5년, 75세 이상인 사람은 3년**)이 되는 날이 속하는 해의 1월 1일부터 12월 31일까지
② 정기 적성검사 – 10년(운전면허시험 합격일에 **65세 이상 75세 미만인 사람은 5년, 75세 이상인 사람은 3년**)이 되는 날이 속하는 해의 1월 1일부터 12월 31일까지

정기 적성검사 대상자	① 제1종 운전면허 받은 사람 ② **제2종 운전면허 받은 사람 중 갱신기간에 70세 이상인 사람**

(3) **교통안전교육**

교통안전교육	**운전면허를 받으려는 사람은** 시험에 응시하기 전에 운전자가 갖추어야 하는 기본예절등에 관한 **교통안전교육(1시간)을 받아야 한다.** ≫ 자동차운전학원의 경우 교통안전교육기관이 되기 위해서는 시·도경찰청장에게 지정신청
특별교통안전 의무교육	다음 사람은 특별교통안전의무교육을 받아야 한다. 1. **운전면허 취소처분을 받은 사람**(단 적성검사 미필 또는 불합격한 경우 및 자진하여 면허반납한 사람은 제외한다)으로서 운전면허를 다시 받으려는 사람 2. 음주운전, 공동위험행위, 난폭운전, 교통사고 또는 자동차이용범죄에 해당하여 운전면허효력 **징지처분을 받게 되거나 받은 사람으로서 그 정지기간이 끝나지 아니한 사람** 3. 운전면허 취소처분 또는 운전면허효력 정지처분(2의 운전면허효력 정지처분 대상인 경우로 한정한다)이 면제된 사람으로서 **면제된 날부터 1개월이 지나지 아니한 사람** 4. 운전면허효력 정지처분을 받게 되거나 받은 **초보운전자로서 그 정지기간이 끝나지 아니한 사람** 5. 제12조 제1항에 따른 **어린이 보호구역에서 운전 중 어린이를 사상**하는 사고를 유발하여 제93조 제2항에 따른 벌점을 받은 날부터 **1년 이내의 사람**

특별교통안전 권장교육	다음 사람은 특별교통안전 권장교육을 받을 수 있다(권장교육 받기 전 1년 이내에 해당 교육을 받지 아니한 사람에 한정) 1. 교통법규 위반 등 제2항 제2호 및 제4호에 따른 사유 외의 사유로 인하여 운전면허효력 정지처분을 받게 되거나 받은 사람 2. 교통법규 위반 등으로 인하여 운전면허효력 정지처분을 받을 가능성이 있는 사람 3. 제2항 제2호부터 제4호까지에 해당하여 제2항에 따른 특별교통안전 의무교육을 받은 사람 4. 운전면허를 받은 사람 중 교육을 받으려는 날에 65세 이상인 사람
긴급자동차 교통안전교육	① 긴급자동차의 운전업무에 종사하는 사람으로서 대통령령으로 정하는 사람은 대통령령으로 정하는 바에 따라 정기적으로 긴급자동차의 안전운전 등에 관한 교육을 받아야 한다. ② 교육내용 　㉠ 긴급자동차 운전하려는 사람 대상으로 운전 하기 전에 실시하는 교육 　　– 3시간 　㉡ 긴급자동차 운전하는 사람 대상으로 3년 마다 정기적으로 실시하는 교육 　　– 2시간 ③ 미이수시 – 8만원 과태료 ④ 교육기관 – 도로교통공단에서 실시하나, 긴급자동차 운전자가 국가 또는 지방자치단체에 소속된 공무원인 경우에는 운전자가 소속된 시설 또는 기관에서 실시하는 교육훈련 방법으로 실시가능

> **참고** 특별교통안전교육(특별교통안전의무교육, 특별교통안전 권장교육)의 내용
>
> 특별교통안전교육은 도로교통공단에서 실시하며, 다음 사항에 대하여 강의·시청각교육 또는 현장체험교육 등의 방법으로 3시간 이상 48시간 이하로 실시
> 1. 교통질서 2. 교통사고와 그 예방 3. 안전운전의 기초 4. 교통법규와 안전
> 5. 운전면허 및 자동차관리 6. 그 밖에 교통안전의 확보를 위하여 필요한 사항

(4) **면허종류와 운전할 수 있는 차종**

제1종 면허	대형면허	① 승용자동차　　② 승합자동차 ③ 화물자동차　　④ 삭제 ⑤ 건설기계(아톰 노천지도 믹믹펌아) 　㉠ 덤프트럭·아스팔트살포기·노상안정기 　㉡ 콘크리트믹서트럭, 콘크리트펌프, 천공기(트럭적재식) 　㉢ 콘크리트믹서트레일러, 아스팔트콘크리트재생기 　㉣ 도로보수트럭, 3톤 미만의 지게차 　　》 굴착기 X, 기중기 X, 쇄석기 X 　　》 자동차 해당 특수건설기계 – 트럭지게차, 도로보수트럭, 콘크리트믹서트레일러, 아스팔트콘크리트재생기 ⑥ 특수자동차[대형견인차, 소형견인차 및 구난차("구난차등")는 제외]

		⑦ 원동기장치자전거
	보통면허	① 승용자동차 ② 승차정원 15인 이하의 승합자동차 ③ 삭제 ④ 적재중량 12톤 미만 화물자동차 ⑤ 건설기계(도로를 운행하는 3톤 미만의 지게차에 한한다) ⑥ 총중량 10톤 미만의 특수자동차(구난차등은 제외) ⑦ 원동기장치자전거
	소형면허	① 3륜 화물자동차 ② 3륜 승용자동차 ③ 원동기장치자전거
	특수면허 / 대형견인차	① 견인형 특수자동차 ② **제2종 보통면허로 운전할 수 있는 차량**
	특수면허 / 소형견인차	① 총중량 **3.5톤**의 견인형 특수자동차 ② **제2종 보통면허로 운전할 수 있는 차량**
	특수면허 / 구난차	① 구난형 특수자동차 ② **제2종보통면허로 운전할 수 있는 차량**
제2종 면허	보통면허	① 승용자동차 ② 승차정원 10인 이하 승합자동차 ③ 적재중량 4톤 이하 화물자동차 ④ 총중량 3.5톤 이하 특수자동차(구난차등은 제외) ⑤ 원동기장치자전거
	소형면허	① 이륜자동차(배기량 125cc 초과, 측차부를 포함) ② 원동기장치자전거
	원동기장치 자전거면허	원동기장치자전거
연습면허	제1종 보통	① 승용자동차 ② 승차정원 15인 이하의 승합자동차 ③ 적재중량 12톤 미만의 화물자동차
	제2종 보통	① 승용자동차 ② 승차정원 10인 이하 승합자동차 ③ 적재중량 4톤 이하의 화물자동차

(5) **자동차의 변경시 운전면허의 기준** (종증후/감구장전)

자동차의 형식변경	차종변경 또는 승차정원·적재중량의 증가	변경승인 후의 차종이나 승차정원 또는 적재중량을 기준으로 판단
	차종변경 없이 승차정원·적재중량의 감소	변경승인 전의 승차정원 또는 적재중량을 기준으로 판단
자동차의 구조·장치변경		변경승인 전의 승차정원 또는 적재중량을 기준으로 판단

(6) **운전면허 발급기간의 제한**(다만, 다음 사유로 **벌금 미만** 형이 확정되거나 **선고유예** 판결이 확정된 경우 또는 **기소유예**나 「소년법」에 따른 **보호처분** 결정이 있는 경우에는 기간 내라도 운전면허를 받을 수 있다)

5년 (과음무공뺑)	① 무면허운전으로 사람 사상한 후 필요한 조치 및 신고 아니한 경우(위반한 날부터) ② 음주운전·과로등운전(과로·질병·약물)·공동위험행위로 사람 사상한 후 필요한 조치 및 신고 아니한 경우(취소된 날부터) ③ 음주운전을 하다가 사람을 사망에 이르게 한 경우(취소된 날부터)
4년 (나머지뺑)	무면허운전·음주운전·과로등운전·공동위험행위 이외 사유로 사람 사상한 후 필요한 조치 및 신고 아니한 경우
3년	① 음주운전 2회 이상 교통사고 야기 (음2교/범죄무) ② 자동차등 이용 범죄행위하거나 자동차등 강·절도한 자가 무면허운전
2년	① 무면허운전 3회 이상 위반 (공2/음2/무3/음교/부정/강절) ② 음주운전 2회 이상 위반 ③ 음주운전 하다 교통사고 야기 ④ 2회 이상 공동위험행위 ⑤ 운전면허를 받을 수 없는 사람이 운전면허를 받거나 운전면허효력 정지기간 중 운전면허증 또는 운전면허증에 갈음하는 증명서를 교부받은 사실이 드러난 때 ⑥ 다른 사람 자동차등 훔치거나 빼앗은 자 ⑦ 운전면허 시험에 대신 응시한 경우
1년	① 2~5년의 제한사유 이외의 사유로 운전면허가 취소된 자 ② 공동위험행위로 운전면허가 취소된 경우 원동기장치자전거면허 취득 결격기간
6개월	2~5년의 제한사유 이외 사유로 운전면허 취소된 경우 원동기장치자전거면허 받으려는 경우
즉시 취득 가능	적성검사 받지 아니하거나 적성검사에 불합격하여 운전면허 취소된 사람
㉠ 운전면허 효력 정지처분을 받은 경우 – 정지처분 기간 중 ※ 국제운전면허증(상호인정외국면허증) 운전자가 운전금지 처분을 받은 경우 – 금지기간 중 ㉡ 결격기간이 끝났다 하여도 운전면허 취소처분 받은 이후 특별교통안전 의무교육을 반드시 이수 후 취득	

(7) 연습운전면허

준수 사항	① 운전면허 받은 날부터 2년 경과된 사람과 함께 승차하여 그 사람 지도 받아야 함 ② 주행연습 외의 목적으로 운전금지 ③ 주행연습 중이라는 사실을 다른 차 운전자가 알도록 표지 붙여야 한다. ≫ 위반 시 연습운전면허취소는 별론으로 하고 「도로교통법」 제43조에 규정된 무면허운전에 해당하지는 않는다.

≫ 연습운전면허는 벌점관리(X), 연습면허정지(X)

(8) 임시운전증명서

발급사유	시·도경찰청장은 다음 사람이 신청하면 임시운전증명서를 **발급할 수 있다.** ① 운전면허증 받은 사람이 운전면허증 잃어버렸거나 헐어 못 쓰게 되어 재발급 신청한 경우 ② 정기적성검사 또는 운전면허증 갱신발급 신청 하거나 수시 적성검사 신청한 경우 ③ 운전면허 취소처분 또는 정지처분 대상자가 운전면허증 제출한 경우
유효기간	① **20일 이내**(단, 운전면허 취소·정지 대상자는 **40일 이내**로 가능) ② **경찰서장**이 필요 인정하는 경우는 **1회 한하여 20일 범위**에서 연장가능
효력	유효기간 중 운전면허증과 같은 효력이 있다.

(9) 국제운전면허증 또는 상호인정외국면허증

1) 국내에서 발급되는 국제운전면허증(국내발급 → 외국운전)

발급대상자	**국내운전면허 받은 사람은 국제운전면허증 발급받을 수 있다.**

2) 외국에서 발급받은 국제운전면허증 또는 상호인정외국면허증 (외국발급 → 국내운전)

유효기간	**입국한 날부터 1년 동안만** 국제운전면허증(상호인정외국면허증)에 기재된 차종 운전가능
사업용 자동차 운전금지	국제운전면허증(상호인정외국면허증) 소지자는 **사업용 자동차 운전불가.** 다만, 「**여객자동차 운수사업법**」에 의한 대여사업용 자동차 임차하여 운전은 가능

≫ '국내에 입국한 날'의 의미는 적법한 입국심사절차를 거쳐 입국한 날로 보아야 하므로 **불법입국의 경우 국제운전면허증을 소지하고 있다 하더라도 도로교통법위반(무면허운전)에 해당**한다(대판 2017도9230).

2 운전면허행정처분

(1) 관련 판례

> 1. 제1종 보통면허의 취소에는 원동기장치자전거의 운전까지 금지하는 취지가 포함된 것이어서 이들 차량의 운전면허는 서로 관련된 것이라고 할 것이므로, 제1종 보통면허로 운전할 수 있는 차량을 운전면허 정지기간 중에 운전한 경우에는 이와 관련된 원동기장치자전거면허까지 취소할 수 있다.
> 2. 특정범죄가중처벌등에관한법률위반(도주차량)으로 운전면허취소처분을 받은 자가 자동차를 운전하였다고 하더라도 그 후 피의사실에 대하여 무혐의 처분을 받고 이를 근거로 행정청이 운전면허 취소처분을 철회하였다면, 위 운전행위는 무면허운전에 해당하지 않는다.
> 3. 운전면허증 소지자가 운전면허증만 꺼내 보아도 쉽게 알 수 있는 정도의 노력조차 기울이지 않고, 적성검사기간 도래 여부에 관한 확인을 게을리하여 기간이 도래하였음을 알지 못하였더라도 적성검사기간 내에 적성검사를 받지 않는 것에 대한 미필적 고의는 있다 볼 수 있다.

참고 ▶ 운전면허증의 반납(「도로교통법」 제95조)

> 운전면허증 받은 사람이 반납 사유가 발생한 날부터 7일 이내 주소지 관할 시·도경찰청장에게 운전면허증 반납하여야 한다.

(2) 운전면허 정지처분 개별기준

① 법규위반시 기준

위반사항	벌점
3. 속도위반(60km/h 초과)	60점
4의2. 공동위험행위로 형사입건된 때 4의3. 난폭운전으로 형사입건된 때 6. 승객의 차내소란행위 방치운전	40점
8. 통행구분위반(중앙선침범에 한함) 9. 속도위반(40km/h 초과 60km/h 이하) 10의2. 어린이통학버스 특별보호위반 11. 고속도로·자동차전용도로 갓길통행	30점

② 교통사고 결과에 따른 벌점기준

사망 1명마다	90점	사고발생시로부터 72시간 내에 사망한 때
중상 1명마다	15점	**3주 이상**의 치료를 요하는 의사의 진단이 있는 사고

㉠ 자동차 등 대 자동차등 교통사고의 경우에는 그 사고원인 중 중한 위반행위를 한 운전자만 적용
㉡ **처분 받을 운전자 본인의 피해에 대하여는 벌점을 산정하지 아니한다.**

① 어린이·노인·장애인**보호구역** 안에서 오전 8시부터 오후 8시까지 위반하는 행위에 대하여 **벌점 2배를 적용하는 경우** ⇨ 신호·지시위반 15점, 속도위반(60km/h 초과 80km/h 이하 60점, 40km/h 초과 60km/h 이하 30점, 20km/h 초과 40km/h 이하 15점), **보행자보호 불이행**(정지선위반 포함) 10점 ➔ 각 벌점의 2배 ("운전중 휴대전화사용 15점"은 2배 적용하지 않음)
② '100km/h 초과'와 '80km/h 초과 100km/h 이하'의 경우 2배 벌점이 아닌 각 120점 부과

③ 교통사고야기 후 조치불이행에 따른 벌점기준

㉠ 물적 피해가 발생한 교통사고를 일으킨 후 도주한 때 – 벌점 15점(자수하면 벌점 감경 X)
㉡ 인적 피해가 발생한 교통사고을 일으킨 후 도주한 때 – 면허취소(자수하면 행정처분 감경)

④ 운전면허 취소·정지처분 기준

취소처분 기준	• 과거 1회 음주운전 금지규정을 위반한 사람이 재차 음주운전한 경우 • 단속하는 경찰공무원 등 및 시군구공무원을 폭행하여 형사입건된 경우	
	다른 사람의 자동차등을 훔치거나 빼앗은 경우	• 다른 사람의 자동차등을 빼앗아 이를 운전한 경우 • 다른 사람의 자동차등을 훔치거나 빼앗아 이를 운전하여 운전면허 취소·정지 처분을 받은 사실이 있는 사람이 다시 자동차등을 훔치고 이를 운전한 경우
정지처분 기준	다른 사람의 자동차등을 훔치거나 빼앗은 경우	• 다른 사람의 자동차등을 훔치고 이를 운전한 경우 – 벌점 100점

〈자동차등 이용 범죄 등의 처분기준〉
㉠ 행정처분 대상이 되는 범죄행위가 2개 이상 죄에 해당하는 경우, 실체적 경합관계에 있으면 각각의 범죄행위의 법정형 상한을 기준으로 행정처분을 하고, 상상적 경합관계에 있으면 가장 중한 죄에서 정한 법정형 상한을 기준으로 행정처분을 한다.
㉡ 범죄행위가 예비·음모에 그치거나 과실로 인한 경우에는 행정처분을 하지 아니한다.
㉢ **범죄행위가 미수에 그친 경우** 위반행위에 대한 처분기준이 **운전면허의 취소처분에 해당하면 해당 위반행위에 대한 처분벌점을 110점**으로 하고, 운전면허의 정지처분에 해당하면 처분 집행일수의 2분의 1로 감경한다.

≫ 도교법 개정(제93조 제1항) – 운전자가 **"거짓이나 그 밖의 부정한 수단으로 운전면허를 받은 경우"** 모든 범위의 운전면허가 아닌 **부정한 수단으로 받은 운전면허에 대해서만 한정하여 취소하여야** 한다. 관계 행정기관의 장이 운전면허의 취소 또는 정지 처분을 요청하는 경우 시·도경찰청장은 정당한 사유가 없는 한 관계 행정기관의 장의 요청에 따라 해당 운전면허를 취소 또는 정지하여야 한다.

제3절　주취운전 및 난폭운전

(1) 주취운전단속

1) 주취운전의 구성요소(「도로교통법」제44조)

주취상태	혈중알콜농도 0.03% 이상 (만취 – 0.08% 이상)
자동차등(건설기계포함), 노면전차, 자전거등	① 원동기장치자전거 – 배기량 무관 ② 모든 건설기계 – 음주단속의 대상 ③ 경운기 – 주취운전(X)
도로에서 운전	도로에서 운전은 주취운전 요건(X)

2) 처벌

① 자동차등, 노면전차 음주운전 처벌 (1255/38측2)

혈중알콜농도가 0.2퍼센트 이상	2년이상 5년이하 징역이나 1천만원이상 2천만원이하 벌금
음주측정불응	1년이상 5년이하 징역이나 500만원이상 2천만원이하 벌금
혈중알콜농도가 0.08퍼센트 이상 0.2퍼센트 미만	1년이상 2년이하 징역이나 500만원이상 1천만원이하 벌금
혈중알콜농도가 0.03퍼센트 이상 0.08퍼센트 미만	1년이하 징역이나 500만원이하 벌금

≫ 「도로교통법」제44조 제1항을 **2회 이상 위반한 사람**'에 **대하여** 비형벌적인 반복 음주운전 방지 수단에 대한 충분한 고려 없이, 가중처벌의 요건이 되는 과거 음주운전 금지규정 위반 전력 등과 관련하여 아무런 제한을 두지 않음으로써 가중처벌할 필요가 없거나 죄질이 비교적 가벼운 유형의 재범 음주운전 행위에 대해서까지 **일률적으로 가중처벌하도록 한 것은** 형벌 본래의 기능에 **필요한 정도를 현저히 일탈하는 과도한 법정형**(2년 이상 5년 이하의 징역 또는 1천만원 이상 2천만원 이하의 벌금)을 정하고 있다. 그러므로 **책임과 형벌 간의 비례원칙에 위배**된다.(헌재 2021.11.25. 2019헌바446)

〈2회이상 음주운전 가중처벌〉

제44조 제1항 또는 제2항을 위반(자동차등 또는 노면전차를 운전한 경우로 한정한다. 다만, **개인형 이동장치를 운전한 경우는 제외**한다)하여 **벌금 이상의** 형을 선고받고 그 형이 확정된 날부터 **10년 내에** 다시 같은 조 제1항 또는 제2항을 위반한 사람(형이 실효된 사람도 포함한다)은 다음 각 호의 구분에 따라 처벌한다.

1. **제44조 제2항**(측정불응)을 위반한 사람은 1년 이상 **6년 이하**의 징역이나 500만원 이상 **3천만원 이하**의 벌금에 처한다.
2. **제44조 제1항**(음주운전)을 위반한 사람 중 혈중알코올농도가 0.2퍼센트 이상인 사람은 2년 이상 **6년 이하**의 징역이나 1천만원 이상 **3천만원 이하**의 벌금에 처한다.
3. 제44조 제1항(음주운전)을 위반한 사람 중 혈중알코올농도가 0.03퍼센트 이상 0.2퍼센트 미만인 사람은 1년 이상 5년 이하의 징역이나 500만원 이상 2천만원 이하의 벌금에 처한다.

② 자전거등(자전거+개인형이동장치) 음주운전 - 20만원 이하의 벌금, 구류, 과료

> 범칙금으로 대체할 경우 ⇨ 자전거 음주운전 범칙금 3만원(측정불응 10만원)
> ⇨ PM 음주운전 범칙금 10만원(측정불응 13만원)

(2) 교통단속처리지침

> ① 단속경찰관이 주취운전 의심자를 호흡측정하는 때에는 피측정자의 입안의 잔류알콜을 헹궈낼수 있도록 **음용수 200ml를 제공**한다.
> ② 음주측정 1회당 1개의 **음주측정용 불대(Mouth Piece) 사용**한다.
> ③ 호흡측정 없이 채혈을 원하는 경우 바로 채혈할 수 있다.
> ④ 음주측정기(음주감지기 포함)는 측정결과의 정확도를 유지하기 위하여 **연 3회(음주 감지기 2회) 이상 검·교정**을 받아야 한다.
> ⑤ 명시적인 의사표시를 하지 않으면서 경찰관이 음주측정 불응에 따른 불이익을 **5분 간격으로 3회 이상 고지**(최초 측정요구시로부터 15분 경과)했음에도 계속 음주측정에 응하지 않은 때에는 음주측정 거부자로 처리한다.

(3) 처분기준의 감경사유 - 음주운전으로 운전면허 취소처분 또는 정지처분을 받은 경우

> **운전이 가족의 생계를 유지할 중요한 수단이 되거나, 모범운전자로서 처분당시 3년 이상 교통봉사 활동에 종사하고 있거나, 교통사고를 일으키고 도주한 운전자를 검거하여 경찰서장 이상의 표창을 받은 사람**으로서 다음의 어느 하나에 해당되는 경우가 없어야 한다.
> ① 혈중알코올농도가 **0.1퍼센트를 초과**하여 운전한 경우
> ② 음주운전 중 **인적 피해 교통사고**를 일으킨 경우
> ③ 경찰관의 **음주측정요구에 불응**하거나 도주한 때 또는 **단속경찰관을 폭행**한 경우
> ④ 과거 5년 이내에 3회 이상의 인적피해 교통사고의 전력이 있는 경우
> ⑤ 과거 5년 이내에 음주운전의 전력이 있는 경우

(4) 주취운전 관련 판례

> 1. 호흡측정과 혈액측정치가 불일치할 경우 **혈액측정치가 우선**
> 2. 「도로교통법」상 '측정' - 경찰공무원이 운전자가 술에 취하였는지 여부를 알아보기 위하여 실시하는 **호흡측정기에 의한 측정으로 이해**
> 3. 미성년자인 피의자 혈액채취가 필요한 경우에도 피의자에게 의사능력 있다면 **피의자 본인만이 혈액채취에 관한 유효한 동의 할 수 있고, 피의자에게 의사능력 없는 경우에도 명문 규정 없는 이상 법정대리인이 피의자 대리하여 동의할 수 없다.**
> 4. 경찰관이 음주 및 음주운전 종료로부터 **약 5시간 후** 집에서 자고 있는 피고인 연행하여 음주측정 요구한 데에 대하여 피고인이 불응 - **음주측정불응죄 성립**

5. 운전자 신체 이상 등으로 호흡측정기 측정이 불가능 내지 심히 곤란하거나 운전자가 처음부터 호흡측정방법 불신하면서 혈액측정 요구하는 경우 등에는 호흡측정 절차 생략하고 바로 혈액채취 측정으로 나아가야 할 것이고, 호흡측정기에 의한 측정불응을 음주측정불응으로 볼 수 없다.
6. 특별한 이유 없이 호흡측정기에 의한 측정에 불응하는 운전자에게 경찰공무원이 **혈액채취 측정방법 있음 고지하고 선택 여부 물어야 할 의무 없다.**
7. 음주감지기에서 음주반응 나왔다고 할지라도 바로 운전자가 술에 취한 상태에 있다고 인정할 만한 상당한 이유가 있다고 볼 수는 없다.
8. 음주로 인한 **특정범죄 가중처벌 등에 관한 법률 위반(위험운전치사상)죄**는 도로교통법 위반(음주운전)죄의 경우와는 달리 형식적으로 혈중알코올농도의 법정 최저기준치를 초과하였는지 여부와는 상관없이 운전자가 '음주의 영향으로 실제 정상적인 운전이 곤란한 상태'에 있어야만 하고, 그러한 상태에서 자동차를 운전하다가 사람을 상해 또는 사망에 이르게 한 행위를 처벌대상으로 하고 있는바, 이는 음주로 인한 특정범죄 가중처벌 등에 관한 법률 위반(위험운전치사상)죄는 업무상과실치사상죄의 일종으로 구성요건적 행위와 그 결과 발생 사이에 인과관계가 요구된다.
9. 술에 취한 사람이 자동차 안에서 잠 자다가 추위느껴 히터 가동 위하여 시동 걸었고, **실수로 제동장치 건드려 자동차가 움직였더라도 음주운전 아님**
10. 물로 입 안을 헹굴 기회 달라는 피고인 요구 무시한 채 호흡측정기로 측정한 혈중알코올 농도 수치가 0.05%로 나타난 사안 – 술에 취한 상태에서 운전하였다고 단정할 수 없다.
11. 피고인이 **운전 중 교통사고 내고 의식잃은 채 응급실로 호송되자, 출동한 경찰관이 영장 없이 의사로 하여금 채혈 하도록 한 사안**에서, 위 혈액 이용한 **혈중알콜농도에 관한 감정서 등의 증거능력 부정**
12. 음주측정 위하여 운전자 강제연행할 때 준수하여야 할 절차 위반한 경우 위법한 체포에 해당하므로 음주측정요구에 불응하더라도 음주측정거부죄로 처벌할 수 없고, **음주측정 과정에서 행하여진 공무집행방해도 처벌할 수 없다.**
13. 위법한 강제연행 상태에서 호흡측정 이루어진 후 강제연행 상태로부터 시간·장소적으로 단절되었다고 볼 수 없는 상황에서 피의자 요구에 의하여 이루어진 혈액채취 방법에 의한 음주측정은 피의자 요구에 의한 것이라 하더라도 **적법절차 위반상황이 해소된 객관적 상황에서 자발적으로 요구한 것이 아니므로 증거로 사용할 수 없다.**
14. 경찰공무원에게 위드마크 공식의 존재 및 나아가 호흡측정에 의한 혈중알코올농도가 처벌기준 수치에 미달하였더라도 위드마크 공식에 의한 역추산 방식에 의하여 운전 당시 혈중알코올농도 산출할 경우 **음주운전 처벌기준 수치 이상이 될 가능성이 있다는 취지를 운전자에게 미리 고지하여야 할 의무가 있다고 보기 어렵다.**
15. 여러 차례에 걸쳐 호흡측정기 빨대를 입에 물고 형식적으로 숨을 부는 시늉만 하였을 뿐 숨을 제대로 불지 아니하여 호흡측정기에 음주측정수치가 나타나지 아니하도록 한 피고인의 행위는 **음주측정불응의 죄에 해당**
16. 음주측정 결과에 불복하고 혈액채취 요구는 호흡측정결과 제시하며 확인 구하는 때로부터 상당 근접시간(30분) 한정되며 상당시간 경과 후 이의제기하면서 혈액채취 요구하는 것은 정당한 요구라 할 수 없다.
17. 음주운전을 하다가 교통사고를 야기한 후 그 형사처벌을 면하기 위하여 타인의 혈액을 자신의 혈액인 것처럼 교통사고 조사 경찰관에게 제출하여 감정하도록 한 경우, **위계에 의한 공무집행방해죄가 성립**
18. 경찰관이 술에 취한 상태에서 자동차 운전한 것으로 보이는 피고인을 보호조치 대상자로 보아 경찰서로 데려온 직후 음주측정요구하였는데 피고인이 불응하여 구 도로교통법상 음주측정불응죄로 기소된 사안에서, **위법한 보호조치 상태 이용하여 음주측정 요구가 이루어졌다는 등 특별 사정이 없는**

한 음주측정불응죄에 해당

19. 경찰공무원의 1차 측정에만 불응하였을 뿐 곧이어 이어진 2차 측정에 응한 경우와 같이 측정거부가 일시적인 것에 불과한 경우까지 측정불응행위가 있었다고 볼 것은 아니므로 운전자의 측정불응의사가 **'부는 시늉만 하는'** 소극적인 경우 일정 시간 계속적으로 반복되어 객관적으로 명백하다고 인정되는 때에 비로소 음주측정불응죄 성립

20. 음주운전에 대한 수사방법으로서의 혈액 채취에 의한 측정의 방법을 **운전자가 호흡측정 결과에 불복하는 경우에만 한정하여 허용한 것으로 볼 수 없다.**

21. 음주운전 시점과 혈중알코올농도의 측정 시점 사이에 시간 간격이 있고 그때가 혈중알코올농도의 상승기로 보이는 경우라 하더라도, 그러한 사정만으로 무조건 실제 운전 시점의 **혈중알코올농도가 처벌기준치를 초과한다는 점에 대한 증명이 불가능하다고 볼 수는 없다.**

22. 음주측정기에 의한 측정 전 단계에 실시되는 음주 감지기에 의한 시험을 요구하는 경우 그 시험결과에 따라 음주측정기에 의한 측정이 예정되어 있고, 운전자가 그러한 사정을 인식하였음에도 음주감지기에 의한 시험에 불응함으로써 음주측정 거부하겠다는 의사 표명한 것으로 볼 수 있다면, **음주감지기에 의한 시험 거부한 행위도 음주측정기에 의한 측정에 응할 의사가 없음을 객관적으로 명백하게 나타낸 것으로 볼 수 있다.**

23. 약물운전 위반죄는 약물 등 영향으로 인하여 **'정상적으로 운전하지 못할 우려가 있는 상태'**에서 운전하면 바로 성립하고, 현실적으로 '정상적으로 운전하지 못할 상태'에 이르러야만 하는 것은 아니다.

24. 음주운전 신고를 받고 출동한 경찰관이 **만취한 상태로 시동이 걸린 차량 운전석에 앉아있는 피고인을 발견하고 음주측정을 위해 하차를 요구함으로써**「도로교통법」제44조 제2항이 정한 **음주측정에 관한 직무에 착수하였다고 할 것이고**, 피고인이 차량을 운전하지 않았다고 다투자 경찰관이 지구대로 가서 차량 블랙박스를 확인하자고 한 것은 음주측정에 관한 직무 중 '운전' 여부 확인을 위한 임의동행 요구에 해당하고, 피고인이 차량에서 내리자마자 도주한 것을 임의동행 요구에 대한 거부로 보더라도, **경찰관이 음주측정에 관한 직무를 계속하기 위하여 피고인을 추격하여 도주를 제지한 것은** 앞서 본 바와 같이 도로교통법상 음주측정에 관한 일련의 직무집행 과정에서 이루어진 행위로써 **정당한 직무집행에 해당**한다.

(5) 난폭운전 금지

제46조의3(난폭운전금지) **자동차등(개인형 이동장치는 제외한다)**의 운전자는 다음 각 호 중 둘 이상의 행위를 연달아 하거나, 하나의 행위를 지속 또는 반복하여 다른 사람에게 위협 또는 위해를 가하거나 교통상의 위험을 발생하게 하여서는 아니 된다.
1. 신호 또는 지시 위반
2. 중앙선 침범
3. 속도의 위반
4. 횡단·유턴·후진 금지 위반
5. 안전거리 미확보, 진로변경 금지 위반, 급제동 금지 위반
6. 앞지르기 방법 또는 앞지르기의 방해금지 위반
7. 정당한 사유 없는 소음 발생
8. 고속도로에서의 앞지르기 방법 위반
9. 고속도로등에서의 횡단·유턴·후진 금지 위반

제4절 교통사고의 처리

1 교통사고 요소(「교통사고처리특례법」)

① 「교통사고처리특례법」상 '교통사고' – 차의 교통으로 인하여 사람을 사상하거나 물건을 손괴하는 것
② '차의 교통'은 차량을 운전하는 행위 및 그와 동일하게 평가할 수 있을 정도로 밀접하게 관련된 행위를 모두 포함하고 있다.
③ 화물차 주차하고 적재함에 적재된 토마토 상자 운반하던 중 적재된 상자 일부가 떨어지면서 지나가던 피해자에게 상해 입힌 경우 – 「교통사고처리특례법」에 정한 교통사고(X)

관련판례

1. 선행 교통사고와 후행 교통사고 중 어느 쪽이 원인이 되어 피해자가 사망에 이르게 되었는지 밝혀지지 않은 경우 후행 교통사고를 일으킨 사람의 과실과 피해자의 사망 사이에 인과관계가 인정되기 위해서는 **후행 교통사고를 일으킨 사람이 주의의무를 게을리하지 않았다면 피해자가 사망에 이르지 않았을 것이라는 사실이 증명**되어야 하고, 그 증명책임은 검사에게 있다.
2. 앞차를 뒤따라 진행하는 차량의 운전사로서는 앞차에 의하여 전방의 시야가 가리는 관계상 앞차의 어떠한 돌발적인 운전 또는 사고에 의하여서라도 자기 차량에 연쇄적인 사고가 일어나지 않도록 앞차와의 충분한 안전거리를 유지하고 진로 전방좌우를 잘 살펴 진로의 안전을 확인하면서 진행할 주의의무가 있다. **선행 차량에 이어 후행 피고인 운전차량이 피해자를 연속하여 역과하는 과정에서 피해자가 사망한 경우 피고인 운전 차량의 역과와 피해자의 사망 사이에는 인과관계가 있다.**
3. 피고인이 야간에 오토바이 운전하다 도로 무단횡단하던 피해자를 충격하여 피해자로 하여금 위 도로상에 전도케 하고, 그로부터 약 40초 내지 60초 후에 다른 사람이 운전하던 타이탄트럭이 도로위에 전도되어 있던 피해자를 역과하여 사망케 한 경우, 피고인이 전방좌우 주시 게을리한 과실로 피해자 충격하였고 나아가 이 사건 사고지점 부근 도로 상황에 비추어 야간에 피해자를 충격하여 위 도로로 넘어지게 한 후 40초 내지 60초 동안 그대로 있게 한다면 후속차량 운전사들이 조금만 전방주시 태만이 하여도 피해자를 역과할 수 있음이 당연히 예상되었던 경우라면 **피고인의 과실행위는 피해자 사망에 대한 직접적 원인을 이루는 것이어서 양자간에는 상당인과관계가 있다.**
4. 차량 운행 도중 브레이크 고장시에 사이드브레이크를 조작하지 않거나, 제한속도 넘어서 운전하였다는 것이 사고의 **직접 원인이 되지 아니한 때에는 사고에 대한 책임이 없다.**

2 교통사고발생시의 조치 및 신고(제54조)

(1) 사고발생시 조치의무

(2) 신고의무(법 제54조 제2항)

원칙	차 또는 노면전차 운전자 등은 경찰이 현장에 있는 때에는 경찰에게, 경찰이 현장에 없는 때는 가장 가까운 국가경찰관서(지구대·파출소 및 출장소 포함)에 일정한 사항을 지체없이 신고해야 한다.
신고의 예외	운행 중인 차만이 손괴된 것이 분명하고 도로에서 위험방지와 원활한 소통을 위하여 필요한 조치를 한 때는 신고의무 없다.

관련판례

1. 귀책사유 없는 사고차량 운전자도 도로교통법상 구호조치의무 및 신고의무가 있음
2. 교통사고로 인한 피해차량 물적 피해 경미하고, 파편이 도로상에 비산되지도 않았더라도, 가해차량이 즉시 정차하는 등 필요한 조치 취하지 아니한 채 도주한 경우 − 「도로교통법」 제54조 제1항 위반죄가 성립
3. 교통사고 일으킨 운전자에게 신고의무 부담시키고 있는 도로교통법 조문은 피해자 구호 및 교통질서 회복 위한 조치가 필요한 범위내에서 교통사고의 객관적 내용만 신고하도록 한 것으로 해석하고, 형사책임과 관련되는 사항에는 적용되지 아니하는 것으로 해석하는 한 헌법에 위반되지 아니한다.
4. 고속도로 2차로 따라 자동차운전하다 1차로 진행하던 A의 차량 앞에 급하게 끼어든 후 곧바로 정차하여, A차량 및 이를 뒤따르던 차량 두 대는 급정차 하였으나, 그 뒤를 따라오던 B의 차량이 앞의 차량들을 연쇄적으로 추돌케 하여 B를 사망에 이르게 하고 나머지 차량 운전자 등 피해자들에게 상해 입혔다면 일반교통방해치사상죄로 처벌

≫ 교통사고운전자의 책임 : 형사책임, 민사책임(손해배상), 행정책임(면허취소정지)

3 교통사고시 나타날 수 있는 현상

스키드마크	급제동시 바퀴가 구르지 않고 미끄러질 때 나타나며 좌우측 타이어의 흔적이 대체로 동등하게 나타나는 것이 특징	
가속 스카프	정지된 차량에서 기어가 들어가 있는 채로 엔진이 고속으로 회전하다가 클러치 페달을 갑자기 놓아 급가속이 될 때 순간적으로 발생(구동바퀴에만 발생)	
요마크	① 급핸들 조향으로 바퀴는 회전을 계속하면서 차축과 평행하게 옆으로 미끄러진 타이어 흔적으로 주로 빗살무늬 흔적의 형태 ② 안쪽바퀴 타이어에 비해 바깥쪽 타이어에 마찰열이 더 많이 발생하고 안쪽보다 진한 흔적을 남긴다.	
스크래치 (Scratch)	큰 압력 없이 미끄러진 금속물체에 의해 단단한 포장노면에 가볍게 불규칙적으로 좁게 나타나는 긁힌 자국	
노면패인흔적	차량의 프레임, 콘트롤 암 등 차량부품 중 노면에 가까운 차량하부의 강한 금속부분에 의해 지면이 파인 자국 − 칩(Chip), 찹(Chop), 그루브(Groove)	
	칩 (chip)	마치 호미로 노면을 판 것 같이 짧고 깊게 패인 가우지 마크로서 차량 간의 최대 접속 시 만들어진다.

4 「교통사고조사규칙」(경찰청훈령)

제14조(현장도면 작성) ① 교통조사관은 교통사고 현장도면을 작성할 때에는 사실 인정에 중요하다고 인정되는 부분은 정밀하게, 그렇지 않은 부분은 비교적 간단명료하게 작성한다.
④ 거리를 측정하거나 지점을 확정하는 경우에는 각각의 지점의 명칭을 붙여 특정지어야 한다.
⑦ 교통사고의 발생지점과 사고차량의 정차지점을 표시하는 때에는 사고발생 지점을 도면의 중앙에 배치하고 가해차량의 진행방향이 위로 향하도록 하여 이동지점을 점선으로 표시하고 정차지점은 실선으로 표시한다.

제20조의4(당사자 순위의 결정) 교통조사관은 다음 각 호의 기준에 따라 1건의 교통사고와 관련된 당사자의 순위를 결정한다.
1. 차대차 사고로서 당사자 간의 과실이 차이가 있는 경우 **과실이 중한 당사자**를 선순위로 지정
2. 차대차 사고로서 당사자 간의 과실이 동일한 경우 **피해가 경한 당사자**를 선순위로 지정
3. 차대사람 사고는 **운전자**를 선순위로 지정
4. 동승자가 있는 차대차 사고는 제1호부터 제3호에 따라 당사자의 순위를 정한 후 **선순위의 차에 동승한 자**를 다음 순위로, 후 순위의 차에 동승한 자를 그 다음 순위로 지정
5. 제1호부터 제4호 이외의 당사자는 그 다음 순위로 지정

〈교통 사고현장 측점〉
㉠ 사상자의 위치는 허리를 중심으로 **1점**을 측점한다.
㉡ 도로상 고정물체와의 사소한 충돌흔적, 가로수 및 수목 등에 생긴 자국은 **1점** 측점한다.
㉢ 직선으로 나타난 긴 타이어 자국은 **2점** 측점한다.
㉣ 길게 비벼지거나 파손된 가드레일은 **2점** 측점한다.
㉤ 직선으로 길게 나타나다가 마지막 부분이 휘어지거나 변형이 있는 타이어 자국은 **3점** 측점한다.

5 교통사고의 처리기준

교특법	① 업무상(중)과실치사상 (5년 이하 금고 또는 2천만원 이하 벌금)(3①)
도교법	① 업무상(중)과실손괴(물피)(151조) ※ 도로 외 물피는 도교법상 교통사고 아님 ② 물적피해 뺑소니(148, 54①) ③ 미신고(조치는 하였으나 미신고, 개인을 넘어 경찰관 조치필요 인정될 경우)(154, 54②)

특가법	① (자동차등) 인피 뺑소니(5조의3)
	② (자동차등) 위험운전 치사상(음주·약물 영향으로 정상적 운전 곤란한 상태)(5조의11)
	   ※ 사망(무기 또는 3년 이상 징역), 상해(1년↑ 15년↓ 또는 1천만↑ 3천만↓)
	③ (자동차등) 어린이보호구역내 어린이(13세 미만) 대상 인피사고 야기(5조의13)
	   ※ 사망(무기 또는 3년 이상 징역), 상해(1년↑ 15년↓ 또는 500만↑ 3천만↓)

(1) 「교통사고처리특례법」의 목적

> 이 법은 업무상과실 또는 중대한 과실로 교통사고를 일으킨 운전자에 관한 형사처벌 등의 특례를 정함으로써 교통사고로 인한 피해의 신속한 회복을 촉진하고 국민생활의 편익을 증진함을 목적으로 한다.

(2) 치사사고 – 5년 이하의 금고 또는 2천만원 이하의 벌금(「교통사고처리특례법」 제3조 제1항)

(3) 치상사고(업무상과실치상죄 – 반의사불벌죄 : 5년 이하의 금고 또는 2천만원 이하의 벌금)

1) 피해자와 합의에 따른 처리

처벌불원(합의) 시 불송치	**불송치(공소권없음) 결정**. 다만, 원인행위가 명확하면 통고처분 가능 ≫ 처벌불원의사표시 – 1심판결 선고 전까지
예외적 송치	① 피해자를 구호하는 등 조치 아니하고 도주하거나 피해자를 사고 장소로부터 옮겨 유기하고 도주한 경우 ② 음주측정불응 ③ **특례조항 12개 항목에 해당하는 행위**로 인하여 치상사고 일으킨 경우

참고 ● 12개의 예외 사유(치상사고의 경우 합의해도 처벌) (철길앞횡단어린이/신중무음속보/추추)

1. 신호·지시위반
2. **중앙선**을 침범하거나 고속도로등에서 횡단, 유턴 또는 후진한 경우
   ≫ 고속도로 또는 자동차전용도로가 아닌 일반도로를 후진하여 역주행한 과실로 도로를 횡단하던 피해자에게 상해를 입게 한 경우 – 중앙선침범(X), 고속도로 등 횡단유턴후진(X)
3. 제한속도를 시속 20킬로미터 초과하여 운전한 경우
4. 앞지르기의 방법·금지 위반한 경우
5. 철길건널목통과 방법위반
6. 횡단보도 보행자보호의무 위반
7. 무면허운전
   ≫ '운전면허를 받지 아니하고'라는 법률문언의 통상적 의미에 '운전면허를 받았으나 그 후 운전면허의 효력이 정지된 경우'가 당연히 포함된다 할 수 없다.
8. 음주약물운전 및 측정거부
9. 보도침범통행방법 위반
10. 승객추락방지의무위반
11. 어린이보호구역 안전운전 의무위반
12. 적재화물 추락사고

2) 치상사고를 일으킨 자가 종합보험에 가입된 경우의 특례

불송치 특례	교통사고 일으킨 차가 **종합보험 또는 공제에 가입된 경우**는 불송치(공소권없음) 결정
예외적 송치	① **피해자 구호하는 등 조치 아니하고 도주하거나 피해자를 사고 장소로부터 옮겨 유기하고 도주한 경우** ② **음주측정 요구에 따르지 아니한 경우** ③ **특례조항 12개 항목에 해당하는 행위로 인하여 치상사고 일으킨 경우** ④ 피해자가 **신체의 상해로 인하여 생명에 대한 위험이 발생하거나 불구가 되거나 불치 또는 난치의 질병이 생긴 경우**(중상해) ⑤ 보험계약 또는 공제계약이 무효로 되거나 해지되거나 계약상의 면책 규정 등으로 인하여 보험회사, 공제조합 또는 공제사업자의 보험금 또는 공제금 지급의무가 없어진 경우

(4) 교통사고 야기 후 도주사건(도로여부 불문)

인명피해사고 야기 후 도주	특정범죄가중처벌등에관한법률 제5조의3 적용
단순 물적 피해사고 야기후 도주 (주정된 차만 손괴한 것이 분명한 경우 제외)	「도로교통법」 제148조 적용 ≫ **주의** 주정차된 차만 손괴된 것이 분명한 경우 피해자에게 인적사항 제공하지 아니하면 20만원 이하의 벌금, 구류, 과료에 처할 수 있으며, 현재 범칙금 부과(승합자동차 13만원, 승용자동차 12만원, 이륜자동차 8만원)

6 교통사고 유형별 처리

(1) 신호·지시위반사고

> ① 교차로에서 적색등화가 켜진 상태에서 우회전하다 신호에 따라 진행하는 다른 차마와 교통사고 야기 – **신호위반(X)**
> ② 교차로 직전의 횡단보도에 따로 차량보조등이 설치되어 있지 아니한 경우, 교차로 차량신호등이 적색이고 횡단보도 보행등이 녹색인 상태에서 횡단보도를 지나 우회전 하다가 업무상과실치상 결과가 발생하면 **교통사고처리 특례법 '신호위반'에 해당**
> ③ 도로 정비작업이 마무리 되지 않아 정지선과 횡단보도가 없는 사거리 교차로의 신호등이 황색 등화로 바뀐 상태에서 교차로에 진입하였다가 상대 차량을 충격하여 상해입게 함과 동시에 상대차량 손괴한 경우, **교차로 진입 전 정지선과 횡단보도가 설치되어 있지 않았더라도 황색 등화 보고서도 교차로 직전에 정지하지 않았다면 신호 위반**
> ④ 회전교차로에 설치된 회전교차로 표지 및 유도표시에 표시된 화살표 방향과 반대로 진행하는 것이 「교통사고처리특례법」 제3조 제2항 단서 제1호에서 정한 '「도로교통법」 제5조에 따른 **통행 금지를 내용으로 하는 안전표지가 표시하는 지시를 위반하여 운전한 경우'에 해당**
> ⑤ 교차로 진입 직전에 백색실선이 설치되어 있으나 **교차로에서의 진로변경을 금지하는 내용의 안전표지가 개별적으로 설치되어 있지 않은 경우**, 자동차 운전자가 **교차로에서 진로변경을 시도하다가 야기한 교통사고**가 「교통사고처리특례법」 제3조 제2항 단서 제1호에서 정한 '「도로교통법」 제5조에 따른 통행금지를 내용으로 하는 안전표지가 표시하는 지시를 위반하여 운전한 경우'에 **해당하지 않는다.**

(2) 중앙선침범사고

> ① **부득이한 사정으로 중앙선을 침범한 경우 – 중앙선 침범사고(X)**
> ② 신호등이 설치되어 있지 않은 횡단보도로 실제 중앙선이 곧바로 있지 않다고 하더라도 횡단보도 제외한 도로에는 황색실선의 중앙선이 곧바로 이어져 설치되어 있기 때문에 좌회전이 금지된 장소인 점을 미루어 짐작할 수 있을 때 횡단보도 표시를 위하여 부득이 중앙선인 황색실선을 설치하지 못하였다고 하더라도 **중앙선 연장으로 보아 중앙선침범으로 처리**하는 것이 합리적이다.
> ③ 편도 1차로 도로에서 **정차한 버스 앞서가기 위하여 황색실선의 중앙선 넘어가는 행위는 중앙선침범에 해당**
> ④ **황색실선이나 황색점선으로** 된 중앙선이 설치된 도로의 어느 구역에서 **좌회전이나 유턴이 허용되어 중앙선이 백색 점선으로 표시되어 있는 경우**, 그 지점에서 안전표지에 따라 좌회전이나 유턴을 하기 위하여 중앙선 넘어 운행하다가 반대편 차로를 운행하는 차량과 충돌하는 교통사고를 낸 것은 **중앙선침범에 해당하지 않는다.**

(3) 횡단보도 보행자보호의무 위반사고

① 보행신호등 녹색등화가 점멸하고 있는 동안에 횡단보도를 통행하는 모든 보행자는 횡단보도에서의 보행자보호의무 대상 O
② 운전자가 보행자 보호의무 위반하여 운전하다가 **횡단보도 보행자가 아닌 제 3자를 다치게 한 경우**, 횡단보도 보행자에 대한 운전자의 업무상 주의의무 위반행위와 상해의 결과 사이에 **직접적인 원인관계가 존재하는 한 보행자 보호의무 위반에 해당**
③ 피해자가 보행신호등의 **녹색등화 점멸되고 있는 상태에서 횡단보도 횡단 시작하여 횡단 완료하기 전에 보행신호등이 적색등화로 변경된 후** 차량신호등의 녹색등화에 따라서 직진하던 피고인 운전차량에 충격된 경우 – 보행자보호 의무 위반(X)
④ 모든 차 운전자는 신호기 지시에 따라 횡단보도 횡단하는 보행자 있을 때는 횡단보도에의 진입 선후 불문하고 일시정지하는 등 조치를 취함으로써 보행자 통행이 방해되지 아니하도록 하여야 한다. 다만 자동차가 횡단보도에 먼저 진입한 경우로서 그대로 진행하더라도 보행자 횡단 방해하거나 통행에 아무런 위험 초래하지 아니할 상황이라면 그대로 진행할 수 있다.
⑤ 자동차의 운전자는 횡단보행자용 신호기의 지시에 따라 횡단보도를 횡단하는 보행자가 있을 때에는 횡단보도에의 진입 선후를 불문하고 일시정지하는 등의 조치를 취함으로써 보행자의 통행이 방해되지 않도록 하여야 하고, 다만 자동차가 횡단보도에 먼저 진입한 경우로서 그대로 진행하더라도 보행자의 횡단을 방해하지 않거나 통행에 위험을 초래하지 않을 상황이라면 그대로 진행할 수 있는 것으로 해석된다. 이러한 법리는 그 보호의 정도를 달리 볼 이유가 없는 횡단보행자용 신호기가 설치되지 않은 횡단보도를 횡단하는 보행자에 대하여도 마찬가지로 적용된다고 보아야 한다. 따라서 모든 차의 운전자는 **보행자보다 먼저 횡단보행자용 신호기가 설치되지 않은 횡단보도에 진입한 경우에도**, 보행자의 횡단을 방해하지 않거나 통행에 위험을 초래하지 않을 상황이 아니고서는, **차를 일시정지하는 등으로 보행자의 통행이 방해되지 않도록 할 의무가 있다.** (대판 2020도8675)

(4) 뺑소니사고 (「특정범죄 가중처벌 등에 관한 법률」 제5조의3)

조문	자동차등의 교통으로 인하여 **업무상과실·중과실치사상죄** 범한 운전자가 「도로교통법」 제54조 제1항에 따른 조치 하지 아니하고 도주한 경우
내용	① 자동차·원동기장치자전거 운전, 인피사고만 해당(물피뺑소니는 도교법) ② 도로에서의 사고에 한정되지 않음(도로외사고 포함)

관련판례

1. 특정범죄가중처벌 등에 관한 법률은 **도로에서 사고에 한정 (X)**
2. 피해자가 **2주간 치료 요하는 경미한 상해** 입었다는 사정만으로 사고 당시 피해자를 **구호할 필요가 없었다고 단정하기 곤란하다.**
3. 교통사고를 야기한 운전자가 피해자를 병원에 후송한 후 신원을 밝히지 아니한 채 도주한 경우
   – 특정범죄가중처벌등에관한법률 '도주'
4. 사고 야기자가 피해자를 병원에 후송하기는 하였으나 **조사 경찰관에게 사고사실 부인하고 목격자라고 하면서 참고인 조사 받고 귀가한 경우** – 특정범죄가중처벌등에관한법률 '도주'
5. 사고 운전자가 교통사고 현장에서 **동승자로 하여금 사고차량의 운전자라고 허위 신고하도록 하였더라도** 사고직후 사고장소를 이탈하지 아니한 채 보험회사에 사고접수를 하고, 경찰관에게 위 차량이 가해차량임을 밝히며 **경찰관 요구에 따라 동승자와 함께 조사를 받은 후 이틀 후 자진하여 경찰에 출두하여 자수**한 경우 – 특정범죄가중처벌등에관한법률 '도주'(X)
6. 만취 운전자가 교통사고 직후 취중상태에서 사고현장으로부터 수십 미터까지 혼자 걸어가다 수색자에 의해 현장으로 붙잡혀 온 경우 – 특정범죄가중처벌등에관한법률 '도주'
7. 동승자가 교통사고 후 운전자와 공모하여 도주행위에 가담한 경우 – 특정범죄 가중처벌 등에 관한 법률 위반(도주차량)죄의 공동정범(X)
8. 교회 주차장에서 사고차량 운전자가 사고차량의 운행 중 피해자에게 상해를 입히고도 구호조치 없이 도주한 행위 – 특정범죄가중처벌등에관한법률 '도주'
9. 사고 운전자가 피해자에 대한 구호조치의 필요성을 인식하고 부근의 택시 기사에게 피해자를 병원으로 이송하여 줄 것을 요청하였으나 경찰관이 온 후 병원으로 가겠다는 피해자의 거부로 피해자가 병원으로 이송되지 아니한 사이에 피해자의 병원이송 및 경찰관의 사고현장 도착 이전에 사고 운전자가 사고현장을 이탈한 경우, 운전자가 사고현장을 이탈하기 전에 피해자의 동승자에게 자신의 신원을 알 수 있는 자료를 제공 – 특정범죄가중처벌등에관한법률 '도주'

(5) 위험운전 치사상죄(「특정범죄 가중처벌 등에 관한 법률」 제5조의11)

법규정	**음주 또는 약물의 영향으로 정상적인 운전이 곤란한 상태**에서 자동차등을 운전하여 사람을 상해에 이르게 한 사람은 1년 이상 15년 이하 징역 또는 1천만원 이상 3천만원 이하 벌금, 사망에 이르게 한 사람은 무기 또는 3년 이상 징역 ※ **"정상적인 운전이 곤란한 상태"**는 실무상 혈중알코올농도 0.1%를 넘어서는 경우 적용하고 있긴하나, 정상적인 운전이 곤란한 상태에 대하여 **단순히 혈중알코올농도 수치 뿐만 아니라**(측정거부 포함) 사고전후의 운전행태, 사고상황, 운전자의 행동, 교통사고현장의 도로상황 나아가 음주량, 경과시간 등을 **종합적으로 고려하여 적용함이 바람직하다.**
주의	① 대상 – 자동차등 ② 음주에는 측정거부도 포함 ③ 음주로 인한 특정범죄가중처벌등에 관한 법률위반(위험운전치사상)죄와 도로교통법 위반(음주운전)죄 – 실체적 경합

(6) 어린이 보호구역에서 어린이 치사상의 가중처벌(「특정범죄 가중처벌 등에 관한 법률」 제5조의13)

법규정	자동차등의 운전자가 **어린이 보호구역에서 어린이의 안전에 유의하면서 운전하여야 할 의무를 위반**하여 어린이(13세 미만인 사람)에게 「교통사고처리 특례법」 제3조 제1항 죄를 범한 경우에는 다음에 따라 가중처벌 1. **어린이를 사망에 이르게 한 경우** – 무기 또는 3년 이상 징역 2. **어린이를 상해에 이르게 한 경우** – 1년 이상 15년 이하 징역 또는 500만원 이상 3천만원 이하 벌금
주의	①「도로교통법」상 '어린이',「교통사고처리특례법」상 '어린이'「특정범죄 가중처벌 등에 관한 법률」상 '어린이' – 13세 미만 ② 어린이 보호구역내 어린이 인적피해 발생 교통사고의 경우 어린이의 안전에 유의하면서 운전하여야 할 의무 위반하였다면 「특정범죄 가중처벌 등에 관한 법률」이 「교통사고처리특례법」보다 우선적용

(7) 기타 교통사고 판례

① 통고처분을 받게 된 범칙행위와 교통사고처리특례법위반죄는 그 행위의 성격 및 내용이나 죄질, 피해법익 등에 현저한 차이가 있어 동일성이 인정되지 않는 별개의 범죄행위라고 보아야 할 것이므로, 통고처분을 받아 **범칙금을 납부하였다고 하더라도 업무상과실치상죄로 처벌하는 것**이 이중처벌에 해당한다고 볼 수 없다.
② **이 사건 자전거운전자의 보험(일상생활보험)**은 보상한도금액이 1억원에 불과하여, 1억원을 초과하는 손해가 발생한 경우에는 피해자로서는 피고인이 가입한 보험에 의하여 보상을 받을 수 없으므로, 이러한 형태의 보험은 피보험자의 교통사고로 인한 **손해배상금의 전액보상을 요건으**로 하는 교통사고처리특례법상 보험등에 해당한다고 볼 수 없고, 공소를 제기할 수 있다.
③ 자동차 운전자가 고속도로 또는 자동차전용도로가 아닌 **일반도로의 중앙선 우측차로 내에서 후진하는 행위**는 교통사고처리특례법 제3조 제2항 단서 제2호의 규정을 위반한 것으로 볼 수 없다.(12개항목 위반 아님)

7 신뢰의 원칙

(1) 고속도로에서의 주의의무

> 특별한 사정이 없는 한 고속도로를 운전하는 자동차 운전자에게는 고속도로상에서 도로를 횡단하는 보행인 등 장애물이 나타날 것을 예견하여 제한속도 이하로 감속 서행할 주의의무가 없다.

(2) 반대 차로 차량에 대한 주의의무

> 운전자에게는 특별한 사정이 있는 경우 외에는 반대 차로 운행하는 차가 갑자기 중앙선 넘어올 것까지 예견하여 감속하는 등 미리 충돌방지 태세를 갖추어 운전하여야 할 주의의무가 없다.

(3) 기타

① 편도 5차선 도로 1차로를 신호에 따라 진행하던 자동차 운전자에게 도로의 오른쪽에 연결된 소방도로에서 오토바이가 나와 맞은편 쪽으로 가기 위해 편도 5차로 도로를 대각선 방향으로 가로질러 진행하는 경우까지 예상하여 진행할 주의의무는 없다.
② 무단횡단하던 보행자가 중앙선 부근에 서 있다가 마주 오던 차에 충격당하여 자신이 운전하던 택시 앞으로 쓰러지는 것을 피하지 못하고 역과시킨 경우 업무상 과실이 없다고 볼 수는 없다.
③ 빗물로 노면이 미끄러운 고속도로에서 진행전방 차량이 빗길에 미끄러져 비정상적으로 움직이고 있다면 후방 진행 차량 운전자로서는 속도 줄이고 안전거리 확보할 주의의무 있다.
④ 운전자가 차 세워 시동 끄고 1단 기어 들어가 있는 상태에서 시동열쇠 끼워놓은 채 11세 남짓한 어린이를 조수석에 남겨두고 차에서 내려온 동안 어린이가 시동열쇠 돌리며 악셀러레이터 페달 밟아 차량이 진행하여 사고 발생한 경우, 운전자로서는 사고 미리 막을 수 있는 제반조치를 취할 업무상 주의의무 있다.
⑤ 차량 운전자로서는 횡단보도 신호가 적색인 상태에서 반대차선상에 정지하여 있는 차량 뒤로 보행자가 건너오지 않을 것이라 신뢰하는 것이 당연하고 그렇지 아니할 사태까지 예상하여 그에 대한 주의의무 다하여야 한다고는 할 수 없다.
⑥ 앞지르기 금지장소에서는 선행차량이 진로 양보하였다 하더라도 앞지르기 할 수 없다.
⑦ 공사관계로 3m 정도 협소 도로 진행하는 차는 후방차량이 추월하리라 예견하여 후방주시할 의무 없다.
⑧ 야간에 편도 2차로의 굽은 도로상의 미등과 차폭등을 켜지 않은 채 화물차를 주차해 놓음으로써 정상 주행하던 오토바이가 추돌하여 그 운전자가 사망한 경우, 그 곳이 주차가 금지된 장소가 아니라고 하더라도 주차해 놓은 화물차 운전자가 무죄라고는 할 수 없다.

참고 정지거리

1. 정지거리 = 공주거리 + 제동거리
2. 공주거리 : 운전자가 운전 중에 위험을 감지하고 실제로 제동페달을 밟아 제동효과가 나타날 때까지 주행한 거리
3. 제동거리 : 제동효과가 발생한 때부터 정지할 때까지 주행한 거리
4. 안전거리는 정지거리보다 긴 거리

⊕ 착한운전마일리지

① 무위반·무사고 서약을 하여야 한다.
② 1년간 무위반·무사고 서약을 실천하여야 한다.
③ 1년을 기준으로 10점의 특혜점수를 부여한다.
④ 부여된 10점의 특혜점수는 기간과 관계없이 운전자가 정지처분을 받게 될 경우 누산점수에서 공제

CHAPTER 05 정보경찰

제1절 정보일반

1 의의

(1) 정보의 질적요건(정보의 가치에 대한 평가기준)

적실성	정보가 **당면한 현안문제와 관련, 정보사용자의 사용목적과 관련**
정확성	정보가 **사실과 일치**(칭기즈칸은 전쟁 전 선발된 간첩을 상인으로 변장시켜 주변 각지의 부족에 침투시켜 첩보를 수집하였으며, 입수된 첩보를 여러 경로로 확인)
적시성	정보는 **정보사용자의 의사결정에 필요한 시기**에 제공(나폴레옹이 1821년 5월 세인트헬레나 유배지에서 사망하였는데, 그 소식이 파리에 전달된 것은 한 달이나 지난 6월이었다. 그동안 정적들은 불안한 가운데 하루하루를 보냈고 프랑스의 국가안보가 위태로웠다)
완전성	**정보는 정책결정에 필요하고 가능한 모든 내용 망라.** 정보해석하거나 의사결정 하는 데 있어서 추가적인 정보가 필요하지 않을 만큼 충분한 상태(보고서는 사용자가 궁금한 사항이 없도록 6하 원칙에 의거하여 충실히 작성)
객관성	**생산자나 사용자 의도에 따라 주관적으로 왜곡되면 선호정책 합리화 도구로 전락**(임진왜란 직전 전쟁발발 여부 탐지 위해 일본에 파견된 황윤길과 김성일은 전혀 상반된 내용 보고. 김성일은 전쟁이 일어난다고 보고하면 온 나라가 놀랄 것이라고 예단, 전쟁 일어나지 않을 것이라고 보고)

» 영국 의회는 '총리실이 이라크 전쟁 방침을 합리화하기 위해 개전 시 이라크가 45시간 내에 대량살상무기를 사용할 것이라고 정보보고서를 조작하였다.'고 주장 → 총리실은 이에 대해 '대량살상무기는 발견되지 않았으나 조작은 없었다.'고 밝혔다. : 객관성과 정확성 문제 야기

» 미국 국무장관 역임했던 콜린 파월이 '필요한 정보량이 40~70% 안에 들면 일을 지체하지 않고 배짱 있게 추진한다.'는 원칙을 지켜왔다고 한다. – 정보의 적시성과 완전성의 상관관계

(2) 정보의 효용

형식 효용	① 정보는 정보사용자 요구에 맞는 형식(형태)에 부합할 때 형식효용↑ ② **정보사용자 수준에 따라 보고형태 결정(최고정책결정자에 대한 보고서는 '1면주의 원칙' 요구)**
시간 효용	① 정보는 정보사용자가 필요하는 시점에 제공될 때 시간효용↑ ② 정보사용자의 명시적 요구 없더라도 정보생산자가 스스로 판단하여 정보사용자에게 가장 적절한 시간에 필요한 정보 제공
접근 효용	① 정보는 정보사용자가 쉽게 접근할 수 있어야 한다(**경찰청 정보기록실** 운영). ② 통제효용과 접근효용 조화필요. 따라서 통제효용을 저해하지 않는 범위 내에서 정보자료들의 접근성 높이는 방향으로 효율적으로 관리 ③ **정보의 분류·기록·관리와 가장 관련 깊은 정보 효용**
소유 효용	① 정보는 상대적으로 많이 소유할수록 집적 효과 발휘 ② **'정보는 국력이다'**
통제 효용	① **정보는 정보를 필요로 하는 사람들에게 필요한 만큼 제공되도록 통제** ② 정보통제는 국익과 안보를 위해, 정책판단과 정책결정의 비밀성을 유지하기 위해 필요

(3) 정보의 분류

1) 사용수준에 따른 분류 : 전략정보, 전술정보

2) 분석형태에 따른 분류

기본정보 (과거)	모든 사상(事象)의 정적(靜的)인 상태를 기술한 정보로서, 과거의 사례에 대한 기본적·서술적 또는 일반 자료적 유형의 정보
현용정보 (현재)	① 모든 사상의 동태를 현재의 시점에서 객관적으로 기술한 정보로 의사결정자에게 그때 그때의 동향으로 알리기 위한 정보 ② 외교정책이나 국가안보정책을 담당하는 정책결정자들이 현실적으로 전개되는 상황을 다루어야 하기 때문에 일반적으로 대부분의 국가정보기관은 현용정보 생산에 역점을 둔다. ③ 실시간 보고되는 경찰의 정보상황보고(속보)는 첩보에 가깝지만, 경찰서 → 시·도경찰청 → 경찰청을 거치면서 어느 정도 분석·평가과정을 거치게 된다. 성질상 현용정보에 해당한다고 볼 수 있다. ④ 현용정보는 적시성이 생명이지만 보안성도 동시에 중시되어야 한다.
판단정보 (기획정보) (미래)	① **과거와 현재를 바탕으로 하여 미래에 있을 어떤 상태를 추리·평가한 정보** ② 어떤 사실 또는 사상에 대한 장래를 예고하고 **책임있는 사용자에게 분석자료를 제공하는 것이 주 목적** ③ 종합적인 분석과 과학적 추론을 필요로 하므로 분석형태에 따른 분류에 있어서 가장 정선된 형태의 정보

3) 사용목적에 따른 정보의 분류

적극정보		① 국가의 경찰기능에 필요한 정보 이외의 모든 정보 ② 국가이익을 증대하기 위한 정책의 입안과 계획수립 및 정책계획의 수행에 있어서 필요한 정보(정치, 경제, 군사, 과학 및 복지행정에 필요한 정보 등)
보안정보 (소극정보, 방첩정보)	의의	① 국가의 경찰기능의 기초가 되는 위한 정보 ② 국가의 안전보장을 위태롭게 하는 간첩활동·태업 및 전복에 대비할 국가적 취약점의 분석과 판단에 관한 정보
	예	① **자국민 또는 자국내 거주하는 외국인의 국내법위반 범죄행위정보** ② **간첩·기타 비밀활동자의 색출을 위한 정보** ③ **산업스파이에 대한 대응을 위한 정보** ④ **밀입국자·밀수업자·마약거래자의 예방과 적발을 위한 정보**

4) 수집활동에 따른 분류

인간정보 (HUMINT)		① 인적수단을 사용하여 수집하는 정보 ② **최첨단 정보수집 장비가 등장하는 현대에도 인간에 의해서가 아니면 수집할 수 없는 정보가 있으며, 인간정보는 첩보수집에 있어서 매우 중요**(기만정보·역이용정보 위험성 있음)
기술정보 (TECHINT)	영상정보 (IMINT)	항공촬영으로 수집한 정보, **인공위성으로 수집한 영상정보**, 레이더로 수집한 시각적 정보 등을 분석하여 얻어지는 정보
	신호정보 (SIGINT)	상대방으로부터 전파 및 전자적 신호를 탐지하고 수집하여 얻은 정보(인간의 음성, 모스부호, 전화회선, 이메일 등, **레이더 신호**, 적외선의 방사현상, 방사능 물질의 방사현상 등)

≫ 국내에서 기술정보를 수집하기 위해서는 원칙적으로 법원의 통제를 받아야 한다.

(5) 출처에 따른 분류

① 근본출처와 부차적 출처 : 입수단계에 따른 분류

근본출처 (직접정보)	첩보가 존재하는 근원에서 중간기관의 변형없이 그대로의 첩보를 제공받는 출처
부차적 출처 (간접정보)	㉠ 근본출처에서 입수된 첩보가 정보작성기관에 의하여 부분적으로 평가·요약·변형된 것을 제공받는 출처 ㉡ **간접정보는 직접정보에 비해 출처의 신뢰성과 내용의 정확성이 낮게 평가될 수 있음**

② 공개출처와 비밀출처 : 공개여부에 따른 분류(비밀보호 정도에 따른 분류)

공개출처	㉠ 특별한 보호조치가 요구되지 않아 일상적인 방법으로 첩보를 수집하는 출처 ㉡ **공개출처에서 얻은 모든 첩보가 비밀출처에서 얻은 첩보보다 가치가 떨어지는 것 아님** ㉢ 미국의 정보전문가 랜슨(Ranson)은 오늘날 각국 정보기관이 획득하는 정보의 80% 이상이 공개출처로부터 입수되고 있다고 주장 ※ 스틸(R. Steele) : "학생이 갈 수 있는 곳에 스파이를 보내지 말라" ㉣ 검거된 고정간첩의 정보수집이 주로 국내 언론기사의 분석을 통해 이루어졌다.
비밀출처	외부에 노출되면 출처로서 기능 상실하게 되는 것은 물론이고 출처의 입장이 난처해질 우려 있기 때문에 강력히 보호받아야 하는 출처(**국가정보기관과 부문정보기관에서 정보수집과 생산 등에 종사하는 정보관, 정보관이 비밀리에 관리하는 공작원이나 협조자, 귀순자 등은 물론 외교관, 주재관 등**)

③ 정기출처와 우연출처 : 주기성 여부에 따른 분류

6) 정보요소에 의한 분류 : 정치정보, 경제정보, 사회정보, 군사정보, 과학정보, 산업정보

2 정보의 순환

(1) 정보순환의 의의

정보의 순환과정에서 각 단계의 순서가 바뀔 수도 있고 여러 단계가 동시에 이루어질 수도 있다. 즉, 정보요구에 의해 곧바로 정보분석 단계로 가기도 하고 정보분석 과정에서 첩보수집을 요청하는 경우도 있어 단순히 순서대로만 이루어지지는 않는다는 의미이다.

(2) 정보의 순환과정

1) 정보요구단계(제1단계)

① 정보사용자가 필요에 따라 첩보수집활동을 집중 지시하는 단계(정보순환과정중 최초의 단계, 정보활동의 기초단계)

② 정보요구의 소순환과정 : 기본요소결정 → 첩보수집계획서 작성 → **명령하달** → 수집활동에 대한 조정·감독 (기계명조)

③ 정보요구의 방법(수준)

PNIO (국가정보목표 우선순위)		'국가안전보장이나 정책에 관련되는 **국가정보목표의 우선순위**'로서 정부에서 기획된 연간 기본정책을 수행함에 있어 필요로 하는 자료를 목표로 하여 선정된다.
EEI (첩보의 기본요소)	의의	'**각 정보기관별 정보활동을 위한 일반 지침**'으로서 정보기관이 우선적으로 수집해야 할 주요 첩보요소라 할 수 있다.
	특징	㉠ 해당 정보기관 또는 정보부서의 정보활동 위한 일반지침 ㉡ 광범위한 **지역**에 걸쳐 수집되어야 할 항시적 요구사항, **계속적·반복적**으로 수집되어야 할 사항들을 요구하는 방법 ㉢ 정보관들은 EEI에 따라 **일상적**으로 정보활동을 수행 ㉣ 사전에 **첩보수집계획서 작성**
SRI (특정첩보요구)	의의	EEI와 같이 일상적으로 첩보수집 요구하는 일반적 기준이 아니라, 정보사용자가 필요 시 '**특정 사안에 대해 단기적 필요에 따라 특별히 요구하는 구체적이고 단발적인 첩보 요구**'를 말한다.
	특징	㉠ **임시적, 돌발적이며 단기적 문제해결**을 위한 첩보요구 ㉡ **수시로 단편적 사항**에 대하여 요구되는 것이 원칙 ㉢ 사전 첩보수집계획서는 불필요 ㉣ 정보사용자들은 필요시 수시로 SRI를 활용하여 정보요구
OIR (기타 정보요구)	의의	PNIO에 누락된 주요 정보 목표로서 **정보상황의 변화에 따라 불가피하게 수정이 필요**하거나 이를 위한 정보가 절실히 요구될 때 **PNIO에 우선**하여 이를 충족시키기 위한 정보요구를 말한다.
	특징	일시적이라는 특징은 SRI와 비슷하지만 **SRI에 비해서는 광범위하고 장기적인 정보요구**

2) 첩보수집단계(제2단계)

① 의의

> ㉠ 첩보수집기관이 출처를 개척하고 수요첩보를 입수하여 이를 정보작성기관에 전달하는 과정
> ㉡ **가장 중요하고도 어려운 단계**

② 첩보수집의 소순환과정

첩보출처의 개척 → 첩보의 수집 → 첩보의 전달 (개수전)

③ 첩보의 출처결정시 고려사항

> ㉠ 신빙성 – 어떤 출처가 더 신빙성 있는지 고려
> ㉡ 접근성 또는 개척가능성 – 주어진 시간 내에 해당 출처개척하여 출처로써 활용할 수 있는지 여부검토
> ㉢ 신속성 및 경제성 – 가장 신속하고 경제적으로 정보입수할 수 있는 출처가 어딘지 선별. **신빙성 있는 공개출처가 존재하면 일반적으로 비용 많이 들고 시간소요되는 비밀출처 대신하여 이를 선택할 필요성 있음**
> ㉣ 출처의 신빙성, 접근성, 경제성 등을 감안하되 이를 근거로 단 하나의 출처에 집착하는 것은 바람직하지 않다.

④ 이중성, 가외성(加外性) 또는 이중출처 개척의 원칙

출처로부터 획득한 첩보내용의 신뢰성 검토 위해서는 비교대상이 필요. 비교평가 위해 둘 이상 출처개척하고 이들 출처로부터 얻어진 첩보들을 대상으로 상호 검증과정을 거쳐야 한다.

3) 정보분석 및 생산단계(제3단계)

① 의의

> 수집된 첩보가 정보생산기관에 전달되어 정보사용자의 요구에 맞도록 평가·분석·종합·해석의 과정을 거쳐 정보보고서를 작성하는 과정

② 정보생산의 소순환과정

> 선택 → 기록 → 평가 → 분석 → 종합 → 해석 (선기/평분종해)
> ≫ 첩보의 선택단계와 첩보의 기록을 합하여 '첩보의 분류 및 기록'으로 사용하는 경우도 있음

첩보의 분류 및 기록	수집된 첩보 가운데 분석의 대상을 확정하고 이를 기록하는 등의 정보관리를 행하는 단계
첩보의 평가	㉠ 기능(요소), 지역 등 기준에 따라 분류된 첩보에 대해 신뢰성, 가치 등을 1차적으로 검토하는 단계로 첩보내용과 실제 사실과의 차이, 첩보의 정확성, 적합성 등을 검토 ㉡ **출처의 신빙성(source reliability)에 대한 평가** – 첩보를 획득한 인물, 기관 또는 기타의 공개출처나 비밀출처 등을 해당 첩보의 원천으로 믿고 사용할 수 있는 성질 ㉢ **첩보내용의 신뢰성(contents credibility)에 대한 평가** – 획득된 첩보의 내용을 대상으로 하는 개념으로 첩보내용의 신뢰성은 첩보의 내용이 사실과 일치하는 성질
첩보의 분석	평가단계에서 정선된 첩보를 가지고 정보요구를 해결하기 위한 가설들을 논리적으로 검증
첩보의 종합	부여된 주제에 대한 정보를 생산하기 위하여 동류의 것끼리 분류된 사실을 하나의 통일체로 결합
첩보의 해석	평가·분석·종합된 새 정보에 대하여 그 의미와 중요성을 결정하고 건전한 결론을 도출하여 결론정보를 생산

> 참고 ▶ **분류**

1. 의의 : 수집된 첩보 가운데 분석대상을 확정하고 이를 기록하는 등의 정보관리를 행하는 단계
2. 분석대상을 분류하는 방법

개념적 분류		분석대상 첩보가 다음의 추상적인 개념들 가운데 어느 개념에 가장 부합 하느냐에 따른 분류
	주지의 사실	공개출처로부터 수집될 수 있고 원칙적으로 최소한 실제 확실한 것으로 평가될 수 있는 첩보
	비밀	정보를 소유한 주체가 해당 사실이 알려지지 않도록 하는 조치들을 취하고 있는 경우
	역정보	**의도적으로 정보분석가를 대상으로 은폐, 기망 또는 오도하기 위한 정보**
	난제	**정보분석이나 비밀수집 통해 해결할 수 없는 문제 또는 현안**
기능적 분류		정치, 군사, 경제, 사회, 문화, 그리고 과학기술 등의 정보분석의 대상에 따른 분류
지역적 분류		정보분석대상이 지역에 따라 나누어지는 것

> 참고 ▶ **정보의 분석방법**

자료 위주의 분석방법		① 자료 위주의 분석방법은 **분석보다는 수집에 우선순위를 두는 형태** ② 수집 가능한 첩보 양이 많다고 해서 자료 위주의 분석방법이 반드시 장점 발휘하는 것은 아님 – 분석비용 많이 소요되고 첩보내용 간 상충 우려
개념 위주의 분석방법	상황논리	① 분석대상이 되는 현안을 중심으로 상황이 논리적으로 어떠한 방향으로 전개될 것인지에 대한 결론 도출 ② 분석대상 현안을 구성하는 구체적 사실과 관련된 특수성·이해관계 등을 우선적으로 고려
	이론 적용	현안과 관련된 보편적인 이론들 검토하여 가장 적합한 이론에서 제시하는 결론에 충실한 전망을 내놓는 방법(학생운동을 주도하는 계파가 주장하는 이론적 배경을 우선적으로 검토)
	역사적 상황과의 비교	① 현재의 분석대상을 과거의 사례들과 비교하여 결론을 도출하는 방법 ② 상황 논리에 의한 분석이나 이론 적용을 통한 분석이 여의치 않을 때 사용 ③ **가장 간편하고 용이하며 분석시간 줄일 수 있는 방법** ④ 과거의 사례가 현재 분석을 필요로 하는 현안과 정말 유사한 것인지를 판단하기 곤란하다는 단점

4) 정보배포단계(제4단계)

① 의의

정보수요자에게 적절히 전달되지 않을 경우 정보 가치가 상실될 수 있으므로 정보의 수집, 분석만큼 정보의 배포 역시 중요

② 정보배포의 원칙

적시성	㉠ 작성된 정보가 아무리 정확하고 안전하며 중요한 정보라 할지라도 적시에 필요로 하는 대상에게 배포 ㉡ **정보는 먼저 생산되었다고 우선적으로 배포되는 것은 아니며**, 정보의 배포순위는 정보의 중요성과 긴급성에 따라 결정
보안성	작성된 정보연구 및 판단이 누설됨으로써 초래될 결과 예방위해 보안대책 강구
계속성	정보가 필요한 기관에 배포되었다면 **주제와 관련된 새로운 정보는 그 기관에 계속 배포**

참고 ▶ 정보배포단계 중 보안조치

정보의 분류조치	• 주요문서와 같은 정보들을 여러 등급으로 분류하여 각각의 관리방법과 열람자격 등을 규정함으로써 정보의 유출을 막는 조치 • 문서에 비밀표시하거나 관련 정보나 문서를 열람하는 자격제한 등의 조치
인사보안조치	• 민감한 정보 취급 가능성 있는 공무원 채용·관리에 있어서 해당 정보들이 공무원에 의해 유출될 가능성 차단 • 정보배포 담당 공무원 채용과 임명 과정에서 보안심사 또는 보안서약, 보안교육 등 조치
물리적보안조치	보호가치 있는 정보 보관하는 보호지역 지정·관리하고 보안조치 실시
통신보안조치	정보배포수단으로 전선과 전파, 컴퓨터 네트워크를 이용할 경우 정보 유출 방지위한 보안조치는 필수

≫ 정보내용이 누설되지 않았더라도 그러한 정보가 수집되거나 배포되었다는 사실 자체가 외부로 알려질 경우에도 정보기관이나 정보부서 신뢰가 실추될 수 있으므로 보안에 특히 유의

③ 정보배포의 수단

브리핑	㉠ 정보사용자 개인 또는 다수에 대하여 정보담당관이 **정보내용을 요약하여 구두로 설명** ㉡ 통상 강연식이나 문답식으로 진행되는데 시간을 절약할 수 있어 현용정보 배포수단으로 많이 이용 ㉢ 긴급 요하는 경우에 주로 사용, 서면에 비해 완전성이나 책임성은 떨어지지만 보안성이나 신속성 있음 ㉣ 치밀한 사전준비와 구술능력을 요구하며 시각적 보조자료를 적절히 활용하는 것이 효과적
메모	㉠ **정보분석관이 가장 많이 활용** ㉡ 정기간행물에 포함시키는 것이 적절하지 못한 긴급한 정보, 즉 현용정보를 전달하는데 주로 사용되며 **신속성이 중요** ㉢ 구두보고와 서면보고의 중간형태로 볼 수 있는 배포 방법은 메모 보고이다. ㉣ 분석된 내용에 대한 요약이나 결론만 언급하기 때문에 **정확성은 다른 수단에 비해 낮음**
일일정보 보고서	㉠ 매일 24시간에 걸친 제반 정세의 변화를 중점적으로 망라한 보고서 ㉡ **사전에 고안된 양식에 의해 매일 작성**되며 제한된 범위에서 배포 ㉢ **대부분이 현용정보이므로 신속한 전달이 중요**하며 대표적인 예로는 대통령 일일보고서가 있다.
특별보고서	㉠ 축적된 정보가 다수의 사람·기관에게 이해관계 또는 가치가 있을 때 발행 ㉡ **생산이 부정기적**이라는 점에서 일일정보보고서나 정기간행물과 차이 ㉢ 형식면에서 통일성이 낮고 정보의 내용, 긴급성, 정보사용자의 필요에 따라 다양

제2절 정보경찰활동

1 정보경찰의 임무

① **국자법**(제3조)·**경직법**(제2조) ⇨ 공공안녕에 대한 위험의 예방과 대응을 위한 정보의 수집·작성 및 배포
   ※ **경직법 제8조의2(정보의 수집 등)** ① 경찰관은 범죄·재난·공공갈등 등 공공안녕에 대한 위험의 예방과 대응을 위한 정보의 수집·작성·배포와 이에 수반되는 사실의 확인을 할 수 있다.
② **경찰청과 그 소속기관 직제(대통령령)** 상 정보업무(**제14조 공공안녕정보국**)
   1. 공공안녕에 대한 위험의 예방과 대응을 위한 정보업무 기획·지도 및 조정
   2. 국민안전과 국가안보를 저해하는 위험 요인에 관한 정보활동
   3. 국가중요시설 및 주요 인사의 안전·보호에 관한 정보활동
   4. 집회·시위 등 공공갈등과 다중운집에 따른 질서 및 안전 유지에 관한 정보활동
   5. 국민의 생명·신체의 안전이나 재산의 보호 등 생활의 평온과 관련된 **정책에 관한 정보활동**
   6. 국가기관·지방자치단체·공공기관의 장이 요청한 신원조사 및 사실확인에 관한 정보활동
   7. 그 밖에 **범죄·재난·공공갈등** 등 공공안녕에 대한 위험의 예방과 대응을 위한 정보활동으로서 제2호부터 제6호까지에 준하는 정보활동
③ **경찰관의 정보수집 및 처리 등에 관한 규정(대통령령)** 제정 – 구체적인 정보 수집 및 처리 절차에 대하여 규정(경찰정보활동의 목적이 국민의 자유와 권리를 보호하는 것임을 명시)

> 「경찰청과 그 소속기관 직제(대통령령)」
> – 수사국(제19조) ⇨ 국가수사본부장이 지정하는 중요 **범죄에 대한 정보수집** 및 수사
> – 안보수사국(제22조) ⇨ **안보범죄정보** 및 **보안정보**의 수집·분석 및 관리
> – 외사국(제15조) ⇨ **외사정보**의 수집·분석 및 관리
> – 경무인사기획관(제8조) ⇨ **정보공개 업무, 보안 및 관인 관리업무** (공공안녕정보국장 X)

참고 ● 경찰관의 정보수집 및 처리 등에 관한 규정(대통령령)

> 제2조(정보활동의 기본원칙 등) ① 공공안녕에 대한 위험의 예방과 대응을 위한 정보의 수집·작성·배포와 이에 수반되는 사실의 확인을 위해 경찰관이 수행하는 활동(이하 "정보활동"이라 한다)은 **국민의 자유와 권리를 보호하는 것을 목적으로 해야 하며, 필요 최소한의 범위에 그쳐야 한다.**
> ② 경찰관은 정보활동과 관련하여 다음 각 호의 행위를 해서는 안 된다.
> 1. 정치에 관여하기 위해 정보를 수집·작성·배포하는 행위
> 2. 법령의 직무 범위를 벗어나 개인의 동향 등을 파악하기 위해 사생활에 관한 정보를 수집·작성·배포하는 행위
> 3. 상대방의 명시적 의사에 반해 자료 제출이나 의견 표명을 강요하는 행위
> 4. **부당한 민원이나 청탁을 직무 관련자에게 전달하는 행위** (정당한 민원이라도 전달하면 안 된다 X)
> 5. 직무상 알게 된 정보를 누설하거나 개인의 이익을 위해 사용하는 행위
> 6. 직무와 무관한 비공식적 직함을 사용하는 행위

제3조(수집 등 대상 정보의 구체적인 범위) 경찰관이 「경찰관 직무집행법」 제8조의2 제1항에 따라 수집·작성·배포할 수 있는 정보의 구체적인 범위는 다음 각 호와 같다.
1. **범죄의 예방과 대응에 필요한 정보 (범죄수사에 필요한 정보 X)**
2. 「형의 집행 및 수용자의 처우에 관한 법률」 제126조의2 또는 「보호관찰 등에 관한 법률」 제55조의3에 따라 통보되는 정보의 대상자인 수형자·가석방자의 재범방지 및 피해자의 보호에 필요한 정보
3. 국가중요시설의 안전 및 주요 인사(人士)의 보호에 필요한 정보
4. 방첩·대테러활동 등 국가안전을 위한 활동에 필요한 정보
5. **재난·안전사고 등으로부터 국민안전을 확보하기 위한 정보**
6. **집회·시위 등으로 인한 공공갈등과 다중운집에 따른 질서 및 안전 유지에 필요한 정보**
7. 국민의 생명·신체·재산의 보호와 공공안녕에 대한 위험의 예방과 대응을 위한 **정책에 관한 정보**[해당 정책의 입안·집행·평가를 위해 객관적이고 필요한 사항에 관한 정보로 한정하며, 이와 직접적·구체적으로 관련이 없는 사생활·신조(信條) 등에 관한 정보는 제외한다]
8. 도로 교통의 위해(危害) 방지·제거 및 원활한 소통 확보를 위한 정보
9. 「보안업무규정」 제45조 제1항에 따라 경찰청장이 위탁받은 신원조사 또는 「공공기관의 정보공개에 관한 법률」 제2조 제3호에 따른 공공기관의 장이 법령에 근거하여 요청한 사실의 확인을 위한 정보
10. 그 밖에 제1호부터 제9호까지에서 규정한 사항에 준하는 정보

제4조(정보의 수집 및 사실의 확인 절차) ① 경찰관은 법 제8조의2 제1항에 따라 정보를 수집하거나 정보의 수집·작성·배포에 수반되는 사실을 확인하려는 경우에는 상대방에게 자신의 **신분을 밝히고** 정보 수집 또는 사실 확인의 **목적을 설명해야 한다.** 이 경우 강제적인 방법을 사용해서는 안 된다.
② 제1항 전단에도 불구하고 **다음 각 호의 어느 하나에 해당하는 경우에는 같은 항 전단에서 규정한 절차를 생략할 수 있다.**
1. 국민의 생명·신체의 안전이나 국가안보에 긴박한 위험이 발생할 우려가 있는 경우
2. 범죄의 대응을 위한 정보활동에 현저한 지장을 초래할 우려가 있는 경우

제5조(정보 수집 등을 위한 출입의 한계) 경찰관은 다음 각 호의 장소에 **상시적으로 출입해서는 안 되며,** 정보활동을 위해 **필요한 경우에 한정하여 일시적으로만 출입해야 한다.**
1. 언론·교육·종교·시민사회 단체 등 민간단체 (언교종시/기정)
2. 민간기업
3. 정당의 사무소

제8조(위법한 지시의 금지 및 거부) ① 누구든지 정보활동과 관련하여 경찰관에게 이 영과 그 밖의 법령에 반하여 지시해서는 안 된다.
② 경찰관은 **명백히 위법한 지시라고 판단되는 경우에는 그 집행을 거부할 수 있다.** (거부하여야 한다 X)

2 첩보수집 및 정보보고서

(1) 견문수집보고

견문보고서	경찰관이 공사생활을 하면서 국내외의 정치·경제·사회·문화 등 제분야에 관하여 신뢰할 수 있는 첩보원천으로부터 얻은 내용을 보고들은 대로 보고하는 보고서

(2) 정보보고서

종류	정책정보 보고서	정부정책의 문제점을 파악하고 그 개선책을 보고하는 데 주안점을 두는 정보보고서
	정보상황 보고서	'속보'라고도 하며 사회갈등이나 집단시위상황 등에 대해 경찰내부 또는 필요시 경찰외부에까지 전파하는 보고서
	정보판단 (대책)서	① 집회·시위 신고가 접수되거나 혹은 신고되지 않은 집회·시위라 하더라도 개최될 것으로 예상되는 경우에 집회·시위와 관련된 주요 정보 상황이나 집회·시위로 야기될 수 있는 예상 문제점, 그리고 그에 대한 대책 등을 중심으로 작성하는 보고서(관내 주민들이 인근에 건설예정인 골프장과 관련하여 집회를 계획 중이라는 첩보에 따라 정보과 경찰이 관련 상황 및 예상 문제점과 함께 경력배치가 요망된다는 취지의 보고서 작성) ② 중요 집회임에도 정보대책이 만들어지지 않거나 만들었어도 전파되지 않은 경우에는 정보기능에서 책임을 져야 하는 문제 발생
용어	판단됨	어떤 징후가 나타나거나 상황이 전개될 것이 **거의 확실**시
	예상됨	단기적으로 어떤 상황이 전개될 것이 **비교적 확실**
	전망됨	**장**기적으로 활동의 윤곽이 어떠하리라는 **예측**을 할 경우
	추정됨	구체적인 근거가 없이 나타난 동향의 원인·배경 등을 다소 **막연히 추측**
	우려됨	구체적인 징후는 없으나 가능성 배제 곤란하여 **최소한의 대비**가 필요

> **참고** ● 상황정보(경찰의 정보업무를 크게 상황정보와 정책정보로 구분)
>
> ① **특별한 사안에 대한 일시적인 상황이나 진행과정을 신속하게 보고**하는 정보
> ② 속보라고 하며 특별한 사안에 대한 일시적인 상황이나 진행과정을 신속하게 보고
> ③ 속보는 갈등상황이나 집회시위와 관련한 경우가 대부분이라고 할 수 있다.
> ④ 속보의 생명은 신속성이므로 보고의 일정한 형식이 배제될 수도 있지만, 6하 원칙에 맞춰 보고하는 것이 원칙이다.

≫ 중요상황정보 - 일반적으로 '중보'라고 불리며, 매일 전국의 사회갈등이나 집회시위 상황을 정리하여 그 다음날 아침에 경찰내부와 정부 각 기관에 전파하는 보고서

3 신원조사(「보안업무규정」)

> 제36조(신원조사) ① 국가정보원장은 제3조 제2호(국가안전보장에 한정된 국가 기밀을 취급하는 인원)에 해당하는 사람의 **충성심·신뢰성** 등을 확인하기 위하여 신원조사를 한다. **(충신) (공비/보장직)**
> ③ 관계 기관의 장은 다음 각 호에 해당하는 사람에 대하여 국가정보원장에게 신원조사를 요청해야 한다.
> 1. **공무원 임용 예정자**(국가안전보장에 한정된 국가 기밀을 취급하는 직위에 임용될 예정인 사람으로 한정한다)
> 2. **비밀취급 인가 예정자**
> 4. **국가보안시설·보호장비**를 관리하는 기관 등의 **장**(해당 국가보안시설 등의 관리 업무를 수행하는 소속 **직원을 포함**한다)
> 6. 그 밖에 다른 법령에서 정하는 사람이나 각급기관의 장이 국가안전보장을 위하여 필요하다고 인정하는 사람
>
> 제37조(신원조사 결과의 처리) ① **국가정보원장**은 신원조사 결과 국가안전보장에 해를 끼칠 정보가 있음이 확인된 사람에 대해서는 관계 **기관의 장에게 그 사실을 통보하여야 한다.**
> ② 제1항에 따라 통보를 받은 **관계 기관의 장**은 신원조사 결과에 따라 **필요한 보안대책을 마련하여야** 한다.

4 집회 및 시위에 관한 법률

(1) 「집회 및 시위에 관한 법률」

> **관련판례**
> 1. 집회자유에 의하여 보호되는 것은 단지 '평화적' 또는 '비폭력적' 집회(헌재).
> 2. 집회자유는 개인이 집회에 참가하는 것을 방해하거나 또는 집회에 참가할 것을 강요하는 국가행위를 금지할 뿐만 아니라, 예컨대 **집회장소로의 여행 방해하거나, 집회장소로부터 귀가하는 것 방해하거나, 집회참가자에 대한 검문방법으로 시간 지연시킴으로써 집회장소에 접근하는 것 방해하는 등** 집회자유행사에 영향을 미치는 모든 조치 금지(헌재).
> 3. 경찰버스로 서울광장 둘러싸 통행제지한 행위는 서울광장에서 개최될 여지있는 일체의 집회를 금지하고 **일반시민들의 통행조차 금지**하는 전면적이고 광범위하며 극단적인 조치이므로, 서울광장 주변에 노무현 전 대통령을 추모하는 사람들이 많이 모여 있었다거나 일부 시민들이 서울광장 인근에서 불법적인 폭력행위를 저지른 바 있다고 하더라도 그것만으로 폭력행위일로부터 4일 후까지 이러한 조치를 그대로 유지해야 할 급박하고 명백한 불법·폭력 집회나 시위의 위험성이 있었다고 할 수 없으므로 이 사건 **통행제지행위는 당시 상황에 비추어 필요최소한의 조치였다고 보기 어렵다.**
> 4. 서울광장이 청구인들의 생활형성의 중심지인 거주지나 체류지에 해당한다고 할 수 없고, 서울광장에 출입하고 통행하는 행위가 그 장소 중심으로 생활을 형성해 나가는 행위에 속한다고 볼 수도 없으므로 청구인들의 거주·이전의 자유가 제한되었다고 할 수 없다(헌재).

1) 용어의 정의

① 옥외집회 : 천장이 없거나 사방이 폐쇄되지 아니한 장소에서 여는 집회(집시법)

> 집회란 특정 또는 불특정 다수인이 특정한 목적 아래 일시적으로 일정한 장소에 모이는 것을 말하고 그 모이는 장소나 사람의 다과에 제한이 있을 수 없다.(판례) ※ 집시법에 '집회'에 대한 개념정의는 없음
>
> **주의** 2인이 모인 집회도 「집회 및 시위에 관한 법률」의 규제 대상이 된다.(O)
> **주의** 공동목적없이 우연히 만나는 것 – 집회(X)
> **주의** 일시적 회합을 위해 대기하는 모임 – 집회(X)
> **주의** 기자회견 표방한 경우라도 사전에 플래카드, 마이크 준비하여 불특정 다수인이 보거나 들을 수 있는 상태로 연설을 하거나 구호 제창 – 옥외집회(O)

② 시위

> 여러 사람이 공동의 목적을 가지고 **도로, 광장, 공원 등 일반인이 자유로이 통행할 수 있는 장소를 행진하거나 위력 또는 기세를 보여, 불특정한 여러 사람의 의견에 영향을 주거나 제압을 가하는 행위**
>
> **주의** 시위는 넓은 의미의 집회에 포함 – 시위의 자유도 집회자유를 규정한 「헌법」 제21조 제1항에 의해 보호되는 기본권
> **주의** 순수한 1인 시위 – 집회 및 시위에 관한 법률상 집회·시위(X)
> **주의** 장례에 관한 옥외집회 도중 노제를 하면서 망인에 대한 추모수준 넘어서는 내용의 현수막과 피켓들고 행진 – 시위(O)
> **주의** 위력 또는 기세를 보여 불특정한 여러 사람의 의견에 영향을 주거나 제압을 가하는 행위는 도로, 광장, 공원 등 일반인이 자유로이 통행할 수 있는 장소에서 이루어져야만 시위에 해당하는 것은 아니다.

참고 ▶ 플래시몹

> ① 불특정 다수가 휴대전화나 전자우편을 이용해 이미 정해진 시간과 장소에 모여 현장에서 주어진 행동을 짧은 시간에 하고 바로 해산하는 새로운 형태의 시위
> ② 플래시몹은 플래시크라우드(갑자기 접속이 폭증하는 현상)와 스마트몹(동일생각을 가지고 행동하는 집단)의 합성어

③ 주최자

> **자기 이름으로 자기 책임 아래 집회·시위 여는 사람이나 단체. 주최자는 주관자를** 따로 두어 집회·시위 실행을 맡아 관리하도록 위임할 수 있다. 이 경우 **주관자는** 그 위임의 범위 안에서 주최자로 본다.
>
> (TIP) ▶ 범죄관련수배자도 주최자가 될 수 있다.
> (TIP) ▶ 사전계획없이 즉흥적으로 현장에 모인 사람들과 함께 구호와 노래를 제창한 것에 불과한 사람 – 주최자 (X)
> (TIP) ▶ 다수 단체 대표들이 공동대표 겸하고 있는 연합단체가 개최한 집회에서 집행위원장을 대신하여 가장 많은 인원이 참가한 단체 부위원장이 집회 사회를 본 경우 그 사회자 – 주최자(O)

④ 질서유지인

> 집회 또는 시위 주최자는 집회 또는 시위의 질서 유지에 관하여 자신을 보좌하도록 **18세 이상의 사람을 질서유지인으로 임명할 수 있다.**

⑤ 질서유지선

> "질서유지선"이란 관할 경찰서장이나 시·도경찰청장이 적법한 집회 및 시위를 보호하고 질서유지나 원활한 교통 소통을 위하여 집회 또는 시위의 장소나 행진 구간을 일정하게 구획하여 **설정한 띠, 방책(防柵), 차선(車線) 등의 경계 표지(標識)를 말한다.** ⇨ 인도경계석·차선 등 지상물은 질서유지선이 될 수 있으나, 사람의 대열, 버스 등 차량은 질서유지선이 될 수 없다.

2) 옥외집회 및 시위의 신고절차 및 처리기한

① 신고(허가 X)

㉠ 기간

옥외집회나 시위 주최하려는 자는 신고서를 옥외집회나 시위 시작하기 720시간 전부터 48시간 전에 제출하여야 한다.
≫ 옥내집회는 신고대상 아니지만, 옥내집회 후 행진은 신고대상

㉡ 신고서 제출기관

> ⓐ 하나의 경찰서 관할 : 경찰서장
> ⓑ 둘 이상의 경찰서 관할 : 시·도경찰청장
> ⓒ 둘 이상의 시·도경찰청 관할 : 주최지를 관할하는 시·도경찰청장

㉢ 관할 경찰관서장은 **신고서 접수하면 접수 일시 적은 접수증 즉시 내주어야 함**
㉣ 주최자는 **신고한 옥외집회 또는 시위를 하지 아니하게 된 경우에는 신고서에 적힌 집회일시 24시간 전에 철회신고서를 관할경찰관서장에게 제출**
㉤ 철회신고서 받은 경찰관서장은 먼저 신고한 집회·시위 때문에 금지통고 한 집회·시위가 있는 경우 금지 통고 받은 주최자에게 선 집회·시위가 **철회되었다는 사실을 즉시 알려야 한다.**
㉥ ㉤에 따라 통지받은 주최자는 금지 통고된 집회·시위를 **최초에 신고한 대로 개최할 수 있다.** 다만, 금지통고 등으로 시기 놓친 경우에는 **일시 새로 정하여 집회·시위 시작하기 24시간 전에 경찰관서장에게 신고서 제출하고 집회·시위 개최가능**

≫ 주의 뒤에 접수된 옥외집회·시위가 금지통고되고 먼저 신고를 접수하여 옥외집회·시위 개최할 수 있는 주최자가 신고한 옥외집회·시위를 아니하게 된 경우에는 신고서에 적힌 집회일시 24시간 전에 철회신고서를 경찰관서장에게 제출해야 하는데, 정당한 사유 없이 이를 위반하면 100만원 이하의 과태료 부과(과태료는 대통령령으로 정하는 바에 따라 시·도경찰청장 또는 경찰서장이 부과·징수)

> **관련판례**

1. 신고하지 아니하였다는 이유만으로 옥외집회 또는 시위를 헌법 보호 범위를 벗어나 개최가 허용되지 않는 집회 내지 시위라고 단정할 수 없다.
2. 신고 하지 아니하고 타워크레인을 무단으로 점거 후 플래카드를 내걸고 부당해고 철회 등을 요구한 경우 **미신고 옥외집회 개최에 해당**
3. 10인이 회사 정문 앞 등에서 1인은 피켓들고 다른 2~4인은 그 옆에 서 있는 방법으로 미신고 옥외시위를 한 행위는, 피켓을 직접 든 1인 외에 주변에 있는 사람들이 별도로 구호 외치거나 전단을 배포하는 등의 행위를 하지 않았더라도 **집회·시위에 해당**
4. 옥외집회 또는 시위 신고한 주최자가 주도 아래 행사를 진행하는 과정에서 **신고한 목적·일시·장소·방법** 등의 범위를 현저히 일탈하는 행위에 이르렀다고 하더라도, 이를 신고 없이 옥외집회 또는 시위를 주최한 행위로 볼 수는 없다.
5. 옥외집회 또는 시위가 그 **신고사항에 미비점이 있었다거나 신고 범위를 일탈한 경우**라도 그 신고내용과 동일성이 유지되어 있는 한 신고를 하지 아니한 것으로 볼 수는 없다.
6. 마을 이장이 사찰의 납골당 설치 반대목적으로 마을 주민들의 옥외집회와 시위를 주최하면서 꽃마차를 사용한다고 신고하고서도 상여, 만장 등을 사용하였지만, 신고되지 아니한 상여 등을 사용함으로 인하여 기존 신고 내용과 비교할 때 더 큰 교통 혼잡을 야기한 것으로 보이지 않는다는 등의 이유로 **옥외집회 등 주최 행위가 신고한 목적·일시·장소·방법 등 그 범위를 현저히 일탈한 경우에 해당하지 아니한다.**
7. 신고내용에 포함되지 않은 **삼보일배 행진을 한 것은 사회상규에 반하지 아니하는 행위로서 위법성 조각**
8. 비록 '열린음악회' 명칭으로 집회가 진행되었고, 참가자들의 노래자랑 행사 성격이 포함되었다고 하더라도, 음악회라는 형식 빌려 미군의 환경파괴행위를 규탄하는 주장을 전달하고자 개최된 집회였다고 봄이 상당하므로 **예술, 친목, 오락에 관한 집회에는 해당되지 않는다.**
9. 피고인 포함한 근로자 30여 명이 회사 구내 옥외 주차장에서 회사측에 노조 요구사항 전달목적으로 업무시간피하여 매번 약 40분씩 5회에 걸쳐 미신고 집회 개최하였더라도, 위 집회는 집회 장소, 목적과 규모·방법 등에 비추어 일반적인 사회생활질서의 범위 안에 있어, **피고인들의 행위를 미신고 옥외집회 개최행위로 처벌할 수 없다.**
10. 교통방해를 유발한 집회에 참가한 경우 참가 당시 이미 다른 참가자들에 의해 교통의 흐름이 차단된 상태였더라도 교통방해를 유발한 다른 참가자들과 **암묵적·순차적으로 공모**하여 교통방해의 위법 상태를 지속시켰다고 평가할 수 있다면 **일반교통방해죄가 성립**
11. 피고인들이 이미 신고한 행진 경로를 따라 행진로인 하위 1개 차로에서 2회에 걸쳐 약 15분 동안 연좌한 경우 옥외집회 등 주최행위가 신고한 범위를 뚜렷이 벗어나는 경우에 해당하지 아니한다.
12. 불특정 다수의 시민들이 지나는 명동 한복판에서 개최된 플래시몹(flash mob)은 정부의 청년실업 문제 정책을 규탄하려는 의도하에 개최된 옥외집회에 해당하여 사전신고의 대상이 된다.

② 보완통고 및 보완

- ㉠ 관할경찰관서장은 신고서 기재사항에 미비점 있을 때는 **접수증 교부한 때부터 12시간 이내** 주최자에게 **24시간을 기한으로 보완통고** 할 수 있다.
- ㉡ 보완통고는 보완사항 분명히 밝혀 **서면으로 주최자 또는 연락책임자에게 송달하여야 한다.**
- ㉢ 집회신고서의 **형식적 미비점만 보완통고 가능, 내용 미비점에 대하는 보완통고 불가**

③ 제한통고

제한통고의 **기한규정은 없다.**

④ 금지통고

원칙	신고된 옥외집회 또는 시위가 금지사유에 해당하는 때에는 신고서 접수한 때부터 48시간 이내에 집회 또는 시위를 금지할 것을 **주최자에게 통고할 수 있다.** ≫ **주의** 집회금지와 해산은 원칙적으로 공공의 안녕질서에 대한 직접적인 위험이 명백하게(잠재적 X) 존재하는 경우에 한하여 허용
예외	집회·시위가 집단적인 폭행·협박·손괴·방화 등으로 공공 안녕·질서에 **직접적 위험 초래한 경우**에는 **남은 기간의 당해 집회 또는 시위에 대하여** 신고서 **접수한 때부터 48시간이 경과된 경우에도 금지통고가능**

참고 ● 보완통고서, 금지·제한 통고서의 송달(법시행령 제3조, 제7조)

보완 통고서를 주최자나 연락책임자의 책임 있는 사유로 주최자나 연락책임자에게 직접 송달할 수 없는 때에는 다음의 방법으로 송달할 수 있다.

주최자가 단체인 경우	주최자 또는 연락책임자의 대리인이나 단체의 사무소에서 근무하는 직원에게 전달하되, 대리인 또는 사무소에서 근무하는 직원에게 전달할 수 없는 때에는 단체의 사무소가 있는 건물의 관리인이나 건물 소재지의 통장 또는 반장에게 전달할 수 있다.
주최자가 개인인 경우	주최자 또는 연락책임자의 세대주나 가족 중 성년자에게 전달하되, 주최자 또는 연락책임자의 세대주나 가족 중 성년자에게 전달할 수 없는 때에는 주최자 또는 연락책임자가 거주하는 건물의 관리인이나 건물 소재지의 통장 또는 반장에게 전달할 수 있다.

⑤ 이의신청과 재결

이의신청	금지통고 받은 주최자는 불복하는 경우 금지통고 받은 때로부터 10일 이내에 해당 경찰관서의 바로 위의 상급경찰관서의 장에게 이의신청 할 수 있다.
재결	㉠ 주최자로부터 이의신청을 받은 경찰관서장은 일시 적은 **접수증을 즉시 내주고** 이의신청 접수시로부터 24시간 내에 재결. 접수한 때부터 24시간 이내 재결서 발송하지 아니하면 금지통고는 소급하여 효력상실 ㉡ 이의신청인은 금지통고가 위법·부당한 것으로 재결되거나 효력잃게 된 경우 **처음 신고한 대로 집회·시위 개최가능**. 다만, 금지통고 등으로 시기 놓친 경우 일시 새로 정하여 **집회·시위 시작하기 24시간 전에 관할경찰관서장에게 신고함으로써 집회·시위 개최가능**

3) 옥외집회 및 시위 금지사유

① 시간과 장소가 경합되는 2건 이상의 신고가 있는 경우 나중에 접수된 옥외집회·시위

㉠ 관할경찰관서장은 집회·시위 시간과 장소가 중복되는 2개 이상 신고가 있는 경우 목적으로 보아 서로 상반되거나 방해 된다고 인정되면 시간 나누거나 장소 분할하여 개최하도록 권유하는 등 각 옥외집회·시위가 서로 방해되지 아니하고 평화적으로 개최·진행될 수 있도록 **노력하여야 한다.**
㉡ 관할경찰관서장은 권유가 받아들여지지 아니하면 뒤에 접수된 옥외집회·시위에 대하여 금지를 통고할 수 있다.
㉢ 뒤에 접수된 옥외집회·시위가 금지통고된 경우 먼저 신고 접수하여 옥외집회·시위 개최할 수 있는 자는 **집회 시작 1시간 전에** 관할경찰관서장에게 개최사실 통지하여야 한다.

② 거주자 또는 관리자가 시설이나 장소의 보호를 요청하는 때

다음에 해당하는 경우로서 그 거주자나 관리자가 시설이나 장소의 보호를 요청하는 경우에는 **집회나 시위의 금지 또는 제한을 통고할 수 있다.**
㉠ **타인의 주거지역이나 이와 유사한 장소로서** 집회 또는 시위로 인하여 재산 또는 시설에 심각한 피해가 발생하거나 사생활의 평온에 현저한 해를 입힐 우려가 있는 경우
　≫ 상업시설만 밀집해 있는 곳 – 이와 유사한 장소에 포함 (X)
㉡ 「**초·중등교육법」 제2조에 따른 학교의 주변지역**으로서 집회 또는 시위로 인하여 학습권을 현저히 침해할 우려가 있는 경우
㉢ **군사시설 주변지역**으로서 집회시위로 인하여 시설이나 군작전의 수행에 심각한 피해가 발생할 우려가 있는 경우

4) 옥외집회와 시위의 금지장소

> 누구든지 다음 청사 또는 저택의 **경계 지점으로부터 100미터 이내 장소**에서는 **옥외집회 또는 시위를 하여서는 아니 된다.**
> ① **국회의사당**. 다만, 다음의 어느 하나에 해당하는 경우로서 국회의 기능이나 안녕을 침해할 우려가 없다고 인정되는 때에는 그러하지 아니하다.
>   ㉠ 국회의 활동을 방해할 우려가 없는 경우
>   ㉡ 대규모 집회 또는 시위로 확산될 우려가 없는 경우
> ② **각급 법원, 헌법재판소**. 다만, 다음에 해당하는 경우로서 각급 법원, 헌법재판소의 기능이나 안녕을 침해할 우려가 없다고 인정되는 때에는 그러하지 아니하다.
>   ㉠ 법관이나 재판관의 직무상 독립이나 구체적 사건의 재판에 영향을 미칠 우려가 없는 경우
>   ㉡ 대규모 집회 또는 시위로 확산될 우려가 없는 경우
> ③ **대통령 관저(官邸), 국회의장 공관, 대법원장 공관, 헌법재판소장 공관**
>   ≫ 단, "대통령관저/국회의장공관 100미터 이내 장소에서의 옥외집회·시위의 금지"는 침해의 최소성에 위배되어 집회의 자유를 침해하므로 헌법불합치(2024년 5월 31일까지는 효력 유지)
> ④ **국무총리 공관**. 다만, 다음에 해당하는 경우로서 국무총리 공관의 기능이나 안녕을 침해할 우려가 없다고 인정되는 때에는 그러하지 아니하다.
>   ㉠ 국무총리를 대상으로 하지 아니하는 경우
>   ㉡ 대규모 집회 또는 시위로 확산될 우려가 없는 경우
> ⑤ **국내 주재 외국의 외교기관이나 외교사절의 숙소**. 다만, 다음에 해당하는 경우로서 외교기관 또는 외교사절 숙소의 기능이나 안녕을 침해할 우려가 없다고 인정되는 때에는 그러하지 아니하다.
>   ㉠ 해당 외교기관 또는 외교사절의 숙소를 대상으로 하지 아니하는 경우
>   ㉡ 대규모 집회 또는 시위로 확산될 우려가 없는 경우
>   ㉢ 외교기관의 업무가 없는 휴일에 개최하는 경우

5) 야간 옥외집회·시위

① **집시법** – "누구든지 해가 뜨기 전이나 해가 진 후에는 옥외집회 또는 시위를 하여서는 아니 된다."
② "야간 옥외집회 금지"는 헌법불합치 결정으로 **효력상실(옥외집회는 시간제한 없이 가능)**
③ "야간 시위 금지"는 "해가 진 후부터 자정까지의 시위"에 적용은 헌법에 위반(야간시위는 자정부터 해가 뜨기 전까지만 금지)

6) 교통소통을 위한 제한

> ① 관할경찰관서장은 대통령령으로 정하는 **주요 도시의 주요 도로에서의 집회·시위**에 대하여 **교통소통**을 위하여 필요 인정하면 금지하거나 교통질서 유지를 위한 조건을 붙여 제한할 수 있다.
> ② 집회 또는 시위의 주최자가 **질서유지인을 두고 도로를 행진**하는 경우에는 금지할 수 없다. 다만, 해당 도로와 주변 도로의 교통 소통에 장애를 발생시켜 **심각한 교통 불편을 줄 우려가 있으면 금지할 수 있다.**

7) 질서유지선의 설정·고지

① 신고받은 관할경찰관서장은 집회·시위 보호와 공공 질서유지 위하여 필요하다고 인정하면 **최소한의 범위**를 정하여 질서유지선 설정할 수 있다.
② 경찰관서장이 질서유지선 설정할 때는 **주최자 또는 연락책임자에게 고지**(질서유지선 설정 고지는 서면으로 하여야 한다. 다만, 장소상황에 따라 질서유지선을 새로 설정하거나 변경하는 경우에는 구두로 알릴 수 있음)
  ≫ 주최자 등에게 고지하지 아니하면 질서유지선으로의 효력이 없다.
③ 신고받은 경찰관서장이 설정한 질서유지선을 경찰관 경고에도 불구하고 정당한 사유 없이 상당 시간 침범하거나 손괴·은닉·이동 또는 제거하거나 그 밖의 방법으로 그 **효용을 해친 자는 6개월 이하 징역 또는 50만원 이하 벌금·구류·과료**에 처한다.
  ≫ 미신고된 집회에 설치한 질서유지선을 침범한 자는 처벌된다(X)

참고 ▶ 질서유지선을 설정할 수 있는 경우

① 집회시위장소를 한정하거나 참가자와 일반인을 **구분**할 필요가 있을 때
② 참가자를 일반인이나 차량으로부터 **보호**할 필요가 있을 경우
③ 일반인의 **통행** 또는 **교통소통**을 위하여 필요가 있을 경우
④ 집회·시위의 금지장소, 통신시설 등 주요시설, 위험물시설, 그 밖에 안전의 유지 또는 보호가 필요한 재산·시설 등에의 접근하거나 행진을 **금지·제한**할 필요가 있을 경우
⑤ 집회·시위의 **행진로를 확보**하거나 이를 위한 **임시횡단보도를 설치**할 필요가 있을 경우
⑥ 그 밖에 집회·시위의 보호와 공공의 질서유지를 위하여 필요할 경우
주의 공공질서유지업무를 수행하는 경찰관의 신체보호 필요가 있을 때 – 질서유지선 설정사유 ×

8) 확성기등 사용의 제한 (법 제14조)

① 관할경찰관서장은 주최자가 기준 초과 소음 발생시켜 타인에게 피해주는 경우 **기준 이하 소음 유지 또는 확성기 사용중지** 명하거나 확성기 등 일시보관 등 필요한 조치 가능 → 조치거부하면 6개월 이하의 징역 또는 50만원 이하 벌금·구류 또는 과료
② 학문, 예술, 체육, 종교, 의식, 친목, 오락, 관혼상제 및 국경행사에 관한 옥외집회 – 신고대상 아니지만 소음제한 규정은 적용(O) ※ 1인시위에는 적용하지 않음(시위가 아니므로)

참고 ● 확성기등의 소음 기준

소음도 구분		대상지역	시간대		
			주간 (07:00~해지기 전)	야간 (해진 후~24:00)	심야 (00:00~07:00)
대상 소음도	등가 소음도 (Leq)	주거지역, 학교, 종합병원	65 이하	60 이하	55 이하
		공공도서관	65 이하	60 이하	
		그 밖의 지역	75 이하	65 이하	
	최고 소음도 (Lmax)	주거지역, 학교, 종합병원	85 이하	80 이하	75 이하
		공공도서관	85 이하	80 이하	
		그 밖의 지역	95 이하		

1. 확성기등의 소음은 <u>관할 경찰서장(현장 경찰공무원)이 측정한다.</u>
2. 소음 측정 장소는 피해자가 위치한 건물의 외벽에서 소음원 방향으로 1~3.5m 떨어진 지점으로 하되, <u>소음도가 높을 것으로 예상되는 지점의 지면 위 1.2~1.5m 높이에서 측정</u>한다.
5. <u>등가소음도는 10분간(소음발생 시간이 10분 이내인 경우에는 그 발생시간 동안)</u> 측정한다.
6. <u>최고소음도는</u> 확성기등의 대상소음에 대해 매 측정 시 발생된 소음도 중 <u>가장 높은 소음도를 측정하며</u>, 동일한 집회·시위에서 측정된 최고소음도가 <u>1시간 내에 3회 이상</u> 위 표의 <u>최고소음도 기준을 초과한 경우</u> <u>소음기준을 위반한 것</u>으로 본다.
7. 다음 각 목에 해당하는 <u>행사(중앙행정기관이 개최하는 행사만 해당한다)</u>의 진행에 영향을 미치는 소음에 대해서는 그 행사의 개최시간에 한정하여 위 표의 <u>주거지역의 소음기준을 적용</u>한다.
   가. 「국경일에 관한 법률」 제2조에 따른 <u>국경일의 행사</u>
   나. 「각종 기념일 등에 관한 규정」 별표에 따른 각종 기념일 중 <u>주관 부처가 국가보훈부인 기념일의 행사</u>

9) 경찰관의 출입

경찰관은 주최자에게 통보하고 그 집회·시위 장소에 **정복을 착용하고 출입**할 수 있다. 다만, 옥내집회장소 출입은 직무집행에 있어서 긴급성 있는 경우에 한한다.

10) 평화적 집회 및 시위의 보호

① **누구든지** 폭행, 협박, 그 밖의 방법으로 평화적인 집회 또는 시위를 방해하거나 질서를 문란하게 하여서는 아니 된다.
② 누구든지 폭행, 협박, 그 밖의 방법으로 **집회 또는 시위의 주최자나 질서유지인**의 이 법의 규정에 따른 임무 수행을 방해하여서는 아니 된다.
③ 집회·시위 주최자는 평화적인 집회·시위가 방해받을 염려가 있다 인정되면 관할 경찰관서에 알려 보호 요청할 수 있다. 이 경우 **경찰관서장은 정당한 사유 없이 보호 요청 거절하여서는 안 된다.** – 보호요청을 관할 경찰관서장이 정당한 이유 없이 거절한 경우 「집회 및 시위에 관한 법률」에 처벌규정 X, 사안에 따라 「형법」상 직무유기죄 가능성 있음
④ 평화적인 집회·시위 방해하면 **3년 이하 징역 또는 300만원 이하 벌금.** 다만, 군인·검사 또는 경찰관이 **방해하면 5년 이하 징역**

11) 특정인 참가의 배제(법 제4조)

조문	주최자 및 질서유지인은 특정한 사람이나 단체가 집회·시위 참가하는 것을 막을 수 있다. 다만, 언론사의 기자는 출입 보장, 기자는 신분증 제시하고 완장 착용하여야 한다.
내용	① 주최자 또는 질서유지인이 참가배제했는데도 참가한 자 – **6개월 이하 징역 또는 50만원 이하 벌금·구류·과료** ② 언론사 기자가 참가 배제 통보 받았음에도 취재 위해 참가 – 처벌(X)

12) 집회 또는 시위의 해산

① 해산사유

관할경찰관서장은 다음에 해당하는 집회·시위에 대하여는 상당한 시간 이내 자진해산 요청하고 이에 따르지 아니하면 해산 명할 수 있다.

- ㉠ **헌법재판소 결정에 따라 해산된 정당의 목적을 달성하기 위한 집회·시위**
- ㉡ **집단적인 폭행, 협박, 손괴, 방화 등으로 공공의 안녕·질서에 직접적인 위협 끼칠 것이 명백한 집회·시위**
  - ≫ 옥내집회는 신고대상이 아니지만 타인의 법익 침해나 기타 공공의 안녕질서에 대하여 직접적이고 명백한 위험을 초래한 경우에는 해산명령의 대상이 된다.
- ㉢ 자정 이후부터 해가 뜨기 전의 시위
- ㉣ **옥외집회·시위 금지장소에서의 집회·시위, 미신고 옥외집회·시위**
  - ≫ 관할 경찰관서장으로서는 단순히 신고사항에 미비점이 있었다거나 신고의 범위를 일탈하였다는 이유만으로 곧바로 당해 옥외집회 또는 시위 자체를 해산하거나 저지하여서는 아니될 것
  - ≫ 집시법은 미신고집회나 금지통고된 집회를 해산명령의 대상으로 하면서 별도의 해산요건을 규정하고 있지는 않으나, 판례는 미신고집회나 금지통고된 집회에 대해서 '타인의 법익이나 공공의 안녕질서에 직접적인 위험이 명백하게 초래'할 것을 해산명령의 요건으로 일관되게 요구
  - ≫ 미신고집회에 있어 '타인의 법익이나 공공의 안녕질서에 대한 직접적인 위험을 명백하게 초래하지 않은 경우' 발해진 해산명령 자체는 위법 → 이에 불응한 자 처벌불가
- ㉤ 경찰관서장으로부터 금지된 집회·시위
- ㉥ 시설보호요청에 따른 관할 경찰관서장 제한을 위반하여 질서유지에 직접적인 위험을 명백하게 초래한 집회·시위
- ㉦ 관할 경찰관서장이 붙인 교통질서유지 조건 위반하여 질서유지에 직접적인 위험을 명백하게 초래한 집회·시위
- ㉧ **집회·시위 주최자가 질서유지 할 수 없어 종결선언 한 집회·시위**
- ㉨ '총포, 폭발물, 도검, 철봉, 곤봉, 돌덩이 등 다른 사람의 생명을 위협하거나 신체에 해를 끼칠 수 있는 기구를 휴대하거나 사용하는 행위 또는 다른 사람에게 이를 휴대하게 하거나 사용하게 하는 행위', '폭행, 협박, 손괴, 방화 등으로 질서를 문란하게 하는 행위', '신고한 목적, 일시, 장소, 방법 등의 범위를 뚜렷이 벗어나는 행위' 중 어느 하나의 행위로 질서를 유지할 수 없는 집회·시위
  - ≫ 집시법은 해산명령을 할 때 그 사유를 구체적으로 고지하도록 명시적으로 규정하고 있지는 않지만, 법원은 구체적으로 고지하도록 판시
  - ≫ 집회장소가 관공서 등 공공건조물의 옥내라 하더라도 그곳이 일반적으로 집회의 개최가 허용된 개방된 장소가 아닌 이상 무단 점거하여 건조물의 평온을 해치거나 정상적인 기능의 수행에 위험을 초래하고 나아가 질서유지할 수 없는 정도에 이른 경우에는 해산명령의 대상이 된다. – 관공서 마당에 무단으로 집단 진입 후 옥내집회 강행하면 폭처법 위반(공동퇴거불응)이나 집시법 위반(해산명령불응)의 대상이 될 수 있다.

② 해산절차(「집회 및 시위에 관한 법률시행령」 제17조)

집회·시위 해산시키려는 때는 **관할 경찰관서장 또는 관할 경찰관서장으로부터 권한 부여받은 경찰공무원**은 다음 순서에 따라야 한다. 다만, **미신고 집회·시위, 금지된 집회·시위 등과 주최자·주관자·연락책임자 및 질서유지인이 집회·시위 장소에 없는 경우는 종결선언요청 생략가능**

1. 종결선언요청(생략가능)
   주최자에게 집회·시위 종결선언 요청하되, 주최자 소재알 수 없는 경우는 **주관자·연락책임자 또는 질서유지인 통하여 종결선언 요청가능**

2. 자진해산요청
   종결선언요청에 따르지 아니하거나 종결선언에도 불구하고 참가자들이 집회·시위 계속하는 경우는 **직접 참가자들에 대하여 자진해산 요청(반드시 자진해산이라는 용어 사용할 필요 없음)**

3. 해산명령 및 직접 해산
   자진해산요청에 따르지 아니하는 경우는 **세 번 이상 자진 해산명령**, 해산명령에도 불구하고 해산하지 아니하면 **직접 해산**
   ≫ 해산명령은 참가자들이 충분히 인식할 수 있도록 한다.
   ≫ 사전 신고를 하지 아니하고 개최된 옥외집회에 대하여 관할 경찰관서장으로부터 적법한 해산명령을 받은 집회 참가자는 지체 없이 해산하여야 한다.
   ≫ 사전 신고를 하지 아니한 옥외집회 참가자들에게 해산명령불응죄를 적용하려면 해산명령의 절차와 방식을 준수하였음을 입증해야 한다.

참고 집회·시위 현장에서 대화경찰의 역할

① 대화경찰은 인근 주민·상인 들의 불만·요구도 청취하여 이들의 기본권과 집회의 자유가 조화를 이루도록 대화를 통한 해결방안 모색
② **집회·시위 참가자들에게 집회·시위 상황을 설명해 주는 것도 중요하겠지만 대화경찰의 역할은 집회·시위 참가자들의 입장을 충분히 들어주는 것이 중요하다고 할 수 있다.**
③ 대화경찰은 집회 종료 후 해산과정에서 참가자들이 무사히 귀가하도록 안내자 역할을 수행하고, 안전사고 예방활동도 병행
④ 집회시위 참가자들의 이야기를 잘 들어주기만 해도 감정이 어느 정도 해소되는 긍정적인 효과가 있다.

CHAPTER 06 안보경찰(보안경찰)

제1절 안보경찰의 의의

(1) 국가안전보장의 의의와 위협요소(위해형태)

1) 국가안전보장의 의의

① 과거에는 단순히 군사전략 중심의 좁은 개념이었으나, **현재는** 정치·경제·사회·문화·인권·환경 등 **비군사적 분야까지 확대되고**, 물리적 공간뿐만 아니라 **사이버공간까지 확장되는 등 점차 다양하고 복잡한 개념으로 변화**
② 안보위협이 복잡하고 다양해짐에 따라 개별국가의 대응만으로는 한계가 있어 **국제사회의 협력이 필수적임**

2) 국가안전보장에 대한 위협요소

내부적 위협요소	인구규모, 경제적 여건, 정치적 불안정, 방위하기 어려운 영토적 특성 등
외부적 위협요소	주변 강대국 국가들의 팽창주의, 기후 변화 등

3) 국가에 대한 위협

군사적 위협	전통적으로 국가 안전보장을 위협하는 **가장 큰 위협 요소**
정치적 위협	**국가적 정체성과 이데올로기** 그리고 그것을 표현하는 기관들 등이 정치적 위협의 대상
사회적 위협	프랑스가 미국의 패스트푸드 영향을 요리문화에 대한 위협으로 간주하는 한편, **영어 단어의 유입을 불어에 대한 잠식으로 두려워하는 경우** 등
경제적 위협	주요 전략물자가 국가의 외부에서 얻어질 때 공급의 안전에 대한 위협과 **상대 국가의 경제적 팽창 및 보호주의 무역장벽** 등 경제 분야에서의 위협요소
생태적 위협	인접국의 자연현상이 자국의 안전에 영향 미치며, **오존층 파괴나 온난화 현상** 등은 전 세계적 위협이 되므로 집단안전보장 접근법에 의한 해결이 필요

(2) 안보경찰의 특징

1) 성질상 특징

① **국가안전보장이 제1차적 목표**
② 안보경찰 활동은 사전·예방적 성격
③ **위태성**(침해적X) 범죄가 안보경찰의 대상
④ 안보경찰활동의 보호법익은 국가적 법익

2) 수단상 특징 - 비공개성, 비노출성

(3) 국가안전보장기관

통일부	남북대화, 통일에 관한 국내외 정세분석 등에 관한 사항
외교부	국외정보수집에 관한 사항, 출입국자의 보안 등에 관한 사항
법무부	**공소보류된 자 신병처리**, 출입국자의 보안 등에 관한 사항
경찰청	국내정보수집, 안보사범수사, 신원조사에 관한 사항
국방부	국내외 군관련 정보수집 등에 관한 사항
문화체육관광부	공연물 및 영화의 검열·조사·분석에 관한 사항
해양경찰청	해양에서의 대간첩 작전

(4) 안보경찰(안보수사국)의 직무범위(「경찰청과 그 소속기관 직제」 제22조)

1. 안보수사경찰업무에 관한 기획 및 교육
2. **보안관찰 및 경호안전대책** 업무에 관한 사항
3. **북한이탈주민 신변보호**
4. 국가안보와 국익에 반하는 범죄에 대한 수사의 지휘·감독
5. **안보범죄정보 및 보안정보**의 수집·분석 및 관리
6. 국내외 유관기관과의 안보범죄정보 협력에 관한 사항
7. **남북교류와 관련**되는 안보수사경찰업무
8. 국가안보와 국익에 반하는 중요 범죄에 대한 수사

≫ 대테러예방 및 진압대책의 수립지도, 의무경찰의 복무 및 교육훈련 ⇨ 경비국
≫ 집회시위등 집단사태의 관리에 관한 지도조정, 신원조사 및 기록관리 ⇨ 공공안녕정보국
≫ 국제공항 및 국제해항의 보안활동에 관한 계획 및 지도 ⇨ 외사국

제2절 공산주의

+ 공산주의 이론 개관

철학이론	변증법, 유물론, 유물사관
경제이론	노동가치설, 잉여가치설, 자본축적론, 궁핍화이론, 제국주의론, 자본주의붕괴론
정치이론	**폭력**혁명론, **프**롤레타리아 독재론, **계**급투쟁론, **국**가사멸론 (**폭포계곡**)

1 공산주의 철학이론 - 유물론, 유물사관, 변증법적 유물론 등

헤겔의 변증법	헤겔의 변증법은 전체 세계를 끊임없이 변화 발전하는 하나의 과정으로 보고 '정 - 반 - 합'의 3단계를 거쳐서 전개된다고 보았다. ① 양(量)의 질화(質化) 및 그 역의 법칙 ② 대립물 통일의 원칙 ③ 부정의 부정법칙
유물론	① 일체의 존재 또는 사상, 나아가 **인간의 정신까지도 물질적인 것으로 설명** ② 물질이 1차적이며 정신과 의식은 2차적인 것으로 보기 때문에 정신과 의식은 물질에 기초하여 성립 ③ 유물론에 의하면 외부세계는 인간의 정신이나 의식과 독립적으로 존재하는 객관적인 것
유물사관	① 인간에게 필요한 물질의 생산이 정치·경제·법률·종교·학문 등의 관념을 발달시킨 기초 ② 마르크스의 역사발전 5단계 : 원시공동사회 → 고대노예사회 → 중세봉건사회 → 근대자본주의사회 → 사회주의사회

2 공산주의 경제이론

자본주의 붕괴론	**자본축적 → 자본집중 → 빈곤증대의 과정** 거쳐 자본주의사회 붕괴
궁핍화이론	**자본주의 발전에 따라 자본가의 부는 축적되지만 노동자는 점차 가난해짐.** 특정시점과 장소에 있어 노동자 계급에게 지불되어야 할 임금의 총액은 일정하므로 노동자 수가 증가함에 따라 1인당 임금은 감소

3 공산주의 정치이론

폭력혁명론	혁명은 **자본주의가 고도로 발달하여 완전히 성숙해야 발생**
프롤레타리아 독재론	무산계급(프롤레타리아)이 유산계급(부르주아)을 타도하고 국가권력 장악하면 **유산계급의 잔재를 청산하는데 일정한 과도기 필요**한데 이 시기가 프롤레타리아 독재기
계급투쟁론	사회계급은 유산계급과 무산계급으로 양분. 이 두계급간에 끊임없는 투쟁 발생
국가사멸론	노동자계급이 지배계급이 되면 궁극적으로 국가소멸

제3절 북한의 대남 전략전술과 국내 안보위해세력

1 전략과 전술

(1) 전략과 전술의 비교

전략	전술
역사적 단계에 따라 행동하는 정치노선	정세에 따라 수시로 변화

≫ 전략적 요구에 따라 전술변경 可, 전술적 요구에 따라 전략변경 不可

(2) 전략의 기본원칙

① 공산혁명 수행에 필요한 다양한 전술을 준비하였다가 어떠한 역사적 정세에도 적절히 공급할 수 있어야 한다.
② **상호상반 또는 상호배타적인 두 개 이상의 전술을 동시에 구사**하여 상대방의 상황판단을 혼란스럽게 한다.
③ 공산화운동은 상황에 따라 수시로 후퇴하고 양보할 수 있지만 그것은 절대적으로 일시적인 것이어야 한다.
④ 기존 전술은 정세변화에 따라 다시 사용될 수 있으므로 절대 포기하는 것이 아니다.

(3) 대남전략전술

혁명기지전략	미군의 남한 점령으로 전국적 범위에서 혁명을 추진시킬 수 없는 상황에서 보다 유리한 조건이 형성된 **북한지역에서 먼저 혁명 역량을 강화**하고 그 역량을 바탕으로 전 한반도의 사회주의 혁명을 완수한다는 전략
남조선혁명전략	**조선혁명은 남한의 혁명세력**(북한 내 혁명세력 X)**이 주체가 되어** 계급투쟁을 일으키고, 무장폭동 등 결정적 시기가 조성되면 북한이 개입하여 정권을 전복한다는 구상
통일전선전술	① 공산주의의 세력이 약해서 단독으로 공산혁명을 달성할 수 없을 때 비공산 세력과 연합전선을 형성하여 적화통일을 이루려는 전술(남북연방제 통일방안, 중국의 국공합작, 남부베트남 민족해방전선) ② 북한의 전략전술로 보아 남북한교류협력 과정에서 이용가능성이 가장 높다고 보이는 전술 – **통일전선전술**
연방제통일전략	남과 북의 사상·제도를 그대로 인정하는 가운데 남북이 동등하게 참가하는 민족통일정부 세우고 그 밑에 각각의 지역자치제를 실시하는 연방공화국 창립하여 조국을 통일한다는 전략

(4) 대남공작기구   ※ 사회안전성(우리의 경찰청에 해당)은 대남공작기구 아님

1) 노동당계열 (당통문/군정보/위성)

통일전선부	주로 남북대화주관, 조총련 및 해외교포공작, 통일전선공작, 대남심리전 등을 담당
문화교류국	공작원 남파, 지하당 구축, 거점확보, 조총련 지도

2) 최고사령관 소속

① 정찰총국(각종 대남·해외 군사정찰·테러 공작업무 총괄지휘)

1국(작전국)	공작원 교육, 육·해상 침투복귀 호송, 침투루트개척
2국(정찰국)	무장공비양성·남파, 요인암살·파괴·납치 등 게릴라 활동 및 군사정보수집
3국(기술국)	해킹, 도청, 암호제작 등 통신관련업무 담당
5국(해외정보국)	대남·해외정보 수집, 해외 공작, 국제·대남 테러공작
6국(정책국)	대남 군사정책, 군사회담
7국(후방지원국)	보급 등 후방지원

② 보위국

대내	군내 사상·반체제 동향감시, 김정은 경호, 요인 사찰 및 무관감시
대남	탈북민 등 공작원 포섭, 우리 국민 납치·테러, 정보수집

3) 국무위원회 – 국가보위성

반당·반혁명 분자 및 간첩색출, 주민감시, 반체제사범 수사, 정치범 수용소 관리, 대간첩·해외공작, 국경경비, 요인 사찰 등

2 국내 안보위해세력

(1) 국내 안보위해세력의 실태

① 실패로 결론난 '마르크스-레닌'주의나 북한의 통치이념에 불과한 주체사상에 여전히 심취
② 소련 및 동구공산권의 몰락이라는 역사적 사실에도 불구하고 국내 안보위해세력들은 '소련은 소련이고 동구는 동구다.'라고 외치며 우리식 사회주의, 국제사회주의 건설의 기치를 들고 사회주의 혁명을 정당화
③ 일제 하 좌익운동에서 발현, 1980년대부터 학원·노동계를 중심으로 세력을 확산

(2) 좌익폭력세력의 기본적인 투쟁과정 : 의식화 → 조직화 → 투쟁화

(3) 국내 안보위해세력의 분파

NL주사파	① 민족해방인민민주주의혁명론 ② 김일성 주체사상 신봉 – 북한의 대남적화혁명 노선을 그대로 수용 ③ 남한사회의 성격 – 미국의 하청 경제체제로서 정상적 자본주의에 진입하지 못한 半자본주의 체제에 머물고 있는 '신식민지 半자본주의사회'로 규정 ④ 혁명전략 – 1단계 : 선미제축출, 후 현정권타도, 2단계 : 북한과 고려연방제에 의해 통일완수 ⑤ 혁명과제 – 반미자주화, 반파쇼민주화, 조국통일(반제·반독점 해방화 X)
NDR파	① 민족민주주의혁명론. 남한을 '신식민지 국가독점자본주의사회'로 규정 ② 혁명전략 – 1단계(민족민주혁명:국가권력타도)→2단계(노동자주도 프롤레타리아독재정권 수립)
PDR파	① 민중민주주의혁명론. 남한을 '신식민지 국가독점자본주의사회'로 이해(물질적 조건은 성숙) ② 혁명전략 – 혁명의 전 과정을 단일한 단계의 사회주의 혁명으로 설정하고, 이를 혁명 초기 단계인 1과정혁명(민중연합권력수립)과 2과정혁명(노동자주도 아래 전체 산업통제권 장악과 독점자본국유화 등 전면적 사회주의혁명)으로 구분 ③ 통일관 – 남한의 사회주의혁명을 완수하여 완전한 사회주의국가로 통일을 이룩해야 한다는 입장 ⇨ 연방통일제를 주장하는 NL·ND 계열과 차이
트로츠키파	① 국제사회주의혁명론(남북한이 모두 사회주의와 상관없는 국가자본주의 체제로 타도의 대상) ② 혁명전략 – 시장중심 국가자본주의체제인 남한의 노동자계급만으로 기존 국가체제 즉각 타도 ③ 통일관 – 남과 북의 노동자계급이 동시에 국가권력 타도 후 사회주의 노동자국가 건설

> **참고** ▶ 북한이 사용하는 '민주주의', '자주'

① 프롤레타리아 민주주의로서 프롤레타리아에 의한 독재주의를 의미
② 북한의 민주주의 개념은 다수결에 의한 국민의 의사결정과 자유·평등 등을 기초로 하는 법치국가의 이념과는 전혀 다른 것
③ 대남선전선동에서 민주화 구호를 외치는 것은 민주주의 구호를 앞세워 상대방을 현혹시키기 위한 공산혁명가들의 전술
④ 북한은 '자주 = 반외세'라는 개념으로 간주하여 주한미군철수에 그 초점을 맞추고 있다.

제4절 방첩활동

1 방첩일반

(1) 방첩의 의의

> 기밀유지·보안유지. 상대방으로 하여금 우리측의 의도를 간파하지 못하게 하고, 우리측의 어떤 상황도 상대에서 간파되어서는 안 된다는 것을 의미

(2) 방첩의 기본원칙

> ① **완전협조의 원칙** – 방첩기관과 보조기관 및 전 국민의 완전협조가 요구된다는 원칙
> ② **치밀의 원칙** – 간첩활동이 치밀하므로, 방첩활동도 그보다 더 치밀한 계획과 준비를 해야 한다는 원칙
> ③ **계속접촉의 원칙**
>   ㉠ 간첩 등 용의자 발견해도 즉시 검거하는 것이 아니라 조직망 전체가 완전히 파악될 때까지 유·무형 접촉을 계속해야 함
>   ㉡ 계속접촉 유지단계 : **탐지 → 판명 → 주시 → 이용 → 검거 (탐판주이검)**

(3) 방첩의 수단

적극적 수단 (공격적 수단)	① 적에 대한 첩보수집 ③ 대상인물감시 ⑤ 간첩신문	② 적의 첩보공작분석 ④ 침투공작전개 ⑥ 간첩을 활용한 역용공작 등
소극적 수단 (방어적 수단)	① 정보·자재**보안**의 확립 ③ 시설**보안**의 확립 ⑤ **입법**사항 건의	② 인원**보안**의 확립 ④ **보안**업무 규화
기만적 수단	① 허위정보유포 ③ 유언비어유포	② 양동간계시위

2 방첩의 대상 - 간첩·태업·전복행위

(1) 간첩

1) 의의 – 대상국의 기밀을 수집하거나 태업·전복활동을 하는 모든 조직적 구성분자

> ≫ 간첩행위 – 북한을 위하여 군사상의 기밀뿐만 아니라 정치, 경제, 사회, 문화 등 각 방면에 걸쳐 우리나라의 국방정책상 북한에 알리지 아니 하거나 확인되지 아니함이 우리나라의 이익이 되는 모든 기밀사항을 탐지·수집하는 것

2) 간첩의 분류

① 임무(사명)에 의한 분류

일반 간첩	기밀탐지·수집 등 가장 전형적인 형태의 간첩
보급 간첩	간첩을 침투시키거나 이미 침투한 간첩에게 필요한 활동자재를 보급·지원하는 간첩
증원 간첩	**이미 구성된 간첩망의 보강**을 위해 파견된 간첩 또는 **간첩으로 이용할 양민 등의 납치·월북** 등을 주된 임무로 하는 간첩
무장 간첩	요인암살, **일반간첩의 호송** 등을 주된 임무로 하는 무장한 간첩

② 활동방법에 의한 분류

고정 간첩	일정지역 내에서 영구적으로 간첩임무를 부여받고 활동하는 간첩. 일정한 공작기간 없고 **합법적**으로 보장된 신분을 구비
배회 간첩	일정한 주거없이 전국을 배회하면서 임무를 수행. 합법적 신분 취득하면 고정간첩으로 변할 수 있음
공행 간첩	**외교관 등 공용의 명목 하에 타국에 입국하여 합법적인 신분**을 갖고 이를 기화로 상대국에 대한 각종 정보를 수집하는 것을 목적으로 하는 간첩

③ 손자(孫子)에 의한 간첩의 분류

향간	적국의 **시민을 사용**하여 정보활동을 하는 것
내간	적의 **관리를 매수**하여 정보활동을 하게 하는 것
반간	적의 **간첩을 역으로 이용**하여 아군을 위해 활동하는 것
사간	**배반할 염려가 있는 아군의 간첩**에게 고의로 조작된 사실을 주어 적에게 전언(傳言) 또는 누설하게 하는 것
생간	**적국 내에 잠입하여 정보활동을 하고 돌아와 보고하는 간첩. 현대국가에서 운용하는 첩보원들이 대부분 이에 해당**

> ≫ 직파간첩 김동식, 부부간첩 최정남의 경우 남한에 침투 후 북에서 온 공작원이라는 신분을 밝히고 통일사업에 협력할 것을 요구함으로써 직접적인 포섭방법을 사용
> ≫ 간첩의 해상침투 적기 – 무월광기, 해상의 파고가 1.5m 이내로 잔잔한 때, 해안이 인가와 밀접되어 위장침투가 가능하고 내륙과 교통수단 연계가 잘 되어 있는 장소

3) 간첩망

단일형	의의	동조자 없이 단독으로 활동. 대남간첩이 가장 많이 사용
	장단점	① 보안유지가 잘되고, 신속한 활동이 가능 ② 활동범위가 좁고, 공작성과가 비교적 낮음
삼각형 (쌈지)	의의	① 간첩이 3명 넘지 않는 한도에서 행동공작원 포섭하여 지휘하고, 포섭된 공작원간 횡적 연락은 차단 ② **지하당구축**에 주로 사용
	장단점	① 횡적연락이 차단되어 **보안유지가 잘되고 일망타진가능성이 적음** ② 활동범위가 좁고 공작원 검거시 간첩 정체가 쉽게 노출
서클형 (서첩)	의의	① 간첩이 합법적 신분 이용하여 침투하고 대상국의 정치·사회문제 이용, 적국의 이념이나 시장에 동조하도록 유도 ② **현대 첩보전**에 많이 이용
	장단점	① 합법적 신분 이용하므로 **간첩활동 자유롭고 대중적 조직과 동원 가능** ② 간첩 정체가 폭로되었을 때 외교적 문제 야기될 수 있음
피라미드형	의의	간첩밑에 주공작원 2~3명을 두고, 주공작원은 그 밑에 각 2~3명의 행동공작원을 두는 조직형태
	장단점	① 일시에 많은 공작 입체적으로 수행가능, 활동범위가 넓다 ② 행동노출 쉽고 일망타진가능성 높으며 조직구성에 많은 시간소요
레포형 (레피)		**피라미드형 조직**에 있어서 간첩과 주공작원 또는 주공작원 상호간에 연락원을 두고 종횡으로 연결하는 형태 **(현재는 사용되지 않음)**

≫ 난수표 – 간첩이 지령이나 보고내용을 은닉, 보호하기 위하여 아라비아 숫자로 상호약정한 암호문건
≫ A-3 방송 – 북한이 남파간첩에게 지령을 하달하는 수단으로 사용하는 방송

(2) **태업**

의의		① 대상국가의 전쟁수행능력, 방위력 약화시키기 위하여 행하여지는 직·간접 모든 손상·파괴행위 ② 노동쟁의 수단이었으나 공산주의자들이 침략전술로 이용하여 방첩활동의 주요대상
대상		① 전략·전술적 가치가 있을 것 ② 태업에 필요한 기구를 용이하게 입수할 수 있고 접근이 용이할 것 ③ 일단 파괴하면 **수리하거나 대체하기 어렵고 많은 시간이 소요**될 것
종류	물리적 태업	방화태업, 폭파태업, 기계태업
	심리적 태업	선전태업(유언비어유포등), 경제태업(경제질서혼란초래), 정치태업(정치적 갈등 조성)

(3) **전복**

의의		폭력수단을 사용하는 위헌적인 방법으로써 정권을 탈취하는 것
형태	국가전복	피지배자가 지배자 타도하여 정권 탈취하는 것
	정부전복	동일 지배계급 내의 일부세력이 집권세력 제압하여 권력차지
수단		전위당 조직, 통일전선 구성, 선전·선동, 테러전술, 파업과 폭동, 게릴라 전술 등

3 심리전

(1) 의의

비무력적인 선전·선동·모략 등의 수단에 의해 직접 상대국(적국)의 국민 또는 군대에 정신적 자극을 주어 사상의 혼란과 국론의 분열을 유발시킴으로써 자국의 의도대로 유도하는 전술

(2) 심리전의 종류

1) 운용에 따른 구분

전략 심리전	의의	광범위하고 장기적 목표하에 대상국 전국민 대상으로 실시하는 심리전
	예	자유진영국가들이 공산진영국가 국민들 대상으로 전개하는 대공산권방송
전술 심리전	의의	단기적인 목표하에 즉각적 효과 기대하고 실시하는 심리전
	예	간첩 체포했을 때 널리 공개

2) 목적에 따른 구분

선무심리전 (타협심리전)	우리측 후방지역의 사기를 앙양시키거나 수복지역 주민들의 협조를 얻고 질서를 유지하는 심리전. 타협심리적이라고도 함
공격적 심리전	적측에 대해 특정 목적을 달성하기 위해 공격적으로 행하는 심리전
방어적 심리전	적측이 가해오는 공격을 축소시키기 위해 방어적으로 행하는 심리전

3) 주체에 따른 분류 : 공연성 심리전(출처 명시)과 비공연성 심리전(출처 밝히지 않거나 위장)

(3) 심리전의 방법·수단

1) 선전

의의			주최측의 일정한 사상·판단·감정·관심 등을 대중에게 일방적으로 표시하여 의식·무의식 간에 그들의 태도에 일정한 경향과 방향을 부여하는 것
유형	백색 선전	의의	① 출처를 밝히고 행하는 선전 ② 국가 또는 공인된 기관이 공식적인 보도기관을 통하여 행하게 된다.
		장점	신뢰도 높다.
		단점	주제의 선정과 용어사용에 제한
	흑색 선전 (흑노)	의의	출처를 위장하여 암암리에 행사하는 선전
		장점	적국 내에서도 행할 수 있고 특정한 목표에 대해 즉각적이고 집중적인 선전가능
		단점	출처 노출의 **위험**이 있으므로 상당한 주의가 요구
	회색 선전 (회비역)	의의	**출처를 밝히지 않고(비노출)** 행하는 선전
		장점	선전이라는 선입관을 주지 않고 효과를 얻을 수 있다.
		단점	적이 회색선전이라는 것을 감지하고 역**선전**을 할 경우 대항이 어렵다.

2) 선동

대중의 심리를 자극, 감정을 폭발시킴으로써 그들의 이성·판단력을 마비시켜 폭력을 유발하게 하는 심리전의 한 기술

3) 불온선전물

북한이 직접 민심교란, 사회불안조성 목적으로 왜곡·선전하는 내용을 담은 각종 삐라·책자·신문·화보·전단 등의 선전물

4) 모략

자기 측에 불이익한 상대 측의 특정개인·단체에 누명 씌워 사회적으로 몰락·매장시키거나, 상대국세력을 약화 또는 단결력을 파괴시키는 심리전의 한 기술

5) 유언비어

① 국론분열 등을 위해 출처가 불분명한 풍설을 퍼뜨리는 심리전의 방법
② 유언비어는 인위적으로 조작하여 전파시키는 경우와 자연적으로 발생하는 경우가 있다.
③ 유언비어의 방지대책으로 근원지를 추적·색출하는 방법도 사용
④ 유언비어는 정치·경제·사회 등이 불안할 경우에 불안·공포·희망 등과 맞물려 발생되거나 조작되어 전파

참고 ▸ 관련 용어

아지트	① 비합법적인 운동이나 간첩행위 등의 근거지로 사용하는 집회소나 지도본부, 선동지령 본부의 약칭으로 노동쟁의를 지휘하는 지하본부 ② 아지트는 공작원이 외부로부터 보호될 수 있는 고도의 차단성 구비 ③ 아지트의 종류 – 무전아지트, 교육아지트, 비상아지트 등	
비트	땅을 파고 들어가 은신하는 비합법적 활동의 잠복거점	
드보크	의의	드보크는 러시아어로 참나무를 뜻하는 '두푸'에서 유래된 공작용어로서, 사람을 통하지 않고 자연지물을 이용한 비밀함에 의하여 상·하향 물건이나 문건·공작금·공작장비·무기 등을 주고받는 연락수단
	장단점	① 장점 – 직접 접촉으로 인한 위험성이나 노출 방지하고 안전하게 연계·연락을 실현하여 보안성 높음 ② 단점 – 매몰장소 식별 곤란

4 대공상황 분석·판단

의의	① 대공상황 – 국가안보와 관련된 제반사태 중 안보경찰의 업무영역에 해당되는 상황. ② 대공상황 분석판단 – 정책결정권자에게 사태에 따른 처리방향과 결심을 주기 위한 활동
조치요령	① **대공상황 발생 시 112 타격대와 안보분석요원이 동시 현장 진출하고, 출동조치와 병행하여 군·보안부대 등 유관기관에 상황 전파**(출동하여 사실확인 후 대공상황이라고 판단되면 군·보안부대에 통보 X) ② 작전부대의 긴급조치가 필요한 사항을 우선 파악하고, 신고자와 목격자 상대 조사를 실시한다. 아울러 현장 보존 및 사진 촬영 등을 실시한다. ③ 분석요원과 안보책임간부는 통신장비, 분석장비를 휴대하고 현장에 신속히 출동하여 분석판단 및 사건처리에 임한다. ④ 현장확보, 목배치 등 초동조치는 사건처리에 있어서 중요한 관건 ⑤ 대공상황 분석판단과정에도 **일반형사사건과 마찬가지로 현장조사가 매우 중요** (일반형사사건과 달리 현장조사가 중요한 것은 아니다 X) ⑥ **상황이 발생하면 우선 개요를 보고**하고, 의문점에 대하여는 2보·3보 순서로 연속하여 계속 보고
유의사항	① 대공상황의 보고 및 전파 시 신속성·적시성·정확성·간결성·보안성 유지 ② 발생부터 종결까지 상황전개에 따른 안보상황 보고를 일관성 있게 실시 ③ 대간첩 작전과 관련된 사항은 접수 즉시 상황판을 작성하고 상황유지 ④ 보안 유지 사안은 관련기관 보안조치와 함께 보고서에 보안성 문구 표기
판단을 위한 구비요건	① 자료는 사실 그대로 수집하고 이를 종합하여야 한다. ② 과대한 표현 방법은 지양(과대한 표현방법 지향 X) ③ 객관적 자료를 예시하고 간명하게 기술 ④ 유관기관과 협조하여 의견을 종합적으로 판단 ⑤ 판단 시 배제되어야 할 점 – 주관적 선입관, 불충분한 자료의 응용, 불합리한 사실에 기초한 추리판단, 중요한 사항의 결략, 증거물의 임의적 제외 등
분석과정시 주의사항	① 주어진 상황과 결론이 일치해야 함(주어진 상황과 결론이 일치할 필요는 없다 X) ② 여러 출처에서 나온 정보를 활용 ③ 전체적인 관련성을 유지 ④ 합리적이며 논리적 분석이 필요

제5절 안보수사활동

1 안보수사활동 일반

안보수사	정보사범을 인지, 색출, 검거, 신문하는 일련의 활동	
정보사범	의의	「정보및보안업무기획·조정규정」 제2조 제5호에 열거된 사범으로서 국가존립의 기본질서를 해하는 반국가적 사범
	특성	확신범, 보안성, 비노출적 범행, 조직적 범행, 비인도적 범행, 동족간 범행

2 「국가보안법」

(1) 「국가보안법」의 특성

1) 형법에 대한 특례

예비·음모의 확장	예비·음모·미수죄가 원칙적으로 적용
범죄 선전·선동 및 권유, 편의제공	① 교사나 방조가 아니라 별도의 정범 ② 범인에게 금품, 재산적 이익만을 제공해도 정범(편의제공죄)
자격정지 병과	국가보안법위반범죄에 대하여 **유기징역형 선고**할 때는 그 형의 장기 이하의 **자격정지** 병과할 수 있다.
불고지죄의 규정	모든 국민에게 범죄에 대한 고지의무 부과(O)
형의 특별감면	죄를 범한 후 자수하거나 다른 「국가보안법」상 죄 범한 타인 고발하거나 타인이 「국가보안법」상 죄 범하는 것을 방해한 때는 형을 감경 또는 면제한다. » **주의** 이법의 죄를 예비음모한 자가 그 실행에 이르기 전에 자수한 때 – 필요적 감면사유(X)

2) 「형사소송법」에 대한 특례

① 참고인의 구인과 소환(법 제18조)

> 검사·사법경찰관으로부터 참고인으로 소환받은 자가 **정당한 이유 없이** 2회 이상 소환에 불응할 때는 지방법원판사의 구속영장 받아 구인가능

② 피의자구속기간의 연장(「국가보안법」 제19조)

> ㉠ 지방법원판사는 **제3조 내지 제10조의 죄**로서 수사 계속함에 상당한 이유 있다고 인정한 때는 사법경찰관의 구속기간 연장을 **1차에 한하여 허가** 가능 – **사법경찰관의 피의자 구속기간 최대 20일**
> ㉡ 지방법원판사는 **제3조 내지 제10조의 죄**로서 수사 계속함에 상당한 이유가 있다고 인정한 때는 검사의 구속기간 연장을 **2차에 한하여 허가** 가능 – **검사의 피의자 구속기간 최대 30일**

③ 공소보류(공소유예 X)(법 제20조)

> ⊙ 검사는 「국가보안법」의 죄를 범한 자에 대하여 「형법」 제51조 참작하여 공소제기 보류할 수 있다.
> ⓒ 공소보류 받은 자가 **공소제기 없이 2년이 경과**하면 소추할 수 없다.
> ⓒ 공소보류 받은 자가 법무부장관이 정한 감시·보도에 관한 규칙에 위반한 때에는 공소보류를 **취소할 수 있다**.
> ⓔ 공소보류가 취소된 경우에는 동일한 범죄사실로 재구속할 수 있다.

④ 몰수·추징 및 압수물의 처분

> 「국가보안법」의 죄를 범하고 보수 받은 때에는 몰수한다.

(2) 국가보안법 각론

1) 반국가단체 구성·가입·가입권유죄(법 제3조)

① 반국가단체의 의의(법 제2조)

> 정부를 참칭하거나 국가를 변란할 것을 목적으로 하는 국내·외의 결사 또는 집단으로서 지휘통솔체제를 갖춘 단체
> ≫ 위계·분담 등의 체계가 존재하지 않는 단체는 목적이 정부참칭이라도 반국가단체라 할 수 없다.

② 정부참칭·국가변란의 목적

정부참칭	**정부와 동일한 명칭 사용할 필요까지는 없고**, 일반인이 정부로 오인할 정도면 충분
국가변란	⊙ 정부를 전복하여 새로운 정부를 조직하는 것 ⓒ 정부전복 - 정부 구성하고 있는 자연인(대통령이나 대법원장 등)의 사임이나 교체만으로는 부족, **정부조직이나 제도 그 자체를 파괴를 의미** ⓒ 「형법」 제91조(내란죄)의 **국헌문란이 국가변란보다 넓은 개념(O)**

2) 목적수행죄(법 제4조)

① 의의

반국가단체의 구성원 또는 그 지령을 받은 자가 그 결사·집단의 목적수행 위하여 자행하는 간첩·인명살상·시설파괴행위 등을 함으로써 성립

≫ 목적수행죄가 성립하기 위해서는 특정된 지령의 내용과 목적수행 내용이 어느 정도 합치되어야 한다.

② 주체 : 반국가단체의 구성원 또는 그 지령을 받은 자만 주체가 될 수 있다.

반국가단체의 구성원	반드시 수괴·간부 기타 지도적 임무에 종사할 것을 요하지 않고, 특정 임무에 종사하지 않는 **일반 구성원도 포함**
지령을 받은 자	① **반국가단체로부터 직접 지령을 받은 자뿐만 아니라 지령을 받은 자로부터 다시 받은 자도 포함** ② 받은 지령의 내용은 구체적이고 독립적일 필요까진 없고, 어떤 지령이 있었다고 인정할 수 있을 정도면 된다. ③ 남파공작원은 신분과 목적에 비추어 전반적인 기밀 탐지·수집활동의 수행이 예정되어 있으므로 지령의 내용이 특정되어 있지 않더라도 목적수행죄 구성

③ 간첩죄

주체	① **반국가단체 구성원이나 그 지령을 받은 자만 주체가 될 수 있음**(주체는 신분범이므로 간첩행위를 방조한 비신분범은 편의제공죄) ② 지령을 받은 자의 경우 지령내용과 간첩행위 간의 내용이 어느 정도 합치되어야 한다.		
대상	군사상 기밀	㉠ 군사사항뿐만 아니라 **정치·경제·사회등 각 방면에 걸쳐** 적국에 알리지 아니하거나 확인되지 아니함이 우리나라 국익 내지 국방정책상 필요한 모든 기밀 ㉡ **휴전선 부근의 지리상황, 군사관련 잡지 – 군사상 기밀(O)**	
	기밀의 요건	정보성	
		실질비성	㉠ 기밀로서 보호할 실질적 가치 있어야 함 ㉡ 기밀은 법령에 따라 비밀로 분류된 것에 한하는 것 아님
		비공지성	㉠ 일반인에게 널리 알려진 공지의 사실 – 군사상 기밀(X) ㉡ **한정된 범위 내의 사람만 참관할 수있는 세미나·박람회 등에서 입수한 정치·군사 동향 등 – 비공지성 인정**
실행의 착수 시기	㉠ 북한 남파간첩 – **간첩복석으로 대한민국에 잡입한 때** ㉡ 국내에서 무인포스트 설정하라는 지령받고 무인포스트 설정한 것만으로는 부족하고 그 지령에 따라 기밀탐지, 수집행위로 나아갈 때 실행의 착수 ㉢ 기밀에 대한 물색에 착수하였으나 입수에 이르지 못하였다면 미수 ㉣ 지령자와 기밀수집을 위한 구체적인 계획을 논의하였다면 실행의 착수 X, 예비음모 O		

3) 자진지원죄(법 제5조 제1항)

주체	① **반국가단체의 구성원 또는 그 지령을 받은 자를 제외한 모든 사람** ② 반국가단체로부터 직접 지령을 받지 않았지만 **그 지령을 받은 자로부터 다시 지령을 받은 경우** 　실질적으로 반국가단체의 지령을 받은 것과 마찬가지이므로 자진지원이 아니라 목적수행에 해당
행위태양	자진하여　구성원 또는 그 지령을 받은 자와 **사전 의사연락없이** 범행
	목적범　　반국가단체나 그 구성원 또는 지령받은 자를 지원할 목적이 있어야 한다.

4) 금품수수죄(법 제5조 제2항)

조문	국가의 존립·안전이나 자유민주적 기본질서를 위태롭게 한다는 정을 알면서 반국가단체의 구성원 또는 그 지령을 받은 자로부터 금품을 수수한 자는 7년 이하의 징역에 처한다.
주체	**주체 제한 없다.**
구성요건	① **금품은 환금성이나 경제적 가치가 있어야 하는 것은 아님** - 반국가단체로부터 무기나 무전기 수령, 음식물 접대 등 향응수수하는 것도 금품 O ② 금품 수수 - 금품을 취득하여 자기 또는 제3자의 지배하에 두는 것
기수	금품 받기로 약속하거나 제공의사 용인만으로는 기수 X

> **참고** ● 이적지정("국가의 존립안전이나 자유민주적 기본질서를 위태롭게 한다는 정을 알면서")
>
> ① 이적지정에 대한 인식은 확정적일 필요 없고, **미필적 인식으로 충분**
> ② "국가의 존립안전 위태" - 대한민국의 독립을 위협·침해하고, 헌법과 법률의 기능 및 헌법기관을 파괴·마비시키는 것
> ③ "자유민주적 기본질서 위태" - 우리나라의 법치주의적 통치질서와 경제체제 등을 파괴·변혁시키는 것
> ≫ 구체적으로 반국가단체를 이롭게 할 수 있다는 점을 알면서도 제7조에서 정한 각각의 행위를 실현시킬 목적을 의미하는 것은 '이적지정'이 아니라 '이적목적성'에 대한 설명

5) 잠입·탈출죄(법 제6조)

단순 잠입·탈출	① 국가의 존립·안전이나 자유민주적 기본질서를 위태롭게 한다는 정을 알면서 반국가단체의 지배하게 있는 지역(**북한, 북한국적 항공기·선박, 북한의 해외공관 등 포함**)으로 탈출(한국 → 북한)하거나 그 지역으로부터 잠입(북한 → 한국) ≫ 甲은 사업에 실패하고 이혼까지 당하게 되자 자유민주질서에 위배된다는 점을 알면서도 사업 가장하여 북한에 들어갔으나, 북한으로부터 이용가치가 없다는 이유로 추방당하였다. 甲은 국가보안법상 잠입탈출죄에 해당 ② **주체에는 아무런 제한이 없음** – 반국가단체 구성원 또는 그 지령을 받은 자나 외국인도 주체가 된다. ③ 외국인 　㉠ 단순잠입죄 – 반국가단체 지배하의 지역으로부터 대한민국에 들어온 이상 어디에 체류하다 왔는가와 상관없이 성립 　㉡ 단순탈출죄 – 국내 거주 외국인이 반국가단체 지배 지역으로 들어가는 것은 단순탈출죄 성립 O, 외국에서 반국가단체 지배하의 지역으로 들어가는 행위 단순탈출죄 성립 X ④ 단순잠입죄는 대한민국으로 진입하는데 필요한 밀접한 행위가 개시되었을 때가 실행의 착수 인정, 진입에 성공하는 순간에 기수 ⑤ 단순탈출죄는 반국가단체의 지배 하에 있는 지역 안으로 들어간다는 인식만 있으면 되고, 지령을 받을 목적이 있어야 하는 것은 아님 ⑥ 다시 돌아올 의사 있더라도 단순탈출죄 성립
특수 잠입·탈출	① 반국가단체나 그 구성원의 지령을 받거나 받기 위하여 또는 그 목적수행을 협의하거나 협의하기 위하여 잠입하거나 탈출 ② **잠입의 방법이 반드시 은밀할 필요는 없다.** ③ 특수잠입죄의 경우 단순잠입죄와 달리 '반국가단체 지배하에 있는 지역'으로 부터의 잠입일 것을 요구하지 않는다. ≫ **주의** 간첩행위 목적으로 대한민국이 지배하는 지역으로 잠입하였다면 잠입 즉시 "특수잠입죄" 기수. "목적수행죄"의 미수죄 성립 – 두 범죄는 상상적 경합

6) 각종 이적행위

① 찬양·고무죄(법 제7조 제1항)

의의	**국가의 존립·안전이나 자유민주적 기본질서 위태롭게 한다는 정을 알면서** 반국가단체나 그 구성원 또는 그 지령을 받은 자의 활동을 찬양·고무·선전 또는 이에 동조하거나 국가변란 선전·선동
주체	제한없음
구성요건	㉠ **국가의 존립·안전이나 자유민주적 기본질서 위태롭게 한다는 정을 알아야** 한다. ≫ 국가의 존립·안전이나 자유 민주적 기본질서에 위해를 줄 개연성이 있으면 족하다(×) ㉡ 국가의 존립·안전이나 자유민주적 기본질서 위태롭게 할 목적의식 또는 의욕 X, 그와 같은 사실에 대한 인식만 있으면 충분 ㉢ 어떤 행위가 찬양, 고무, 선전, 동조에 해당하는지 여부는 행위를 전체적으로 평가 ㉣ 반국가단체 등의 활동과 동일한 내용의 주장을 하거나 이에 합치되는 행위를 하는 것은 법 제7조 제1항 "동조"에 해당한다. ㉤ 북한에서 만주에 있는 우리 선조들의 문화유적지 답사·발굴 작업을 공동으로 수행하자고 제의한 것에 호응 – 이적 동조 등 죄에 해당 X

② 이적단체 구성·가입죄(법 제7조 제3항)

이적단체	**별개의 반국가단체 존재를 전제로 하여** 반국가단체나 그 구성원 또는 지령을 받은 자의 활동을 찬양, 고무, 선전, 동조하는 것을 목적으로 하는 단체(비교 – **정부참칭이나 국가변란이 1차적 목적이면 반국가단체**) ≫ 이적단체 – 특정 다수인, 지휘통솔체제
주체	㉠ **제한없음** ㉡ **기존 이적단체원들이 별도 이적단체 구성하면 새로 범죄 성립**
구성요건	㉠ 단체성 인정을 위해 특정 다수인의 계속적이고 독자적인 결합체가 요구 ㉡ 지휘통솔체제를 구비한 이상 **단체명, 회칙, 강령 등이 없어도 무방** ㉢ 행위자가 북한당국과 대화 중 이의제기한 부분이 있다고 하여도 전체로 보아 고무, 동조, 찬양한 것이라면 범죄성립 ㉣ 조직원에 대하여 가입 의사표시 밝히고 토론에 참여하는 방식으로도 가입할 수 있으며, **이적단체 가입절차가 없어도 범죄성립가능**
범죄성립	㉠ **통솔체제를 갖춘 계속적 결합체로 결성된 때**(이적성 표출한 때 X) ㉡ 합법단체였으나 이후에 이적행위 목적으로 하는 단체로 그 실체가 변경되었다면 그 시점부터는 이적단체구성죄 성립
처벌	㉠ 법정형이 1년 이상의 유기징역으로 찬양·고무(법 제7조 제1항)보다 중하다. ㉡ 필요적 공범의 일종으로서 **행위자의 지위와 역할의 차이에 따른 법정형의 구별을 두고 있다.**(X) ㉢ 이적단체 가입죄의 공소시효는 **가입하였을 때부터 기산**한다.

③ 이적단체 구성원이 사회질서 혼란을 조성할 우려가 있는 사항에 관하여 허위사실 날조유포 (법 제7조 제4항)

④ 안보위해문건 제작 등 죄(법 제7조 제5항)

의의	「국가보안법」 제7조 1항·제3항 또는 제4항의 행위를 할 목적으로 문서·도화 기타의 표현물(컴퓨터 디스켓, 영화나 사진의 필름, 음반 등)을 제작·수입·복사·소지·운반·반포·판매 또는 취득
주체	제한없음
구성 요건	① 문서는 반드시 원본이나 완성본일 필요가 없고, 사본이나 초안도 해당한다. ② 표현물의 내용이 **대한민국의 존립·안전과 자유민주적 기본질서를 위태롭게 한다는 정**을 요한다. ≫ 표현물의 내용이 대한민국의 존립·안전과 자유민주주의체제를 위협할 개연성이 있으면 충분하다. (X) ③ 이적표현물로 인정되기 위해서는 그 표현물의 내용이 대한민국의 존립·안전과 자유민주의체제를 위협하는 적극적이고 공격적인 것이어야 한다. ④ 이적행위를 할 목적이 있었다는 점은 검사가 증명하여야 하며, 행위자가 이적표현물임을 인식하고 제작 등을 하였다는 사실만으로 이적행위를 할 목적이 있었다고 추정해서는 아니 된다. ≫ 문건의 이적성을 인식하면서도 표현물을 취득·소지한 이상 이적목적이 추정된다는 것이 판례의 입장이다(X) ⑤ 표현물의 이적성 정도, 행위자의 신분·연령·지식정도, 표현물 소지 동기와 경위 등 제반 사실을 종합적으로 고려하여 이적목적을 증명하는 것이 인정 ≫ 이적목적은 직접증거로 엄격하게 증명하여야 한다(X)

7) 회합·통신죄(법 제8조)

의의	국가의 존립·안전이나 자유민주적 기본질서를 위태롭게 한다는 정을 알면서 반국가단체의 구성원 또는 그 지령을 받은 자와 회합·통신 기타의 방법(**인편, 무인포스트, 낙서, 광고, A3방송 지령수수, 기자회견** 등)으로 연락
주체	① **제한없음(반국가단체 구성원 상호간에도 성립)** ② 외국인도 주체가 될 수 있지만 국외에서 회합·통신 했다면 처벌할 수 없다.
구성 요건	① 상대방이 반국가단체의 구성원 또는 그 지령을 받은 자라는 인식이 있어야 한다. ② 국가의 존립안전이나 자유민주적 기본질서를 위태롭게 한다는 정을 알아야 한다. 　- 단순한 신년인사나 안부편지는 특별한 사정이 없는 한 본죄 구성(X) ③ 판례는 사교적·의례적 행위가 아닌 경우 기본적으로 위험성을 인정하고 있다. ④ 군인이 군사분계선 밖에서 북한 군인을 만나 회합하였더라도 그들의 선전적 주장을 공박·봉쇄하고 대한민국우위 억실한 경우는 처벌 X ⑤ 회합일시·장소를 결정하기 위해 사전에 통신한 후 회합한 경우 - **통신죄와 회합죄는 실체적 경합**

8) 편의제공죄(법 제9조)

의의	「국가보안법」 제3조(반국가단체 구성·가입), 제4조(목적수행), 제5조(자진지원·금품수수), 제6조(잠입·탈출), 제7조(이적행위), 제8조(회합·통신) 위반의 죄를 범하거나 범하려고 하는 자에게 유·무형의 편의를 제공함으로써 성립한다. ≫ 편의제공죄는 「형법」상 종범과는 달리 본범의 실행 착수 전 또는 범행종료 후에도 성립
주체	제한없음(반국가단체 상호간에도 가능)
행위	제공 – 적극적인 행위 O, **부작위 같은 소극적 행위 X**
처벌	금품 제공 시 유상제공이라도 편의제공 결과 발생하면 처벌 가능

9) 불고지죄(법 제10조)

불고지의 대상범죄	반국가단체구성(제3조), 목적수행(제4조), 자진지원(제5조)의 죄를 범한 자라는 정을 알면서 수사기관 또는 정보기관에 고지하지 아니한 자 ≫ 반, 목, 자 이외의 범죄 불고지에 대한 일반적 처벌규정은 없음
구성요건	① 주체제한 없음 – 반국가단체 구성원이나 외국인 등을 불문 ② 고지의무는 본범이 타인의 범죄인 경우에 한하여 발생 – **자기 범죄인 경우는 고지의무 발생 X** ③ 고지의무는 본범의 범행사실을 알게 된 때부터 발생
처벌	① 5년 이하 징역 또는 200만원 이하 벌금(「국가보안법」 중 유일하게 벌금형 규정) ② **본범과 친족관계** – 형을 감경 또는 면제한다(필요적 감면)

10) 무고·날조죄(법 제12조)

제12조(무고, 날조) ① 타인으로 하여금 형사처분을 받게 할 목적으로 이 법의 죄에 대하여 무고 또는 위증을 하거나 증거를 날조·인멸·은닉한 자는 그 각조에 정한 형에 처한다.

≫ 甲은 돈을 빌려간 乙이 돈을 갚지 않자 앙심을 품고 경찰에 '乙은 북한에서 온 간첩이다'라고 신고하였다. 甲의 무고행위를 처벌하는 보안관련법 – 국가보안법

(3) 상금

이 법의 죄를 범한 자를 수사기관 또는 정보기관에 통보하거나 체포한 자에게는 대통령령이 정하는 바에 따라 상금을 지급한다.

3 첨단안보수사

(1) 첨단안보수사의 의의

> ① 사이버 상에서의 안보위해요소 차단 및 안보위해사범에 대한 수사
> ② 안보수사국 신설에 따라 사이버 상 안보경찰활동을 '첨단안보수사'로 명명(과거 '보안사이버')

(2) 첨단안보수사의 법적 근거

과거의 첨단안보수사	① 국가경찰과 자치경찰의 조직 및 운영에 관한 법률(제3조), 경찰관 직무집행법(제2조) ② **국가보안법(제7조)**, 정보통신망 이용촉진 및 정보보호에 관한 **법률(제44조의7)**
첨단안보수사의 영역 확대	과거의 첨단안보수사가 국가보안법(제7조, 이적표현물)에 집중됐다면, 안보개념 확대에 따라 사이버상 대응분야가 **불법무기·폭발물·테러분야까지** 확대됨으로써 **테러방지법, 총포화약법** 등도 법적 근거가 될 수 있음

> 「정보통신망 이용촉진 및 정보보호에 관한 법률」
> **제44조의7(불법정보의 유통금지 등)** ① 누구든지 정보통신망을 이용하여 다음 각호의 어느 하나에 **해당하는 정보를 유통하여서는 아니된다.**
>   7. 법령에 따라 분류된 비밀 등 **국가기밀을 누설**하는 내용의 정보
>   8. 「국가보안법」에서 **금지하는 행위를 수행**하는 내용의 정보
>   9. 그 밖에 범죄를 목적으로 하거나 교사 또는 **방조**하는 내용의 정보
> ③ **방송통신위원회**는 제1항 제7호부터 제9호까지의 정보가 **다음 각 호의 모두에 해당하는 경우**에는 정보통신서비스 제공자 또는 게시판 관리·운영자에게 해당 정보의 처리를 **거부·정지 또는 제한하도록 명하여야 한다.**
>   1. 관계 중앙행정기관의 장의 요청이 있었을 것
>   2. 제1호의 요청을 받은 날부터 **7일 이내에 심의위원회의 심의를 거친 후** 「방송통신위원회의 설치 및 운영에 관한 법률」 제21조 제4호에 따른 **시정 요구를 하였을 것**
>   3. 정보통신서비스 제공자나 게시판 관리·운영자가 **시정 요구에 따르지 아니하였을 것**
> **제73조(벌칙)** 다음 각 호의 어느 하나에 해당하는 자는 **2년 이하의 징역 또는 2천만원 이하의 벌금**에 처한다.
>   5. 제44조의7 제2항 및 제3항에 따른 **방송통신위원회의 명령을 이행하지 아니한 자**

(3) 첨단안보수사의 특징

보안성	안보경찰의 기본적 특징, 즉 **비공개·비노출** 수사가 필요하다. (공개성이 요구 X)
전문성	① 대상 공간이 사이버공간이므로 **IT 분야에 대한 지식과 최신수사기법을 활용해야** 한다. ※ 디지털 증거의 증거능력을 부인하거나 증거물의 소유 관계를 부정하는 등 다양한 방식의 변론을 예상할 수 있어 무결점 수준의 수사과정 진행을 요한다. ※ 첨단안보수사의 대상은 사이버공간이므로 **관할 구분이 사실상 무의미하다** ⇨ (온라인으로 연결된 모든 곳이 범죄지가 될 수 있어 관할 구분의 판단이 중요하다 X) ② 이적목적성 규명을 위해 국가전복혁명론과 북한의 **대남전략·전술 등 전문지식이 필요**하다.
신속성	정보통신기술의 발전과 함께 범죄수법이 진화하고 있고, 사이버 상 삭제 등이 용이하기 때문에 **일반 안보사범보다 신속히 수사해야** 한다.

제6절 보안관찰

1 보안관찰의 의의

① 「보안관찰법」 제1조 – 이 법은 특정범죄를 범한 자에 대하여 재범의 위험성을 예방하고 건전한 사회복귀를 촉진하기 위하여 보안관찰처분을 함으로써 국가의 안전과 사회의 안녕을 유지함을 목적으로 한다.
② 대상자의 자유를 제한하는 대인적 보안처분
③ 보안관찰처분은 본질·목적·기능에 있어 형벌과는 다른 독자적인 의의를 가진 사회보호적 처분이므로, **형벌과 병과해도 일사부재리의 원칙에 위배되지 않는다.**
④ 보안관찰처분은 대상자의 양심을 문제 삼는 것이 아니라 재범위험성이 외부로 표출되는 경우에 재범방지를 위해 내려지는 특별 예방적 처분이므로 양심의 자유를 보장한 헌법에 위반되지 않음

2 보안관찰처분의 요건

(1) 보안관찰처분대상자 (제3조)

보안관찰해당범죄 또는 이와 경합된 범죄로 금고 이상의 형의 선고를 받고 그 형기합계가 3년 이상인 자로서 형의 전부 또는 일부의 집행을 받은 사실이 있는 자

(2) 보안관찰 해당범죄 (법 제2조)

형법	① **내란목적살인죄** ② 외환유치죄 ③ 여적죄 ④ 모병이적죄 ⑤ 시설제공이적죄 ⑥ 물건제공이적죄 ⑦ 간첩죄 **주의** 내란죄, 일반이적죄, 전시군수계약불이행죄 제외
군형법	① 반란죄 ② 반란목적의 군용물탈취죄 ③ 이적목적 반란불보고죄(제9조 제2항) ④ 군대 및 군용시설제공죄 ⑤ 군용시설등 파괴죄 ⑥ 간첩죄 ⑦ **일반이적죄** **주의** 단순반란불보고죄(9조 제1항) 제외
국가보안법	① 목적수행죄(제4조) ② 자진지원죄, 금품수수죄(제5조) ③ 잠입·탈출죄(제6조) ④ 무기 등 편의제공죄(제9조 제1항) **주의** 반국가단체 구성·가입·권유, 찬양·고무죄, 회합통신죄, 기타 편의제공죄, 불고지죄, 특수직무유기죄, 무고날조죄는 제외

3 보안관찰처분

① 보안관찰처분대상자 중 **보안관찰해당범죄 다시 범할 위험성 있다고 인정할 충분한 이유** 있어 재범방지 위한 관찰이 필요한 자에 대하여는 보안관찰처분을 한다.
② **관할 경찰서장은** 피보안관찰자의 동태를 관찰하고 사회에 복귀하도록 선도하여 보안관찰해당 범죄를 다시 범하지 아니하도록 예방하여야 한다.

4 보안관찰처분의 절차

(1) **청구**

보안관찰처분 청구는 **검사가 처분청구서를 법무부장관에게 제출**

(2) **보안관찰처분 사안의 조사**

사안조사 대상자	형사법상 피의자가 아니라 「보안관찰법」상 '용의자'로 강제수사는 불가능하고, 대상자의 협조로 사안조사 진행
사안의 종류	"사안"이라 함은 **보안관찰처분청구, 보안관찰처분취소청구, 보안관찰처분기간 갱신청구, 보안관찰처분면제결정청구, 보안관찰처분면제결정취소청구 및 보안관찰 처분면제결정신청에 관한 사안**을 말한다.(응급구호청구 X)
사안 인지	사법경찰관이 사안조사에 착수하고자 하는 때에는 사안인지승인신청서를 작성하여 검사의 승인을 얻어야 한다.
사안조사 절차	① 검사 또는 사법경찰관리는 용의자 또는 참고인에 대하여 출석을 요구하는 때에는 출석요구서를 발부하여야 한다. 다만, 긴급을 요하는 때에는 전화 또는 구두로 출석을 요구할 수 있다. ② 출석요구서에는 출석일시·장소 및 출석요구의 취지를 명백히 기재하여야 한다. ③ 검사 또는 사법경찰관은 용의자 또는 관계인과 친족 기타 특별한 관계로 인하여 조사의 공정성을 잃거나 의심을 받을 염려가 있다고 인정되는 사안에 대하여는 **소속관서장의 허가 받아 조사를 회피하여야 한다.** ④ 검사 또는 사법경찰관리는 조사를 위하여 필요한 경우에는 보안관찰처분대상자 또는 그 관계인에 대한 출석요구, 자료제출 요구할 수 있고, 공무소 기타 공·사단체에 대한 조회와 자료 제출 요구할 수 있다.

(3) 보안관찰처분 사안의 송치

① 사법경찰관리는 조사 종결한 때에는 지체없이 사안을 관할검사장에게 송치
② 송치서류는 형사사건기록과 같은 요령으로 작성하며, 의견서는 사법경찰관 명의로 작성한다.
③ 사법경찰관리는 사안송치 후 용의자에 대하여 다른 보안관찰해당범죄경력을 발견한 때에는 즉시 그 **사안을 담당하는 검사(주임검사)에게 보고**
④ 사법경찰관리는 **송치 후 조사 계속하고자 하는 때에는 미리 주임검사 지휘 받아야** 함

(4) 보안관찰처분의 면제(법 제11조)

면제요건	① 준법정신이 확립 (준주생신2) ② 일정한 주거와 생업이 있는 자 ③ 대통령령이 정한 신원보증(2인 이상 신원보증인의 신원보증)이 있는 자

(5) 결정(법 제14조)

① 법무부장관은 청구된 사안을 심사 후 지체없이 보안관찰처분심사위원회에 그 사안을 회부해야 한다.
② 보안관찰처분결정은 **보안관찰처분심의위원회 의결 거쳐 법무부장관이 행한다.**

> **참고** ⊙ 보안관찰처분심의위원회(법 제12조)
>
> ① 보안관찰처분에 관한 사안 심의·의결 위하여 **법무부에 보안관찰처분심의위원회 둔다.**
> ② 위원회는 위원장 1인과 6인의 위원으로 구성
> ③ 위원장은 법무부차관
> ④ 위원은 법무부장관의 제청으로 대통령이 임명 또는 위촉한다.
> ⑤ 위원회는 다음 각호의 사안을 심의·의결한다.
>   ㉠ 보안관찰처분 또는 그 기각의 결정
>   ㉡ 면제 또는 그 취소결정
>   ㉢ 보안관찰처분의 취소 또는 기간의 갱신결정
> ⑥ 위원회의 회의는 위원장을 포함한 재적위원 과반수의 출석으로 개의, 출석위원 과반수의 찬성으로 의결

5 보안관찰처분기간

① 보안관찰처분기간은 2년
② 법무부장관은 검사의 청구가 있는 때에는 보안관찰처분심사위원회 의결 거쳐 기간 갱신가능
③ 갱신된 기간도 2년, **갱신횟수는 제한 없음**

6 보안관찰처분의 집행

① 보안관찰처분의 집행은 검사가 결정서등본을 첨부한 서면으로 관할경찰서장에게 지휘하여 실시한다.
② 집행중지
  ㉠ **검사는 피보안관찰자가 도주하거나 1월 이상 소재 불명한 때**에는 보안관찰처분의 집행중지결정을 할 수 있다. 그 사유가 소멸된 때에는 **지체없이 그 결정을 취소**하여야 한다.
  ㉡ 보안관찰처분 집행중지는 관할 경찰서장의 신청에 의해 검사가 결정한다. 검사는 집행중지결정을 한 때에는 관할경찰서장에게 보안관찰처분 집행중지결정의 집행지휘를 하고 지체없이 이를 법무부장관에게 보고
  ㉢ 집행중지결정일부터 집행중지결정이 취소될 때까지 보안관찰처분기간 진행정지

7 보안관찰의 수단 - 지도

① 피보안관찰자에 대하여 신고사항을 이행함에 적절한 지시를 하는 것
② 보안관찰해당범죄를 범한 자와의 회합·통신을 금지하는 것
③ 집단적인 폭행, 협박, 손괴, 방화등으로 공공의 안녕질서에 직접적인 위협을 가할 것이 명백한 집회 또는 시위장소에의 출입을 금지하는 것

8 신고

(1) 보안관찰처분대상자의 신고(제6조)

대상자 신고	대상자는 대통령령이 정하는 바에 따라 형의 집행받고 있는 교도소등에서 출소전에 거주예정지 기타 대통령령으로 정하는 사항을 교도소등의 장을 경유하여 **거주예정지 관할경찰서장에게 신고(출소 2개월 전까지)**
출소사실 신고	① **출소 후 7일 이내에 거주예정지 관할경찰서장에게 출소사실을 신고**하여야 한다. ② 출소한 보안관찰처분대상자가 신고기간내에 신고를 하지 아니한 때에는 지체없이 이를 거주예정지 관할검사에게 보고 → 검사의 신고 유도에도 계속거부시 지체없이 보안관찰처분을 신청하고 동시에 보안관찰법 위반으로 입건
변동사항 신고	출소한 후 신고사항에 변동있을 때에는 **변동있는 날부터 7일 이내 변동된 사항을 관할경찰서장에게 신고** ⇨ **헌법불합치 결정**: 사생활의 비밀과 자유 및 개인정보자기 결정권을 침해한 것(2023. 6. 30.까지 효력유지)

(2) 피보안관찰자의 신고

피보안관찰자신고	피보안관찰자는 보안관찰처분 **결정고지 받은 날로부터 7일 이내** 일정사항을 주거지 관할 지구대·파출소장 거쳐 관할 경찰서장에게 신고
정기신고	피보안관찰자는 보안관찰처분결정고지 받은 날이 속한 달부터 **매 3월이 되는 달의 말일까지 3월간의 주요활동사항 등을** 지구대·파출소장을 거쳐 관할 경찰서장에게 신고
주거지이전·여행신고	피보안관찰자가 **주거지 이전**하거나 **국외여행** 또는 **10일 이상 주거 이탈**하여 **여행**하고자 할 때는 미리 거주예정지, 여행예정지 등을 지구대·파출소장을 거쳐 관할 경찰서장에게 신고

9 불복절차

보안관찰법에 의한 법무부장관 결정 받은 자가 이의가 있을 때는 행정소송법이 정하는 바에 따라 결정이 **집행된 날부터 60일 이내 서울고등법원에 소 제기가능**

제7절 「남북교류협력에 관한 법률」

(1) 다른 법률과의 관계

> 남한과 북한의 왕래·접촉·교역·협력사업 및 통신 역무의 제공 등 **남한과 북한 간의 상호 교류와 협력을 목적으로 하는 행위**에 관하여는 이 법률의 목적 범위에서 **다른 법률에 우선하여 이 법을 적용**한다.

(2) 남북한의 교류·협력

1) 남·북한 왕래 (방반승/접신)

남한 주민이 북한 방문하려면 **통일부장관의 방문승**인 받아야 하며, **통일부장관이 발급한 증명서 소지**(방문 7일 전까지 방문승인 신청서를 통일부장관에게 제출). » 승인받지 않고 북한방문 – 3년 이하 징역 또는 3천만원 이하 벌금	
방문승인취소	**거짓이나 그 밖의 부정한 방법**으로 방문승인을 받은 경우에는 승인을 취소하여야 한다.
재외국민이 외국에서 북한을 왕래할 때에는 **통일부장관이나 재외공관의 장에게 신고**	

2) 반출·반입의 승인

> ① 물품등을 **반출하거나 반입**하려는 자는 물품등의 품목, 거래형태 및 대금결제 방법 등에 관하여 **통일부장관의 승**인 받아야 한다(반출·반입 **7일 전까지** 남북교류협력시스템에 '반출·반입 승인신청서'를 제출해야 하며 유효기간은 사안에 따라 다르나 통상 3개월)
> ② 북한으로의 물품 반출·입 시 법적 절차 : 북한주민 접촉신고 → 거래를 위한 접촉 및 협의 → 계약체결 및 승인 대상 여부 확인 → 반출·반입 승인신청 → 관련 서류 구비 및 통관 → 교역 보고

(3) 「국가보안법」과의 법리문제

① 「남북교류협력에 관한 법률」은 「국가보안법」과 상충되는 법으로서 항상 「국가보안법」보다 우선 적용된다. (X)
② 통일부장관이 발급한 증명서를 소지하고 북한을 왕래하면 언제나 「국가보안법」 적용이 배제된다. (X)
③ 단순히 증명서를 발급받지 않고 남북을 왕래하거나, 재외국민이 재외공관장에게 단순히 신고하지 않고 북한을 왕래한 경우, 신고없이 회합하면 「국가보안법」의 적용을 받지 않는다. (O)
④ 재외국민이 재외공관장에게 단순히 신고하지 않고 북한을 왕래한 경우 「국가보안법」의 적용을 받지 않는다.
⑤ 방북 및 북한주민 접촉 승인을 받고 북한을 방문하였다면 그 기회에 이루어진 반국가단체 구성원과의 만남은 「국가보안법」으로 처벌할 수 없다 (X) ⇨ **처벌할 수 있음(판례)**
⑥ 관련판례
   ㉠ 7·4 남북공동성명이 있었고, '남북 사이의 화해와 불가침 및 교류협력에 관한 합의서'가 체결·발효되었다고 하여도 그로 인하여 「국가보안법」이 그 규범력을 상실한 것으로 볼 수 없다.
   ㉡ 남한과 북한을 왕래하는 행위가 「국가보안법」의 적용이 배제되기 위하여는 우선 그 왕래행위가 남북교류와 협력을 목적으로 하는 것이라야 한다.
   ㉢ 「남북교류협력에 관한 법률」은 남북교류와 협력을 목적으로 하는 행위에 관하여 정당하다고 인정되는 범위 안에서 다른 법률에 우선하여 적용하도록 되어 있으므로 이 요건을 충족하지 아니하는 북한에의 왕래(탈출·잠입), 회합행위에 대하여는 「남북교류협력에 관한 법률」을 적용할 수 없고, 따라서 이러한 탈출·잠입·회합등 행위에 대하여는 형의 폐지나 변경이 있다고 할 수 없다.

제8절 북한이탈주민의 처리 - 「북한이탈주민의 보호 및 정착지원에 관한 법률」

(1) 용어정의

북한이탈주민	북한에 주소, 직계가족, 배우자, 직장 등을 두고 있는 사람으로서 북한을 벗어난 후 **외국 국적을 취득하지 아니한 사람** » 북한국적 중국동포(조교) - 북한 정부의 해외공민증과 중국정부의 외국인 거류증을 소지한 채 중국에서 거주하는 북한 국적자(합법적인 여권을 소지하고 중국에서 생활하는 북한주민 X)
보호대상자	이 법에 따라 보호 및 지원을 받는 북한이탈주민
정착지원시설	보호대상자의 보호 및 정착지원을 위하여 제10조 제1항에 따라 설치·운영하는 시설
보호금품	이 법에 따라 보호대상자에게 지급하거나 빌려주는 금전 또는 물품

	북한이탈주민	중국동포(조선족)	북한국적 중국동포(조교)
요건	① 북한에 주소·배우자·직계가족·직장 등 실존 ② 외국 국적 미취득	① 중국 국적자 ② 조선족	① 중국 거주 북한 국적자 ② 해외공민증(북한), 외국인 거류증(중국) 소지 **(합법적 여권 소지 X)**
	북한주소, **북한국적**	중국주소, **중국국적**	중국거류, **북한국적**
국내입국시 처리	합동정보조사 (북한이탈주민 보호센터)	밀입국 지역합동조사 (출입국관리사무소 인계)	관할 지역합동조사 (법무부 국적판정 신청)
관련법령	**북한이탈주민의 보호 및 정착지원에 관한 법률**	출입국 관리법	국적법

(2) 기본원칙 등

기본원칙	대한민국은 보호대상자를 **인도주의(상호주의 X)**에 입각하여 특별히 보호한다.
보호기준	보호대상자에 대한 보호 및 지원 기준은 나이, 성별, 세대 구성, 학력, 경력, 자활 능력, 건강 상태 및 재산 등을 고려하여 합리적으로 정하여야 한다.

(3) 보호결정 등

보호신청	북한이탈주민으로서 이 법에 의한 보호 받고자 하는 자는 재외공관 그 밖의 행정기관의 장(각급 군부대의 장 포함)에게 보호를 **직접 신청**하여야 한다.
보호결정	① **통일부장관**은 '북한이탈주민 보호 및 정착지원협의회'의 심의를 거쳐 보호여부를 결정한다. ② 단, 국가안보에 현저한 영향을 끼칠 우려가 있는 자의 경우 **국가정보원장**이 보호여부를 결정한다.
결정기준	다음 하나에 해당하는 사람은 보호대상자로 결정하지 아니할 수 있다. ① 항공기납치·마약거래·테러·집단살해 등 국제형사범죄자 ② 살인 등 중대한 비정치적 범죄자 (정치적 범죄자 X) ③ 위장탈출혐의자 ④ 국내 입국 후 3년 경과하여 보호신청한 자 ⑤ 그 밖에 대통령령으로 정하는 사람
신변보호 협조요청	**통일부장관**은 법 제22조에 따라 보호대상자가 거주지로 전입한 후 그의 신변안전을 위하여 **국방부장관이나 경찰청장**에게 협조를 요청할 수 있으며, 협조요청을 받은 국방부장관이나 경찰청장은 이에 협조한다.

(4) 정착지원 등

초기 정착지원	북한이탈주민보호센터에서 입국 경위 등에 대한 조사를 마친 북한이탈주민은 **하나원에서 12주간 사회적응 교육을 받는다**. 아울러, 가족관계 등록 및 주민등록신고를 하게 되며 정착금 및 임대주택이 제공된다.
거주지 보호	북한이탈주민에게는 직업훈련과 사업장 알선 등 취업이 지원되며, 교육지원을 위해 초·중·고등학교 및 대학교 수업료 등이 면제된다. 또한 소득 인정액이 최저 생계비에 미달하는 경우 생계비와 의료혜택이 지원되며, 사회적응을 돕기 위해 지역적응센터를 통한 교육이 이루어지고 각종 보호담당관이 적응을 돕는다.
특별임용	북한의 군인이었던 보호대상자가 국군에 편입되기를 희망하면 북한을 벗어나기 전의 계급, 직책 및 경력 등을 고려하여 **국군으로 특별임용할 수 있다**.

CHAPTER 07 외사경찰

제1절 외사일반

1 외사경찰의 개념

(1) 외사경찰

> 외사경찰이란 대한민국의 안전과 사회공공의 안녕 및 질서보호를 목적으로 **외국인, 해외교포 또는 외국과 관련된 기관·단체 등 외사대상**의 동정을 관찰하고 이들과 관련된 범죄를 예방·단속하는 것을 주된 임무로 하는 경찰활동을 말함

(2) 외사경찰활동의 근거와 특성

1) 외사경찰의 법적 근거

> ① **주요 법령** – 국가경찰과 자치경찰의 조직 및 운영에 관한 법률, **경찰청과 그 소속기관 직제(제15조 제3항)**
> ② **각종 개별법령** – 출입국관리법, 범죄인인도법, 국제형사사법공조법, 여권법, 밀항단속법, 외국환거래법, 해외이주법, 대외무역법, 부동산 거래신고 등에 관한 법률 등
> ③ **관련 조약** – 주한미군지위협정, 범죄인 인도조약, 형사사법공조조약 등

> 「경찰청과 그 소속기관 직제」 제15조(외사국) ③ 국장은 다음 사항을 분장한다.
> 1. 외사경찰업무에 관한 기획·지도 및 조정
> 2. **재외국민 및 외국인에 관련된 신원조사**
> 3. 외국경찰기관과의 교류·협력
> 4. 국제형사경찰기구에 관련되는 업무
> 5. **외사정보의 수집·분석 및 관리**
> 6. **외사보안업무의 지도·조정**
> 7. **국제공항 및 국제해항의 보안활동에 관한 계획 및 지도**

2) 외사경찰 대상의 특성

① 국내체류 **외국인, 외국기관·단체 또는 재외국민을 대상으로** 하므로, 일반 내국인이 관련된 범죄의 예방과 단속을 전담하는 일반경찰활동과 구별된다.
② **외사경찰은 외교사절도 그 대상으로 하고 있으며**, 외교사절은 일반 체류 외국인과는 달리 특별한 지위를 누리고 있으므로 **업무상 특별한 주의를 요한다.**

> **참고** ● 외사요원 관리규칙
>
> ① 외사요원 관리규칙은 외사요원으로서 **경정 이하**(총경 이하 X)의 경찰관에게 적용한다.
> ② 외사요원 선발을 위하여 경찰청과 시·도경찰청에 외사요원 선발심사위원회를 둔다.
> ③ 외사요원 선발심사위원회는 위원장 1명, 위원 4명, 간사 1명으로 성별을 고려하여 구성한다.
> ④ 경찰서장은 경찰공무원법에 따라 신규임용된 외사분야 특별채용자에 대해서는 치안행정업무 수행능력 함양 및 외사경찰로서의 소양을 배양하기 위하여 **지구대 또는 파출소에서 1년간 근무하도록 해야 한다**(할 수 있다 X).

> **참고** ● 「경찰청 공무국외출장 업무처리규칙」
>
> 제6조(공무국외출장 심사위원회의 설치·구성) ① 허가권을 보유한 경찰청장 또는 소속기관의 장은 다음 각호의 어느 하나에 해당하는 경우 공무국외출장의 타당성을 심사하기 위하여 **공무국외출장 심사위원회를 설치·운영하여야 한다.**
> 2. 경찰기관이 주관하는 **10명 이상의 단체 공무국외출장의 경우**
> ③ 위원장이 부득이한 사유로 직무를 수행할 수 없는 때에는 「직무대리규정」 및 「경찰청 직무대리 운영규칙」에 따라 위원장 직무를 대행한다.
> 제7조(심사위원회의 운영) ① 심사위원회는 위원장이 소집하며, **재적위원 과반수의 찬성으로 의결**한다.
> ③ 심사위원회는 **긴급한 국외출장 실시 또는 심사위원회 소집이 어려운 경우에는 서면으로 심사할 수 있다.**
> 제13조(외국정부 등으로부터의 선물수령 신고) 공무국외출장 시 그 직무와 관련하여 외국정부 또는 외국인사 및 단체로부터 **미화 100달러 또는 10만원 가액 상당 이상의 선물**을 받은 때에는 귀국 후 지체 없이 소속기관 **감사부서에 신고하여야** 한다.

참고 ▶ 통역의 종류

동시통역	통역부스(booth) 안에서 통역사가 헤드폰으로 연사의 발언(source language)을 들으면서 동시에 다른 언어(target language)로 통역하는 것을 말한다.
생동시통역	별도의 동시통역 부스나 장비 없이 생으로 동시통역하는 것을 말하며, 정상끼리의 대담이나 만찬 등에서 사용되는 경우가 많다. 말하는 소리와 통역하는 소리가 섞이는 단점이 있다.
순차통역	연사의 발언을 청취하면서 노트테이킹(note-taking)하다가 발언이 끝나면 통역하는 방법으로 가장 보편적인 통역방법이다.

위스퍼링	동시통역이 필요한 상황에서 통역장비 없이 한두 명의 청자 옆에서 소곤소곤 동시통역하는 것으로 주로 의전대상에게만 통역을 제공해야 할 때 사용된다.
릴레이통역	3개 국어 이상의 언어가 통역되어야 할 때 이용되는 방법이다.
방송통역	TV화면과 함께 음성을 동시통역하는 것으로, 걸프전 통역이 대표적인 예이다.
화상회의통역	원격지에 있는 사람들과 화상회의를 할 때 사용되는 통역으로 고도의 기술과 장비가 필요하다.

2 국제적 치안환경의 변화

(1) 국제 테러

1) 국제 테러 동향

① 테러가 중동 등 일부지역에 국한되던 과거와 달리 **전 세계적으로 확산**되고 있다.
② 총기·폭발물 등 전통적 테러수단 외에도 **LOW-TECH 테러(흉기, 차량돌진 등), 화학 테러 등 신종 수법**이 대두되고 있다.
③ **대량 인명피해를 초래하여 최대 선전효과를 얻을 수 있는 관광지, 종교시설, 행사장 등을 집중 겨냥**하고 있다.
④ 코로나19 팬더믹과 장기 불황 등에 따른 **분노를 특정 집단에 전이하는 식의 테러 빈발 소지**가 있다.
  (예 – 아시아인 대상 혐오 범죄)
⑤ **아프간에서 미군 철수와 함께 탈레반이 집권에 성공**하면서 아프간이 9.11 테러 이후 다시 국제테러의 중심무대로 부상하고 있다.
⑥ **코로나19로** 국가·지역 간 이동이 제한되면서 **테러 발생은 전반적으로 감소했으나, 아프리카에서는 ISIS 연계단체들이 우간다 등으로 활동무대를 넓혔다.**(코로나 팬데믹으로 국제 테러단체들의 활동이 급격히 감소하고 단체의 규모도 대폭 축소되었다 X)
⑦ 미국은 극우 시위대의 의회점거라는 전대미문의 사건이 발생하면서 백인우월주의 등 극우세력에 대한 내응을 본격화하고 있다.

2) 외사 대테러 정보활동 중 착안사항

① 외국인에 대한 인권침해 요소가 발생하지 않도록 주의해야 한다.
② 테러위험인물로 의심되는 자를 발견한 경우 경찰청이 조회 권한을 보유 중인 해외 외국인 테러위험인물 데이터베이스를 통해 관련성 여부를 확인할 수 있다.
③ 테러위험인물들은 추적을 피하거나 상대방의 신뢰를 얻기 위해 '은어'(slang)로 대화하는 경우가 많아 진의를 파악하기 쉽지 않다.
④ UN지정 테러단체와의 직접적 연관성이 입증되지 않으면 인터넷 사이트를 차단할 수 없다.(모든 테러단체들의 선동·선전 사이트를 차단할 수 있다 X)

3) 테러단체

KTJ (katibat al-Tawhid wal Jihad)	'22. 3월, UN에서 테러단체로 지정, 시리아 내전 발발('11.3월) 이후 외국인테러전투원(FTF)이 대거 유입되자 우즈벡계인 「아부 살로흐」가 '14.8월 우즈벡 FTF를 중심으로 결성하였으며, 「Tavhid va Jihod」의 약칭인 「TvJ」로도 불림
알카에다 (Al-Qaida)	舊소련의 아프가니스탄 침공('79~88년)에 맞서 '빈 라덴'·'알 자와히리'·'압둘라 아잠' 등 당시 무자헤딘 참전자들이 규합하여 결성하였으며, '빈 라덴' 사망 이후 美 공습으로 핵심간부 대부분이 사망하며 쇠락 추세였으나, 신임 수장 임명 및 현지 무장단체와 연계활동을 통해 세력 재건을 노리면서 테러 공격을 지속 (알카에다는 수장들이 연이어 제거되며 완전히 소멸되었다 X)
ISIS-K (ISIS-Khorasan Province)	아프간·파키스탄 탈레반 지도부에 불만을 품은 강경 조직원들이 탈레반을 이탈, ISIS에 충성을 맹세하면서 결성('15.1월)되었으며, 호라산은 아프간, 파키스탄, 이란 동부, 중앙아시아 일대를 통칭하는 옛 지명임
헤즈볼라 (Hezbollah)	'82.7월 이스라엘의 레바논 침공을 계기로 '83년 창설된 이슬람 과격 무장단체(아랍어로 '신의 정당')로 시아파 종교단체 '이슬라믹 아말'과 정치세력 '다와黨'이 연합해 결성, 美·英은 테러단체로 지정했으며 '00.5월 이스라엘 철군 후 무장정파로 변모
UN 지정 테러단체	① UN지정 테러단체는 UN안보리 결의안 1267·1989·2253호(ISIS/알카에다 제재위원회) 및 1988호(탈레반 제재위원회)에 의거, 각 회원국들이 제출한 알카에다·ISIS·탈레반 등 관련 정보를 바탕으로 지정된다. ② UN지정 테러단체에는 KTJ, KIB, HTS 등이 있다.(+ ISIS/알카에다/탈레반) ③ UN지정 테러단체가 아닌 경우에는 「국민보호와 공공안전을 위한 테러방지법」을 적용하여 처벌할 수 없다.

(2) 외사방첩 업무 – 방첩업무 규정(대통령령)

제2조(정의) 이 영에서 사용하는 용어의 뜻은 다음과 같다.
1. "**방첩**"이란 국가안보와 국익에 반하는 **북한, 외국 및 외국인·외국단체·초국가행위자 또는 이와 연계된 내국인**(이하 "외국등"이라 한다)의 정보활동을 찾아내고 그 정보활동을 확인·견제·차단하기 위하여 하는 정보의 수집·작성 및 배포 등을 포함한 모든 대응활동을 말한다.
2. "**외국등의 정보활동**"이란 외국등의 정보 수집활동과 그 밖의 활동으로서 대한민국의 국가안보와 국익에 영향을 미칠 수 있는 모든 활동을 말한다.
3. "**방첩기관**"이란 방첩에 관한 업무를 수행하는 다음 각 목의 기관을 말한다. (외교부 X)
   가. **국가정보원** 나. **법무부** 다. **관세청** 라. **경찰청** 마. **해양경찰청** 바. **국군방첩사령부**

제4조의2(방첩정보공유센터) ① 방첩기관 간, 방첩기관과 관계기관 간 방첩 관련 정보의 원활한 공유와 제3조에 따른 방첩업무의 효율적인 수행을 위하여 **국가정보원장(법무부장관 X) 소속으로 방첩정보공유센터를 둔다.**

제6조(국가방첩업무 지침의 수립 등) ① **국가정보원장은** 국가의 방첩업무를 효율적으로 수행하기 위하여 **국가방첩업무 기본지침을 수립하여 방첩기관등의 장에게 송부하여야 한다.**

제7조(외국인 접촉 시 국가기밀등의 보호) ① 방첩기관등의 구성원은 외국을 방문하거나 외국인을 접촉할 때에는 국가기밀, 산업기술 또는 국가안보·국익 관련 중요 정책사항(이하 "국가기밀등"이라 한다)이 유출되지 않도록 유의하여야 한다.

제8조(외국인 접촉 시 특이사항의 신고 등) ① **방첩기관등의 구성원(방첩기관등에 소속된 위원회의 민간위원을 포함한다)이 외국인(제9조에 따른 외국 정보기관이 정보활동에 이용하는 내국인을 포함한다)을 접촉한 경우에** 그 외국인이 다음 각 호의 어느 하나에 해당한다고 의심할 만한 상당한 이유가 있을 경우에는 **지체 없이** 그 사실을 소속 **방첩기관등의 장에게 신고하여야 하며,** 해당 **방첩기관등의 장은** 그 신고 내용을 **국가정보원장에게 통보하여야 한다.**
1. 접촉한 외국인이 국가기밀등이나 그 밖의 국가안보 및 국익 관련 정보를 탐지·수집하려고 하는 경우
2. 접촉한 외국인이 방첩기관등의 구성원을 정보활동에 이용하려고 하는 경우
3. 접촉한 외국인이 그 밖의 국가안보 또는 국익을 침해하는 활동을 하는 사람인 경우

제9조(외국 정보기관 구성원 접촉절차) 방첩기관등의 구성원이 법령에 따른 직무 수행 외의 목적으로 **외국 정보기관의 구성원을 접촉하려는 경우 소속 방첩기관등의 장에게 미리 보고하여야 하며, 해당 방첩기관등의 장은 그 내용을 국가정보원장에게 통보**하여야 한다.

제10조(국가방첩전략회의의 설치 및 운영 등) ① 국가방첩전략의 수립 등 국가 방첩업무에 관한 중요 사항을 심의하기 위하여 **국가정보원장 소속으로 국가방첩전략회의를 둔다.**
② 전략회의는 **의장 1명을 포함한 25명 이내의 위원**으로 구성한다.
④ 전략회의의 의장은 회의를 소집하고 그 회의를 주재한다.
⑤ 전략회의의 회의는 **재적위원 과반수의 출석과 출석위원 과반수의 찬성으로 의결**한다.

제12조(지역방첩협의회의 설치 및 운영 등) ① **국가정보원장은** 필요한 경우 방첩기관의 장과 협의하여 특별시·광역시·특별자치시·도 또는 특별자치도별로 방첩업무를 협의하기 위한 **지역방첩협의회를 구성·운영할 수 있다.**

제13조(방첩교육) ① **방첩기관등의 장은** 해당 기관의 업무 수행과 관련하여 그 기관 소속 구성원이 외국등의 정보활동에 효율적으로 대응하기 위하여 필요한 자체 **방첩교육에 관한 계획을 수립하여 시행해야 한다.**

3 외국인 (외사경찰의 대상)

(1) 국적의 취득

1) 대한민국 국적의 취득

① 부모가 모두 분명하지 아니한 경우나 국적이 없는 경우는 대한민국에서의 출생과 동시에 대한민국 국적을 취득한다.

② **대한민국에서 발견된 기아는** 대한민국에서 출생한 것으로 추정하고 **출생과 동시에** 대한민국 국적을 취득한다.

③ **대한민국의 국민이 아닌 자로서** 대한민국 국민인 부 또는 모에 의하여 **인지된 자가** 대한민국의 민법상 **미성년이면서 출생 당시에 부 또는 모가 대한민국의 국민이었으면 법무부장관에게 신고함으로써** 대한민국 국적을 취득할 수 있다. (미성년 요건만 갖추면 국적 취득 X)

2) 귀화에 의한 국적 취득

대한민국 국적을 취득한 사실이 없는 외국인은 **법무부장관의 귀화허가를 받아 대한민국 국적을 취득할 수 있다.**

일반귀화 요건	㉠ 5년 이상 계속하여 대한민국에 주소가 있을 것 (5영/성품/생소) ㉡ 대한민국에서 영주할 수 있는 **체류자격**을 가지고 있을 것 ㉢ 대한민국의 「민법」상 성년일 것 ㉣ 법령을 준수하는 등 **법무부령**으로 정하는 품행 단정의 요건을 갖출 것 ㉤ 자신의 자산이나 기능에 의하거나 **생계를 같이하는**(따로하는 X) 가족에 의존하여 생계를 유지할 능력이 있을 것 ㉥ 국어능력과 대한민국의 풍습에 대한 이해 등 대한민국 국민으로서의 **기본** 소양을 갖추고 있을 것 ㉦ 귀화를 허가하는 것이 국가안전보장·질서유지 또는 공공복리를 해치지 아니한다고 **법무부장관**이 인정할 것

(2) 내·외국인의 입·출국

1) 외국인의 입국

① 입국

대륙법계	외국인 입국은 국가의 교통권으로 인정하므로 **원칙적으로 금지할 수 없다.**
영미법계	외국인입국은 본질적으로 국내문제로 **원칙적으로 외국인 입국 금지가능**

두 국가 간에 통상조약을 체결하고 이 조약에 근거하여 체결 당사국이 상호입국을 허용하는 경우가 일반적이지만, **통상조약이 체결되어 있지 않은 경우에도** 체결되어 있는 국민과 같이 **외국인의 입국을 허용하는 것이 일반적**이다.

참고 ▶ 외국인의 입국금지

법무부장관은 다음 어느 하나에 해당하는 외국인에 대해서는 **입국을 금지할 수 있다.**
1. **강제퇴거명령을 받고 출국한 후 5년이 지나지 아니한 사람**
2. 1910년 8월 29일부터 1945년 8월 15일까지 사이에 다음 어느 하나에 해당하는 정부의 지시를 받거나 그 정부와 연계하여 인종, 민족, 종교, 국적, 정치적 견해 등을 이유로 사람을 학살·학대하는 일에 관여한 사람

※ 입국금지자는 즉시퇴거 원칙
※ 입국금지 처분 – **행정처분 (O)**
※ 입국금지 처분에 대한 **이의신청절차 없음**
※ 입국금지로 인한 손해발생에 대한 비용 – **입국금지 당한 본인 부담**

참고 ▶ 입국시 생체정보의 제공(「출입국관리법」 제12조의2)

㉠ 입국하려는 외국인은 입국심사 받을 때 법무부령으로 정하는 방법으로 **생체정보를 제공**하고 본인임을 확인하는 절차에 응하여야 한다.
㉡ 다음 사람은 생체정보 제공이 면제
  ⓐ **17세 미만인 사람**
  ⓑ 외국정부 또는 국제기구 업무를 수행 위하여 입국하는 사람과 그 동반 가족
  ⓒ 외국과의 우호 및 문화교류 증진, 경제활동 촉진 또는 대한민국의 이익 등을 고려하여 생체정보의 제공을 면제하는 것이 필요하다고 대통령령으로 정하는 사람
㉢ 출입국관리공무원은 외국인이 생체정보를 제공하지 아니하는 경우에는 그의 **입국을 허가하지 아니할 수 있다.**
㉣ 법무부장관은 입국심사에 필요한 경우에는 관계 행정기관이 보유하고 있는 외국인의 **생체정보의 제출을 요청할 수 있다.**

② 여권

의의	㉠ 여권은 **국외여행을 할 수 있음을 증명하는 본국의 일방적인 증명서**(외국인이 다른 나라에 입국하려면 그의 소속 국가로부터 여권을 발급받아야 한다) ㉡ 외국인은 여권을 입국하려는 국가에 제출하여 입국허가를 받아야 한다.
여권 발급권자	㉠ 여권은 **외교부장관**이 발급한다. **외교부장관**은 여권 등 발급, 재발급과 기재사항변경에 관한 사무 일부를 대통령령으로 정하는 바에 따라 **지방자치단체장에게 대행하게 할 수 있다.** ㉡ 여권의 유효기간은 **일반여권은 10년 이내, 관용여권과 외교관여권은 5년 이내**이다. ㉢ 여권이 발급된 날부터 **6개월**이 지날 때까지 신청인이 그 여권을 받아가지 아니한 때에는 그 효력이 상실된다. ㉣ 관용여권과 외교관여권의 발급대상자는 대통령령으로 정한다.

여권
발급거부
	외교부장관은 다음 사람에 대하여는 **여권의 발급 또는 재발급을 거부할 수 있다.**
	㉠ 장기 2년 이상의 형에 해당하는 죄로 인하여 기소되어 있는 사람 또는 장기 3년 이상의 형에 해당하는 죄로 인하여 기소중지 또는 수사중지(피의자중지로 한정)되거나 체포영장·구속영장이 발부된 사람 중 국외에 있는 사람
	㉡ 「여권법」 제24조부터 제26조까지에 규정된 죄를 범하여 형을 선고받고 그 집행이 종료되지 아니하거나 집행을 받지 아니하기로 확정되지 아니한 사람
	㉢ 「여권법」 제24조부터 제26조 외의 죄를 범하여 **금고 이상의 형**을 선고받고 그 집행이 종료되지 아니하거나 집행을 받지 아니하기로 확정되지 아니한 사람
	㉣ 국외에서 대한민국의 안전보장·질서유지나 통일·외교정책에 중대한 침해를 일으킬 우려가 있는 경우로서 다음 각 목의 어느 하나에 해당하는 사람
	  ⓐ 출국할 경우 테러 등으로 생명이나 신체의 안전이 침해될 위험이 큰 사람
	  ⓑ 「보안관찰법」 제4조에 따라 보안관찰처분을 받고 그 기간 중에 있으면서 같은 법 제22조에 따라 경고를 받은 사람

여권등 휴대·제시 의무	㉠ 대한민국 체류 외국인은 항상 여권·선원신분증명서·외국인입국허가서·외국인등록증 또는 상륙허가서(**여권등**)를 지니고 있어야 한다. 다만, **17세 미만**은 그러하지 아니하다. ㉡ 대한민국 체류 외국인은 출입국관리공무원이나 권한 있는 공무원이 그 직무수행과 관련하여 여권등의 제시를 요구하면 여권등을 제시하여야 한다. ㉢ 여권등의 휴대 또는 제시 의무를 위반한 사람은 **100만원 이하 벌금**에 처한다. ⇨ **경찰관이 불심검문 도중 불법체류자 발견하면 현행범체포 가능**
여권 대신 증명서	국제연합이 그 직원들에게 발급하는 **UN여권**. 무국적자 등에게 발급해 주는 **여행증명서**

③ 여행증명서

발급대상자	㉠ **출국하는 무국적자** ㉡ 해외입양자 ㉢ 「남북교류협력에 관한 법률」 제10조에 따라 여행증명서를 소지하여야 하는 사람으로서 여행증명서를 발급할 필요가 있다고 **외교부장관**이 인정하는 사람 ㉣ 「출입국관리법」 제46조에 따라 대한민국 밖으로 강제퇴거되는 외국인으로서 그가 국적을 가지는 국가의 여권 또는 여권을 갈음하는 증명서를 발급받을 수 없는 사람

참고 ◆ 여행경보 제도 – 단계별 여행경보와 특별여행주의보(여행경보제도 운영지침)

1. 여행경보 (남황적흑/유자출금/숙자연금)

여행경보단계	해외체류자	해외여행 예정자
남색경보(여행유의)	신변안전 위험요인 숙지·대비	
황색경보(여행자제)	신변안전 특별유의	불필요한 여행 자제
적색경보(출국권고)	긴급용무가 아닌 한 출국	여행취소·연기
흑색경보(여행금지)	즉시 대피·철수	여행금지 준수

2. 특별여행주의보

① 단기적으로 긴급한 위험이 있는 국가(지역)에 대하여 발령
② 특별여행주의보 발령에 따른 행동요령은 **황색경보(여행자제) 이상 적색경보(출국권고) 이하**에 준한다.
③ 특별여행주의보는 **발령일로부터 최대 90일까지 유효**

참고 ◆ 사증(Visa)

구분	1회만 입국할 수 있는 단수사증과 **2회 이상 입국할 수 있는 복수사증**으로 구분
발급권자	**법무부장관** ⇨ 대통령령으로 정하는 바에 따라 **재외공관의 장에게 위임할 수 있다.**
특징	통상 사증은 여권과 별도의 수첩형태로 발급되는 것이 아니라 **제출된 여권에 표시**
유효기간	단수사증의 유효기간은 **발급일부터 3월**
무사증 입국	㉠ **재입국허가를 받은 사람 또는 재입국허가가 면제된 사람**으로서 그 허가 또는 면제받은 기간이 끝나기 전에 입국하는 사람 ㉡ 대한민국과 **사증면제협정**을 체결한 국가 국민으로서 협정에 의하여 면제 대상이 되는 사람 ㉢ **국제친선·관광 또는 대한민국의 이익 등을 위하여 입국하는 자로서 대통령령(법무부령X)**이 정하는 바에 따라 입국허가를 받은 사람 ㉣ **난민여행증명서 발급받고 출국하여 유효기간 만료 전에 입국하는 사람**

참고 사증의 종류 – 장기체류자격

공무 (A-2)	대한민국정부가 승인한 외국정부 또는 국제기구의 공무를 수행하는 사람과 그 가족
유학 (D-2)	전문대학 이상의 교육기관 또는 학술연구기관에서 정규과정의 교육을 받거나 특정 연구를 하려는 사람
회화지도 (E-2)	**법무부장관이** 정하는 자격요건을 갖춘 외국인으로서 외국어전문학원, 초등학교 이상의 교육기관 및 부설어학연구소, 방송사 및 기업체 부설 어학연수원, 그 밖에 이에 준하는 기관 또는 단체에서 외국어 회화지도에 종사하려는 사람
예술흥행 (E-6)	**수익이 따르는** 음악, 미술, 문학 등의 예술활동과 **수익을 목적으로 하는** 연예, 연주, 연극, 운동경기, 광고·패션 모델, 그 밖에 이에 준하는 활동을 하려는 사람
계절근로 (E-8)	**법무부장관이** 관계 중앙행정기관의 장과 협의하여 정하는 **농작물 재배·수확**(재배·수확과 연계된 원시가공 분야 포함) 및 수산물 원시가공 분야에서 취업 활동을 하려는 사람으로서 **법무부장관이** 인정하는 사람
비전문취업 (E-9)	「외국인근로자의 고용 등에 관한 법률」에 따른 국내 취업요건을 갖춘 사람 (일정 자격이나 경력 등이 필요한 **전문 직종에 종사하려는 사람은 제외**)
결혼이민 (F-6)	가. 국민의 배우자 나. 국민과 혼인관계(사실상의 혼인관계를 포함)에서 출생한 자녀를 양육하고 있는 부 또는 모로서 **법무부장관이** 인정하는 사람 다. 국민인 배우자와 혼인한 상태로 국내에 체류하던 중 그 배우자의 사망이나 실종, 그 밖에 자신에게 책임이 없는 사유로 정상적인 혼인관계를 유지할 수 없는 사람으로서 **법무부장관이** 인정하는 사람

참고 외국인 신원확인 방법(체류정보 및 수배여부 조회)

단기체류 외국인	① **90일 이하 국내 체류** ⇨ 입국심사 외 **별도 등록절차를 거치지 않음** ② 예 – 관광객, 국제행사 참석자 등 단기방문객
장기체류 외국인	① **90일 초과 국내 체류** ⇨ 관할 출입국관리사무소에 등록하여 **외국인 등록번호 부여** ② 예 – 취업비자를 받은 근로자, 재외동포, 대학교 유학생 등

① 외국인의 신원을 정확하게 확인하기 위해 신분증 제출 요구 및 외국인 체류정보 조회 결과를 비교하여 동일인 여부 등을 확인해야 한다.
② 폴리폰으로 **장기체류 외국인은 등록번호, 단기체류 외국인은 영문성명(3글자 이상), 생년월일(1개월 간격), 성별을 입력**하여 성명·체류기간 등 외국인 체류정보 및 수배여부 등을 조회할 수 있다.
③ 경찰관서 내부망 PC를 이용, KICS '**법무부 정보검색**'을 통해 성명·체류기간 등 외국인 체류정보를 조회할 수 있다.

④ 외국인 상륙의 종류(출입국관리법) (각 기간만큼 1회 연장가능)   (관승긴재난/315339)

관광상륙	관광을 목적으로 대한민국과 외국 해상을 국제적으로 순회하여 운항하는 여객운송선박 중 법무부령으로 정하는 선박에 승선한 외국인승객
	상륙기간 3일 이내
승무원상륙	① 승선 중인 선박등이 대한민국의 출입국항에 정박하고 있는 동안 휴양 등의 목적으로 상륙하려는 **외국인승무원** ② 대한민국의 출입국항에 입항할 예정이거나 정박 중인 선박등으로 옮겨 타려는 **외국인승무원**
	상륙기간 15일 이내
긴급상륙	선박 등에 타고 있는 외국인이 **질병 그밖의 사고**로 긴급히 상륙이 필요할 때
	상륙기간 30일 이내
재난상륙	**조난**한 선박 등에 타고 있는 외국인(승무원을 포함)을 긴급히 구조할 필요가 있다고 인정할 때
	상륙기간 30일 이내
난민임시상륙	① 선박 등에 타고 있는 외국인이 생명신체 또는 신체의 자유를 침해받을 공포가 있는 영역으로부터 도피하여 곧바로 한국에 비호를 신청하는 경우 ② 난민임시상륙은 법무부장관의 승인을 받아 상륙허가를 할 수 있다. 이 경우 법무부장관은 외교부장관과 협의하여야 한다.
	상륙기간 90일 이내

참고 항공기 탑승거절대상자(「항공보안법」 제23조 제7항)

> 항공운송사업자는 다음 각 호의 어느 하나에 해당하는 사람에 대하여 탑승을 거절할 수 있다.
> 1. 제15조 또는 제17조에 따른 보안검색을 거부하는 사람
> 2. 음주로 인하여 소란행위를 하거나 할 우려가 있는 사람
> 3. 항공보안에 관한 업무를 담당하는 국내외 국가기관 또는 국제기구 등으로부터 항공기 안전운항을 해칠 우려가 있어 탑승을 거절할 것을 요청받거나 통보받은 사람
> 4. 그 밖에 항공기 안전운항을 해칠 우려가 있어 **국토교통부령**(법무부령 X)으로 정하는 사람

참고 ▶「밀항단속법」

> 제2조(정의) 이 법에서 사용하는 용어의 뜻은 다음과 같다.
> 1. "밀항"이란 관계 기관에서 발행한 여권, 선원수첩, 그 밖에 출국에 필요한 유효한 증명 없이 대한민국 외의 지역으로 도항하거나 국경을 넘는 것을 말한다.
> 2. "이선·이기"란 대한민국 외의 지역에서 승선한 선박이나 탑승한 항공기로부터 무단이탈 하거나 선장 또는 기장, 그 밖의 책임자가 지정한 시간 내에 귀환하지 아니하는 것을 말한다.
>
> 제6조(형의 감면 등) ① 밀항 또는 이선·이기한 사람으로서 재외공관에 자수 또는 귀환 하였거나 밀항 또는 이선·이기에 착수하였다가 관계 수사기관이나 해당 선장 또는 기장, 그 밖의 책임자에게 **자수한 사람은 형을 경감하거나 면제할 수 있다.**(하여야 한다 X)
>
> 제7조(사건 통보 등) ① 사법경찰관리가 이 법을 위반한 사건을 수사하였을 때에는 지체 없이 그 사실을 관할 지방출입국·외국인관서의 장에게 통보하여야 한다.

2) 외국인의 체류와 등록

① 외국인의 체류

> ① 외국인은 그 체류자격과 체류기간의 범위에서 대한민국에 체류할 수 있다.
> ② 대한민국에 체류하는 외국인이 **체류자격에 해당하는 활동과 함께 다른 체류자격에 해당하는 활동 하려면 미리 법무부장관**(외교부장관X)**의 체류자격 외 활동허가**를 받아야 한다.
> ③ 대한민국에서 출생하여 체류자격 가지지 못하고 체류하게 되는 외국인은 그가 **출생한 날부터 90일 이내**, 대한민국에서 체류 중 대한민국 국적 상실하거나 이탈하는 등 그 밖의 사유로 체류자격 가지지 못하고 체류하게 되는 외국인은 그 **사유가 발생한 날부터 60일 이내**에 대통령령으로 정하는 바에 따라 체류자격을 받아야 한다.

② 외국인의 등록

등록대상자	외국인이 **입국한 날부터 90일을 초과하여 체류**하려면 **입국한 날부터 90일 이내 외국인등록** 하여야 한다.
등록제외 대상	ⓐ 주한 외국공관(대사관과 영사관포함)과 국제기구의 직원 및 그 가족 ⓑ 대한민국정부와의 협정에 따라 외교관 또는 영사와 유사한 특권 및 면제를 누리는 사람과 그의 가족 ⓒ 대한민국정부가 초청한 사람 등으로서 **법무부령**으로 정하는 사람

3) 외국인의 출국

출국의 자유	외국인의 **자발적 출국은 자유**이며 원칙적으로 이를 금지할 수 없다.
강제출국 (강제퇴거)	강제출국은 **형벌이 아니라 행정행위**의 일종이다.
외국인 출국정지	① 법무부장관은 **제4조 제1항 또는 제2항 각 호**(내국인 출국금지 사유)의 어느 하나에 해당하는 외국인에 대하여는 **출국을 정지**할 수 있다. ② **(긴급출국정지)** 수사기관은 범죄 피의자인 **외국인이 제4조의6 제1항**(사형·무기 또는 장기 3년 이상의 징역이나 금고에 해당하는 죄를 범하였다고 의심할 만한 상당한 이유)에 해당하는 경우에는 출입국관리공무원에게 (긴급)출국정지를 요청할 수 있다.

> **참고** 내국인의 출국금지

1. **법무부장관**은 다음 국민에 대하여는 **6개월 이내** 기간 정하여 출국을 금지할 수 있다.(수1/기3/재벌6)
   ① **형사재판**에 계속 중인 사람
   ② **징역형이나 금고형의 집행**이 끝나지 아니한 사람
   ③ 대통령령으로 정하는 금액 이상의 **벌금이나 추징금**을 내지 아니한 사람
   ④ **대통령령**으로 정하는 금액이상 **국세·관세 또는 지방세**를 정당한 사유 없이 그 납부기한까지 내지 아니한 사람
   ⑤ 「양육비 이행확보 및 지원에 관한 법률」 제21조의4 제1항에 따른 **양육비 채무자(채권자X)** 중 양육비 이행심의위원회의 심의·의결을 거친 사람
   ⑥ 그 밖에 위 ①~⑤까지의 규정에 준하는 사람으로서 대한민국의 이익이나 공공의 안전 또는 경제질서를 해칠 우려가 있어 그 출국이 적당하지 아니하다고 법무부령으로 정하는 사람
2. 법무부장관은 **범죄수사** 위하여 출국이 적당하지 아니하다고 인정되는 사람에 대하여는 **1개월 이내 출국금지할 수 있다.** 다만, 다음에 해당하는 사람은 그 호에서 정한 기간으로 한다.
   ① 소재를 알 수 없어 **기소중지 또는 수사중지(피의자중지로 한정)**된 사람 또는 도주 등 특별한 사유가 있어 수사진행이 어려운 사람 – **3개월 이내**
   ② 기소중지 또는 수사중지(피의자중지로 한정)된 경우로서 **체포영장 또는 구속영장이 발부된 사람 – 영장유효기간 이내**

4) 외국인의 강제퇴거(「출입국관리법」제46조)

강제퇴거 대상	1. **유효한 여권 또는 사증 없이 입국한 사람** 2. 허위초청 등 금지규정 위반한 외국인, 허위초청된 외국인 3. **입국금지 해당사유가 입국 후에 발견되거나 발생한 사람** 4. 입국심사 또는 선박 등의 제공 금지 규정 위반한 사람 5. 조건부입국허가시 **지방출입국·외국인관서장**이 붙인 조건에 위반한 사람 6. 상륙허가 없이 상륙한 사람 7. 지방출입국·외국인관서의 장 또는 출입국관리공무원이 붙인 상륙 허가조건 위반한 사람 8. 체류 및 활동범위, 외국인 고용제한, 체류자격 외 활동, 체류자격 부여, 체류자격 변경허가, 체류기간 연장허가 규정을 위반한 사람 9. 허가를 받지 아니하고 근무처를 변경·추가하거나 외국인을 고용·알선한 사람 10. 법무부장관이 정한 거소 또는 활동범위의 제한 기타 준수사항 위반한 사람 11. 허위서류 제출 등의 금지규정을 위반한 외국인 12. 출국심사규정에 위반하여 출국하려고 한 사람 13. 외국인등록 의무를 위반한 사람 14. 외국인등록증 등의 채무이행 확보수단 제공 등의 금지규정을 위반한 외국인 15. 금고 이상의 형을 선고받고 석방된 사람 16. ㉠ 자살 또는 자해행위를 하려는 경우, ㉡ 다른 사람에게 위해를 가하거나 가하려는 경우, ㉢ 출입국관리공무원의 직무집행을 정당한 사유 없이 거부 또는 기피하거나 방해하는 경우, ㉣ ㉠~㉢에서 규정한 경우 외에 시설 및 다른 사람의 안전과 질서를 현저히 해치는 행위를 하거나 하려는 경우 17. 그 밖에 1부터 16까지에 준하는 사람으로서 법무부령으로 정하는 사람 18. **영주자격**을 가진 사람으로 「형법」상 내란의 죄 또는 **외환**의 죄를 범한 사람 19. **영주자격**을 가진 사람으로 **5년 이상의 징역 또는 금고**의 형을 선고받고 석방된 사람 중 법무부령으로 정하는 사람 20. **영주자격**을 가진 사람으로 **선박 등의 제공 금지 규정을 위반하거나 교사 또는 방조**한 사람
강제퇴거 절차	① **심사·결정을 위한 보호** ⇨ 출입국관리공무원은 외국인이 강제퇴거사유에 해당된다고 의심할 만한 상당한 이유 있고 도주하거나 도주염려가 있는 경우 **지방출입국·외국인관서의 장**으로부터 보호명령서 발부받아 외국인을 보호할 수 있다(강제퇴거 대상자 여부를 심사·결정하기 위한 보호기간은 10일 이내, 부득이한 사유가 있는 때에는 지방출입국·외국인관서의 장의 허가를 받아 한 차례만 10일 이내 연장 가능) ② **강제퇴거명령** ⇨ 심사결과 강제퇴거 대상자에 해당한다고 인정되면 강제퇴거 명령을 할 수 있고, 강제퇴거 명령을 하는 때에는 강제퇴거명령서를 발급하여야 한다. ③ **강제퇴거명령서 집행** ⇨ 강제퇴거명령서는 출입국관리공무원이 집행하며, 사법경찰관리에게 강제퇴거 명령서의 집행을 의뢰할 수 있다. ④ **강제퇴거명령 받은 사람의 보호** ⇨ 지방출입국·외국인관서의 장은 강제퇴거명령을 받은 사람을 여권 미소지 또는 교통편 미확보 등의 사유로 **즉시 대한민국 밖으로 송환할 수 없으면 송환할 수 있을 때까지 그를 보호시설에 보호할 수 있다**. 지방출입국·외국인관서의 장은 강제퇴거 명령을 받은 사람을 보호할 때 그 기간이 3개월이 넘는 경우에는 3개월마다 미리 법무부장관의 승인을 얻어야 한다. ➡ 강제퇴거명령 외국인을 **무기한 보호시설에 보호할 수 있도록 한 것은** 과잉금지 원칙과 적법절차 원칙에 위배되어 피보호자의 헌법상 신체의 자유를 과도하게 침해한 것으로 **헌법불합치**(2025. 5. 31.까지 효력유지)

4 외교사절 (외사경찰의 대상)

(1) 외교사절의 파견

① **아그레망의 요청** : 외교사절의 파견을 희망하는 국가가 파견에 앞서서 접수국에게 특정인의 임명 및 파견에 관해 이의의 유무를 문의하는 것
② **아그레망의 수여** : 아그레망의 요청에 대하여 이의가 없다는 의사표시

(2) 외교사절의 직무개시와 특권인정 시기

① 외교사절의 직무 개시 시기 – 신임장의 정본 제출 시부터라는 것이 일반적인 관행
② 외교사절의 특권 인정 시기 – 외교사절이 주재국에 입국 시부터

(3) 외교사절의 특권과 면제

1) 내용

① 불가침권(특권)

신체 불가침	㉠ **외교사절은 어떠한 형태의 체포 또는 구금도 당하지 않는다.** 다만, 정당방위 또는 접수국의 질서와 안녕을 위해 긴급히 필요한 경우, 일시적으로 구속할 수 있으나 긴급한 필요가 없는 경우 즉시 석방 ㉡ 접수국은 상당한 경의를 가지고 외교관을 대우해야 하며 그 신체의 자유 및 존엄성에 대한 침해를 방지하기 위하여 적절한 조치를 취하여야 한다(**외국사절 폭행·협박은 일반인에 대한 폭행·협박보다 가중처벌**).
공관 불가침	㉠ 외교사절의 **공관 및 외교관의 개인주택(부속건물, 정원, 차고 등 포함)도 불가침** ㉡ 외교사절이 타는 **자동차·비행기·보트도 불가침** ㉢ **범죄인비호권은 외교특권 X** → 접수국이 요구하면 범죄인이나 정치적 도망자를 인도하거나 관사 밖으로 추방해야 함 ㉣ **자국 범죄인을 본국에 송환 위하여 외교공관내에 일시감금 X**
문서 불가침	㉠ 공문서 및 사문서 불문하고 불가침권 인정 ㉡ **외교가 단절된 경우 – 불가침권** 인정 ㉢ 문서가 간첩행위의 서증인 경우 – 불가침권 상실

〈외교관계에 관한 비엔나협약〉
㉠ **외교행낭**은 **개봉**되거나 **유치되지 않는다.**
㉡ 외교행낭을 구성하는 포장물은 그 특성을 **외부에서 식별할 수 있는 표지를 달아야 하며**(표지를 달 수 있으며 X), **공용을 목적으로 한 외교문서나 물품만을 넣을 수 있다.**
㉢ **외교신서사**는 **신체의 불가침**을 향유하며 어떠한 형태의 체포나 구금도 당하지 않는다.

〈영사관계에 관한 비엔나협약〉
㉠ 영사관원은 파견국의 국민과 자유로이 통신할 수 있으며, 또한 접촉할 수 있다.
㉡ 파견국의 영사관할구역내에서 파견국의 국민이 **체포**되는 경우, 또는 재판에 회부되기 전에 **구금 또는 유치**되는 경우, 또는 기타의 방법으로 **구속되는 경우에 그 국민이 파견국의 영사기관에 통보할 것을 요청**하면, 접수국의 권한있는 당국은 **지체없이 통보하여야 한다.**
㉢ 영사관원은 구금, 유치 또는 구속되어 있는 파견국의 국민을 방문하여 또한 동 국민과 면담하고 교신하며 또한 그의 법적대리를 주선하는 권리를 가진다.

② 치외법권(면제)

① **사법권으로부터의 면제** : 외교관은 어떠한 경우에도 체포·구금·소추 또는 처벌되지 않으며, 공무수행 중의 행위뿐만 아니라 개인자격으로 행한 행위에 대해서도 그러함
② **민사재판권의 면제** : 외교사절에 대한 민사소송을 접수국의 재판소에 제기할 수 없고, 접수국의 재판소는 이를 수리할 수 없음
③ **증언의무로부터의 면제** : 외교사절은 접수국 내에서 형사·민사 또는 행정재판과 관련하여 재판정에 출석하여 증언할 의무가 없음
④ **경찰권의 면제** : 외교사절은 접수국의 경찰권으로부터 면제됨. 다만, 직무수행을 방해하지 않는 경찰상의 명령이나 규칙으로서 사회의 안전과 질서유지에 필요한 것은 자진해서 준수할 것이 기대됨
⑤ **과세권의 면제** : 외교사절은 원칙적으로 접수국의 과세권으로부터 면제되므로 인적, 물적 또는 국세, 지방세를 불문하고 조세로부터 면제됨

2) 주한 외국공관원(국내 외국공관에 근무하는 외교관, 영사관원, 행정·기능직원 및 그 가족, 노무·사무직원 포함)

외교관	① 공관장(대사) + 외교직원(공사, 참사관, 서기관, 주재관) ② **외교관계에 관한 비엔나협약에 의해 모든 특권인정**
행정·기능직원	① 외교사절의 사무 및 기능직무에 종사 – 행정보조원, **개인비서, 통역원** 등 ② 외교관계에 관한 비엔나협약에 의해 외교직원과 같은 특권이 인정되나, **민사 및 행정**(형사 X) **재판관할권은 직무중 행위에 한하여 면제인정**
노무직원	① 공관의 관내역무에 종사 – **요리사, 운전사**, 경비원, 청소원 등 ② 외교관계에 관한 비엔나협약에 의해 **직무대상 중의 행위에 한하여 면제인정** ≫ 한국인이 외교관의 지시에 따라 외교차량을 공무로 운전하던 중 교통법규를 위반하였다면 운전자 본인에 대해서도 행정처분의 면제를 인정 X – 한국인에게는 관할권 면제 인정되지 않음

영사관원	① 영사기관장(총영사), 영사관원(영사) ② 영사관계에 관한 비엔나협약에 의해 **공사무 불문 신체불가침인정(중대 범죄는 예외).** **형사·민사·행정재판권은 공무의 경우에만 면제**
사무직원	① 영사기관의 행정기술업무 종사 ② 영사관계에 관한 비엔나협약에 의해 **신체불가침권 부정, 형사·민사·행정 재판권은 공무의 경우에만 면제**

대상	세부 대상	신체 불가침	재판관할권 면제			관련 근거
			형사	행정	민사	
외교관	공관장(대사) 외교직원(공사, 참사관, 서기관, 주재관)	공·사무 불문				외교관계 비엔나협약
행정·기능직원	외교사절의 사무 및 기능직무 종사 (행정보조원, 비서, 통역원 등)	공·사무 불문		공무		
노무 직원	공관의 관내역무에 종사하는 자 (운전원, 청소부, 경비원, 요리사 등)		공무			

영사관원	영사기관장(총영사), 영사관원(영사)	공·사무 불문 (중대범죄 예외)	공무	영사관계 비엔나협약
사무직원	영사기관 행정·기술업무 종사자	불인정	공무	

3) 범죄수사규칙상 특칙

〈대·공사 등에 관한 특칙〉
① 경찰관은 외국인 등 관련범죄를 수사함에 있어서 외교관 또는 외교관의 가족, 그 밖의 외교의 특권을 가진 사람의 외교특권을 침해하는 일이 없도록 주의하여야 한다.
② 경찰관은 대·공사관과 대·공사나 대·공사관원의 사택 별장 혹은 그 숙박하는 장소에 관하여는 해당 대·공사나 대·공사관원의 **청구가 있을 경우 이외에는 출입해서는 아니 된다.**

〈영사 등에 관한 특칙〉
① 경찰관은 임명국 국적 가진 대한민국 주재 총영사, 영사 또는 부영사에 대한 사건에 관하여 구속 또는 조사 필요 인정될 때에는 **미리 국가수사본부장에게 보고하여 그 지시를 받아야 한다.**
② 경찰관은 총영사, 영사 또는 부영사의 사무소에 관하여는 당해 영사의 **청구나 동의 있는 경우 외에는 이에 출입해서는 아니 된다.**
③ 경찰관은 총영사, 영사 또는 부영사의 사택이나 명예영사의 사무소 혹은 사택에서 수사할 필요가 있다고 인정될 때에는 **미리 국가수사본부장에게 보고하여 그 지시를 받아야 한다.**
④ 경찰관은 **총영사, 영사 또는 부영사나 명예영사의 사무소 안에 있는 기록문서에 관하여는 이를 열람하거나 압수하여서는 아니 된다.**(열람은 허용X)

제2절 외사경찰활동

1 국제협력 활동

외국 및 국제경찰 관련 기구와의 경찰공조, 상호방문, 교육파견, 세미나 참석 등을 통하여 **외국경찰이나 인터폴 등과 정보교환·협력관계를 증진**하는 활동

2 외사정보 활동

대한민국의 안전과 이익, 사회공공의 안녕과 질서유지를 목적으로 **주한 외국인, 주한 외교사절, 주한 외국기관, 해외동포 등을 대상으로 외사첩보를 수집**하고 판단분석한 결과를 정책수립자료로 제공하여 경찰상 또는 국가안보상 위해요인을 사전에 제거하고 대책을 마련하는 활동

3 외사보안 활동

체류외국인 및 외국 관련 기관·단체 등을 대상으로 ① 테러 위험인물 관련 정보를 수집·분석하고 대응하는 **대테러 활동**, ② 외국 정보요원·연계자 등 **외국의 정보활동 및 산업기술 유출 등**을 찾아내고 대응하는 **방첩 활동**, ③ **국제공항·항만의 안보위해 요소를 발견하여 대응**하는 등 대한민국의 안전과 사회 공공의 안녕 및 질서를 유지하는 목적을 가진 외사경찰의 활동

4 외사수사 활동

대한민국의 안전과 이익, 사회공공의 안녕과 질서유지를 목적으로 **외국인 또는 외국과 관련된 범죄 및 범죄자에 대해** 공소를 제기하고 이를 유지하기 위한 준비절차로서 **범죄사실을 탐지하고**, 범인을 검거·조사하며, 증거를 수집·보전하는 외사경찰의 활동

(1) 외국인 체포·구속시 조치

> ① 외국인을 체포·구속한 때에는 해당국 대사관(영사기관)에 영사기관 통보요청을 할 수 있음을 고지하여야 한다.
> ② 피의자 요청시 지체없이 영사기관에 체포·구속 통보하여야 한다.

	영사관계에 관한 비엔나 협약	대한민국과 러시아 연방간의 영사협약	대한민국과 중화인민공화국간의 영사협정
체포구속 통보	**피의자 요청 시 지체 없이** 영사기관 통보	**피의자 의사 불문, 지체 없이** 의무적 통보	**피의자 의사 불문, 4일 內** 의무적 통보
영사관원 접견	영사관원의 유치·구속 등 파견국 국민 방문 권리	영사관원의 파견국 국민 방문 권리(가능한 한 빨리 허용)	영사관원 요청 시 **4일 內** 의무적 접견
사망통보	파견국 국민 사망 시 **지체 없이** 영사기관 통보	파견국 국민 사망 시 **가능한 빨리** 영사기관 통고	파견국 국민 사망 시 **지체 없이** 영사기관 통지

참고 ▶ **불법체류 외국인 관련 업무처리**

업무처리	① '단순 불법체류자가 있다'는 전화 신고·접수에 대해서는 법무부 외국인종합안내센터, 관할 출입국사무소 또는 정부민원안내콜센터로 신고토록 안내하고, 신고를 접수한 경찰관은 관할 출입국관서에 신고내용을 통보(비출동종결) 한다. ② 불법체류자는 체류자격 외 활동 등 모든 출입국사범을 포함한다. 다만 신고 내용에 폭행·주거침입 등 형법 위반의 여지가 있는 경우, 신고접수 경찰관은 출동하여 사실관계를 확인해야 한다. ③ 폭행 등 별건 형사사건이 경합된 불법체류자를 지역경찰이 검거한 경우 경찰서 주무부서에 불법체류자 신병과 KICS 사건을 인계하고, 경찰서 주무부서는 형사소송법에 의거 출입국관리법 위반에 대한 범죄인지서를 작성하고, 별건 형사사건에 대해 조사 후 구속수사 및 송치여부 판단 후 조치한다. ④ 경찰관이 **불심검문 등을 통해 불법체류자임을 우연히 확인한 경우**「경찰관 직무집행법」제3조에 의거 우선 **임의동행하여 처리**하고, 임의동행에 응하지 않을 경우 불법체류 및 여권등의 휴대 또는 제시의무를 위반한 사유로 **현행범인 체포**할 수 있다.
불법체류 외국인 통보의무 면제제도	① **범죄피해를 입은 불법체류 외국인의 신고기피를 해결**하기 위해 '범죄피해 불법체류자 통보의무 면제제도'를 시행하고 있다. ② 불법체류자가 통보의무 면제대상 범죄의 **피해자(피의자X)인 경우** 수사보고에 면제대상임을 기재하여 편철하고, 대상자는 진술조서 작성 후 귀가조치 한다. ③ 형법상 살인죄, 상해·폭행죄, 과실치사상죄, 유기와 학대의 죄, 체포와 감금의 죄 등이 통보의무 면제대상 범죄에 해당한다. ④ 불법체류 여성이 폭행·감금·협박 등에 의한 성매매처벌법 제6조의 **'성매매 피해자'임이 명백히 확인될 경우 통보의무 면제대상에 포함**된다.

(2) 「범죄수사규칙」상 외국인 관련범죄 특칙

> ① 경찰관은 외국인 등 관련범죄의 수사를 함에 있어서는 국제법과 국제조약에 위배되는 일이 없도록 유의하여야 한다.
> ② 경찰관은 외국인 등 관련범죄 중 중요범죄에 관하여는 **미리 국가수사본부장(경찰청장X)에게 보고**하여 **그 지시를 받아 수사에 착수**하여야 한다. 다만, 급속을 요하는 경우에는 필요한 처분을 한 후 신속히 국가수사본부장장의 지시를 받아야 한다.
> ③ 경찰관은 피의자가 외교 특권을 가진 사람인지 여부가 의심스러운 경우에는 **신속히 국가수사본부장(경찰청장X)에게 보고**하여 그 **지시를 받아야 한다(받을 수 있다 X)**.

제216조(외국인 피의자에 대한 조사사항) 경찰관은 **피의자가 외국인인 경우**에는 제71조에 열거한 사항 외에 다음 각 호의 사항에 **유의하여 피의자신문조서를 작성하여야 한다**.
1. 국적, 출생지와 본국에 있어서의 주거
2. 여권 또는 외국인등록 증명서 그 밖의 신분을 증명할 수 있는 증서의 유무
3. **외국에 있어서의 전과의 유무**
4. 대한민국에 입국한 시기 체류기간 체류자격과 목적
5. 국내 입·출국 경력

6. 가족의 유무와 그 주거

제217조(통역인의 참여) ① 경찰관은 외국인인 피의자 및 그 밖의 관계자가 한국어에 능통하지 않는 경우에는 통역인으로 하여금 **통역하게 하여 한국어로 피의자신문조서나 진술조서를 작성**하여야 하며 특히 필요한 때에는 외국어의 진술서를 작성하게 하거나 외국어의 진술서를 제출하게 하여야 한다.
② 경찰관은 외국인이 구술로써 고소·고발이나 자수를 하려 하는 경우에 한국어에 능통하지 않을 때의 고소·고발 또는 자수인 진술조서는 제1항의 규정에 준하여 작성하여야 한다.

제218조(번역문의 첨부) 경찰관은 다음 각 호의 경우 **번역문을 첨부하여야 한다.**
1. 외국인에 대하여 구속영장 그 밖의 영장을 집행하는 경우
2. 외국인으로부터 압수한 물건에 관하여 압수목록교부서를 교부하는 경우

외국 군함에의 출입 (제211조)	① 경찰관은 외국군함에 관하여는 군함 함장의 **청구가 있는 경우 외에는 이에 출입해서는 아니 된다.** ② **경찰관은 중대한 범죄를 범한 자가 도주하여 대한민국 영해에 있는 외국군함으로 들어갔을 때에는 신속히 국가수사본부장에게 보고하여 지시 받아야 한다. 다만, 급속을 요할 때에는 당해 군함의 함장에게 범죄자의 임의의 인도를 요구할 수 있다.**(급속을 요할 경우 신분을 밝히고 출입할 수 있다 X) ③ 경찰관은 외국군함에 속하는 군인이나 군속이 그 군함을 떠나 대한민국의 영해 또는 영토 내에서 죄를 범한 경우에는 **신속히 국가수사본부장에게 보고하여 그 지시를 받아야 한다.**
외국 선박내의 범죄 (제214조)	경찰관은 대한민국의 영해에 있는 외국 선박내에서 발생한 범죄로서 다음에 해당하는 경우에는 **수사를 하여야 한다.** ① 대한민국 육상이나 항내의 안전을 해할 때 ② **승무원 이외의 자나**(승무원이나X) 대한민국의 국민에 관계가 있을 때 ③ 중대한 범죄가 행하여졌을 때

(3) 경찰수사규칙(행정안전부령)상 '외국인에 대한 조사'

제91조(외국인에 대한 조사) ① 사법경찰관리는 외국인을 조사하는 경우에는 조사를 받는 외국인이 이해할 수 있는 언어로 통역해 주어야 한다.
② 사법경찰관리는 **외국인을 체포·구속하는 경우** 국내 법령을 위반하지 않는 범위에서 **영사관원과 자유롭게 접견·교통할 수 있고, 체포·구속된 사실을 영사기관에 통보해 줄 것을 요청할 수 있다는 사실을 알려야 한다.**
③ 사법경찰관리는 **체포·구속된 외국인이** 제2항에 따른 **통보를 요청하는 경우**에는 별지 제93호서식의 영사기관 체포·구속 통보서를 작성하여 **지체 없이 해당 영사기관에 체포·구속 사실을 통보해야 한다.**
④ 사법경찰관리는 외국인 변사사건이 발생한 경우에는 제94호서식의 영사기관 사망 통보서를 작성하여 지체 없이 해당 영사기관에 통보해야 한다.

제3절 주한미군지위협정(한미행정협정, SOFA : Status of Forces Agreement)

≫ 공식 명칭은 「대한민국과 아메리카 합중국간의 상호 방위조약 제4조에 의한 시설과 구역 및 대한민국에서의 합중국군대의 지위에 관한 협정」 ⇨ 협정, 합의의사록, 합의의사록에 관한 양해사항 등으로 구성됨
≫ 다른 주둔군 지위협정과 마찬가지로 영토주권의 원칙에 의하여 '접수국 법령 존중의 원칙'을 규정

1 협정의 적용대상자

미합중국 군대의 구성원	① 대한민국 영역 안에 주둔하고 있는 미국의 육·해·공군에 속하는 현역군인 ② 주한미대사관에 부속된 합중국군대의 인원, 주한미대사관에 근무하는 무관과 주한미군사고문단원, 휴가중 방한한 미군, 카투사 등은 대상자에서 제외
군속(軍屬)	합중국의 국적을 가진 민간인으로서 대한민국에 있는 미군에 고용되거나 동 군대에 근무 또는 동반하는 자. 통상적으로 대한민국에 거주하는 자 또는 제15조 제1항(초청계약자)에 규정된 자는 제외한다.
가족 (이중국적 제외)	① 미합중국 군대의 구성원 또는 군속의 가족 중 **배우자 및 21세 미만의 자녀** ② 부모 및 21세 이상의 자녀 또는 기타 친척으로서 그 생계비의 반액 이상을 미군의 구성원 또는 군속에 의존하는 자
초청계약자	미국의 법률에 따라 조직된 법인, 통상 미국에 거주하는 동 법인의 고용원 및 그들의 가족으로서 美 정부에 의해 초청계약자로 지정된 자

2 형사재판권

미군 당국의 전속적 재판권	미국법령으로만 처벌이 가능한 범죄(안전에 관한 범죄를 포함)
미군 당국의 1차적 재판권	〈경합될 경우 원칙적으로 대한민국이 1차적 재판권 보유하나, 아래는 미군의 1차적 재판권〉 ① 오로지 미국의 재산이나 안전에 관한 범죄 ② 오로지 미국군대의 타구성원이나 군속 또는 그들 가족의 신체나 재산에 대한 범죄 ③ 공무집행 중의 작위 또는 부작위에 의한 범죄(공무수행에 부수된 행위도 공무에 포함)

재판권의 포기	대한민국 당국은 미군 당국의 요청이 있으면 대한민국 당국이 재판권을 행사함이 특히 중요하다고 결정하는 경우를 제외하고는 재판권을 행사할 제1차적 권리를 포기한다.

3 주한미군지위협정 대상자 처리(현행범인)

확인 등	① 112신고현장 출동했는데 외국인이라고 보이는 남성이 자신이 SOFA 대상자임을 주장하는 경우에는 **관할 미헌병대로 연락**하여 대상자 이름, 나이 소속 등을 알림으로써 **SOFA 대상자인지 여부를 확인**한다. ② 경찰서로 동행한 피의자에 대해 신분증과 대조하여 SOFA대상자 여부를 재차 확인한 후 기초사실 조사서를 작성한다.
미군통보 본청보고	① 즉시 미군당국(인접 또는 소속부대 헌병대)에 통보하고 미정부대표 출석을 요구한다. 　- SOFA 규정에 따라, **미정부대표는 출석요구를 받은 때로부터 1시간 내로 출석**, **미정부대표가 출석할 때까지 형사소송법상 48시간 이내 유치장 입감이 가능**하다. 　- 미 헌병의 **신병인도요청**이 있더라도 미국 정부대표가 출석하여 **1차 조사가 완료될 때까지** 형사소송법상 **체포 가능시한 내에서 경찰이 신병을 구금**한다. ② 시·도 경찰청은 중대 사안 시 **본청 마약조직범죄수사과 및 소관 기능에 보고**한다.
검사 통보·송부	① 사법경찰관은 주한 미합중국 군대의 구성원·외국인군무원 및 그 가족이나 초청계약자의 범죄 관련 사건을 인지하거나 고소·고발 등을 수리한 때에는 **7일 이내에 한미행정협정사건 통보서를 검사에게 통보**해야 한다. ② 사법경찰관은 주한 미합중국 군당국으로부터 **공무증명서를 제출받은 경우 지체 없이** 공무증명서의 **사본을 검사에게 송부**해야 한다. ③ 사법경찰관은 검사로부터 주한 미합중국 군당국의 **재판권포기 요청 사실을 통보받은 날부터 14일 이내에 검사에게 사건을 송치 또는 송부**해야 한다.
기타 처리사항	① 현장에서 또는 피의자 조사 시 SOFA 대상자가 대한민국에 재판권이 없음을 항변하기 위해 공무 중인 사건임을 주장하는 경우가 있으나 **재판권의 귀속여부에 대한 판단은 검찰에서** 하는 것임을 설득시키고 일반 SOFA 사건과 동일하게 처리한다.(공무 중인 사건임을 주장하는 경우 우선 석방한다 X) ② 미군에 신병이 있는 경우에도 사안이 중대하고 구속의 필요성이 있는 경우에는 **미군에 신병인도를 요구**하고 미군이 이를 호의적 고려할 경우 피의자를 **기소 전 신병구속 할 수 있다.**

➕ 협정대상자 조사시 유의사항

> ① 피의자가 변호인을 선임하고 **변호인 참여 원하는 경우**에는 **변호인 출석 없이 피의자신문 불가능**하다.
> ② 피의자가 서명을 거부하더라도, 그 사유를 조서에 기재하고, 조사관의 서명날인과 **미국정부 대표자의 서명이 있으면 효력이 인정**된다. ⇨ 미군 정부대표 입회·서명이 없으면 증거로 채택되지 않음

4 국가배상 - SOFA구성원의 공무 중 사건에 대한 배상책임

배상액의 분담	① 전적으로 미군의 책임 ⇨ **미군이 75%, 한국정부가 25%**를 배상 ② 미군/한국 공동책임(또는 책임불분명) ⇨ 양측이 **각각 50%**씩 배상

제4절 국제경찰공조

1 국제형사경찰기구(인터폴, ICPO : International Criminal Police Organization)

(1) 의의

> ① 인터폴은 범죄에 관한 자료수집, 범죄인 소재수사, 범인체포 및 인도에 있어서 상호 신속·원활한 협조관계를 유지하는 **형사경찰의 정부간 국제공조기구**이다.
> ② **195개 회원국**은 **인터폴 헌장과 자국법이 허용하는 한도 내에서** 국제 범죄에 관한 각종 정보를 서로 교환하고 범죄자의 체포 및 인도를 위해 **상호 협력**하고 있다.
> ③ 인터폴 전용 통신망(I-24/7) 등 인터폴 채널을 통해 우리나라에서 수사 중인 형사사건에 관하여 다른 인터폴 회원국 및 인터폴 사무총국에 공조 요청을 하거나, 외국의 형사사건 수사에 관하여 공조 요청을 받을 수 있다.
>
> ≫ 인터폴은 범죄수사권을 가진 수사기관이 아님
> ≫ 인터폴은 자체수사관을 동원하여 범인을 추적·수사 및 검거한다. (X)
> ≫ 인터폴 – 체포나 구속등에 대한 권한인정 (X)

(2) 발전과정

> ① 1914년 **모나코**에서 제1차 **국제형사경찰회**의 개최되어 국제범죄 기록보관소 설립, 범죄인 인도절차의 표준화 등에 대하여 논의하였는데, 국제경찰협력의 기초가 됨 (모비비/회위기)
> ② 1923년 **비엔나**에서 19개국 경찰기관장이 참석하여 제2차 국제형사경찰회의 개최, '**국제형사경찰위원회**(ICPC)' 창설
> ③ 1956년 제25차 **비엔나** ICPC총회에서 '**국제형사경찰기구(ICPO)**' 발족
> ④ 대한민국은 1964년(제33차 총회, 베네주엘라)에 가입하였다.
> ⑤ 2002년 인터폴은 지문 확인에 필요한 시간을 대폭 단축하기 위해 **자동지문식별시스템(AFIS)**을 도입하였다.

(3) 조직

총회	① 전 회원국이 참여하는 **최고의결기관** (전반적인 시책과 원칙을 결정) ② **매년** 하반기 전 회원국의 참여하에 **개최**
집행위원회	총회 결정사항을 집행·감독
사무총국	① 국제범죄 예방·진압을 위해 각 회원국 등과 긴밀한 협조관계를 유지하는 총본부이자 추진체 ② 국제수배서 발행
국가중앙 사무국	① 각 국가 중앙경찰 산하에 설치되어 있는 상설기구 ② 우리나라는 경찰청 외사국 인터폴국제공조과 인터폴계가 국가중앙사무국업무 수행

(4) 국제수배

1) 의의

각 회원국에 중요 **범죄 관련 정보를 공유**하고 **국제적 협조요청**이나 **위험경고**를 하기 위한 목적으로 발부한다.
(자체 수사관을 동원하여 추적수사 및 검거 X, 범죄수사권을 가진 X)

2) 국제수배서의 종류 ※ 인터폴 사무총국에서 발부(발부 목적에 따라 8가지 종류의 인터폴 수배서 발부)

종류	목적	요건
적색수배서 (Red Notice)	수배자 체포 및 인도	▶ 장기 2년 **이상** 징역, 금고에 해당하는 죄를 범하여 **체포·구속영장이 발부**된 수배자일 것 (2체/5억/강조) ▶ 중범죄자일 것 　㉠ 살인, 강도, 강간 등 **강력범죄** 사범 　㉡ 조직폭력, 전화금융사기 등 **조직범죄** 관련사범 　㉢ **다액(5억원 이상)** 경제사범 　㉣ 사회적 파장 및 사안의 중대성을 고려하여 수사관서에서 특별히 적색수배를 요청한 기타 중요사범 ※ 다만, 정치·종교·군사·인종 관련 사건으로 수배된 자는 제외
청색수배서 (Blue Notice)	범죄관련인 소재확인	▶ 유죄판결을 받은 자, 수배자, 피의자, 참고인 등 범죄 관련자일 것 ▶ 소재확인을 위한 범죄사실 특정 등 충분한 자료가 제공될 것
녹색수배서 (Green Notice)	우범자 정보제공	▶ 법집행기관에 의해 공공안전에 위협이 되는 인물로 평가될 것 ▶ 우범자 판단에 전과 등 충분한 자료가 뒷받침 될 것
황색수배서 (Yellow Notice)	실종자 소재확인	▶ 경찰에 신고되었을 것 ▶ 성인의 경우 사생활 보호 관련 법률 위반 없을 것 ▶ 충분한 자료가 제공되었을 것
흑색수배서 (Black Notice)	변사자 신원확인	▶ 경찰에 의해 변사체 발견이 확인되었을 것 ▶ 충분한 정보가 제공될 것
오렌지색수배서 (Orange Notice)	위험물질 경고	▶ 법집행기관에 의해 공공안전에 급박한 위험이라고 평가 될 것
보라색수배서 (Purple Notice)	범죄수법 정보 제공	▶ 수법·대상등이 회원국 들의 관심을 끌 수 있는 범죄일 것 ▶ 충분한 자료가 제공될 것
UN특별수배서 (UN 특별수배서)	UN 안보리 제재대상 정보 제공	▶ 인터폴과 UN안보리의 협의사항에 따라 발부

참고 ▶ 국외도피사범 국제공조 시 인터폴 활용방법

① 수사관서에서 국제공조 요청서류를 작성하여(시·도경찰청 경유) 경찰청(인터폴국제공조과)으로 요청하면 경찰청에서 피요청국 인터폴에 공조요청한다.
② 경찰청에서는 피의자 도주 예상국 인터폴에 피의자의 소재수사 및 강제추방을 요청한다.
③ 해외 경찰주재관을 통한 주재국 관련 당국과의 협조조치를 한다.
④ 국제공조요청은 경찰서, 시·도경찰청 등 **수사관서를 경유함이 원칙**이며, **경찰청에서는 개인 또는 민간기업 등 비수사관서로부터의 직접 공조요청 접수는 불가**하다.

참고 ▶ 코리안데스크 담당관 운영에 관한 규칙

① 경찰청장은 담당관을 선발하려는 경우 공개모집 절차 진행 후 선발심사위원회가 실시하는 심사를 거쳐야 한다.
② 선발심사위원회의 위원장은 외사국장이 되고, 위원은 외사국 과·계장 중 4명 이상으로 성별을 고려하여 구성한다.
③ 선발심사위원회는 구성원 3분의 2 이상의 출석으로 개의하고, 출석 구성원 과반수 찬성으로 의결한다.
④ 담당관의 근무기간은 2년을 원칙으로 하되, 1년의 범위 내에서 연장할 수 있다.

참고 ▶ 아세아나폴 / 유로폴

※ **아세아나폴** – 1981년부터 경찰협력 증진 및 공조수사 강화를 위해 **아세안 회원국의 경찰기관장 간 연례회의**를 개최하여 상호 우호 증진 및 치안협력 네트워크를 구축하는 회의적·협의체적 성격의 기구
※ **유로폴** – 유럽연합조약에 근거하여 유럽경찰사무소로 회원국 간 국경을 넘어서 일어나는 범죄(특히 마약범죄)에 간한 정보를 교환·조정하는 중앙기구(**본부 – 네덜란드 헤이그**)

2 국제형사사법공조

(1) 국제형사사법 공조의 기본원칙

상호주의	외국이 사법공조를 행하여 주는 만큼 자국도 동일 또는 유사한 범위내에서 당해 외국으로부터의 공조요청에 응한다.
쌍방가벌성의 원칙	공조대상이 되는 범죄는 요청국과 피요청국에서 모두 처벌가능한 범죄이어야 한다.
특정성의 원칙	요청국이 공조에 따라 취득한 증거를 공조요청한 범죄 이외의 범죄에 관한 수사나 재판에 사용하여서는 아니 된다.

(2) 「국제형사사법공조법」상 임의적 공조거절 사유(법 제6조)

다음에 해당하는 경우에는 **공조를 하지 아니할 수 있다.** (미안주/대정보)

> ① 대한민국의 주권, 국가안전보장, 안녕질서 또는 미풍양속을 해할 우려가 있는 경우(재산상 손실 ×)
> ② 인종·국적·성별·종교·사회적 신분 또는 특정 사회단체에 속한다는 사실이나 정치적 견해를 달리한다는 이유로 처벌받을 우려가 있는 경우
> ③ 공조범죄가 **정치적 성격**을 지닌 다른 범죄에 대한 수사 또는 재판을 할 목적으로 행하여진 것이라고 인정되는 경우
> ④ **공조범죄가 대한민국의 법률에 의하여 범죄를 구성하지 아니하거나** 공소를 제기할 수 없는 범죄인 경우
> ⑤ 공조법에 요청국이 보증하도록 규정되어 있음에도 불구하고 **요청국의 보증이 없는 경우**

(3) 공조의 연기

외국의 공조요청이 **대한민국에서 수사진행중이거나 재판에 계속된 범죄**에 대하여 행하여진 경우에는 그 **수사 또는 재판절차가 종료될 때까지 공조를 연기할 수 있다.** (재수/연기)

(4) 공조 절차

① **공조요청 접수 및 요청국에 대한 공조 자료의 송부는 외교부장관이 한다.** 다만, 긴급한 조치가 필요한 경우나 특별한 사정이 있는 경우에는 법무부장관이 외교부장관의 동의를 받아 이를 할 수 있다.
② 검사는 요청국에 인도하여야 할 증거물 등이 법원에 제출되어 있는 경우에는 법원의 인도허가 결정을 받아야 한다.

3 범죄인 인도

(1) 의의 등

① '범죄인 인도'란 다른 국가의 요청에 의하여 범죄인의 신병을 넘겨주는 것을 말한다.
② **'범죄인'**이란 인도범죄에 관하여 **청구국에서** 수사나 재판을 받고 있는 사람 또는 유죄의 재판을 받은 사람을 말한다.
③ 범죄인 인도에 관하여 인도조약에 「범죄인인도법」과 **다른 규정이 있는 경우에는 그 규정(조약)에 따른다.**

(2) 범죄인인도의 원칙

1) 상호주의의 원칙(법 제4조)

인도조약이 체결되어 있지 아니한 경우에도 범죄인 인도 청구하는 국가가 같은 종류 또는 유사한 인도범죄에 대한 대한민국의 범죄인 인도청구에 응한다는 보증을 하는 경우에는 「범죄인인도법」을 적용한다.

2) 쌍방 가벌성의 원칙(법 제6조)

대한민국과 청구국의 법률에 따라 인도범죄가 사형, 무기징역, 무기금고, 장기 1년 이상의 징역 또는 금고에 해당하는 경우에만 범죄인을 인도할 수 있다.

3) 정치범 불인도의 원칙(법 제8조)

의의	인도범죄가 정치적 성격을 지닌 범죄이거나 그와 관련된 범죄인 경우에는 범죄인을 인도하지 않는다는 원칙(**특정국가의 정치질서 변혁을 목적으로 하는 범죄인, 반정부주도범은 인도대상 ×**) » 정치범죄는 국제법상 불확정적인 개념으로, 정치범에 해당하는지는 전적으로 피청구국이 판단 » 우리나라 범죄인인도법은 정치범의 개념정의는 하지 않고, 불인도와 예외적 인도사항을 규정
일반적 예외 (인도 대상)	① 국가원수살해범 ② 집단학살 ③ 전쟁범죄 ④ 항공기 불법납치 ⑤ 야만, 약탈행위 등

4) 자국민 불인도의 원칙(법 제9조)

① 대륙법계 국가에서는 채택 O, 영·미 법계 국가는 채택 X
② 「범죄인인도법」은 임의적 인도거절사유로 규정

5) 특정성의 원칙(법 제10조)

인도된 범죄인은 원칙적으로 **인도요청 범죄로만 처벌해야지 다른 항목의 범죄로 처벌할 수 없다.**

6) 유용성의 원칙(법 제7조 1호)

① 범인인도가 범인을 실제로 처벌하기 위하여 필요하다는데 기초가 있으므로 인도가 실제로 유용해야 한다는 원칙
② **시효에 걸렸다든지 사면을 내린 경우에는 인도할 필요가 없다.**

7) 최소한 중요성 원칙(법 제6조)

① 범죄인인도에 많은 경비와 노력 들어 너무 경미한 범죄인까지 인도대상으로 삼으면 낭비이기 때문에 일반범죄라도 최소한 중요성 있어야 한다(**단순도박죄는 인도대상 ×**).
② 대한민국과 청구국의 법률에 따라 **인도범죄가 사형, 무기징역, 무기금고, 장기 1년 이상의 징역 또는 금고에 해당하는 경우에만** 범죄인을 인도할 수 있다.

8) 군사범불인도 원칙

① 탈영, 항명 등의 군사범죄는 인도하지 않는다는 원칙
② 우리나라 「범죄인인도법」에 명문규정 없음

(3) 「범죄인인도법」상 인도거절사유

절대적 인도거절사유 (법 제7조)	다음에 해당하는 경우에는 범죄인을 인도하여서는 아니된다. (절대적으로/재시/정상) ① 대한민국 또는 청구국의 법률에 따라 인도범죄에 관한 **공소시효 또는 형의 시효가 완성된 경우** ② **인도범죄에 관하여 대한민국 법원에서 재판이 계속 중이거나 재판이 확정**된 경우 ③ **범죄인이 인도범죄 범하였다고 의심할 만한 상당한 이유 없는 경우.** 다만, 인도범죄에 관하여 청구국에서 유죄의 재판이 있는 경우는 제외한다. ④ 범죄인이 **인종, 종교, 국적, 성별, 정치적 신념 또는 특정 사회단체에 속한 것 등을 이유로 처벌**되거나 그 밖의 불리한 처분을 받을 염려가 있다고 인정되는 경우
임의적 인도거절사유 (법 제9조)	다음에 해당하는 경우에는 범죄인을 인도하지 아니할 수 있다. ① **범죄인이 대한민국 국민인 경우** ② 인도범죄의 전부 또는 일부가 **대한민국 영역에서 범한 것**인 경우 ③ **범죄인의 인도범죄 외의 범죄에 관하여** 대한민국 법원에 재판이 계속 중인 경우 또는 범죄인이 형을 선고받고 그 집행이 끝나지 아니하거나 면제되지 아니한 경우 ④ 범죄인이 인도범죄에 관하여 **제3국**(청구국이 아닌 외국)에서 재판을 받고 처벌되었거나 처벌받지 아니하기로 확정된 경우 ⑤ 인도범죄의 성격과 범죄인이 처한 환경 등에 비추어 범죄인을 인도하는 것이 **비인도적**이라고 인정되는 경우

(4) 범죄인인도의 절차

외교부장관의
접수/송부
	① **외교부장관**은 청구국으로부터 **범죄인의 인도청구를 받았을 때에는** 인도청구서와 관련 자료를 **법무부장관에게** 송부하여야 한다.
	   ㉠ 외교부장관은 범죄인 인도조약의 존재 여부, 상호보증 유무, 인도대상범죄 여부 등을 확인하고 관계서류를 첨부하여 법무부장관에게 송부한다.
	   ㉡ 인도청구서의 경우 조약체결국가는 외교경로를 통하여 청구하고, 조약 미체결국가는 상호보증서를 첨부하여 청구한다.
	② **외교부장관**은 청구국으로부터 **범죄인 인도의 긴급인도구속을** 청구받았을 때에는 긴급인도구속 청구서와 관련 자료를 **법무부장관에게** 송부하여야 한다.

법무부장관의 인도심사청구 명령	① **법무부장관은 외교부장관으로부터 인도청구서 등을 받은 때에는 이를 서울고등검찰청 검사장에게 송부**하고 소속검사로 하여금 **서울고등법원에 범죄인 인도허가여부에 관한 심사청구하도록 명하여야** 한다. 다만, 인도조약 또는 이 법에 따라 범죄인을 인도할 수 없거나 인도하지 아니하는 것이 타당하다고 인정되는 경우에는 그러하지 아니하다. ② 법무부장관은 인도할 수 없거나 인도하지 아니하는 것이 상당하다고 인정되는 때에는 인도심사청구명령 하지 않고, **그 사실을 외교부장관에게 통지하여야 한다.**
인도심사청구 (서울고검)	① 서울고등검찰청 검사가 서울고등법원에(**서울고검/서울고법의 전속관할**) ② 검사는 법무부장관의 인도심사청구명령이 있을 때에는 인도구속영장에 의하여 범죄인을 구속하여야 한다(**구속적부심사 청구 가능**). 인도구속영장은 검사의 지휘에 따라 사법경찰관리가 집행한다.
법원의 인도심사 (서울고법)	범죄인이 인도구속영장에 의하여 구속중인 때는 구속된 날로부터 2개월 이내에 인도심사에 관한 결정을 하여야 한다.

➕ 조약의 유형

조약 (Treaty)	가장 격식을 따지는 **정식의 문서**로서 주로 당사국간의 정치적, 외교적 기본관계나 지위에 관한 포괄적인 합의를 기록하는데 사용됨
협정 (Agreement)	주로 **정치적인 요소가 포함되지 않은 전문적, 기술적인 주제**를 다룸으로써 조정하기가 어렵지 아니한 사안에 대한 합의에 많이 사용됨
협약 (Convention)	양자조약의 경우 특정분야 또는 기술적인 사항에 관한 **입법적 성격**의 합의에 많이 사용
의정서 (Protocol)	기본적인 문서에 대한 개정이나 **보충적인 성격**을 띠는 조약에 주로 사용

① 대통령이 조약을 체결·비준함에 있어서는 국무회의의 심의를 거쳐야 한다.
② 당사국 간의 신의에 기초하여 이루어진 정치적 합의, 즉 **신사협정은 조약이 아니다.**

2024 장정훈&오현웅 경찰실무종합

초판인쇄　2023년 06월 21일
초판발행　2023년 06월 26일
편 저 자　장정훈, 오현웅
발 행 인　최창호
등　　록　제2016-000065호
발 행 처　주식회사 좋은책
주　　소　서울시 관악구 관악로12길 10, 3층
교재문의　TEL) 02-871-7720 / FAX) 02-871-7721
I S B N　979-11-6348-580-3(13350)

본서의 무단 전재·복제 행위는 저작권법에 의거하여 5년 이하의 징역 또는
5천만원 이하의 벌금에 처하거나 이를 병과할 수 있습니다.

저자와의 협의하에 인지를 생략합니다.

정가 **32,000원**